英雄の最期と墓所の事典

かみゆ歴史編集部&柏書房編集部［編］

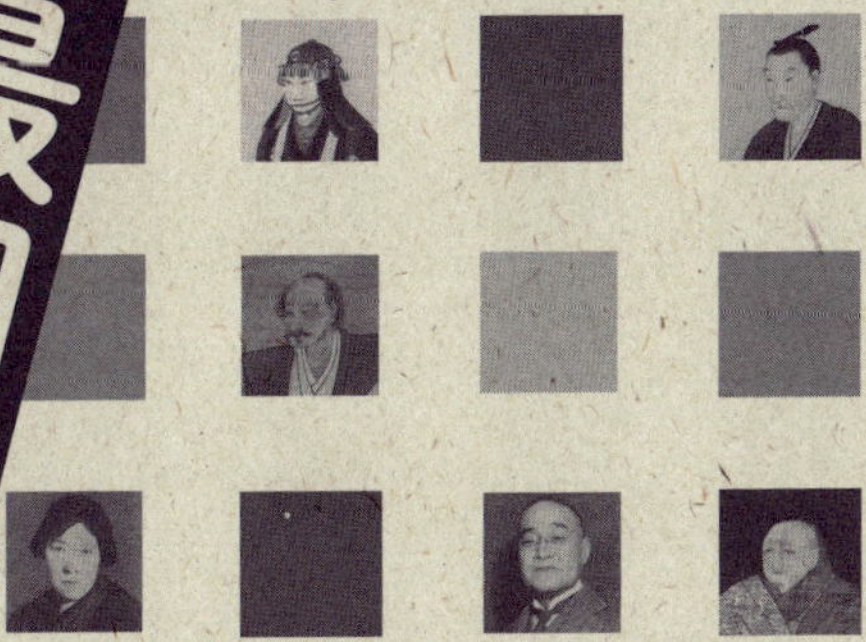

柏書房

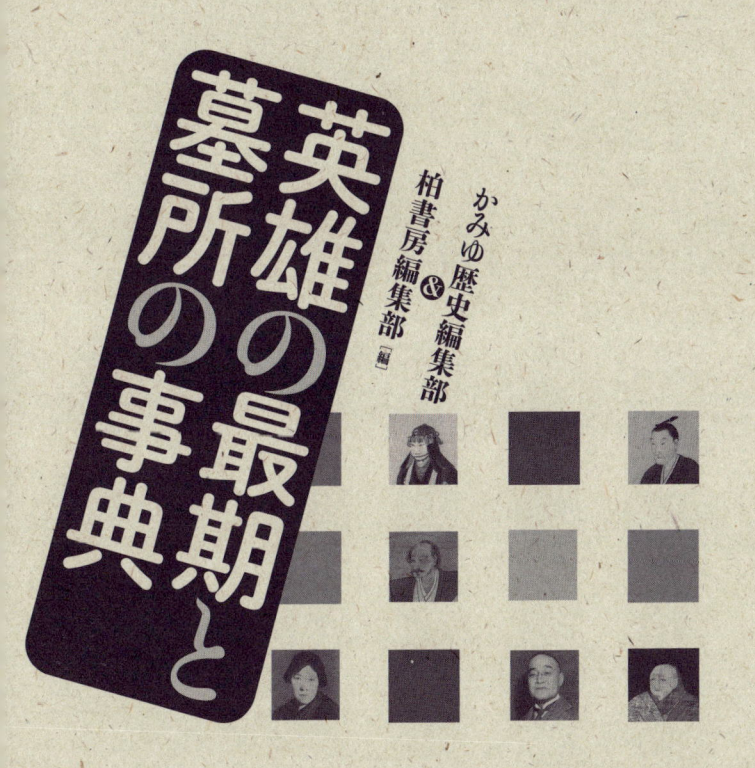

はじめに

日本史を彩った英雄・偉人たちは、それぞれ「どのような場所で、どのような死に方をしたのだろうか」と、ふと疑問に思ったのが、本書をつくるきっかけである。それからは、時間を見つけては、いろいろな人物の終焉の地を歴史辞典やインターネットなどで調べるようになった。さらに、終焉の地だけではなく墓所や出生地についても調べ始めた。

多くのファンがいる戦国・織豊期の武将たちや、幕末維新期の志士たちについては、それ単独でいろいろな書籍やムックなどが刊行されており、それらの中に終焉の地や墓所の情報が記されていることもあるし、墓所の情報だけを集めた書籍も刊行されてはいる。しかし、古代から近現代までの人物を1冊にまとめた書籍というのは、寡聞にして知らない。

本書は、高校の日本史教科書に登場する人物を中心に、500人の英雄・偉人たちの終焉の地と墓所がわかるように仕上げてある。もちろん、生歿年月日や享年もわかるし、その人物の略伝までもがわかる。終焉の地と墓所には、目安となるよう現在の地名や番地、寺社名などを示しておいた。本書を片手に、地図やスマートフォンなどのナビゲーション機能を使って、英雄・偉人たちの終焉の地を訪ね歩き、彼らと同じ空気を吸ってみてはどうだろうか。

2016年2月

かみゆ歴史編集部&柏書房編集部

凡例

一、本書は、西暦５８７年歿の物部守屋から、西暦１９７２年歿の川端康成まで、日本の歴史を彩った英雄・偉人たち５００人の、亡くなった時の状況（９種のアイコンで示す）、生年、歿年、享年、終焉の地、墓所、人物略歴を、歿年月日順に、一人につき１ページで簡潔にまとめたものである。人物の選定にあたっては、基本的には高校の日本史教科書に登場する人物を取り上げたが、戦国・織豊期と幕末維新期については、その限りではない。また、著名な人物であっても、終焉の地が特定できない場合、あるいは特定できている場合でも、例えば江戸城で歿した歴代の徳川将軍家などは収録を見合わせた。

一、当該人物が亡くなった時の状況がひと目でわかるよう、暗殺・討死・自刃・自殺・処刑・獄死・病死・老衰・その他、の９種のアイコンで示した。暗殺には謀殺・誅殺の類いも含み、襲撃された際の傷が原因で後日に亡くなった場合でも暗殺に分類した。自刃は、刀や槍を使って自死した場合、自殺はそれ以外の方法で自死した場合に用いた。その他は、どれにも当てはまらない場合に用いている。

一、生年・歿年については、諸説があって定説を見ない人物もいるが、全くわからない場合は不詳とし、それ以外は『国史大辞典』（吉川弘文館）など歴史辞事典類の記述に準じた。

一、享年は、数え年を採用しているため、満年齢とは1〜2歳の誤差がある。

一、終焉の地については、当該人物が亡くなった（亡くなったと思われる）当時の場所や建物名を記し、その後ろに現行地名や丁目・番地、現在その場所に建っている施設名、終焉地碑の有無などを括弧書きで付した。ただし、終焉の地が、現在は個人宅（私有地）、あるいは立ち入り禁止の場合もあるので、訪問などの際にはご注意願いたい。なお、地名の表記については、東京23区は区名から、政令指定都市（現在、全国に20市）および県名と市名が同じ自治体（例えば、秋田県秋田市や高知県高知市など）は市名からの表記とした。

一、墓所については、当該人物の墓所として代表的な寺院や場所を挙げ、首塚や供養塔、廟所などの注記も付した。

一、人物略歴については、巻末に掲げた主要参考文献の記述などをもとに作成した。

崇仏論争に敗れて滅亡

物《ものの》部《べの》守《もり》屋《や》

享年
？

生年 不詳
歿年 用明2年（587）7月
墓所 大阪府八尾市東太子、大聖勝軍寺近く

終焉の地 物部守屋の館付近（大阪府東大阪市衣摺）

有力な軍事氏族である物部氏の出身。出生地は不詳。物部尾《お》興《こし》の子で、母が弓《ゆ》削《げ》氏の出身のため、物部弓削守屋とも名乗る。

敏《び》達《たつ》天皇の即位に伴い、大連《おおむらじ》に任じられる。仏法の受容を認めない排仏派の立場にあり、崇仏派の大臣《おおおみ》・蘇我《そがの》馬《うま》子《こ》と激しく対立した。疫病が流行すると、馬子が仏教を信仰しているせいだと非難し、馬子との確執を深める。

用明2年（587）4月2日、病に罹った用《よう》明《めい》天皇が三宝（仏法）を信奉したいと欲して群臣に議するよう詔したため、守屋は朝廷を去り、阿《あ》都《と》（河内国）へと退いて孤立していく。

用明天皇が崩御すると、守屋は穴《あな》穂《ほ》部《べの》皇《おう》子《じ》を皇位に就けようと図るが、敏達大后額《ぬ》田《かた》部《べの》皇女《ひめみこ》（のちの推《すい》古《こ》天皇）を奉じた馬子が穴穂部皇子を誅殺。馬子は守屋を滅ぼすことを決め、厩《うまや》戸《ど》皇子や諸豪族を率いて河内渋川郡（大阪府東大阪市衣摺）の守屋の館へ向かい、両者は雌雄を決することになる。丁《てい》未《び》の乱である。

守屋は木の枝間によじ登り、雨のように矢を射かけ、馬子の軍勢を退却させることに成功。馬子らの攻撃を三度にわたって撃退した。しかし軍を立て直して進軍した馬子らに、やがて追い詰められる。守屋は大木に登ったところを、迹《と》見《みの》赤檮《いちい》に射落とされ、殺された。さらに守屋の子らも殺害され、物部軍は敗北して逃げ散った。

宮廷クーデターにより暗殺

崇《す》峻《しゅん》天《てん》皇《のう》

享年 ?

生年 不詳

歿年 崇峻5年（592）11月3日

墓所 崇峻天皇陵（奈良県桜井市倉橋）

終焉の地 倉梯柴垣宮（奈良県桜井市大字倉橋）

欽明《きんめい》天皇の第十二皇子。母は蘇我稲目《そがのいなめ》の娘で、推古《すいこ》天皇らの異母弟にあたる。大和国（奈良県）で出生した。

仏教の受け入れを巡って蘇我氏と物部《もののべ》氏の対立が深まる中、用明《ようめい》天皇の病死後、大臣《おおおみ》の蘇我《そがの》馬子《うまこ》に推薦され、即位した。この時、大連《おおむらじ》の物《ものの》部守屋《べのもりや》が即位させようとした穴穂部皇子《あなほべのおうじ》は、馬子に殺され、その後、馬子が物部守屋を討ち、物部氏は没落してしまった。こうして欽明天皇以来の崇仏・廃仏論争に決着がついた。

崇峻天皇は、法興寺《ほうこうじ》（飛鳥寺《あすかでら》）や四天王寺《してんのうじ》などの造寺事業を積極的に行った。しかし即位後も、政治の実権を馬子が握っていることに、天皇は不満を募らせていく。

崇峻5年（592）10月4日、猪を献上された天皇は、「いつかこの猪の首を斬るように、自分が憎いと思っている者を斬りたいものだ」と独り言を漏らした。それを知った馬子は、天皇が自分を嫌っていると警戒。「東国の調を献上する」との口実で天皇を儀式に出席させ、東漢駒《やまとのあやのこま》に暗殺させた。崇峻天皇は死亡した当日に葬られ、陵地・陵戸も存在しない。口封じのためだろうか、天皇を暗殺した東漢駒は、後日、馬子に殺害されている。まさに周到に練られた暗殺計画であり、日本史上、唯一確定している「王殺し」である。

雨降る庭に打ち捨てられた死体

蘇《そ》我《がの》入《いる》鹿《か》

享年
？

生年 不詳
歿年 皇極4年（645）6月12日
墓所 飛鳥寺（首塚。奈良県高市郡明日香村）

終焉の地 飛鳥板蓋宮の大極殿（奈良県高市郡明日香村岡）

大和国（奈良県）で生まれたとされ、大臣《おおおみ》の蘇我蝦夷《そがのえみし》を父に持つ。幼少期の詳しいことはわかっていない。

皇極元年（642）、皇極《こうぎょく》天皇が即位すると、父と共に国政を主導。翌2年10月6日には、父から大臣を譲られた。さらに入鹿は、蘇我氏の縁の強い古人大兄皇子《ふるひとのおおえのおうじ》を即位させようと、聖徳《しょうとく》太子《たいし》の皇子である山背大兄王《やましろのおおえのおう》らを自殺に追い込んだ。これを知った蝦夷は、やがて身を滅ぼすことになると恐れ叱ったという。

その後も権力を強め、甘樫丘《あまかしのおか》(奈良県明日香村)に「上の宮門」「谷の宮門」という邸宅を築き、畝傍山《うねびやま》に本拠地を置いて皇室行事を独断で代行するなど、まるで天皇のように振る舞う専横ぶりだった。

皇極4年6月12日、入鹿は儀式に参加するため入朝した。蘇我石川麻呂《そがのいしかわまろ》が上表文を読み上げるが、その声が震えている。不審に思った入鹿がその理由を問うた時、長槍を持った中大兄皇子《なかのおおえのおうじ》が殿側から躍り出てきた。さらに佐伯子麻呂《さえきのこまろ》・葛城稚犬養網田《かずらきのわかいぬかいのあみた》が出てきて刀を振り下ろし、入鹿の頭と肩、片脚を斬って殺害した。大雨が降って水が溢れた庭に、入鹿の死体は投げ捨てられ、障子で覆いをかけられた。これらは蘇我氏を排斥すべく、中大兄皇子と中臣鎌子《なかとみのかまこ》（鎌足《かまたり》）が仕組んだものであった。

炎と共に消えた蘇我氏の権勢

蘇《そ》我《がの》蝦《えみ》夷《し》

享年
？

生年 不詳
歿年 皇極4年（645）6月13日
墓所 小山田遺跡（伝。奈良県高市郡明日香村）

終焉の地 自邸（奈良県高市郡明日香村川原地先、甘樫丘東麓遺跡か？）

『日本書紀《にほんしょき》』に蘇我蝦夷と記される。通称は豊浦大臣《とゆらのおおおみ》。父は蘇我馬子《そがのうまこ》、母は物部守屋《もののべのもりや》の妹・太媛《ふとひめ》。

大臣《おおおみ》として権勢を振るい、推古《すいこ》天皇崩御後の、皇位継承者の選定にあたり、推古天皇の遺勅として田村皇子《たむらのおうじ》を舒明《じょめい》天皇として即位させ、対立候補の山背大兄王《やましろのおおえのおう》を推薦した叔父の境部摩理勢《さかいべのまりせ》を殺害した。舒明天皇の崩御後は皇極《こうぎょく》天皇を擁立し、子の入鹿《いるか》と共に独裁体制を強めた。

山背大兄王の私民を使役して自らの墓所を造らせ、あるいは入鹿に紫冠を授けて大臣と擬し、屋敷を宮上の門と呼ばせるなど、自らを大王《おおきみ》に擬する行為があった。こうした行為が反感を買い、皇極4年（645）6月12日、入鹿は暗殺された。入鹿の暗殺を知った漢直《あやのあたい》の一族は、蘇我氏の館に参集したが、中大兄皇子《なかのおおえのおうじ》が巨勢徳陀《こせのとこた》古《こ》を派遣して説得すると、退散してしまった。味方を失った蝦夷は、翌13日、館に火を放ち、『天皇記』、『国記《こっき》』などの珍宝もろとも、炎の中に消えていった。こうして朝廷で長年の権勢を誇った蘇我本宗家は滅びたのであった。

翌日、軽皇子《かるのみこ》が孝徳《こうとく》天皇として即位し、中大兄皇子は皇太子となり、阿倍内麻呂《あべのうちまろ》を左大臣、蘇我倉山田石川麻呂《そがのくらのやまだのいしかわのまろ》を右大臣、中臣鎌足《なかとみのかまたり》を内臣《うちつおみ》に任じ、のちに「大化改新」と呼ばれる改革を断行するのである。

栄華を誇った名門藤原氏の祖

藤《ふじ》原《わらの》鎌《かま》足《たり》

享年 56

生年　推古22年（６１４）

歿年　天智８年（６６９）10月16日

墓所　阿武山古墳（伝。大阪府茨木市安威と高槻市奈佐原の境）

終焉の地　陶原館（京都市山科区勧修寺東栗栖野町42、中臣遺跡）

大和高市《たかいち》郡藤原《ふじわら》（奈良県橿原市）に生まれる。大原《おおはら》（奈良県明日香村）や常陸鹿島《かしま》（茨城県鹿嶋市）とする説もある。

早くから中国の史書に関心を持ち、『六韜《りくとう》』を暗記。隋《ずい》・唐《とう》に留学していた南淵請安《みなぶちのしょうあん》が塾を開くと、そこで儒教を学び、蘇我入鹿《そがのいるか》と共に秀才とされた。

密かに蘇我氏体制打倒の意志を固めた鎌足は、擁立すべき皇子を探して、初めは軽皇子《かるのみこ》（のちの孝徳《こうとく》天皇）に、やがて中大兄皇子《なかのおおえのおうじ》に近づいた。また、蘇我一族内部の対立に乗じて、蘇我倉山《そがのくらのやま》田石川麻呂《だのいしかわのまろ》を味方に引き入れた。

こうして準備を整えた鎌足は、皇極４年（６４５）、中大兄皇子や石川麻呂らと協力して、当時政権を握っていた蘇我入鹿を暗殺、入鹿の父蘇我蝦夷《えみし》を自殺に追いやった（乙巳《いっし》の変）。この功績から、鎌足は内臣《うちつおみ》に任じられ、軍事指揮権を握り、大化改新を推進しようとする中大兄皇子の側近として、出世を重ねていった。

その死の直前である天智８年（６６９）、天《てん》智《じ》天皇が病気の鎌足を見舞うと、「生きては軍国に務無し（私は軍略で貢献できなかった）」と嘆いた。白村江《はくすきのえ》の戦いにおける軍事的・外交的敗北の責任を痛感しての言葉であろうか。天智天皇から大織冠《たいしょくかん》を授けられ、内大臣《ないだいじん》に任じられ、「藤原」の姓を賜った翌日、死去した。

壬申の乱に敗れて自殺

大《おお》友《ともの》皇《おう》子《じ》

享年 25

生年 大化4年（648）
歿年 天武元年（672）7月23日
墓所 長等山前陵（滋賀県大津市御陵町）

終焉の地 山前（滋賀県大津市園城寺町、京都府乙訓郡大山崎町など諸説あり）

天智《てんじ》天皇の第一皇子で、母は伊賀（三重県）の豪族出身と思われる伊賀采女宅子娘《いがのうねめやかこのいらつめ》。天智10年（671）24歳の時、太政大臣《だじょうだいじん》に任じられる。この太政大臣任命は、天智天皇が後継者を大友皇子に定めたことの表れであった。天智天皇の弟大海人皇子《おおあまのみこ》は出家し、吉野宮（奈良県吉野町）に下った。

ところが、翌年に天智天皇が亡くなると、吉野に退いた大海人皇子が挙兵。美濃（岐阜県）を拠点に、東海道・東山道の諸国から兵を動員し、大和と近江の二方面に送り出した。大友皇子ら近江朝廷側も、周辺から兵を集めて応戦。しかし近江朝廷軍は苦戦を強いられ、瀬田橋《せたばし》の戦い（滋賀県大津市唐橋町）で大敗。追い詰められた大友皇子は、その翌日に首を吊って自殺した。これが天武元年（672）6月に発生した壬申《じんしん》の乱である。翌年2月、大海人皇子は飛鳥浄御原宮《あすかのきよみはらのみや》を造って即位した。

壬申の乱の原因には、皇位継承紛争、白村江《はくすきのえ》の敗戦、額田王《ぬかたのおおきみ》を巡る不和など諸説が挙げられているが、詳細は不明である。

なお天智天皇の死後、大友皇子が即位したかどうかは定かでなく、現在も論争になっている。しかし、明治政府は天皇としての即位があったはずだとして、明治3年（1870）に弘文《こうぶん》天皇と追諡《ついし》している。

持統天皇に謀殺された皇子

大《おお》津《つの》皇《おう》子《じ》

終焉の地　**自邸（奈良県桜井市戒重557、春日神社）**

享年
24

生年　天智2年（663）
歿年　朱鳥元年（686）10月3日
墓所　二上山（奈良県葛城市加守）
鳥谷口古墳（奈良県葛城市染野）

九州博多《はかた》の那大津《なのおおつ》で、天武《てんむ》天皇の第三皇子として生まれる。母の大田皇女《おおたのひめみこ》は天智《てんじ》天皇の第一皇女で、同じ父母を持つ妹に鸕野讃良皇女《うののさららのひめみこ》（のちの持統《じとう》天皇）がいる。大田皇女は天智天皇の皇后になり得た存在であったが、大津皇子が4歳の頃に死去しており、鸕野讃良皇女を母に持つ異母兄の草壁皇子《くさかべのおうじ》が皇太子となった。

政治的な後ろ盾は弱かったが、幼い頃から文武に長じ、彼に心服する者も多く、天武天皇にも愛されていたという。天武12年（683）2月、大津皇子が朝廷の政治に参加すると、草壁皇子側は危機感を抱いた。

朱鳥元年（686）9月、天武天皇が崩御すると、大津皇子が新羅《しらぎ》僧の行心《ぎょうしん》らにそそのかされて謀反を企てていると、友人・川島皇子《かわしまのおうじ》の密告があった。10月2日、大津皇子は謀反の嫌疑によって逮捕され、その翌日に磐余《いわれ》（奈良県桜井市）にある訳語田《おさだ》の自邸で自害した。妃の山《やまの》辺皇女《べのひめみこ》も、大津皇子の死を悲しみ殉死した。

謀反計画の有無や、その内容については、史料も少なく諸説がある。しかし、この時逮捕された30余人のうち、行心ら2名を除く全員が赦免されており、謀反計画があったこと自体は間違いない。そして、この動向を事前に察知した鵜野讃良皇后らが、大津皇子抹殺のために利用したと考える説が、現在は有力である。

讒言によって自殺した親王

長屋王《ながやおう／ながやのおおきみ》

終焉の地　**自邸（奈良市二条大路南1―3―1、案内板あり）**

享年 46

生年　天武13年（684）
没年　神亀6年（729）2月12日
墓所　奈良県生駒郡平群町

天武《てんむ》天皇の第一皇子・高市皇子《たけちのみこ》を父に、天智《てんじ》天皇の皇女・御名部皇女《みなべのひめみこ》を母に持つ。嫡流に非常に近い皇親《こうしん》であり、養老2年（718）、長屋王は非参議《ひさんぎ》から大納言《だいなごん》に任ぜられ、太政官《だじょうかん》で右大臣の藤原不比等《ふじわらのふひと》に次ぐ地位を占める。養老4年不比等が死去すると右大臣に、神亀元年（724）聖武《しょうむ》天皇が即位すると左大臣に任命され、政界を主導すると共に、有力な皇位継承者となっていった。

これを快く思わなかったのが、不比等の4人の息子たち（武智麻呂《むちまろ》、房前《ふささき》、宇合《うまかい》、麻呂《まろ》）であった。不比等の死後、不比等の娘で聖武天皇の生母である藤原宮子《みやこ》の称号を巡って衝突するなど、両者は対立するようになる。

神亀6年（729）2月、長屋王が「国家を傾けんと欲す」との密告を受けて、藤原宇合ら率いる軍勢が長屋王の邸宅を包囲。糾問の果てに長屋王は服毒自殺し、その妃・吉備内親王《きぼのないしんのう》と子の膳夫王《かしわでのおおきみ》らも縊死《いし》した。世に言う長屋王の変である。しかし、この密告は讒言《ざんげん》であった。

奈良市二条大路南にそごう百貨店を建設するにあたって、予定地で発掘調査が行われ、奈良時代の貴族邸宅址と4万点に及ぶ木簡《もっかん》群が発見された。昭和63年（1988）には「長屋親王」の文字が入った木簡が発見され、ここが長屋王の邸宅であったことが判明した。

病　死

民を救い続けたあとの往生

行《ぎょう》基《き》

享年
82

生年　天智7年（668）
歿年　天平21年（749）2月2日
墓所　竹林寺（奈良県生駒市有里町）

終焉の地　喜光寺（奈良市菅原町508、菅原寺とも）

河内大鳥《おおとり》郡（大阪府堺市西区家原寺町）に生まれる。生家は、のちに行基によって家原寺《えばらじ》に改められている。

天武11年（682）15歳で出家。飛鳥寺《あすかでら》で法《ほっ》相宗《そうしゅう》などの教学を学び、集団を形成して近畿地方を中心に貧民救済・治水・架橋などの社会事業に従事した。しかし、寺の外で活動することは僧尼令に違反するものであり、また民衆を煽動していると疑われたことから、霊亀3年（717）4月23日、行基の活動を禁圧する詔《みことのり》が出される。それでも行基は、地方豪族などと結びついて活動を広範に展開し、三世一身法《さんぜいっしんのほう》が発布されると墾田《こんでん》開発や灌漑《かんがい》事業に取り組んでいった。やがて朝廷も行基の活動を認め、むしろその技術力や動員力を利用した。

天平12年（740）東大寺大仏の建立を発願した聖武《しょうむ》天皇は、行基と会見。3年後、行基を大仏造営の勧進《かんじん》に起用している。この功績によって、天平17年に朝廷から仏教界における最高位である「大僧正《だいそうじょう》」の位を贈られた。これは行基が日本で最初である。

大仏造営中の天平21年、喜光寺《きこうじ》（菅原寺）で入滅。往生院《おうじょういん》で荼毘《だび》に付され、竹林寺《ちくりんじ》（ともに奈良県生駒市）に遺骨が奉納された。朝廷から菩薩《ぼさつ》の諡号《しごう》を授けられたため、「行基菩薩」とも呼ばれるようになった。

座禅を組んだまま息を引き取る

鑑《がん》真《じん》

終焉の地　唐招提寺（奈良市五条町13—46）

享年
76

生年　垂拱4年（６８８）
歿年　天平宝字7年（７６３）5月6日
墓所　唐招提寺（奈良市五条町）

唐《とう》の揚州江陽県《ようしゅうこうようけん》に生まれる。唐での鑑真は、南山律宗《なんざんりっしゅう》の継承者として、４万人以上の人々に授戒《じゅかい》を行ったとされる高僧であった。

揚州大明寺《だいめいじ》の住職であった７４２年、日本から唐に渡った僧・栄叡《ようえい》、普照《ふしょう》らから、戒律《かいりつ》を日本へ伝えて欲しいと懇請される。鑑真は弟子に「日本へ渡るつもりがないか」尋ねたが、立候補する者がなかったため、自ら渡日することを決意。皇帝の反対を押し切って、弟子と共に日本への渡海を試みた。当時の航海技術では、日本へ渡ることは命がけであり、鑑真の渡海もことごとく失敗、その最中に失明してしまう。それでも諦めず、天平勝宝5年（７５３）12月20日、仏舎利《ぶっしゃり》を携えた鑑真は、ついに薩摩坊津《ぼうのつ》の秋目《あきめ》（鹿児島県南さつま市）に到着した。２人の僧との出会いから実に10年、６回に及ぶ渡航の末であった。12月26日、鑑真は大宰府観世音寺《だざいふかんぜおんじ》に隣接する戒壇院《かいだんいん》で初の授戒を行った。翌年１月には平城京で聖武上皇《しょうむじょうこう》の歓待を受け、のち東大寺に居住。東大寺大仏殿に戒壇を築き、上皇から僧尼まで４００名に菩薩戒《ぼさつかい》を授けた。

天平宝字3年（７５９）、新田部親王《にいたべしんのう》の旧邸宅跡を与えられ、唐招提寺《とうしょうだいじ》を創建。ここに戒壇を設置する。その4年後、同寺で死去した。その死を惜しんだ弟子の忍基《にんき》が製作した鑑真彫像が、日本最古の肖像彫刻とされている。

処刑

藤《ふじ》原《わらの》仲《なか》麻《ま》呂《ろ》

女帝と対立し乱を起こすも斬首

享年 59

生年 慶雲3年（706）
歿年 天平宝字8年（764）9月18日
墓所 不詳

終焉の地 勝野の鬼江（滋賀県高島市勝野打下、乙女ヶ池付近）

藤原《ふじわらの》不比等《ふひと》の嫡男で藤原南家《なんけ》の祖、藤原武智《むち》麻呂《まろ》の次男として生まれる。

天平15年（743）参議《さんぎ》に任ぜられて公卿に列する。叔母にあたる光明皇后《こうみょうこうごう》の信任を得て勢力を伸ばし、左大臣・橘《たちばなの》諸兄《もろえ》と対立。天平勝宝元年（749）、孝謙《こうけん》天皇が即位すると、仲麻呂は異例の出世を遂げて、諸兄を圧倒する。

天平勝宝8年、聖武上皇《しょうむじょうこう》の死後に、仲麻呂は皇太子道祖王《ふなどおう》を退け、大炊王《おおいおう》を立太子させる。そして橘諸兄の子・奈良麻呂《ならまろ》の反乱計画を抑え、朝廷の実権を掌握した。

天平宝字2年（758）8月、孝謙天皇が譲位すると大炊王を淳仁《じゅんにん》天皇として即位させ、その下で中男《ちゅうなん》・正丁《しょうてい》の年齢繰上げや雑徭《ぞうよう》の半減などの徳治政策、官名を唐風に改称させるなど唐風政策を推進した。自身は太保《たいほ》（右大臣）となり、名前も恵美押勝《えみのおしかつ》と改めた。

天平宝字4年、仲麻呂は皇族以外で初めて太《たい》師《し》（太政大臣）という極位極官に昇った。しかし同年、光明皇太后が死去し、大きな打撃を受ける。さらに、孝謙上皇が道鏡《どうきょう》を寵愛するようになると、危機感を覚えた仲麻呂は、天平宝字8年に反乱を企てるも失敗。平城京を脱出し、近江高島郡三尾《みお》で最後の抵抗をするが敗北する。琵琶湖に舟を出して逃亡しようとしたが、捕えられて妻子と共に斬殺された。

道《どう》鏡《きょう》

左遷され、葬儀は庶民の格式

享年 ？

生年 不詳

歿年 宝亀3年（772）

墓所 龍興寺（塚。栃木県下野市薬師寺）

終焉の地 下野薬師寺（栃木県下野市薬師寺1635）

河内若江郡《わかえ》（大阪府八尾市）で、物部《もののべ》氏の一族弓削《ゆげ》氏に生まれる。若い頃に大和葛城山《かつらぎさん》へ入って如意輪法《にょいりんぼう》を修して、験力を得たとされる。天平宝字5年（761）、平城宮改修にあたって、近江（滋賀県）保良宮《ほらのみや》へ都が一時的に移された際、病を患った孝謙上皇《こうけんじょうこう》を看病し、治癒したことで寵愛を受ける。孝謙上皇は、淳仁《じゅんにん》天皇と彼の背後にいた藤原仲麻呂《ふじわらのなかまろ》（恵美押勝《えみのおしかつ》）と、このことを巡って対立を深めていく。

天平宝字8年、藤原仲麻呂が反乱を起こして誅殺されると、前年に少僧都《しょうそうず》であった道鏡は、太政大臣禅師《だじょうだいじんぜんし》に任ぜられた。孝謙上皇は淳仁天皇を排し、称徳《しょうとく》天皇として重祚《じゅうそ》。道鏡はその片腕として、天平神護元年（765）には僧籍のまま太政大臣、翌年には法王《ほうおう》となる。称徳天皇の寵愛を一身に受けた道鏡は、政治にしばしば介入し、ついには皇位簒奪《さんだつ》を目論む。

神護景雲3年（769）5月、道鏡の弟で大《だ》宰帥《ざいのそち》の弓削浄人《ゆげのきよひと》らが、豊後の宇佐八幡宮《うさはちまんぐう》から「道鏡を皇位に就かせたならば天下は泰平である」との神託《しんたく》があったと奏上した。しかし、勅使として宇佐八幡宮に参向した和気清麻呂《わけのきよまろ》が、この神託を虚偽であると上申したことで、道鏡の計画は阻まれた。翌4年に称徳天皇が崩御すると、道鏡は造下野薬師寺別当《ぞうしもつけやくしじべっとう》に左遷され、赴任地で歿した。死に至る詳細は不明。

その他

出世の遅れが歌心を育てた

大《おお》伴《ともの》家《やか》持《もち》

享年
69

生年 養老元年（717）？
歿年 延暦4年（785）8月28日
墓所 不詳

終焉の地 多賀城（宮城県多賀城市市川立石）※諸説あり

大納言《だいなごん》大伴旅人《おおとものたびと》の嫡男として生まれる。大伴氏の氏長《うじのおさ》であったが、政界の著しい変動の中で、不遇な人生を送ることになった。

天平18年（746）6月、越中守《えっちゅうのかみ》に任ぜられた家持は、天平勝宝3年（751）に少納言《しょうなごん》として帰京するまで越中（富山県）に5年間在任。天平宝字2年（758）、今度は因幡守《いなばのかみ》として因幡（鳥取県）に赴任する。さらに天平宝字8年、藤原仲麻呂《ふじわらのなかまろ》の暗殺計画に関与したことで、薩摩《さつまの》守《かみ》に左遷されるなど、都と地方を目まぐるしく行き来している。また、越中守在任中の天平勝宝元年に従五位《じゅごい》になったのち、正五位下《しょうごいのげ》に進むまで21年も要するなど、昇進の遅さにも彼の朝廷での立場が表れている。

そんな彼の名を後世に伝えるのは、『万葉集《まんようしゅう》』の編纂者であり、最多作者だということだろう。『万葉集』全歌数4516首の一割にあたる473首が家持の歌であり、しかもその半分は越中滞在中の5年間に詠まれている。地方での生活が、彼の創作意欲を掻き立てたのだ。

死去時の家持は、陸奥按察使持節征東将軍《むつあぜちじせつせいとうしょうぐん》として陸奥国に滞在していたとも、遥任の官として在京していたともされる。直後に、藤原種継《ふじわらのたねつぐ》の暗殺事件が発生、家持も関与を疑われ、除名処分を受けた。罪を赦され従三位《じゅさんみ》に復されたのは、延暦25年（806）のことである。

病　死

最澄《さいちょう》

日本で初めて大師の諡号を受ける

享年
56

生年　神護景雲元年（７６７）8月18日
歿年　弘仁13年（８２２）6月4日
墓所　延暦寺東塔西谷浄土院（廟所。滋賀県大津市坂本本町）

終焉の地　延暦寺中道院（滋賀県大津市坂本本町４２２０）

近江滋賀《しが》郡古市郷《ふるちごう》（滋賀県大津市坂本）に生まれる。国分寺《こくぶんじ》（大津市石山）で修行をして14歳で得度《とくど》、最澄と名を改める。延暦4年（７８５）に東大寺で具足戒《ぐそくかい》を受け、国家公認の僧となったあとも比叡山《ひえいざん》で修行する。そして、より深く天台教学を学ぶべく、遣唐使《けんとうし》に随って唐《とう》に渡った。帰国後の延暦25年、天台宗《てんだいしゅう》を開く。なお、共に入唐した空海《くうかい》とは一時交流するも仲違いし、その仲は険悪になったという。

　最澄の最大の望みは、「すべての人が仏に成れる」という天台の教えを日本に広め、誰もが「国の宝」になることだった。そのため、比叡山に大乗戒壇《だいじょうかいだん》を建立したいと願い出たが、奈良の僧侶たちの猛反対に遭い、認可されなかった。

　最澄は死に臨み、弟子たちに「我がために仏を作ることなかれ、我がために経を写すことなかれ、我が志を述べよ」と遺誡、大乗戒壇の設立を強く願い、比叡山の中道院において寂滅。その7日後、弟子の尽力や藤原冬嗣《ふじわらのふゆつぐ》らの援助によって、嵯峨《さが》天皇から大乗戒壇設立の勅許が下った。さらに、嵯峨天皇からは「延暦寺」の寺号が、清和《せいわ》天皇からは「伝教大師《でんきょうだいし》」の諡号《しごう》が贈られているが、年号を寺号にしたのも、大師号を授かったのも、最澄が日本で初めてである。命日である6月4日には、延暦寺をはじめ各地の天台宗寺院で「山家会《さんげえ》」が行われている。

予告通りの日時に入滅
空《くう》海《かい》

享年
62

生年 宝亀5年（774）
歿年 承和2年（835）3月21日
墓所 金剛峯寺奥之院（廟所。和歌山県高野町）

終焉の地 高野山（和歌山県伊都郡高野町高野山）

讃岐多度《たど》郡屏風浦《びょうぶがうら》（香川県善通寺市）で生まれたとされる。15歳で上京、18歳で大学に入るが退学。出家を決意し、山林修行を始める。得《とく》度《ど》して空海と名乗る時期には諸説あるが、入唐直前との説が有力である。延暦23年（８０４）31歳の時、遣唐使《けんとうし》の留学生《るがくしょう》として入唐。密教《みっきょう》の図像や教典を携えて、2年後に帰国した。

「虚しく往きて実ちて帰る」の言葉に表れるように、唐への留学が無名の僧侶だった空海を真言宗《しんごんしゅう》の祖にした。弘仁7年（８１６）、嵯峨《さが》天皇から高野山《こうやさん》を下賜された空海は高野山の開創に着手し、伽藍《がらん》を建立。また京の東寺《とうじ》（教王《きょうおう》護国寺《ごこくじ》）を与えられ、ここを京における真言密教の根本道場に定めた。

書にも長《た》けており、同時代の嵯峨天皇、橘《たちばなの》逸勢《はやなり》と並んで三筆《さんぴつ》の一人として名高い。中国では五筆和尚《ごひつわじょう》、日本では入木道《じゅぼくどう》の祖と言われ、書流は大師流《だいしりゅう》と称された不世出の能書家である。

承和2年（８３５）、高野山で入定。なお、真言宗ではその入定を死ではなく禅定《ぜんじょう》に入っているものとし、高野山奥之院で禅定を続けているとされる。また、延喜21年（９２１）に醍醐《だいご》天皇から「弘法大師《こうぼうだいし》」の諡号《しごう》が贈られ、以後は「お大師さん」として人々に親しまれている。弘法大師に関する伝説は、北海道を除く日本各地に５０００以上もあるとされる。

冤罪で死んだ「書の三筆」の一人
橘《たちばなの》 逸《はや》勢《なり》

享年 ?

生年 不詳

歿年 承和9年（842）8月13日

墓所 伝墓（浜松市北区三ヶ日町）

終焉の地 板築駅（浜松市北区三ヶ日町日比沢423付近）※諸説あり

延暦23年（804）に最澄《さいちょう》・空海《くうかい》らと共に遣《けん》唐使《とうし》として唐《とう》に渡るが、それ以前のことはよくわからない。書は柳宗元《りゅうそうげん》に学び、唐では「橘秀《きつしゅう》才《さい》」と賞賛されたという。嵯峨《さが》天皇・空海と共に三筆《さんぴつ》に数えられる能書家として知られる。

承和7年（840）、但馬権守《たじまごんのかみ》に任ぜられる。しかし、老病を理由に出仕しなかった。事件が起こったのは、その2年後のことである。嵯峨上皇《じょうこう》が歿した2日後の承和9年7月17日、皇太子・恒貞親王《つねさだしんのう》を立てて謀反を企てているとの疑いで、逸勢は伴健岑《とものこわみね》らと共に捕縛された。拷問に耐えて無実を訴えたが、仁明《にんみょう》天皇から謀反人であるとの詔勅《しょうちょく》が出され、逸勢は姓を「非人」と改めた上で、伊豆に配流されることになった。承和《じょうわ》の変である。

伊豆への護送途中、逸勢は遠江板築《ほうづき》（浜松市北区三ヶ日町）で病歿した。逸勢を追ってきた娘が父を埋葬し、尼となって同地で菩提を弔い続けたという。死後、逸勢は罪を許され、仁寿3年（853）には従四位下《じゅしいのげ》が贈られている。さらに無実の罪で死亡したとして怨霊になったと考えられ、貞観5年（863）の御霊会《ごりょうえ》では文屋宮田麻呂《ふんやのみやたまろ》・早良親王《さわらしんのう》などと共に祀られた。現在も、上御霊《かみごりょう》神社（京都市上京区）と下御霊《しもごりょう》神社（京都市中京区）で「八所御霊《はっしょごりょう》」の一柱として祀られている。

病死

夜ごとに閻魔大王の補佐をした

小《お》野《のの》篁《たかむら》

享年 51

生年 延暦21年（802）

歿年 仁寿2年（852）12月22日

墓所 京都市北区紫野西御所田町

終焉の地 自邸（京都市中京区西ノ京冷泉町44付近）

延暦21年（802）に生まれる。小野妹子《おののいもこ》の子孫である。遣唐副使《けんとうふくし》に任ぜられ、承和3年（836）から翌年にかけて2回出帆するが、いずれも失敗。三度目の航海では乗船を拒否。遣唐使事業を風刺する漢詩を作り、嵯峨上皇《さがじょうこう》の怒りを買って、官位剥奪の上で隠岐《おき》（島根県隠岐郡）へ流された。

罪を赦されて平安京に帰ったのは、承和7年のことであった。翌年、文才に優れていることを理由に本位《ほんい》（正五位下《しょうごいのげ》）に復され、承和《じょうわ》の変により道康親王《みちやすしんのう》（のち文徳《もんとく》天皇）が立太子されると、その東宮学士《とうぐうがくし》となった。

病を理由に辞職し、治癒後に左大弁《さだいべん》へ復帰するが、再び病を得て参朝が困難となった。文徳天皇は篁を深く憐れみ、使者を派遣して病気の原因を調べさせ、金銭や食料を与えた。在宅のまま従三位《じゅさんみ》に叙せられるが、間もなく死去した。

和漢に通じ、『令義解《りょうのぎげ》』の編纂にも深く関与した。一方で弓馬を嗜み、身長六尺二寸（約188cm）の巨漢であったとされる。また、篁は夜ごと井戸を通って地獄に降り、閻魔大王《えんまだいおう》の下で裁判の補佐をしていたともされる。京都市北区には、それぞれ小野篁と紫式部《むらさきしきぶ》の墓と伝わる土饅頭《どまんじゅう》があるが、これも愛欲の物語を書いた罪で地獄に落ちた紫式部を、篁が閻魔大王に取り成したという伝説に基づくものである。

天台宗を発展させた高僧

円《えん》仁《にん》

享年 71

生年 延暦13年（794）
歿年 貞観6年（864）1月14日
墓所 延暦寺東堂（廟所。滋賀県大津市坂本本町）

終焉の地 延暦寺（滋賀県大津市坂本本町4220）

下野都賀《つが》郡の壬生寺《みぶじ》（栃木県下都賀郡壬生町）で、豪族壬生首麻呂《みぶのおびとまろ》の子として生まれたとされる。15歳の時に比叡山延暦寺《ひえいざんえんりゃくじ》へ行き、最澄《さいちょう》に師事。最澄が代講を任せた唯一の弟子である。弘仁6年（815）21歳の時に得度《とくど》し、その2年後に教授師《きょうじゅし》として大乗戒《だいじょうかい》を諸弟子に授けると共に、自らも大乗戒を受ける。最澄の東国巡遊にも従い、故郷下野を訪れている。

最澄の入滅後、唐《とう》への渡航を決意。二度の失敗を経て、承和5年（838）6月13日に九州の博多津《はかたのつ》を出港した円仁は、最後の遣唐使《けんとうし》として、ついに渡唐に成功した。しかし、天台山《てんだいさん》への旅行許可が下りなかったため、代わりに五台《ごだい》山《さん》を巡礼し、日本に伝来していない仏典を書写する。さらに長安《ちょうあん》を訪れ、念願の金剛界曼荼羅《こんごうかいまんだら》を得た。その後、外国人僧の国外追放という予期せぬ形で、日本に帰国した。円仁の唐での様子は、9年6ヶ月に及ぶ日記『入唐求法巡礼行《にっとうぐほうじゅんれいこう》記《き》』に詳しい。

円仁の開山や再興と伝わる寺は全国にあり、関東に209寺、東北に331寺余りあるとされ、浅草寺《せんそうじ》（東京都台東区）や松島瑞巌寺《ずいがんじ》（宮城県宮城郡松島町）などが知られる。貞観6年（864）比叡山にて入定。諡号《しごう》は「慈覚大師《じかくだいし》」。山形立石寺《りっしゃくじ》（山形市）には、円仁の遺骸を安置すると伝える入定窟《にゅうじょうくつ》も存在する。

祟りを畏れられ天神となる
菅《すが》原《わらの》道《みち》真《ざね》

享年
59

生年 承和12年（845）
歿年 延喜3年（903）2月25日
墓所 太宰府天満宮（福岡県太宰府市宰府）

終焉の地 大宰府（福岡県太宰府市宰府4―7―1、太宰府天満宮）

出生地は、奈良とも京とも言われ、諸説ある。幼少より詩歌に才を見せ、文章博士《もんじょうはかせ》となる。阿《あ》衡《こう》事件をきっかけに、藤原氏の専権を抑えて天皇中心の政治を実現しようとする宇多《うだ》天皇の信任を受けて要職を歴任、朝政の中枢にいた。

続く醍醐《だいご》天皇も道真を重用したが、昌泰4年（901）、藤原時平《ふじわらのときひら》の讒言《ざんげん》により、大宰員外帥《だざいいんがいのそち》へ左遷された。衣食もままならない厳しい生活の末、延喜3年（903）大宰府《だざいふ》で死去。薩摩の菅原《すがわら》神社（鹿児島県薩摩川内市東郷町）にも、同地で死去したという伝承がある。

道真の死後、道真の政敵藤原時平が39歳の若さで病死すると、醍醐天皇の皇子も次々に病死。さらに朝議中の清涼殿《せいりょうでん》が落雷を受け、昌泰《しょうたい》の変に関与したとされる朝廷要人に多くの死傷者が出た上に、醍醐天皇も崩御するなど、都に異変が相次いだ。これらを道真の祟りだと恐れた朝廷は、道真の罪を赦し、従二位《じゅにい》大宰権帥《だざいごんのそち》から右大臣に復して、その70年後の正暦4年（993）に正一位《しょういちい》左大臣、太政大臣《だじょうだいじん》を贈った。

道真の怨霊は雷神と結び付けられ、火雷天神《からいてんじん》が祀られていた京の北野《きたの》に北野天満宮《てんまんぐう》を建立して道真の祟りを鎮めようとした。こうして道真を「天神様」として信仰する天神信仰が全国に広まり、さらに道真が生前優れた学者だったことから、学問の神様としても信仰されている。

討死

日本史上最も古い獄門

平《たいらの》 将門《まさかど》

享年 ？

生年 不詳

歿年 天慶3年（940）2月14日

墓所 首塚（千代田区大手町）

終焉の地 石井（茨城県坂東市岩井951、国王神社）

桓武平氏《かんむへいし》の祖高望王《たかもちおう》の三男で鎮守府将軍《ちんじゅふしょうぐん》だった平良将《たいらのよしまさ》（良持《よしもち》とも）の子として生まれる。出生伝承地は、常陸豊田館《とよだやかた》（茨城県常総市向石下）や上総東金（千葉県東金市）などいくつもある。

上京して藤原北家《ふじわらほっけ》の氏長者《うじのちょうじゃ》である藤原忠平《ただひら》に仕えたのち、下総に戻って豊田《とよだ》・猿島《さしま》・相馬《そうま》の3郡（いずれも茨城県）を支配した。承平5年（935）には父良将の遺領配分を巡って一族と争う。承平8年には武蔵権守《むさしごんのかみ》の興世王《おきよおう》と源経基《つねもと》が、武蔵武芝《むさしのたけしば》との紛争に陥った。将門は調停にあたるが、京へ逃げた経基が将門らの謀叛を朝廷に訴えた。さらに常陸国府《こくふ》軍と戦ったことで、将門は国家に反逆したと見なされてしまう。興世王にそそのかされて、関東の諸国を手中に収めた将門は、「新皇」と称して坂東八ヶ国の独立を宣言、下総猿島郡石井《いわい》（茨城県坂東市）に王城の建設を始めた。

天慶3年（940）、平貞盛《さだもり》と藤原秀郷《ひでさと》らの連合軍が進撃し、将門は応戦。当初は優勢だったが、勝ち誇った将門が自陣に引き返す途中、急に風向きが変わり、風を負って勢いを得た連合軍は反撃に転じ、将門は自ら陣頭に立って奮戦するが、飛んできた矢が額に命中して討死した。貞盛の放った矢によって負傷落馬し、秀郷が首級を挙げたとも、秀郷の子千常《ちづね》が将門を射落として首級を挙げたとも言われる。

自ら彫った観音像の前で死去

空也《くうや》

享年 70

生年 延喜3年（903）

歿年 天禄3年（972）9月11日

墓所 西光寺（京都市東山区清水）

終焉の地 西光寺（京都市東山区轆轤町81—1、六波羅蜜寺）

醍醐《だいご》天皇の子とされるが、出生地や詳しい経歴は不明。同時代の公家が書いた伝記によれば、幼少の頃から聖《ひじり》の一人として活動していたという。「南無阿弥陀仏《なむあみだぶつ》」の名号《みょうごう》を唱えながら全国を遍歴し、道路・橋・寺院あるいは井戸を造り、野ざらしの死骸を集めて火葬するなどの社会事業を行い、貴賤を問わず幅広い帰依者《きえしゃ》を得た。市聖《いちのひじり》、阿弥陀聖《あみだひじり》とも呼ばれる。空也という沙弥《しゃみ》名を名乗るのは、尾張国分寺《こくぶんじ》（愛知県稲沢市矢合町）で出家した20余歳の時。その後は播磨（兵庫県）、四国で修行し、奥羽方面へも布教した。天慶元年（938）には京で念仏を広め始め、地方から都市へ活動の場を移す。

天暦2年（948）、比叡山《ひえいざん》で天台座主《てんだいざす》延昌《えんしょう》から受戒《じゅかい》し、光勝《こうしょう》の戒名を与えられるが、その後も沙弥名の空也を自称した。疫病の蔓延する京で、公家や民衆から寄付を募り、十一面観音像や梵天《ぼんてん》・帝釈天《たいしゃくてん》・四天王像《してんのうぞう》を造像。観音像を車に乗せて引きながら歩き、念仏を唱え、病人に茶を振る舞って多くの人を救ったという。天暦4年には、金泥《きんでい》の『大般若経《だいはんにゃきょう》』の書写を始める。これには丸13年が費やされ、応和3年（963）に完成させた。この時、賀茂川《かもがわ》の西に造った宝塔で、左大臣藤原実頼《ふじわらのさねより》らが参加し、盛大な供養が行われた。これが東山西光寺《ひがしやまさいこうじ》（現在の六波羅蜜寺《ろくはらみつじ》）の興りであり、ここで死歿した。

糖尿病で死んだ最大権力者

藤《ふじ》原《わらの》道《みち》長《なが》

享年
62

生年　康保3年（966）
歿年　万寿4年（1027）12月4日
墓所　宇治陵（京都府宇治市木幡南山）

終焉の地　**法成寺九体阿弥陀堂（京都市上京区荒神町荒神口通、旧跡碑あり）**

藤原兼家《ふじわらのかねいえ》の五男として摂関家《せっかんけ》に生まれる。父兼家の死後に関白《かんばく》を継いだ兄道隆《みちたか》と道兼《みちかね》が相次いで死去。その後継の地位を巡って、道隆の子伊周《これちか》と激しく争うが、姉詮子《あきこ》（一条《いちじょう》天皇母后）の推挙によって内覧《ないらん》の地位を得る。のちに右大臣・氏長者《うじのちょうじゃ》、左大臣へと昇進を重ねた。

道長は、自身の権力で長女彰子《あきこ》を一条天皇の、二女妍子《きよこ》を三条《さんじょう》天皇の中宮《ちゅうぐう》にした。三条天皇が眼病を患うと、道長はそれを理由に譲位を迫り、彰子が産んだ敦成親王《あつひらしんのう》を後一条《ごいちじょう》天皇として即位させ、自身は外祖父として摂政《せっしょう》に就任。さらに四女威子《たけこ》を後一条天皇の中宮とし、太皇太后《たいこうたいごう》彰子、皇太后《こうたいごう》妍子、皇后《こうごう》威子の三后の父となった。有名な「この世をば　我が世とぞ思ふ　望月の　かけたることも　なしと思へば」は、威子の立《りっ》后《こう》を祝う宴会で酔った道長が詠んだものである。

晩年は浄土信仰《じょうどしんこう》に傾倒し、壮大な法成寺《ほうじょうじ》（京都市上京区）を建立して居住した。寛仁3年（1019）3月、病気を理由に出家。かなり健康を害していたようで、急激に痩せ、水をよく飲むようになったことから糖尿病を患っていたとされる。背中に腫れ物ができて苦しみ、死期を悟った道長は、自ら建立した九体阿弥陀堂《くたいあみだどう》に入り、九体の阿弥陀如来《あみだにょらい》の手と自分の手とを糸で繋いで北枕西向きに横たわり、念仏を口ずさみ、西方浄土を願いながら往生したという。

病死

反乱が潰えたあとに自首

平《たいらの》忠《ただ》常《つね》

享年 65

生年 康保4年（９６７）
歿年 長元4年（１０３１）6月6日
墓所 しゃもじ塚（岐阜県関ケ原町野上）

終焉の地 野上（岐阜県不破郡関ケ原町大字野上382―1）

関東の有力な武士であった平《たいらの》忠頼《ただより》を父に持つ。前半生は不明。父方の祖父平良文《よしふみ》は武蔵村《むら》岡《おか》（埼玉県熊谷市）に土着し、下総相馬《そうま》郡（茨城県）の大半を所領とした人物で、母方の祖父は平将門《まさかど》である。忠常は祖父や父の地盤を引き継ぎ、常陸（茨城県）、上総（千葉県）、下総（千葉県・茨城県）に広大な所領を有し、上総介《かずさのすけ》（下総権介《しもうさごんのすけ》とする史料もある）、武蔵押領使《おうりょうし》に任官された（ただし、自称説もあり）。強大な武力を背景に、租税も納めないなど、国司《こくし》の命に従わず、傍若無人に振る舞ったとされる。

万寿5年（１０２８）6月、忠常は安房（千葉県）国府《こくふ》を襲い、平惟忠《これただ》を焼き殺した。安房国府を占領した忠常に対し、朝廷は討伐軍として平直方《なおかた》を派遣したが、忠常はこれに抵抗。乱は房総3ヶ国に広まり、約3年間にわたる争いに発展した。いわゆる平忠常の乱である。

長元3年（１０３０）9月、甲斐守源《みなもとの》頼信《よりのぶ》が追討使に任じられた。長期にわたる戦いで忠常方は疲弊しきっており、もはや抵抗する力は残っていなかった。長元4年春、忠常は出家して常安《じょうあん》と称し、子2人と従者を連れて出頭、降伏した。京に連行される途上、美濃野上《のがみ》（岐阜県関ケ原町）で病歿した。頼信は忠常の首を刎ねて帰京し、いったん梟首《きょうしゅ》とされたが、降人《こうにん》の首を晒すべきではないと一族に返上された。

病死

金色堂に眠る奥州藤原の祖

藤《ふじ》原《わらの》清《きよ》衡《ひら》

享年 73

生年　天喜4年（1056）

歿年　大治3年（1128）7月13日

墓所　中尊寺金色堂（岩手県平泉町）

終焉の地　平泉館（岩手県西磐井郡平泉町平泉伽羅楽108－1、柳之御所遺跡）

陸奥の豪族藤原経清《ふじわらのつねきよ》と俘囚長《ふしゅうのちょう》安倍頼時《あべのよりとき》娘の間に生まれ、出生地は豊田館《とよたのたち》（岩手県奥州市江刺区）とされる。前九年《ぜんくねん》の役《えき》で父経清が敗死し、嫡男として処刑されるところを、母が敵将清原《きよはらの》武則《たけのり》の嫡男武貞《たけさだ》に再嫁したため難を逃れた。

武貞には清衡のほか、真衡《さねひら》、家衡《いえひら》とそれぞれ母を異にする子がおり、血族内でいつ内紛が起きてもおかしくない状況にあった。永保3年（1083）、清衡は家衡と共に真衡の本拠地を攻撃したが、真衡を支援する陸奥守《むつのかみ》源義家《みなもとのよしいえ》に敗れて降伏。ところが真衡が急死し、義家の裁定で清原氏の所領を分割相続することになったが、不満を持った家衡は、清衡の屋敷を襲撃して妻子らを皆殺しにする。清衡は義家に助けを求め、最終的には家衡を滅ぼした。この、後三年《ごさんねん》の役《えき》は清原氏の死闘とされ、清衡に恩賞などはなかったが、一族最後の生き残りとして奥六郡《おくろくぐん》（胆《い》沢《さわ》郡、江刺《えさし》郡、和賀《わが》郡、斯波《しば》郡、稗貫《ひえぬき》郡、岩手《いわて》郡。現在の岩手県奥州市から盛岡市にかけての地域）を領することになった。こうして清衡は、実父の姓に復し、奥州藤原氏の祖となる。

清衡は摂関家《せっかんけ》と密接な関係を持ちながら、平《ひら》泉《いずみ》（岩手県平泉町）を中心とする奥州藤原氏4代100年の栄華の基礎を築いた。さらに中尊《ちゅうそん》寺《じ》を創建し、「皆金色《かいこんじき》」の文化を興した。金色《こんじき》堂《どう》落慶の翌年に歿する。

その他

保元の乱で敗死した悪左府

藤《ふじ》原《わらの》頼《より》長《なが》

終焉の地　奈良坂（奈良市般若寺町、般若寺付近）

享年 37

生年　保安元年（1120）5月
歿年　保元元年（1156）7月14日
墓所　相国寺（京都市上京区相国寺門前町）

父は関白藤原忠実《かんぱくふじわらのただざね》、母は藤原盛実《もりざね》の娘で、京で生まれた。のちに兄忠通《ただみち》の養子となる。天承元年（1131）公卿に列し、弱冠17歳で鳥羽《とば》院庁別当《いんのちょうべっとう》・内大臣《ないだいじん》となり、世間を驚かせた。久安5年（1149）左大臣に昇進。近衛《このえ》天皇の外戚として執政《しっせい》の地位を掌握した。また、父忠実の寵愛を受けて氏長者《うじのちょうじゃ》となり、内覧《ないらん》の地位を得て、関白忠通の立場を凌いだ。しかし、次第に朝廷内で孤立を深め、各方面で事件を引き起こし、近衛天皇や鳥羽法皇《とばほうおう》の信頼を失い、遠ざけられるようになる。久寿2年（1155）、近衛天皇が崩御した際、頼長は出仕していなかったが、その間に頼長が天皇を呪咀《じゅそ》して死に至らしめたとの噂が流れた。鳥羽法皇の信任を決定的に失った頼長は、宇治《うじ》（京都府宇治市）に籠居。そのため「宇治左大臣」、あるいは激しい気性から「悪左府《あくさふ》」と呼ばれた。

しかし、保元元年（1156）7月に鳥羽法皇が崩御すると、皇位継承問題や摂関家《せっかんけ》の内紛によって保元《ほげん》の乱が発生、頼長は謀叛人の烙印《らくいん》を押された。勢力の巻き返しを図るべく、崇徳《すとく》上皇《じょうこう》と結び、源為義《みなもとのためよし》らの武士を動員して挙兵。しかし、本拠地に夜襲をかけられ、騎馬で脱出するも、源重貞《しげさだ》の放った矢が首に刺さって重傷を負う。命からがら奈良に逃れて、父忠実に面会を望むも拒まれ、失意の中で力尽きた。

甥の平清盛に処刑される

平《たいらの》 忠《ただ》正《まさ》

享年 ？

生年 不詳
歿年 保元元年（1156）7月28日
墓所 不詳

終焉の地 六波羅（京都市東山区六原学区・鴨川東岸）

平正盛《たいらのまさもり》の子として生まれる。平忠盛《ただもり》の弟であり、平清盛《きよもり》の叔父にあたる。出生地は不詳。初めは父正盛と同じく白河法皇《しらかわほうおう》に仕え、元永2年（1119）、生まれたばかりの顕仁親王《あきひとしんのう》（のちの崇徳《すとく》天皇）の家司《けいし》となった。その後、鳥羽《とば》上皇《じょうこう》によって勘当され、以後は官職に就くこともなく、藤原頼長《ふじわらのよりなが》に仕えて、摂関家《せっかんけ》の家人《けにん》として活動。鳥羽上皇の信任が厚い兄忠盛やその子・清盛とは、早くから不和であったと伝わる。

保元元年（1156）、天皇家・摂関家内部の権力抗争に端を発し、保元《ほげん》の乱が勃発。後白河天皇方が平清盛や源義朝《みなもとのよしとも》らを召集、崇徳上皇方も源為義《ためよし》や忠正らを動員し、武力衝突する。

忠正は手勢を率いて頼長と共に宇治から上洛し、崇徳上皇方の拠点である白河北殿《しらかわきたどの》に立て籠もるが、後白河天皇方に敗北して伊勢（三重県）に逃亡。潜伏したのち、甥の清盛を頼って四人の子らと共に投降した。しかし7月27日に罪名宣旨が下り、翌日、京の六波羅《ろくはら》で清盛の手によって処刑された。『保元物語《ほげんものがたり》』によると、伊勢に逃れた忠正は、死罪はないという話を聞き、出家して清盛の許に出頭したというが、これは僧信西《しんぜい》が謀略によって流した話とされる。

忠正の所領は没収されて院領に編入された。どの所領も小規模で、巨万の富を蓄えた兄忠盛に比べると、極めて弱小だったようである。

嫡男に殺された源氏の棟梁

源《みなもとの》 為《ため》義《よし》

享年 61

生年 永長元年（1096）

歿年 保元元年（1156）7月30日

墓所 供養塔（京都市下京区朱雀裏畑町）

終焉の地 船岡山（京都市北区紫野北舟岡町）※諸説あり

源義親《みなもとのよしちか》の四男として生まれる。出生地は不詳。天仁元年（1108）父義親が平正盛《たいらのまさもり》に追討されたため、叔父源義忠《よしただ》の養子となる。その翌年、義忠が殺害されると、犯行を疑われた源義綱《よしつな》一族を追討。その功で左衛門尉《さえもんのじょう》に任官し、祖父義家《よしいえ》の跡を継いで河内源氏《かわちげんじ》の当主となった。

為義は、白河法皇《しらかわほうおう》から鳥羽《とば》天皇の警護を命じられ、また検非違使《けびいし》として南都《なんと》・北嶺《ほくれい》の強訴《ごうそ》の防御や悪僧追捕などに活躍。しかし乱暴や非法が相次いだため、やがて白河法皇・鳥羽上皇《じょうこう》の信頼を失う。保延元年（1135）、瀬戸内海の海賊追討使の候補に挙がったが、この時も鳥羽上皇が「為義を派遣すれば途中の国が滅亡する」と反対し、平忠盛《たいらのただもり》が任命された。このため、摂関家《せっかんけ》の中心にいた藤原忠実《ふじわらのただざね》に接近。康治2年（1143）には忠実の後継者である藤原頼長《よりなが》に従う。以後、藤原家の警護などを担当した。

ところが久寿2年（1155）、八男為朝《ためとも》の濫行《らんぎょう》で解官され、籠居。翌保元元年（1156）に起こった保元《ほげん》の乱では、崇徳《すとく》上皇の説得に応じて四男頼賢《よりかた》や為朝らと参戦、後白河《ごしらかわ》天皇方に付いた嫡男義朝《よしとも》と敵対した。夜襲を献策するも頼長に退けられて敗北。しばらく潜伏したのち、出家して義朝を頼るが、船岡山《ふなおかやま》（京都市北区）で斬首に処された。『保元物語《ほげんものがたり》』には、七条《しちじょう》朱《す》雀《ざく》（京都市下京区朱雀）で斬首されたとある。

病死

脳腫瘍で急死した奥州の雄
藤《ふじ》原《わらの》基《もと》衡《ひら》

享年
？

生年 不詳
歿年 保元２年（１１５７）３月19日
墓所 中尊寺金色堂（岩手県平泉町）

終焉の地 平泉館（岩手県西磐井郡平泉町平泉伽羅楽108−1、柳之御所遺跡）

奥州藤原《ふじわら》氏の祖藤原清衡《きよひら》の次男として、平泉《ひらいずみ》（岩手県平泉町）で生まれたとされる。父清衡が死去した翌年、異母兄の惟常《これつね》らと争ったという。一方「御曹司」なる人物が「小館《こだち》」（惟常）を攻め殺したとする記録もあり、この「御曹司」を基衡と考えると、基衡は兄を殺して奥州藤原氏の二代目当主になったことになる。

基衡は、陸奥・出羽両国にあった藤原氏の庄園の現地管理者だった。左大臣藤原頼長《よりなが》が庄園の年貢増額を要求してくると、基衡は粘り強く交渉。５年にわたって頼長と争い、要求された量を大幅に下回る年貢増徴で妥結させた。

また、久安６年（１１５０）から久寿３年（１１５６）にかけて、京の法勝寺《ほっしょうじ》（京都市左京区）などをモデルに、平泉の毛越寺《もうつうじ》に大規模な伽藍《がらん》を創建している。毛越寺の付近には、その伽藍配置と同じ方向の地割りが見られ、平泉は基衡の頃に整備され始めたようである。

基衡が息を引き取ったのは、保元２年（１１５７）３月19日のことだった。死因は不明だが、遺骸の調査によると、死亡時の年齢は50〜60歳と見られ、奥州藤原氏三代（清衡・基衡・秀衡《ひでひら》）の中では最も若い年齢での死である。脳溢血《のういっけつ》のような病気によって急死したものと推定されている。身長１６５㎝以上、いかり肩の肥満体で、三代の中では一番の巨漢だったという。

家人に謀殺された源頼朝の父

源《みなもとの》義《よし》朝《とも》

享年 38

生年 保安4年（1123）
歿年 平治2年（1160）1月3日
墓所 大御堂寺野間大坊（愛知県美浜町野間東畠）

終焉の地 長田忠致邸（愛知県知多郡美浜町野間字下高田、案内板あり）

源為義《みなもとのためよし》の嫡男として誕生した。出生地は不詳。父為義《ためよし》と郎党《ろうとう》たちが狼藉を重ねて、周囲が不穏だったため、幼い頃に東国へ下り、上総（千葉県）で養育され、そこで嫡男義平《よしひら》、次男朝長《ともなが》をもうけたという。長じて京に戻った義朝は、鳥羽上皇《とばじょうこう》や藤原忠通《ふじわらのただみち》に近づいて、父為義と対立する。久寿2年（1155）、実弟義賢《よしかた》を義平に討たせるという事態が起こると、亀裂が決定的なものになった。

そして、保元《ほげん》の乱では、父為義が崇徳上皇《すとくじょうこう》側に付いたのに対し、義朝は後白河《ごしらかわ》天皇側に付いて戦い、勝利。父為義と兄弟たちの助命嘆願を僧信西《しんぜい》らに要求するも許されず、自ら斬首に処した。その後、乱に参加した平清盛《たいらのきよもり》と自身の待遇の差を不満に感じ、平治《へいじ》の乱では後白河・信西派と対立する二条《にじょう》天皇派に味方して三条殿《さんじょうどの》を襲撃。二条天皇と藤原信頼《のぶより》の反目を利用した清盛の勢力伸長によって敵対者と見なされた義朝は、一族を率いて東海道を下って逃走する。しかし、途中で追討の兵や落武者狩りなどに遭い、朝長を失う。さらに三男頼朝《よりとも》らとはぐれ、何とか尾張野間《のま》（愛知県知多郡美浜町）の長田《おさだ》忠致《ただむね》の屋敷に逃げ込む。だが、恩賞に目が眩んだ忠致らに入浴中を襲撃され、斬殺された。野間にある義朝の墓には、丸腰で討たれた無念を汲むように多数の木刀が供えられている。

保元の乱を起こし、配流先で死去

崇《す》徳《とく》上《じょう》皇《こう》

享年 46

生年 元永2年（１１１９）5月28日

歿年 長寛2年（１１６４）8月26日

墓所 白峯陵（香川県坂出市青海町）

終焉の地 木ノ丸殿（香川県坂出市府中町乙5116、鼓岡神社）

鳥羽《とば》天皇の第一皇子として誕生した。保安4年（１１２３）2月、わずか5歳で天皇に即位する。しかし、院政《いんせい》を行っていた父鳥羽上皇《じょうこう》が寵愛した美福門院得子《びふくもんいんなりこ》の産んだ体仁親王《なりひとしんのう》（のち近衛《このえ》天皇）に天皇の位を譲るよう強要され、永治元年（１１４１）12月に退位してしまう。上《じょう》皇《こう》となった崇徳だが、実権は父鳥羽上皇が法皇となって握り続けたため、和歌にのめり込んだと言われる。

その後、近衛天皇が若くして崩御したが、自身の子である重仁《しげひと》親王は即位できず、雅仁《まさひと》親王が即位し、後白河《ごしらかわ》天皇となる。これによって、父鳥羽法皇との対立が激化した。保元元年（１１５６）7月、鳥羽法皇が崩御すると、崇徳上皇や藤原頼長《ふじわらのよりなが》らに国家転覆の企みがあるとする流言が広まり、後白河天皇や僧信西《しんぜい》らとの亀裂が深まる。危険を感じた崇徳上皇らは、実妹統《むね》子内親王《こないしんのう》の御所へ逃げ込むが、ここも抜け出して行方をくらませた。同年7月13日、仁和寺《にんなじ》の覚性法親王《かくしょうほっしんのう》の許を訪れ、取り成しを懇願するも、拒絶される。その後、同月23日には讃岐（香川県）に配流され、鼓岡木ノ丸殿《つづみがおかこのまるでん》（香川県坂出市）で過ごすことになる。配流先では軟禁生活を強いられ、失意のうちに長寛2年（１１６４）8月26日、崩御。のちに朝廷内での不幸が重なると、崇徳上皇の怨霊による仕業とされ、祀られた。

その他

俊《しゅん》寛《かん》

鬼界ヶ島で食を断ち餓死する

享年
?

生年 不詳
歿年 治承3年（1179）
墓所 鹿児島県喜界町

終焉の地 鬼界ヶ島（鹿児島県大島郡喜界町喜界島）※諸説あり

村上源氏《むらかみげんじ》出身の木寺法印寛雅《こでらのほういんかんが》の子として誕生した。生年は不詳。後白河法皇《ごしらかわほうおう》の側近くに仕え、法勝寺執行《ほっしょうじしっこう》として頭角を現すようになり、院に関わる仏事を取り仕切る。

後白河法皇の強い影響を受けてか、平氏政権に対する不満が募り、安元3年（1177）、藤《ふじ》原成親《わらのなりちか》や僧西光《さいこう》らと共に平氏打倒の密議を鹿《しし》ケ《が》谷《たに》山荘で行う。しかし、密議に参加していた源《みなもとの》（多田《ただ》）行綱《ゆきつな》の裏切りによって謀叛が発覚してしまう。俊寛は、平清盛《たいらのきよもり》の兵たちに捕らえられ、藤原成経《ふじわらのなりつね》・平康頼《たいらのやすより》らと共に薩摩鬼界《きかい》ケ《が》島《しま》に配流された。この配流によって、確実な記録に俊寛の足跡は確認できなくなり、配流先での様子も、『平家物語』などでしか窺うことができない。

『平家物語』では、平氏に弓を引いた俊寛の末路を悲壮感漂う筆致で描くことに終始しているため、必ずしも真実とは限らない。高倉《たかくら》天皇の中宮《ちゅうぐう》だった徳子《とくこ》の安産祈願の恩赦のため、治承2年（1178）、成経と康頼は赦されるが、俊寛は首謀者として島に取り残されてしまう。翌3年、俊寛の侍童有王《じどうありおう》が彼の娘の手紙を届け、それを読んで絶望した彼は、以後一切の食事を断ち、餓死してしまったと伝わる。こうした境遇が、後年に能楽《のうがく》や歌舞伎《かぶき》などの題材となり、脚色されて人々に広まった。

討死

源《みなもとの》 頼《より》政《まさ》

宇治平等院で扇を広げて自害

終焉の地　平等院（京都府宇治市宇治蓮華116、扇の芝）

享年 77

生年　長治元年（1104）
歿年　治承4年（1180）5月26日
墓所　平等院（京都府宇治市宇治蓮華）

摂津多田庄《ただのしょう》（兵庫県川西市）を本拠とする源《みなもとの》仲政《なかまさ》の嫡男として誕生した。前半生の足跡は定かではないが、家督を継いで以降は鳥羽上皇《とばじょうこう》に仕えたという。

後白河《ごしらかわ》天皇と崇徳《すとく》上皇が争った保元《ほげん》の乱では、鳥羽上皇の寵愛した美福門院《びふくもんいん》が支持する後白河方に味方して、勝利した。続いて、院政を行うことになった後白河上皇と、美福門院らが推した二条《にじょう》天皇の対立が激しくなると、藤原信頼《ふじわらののぶより》が院の近臣として勢力を増した。これに反発した平清盛《たいらのきよもり》に味方した頼政は、平氏政権が樹立されると禁裏守備を任され、清盛の推挙によって従三位《じゅさんみ》に叙された。この頼政の叙任は相当な驚きだったらしく、九条兼実《くじょうかねざね》は日記『玉葉《ぎょくよう》』に「第一の珍事なり」と記している。また、頼政は歌人としても非凡な才能を見せ、藤原俊成《ふじわらのとしなり》らの歌人と交流。勅撰和歌集《ちょくせんわかしゅう》には60首近い詠歌が収載され、家集に『源三位頼政集《げんざんみよりまさしゅう》』がある。

治承3年（1179）11月、家督を仲綱《なかつな》に譲って出家。その後、平氏への不満が募る中、以《もち》仁王《ひとおう》が平氏追討の令旨《りょうじ》を出すと、同4年5月、平氏の手を逃れて園城寺《おんじょうじ》に入った以仁王と合流したが、延暦寺《えんりゃくじ》など京都の寺社の協力が得られず、危機に陥る。挽回を期して奈良に向かう途中、5月26日に宇治平等院《うじびょうどういん》で平氏の軍勢に襲われ、郎党《ろうとう》に介錯《かいしゃく》させて自害したと伝わる。

平氏打倒に失敗して討死

以《もち》仁《ひと》王《おう》

享年
30

生年 仁平元年（1151）
歿年 治承4年（1180）5月26日
墓所 京都府木津川市山城町綺田神ノ木

終焉の地 加幡河原（京都府相楽郡南山城村）※諸説あり

後白河《ごしらかわ》天皇の第三皇子として誕生した。高倉《たかくらの》宮《みや》・三条宮《さんじょうのみや》と呼ばれ、同母姉に式子内親王《しきしないしんのう》がいる。幼い頃、出家して天台座主《てんだいざす》最雲《さいうん》の弟子となったが、師が歿すると還俗した。元服後、八《はち》条院《じょういん》暲子内親王《あきこないしんのう》の猶子《ゆうし》となる。学問や詩歌に秀で、皇位継承の有力候補だったが、異母弟憲仁《のりひと》親王の母平滋子《たいらのしげこ》（建春門院《けんしゅんもんいん》）に妨害され、伯父の藤原公光《ふじわらのきんみつ》が失脚したことで親王宣下がなされなかった。

治承4年（1180）4月、当時絶大な権勢を誇っていた平氏の追討を決意し、源頼政《みなもとのよりまさ》の勧めによって、追討の令旨《りょうじ》を全国に散らばっている源氏に下した。さらに、自ら最勝親王を名乗って皇位継承を望むが、平氏に皇籍を剝奪される。その後、源以光《もちてる》として土佐国（高知県）配流が決まるが、園城寺《おんじょうじ》に逃亡する。そして同年5月、大寺院に助力を頼むために、源頼政らと共に奈良へ向かう。しかし、平氏側がこれを追い、宇治橋《うじばし》（京都府宇治市）で交戦となる。以仁王は、5月26日、頼政らの兵が防戦している間に逃れるが、藤原景高《かげたか》らに追い付かれ、矢を放たれて落馬。そこを討ち取られたと伝わる（諸説あり）。死後も、以仁王は皇位簒奪《さんだつ》を企んだ謀叛人として朝廷や公家衆から見られたが、平氏追討の令旨がきっかけとなり、平氏政権が滅ぶことになったことは、特筆される。

平《たいらの》清《きよ》盛《もり》

マラリアで死んだ武家政権の魁

享年
64

生年 元永元年（1118）
歿年 治承5年（1181）閏2月4日
墓所 六波羅蜜寺（塚。京都市東山区轆轤町）

終焉の地 平盛国邸（京都市下京区東之町、終焉地碑あり）

平忠盛《たいらのただもり》の嫡男として誕生した。一説には、白河法皇《しらかわほうおう》の落胤《らくいん》とも言われる。出生地は京都説が有力。父忠盛の死後、仁平3年（１１５３）に家督を継いだ。

この3年後、後白河《ごしらかわ》天皇と崇徳上皇《すとくじょうこう》の皇位争いがきっかけとなった保元《ほげん》の乱が勃発。清盛は、源義朝《みなもとのよしとも》らと共に後白河側に付いて戦った。そして、平治《へいじ》の乱で義朝などを追い落として権力を握ると、武家として初めて正三位《しょうさんみ》、参議《さんぎ》に任じられ、公卿に昇った。以後も昇進を重ねて太《だ》政大臣《じょうだいじん》となり、一族の有力者たちも官位を昇進させた。また、日本60余国の内、30国以上、５００余の荘園《しょうえん》を平氏で領有。全盛期を迎える。

しかし、こうした平氏の権力独占を快く思わない後白河法皇ら反抗勢力との対立が表面化する。特に、法皇の皇子以仁王《もちひとおう》は源頼政《よりまさ》らを味方に付け、治承4年（１１８０）に反乱の兵を挙げた。この時、以仁王の平氏追討の令旨《りょうじ》に応えたのが、源頼朝《よりとも》らである。このような反平氏の動きは日本各地に飛び火して、清盛も摂津福原《ふくはら》（神戸市兵庫区）への遷都などを行うが、失敗に終わる。翌治承5年になると、平氏の不利な戦況が伝わる中、熱病に冒され、閏2月4日、九条（八条とも）河原口の平盛国邸《もりくに》で死去した。死に際には「頼朝の首を我が墓前に供えよ」と遺言したと伝えられる。

源頼朝に討伐された朝日将軍

源《みなもとの》 義《よし》仲《なか》

享年 31

生年 久寿元年（1154）
歿年 寿永3年（1184）1月20日
墓所 義仲寺（滋賀県大津市馬場）

終焉の地 粟津（滋賀県大津市晴嵐1丁目）

源《みなもとの》義賢《よしかた》の次男として誕生。出生地は義賢が館を構えた武蔵大蔵館《おおくらやかた》（埼玉県嵐山町）と伝えられる。翌2年、父義賢が源義平《よしひら》に討たれたため、義仲は乳母の夫・中原兼遠《なかはらのかねとう》に匿われ、信濃木曾谷《きそだに》で養育されたという。

治承4年（1180）、27歳の時、以仁王《もちひとおう》の平氏追討の挙兵に参加する。初め、源頼朝《よりとも》との衝突を避けるため、北陸地方の平定に力を注いだが、叔父の源義広《よしひろ》や源行家《ゆきいえ》らを庇護してしまったため、頼朝と対立するようになった。この状況を収めるため、義仲は嫡男義高《よしたか》を頼朝長女大姫《おおひめ》の婿に迎えるという名目で、人質に差し出すこととなった。寿永2年（1183）5月、平維盛《たいらのこれもり》の軍勢が越中（富山県）に迫ると、義仲軍は倶利伽羅峠《くりからとうげ》の戦いでこれを破り、京へ進軍する。近江（滋賀県）を経て入京を果たし、平氏一門を京から追い出すことに成功した。しかし、皇位継承に口出ししたり、義仲軍の兵たちが飢饉に苦しむ人々から略奪行為を繰り返したりして支持を失った。

その後、頼朝と手を結ぼうと画策していた後《ご》白河法皇《しらかわほうおう》を攻め、強引に頼朝追討の院宣《いんぜん》（法皇の命令書）を出させた。寿永3年、頼朝から派遣された源範頼《のりより》・義経《よしつね》の軍と宇治川《うじがわ》で戦って大敗し、逃走。同年1月21日、近江粟津《あわづ》（滋賀県大津市）で追手に顔面を矢で貫かれて討死した。

壇ノ浦で入水自殺した幼帝

安《あん》徳《とく》天《てん》皇《のう》

終焉の地 壇ノ浦（山口県下関市みもすそ川町1、壇ノ浦古戦場）

享年 8

生年 治承2年（1178）11月12日
歿年 元暦2年（1185）3月24日
墓所 赤間神宮内阿弥陀寺陵（山口県下関市阿弥陀寺町）

高倉《たかくら》天皇の第一皇子として誕生。母は平清《たいらのきよ》盛《もり》の娘徳子《とくこ》（のちの建礼門院《けんれいもんいん》）で、諱《いみな》は言仁《ときひと》。わずか3歳で即位し、天皇となる。しかし、幼少ということもあり、政治の実権は外祖父である清盛が握った。

即位後、清盛の意向で摂津福原《ふくはら》（神戸市兵庫区）へ遷都《せんと》を行うが、1年も経たない内に京へ戻り、清盛が死去すると、各地で平氏に対抗する勢力が勢いを増した。寿永2年（1183）、源義《みなもとのよし》仲《なか》の軍勢が京に攻め入ると、清盛の後継者宗盛《むねもり》らに伴われ、三種《さんしゅ》の神器《じんぎ》と共に京を離れた。しかも安徳天皇不在のまま、後鳥羽《ごとば》天皇が即位してしまうのである。その後、大宰府《だざいふ》（福岡県太宰府市）を経て屋島《やしま》（香川県高松市）に逃れるが、元暦2年（1185）2月、平氏は屋島の戦いに敗れてしまう。居場所を失った安徳天皇は、船上に移された。

3月24日、壇ノ浦《だんのうら》の戦いで敗色濃厚になると、祖母である二位尼《にいのあま》（清盛正室、時子《ときこ》）に抱かれ、入水して崩御。この時、三種の神器の内、勾玉《まがたま》と剣《つるぎ》（剣璽《けんじ》）が海中に沈んだとされる。一説によれば、二位尼は安徳天皇から「私をどこへ連れて参る」と問われ、「波の下にある都です」と答えたと言う。また、安徳天皇を抱いて入水したのは、二位尼に仕えた按察使局《あぜちのつぼね》伊勢《いせ》だったとも伝わる。

病死

藤《ふじ》原《わらの》秀《ひで》衡《ひら》

兄弟相克に苦慮しながらの死

終焉の地 加羅御所（岩手県西磐井郡平泉町平泉伽羅楽108―1、柳之御所遺跡）か？

享年 ？

生年 不詳
歿年 文治3年（1187）10月29日
墓所 中尊寺金色堂（岩手県平泉町）

奥州藤原《ふじわら》氏第二代藤原基衡《もとひら》の子として、平泉《ひらいずみ》（岩手県平泉町）で誕生した。生年は不詳。幼い頃、父基衡と、伯父家清《いえきよ》の家督を巡る争いに巻き込まれ、その後も後三年《ごさんねん》の役《えき》などの骨肉の争いに遭遇するなどしている。保元2年（1157）、父基衡の死後に家督を継いだ。祖父や父と同じく寺院（無量光院《むりょうこういん》）の建立を行う一方で、任官のために朝廷に対して頻繁に働きかけを行ったとされる。

嘉応2年（1170）5月、従五位下《じゅごいのげ》鎮守府《ちんじゅふ》将軍《しょうぐん》に任じられた。しかし、その叙任は朝廷内の公家衆から批判を受けた。その後、陸奥守に昇る。平治《へいじ》の乱で殺害された源《みなもとの》義朝《よしとも》の遺児である義経《よしつね》を庇護したことでも知られ、義経の兄頼朝《よりとも》挙兵の際には、自らの郎党《ろうとう》だった佐藤《さとう》継《つぐ》信《のぶ》・忠信《ただのぶ》兄弟を従者として義経に付け、守らせた。平氏滅亡後、頼朝との仲が険悪化すると、再び義経を庇護した。その背景は、頼朝が秀衡らを従わせようした態度に腹を立てたためであったとされる。しかし、こののち、頼朝の画策によって、秀衡が義経を担いで朝廷に謀叛の疑いがあるとされ、奥州藤原氏追討の命令が出されてしまう。文治3年（1187）10月29日、病のために死去した。死に際して、自身の後継者泰衡《やすひら》、泰衡の兄国衡《くにひら》、義経の3人に起請文《きしょうもん》を書かせ、頼朝に対抗するよう遺言した。

立ったまま事切れた義経の忠臣

武蔵坊弁慶《むさしぼうべんけい》

享年 ？

生年 不詳
歿年 文治5年（1189）閏4月29日
墓所 伝墓（岩手県平泉町平泉、中尊寺近く）

終焉の地 衣川館（岩手県西磐井郡平泉町平泉字柳御所14、高館義経堂）

熊野別当《くまのべっとう》（一説に湛増《たんぞう》）の子として誕生した。生年は不詳。その実像は後世に脚色がなされ、定かではない。幼名を鬼若《おにわか》といい、比叡山《ひえいざん》に入って修行したという。しかし、乱暴不行跡を咎められ、追放。その後、剃髪して武蔵坊弁慶と名乗ったという。そして、播磨書写山《しょしゃざん》（兵庫県姫路市）に籠るが、ここも追放され、京に向かう。

弁慶は、1000本の太刀を奪うことを悲願とし、最後の1本を奪おうと待ち構えていたところ、若き日の源義経《みなもとのよしつね》（牛若丸《うしわかまる》・遮那王《しゃなおう》）と五《ご》条天神《じょうてんじん》で出会う。翌日、清水観音《きよみずかんのん》境内（五条大橋とも）で戦い、敗れて従うようになったと伝わる。もっとも、これも後世の創作とされる。

義経に従った弁慶は、のちに平氏追討で各地を転戦、武功を挙げた。義経が兄頼朝《よりとも》に疎まれ、都落ちする際も、これに従う。この逃避行の途中、加賀安宅関《あたかのせき》（石川県小松市）で富樫泰家《とがしやすいえ》に見咎められた義経一行を、弁慶が偽の勧進帳《かんじんちょう》を読み上げ、金剛杖《こんごうづえ》で義経を打ち据えて難を逃れたという。その後、一行は無事に奥州平泉《ひらいずみ》の藤原氏の許へ辿り着いた。しかし、文治5年（1189）閏4月29日、頼朝に圧力をかけられた藤原泰衡《ふじわらのやすひら》の軍勢が、義経の匿われていた衣河館《ころもがわのたち》を急襲。義経が持仏堂《じぶつどう》に籠ると、その堂前に立ち塞がり、敵兵の放つ無数の矢を体に受け続け、立ったまま絶命したという。

海に打ち捨てられた英雄の首

源《みなもとの》義《よし》経《つね》

享年 31

生年 平治元年（1159）
歿年 文治5年（1189）閏4月30日
墓所 判官森（伝胴塚。宮城県栗原市栗駒沼倉）
白旗神社（伝首塚。神奈川県藤沢市藤沢）

終焉の地 衣川館（岩手県西磐井郡平泉町平泉字柳御所14、高館義経堂）

源義朝《みなもとのよしとも》の九男として京（京都市北区紫竹牛若町）で誕生したという。幼名は牛若丸《うしわかまる》。通称は九郎《くろう》。父義朝が平治《へいじ》の乱で敗れたため、大和（奈良県）に逃れたのち、11歳の時に鞍馬寺《くらまでら》（京都市左京区）に預けられたと伝わる。その後、寺を出て、奥州平泉《ひらいずみ》（岩手県平泉町）の藤原清衡《ふじわらのきよひら》を頼ったという。

義経の足跡が確かな史料で明らかとなるのは、治承4年（1180）、挙兵した兄頼朝《よりとも》を駿河黄瀬川《きせがわ》の陣（静岡県沼津市）に訪ねた時である。寿永3年（1184）には、頼朝から平氏追討の命令を受けて、各地を転戦。2月7日、有名な一《いち》の谷《たに》の戦い（神戸市兵庫区ほか）で、鵯越《ひよどりごえ》の逆落としの奇襲を成功させたと伝わる。こうした武功から後白河法皇《ごしらかわほうおう》より、左衛門少尉《さえもんのしょうじょう》、検非違使《けびいし》に任じられた。その後、壇ノ浦《たんのうら》の戦いで平氏滅亡に功を重ねた。

こののち、義経が勝手に朝廷から官位を受けたことや、戦場での独断専行があるとして頼朝の逆鱗に触れ、討伐の対象となる。義経一行は逃亡し、奥州藤原氏を頼った。文治5年（1189）閏4月30日、鎌倉からの攻撃を恐れた藤原泰衡《やすひら》の軍勢に、身を隠していた衣河館《ころもがわのたち》（岩手県平泉町）を急襲される。従者らが抵抗するも、義経自身は一切抵抗しないまま持仏堂《じぶつどう》に籠り、妻子を殺害したのち、自刃したという。

暗殺

奥州藤原氏最後の当主

藤《ふじ》原《わらの》泰《やす》衡《ひら》

終焉の地
贄柵（秋田県大館市二井田贄ノ里、標柱あり）

享年
35

生年　久寿2年（1155）
歿年　文治5年（1189）9月3日
墓所　中尊寺金色堂（岩手県平泉町）

奥州藤原《ふじわら》氏第三代藤原秀衡《ひでひら》の次男として、平《ひら》泉《いずみ》（岩手県平泉町）で誕生した（生年は諸説あり）。母が秀衡の正室だったために、嫡男として遇された。文治３年（１１８７）10月に家督を継ぐ。父秀衡の遺言によれば、兄国衡《くにひら》と仲違いせず、源《みなもとの》義経《よしつね》を「主君」と仰ぎ、協力して源頼朝《よりとも》の攻撃に備えるよう厳命されたという。

初め、この遺言は守られていたようだが、頼朝から義経追討命令が出されると、朝廷からも泰衡へ圧力がかかった。これに抗し切れなかった泰衡は、同５年閏４月、衣河館《ころもがわのたち》（平泉町）に匿われていた義経を５００余の軍勢で襲い、自刃に追い込んだ。さらに、義経急襲に腹を立てた実弟忠衡《ただひら》を処刑している。義経の首を鎌倉に送ったものの、腐蝕が進んで確認できないとして、頼朝は泰衡討伐の兵を挙げた。

同年８月、陸奥阿津賀志山《あつかしやま》の戦い（福島県国見町付近）で兄国衡が戦死を遂げると、泰衡は平泉館《ひらいずみのたち》に火を放ち、北へ逃走。この時点で頼朝に書状を出して助命嘆願したというが、定かではない。９月３日、出羽比内《ひない》郡贄柵《にえのさく》（秋田県大館市二井田とされる）で郎党《ろうとう》の河田次郎《かわだのじろう》に斬殺された。泰衡の首は頼朝の首実検後、眉間に八寸の鉄釘で壁に打ち付けられたと伝わる。泰衡の死によって、奥州で１００年以上の栄華を極めた藤原氏は滅亡した。

病死

愛した桜の季節に入滅した
西《さい》行《ぎょう》

享年
73

生年 元永元年（１１１８）
歿年 文治6年（１１９０）2月16日
墓所 弘川寺（大阪府河南町）

終焉の地 弘川寺（大阪府南河内郡河南町大字弘川43）

朝廷を守備する佐藤康清の子として、紀伊田《た》中庄《なかのしょう》（和歌山県紀の川市）で誕生したとされる。俗名は義清《のりきよ》。保延6年（１１４０）、鳥羽上皇《とばじょうこう》に北面《ほくめん》の武士として仕えていたが、23歳で出家。初め円位《えんい》と名乗る。歌人としても知られ、突然の出家は、友人の急死による無常観や失恋がきっかけとされるが、定かではない。出家の際は「惜しむとて　惜しまれぬべき此の世かな　身を捨ててこそ　身をも助けめ」と詠んだという。その後、京都嵯峨《さが》に隠棲したが、奥州や四国など諸国を巡る旅に出ている。四国では、讃岐善《ぜん》通寺《つうじ》（香川県善通寺市）に滞在し、崇徳院陵《すとくいんりょう》を訪ねたと言われる。

69歳の時、東大寺復興のための勧進《かんじん》を奥州藤《ふじ》原《わら》氏に依頼するため、再度奥州に向かうが、その途中、鎌倉で源頼朝《みなもとのよりとも》に面会したと伝わる。旅の途中で多くの歌を詠み、勅撰和歌集《ちょくせんわかしゅう》には、かなりの数の歌が収載された。自身の家（歌）集には、『山家集《さんかしゅう》』がある。最も有名な歌に「願はくは　花の下にて春死なむ　そのきさらぎの望月のころ」があり、その望みを叶えるように、文治6年（１１９０）2月16日、桜の季節に河内弘川寺《ひろかわでら》（大阪府河南町）で病に冒され入寂した。当時、その歌風は藤原定家《ふじわらのさだいえ》や慈円《じえん》らに共感され、さらに後年、宗祇《そうぎ》や松尾芭蕉《まつおばしょう》らの歌人・俳人にも多大な影響を与えた。

病死

落馬が原因で死んだ幕府創設者

源《みなもとの》頼《より》朝《とも》

終焉の地 大倉御所（神奈川県鎌倉市雪ノ下3—11—45、跡碑あり）

享年 53

生年 久安3年（１１４７）4月8日
歿年 建久10年（１１９９）1月13日
墓所 神奈川県鎌倉市西御門

源《みなもとの》義朝《よしとも》の三男として尾張熱田《あつた》（名古屋市熱田区旗屋）で誕生。保元《ほげん》の乱で後白河《ごしらかわ》天皇方に味方して以後は昇進を重ね、早い内から父義朝の後継者と見なされていたようである。しかし、父義朝が平治《へいじ》の乱に参加。これに敗れた頼朝らは、京から東国に向けて敗走。その途中、頼朝は平宗清《たいらのむねきよ》に捕らえられてしまった。

永暦元年（１１６０）2月9日、京の六波羅《ろくはら》探題《たんだい》で裁かれた頼朝は、伊豆の蛭ヶ小島《ひるがこじま》（静岡県伊豆の国市）に配流となる。14歳の時だった。以来20年間、頼朝は流人として伊豆で生活したのである。この時、伊豆の在庁官人だった北条《ほうじょう》時政《ときまさ》の娘、政子《まさこ》を娶った。こうした生活が一変したのは、治承4年（１１８０）4月、後白河法皇《ほうおう》の庶皇子である以仁王《もちひとおう》が平氏追討の令旨《りょうじ》を出し、それが頼朝の許に届けられた時だろう。

頼朝は挙兵し、関東各地の武家勢力を味方に付けながら、同年10月6日に鎌倉へ入った。そして、平氏を打倒しながら幕府の基礎を固め、建久3年（１１９２）、ついに「征夷大将軍《せいいたいしょうぐん》」に任じられたのである。なお、幕府の成立年には諸説あり、従来の建久3年より遡る説が有力である。建久9年12月27日、御家人《ごけにん》の稲毛重成《いなげしげなり》が相模川《さがみがわ》に架けた橋の落成式に出席した帰途、病の急変で落馬。翌10年1月13日、回復しないまま鎌倉で死去した。

義経を讒言した頼朝の寵臣

梶《かじ》原《わら》景《かげ》時《とき》

終焉の地 梶原山（静岡市葵区長尾1134−102、梶原山公園）

享年 ？

生年 不詳
歿年 正治2年（1200）1月20日
墓所 深沢小学校（神奈川県鎌倉市梶原）

梶原景清《かじわらかげきよ》の子として相模梶原郷（神奈川県鎌倉市）で誕生したとされる。生年は不詳。

治承4年（1180）、平氏追討のために挙兵した源 頼朝《みなもとのよりとも》らの軍勢と戦った大庭景親《おおばかげちか》に従い、石橋山《いしばしやま》の戦いで大勝した。その後、敗走した頼朝に味方し、信任を得て従うようになる。頼朝が鎌倉に入ると侍所《さむらいどころ》の次官（所司《しょし》）に任命され、播磨（兵庫県）や美作国（岡山県）などの守護《しゅご》にも就任した。さらに、平氏追討のための西国遠征に源義経《よしつね》らと参加。しかし義経と対立し、平氏滅亡後には景時の讒言《ざんげん》によって義経は頼朝から疎まれるようになったとされる。建久3年（1192）、和田義盛《わだよしもり》に代わって侍所の別当《べっとう》（長官）となった。

頼朝の死後は、第二代将軍頼家《よりいえ》にも重く用いられた。しかし、有力御家人《ごけにん》の結城朝光《ゆうきともみつ》の発言を謀叛と決め付け、頼家に讒言。これに腹を立てた三浦義村《みうらよしむら》ら66人の御家人たちは、景時を糾弾する連判状《れんばんじょう》を作成して提出。景時は、頼家から弁明を求められたが、一切弁明しないまま、相模一ノ宮の館（神奈川県寒川町）に下った。一時鎌倉に戻るが、のちに追放される。正治2年（1200）1月20日、挽回を期して京に向かう途中、駿河清見関《きよみがせき》（静岡市清水区興津清見寺町）で飯田家義《いいだいえよし》らに襲撃され、付近の狐崎《きつねがさき》で応戦。景時は一族と共に討死した。

北条氏排斥が露見し謀殺される

比企能員《ひきよしかず》

享年
？

生年 不詳
歿年 建仁3年（1203）9月2日
墓所 妙本寺（供養塔。神奈川県鎌倉市大町）

終焉の地 北条時政の名越邸（神奈川県鎌倉市）

源頼朝《みなもとのよりとも》の乳母《うば》比企尼《ひきのあま》を伯母に持ち、のちに養子となる。父母や生年は不詳。阿波（徳島県）出身とも安房（千葉県）出身ともされる。

頼朝が伊豆（静岡県）へ配流になったあとも比企尼は援助を続け、能員も頼朝に召し出された。元暦元年（1184）5月、源義高《よしたか》討伐軍に参加し、信濃（長野県）へ出陣。さらに、西国の平氏追討、奥州の藤原《ふじわら》氏討伐に参加して武功を挙げた。頼朝の上洛にも従い、右衛門尉《うえもんのじょう》に任じられ、上野（群馬県）・信濃国の守護《しゅご》となる。建久9年（1198）、能員の娘若狭局《わかさのつぼね》が頼家の側室として一幡《いちまん》を産むと、幕府内での発言力を強めていった。

頼朝死後は、合議制を執る13人の一員に選ばれている。建仁3年（1203）8月、頼家《よりいえ》が危篤に陥ると、弟千幡《せんまん》（のちの実朝《さねとも》）に関西38ヶ国の地頭職《じとうしき》を、子の一幡に関東28ヶ国の地頭職と日本国惣守護職を譲るという「御譲補の沙汰」が行われた。これは、頼家外祖父の北条時政《ほうじょうときまさ》が画策したものとされるが、これに不満の能員が謀叛を計画していると頼家の母政子《まさこ》が時政に知らせた。すると時政は、仏事の相談があると能員を自邸に呼び出し、配下の者たちに取り押さえさせて、突き殺したという。能員の死を知った比企一族は、一幡の住む屋敷に立て籠もって抵抗したが、ことごとく殺害されたという。

母に暗殺された鎌倉第二代将軍

源《みなもとの》頼《より》家《いえ》

享年
23

生年 寿永元年（1182）8月12日
歿年 元久元年（1204）7月18日
墓所 修禅寺指月殿（静岡県伊豆市修善寺）

終焉の地 修禅寺（静岡県伊豆市修善寺964）

源頼朝《みなもとのよりとも》の嫡男として、相模鎌倉の比企ヶ谷《ひきがやつ》（神奈川県鎌倉市）の比企能員《ひきよしかず》の屋敷で生まれた。

父頼朝の急逝によって、18歳で家督を継いだためか、比企一族など特定の者を重用し、周囲を顧みない独裁的な政治を行った。これに反発した御家人《ごけにん》たちは、頼家が一人で裁断することを止めさせ、13人の宿老たちによる合議制を採る。これは、母政子《まさこ》と頼家の確執が原因とも言われている。こののち、侍所別当《さむらいどころべっとう》の梶原景時《かじわらかげとき》が讒言《ざんげん》によって失脚の上、討死するという事件が起こり、頼家の責任を問う声が高まったと伝わる。さらに、建仁3年（1203）5月、頼家は弟千幡《せんまん》（のちの実朝《さねとも》）の乳母夫・阿野全成《あのぜんじょう》が謀叛を計画したとして、翌月処刑。これは、母政子が千幡を擁立しようとする動きへの牽制だったとも言われる。

この頃から、頼家は体調を崩していたとされ、同年7月には重態に陥ったようで、病気平癒の祈禱が行われた。8月末には危篤に陥り、命が危ぶまれた。これをきっかけとして、千幡に家督を継がようとする動きが活発化、これに反発した比企能員を祖父北条時政《ほうじょうときまさ》が誅殺する。頼家は回復後にこのことを知るが、出家させられて、伊豆修善寺《しゅぜんじ》（静岡県修善寺町）に幽閉された。元久元年（1204）7月18日、母政子から差し向けられた兵に殺害されたと言われる。

長寿を保った千載和歌集の編者

藤原俊成《ふじわらのとしなり》

享年 91

生年 永久2年（１１１４）

歿年 元久元年（１２０４）11月30日

墓所 京都市東山区本町

終焉の地 自邸（京都市下京区俊成町438、俊成社）

藤原俊忠《ふじわらのとしただ》の子として生まれる。幼い頃に父俊忠が死去したため、葉室顕頼《はむろかねより》の養子になり、顕《あき》広《ひろ》と名乗る。のち、実家に戻って俊成と改名。

若くして和歌を嗜むようになり、康治年間（１１４２～１１４４）、崇徳上皇《すとくじょうこう》の命によって作られた『久安百首《きゅうあんひゃくしゅ》』に加わって、注目を浴びるようになる。50代に入ると、たびたび歌合《うたあわせ》の判者《はんじゃ》を務めるようになり、九条兼実《くじょうかねざね》の歌道師範《かどうしはん》にも抜擢された。また、次男の定家《さだいえ》や藤原家隆《いえたか》、藤原定《さだ》長《なが》（寂蓮《じゃくれん》）など優秀な弟子を育て、平清盛《たいらのきよもり》の弟忠度《ただのり》も彼に師事していた。

こうして、歌道師範家として俊成の「御子左《みこひだり》家《け》」は中心的な役割を果たすようになる。さらに、後白河法皇《ごしらかわほうおう》の勅撰による『千載和歌集《せんざいわかしゅう》』の撰者を一人で務め、文治４年（１１８８）４月に完成させた。この時、俊成は出家して、釈阿《しゃくあ》と名乗っていた。しかし、かなりの高齢だったにもかかわらず、その後も式子内親王《しきしないしんのう》に依頼されて『古来風体抄《こらいふうていしょう》』（初撰本１１９７年、再撰本１２０１年）などの歌学書を作成している。

平氏も滅亡し、源頼朝《みなもとのよりとも》も世を去ったのち、鎌倉幕府第二代将軍頼家《よりいえ》が命を落としたのと同じ年の元久元年（１２０４）11月30日に死去したという。かなりの長寿を全うした。俊成の歌風は、不遇感や無常観がありながら、繊細さを持ち、中世の歌道に大きな影響を与えた。

老衰

死後17年経って荼毘に付された

法《ほう》然《ねん》

享年 80

生年 長承2年（1133）4月7日
歿年 建暦2年（1212）1月25日
墓所 大谷本廟（京都市東山区五条橋東）

終焉の地 東山大谷（京都市東山区林下町400、知恩院勢至堂）

美作久米《くめ》の押領使《おうりょうし》・漆間時国《うるまときくに》の子として、稲《いな》岡庄《おかのしょう》（岡山県久米南町）で生まれる。出生地には現在、誕生寺《たんじょうじ》が建っている。9歳の頃、父時国が殺害されたため、母方の菩提寺に引き取られて養育されたという（諸説あり）。

法然は13歳で比叡山延暦寺《ひえいざんえんりゃくじ》に入り、源光《げんこう》に師事した。その後、出家し皇円《こうえん》の弟子となったが、そこを辞して比叡山黒谷《くろだに》で叡空《えいくう》に師事。久安6年（1150）、法然房源空《ほうねんぼうげんくう》を名乗った。その学識を高く評価された法然は、各寺院を遊学し、源信《げんしん》や唐の僧善導《ぜんどう》らの教えを知り、思想的な影響から、「阿弥陀仏《あみだぶつ》にすがり、ただひたすらに南《な》無阿弥陀仏《むあみだぶつ》と念仏を唱えるだけで極楽往生《ごくらくおうじょう》できる」とした専修念仏《せんじゅねんぶつ》の考えに行き着いた。49歳の時、比叡山を下りて、浄土宗《じょうどしゅう》を開いたという。

法然は、極楽往生できるのは王家や僧や貴族などの高貴な身分の者だけというそれまでの教えに疑問を抱いて、念仏を唱えれば、誰もが救済されると説いた。これが、地方の武士や民衆に広まったという。しかし、既成仏教からの反発もあり、承元元年（1207）、後鳥羽上皇《ごとばじょうこう》から念仏停止の命令が下されて讃岐（香川県）に配流されたが、配流先でも念仏の重要性を説き続けた。同年12月に許され、のちに帰洛。建暦2年（1212）1月25日、東山大谷《ひがしやまおおたに》（京都市東山区）で入寂した。

討死

和《わ》田《だ》義《よし》盛《もり》

誅殺された頼朝挙兵以来の重臣

享年 67

生年 久安3年（1147）

歿年 建暦3年（1213）5月3日

墓所 塚（神奈川県鎌倉市由比ガ浜）

終焉の地 由比ヶ浜（神奈川県鎌倉市由比ガ浜、終焉地碑あり）

和田氏の祖である杉本義宗《すぎもとよしむね》の子として生まれた義盛は、相模（神奈川県）で勢力を誇った三《み》浦義明《うらよしあき》の孫にあたり、相模三浦郡和田（神奈川県三浦市初声町）などを本拠とした。

治承4年（1180）、以仁王《もちひとおう》の平氏追討の令《りょう》旨《じ》に応じた源 頼朝《みなもとのよりとも》の挙兵に参加する三浦義《よし》澄《ずみ》に従ったが、石橋山《いしばしやま》の戦いで頼朝が敗れたため、相模に帰る途中、平氏方と交戦。のちに北《ほう》条時政《じょうときまさ》と合流し、安房（千葉県）で頼朝に対面したとされる。頼朝が鎌倉に入ると、侍所《さむらいどころ》の別当《べっとう》（長官）に任じられた。その後、頼朝の弟範頼《のりより》が平氏をさらに追い込むために出兵すると、これに従軍。平氏滅亡後は奥州藤原《ふじわら》氏攻めにも参加し、武功を挙げた。建久3年（1192）、侍所別当の職を梶原景時《かじわらかげとき》と交代しているが、景時の罠によって職を奪われたと伝わる。

頼朝の死後に合議制が敷かれると、その一員に加えられた。のちに景時が失脚すると、義盛が侍所別当に返り咲く。そうした中、頼朝の妻政子《まさこ》の実家北条氏が勢力を強めて執権《しっけん》に昇るが、これに協調して幕府内での安定した地位を確保した。しかし、北条氏の挑発に乗り、建暦3年（1213）5月、一族と共に挙兵。第三代将軍源実朝《さねとも》の御所を急襲し、執権北条義時《よしとき》の兵と激しく戦ったが、同3日、ことごとく一族が討死。義盛も江戸義範《えどよしのり》の郎党《ろうとう》に討ち取られた。

病死

女に骨抜きにされ幽閉先で歿す
北《ほう》条《じょう》時《とき》政《まさ》

享年 78

生年 保延4年（1138）
歿年 建保3年（1215）1月6日
墓所 願成就寺（静岡県伊豆の国市寺家）

終焉の地 自邸（静岡県伊豆の国市寺家、守山西公園）か？

父は北条《ほうじょう》四郎大夫時方《ときかた》（時兼《ときかね》とする系図もある）、母は伊豆掾伴為房《いずのじょうとものためふさ》の娘とされる。北条氏は桓武平氏《かんむへいし》の系統で、代々伊豆田方《たがた》郡北条（静岡県伊豆の国市韮山町）に拠っていたが、伊豆の在庁官人であったとの説もある。

時政の前半生については不明な点も多いが、『曾我物語《そがものがたり》』や『源平盛衰記《げんぺいじょうすいき》』などによれば、永暦元年（1160）3月、伊東祐親《いとうすけちか》と共に伊豆蛭ヶ小島《ひるがこじま》に流された源頼朝の監視役を命じられており、この間、娘の政子《まさこ》を頼朝に嫁がせている。嘉応2年（1170）4月には伊豆大島で反乱を起こした源為朝《ためとも》の征伐に従ったという。

頼朝歿後の建久10年（1199）4月12日、第二代将軍頼家《よりいえ》の親裁《しんさい》を停止して設置された13人の合議制に、次男義時《よしとき》と共に加えられた。建仁3年（1203）8月、頼家が重病に陥ったことを好機とした時政は、9月2日、流人時代の頼朝を支え、頼家の妻若狭局《わかさのつぼね》の父でもあった比企能員《ひきよしかず》を自邸に誘って暗殺し、頼家の弟である実朝《さねとも》を第三代将軍に擁立した。

元久2年（1205）6月、実朝を追放して、後妻の娘婿で京都守護でもあった平賀朝雅《ひらがともまさ》を将軍に就けようと画策したが、政子と義時の反対に遭い、出家に追い込まれて伊豆北条に隠棲した。建保3年（1215）1月6日、以前から患っていた腫れ物のために同地で歿した。

病　死

栄西《ようさい/えいさい》

建仁寺で入滅した日本の茶祖

享年 75

生年　保延７年（１１４１）４月20日
歿年　建保３年（１２１５）７月５日
墓所　建仁寺開山堂（京都市東山区小松町）

終焉の地　建仁寺（京都市東山区小松町598）※諸説あり

備中吉備津神社《きびつじんじゃ》（岡山市北区吉備津）の神官賀陽《かや》氏と母田《でん》氏（一説に王氏）との間に生まれ、出生地は吉備津神社の近くとも備中賀陽《かや》郡（岡山県加賀郡吉備中央町）ともされる。

仁安３年（１１６８）入宋《にっそう》を志して明州《めいしゅう》（現在の中国寧波市）に着岸し、路地において偶然重源《ちょうげん》に逢い、共に天台山万年寺《てんだいさんまんねんじ》へ登った。同年９月には重源と共に帰国、天台章疏《てんだいしょうしょ》30部余りを持ち帰った。文治３年（１１８７）に再び入宋して臨済禅《りんざいぜん》の悟りを得て、建久２年（１１９１）に帰国した。翌３年、日本最初の禅寺と言われる報恩寺《ほうおんじ》（福岡市東区香椎）を建立。正治２年（１２００）１月には、源頼朝《みなもとのよりとも》一周忌仏事の導師《どうし》を務め、北条政子《ほうじょうまさこ》の信を得て鎌倉に寿福寺《じゅふくじ》を建てた。建永元年（１２０６）９月には、重源の跡を継いで東大寺大勧進職《とうだいじだいかんじんしき》となる。建暦３年（１２１３）５月に東大寺の僧正《そうじょう》となり、６月に鎌倉に帰った。建保２年（１２１４）２月、第三代将軍源実朝《さねとも》の病気平癒のために祈禱を行い、『喫茶養生記《きっさようじょうき》』を献じている。

終焉地については、『吾妻鏡《あずまかがみ》』は建保３年６月５日に鎌倉寿福寺で、『元亨釈書《げんこうしゃくしょ》』『明庵西公禅師塔銘』『沙石集《しゃせきしゅう》』などは同年７月５日に建《けん》仁寺《にんじ》（京都市東山区）で寂したと記している。

建仁寺は栄西の創建だが、同寺境内の護国院《ごこくいん》は、栄西を祀る廟堂であり、開山堂《かいざんどう》と称される。

病死

隠遁した庵で最期を迎えた

鴨《かもの》 長《ちょう》明《めい》

享年 62

生年 久寿２年（１１５５）

歿年 建保４年（１２１６）閏６月８日

墓所 伝塚（岐阜県恵那市岩村町）

終焉の地 方丈庵（京都市伏見区日野船尾、方丈石）

久寿２年（１１５５）に生まれたとされるが、久安４年（１１４８）・仁平２年（１１５２）・同３年・久寿元年などの異説もある。

鴨《かも》（賀茂）氏は、代々京の賀茂御祖神社《かもみおやじんじゃ》（下《しも》鴨《がも》神社）の神官で、父長継《ながつぐ》も若くして下鴨神社の正禰宜《せいねぎ》となっている。少年時代の長明は、和歌や琵琶《びわ》の修練に努め、承安２年（１１７２）に父が歿したあとは、神官となった。文治２年（１１８６）秋冬頃に伊勢へ下向、和歌を俊恵《しゅんえ》に学んだ。養和元年（１１８１）あるいは翌寿永元年（１１８２）に家集『長明集《ちょうめいしゅう》』を自撰、『千載集《せんざいしゅう》』に一首入集して勅撰《ちょくせん》歌人に列する。建暦元年（１２１１）秋には、飛鳥井雅経《あすかいまさつね》の推薦で鎌倉に下向し、将軍源実朝《みなもとのさねとも》に謁したが、和歌の師範には迎えられなかった。これより以前の承元２年（１２０８）には、日野《ひの》（京都市伏見区）の外山《とやま》に移って方一丈《ほういちじょう》の庵を結び、生涯をこの地で送ることになったとされる。

この方丈で、歌論書『無明抄《むみょうしょう》』を、建暦２年には『方丈記《ほうじょうき》』を執筆し、建保２（１２１４）・３年頃には発心往生《ほっしんおうじょう》談話集の『発心集《ほっしんしゅう》』を編んでいる。建保４年閏６月８日に亡くなったという。『方丈記』元久元年（１２０４）頃の記事「五十の春を迎へて、家を出て、世を背けり」の「五十」を50歳とすれば、生年は久寿２年、享年62となり、これが通説となっている。

雪降る夜に八幡宮で暗殺される

源《みなもとの》 実《さね》朝《とも》

享年 28

生年 建久3年（1192）8月9日
歿年 建保7年（1219）1月27日
墓所 寿福寺（伝。神奈川県鎌倉市扇ヶ谷）

終焉の地 鶴ヶ岡八幡宮境内（神奈川県鎌倉市雪ノ下2―1―31）

父は源 頼朝《みなもとのよりとも》、母は北条政子《ほうじょうまさこ》であり、鎌倉で生まれた。建久10年（1199）1月に父頼朝が歿し、兄頼家《よりいえ》が第二代将軍となるが、執権《しっけん》北条時政《ときまさ》と対立し、建仁3年（1203）9月にその座を追われた。これによって同月7日、実朝は従五位下《じゅごいのげ》・征夷大将軍《せいいたいしょうぐん》に補任された。

元久2年（1205）閏7月、北条時政とその後妻牧《まき》の方《かた》らが、実朝を排除して娘婿の平賀《ひらが》朝雅《ともまさ》を新将軍に擁立しようとしたが、母政子と叔父義時《よしとき》の働きで阻止された。時政を隠居させた義時は二代執権に就任し、実朝は同年12月に京から大納言坊門信清《だいなごんぼうもんのぶきよ》の娘を正室として迎えた。

建保7年（1219）1月27日、右大臣拝賀の御礼のために実朝は鶴岡八幡宮《つるがおかはちまんぐう》に参詣、神拝を終えて上宮《うえみや》を退出した際に、甥の同宮別当公《べっとうく》暁《ぎょう》によって暗殺された。暗殺の黒幕については、北条義時説・三浦義村《みうらよしむら》説などがある。現場については、同宮の石階（『吾妻鏡《あずまかがみ》』）、石橋（『愚管《ぐかん》抄《しょう》』『承久記《じょうきゅうき》』『梅松論《ばいしょうろん》』など）、社壇（しゃだん）《しゃだん》（『百練抄《ひゃくれんしょう》』『仁和寺日次記《にんなじひなみき》』など）、牛車《ぎっしゃ》から降りたところ（『増鏡《ますかがみ》』）などがある。刺客も、3人だったとするもの（『承久記』）、3～4人だったとするもの（『愚管抄《ぐかんしょう》』）、女装していたとするもの（『増鏡』『鎌倉年代記《かまくらねんだいき》』）などがあり、多くの謎を秘めている。実朝暗殺による源氏三代の断絶は、2年後の承久《じょうきゅう》の乱の間接的な原因となった。

公暁《くぎょう》

誅殺された将軍暗殺の下手人

終焉の地 三浦義村邸（神奈川県鎌倉市雪ノ下3丁目か？）

享年 20

生年 正治2年（1200）
歿年 建保7年（1219）1月27日
墓所 不詳

　父は鎌倉幕府第二代将軍の源頼家《みなもとのよりいえ》、母は足《あ》助《すけ》（賀茂《かも》）重長《しげなが》の娘とされ、鎌倉で生まれた。

　父頼家が将軍を廃せられて殺されたのち、元久2年（1205）に鶴岡八幡宮別当《つるがおかはちまんぐうべっとう》の尊暁《そんぎょう》の門弟となる。建永元年（1206）叔父実朝《さねとも》の猶子《ゆうし》となり、建暦元年（1211）に落飾《らくしょく》、法名を公暁とした。次いで近江（滋賀県）に赴き、園城寺《おんじょうじ》長吏《ちょうり》の公胤《こういん》から灌頂《かんじょう》を受けて修行ののち、建保5年（1217）に鶴岡八幡宮別当となった。

　建保7年1月27日の夜、鶴岡八幡宮で行われた第三代将軍実朝の右大臣拝賀の儀式の直後、公暁は自ら剣をとって実朝を殺し、実朝に従っていた源仲章《なかあきら》も殺してしまった。『愚管抄《ぐかんしょう》』によれば、公暁は北条義時《ほうじょうよしとき》を殺害するつもりであったが、誤って源仲章を殺害したという。

　その後、公暁は実朝の首を抱えて後見人の備《びっ》中《ちゅう》阿闍梨《あじゃり》の許へ赴き、乳母子の弥源太を使者として三浦義村《みうらよしむら》邸に遣わした。義村は自邸に公暁を招き、一方で北条義時にすべてを報告した。さらに長尾定景《ながおさだかげ》や雑賀次郎らを差し向け、鶴岡八幡宮背後の峰で義村邸に向かう途中の公暁を殺害した。公暁は、三浦義村を頼って将軍になろうとしたが、義村が北条氏に通じたために成就することなく、殺害されたのである。実朝には嗣子《しし》がなく、また公暁が殺害されたことによって、頼朝以来の源氏の嫡流は滅亡した。

痢病のために歿した毛利元就の祖

大《おお》江《えの》広《ひろ》元《もと》

享年 78

生年 久安4年（１１４８）
歿年 嘉禄元年（１２２５）6月10日
墓所 伝墓（神奈川県鎌倉市西御門）
大江稲荷（神奈川県鎌倉市十二所）

終焉の地 自邸（神奈川県鎌倉市十二所921—3、碑あり）

父は朝廷に仕える下級官人大江惟光《これみつ》とされるが、父は参議《さんぎ》藤原光能《ふじわらのみつよし》、母は大江維順《これのぶ》の娘で、のちに大江惟光（母の兄弟）の養子になったとする説もある。京で生まれたとされる。明法博《みょうぼうはか》士《せ》中原広季《なかはらひろすえ》の養子となって中原姓を名乗っていたが、建保4年（１２１６）閏6月に大江姓を称することを許された。なお大江氏は、戦国時代に中国地方を治めた毛利《もうり》氏の祖とされる。

元暦元年（１１８４）、源頼朝《みなもとのよりとも》に招かれて鎌倉に下向し、以後は常に幕府の中枢にあって頼朝の覇業を助けた。幕府公文所《くもんじょ》の別当《べっとう》となり、政所《まんどころ》が開設されると初代の政所別当として幕府に参画した。頼朝の死後は、鎌倉で北条政子《ほうじょうまさこ》の信任を受けて北条氏と共に政務に従事する。一貫して北条義時《よしとき》の側に立ち、建仁3年（１２０３）の比企能員《ひきよしかず》の追討と第二代将軍源頼家《よりいえ》の幽閉事件、元久2年（１２０５）の北条時政《ときまさ》の娘婿平賀朝雅《ひらがともまさ》が原因で起きた畠山重忠《はたけやましげただ》・重保《しげやす》父子の追討、その後の朝雅将軍擁立の企て発覚による時政の出家と朝雅謀殺事件、建保元年の和田《わだ》義盛《よしもり》の反乱鎮圧などに加わった。

承久3年（１２２１）5月に承久《じょうきゅう》の乱が起きると、上洛して討って出ることを進言し、幕府方を勝利に導いた。建保5年、重病のために出家して覚阿《かくあ》と称したのちも幕政に関わったが、嘉禄元年（１２２５）6月10日に亡くなった。

病死

将軍を後見し尼将軍と呼ばれる

北《ほう》条《じょう》政《まさ》子《こ》

享年 69

生年 保元２年（１１５７）
歿年 嘉禄元年（１２２５）７月11日
墓所 神奈川県鎌倉市扇ガ谷

終焉の地 大倉御所（神奈川県鎌倉市雪ノ下3—11—45、跡碑あり）

父は北条時政《ほうじょうときまさ》であり、伊豆田方《たがた》郡北条（静岡県伊豆の国市寺家・四日町付近）で生まれたとされる。『源平盛衰記《げんぺいじょうすいき》』によれば、父時政は、平氏の威を恐れて政子を伊豆国目代《もくだい》の山木兼隆《やまきかねたか》に嫁がせようとしたが、政子は流人の源頼朝《みなもとのよりとも》の許へ走ったという。治承元年（１１７７）に頼朝と結婚し、建久３年（１１９２）までの間に、大姫《おおひめ》・頼家《よりいえ》・三幡《さんまん》・実朝《さねとも》を出産した。

建久10年１月に頼朝が歿すると出家し、頼家に第二代将軍を継がせてこれを後見、このことから「尼将軍」とも称された。一方で、父時政、弟義時《よしとき》と連携し、幕府内における北条氏の地位向上と実権掌握に努めた。

建仁３年（１２０３）に頼家が重病となると、時政・義時と謀って頼家の権力を削ぎにかかり、伊豆修禅寺《しゅぜんじ》（静岡県伊豆市）に幽閉した。翌年、頼家は暗殺され、実朝を第三代将軍とした。元久２年（１２０５）には、父時政を伊豆北条へ追放。建保７年（１２１９）１月に、実朝が頼家遺児の公暁《くぎょう》に暗殺されたことで、政子は子供をすべて先に亡くすことになった。元仁元年（１２２４）に弟義時が歿すると、執権《しっけん》職を義時の嫡男泰時《やすとき》に継がせ、義時の弟時房《ときふさ》を連署《れんしょ》にするなど、執権政治体制の確立に尽力した。晩年は、鎌倉勝長寿院《しょうちょうじゅいん》の奥に屋敷を建てて過ごし、嘉禄元年（１２２５）７月11日に亡くなった。

病死

承久の乱で配流され崩御

後鳥羽《ごとば》上皇《じょうこう》

享年
60

生年　治承４年（１１８０）7月14日
殁年　延応元年（１２３９）２月22日
墓所　大原陵（京都市左京区大原勝林院町）
隠岐海士町陵（火葬塚。島根県海士町海士）

終焉の地　源福寺（島根県隠岐郡海士町海士１７８４、隠岐神社）

高倉《たかくら》天皇の第四皇子として生まれる。寿永２年（１１８３）、安徳《あんとく》天皇が平氏一門と共に西国へ逃れたため、三種《さんしゅ》の神器《じんぎ》なしに践祚した。

建久元年（１１９０）に10歳で元服、同年に関白《かんぱく》九条兼実《くじょうかねざね》の娘任子《たえこ》が入内《じゅだい》した。建久７年に源《みなもとの》（土御門《つちみかど》）通親《みちちか》の養女在子《ありこ》が皇子（のちの土御門天皇）を産むと、通親は任子を退出させ、親幕派の九条兼実を罷免し、前摂政《さきのせっしょう》近衛《このえ》基通《もとみち》を関白に復活させた（建久７年の政変）。建久９年に土御門天皇へ譲位し、その後は上皇《じょうこう》として朝廷の実権を掌握した。

建保７年（１２１９）に将軍源実朝《さねとも》が暗殺されると、後鳥羽上皇は皇子の鎌倉下向という幕府の要請を拒否したため、朝幕関係は緊張、承久３年（１２２１）４月28日に承久《じょうきゅう》の乱が起こった。西面《さいめん》・北面《ほくめん》の武士、在京の御家人《ごけにん》を城南《じょうなん》宮《ぐう》の流鏑馬揃《やぶさめぞろえ》と称して召集し、北条義時《ほうじょうよしとき》追討の院宣《いんぜん》を発したが、幕府側が勝利を収めた。このため後鳥羽院政は停止され、上皇は隠岐《おき》へ流されることとなった。

隠岐へ流されてからは、歌論書『後鳥羽院御《ごとばいんご》口伝《くでん》』の執筆や、隠岐本『新古今集《しんこきんしゅう》』の改訂作業に取り組んだが、延応元年（１２３９）２月22日に隠岐で崩御。遺詔《いしょう》により、遺骨は京大原《おおはら》の西林院に移され、仁治２年（１２４１）２月８日に大原の法華堂に安置された。

病死

死後に名声をいっそう高めた

藤原定家《ふじわらのさだいえ/ていか》

享年 80

生年 応保2年（1162）
歿年 仁治2年（1241）8月20日
墓所 相国寺（京都市上京区相国寺門前町）

終焉の地 自邸（京都市中京区寺町二条上要法寺前736―1、石標あり）

父は『千載和歌集《せんざいわかしゅう》』を編纂した藤原俊成《ふじわらのとしなり》で、母は藤原親忠《ちかただ》の娘美福門院加賀《びふくもんいんのかが》である。仁安元年（1166）に5歳で叙爵し、初名光季《みつすえ》を季《すえ》光《みつ》と改めたが、翌年に定家と改名した。

安元元年（1175）、父俊成の右京大夫辞任の代わりとして侍従《じじゅう》となり、次いで左近衛《さこのえ》少《しょう》将《しょう》から中将《ちゅうじょう》に進んだ。東京国立博物館には、中将昇進を申請した際の自筆の申文《もうしぶみ》が現存する。

後鳥羽上皇《ごとばじょうこう》が和歌所《わかどころ》を再建すると、建仁元年（1201）7月に和歌所寄人《よりゅうど》に召され、『新古《しんこ》今和歌集《きんわかしゅう》』の選定にあたった。しかし、承久2年（1220）に後鳥羽上皇の勅勘《ちょっかん》を蒙り、蟄《ちっ》居《きょ》させられた。

承久の乱で後鳥羽上皇が隠岐《おき》（島根県）へ流されたのちは順調に昇進を遂げ、貞永元年（1232）には権中納言《ごんのちゅうなごん》に至った。同年6月には、後堀河《ごほりかわ》天皇の下命《かめい》によって『新勅撰和歌集《しんちょくせんわかしゅう》』の撰集にあたり、定家の死後に完成した。天福元年（1233）10月に出家して明静《みょうじょう》と称し、晩年は京の小倉山《おぐらやま》の山荘（京都市右京区）で『小《お》倉百人一首《ぐらひゃくにんいっしゅ》』の撰歌に没頭したとされる。仁治2年（1241）8月20日に死去した。

なお、定家が治承4年（1180）から嘉禎元年（1235）にわたって記録した自筆本『明月記《めいげつき》』は、その大部分が冷泉家時雨亭文庫《れいぜいけしぐれていぶんこ》に残り、国宝に指定されている。

病死

心労がたたって歿した名執権

北《ほう》条《じょう》泰《やす》時《とき》

終焉の地

鎌倉ノ亭（神奈川県鎌倉市雪ノ下1丁目）

享年 60

生年 寿永2年（1183）

歿年 仁治3年（1242）6月15日

墓所 常楽寺（神奈川県鎌倉市大船）

父は二代執権《しっけん》の北条義時《ほうじょうやすとき》、北条政子《まさこ》は伯母にあたる。鎌倉で生まれたとされる。建久5年（1194）に元服し、建仁2年（1202）に三《み》浦義村《うらよしむら》の娘を娶った。北条氏中興の祖とされる。

建保元年（1213）、和田義盛《わだよしもり》の乱での戦功によって陸奥遠田《とおだ》郡（宮城県の一部）を与えられ、同6年に侍所別当《さむらいどころべっとう》となった。承久3年（1221）5月に承久《じょうきゅう》の乱が起こると、叔父時房《ときふさ》と共に上洛し、後鳥羽上皇《ごとばじょうこう》勢を破って、六波羅《ろくはら》探題《たんだい》の任に就いた。元仁元年（1224）6月に父義時が亡くなると、17日に鎌倉へ下向し、28日に伯母政子の後援によって執権職に就任した。嘉禄元年（1225）7月に政子が亡くなると、上洛していた時房を鎌倉へ戻し、連署《れんしょ》の初代とした。同年末には評定衆《ひょうじょうしゅう》を設置している。

貞永元年（1232）、51箇条からなる『関《かん》東御成敗式目《とうごせいばいしきもく》』（貞永式目《じょうえいしきもく》）を制定し、合議制と法治主義による執権政治の黄金時代を築いた。仁治3年（1242）5月に出家（法名観阿《かんあ》）し、6月15日に亡くなった。公家の広橋経光《ひろはしつねみつ》の日記によると、日頃の過労に加えて赤痢を併発させ、高熱に苦しんで亡くなったとしている。

泰時については、『吾妻鏡《あずまかがみ》』などに多くの善行の逸話が記されており、また、広橋経光は日記の中で、堯《ぎょう》や舜《しゅん》といった古代中国の聖人君主になぞらえて、泰時を讃えている。

配流先の佐渡で崩御

順《じゅん》徳《とく》上《じょう》皇《こう》

享年
46

生年 建久８年（１１９７）９月10日
歿年 仁治３年（１２４２）９月12日
墓所 大原陵（京都市左京区大原勝林院町）
真野御陵（火葬塚。新潟県佐渡市真野）

終焉の地 黒木御所（新潟県佐渡市泉、跡碑あり）、真野宮（新潟県佐渡市真野655、跡碑あり）

後鳥羽《ごとば》天皇の第三皇子として京で生まれる。正治元年（１１９９）に親王宣下、翌年に兄土《つち》御門《みかど》天皇の皇太弟《こうたいてい》となる。

承元４年（１２１０）、後鳥羽上皇の命によって兄土御門天皇が譲位し、順徳が即位した。承久３年（１２２１）４月20日に譲位、中宮立《ちゅうぐうりゅう》子《し》（九条良経《くじょうよしつね》の娘）との間に生まれた３歳の皇太子懐成《かねなり》親王が仲恭《ちゅうきょう》天皇として即位させた。

同年５月、後鳥羽上皇は幕府打倒の兵を挙げたが（承久《じょうきゅう》の乱）、敗北した。幕府は仲恭天皇を退位させて、後堀河《ごほりかわ》天皇を立てた。後鳥羽上皇は隠岐《おき》（島根県）へ、順徳上皇は佐渡《さど》（新潟県）へ流されることとなり、７月21日に都を出立している。嘉禎元年（１２３５）には、前関白《さきのかんぱく》九条道家《みちいえ》を中心に後鳥羽・順徳上皇の還京を求める運動が起こったが、幕府はこれを拒絶。仁治３年（１２４２）９月12日、京へ戻ることは叶わず、絶食の末に佐渡で崩御したとされる。

崩御の翌日に真野山《まのやま》（真野御陵《まののみささぎ》、新潟県佐渡市）で火葬されたが、翌寛元元年（１２４３）４月、側に仕えていた藤原康光《やすみつ》が上皇の遺骨を京へ持ち帰り、５月には後鳥羽上皇の大原法華堂の側に安置された。このため、正式な御陵は京都市左京区の大原陵《おおはらのみささぎ》となり、父の後鳥羽天皇陵と並ぶこととなる。佐渡へ流されたあとには佐渡院と呼ばれたが、のちに順徳院と追号《ついごう》された。

病　死

道元《どうげん》

療養に訪れた弟子の家で死去

享年
54

生年　正治2年（１２００）1月2日
歿年　建長5年（１２５３）8月28日
墓所　承陽殿（廟所。福井県永平寺町）
塔（京都市東山区下河原町）

終焉の地　覚念邸（京都市下京区永養寺町244付近、碑あり）

内大臣《ないだいじん》の源通親《みなもとのみちちか》を父とし、摂政《せっしょう》・太政大臣《だじょうだいじん》の藤原基房《ふじわらのもとふさ》娘を母として、木幡《こわた》（京都府宇治市）の松殿山荘《しょうでんさんそう》で生まれたとされる。幼くして父母と死別し、建暦2年（１２１２）、母方の叔父である良顕《りょうけん》を比叡山《ひえいざん》に訪ね、般若谷《はんにゃだに》の千光房《せんこうぼう》に入った。

翌建保元年（１２１３）、天台座主《てんだいざす》の公円《こうえん》に付いて剃髪、戒壇《かいだん》で大乗菩薩戒《だいじょうぼさつかい》を受けて、仏法《ぶっぽう》房《ぼう》道元と名乗った。貞応2年（１２２３）2月、明全《みょうぜん》と共に宋《そう》へ渡るために出京、しばらく臨済《りんざい》宗《しゅう》大慧派《だいえは》の禅を学び、安貞元年（１２２７）秋に帰朝、建仁寺《けんにんじ》（京都市東山区）に入った。しかし、比叡山から迫害を受け、寛喜2年（１２３０）頃には建仁寺を追われ、深草《ふかくさ》（京都市伏見区）に移った。こののち『正法眼蔵《しょうぼうげんぞう》』の著述を始め、末法思想や念仏・祈禱を排斥した。

寛元元年（１２４３）7月、門弟波多野義重《はたのよししげ》らの招きによって越前志比庄《しひのしょう》（福井県永平寺町）へ移ることとなった。翌年には大仏寺《だいぶつじ》へ入り、寛元4年6月に永平寺《えいへいじ》と改称した。宝治元年（１２４７）、北条時頼《ほうじょうときより》に招かれて鎌倉へ下ったが、翌年2月には永平寺に帰山。建長5年（１２５３）7月、永平寺を懐奘《えじょう》に譲り、療養のために上洛。同年8月28日、黒衣の平僧の位のまま生涯を終えた。俗弟子覚念《かくねん》の屋敷（京都市下京区高辻西洞院）で療養中に入寂したという。

病 死

親《しん》鸞《らん》

現在も続く祥月命日の報恩講

享年 90

生年 承安3年（1173）

歿年 弘長2年（1262）11月28日

墓所 大谷祖廟（京都市東山区円山町）

終焉の地 善法院（京都市中京区虎石町45―3、終焉地碑あり）

京の日野《ひの》（京都市伏見区日野西大道町）で生まれる。父は日野有範《ありのり》、母は源氏の流れを汲む吉《きっ》光女《こうにょ》とする伝承もあるがはっきりしない。

治承5年（1181）に9歳で出家し、青蓮《しょうれん》院慈円《いんじえん》の門に入った。以後20年間は比叡山《ひえいざん》で修学するが、建仁元年（1201）に京都六角堂《ろっかくどう》へ百日参籠《さんろう》し、東山吉水《ひがしやまよしみず》（京都市東山区円山町）の法然房源空《ほうねんぼうげんくう》を訪ね、専修念仏《せんじゅねんぶつ》に帰した。建永2年（1207）2月、奈良興福寺《こうふくじ》による専修念仏禁止の動きのため、法然以下数名の同輩と共に流罪となり、越後国府《こくふ》へ流された。のちに赦免され、建保2年（1214）には関東へ移住、『教行信証《きょうぎょうしんしょう》』の初稿本を完成させている。

貞永元年（1232）以降、嘉禎2年（1236）頃までには京へ帰ったようだが、帰洛後は五条西洞院《ごじょうにしのとういん》のあたり、また三条富小路《さんじょうとみのこうじ》にある舎弟尋有《じんう》の善法坊《ぜんほうぼう》（京都市右京区山ノ内御殿堂町）に住み、『和讃《わさん》』や『唯信鈔文意《ゆいしんしょうもんい》』などを選述した。建長7年（1255）、使者として関東に遣わした実子の善鸞《ぜんらん》が幕府と結んで念仏者の弾圧を企て、性信《しょうしん》を幕府に訴える事件を起こすと、親鸞は門弟の側に立ち、翌8年5月28日、善鸞を義絶して性信をはじめ門弟を擁護した。晩年は著述活動を進めたが、弘長2年（1262）11月下旬頃より病臥、28日に押小路《おしこうじ》南・万《ま》里小路《でのこうじ》東の地（善法院）で入滅したとされる。

病死

北《ほう》条《じょう》時《とき》頼《より》

北条氏の全盛を築き泰然と死に臨む

享年 37

生年 嘉禄3年（1227）5月14日
歿年 弘長3年（1263）11月22日
墓所 最明寺（静岡県伊豆の国市長岡）

終焉の地 最明寺北亭（神奈川県鎌倉市山ノ内189、塔頭の明月院のみ残る）

父は北条泰時《ほうじょうやすとき》の嫡男時氏《ときうじ》、母は安達景盛《あだちかげもり》の娘であり、鎌倉で生まれた。父時氏が若くして亡くなったため、祖父泰時に養育されたという。

寛元4年（1246）3月、時頼は重病となった兄経時《つねとき》から執権《しっけん》職を譲られ、五代執権となった。同年5月、北条一門の名越《なごえ》氏が前将軍九《く》条頼経《じょうよりつね》と組んで時頼を執権職から除こうとしたが、時頼はこれを抑え、首謀者とされた名越光《みつ》時《とき》を伊豆江間《えま》（静岡県伊豆の国市）へ流し、名越氏の所領の多くを没収した。7月には頼経を京に送還している。宝治元年（1247）6月には、鎌倉で最大の御家人だった三浦《みうら》一族が、時頼の外戚安達氏によって排除され（宝治《ほうじ》合戦）、反時頼勢力を一掃した。建長4年（1252）には将軍九条頼嗣《よりつぐ》を更迭して、後嵯峨上《ごさがじょう》皇《こう》の皇子である宗尊親王《むねたかしんのう》を新将軍に迎えた。

康元元年（1256）11月、病となった時頼は執権職を長時《ながとき》（北条泰時の異母弟重時《しげとき》の嫡男）に譲って鎌倉最明寺《さいみょうじ》に出家した。ただし、長時は幼少だった時頼の嫡男時宗《ときむね》の代理という形を採り、時頼は出家後も政治の実権を握り続けた。時宗とは、元寇《げんこう》で有名な八代執権である。

『吾妻鏡《あずまかがみ》』によれば、弘長3年（1263）11月13日、時頼の病状が深刻になり、様々な祈禱を総動員して病気治癒が祈られたが、19日には危篤に陥り、22日に最明寺北亭で死去した。

病 死

日本最初の禅師号が贈られる

蘭《らん》渓《けい》道《どう》隆《りゅう》

享年 66

生年 嘉定６年（１２１３）
歿年 弘安元年（１２７８）７月
墓所 建長寺（墓塔。神奈川県鎌倉市山ノ内）

終焉の地 建長寺（神奈川県鎌倉市山ノ内８）

南宋《なんそう》の西蜀《せいしょく》（四川省）蘭渓《らんけい》邑で生まれた。寛元４年（１２４６）に入宋《にっそう》した泉涌寺《せんにゅうじ》（京都市東山区）の僧月翁智鏡《がっとうちきょう》との縁により、弟子と共に来日、筑前円覚寺《えんかくじ》（福岡市博多区）に寓居した。翌年上洛し、泉涌寺来迎院《らいごういん》に寄寓した。

のちに鎌倉へ下り、執権北条時頼《しっけんほうじょうときより》と会した。時頼は浄土宗常楽寺《じょうどしゅうじょうらくじ》を禅宗《ぜんしゅう》に改め、蘭渓を開山《かいざん》とし、建長５年（１２５３）に建長寺《けんちょうじ》を創建してその開山に迎えた。鎌倉に禅が確立したのは、彼が建長寺で禅の作法を正し、弟子の養成に努めたからだという。『吾妻鏡《あずまかがみ》』によれば、皇帝の万歳《ばんざい》、将軍家および幕府重臣の千秋《せんしゅう》、天下泰平を祈ることが建長寺の使命とされる。

在京３年ののち鎌倉へ帰り、執権北条時宗《ときむね》の請いによって禅興寺《ぜんこうじ》の開山となり、建長寺にも再住した。蒙古襲来《もうこしゅうらい》の際、元《げん》からの密偵の疑いをかけられ、甲斐（山梨県）や伊豆（静岡県）に流され、のちに赦免されて鎌倉へ戻る。弘安元年（１２７８）４月に建長寺の主席に就いた。同年７月に病となり、24日に建長寺で亡くなった。時宗の奏請により、大覚禅師《だいがくぜんじ》と勅諡《ちょくし》された。それゆえ、この門流を大覚派《だいがくは》という。

遺著に『大覚禅師語録《だいがくぜんしごろく》』３巻があるが、延享２年（１７４５）８月に再刻され、次いで文政10年（１８２７）４月に海津維徳の篤志によって、５５０回の遠諱記念として版行された。

病死

悲しく響く臨終を知らせる鐘の音

日《にち》蓮《れん》

享年 61

生年 貞応元年（1222）
歿年 弘安5年（1282）10月13日
墓所 久遠寺（山梨県身延町）

終焉の地 池上宗仲邸（東京都大田区池上1—1—1、池上本門寺）

安房長狭《ながさ》郡東条郷片海《とうじょうごうかたうみ》（千葉県鴨川市小湊町）に生まれる。天福元年（1233）頃に天台《てんだい》寺院の清澄寺《せいちょうじ》へ入寺、嘉禎3年（1237）頃に出家、さらに京や比叡山《ひえいざん》などで修行を重ねた。

文応元年（1260）に『立正安国論《りっしょうあんこくろん》』を執《しっ》権《けん》北条時頼《ほうじょうときより》に提出し、法華経《ほけきょう》に帰依しなければ国難が来ることを予言、念仏の流行を非難し、幕政を批判した。このため、鎌倉松葉ヶ谷《まつばがやつ》の日蓮の草庵が念仏宗徒に焼き打ちされ、弘長元年（1261）、幕府によって日蓮は伊豆（静岡県）へ流された。翌3年には赦免されて安房に帰るが、文永元年（1264）、東条松原大路《まつばらおおじ》で東《とう》条景信《じょうかげのぶ》らに襲撃され、鎌倉へ戻った。文永8年、九州の御家人《ごけにん》に対して蒙古《もうこ》への備えと領内の悪党鎮圧を命じた幕府は、同時に日蓮の逮捕と佐渡（新潟県佐渡市）流罪を決定した。その途中、龍口《たつのくち》（神奈川県藤沢市）で侍所所司《さむらいどころしょし》の平頼綱《たいらのよりつな》に処刑されそうになっている。

文永11年に佐渡から鎌倉へ戻され、甲斐身延《みのぶ》山《さん》（山梨県身延町）に隠棲《いんせい》することとなった。その後9年間、一度も山を下りることはなかったという。その後、病となり、弘安5年（1282）9月、湯治のために身延山を出て常陸（茨城県）へ向かったが、途中で武蔵池上《いけがみ》の池上宗《むね》仲《なか》の館（東京都大田区、のち池上本門寺《ほんもんじ》）に留まり、日昭《にっしょう》ら6人の本弟子を定めて、10月13日に入滅。

病死

早世した元寇撃退の立役者

北《ほう》条《じょう》時《とき》宗《むね》

終焉の地　自邸（神奈川県鎌倉市小町3—5—22、円頓宝戒寺に跡碑あり）

享年 34

生年　建長3年（1251）5月15日

歿年　弘安7年（1284）4月4日

墓所　円覚寺（廟所。神奈川県鎌倉市山ノ内）

執権《しっけん》北条《ほうじょう》時頼《ときより》の母松下禅尼《まつしたぜんに》の実家である甘縄《あまなわ》（鎌倉市長谷）の安達盛長《あだちもりなが》邸で生まれた。父は時頼、母は北条重時《しげとき》の娘である。康元元年（1256）11月、時頼は出家して執権を重時の子長《なが》時《とき》に譲った。その翌年2月に第六代将軍宗尊親《むねたかしん》王《のう》の御所で元服し、時宗と命名された。

弘長3年（1263）11月に父時頼が死去、文永元年（1264）7月に執権長時が出家し、その翌月に死去すると、連署《れんしょ》の北条政村《まさむら》が執権となり、時宗が連署となった。文永3年7月には政村・時宗・安達泰盛《やすもり》らの主導によって、将軍宗尊親王を廃して京へ送還し、その子惟康王《これやすおう》を第七代将軍に迎える。文永5年3月には、高齢の政村に代わって18歳の時宗が執権に就き、政村は連署として時宗を助けることとなった。

文永9年2月には、評定衆《ひょうじょうしゅう》で一番引付《いちばんひきつけ》を兼ねる名越時章《なごえときあきら》と、その弟教時《のりとき》が鎌倉で殺され、時宗の庶兄である時輔《ときすけ》が京で殺されたが（二月騒動）、この事件によって時宗は北条氏一門をほぼ掌握し、得宗《とくそう》（北条氏の惣領）としての地位を安定させた。

弘安5年（1282）、2度の元寇《げんこう》（文永・弘安の役）における戦死者らを弔うため、無学祖《むがくそ》元《げん》を開山として鎌倉山ノ内に円覚寺《えんかくじ》を建立。弘安7年4月4日、病となった時宗は鎌倉最明寺《さいみょうじ》で出家し、同日、若くして亡くなった。

霜月騒動で一族と共に滅びる
安《あ》達《だち》泰《やす》盛《もり》

終焉の地 自邸（神奈川県鎌倉市長谷1—12—1、甘縄神明宮）

享年 55

生年 寛喜3年（1231）
歿年 弘安8年（1285）11月17日
墓所 不詳

父は安達義景《あだちよしかげ》で、鎌倉甘縄《あまなわ》（鎌倉市長谷）の安達邸で生まれたとされる。安達氏は、源頼《みなもとのより》朝《とも》以来の功臣として代々幕政に参画し、特に宝治元年（1247）の三浦《みうら》氏討滅後は、唯一の有力御家人《ごけにん》として幕府内に一定の勢力を保っていた。泰盛の娘（一説には妹とも）である堀内《ほりうち》殿《どの》は北条時宗《ほうじょうときむね》の正室であり、また叔母の松下禅《まつしたぜん》尼《に》は北条時頼《ときより》の母で、泰盛は時頼に重用された。建長5年（1253）には家督を継ぎ、秋田城《あきたじょうの》介《すけ》・評定衆《ひょうじょうしゅう》・越訴奉行《おっそぶぎょう》・陸奥守《むつのかみ》などを歴任。

弘安7年（1284）4月、執権時宗の死に際して出家したが、時宗の急逝を受けて貞時《さだとき》が執権《しっけん》になると、御内人《みうちびと》の代表的存在である平《たいらの》頼綱《よりつな》と、外様《とざま》御家人の代表格である泰盛の対立が表面化し、弘安8年に霜月騒動《しもつきそうどう》が勃発した。『保暦間記《ほうりゃくかんき》』によれば、泰盛と頼綱は仲が悪く、泰盛の嫡男宗景《むねかげ》が「曾祖父景盛《かげもり》は右大将頼朝の子であるので、俄《にわか》に源氏姓に改称した」と主張したのに対して、頼綱が「宗景が謀叛を起こして将軍になろうと企てて源氏になった」と、貞時に訴えたところから騒動が起こった。11月17日、泰盛が貞時の館へ出向こうとした際に御内人たちが襲撃、これをきっかけに大規模な衝突が起こり、戦火は鎌倉中に拡大、将軍御所も焼失した。泰盛・宗景ら安達一族500人余は、そのほとんどが討死か、自害して果てた。

15年に及ぶ過酷な遊行で歿する

一遍《いっぺん》

享年 51

生年 延応元年（1239）2月15日
歿年 正応2年（1289）8月23日
墓所 真光寺（神戸市兵庫区松原通）

終焉の地 観音堂（神戸市兵庫区松原通1—1—62、真光寺）

伊予風早《かざはや》郡河野郷別府《こうのごうべっぷ》（愛媛県松山市道後湯月町）で生まれた。父は河野通広《こうのみちひろ》。寛元3年（1245）伊予継教寺《けいきょうじ》（天台宗）縁教《えんきょう》の門に入り、宝治2年（1248）に出家、法諱を随縁《ずいえん》と称した。

文永11年（1274）、大坂四天王寺《してんのうじ》に参籠し、高野山《こうやさん》から熊野《くまの》へ向かった。熊野本宮では念仏賦算《ふさん》の啓示を受け、一遍と名を改めて遊行《ゆぎょう》の途に就く。弘安2年（1279）末、信濃伴野《ともの》（長野県佐久市）で踊り念仏を始め、白河関《しらかわのせき》を越えて奥州に入る。このの ち念仏を勧めながら、平《ひら》泉《いずみ》（岩手県平泉町）・松島《まつしま》（宮城県松島町）から武蔵（埼玉・東京・神奈川の一部）を通って鎌倉を目指したが、執権北条時宗《しっけんほうじょうときむね》に阻まれて、鎌倉の外で野宿することとなった。

弘安10年（1287）、備中（岡山県）で病に罹ったが、翌正応元年（1288）には伊予での修行跡を訪ね、大山祇神社《おおやまづみじんじゃ》に詣でた。翌2年、讃岐善通寺《ぜんつうじ》（香川県善通寺市）から阿波（徳島県）に行ったところで病が重くなり、7月に淡路（兵庫県）から摂津和田崎《わださき》の観音堂（のちの真光寺《しんこうじ》。神戸市兵庫区）に移った。秘蔵の経典などを焼き、誓願偈文《せいがんげもん》を書いて、8月23日に入寂。法語などは『播州法語集《ばんしゅうほうごしゅう》』や『一遍上人語録《いっぺんしょうにんごろく》』に収められ、遊行としての生涯は『一遍上人絵伝《いっぺんしょうにんえでん》』などの絵巻に描かれた。

すべての人々を救うために尽力した

忍《にん》性《しょう》

享年 87

生年 建保5年（1217）7月16日

歿年 乾元2年（1303）7月12日

墓所 極楽寺（神奈川県鎌倉市極楽寺）

終焉の地 極楽寺（神奈川県鎌倉市極楽寺3—6—7）

大和城下郡《しきのしも》屏風里《びょうぶのさと》（奈良県三宅町）で生まれた。父は伴貞行《とものさだゆき》。貞永元年（1232）に生母を亡くしたのち、大和額安寺《かくあんじ》（大和郡山市額田部寺町）に入り、翌年には東大寺戒壇院《とうだいじかいだんいん》で受戒《じゅかい》した。延応元年（1239）9月に十重戒《じゅうじゅうかい》、仁治元年（1240）4月に通受戒を叡尊《えいぞん》から受け、寛元3年（1245）9月には和泉家原寺《えばらじ》（堺市西区）で同じく叡尊から別受戒を受けて比丘《びく》となった。

建長4年（1252）に関東へ下向し、12月に常陸三村寺清涼院《みむらじせいりょういん》（茨城県つくば市小田）へ入った。弘長元年（1261）、新清涼寺釈迦《しんせいりょうじしゃか》堂主《どうしゅ》に請われて鎌倉へ移るまで三村寺を拠点として活動し、西大寺《さいだいじ》系律教団の関東弘通《ぐずう》の足場を築いた。

鎌倉移住後は、弘長元年11月に北条重時《ほうじょうしげとき》の葬儀の導師《どうし》を務め、翌2年に北条業時《なりとき》の招きで鎌倉多宝寺《たほうじ》に住するなど、北条氏との関係を強めていく。文永4年（1267）8月には、律院とされた鎌倉極楽寺《ごくらくじ》の開山《かいざん》に招かれ、歿するまで長老として住した。忍性は、律僧として戒律の復興に努める一方、文殊信仰《もんじゅしんこう》に基づく非人《ひにん》・癩《らい》患者救済など慈善事業に力を尽くした。また、北条氏の推挙により、東大寺大勧進《だいかんじん》などにも就いている。嘉元元年（1303）7月12日に極楽寺で歿した。嘉暦3年（1328）5月、後《ご》醍醐《だいご》天皇から忍性菩薩《にんしょうぼさつ》の号を賜っている。

自刃

病のため24歳で執権職を辞す

北条高時《ほうじょうたかとき》

享年 31

生年 嘉元元年（１３０３）
歿年 正慶2年（１３３３）5月22日
墓所 円覚寺（廟所。神奈川県鎌倉市山ノ内）

終焉の地 東勝寺（神奈川県鎌倉市小町3—11、廃寺）

父は執権《しっけん》北条貞時《ほうじょうさだとき》であり、北条氏最後の得宗《とくそう》となる。鎌倉で生まれた。早くに父を亡くしたため、内管領《うちかんれい》の長崎高綱《ながさきたかつな》・高資《たかすけ》父子らの保護下にあった。実権を掌握していたのは、高資である。正和5年（１３１６）に執権に就任。

同じ頃、京では大覚寺統《だいかくじとう》と持明院統《じみょういんとう》が皇位継承を巡って争っていたが、これを仲裁する（「文保の御和談」）。高時は酒宴、闘犬、田楽《でんがく》を好み、連日のように催していたことから、世間の人から「亡気（うつけ者）」と噂された。『太平記《たいへいき》』や『増鏡《ますかがみ》』などに伝わっている高時像は、暗愚な執権としての姿で描かれている。ただし、現実的にも幕府の政治に対する不信感は高まっており、全国的に海賊や悪党の活動が活発化し、蝦夷《えみし》が蜂起する事件も起こっている。

後醍醐《ごだいご》天皇は、正中《しょうちゅう》元年（１３２４）に正中の変を、元弘《げんこう》元年（１３３１）に元弘の乱を起こすが、ことごとく失敗に終わる。この間、病を得た高時は金沢貞顕《かなざわさだあき》に執権職を譲り、自身は出家したものの、長崎高頼《たかより》が高資の排斥を試みるなど政治的な混乱は続いた。元弘3年、後醍醐天皇の檄《げき》に応じた新田義貞《にったよしさだ》は諸将を率い、鎌倉へと侵攻した。高時は、北条家の菩提寺で葛《か》西ヶ谷《さいがやつ》にあった東勝寺《とうしょうじ》へ逃亡したが、一族・家臣と共に切腹して果てた。高時の自刃地跡は、「腹切やぐら」として現在も残っている。

護良親王《もりよししんのう》

暗殺者の太刀を噛んではなさず

終焉の地　東光寺（神奈川県鎌倉市二階堂154、鎌倉宮）

享年 28

生年 延慶元年（1308）
歿年 建武2年（1335）7月23日
墓所 神奈川県鎌倉市二階堂

後醍醐《ごだいご》天皇の子で、京で生まれた。第一皇子とも第三皇子ともされ、読み方も「もりよし」「もりなが」と両様ある。嘉暦元年（1326）に出家して尊雲法親王《そんうんほうしんのう》となり、天台座主《てんだいざす》に就任した。このことは、のちに延暦寺《えんりゃくじ》を打倒鎌倉幕府の勢力に引き入れる下地となった。

元弘元年（1331）の元弘《げんこう》の乱では、父に従って挙兵するも、あえなく敗北。畿内各地に潜伏して再起を図る。翌年、護良と名乗って還《げん》俗《ぞく》し、各地の勢力に令旨《りょうじ》を送って挙兵を促した。これに応じたのが、楠木正成《くすのきまさしげ》や赤松円心《あかまつえんしん》である。護良は楠木正成の籠もる千早《ちはや》城（大阪府千早赤阪村）を支援するため、野伏《のぶし》に命じて幕府軍に食料が渡らないよう手配した。反幕府勢力の援助もあり、やがて護良らは入京、幕府勢力を一掃する。その後、鎌倉幕府は滅亡した。

こうして建武《けんむ》政権が成立し、護良に活躍の場が与えられるはずであった。ところが元弘3年6月、護良は征夷大将軍《せいいたいしょうぐん》職を巡って足利尊氏《あしかがたかうじ》と対立し、後醍醐との関係も悪化することになる。建武元年（1334）には皇位を簒奪《さんだつ》しようとした嫌疑によって捕らえられ、足利直義《ただよし》の監視の下、鎌倉東光寺《とうこうじ》に幽閉された。翌年、中先代《なかせんだい》の乱が勃発すると、北条時行《ときゆき》に擁立されることを恐れた直義は、配下の淵辺義博《ふちのべよしひろ》に命じて同寺で暗殺した。

湊川で力尽きた忠臣の鑑

楠《くすの》木《き》正《まさ》成《しげ》

享年 ？

生年 不詳
歿年 建武3年（1336）5月25日
墓所 湊川神社（神戸市中央区多聞通）

終焉の地 廣嚴寺塔頭（兵庫県神戸市中央区楠町7—3—2）

出自については諸説あり、いまだに定まっていない（土豪《どごう》説、御家人《ごけにん》説、悪党《あくとう》説など）。河内千早《ちはや》（大阪府千早赤阪村）で生まれたとされる。

元弘元年（1331）、後醍醐《ごだいご》天皇の反幕府運動に応じて挙兵。河内千早城、赤坂《あかさか》城を舞台にして、鎌倉幕府軍を大いに苦しめた。戦いの手法は、飛礫《つぶて》を打ったり、野伏《のぶし》の支援を受けたりするなどゲリラ的なもので、悪党的な戦法と評価されてきた。こうして各地の反幕府勢力に勢いがつき、ついに鎌倉幕府は滅亡した。

建武《けんむ》政権成立後は軍功が評価され、記録所《きろくしょ》、恩賞方《おんしょうがた》、雑訴決断所《ざっそけつだんしょ》の業務に携わり、河内・和泉両国の守護《しゅご》も拝命した。後醍醐の信任も厚かったが、建武元年（1334）に護良親王《もりよししんのう》が失脚すると、かつての輝きを失うことになる。

建武3年以降、後醍醐と仲違いして九州に下っていた足利尊氏《あしかがたかうじ》が勢いを盛り返し、京へ迫る勢いであった。正成は後醍醐に尊氏との和睦《わぼく》を献言するが受け入れられず、逆に戦うよう命じられた。正成は、摂津湊川《みなとがわ》（神戸市中央区・兵庫区付近）で九州から攻め上がってきた足利勢と戦うが敗北、弟正季《まさすえ》と共に「七生《しちしょう》（7回生まれること）」を誓い、湊川神社近くの廣嚴《こうごん》寺《じ》塔《たっ》頭《ちゅう》で自刃した。決戦を控えた正成が、子の正行《まさつら》に「いつの日か朝敵を倒せ」と今生の別れを告げた逸話が有名（桜井の別れ）。

明治時代に再評価された若武者

北畠《きたばたけ》顕家《あきいえ》

享年 21

生年 文保2年（1318）
歿年 建武5年（1338）5月22日
墓所 堺市西区浜寺石津町中

終焉の地 石津（堺市西区浜寺石津町中5—3—31、碑あり）

村上源氏《むらかみげんじ》の流れを汲む北畠親房《きたばたけちかふさ》の嫡男であり、父親房は『神皇正統記《じんのうしょうとうき》』の著者として有名。出生地は不詳。後醍醐《ごだいご》天皇に重用され、異例の速さで昇進を遂げた。かつて後醍醐の北山行幸《きたやまぎょうこう》に供奉《ぐぶ》し、華やかな舞を演じたという。

元弘3年（1333）に鎌倉幕府が滅亡すると、父親房と共に義良親王《のりよししんのう》（のちの後村上《ごむらかみ》天皇）を奉じて陸奥へと下り、奥州支配に尽力した。建武2年に後醍醐と足利尊氏《あしかがたかうじ》が決裂すると、新《にっ》田義貞《たよしさだ》・楠木正成《くすのきまさしげ》らと共に追撃し、九州へと敗走させている。その後、再び義良親王を奉じ、鎮守府将軍《ちんじゅふしょうぐん》として陸奥へ下った。

ところが尊氏が勢力を回復させると、建武4年、顕家は後醍醐の求めに応じて西上の途に就くが、翌5年1月の美濃青野原《あおのがはら》の戦い（岐阜県大垣市）で敗れ、以後も戦いでは精彩を欠いた。その後、何とか義良親王を大和吉野《よしの》（奈良県吉野町）へと送り届け、後事を託した。同年5月、顕家は和泉石津《いしづ》の戦い（堺市一帯）で、尊氏配下の高師直《こうのもろなお》と交戦するが、期待した援軍の到着が遅れ、さらに北朝《ほくちょう》に与《くみ》した瀬戸内水軍の攻撃を受けて、すぐさま苦境に陥った。やがて顕家の軍勢は敵に包囲され、顕家は落馬したところを討ち取られた。死の約1週間前、顕家は『北畠顕家諫奏文《かんそうぶん》』を後醍醐に上奏、一部の近臣の横暴や建武新政の不備などを指摘した。

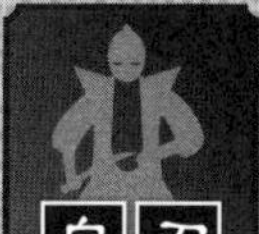

自刃

新田《にった》義貞《よしさだ》

南朝のために戦い続け最期を迎える

享年 38

生年 正安3年（1301）

歿年 建武5年（1338）閏7月2日

墓所 称念寺（福井県坂井市丸岡町）

終焉の地 灯明寺畷（福井市新田塚町）

新田朝氏《にったともうじ》（朝兼《ともかね》）の嫡男で、『新田義貞正伝』は上野新田郡宝泉村《ほうせん》（群馬県太田市由良町）で生まれたとするが、諸説あって定まっていない。新田氏は、新田庄に本拠を置く御家人《ごけにん》だったが、鎌倉幕府からは冷遇されていたとされる。

当初、義貞は幕府方に与《くみ》していたが、元弘3年（1333）に幕府の戦費調達を担う徴収使を殺害、幕府の追撃を受ける前に後醍醐《ごだいご》天皇方へ転じた。やがて、義貞は一族などを率いて挙兵、京の足利尊氏《あしかがたかうじ》と呼応して、反幕府行動を活発化させる。同年、小手指原《こてさしがはら》の戦い（埼玉県所沢市）、分倍河原《ぶばいがわら》の戦い（東京都府中市）の勝利で勢いを得た義貞は、鎌倉へ攻め込んで執権《しっけん》北《ほう》条《じょう》高時《たかとき》を討ち、鎌倉幕府を滅亡に追い込んだ。

戦後は後醍醐天皇から重用されたが、のちに尊氏との関係が悪化。やがて後醍醐と尊氏が決裂すると、義貞は尊氏を京から九州へ敗走させる活躍を見せた。ところが、以降の足利方との戦いでは精彩を欠いた。建武3年（1336）、義貞は恒良親王《つねよししんのう》を奉じて越前金ヶ崎《かねがさき》城（福井県敦賀市）へ移って再起を窺うも、翌年に落城し、嫡男義顕《よしあき》を失う。建武5年閏7月、越前藤島《ふじしま》（福井市）で斯波高経《しばたかつね》の軍勢と交戦し、自害して果てた。義貞は、水田で身動きが取れないところを矢で射られ、最期は自ら刀で首を掻き切ったと伝わる。

朝敵を滅ぼす執念を遺言に残す

後《ご》醍《だい》醐《ご》天《てん》皇《のう》

享年 52

生年 正応元年（１２８８）11月2日
歿年 暦応2年（１３３９）8月16日
墓所 如意輪寺内塔尾陵（奈良県吉野町）

終焉の地 金輪王寺（奈良県吉野郡吉野町吉野山、皇居跡公園）

後宇多《ごうだ》天皇の第二皇子である。文保2年（１３１８）3月、花園《はなぞの》天皇の譲位を受けて31歳で即位した。元亨元年（１３２１）から親政《しんせい》を開始。天皇親政を目指し、打倒鎌倉幕府を悲願とした。しかし、正中元年（１３２４）、元弘元年（１３３１）の二度にわたる討幕の試みは失敗に終わり、ついには隠岐《おき》（島根県）へと流される。ところが、2年後には護良親王《もりよししんのう》（後醍醐の第一皇子）の助力もあって、各地で討幕の挙兵が相次ぎ、鎌倉幕府を滅亡に追い込んだ。

建武《けんむ》政権では身分にとらわれない人材の登用、また先例にとらわれない政策を実行したが、やがて反感を買うようになる。

建武3年（１３３６）、後醍醐は足利尊氏《あしかがたかうじ》と仲違いし、ついに両者は交戦状態に陥る。後醍醐は楠木《くすのき》正成《まさしげ》や新田義貞《にったよしさだ》らの諸将のみならず、自身の皇子たちを各地に派遣し、打倒尊氏を目論んだ。しかし、劣勢は挽回し切れず、大和吉《よし》野《の》（奈良県吉野町）での不遇な生活を余儀なくされた。暦応2年（１３３９）8月15日、病におかされた後醍醐は義良《のりよし》親王（のちの後村上《ごむらかみ》天皇）に譲位すると、その翌日に金輪王寺《きんりんのうじ》（吉野町）で崩御した。京の奪還と朝敵撲滅への熱い思いは、「玉骨はたとえ南山の苔に埋むるとも、霊魄は常に北闕の天に望まん」という言葉に凝縮されている（『太平記《たいへいき》』）。

護送中に殺されたバサラ大名

高《こうの》師《もろ》直《なお》

享年 ？

生年 不詳
歿年 観応2年（1351）2月26日
墓所 塚（兵庫県伊丹市池尻）

終焉の地 武庫川河畔（兵庫県伊丹市池尻）

父は高師重《こうのもろしげ》であり、高氏は下野（栃木県）を本拠として、足利《あしかが》氏の執事《しつじ》を代々にわたって務めた家柄である。師直の前半生は不詳。

元弘3年（1333）に足利尊氏《たかうじ》の挙兵に従い、建武《けんむ》政権が瓦解すると、室町幕府の成立に尽力し、執事として尊氏を支えた。その後も南《なん》朝《ちょう》勢力を一掃すべく奮闘し、畿内各地の悪党《あくとう》らを従えた。既成の権威や秩序を無視し、「天皇は何処《いずこ》に流して、代わりに木像などで作ればよい」と言い放った逸話がある。それゆえ、尊氏の弟直義《ただよし》とはそりが合わずに対立し、一時期は直義を幕府から追放することもあった。一方で、和歌を嗜む教養を持ち、三宝院賢俊《さんぼういんけんしゅん》や春屋妙葩《しゅんおくみょうは》らと交流するなど、「バサラ大名」としても知られている。

ところが、貞和5年（1349）頃から尊氏・直義兄弟の抗争が激化し、師直も巻き込まれることになる。観応2年（1351）に尊氏と直義は摂津打《うち》出《で》浜《はま》（兵庫県芦屋市）で交戦し、尊氏が敗北。師直・師泰《もろやす》兄弟は、この戦いで負傷し、出家して降伏した。しかし、師直・師泰兄弟が摂津から京へと護送される途中、直義方の上杉能憲《うえすぎよしのり》が武《む》庫《こ》川《がわ》畔（兵庫県伊丹市）で待ち伏せしており、二人は奇襲に遭って殺害された。その際、切り離された胴体は武庫川に捨てられ、首は獲られた。

病死

7度も国師号を賜与された禅僧

夢《む》窓《そう》疎《そ》石《せき》

享年
77

生年 建治元年（1275）
歿年 観応2年（1351）9月30日
墓所 臨川寺（京都市右京区嵯峨天龍寺造路町）

終焉の地 臨川寺三会院（京都市右京区嵯峨天龍寺造路町33）

伊勢（三重県）に生まれ、4歳の時に甲斐（山梨県）へ移る。9歳の時に甲斐平塩寺《へいえんじ》（天正期に廃寺）の空阿《くうあ》の弟子となって密教《みっきょう》を修め、18歳で得度《とくど》。永仁2年（1294）、建仁寺《けんにんじ》（京都市東山区）で禅に帰依《きえ》し、一山一寧《いっさんいちねい》に師事している。

正安2年（1300）に下野雲巌寺《うんがんじ》（栃木県大田原市）に住して以降、各地を巡って禅を極めようとし、多くの名僧と交流した。元徳2年（1330）には、甲斐恵林寺《えりんじ》（山梨県甲州市）を開いている。元弘3年（1333）、後醍醐《ごだいご》天皇の要請もあり、京の臨川寺《りんせんじ》（京都市右京区）に住し、夢窓国師《むそうこくし》の号を与えられた。それゆえ、門派は夢窓派といい、一大勢力となった。

後醍醐の建武《けんむ》政権が瓦解後、室町幕府の足利《あしかが》尊氏《たかうじ》・直義《ただよし》兄弟の庇護を受け、全国に安国寺《あんこくじ》の利生塔《りしょうとう》を造り、南北朝の争乱における死者を弔い、また傑出した政治力があったと評価されている。のちに五山《ござん》第2位となる天龍寺《てんりゅうじ》（京都市右京区）を建立し、後醍醐の冥福を祈願した。天龍寺船は、その造営費を得るために出帆させたものである。以降も幕府や朝廷に奉仕したことから、歴代天皇から七つの諡号を賜っている。著作物も多く、五山文学の興隆に貢献した。門下には、春屋妙葩《しゅんおくみょうは》、義堂周信《ぎどうしゅうしん》、絶海中津《ぜっかいちゅうしん》などがいる。観応2年（1351）9月30日、臨川寺三会院《さんねいん》において病歿した。

病死

兄の尊氏に毒殺された副将軍

足《あし》利《かが》直《ただ》義《よし》

享年 ４７

生年 徳治元年（１３０６）
歿年 観応３年（１３５２）２月26日
墓所 浄妙寺（神奈川県鎌倉市浄明寺）

終焉の地 浄妙寺境内の延福寺（神奈川県鎌倉市浄明寺3—8—31、廃寺）

父は足利貞氏《あしかがさだうじ》であり、室町幕府初代将軍足利尊氏《たかうじ》の弟。出生地は不詳。尊氏と共に、鎌倉幕府打倒、建武《けんむ》新政権成立に貢献し、成良親王《なりよししんのう》を補佐して関東10ヶ国を統括した。

建武２年（１３３５）の中先代《なかせんだい》の乱を契機にして建武政権に反旗を翻し、護良《もりよし》親王を暗殺。その後、尊氏に従って室町幕府を創立した。尊氏が軍事面を、直義が統治面をそれぞれ担当し、いわゆる二頭政治で政権運営を図った。尊氏は気性の激しい性格だったが、直義は冷静沈着だったがゆえとされる。直義は、開創期における幕府の機構や法を整備し、仏教の興隆などにも尽力している。その間、尊氏と協力して、南朝《なんちょう》勢力を次々と打ち破った。貞和４年（１３４８）以降、直義は足利家の執事《しつじ》である高師直《こうのもろなお》と対立したが、翌年には敗北し、出家に追い込まれた。対立した要因は、直義の政治手法が文治《ぶんち》主義をベースとした保守的なものであったのに対し、師直はその姿勢に馴染まなかったためとされる。

その後、直義は尊氏との対決姿勢を見せる。一度は和睦して政務に復帰したが、観応２年（１３５１）に再び不和となる。直義は劣勢を挽回できず、翌年１月には鎌倉延福寺《えんぷくじ》に幽閉された。約１ヶ月後、黄疸《おうだん》によって急死したとされるが、尊氏が鴆毒《ちんどく》（鴆という空想上の鳥の羽の毒）を用いて毒殺したともいう（『太平記《たいへいき》』）。

随筆の古典『徒然草』の著者

吉《よし》田《だ》兼《けん》好《こう》

終焉の地 双ヶ岡（京都市右京区御室双岡町）※諸説あり

享年 ？

生年 弘安６年（１２８３）頃

歿年 文和元年（１３５２）以降

墓所 長泉寺（塚。京都市右京区御室岡ノ裾町）

父は吉田神社《よしだじんじゃ》（京都市左京区）の神職を務めた卜部兼顕《うらべかねあき》であり、京で生まれたとされる。俗名は卜部兼好《かねよし》。若い頃は後二条《ごにじょう》天皇に仕え、六位蔵人《ろくいのくろうど》、左兵衛佐《さひょうえのすけ》となった。しかし、30歳頃に突如として出家遁世《とんせい》した。理由は厭世《えんせい》思想の影響を受けたなどとされるが、詳細はわからない。その後、修学院《しゅうがくいん》（京都市左京区）、比叡山横川《よかわ》と住居を転々とし、最後は洛西双ヶ岡《ならびがおか》（京都市右京区）の麓に草庵《そうあん》を結び、終《つい》の棲家《すみか》にしたという。

元弘元年（１３３１）頃、随筆集『徒然草《つれづれぐさ》』を著した。そこには鋭い人間観察、人生観、自然観などが書かれ、ユニークな逸話も多数載っており、今も読み継がれている古典文学である。

兼好は和歌にも優れ、二条為世《にじょうためよ》門の和歌四天王の一人に数えられた。『太平記《たいへいき》』によると、兼好は高師直《こうのもろなお》の恋文の代筆をしたが想いは届かず、師直が激怒したという逸話がある。

なお、兼好の死の状況については不明な点が多く、歿年も諸説ある。これまでは『諸寺過去帳《しょじかこちょう》』収載の「法金剛院部《ほうこんごういんのぶ》」などによる観応元年（１３５０）４月８日説が有力視されていた。しかし、観応３年８月の『後普光園院殿御百首《ごふこうおんいんどのおんひゃくしゅ》』奥書に名前が記載されているので、今では同年以降が有力視されている。ちなみに終焉の地には、伊賀国見山《くにみやま》（三重県伊賀市）の麓や木曾湯《ゆ》舟沢《ぶねざわ》（岐阜県中津川市）などの伝承がある。

足利初代将軍の死因は矢傷

足《あし》利《かが》尊《たか》氏《うじ》

享年 54

生年 嘉元3年（1305）
歿年 延文3年（1358）4月30日
墓所 等持院（京都市北区等持院北町）
長寿寺（神奈川県鎌倉市山ノ内）

終焉の地 二条万里小路第（京都市中京区柊町付近）

足利貞氏《あしかがさだうじ》の次男として生まれた。直義《ただよし》は実弟。出生地は、母上杉清子《うえすぎきよこ》の実家である丹波何鹿《いかるが》郡八田《やた》郷上杉庄《ごううえすぎのしょう》（京都府綾部市）とされる。

元弘3年（1333）、後醍醐《ごだいご》天皇の招きに応じて、途中から鎌倉幕府打倒の兵に加わる。同年に鎌倉幕府が滅亡すると、弟直義と共に高い官位を得るなど破格の待遇を受け、さらに後醍醐の諱《いみな》（尊治《たかはる》）の1字を与えられ、高氏《たかうじ》から尊氏へと改名。ところが、その後は後醍醐と確執が生じ、ついに尊氏は建武《けんむ》政権打倒を目論んだ。建武3年（1336）には後醍醐を大和吉《よし》野《の》（奈良県吉野町）へ追いやり、室町幕府を開いて政治的な指針となる「建武式目《けんむしきもく》」17ヶ条を制定。征夷大将軍《せいいたいしょうぐん》に就任したのは建武5年のことであり、名実共に尊氏は武家の棟梁となった。

当初、尊氏は直義と共に二頭政治体制で政権運営に臨んだが、やがて配下の高師直《こうのもろなお》と直義の対立が激化。観応元年（1350）から始まった観応《かんのう》の擾乱《じょうらん》では、兄弟で戦いを繰り広げ、尊氏は直義を幽閉したのちに毒殺したとも伝わる。

晩年はたびたび大病に見舞われ、往時の雄姿を失っていたという。それゆえ、政務は嫡男義《よし》詮《あきら》が執ることになった。延文3年（1358）4月30日、4年前の足利直冬《ただふゆ》（直義養子）との戦いで得た背中の矢傷が原因で腫れ物ができ、二条万里小路第《にじょうまでのこうじてい》（京都市中京区）で病歿した。

病死

麻疹で歿した初代鎌倉公方

足利《あしかが》基氏《もとうじ》

終焉の地 自邸（神奈川県鎌倉市浄明寺4—2—25、跡碑あり）

享年 28

生年 暦応3年（1340）

歿年 貞治6年（1367）4月26日

墓所 瑞泉寺（神奈川県鎌倉市二階堂）

足利尊氏《あしかがたかうじ》の三男とされる。出生地は不詳。貞和5年（1349）9月、わずか10歳で関東の抑えとなるために鎌倉へ下り、執事《しつじ》上杉憲顕《うえすぎのりあき》の補佐の下、初代の鎌倉公方《くぼう》となった。それまで鎌倉にいた兄義詮《よしあきら》は上洛している。

その後は父に従って南朝《なんちょう》勢力の一掃に努め、武蔵入間川《いるまがわ》付近（埼玉県狭山市内）に着陣、のちに新田義興《にったよしおき》を討伐した。康安元年（1361）、執事畠山国清《はたけやまくにきよ》と対立し、討伐するに至った。政権を確立した基氏は、後任に高師有《こうのもろあり》を起用するが、やがて罷免《ひめん》。関東を支配する体制を構築するため、貞治2年（1363）に信頼する上杉憲顕を関東管領《かんとうかんれい》に任じた。憲顕の任命に際しては、宇都宮氏綱《うつのみやうじつな》の反対に遭うが、これを追討している。こうして基氏は関東10ヶ国を支配する、鎌倉府の基礎を作ったのである。

基氏は教養の高い人物としても知られ、禅僧義堂周信《ぎどうしゅうしん》に深く帰依《きえ》し、関東に五山《ござん》文学や禅宗の興隆をもたらした。さらに冷泉家《れいぜいけ》から歌道を学び、その作品は『新千載和歌集《しんせんざいわかしゅう》』などにも収録された。その人格は慈悲深く正直者で、武勇の誉れ高く、美食家であったという逸話も多く残されている。貞治6年（1367）4月26日、麻疹《はしか》が原因で亡くなったとされる。ただし、自殺をほのめかす記事も見られ（『難太平記《なんたいへいき》』）、いずれが正しいかは不明である。

病死

自ら建立した寺で生涯を終える

佐《さ》々《さ》木《き》道《どう》誉《よ》

終焉の地　勝楽寺（滋賀県犬上郡甲良町正楽寺４）

享年 78

生年　永仁４年（１２９６）

歿年　応安６年（１３７３）８月25日

墓所　勝楽寺（滋賀県甲良町）

父は京極《きょうごく》（佐《さ》々《さ》木《き》）宗氏《むねうじ》で、叔父貞宗《さだむね》の養子となる。出生地は不詳。法名の道誉《どうよ》で知られているが、実名《じつみょう》は高氏《たかうじ》である。嘉元２年（１３０４）、鎌倉以来の名門京極氏の家督を継ぐ。鎌倉幕府では、家職でもある検非違使《けびいし》を務めた。

元弘《げんこう》の乱（１３３１年）後は幕府に従い、隠《お》岐《き》（島根県）まで後醍醐《ごだいご》天皇の供奉《ぐぶ》を担当した。２年後には態度を翻して討幕に参加し、足利尊《あしかがたか》氏《うじ》の下で鎌倉幕府滅亡に貢献。その軍功により、建武《けんむ》政権成立後は雑訴決断所寄人《ざっそけつだんしょよりゅうど》に就任した。建武２年（１３３５）、中先代《なかせんだい》の乱に乗じて、尊氏と共に打倒建武政権へと転じることになった。翌年、室町幕府が創立されると、近江（滋賀県）・若狭（福井県）・出雲（島根県）・飛騨（岐阜県）・上総（千葉県）などの守護《しゅご》職を与えられ、幕政の一角を担うことになる。以後、道誉は観応《かんのう》の擾乱《じょうらん》でも尊氏を支援し、尊氏亡きあとは嫡男義《よし》詮《あきら》を支えた。

道誉は連歌《れんが》や茶、花への関心が高く、近江国内では猿楽《さるがく》の保護にも尽力した。こうした深い芸能への理解と共に、既成の権威を無視する豪胆さから「バサラ大名」の典型として評価されている。応安６年（１３７３）８月25日に病歿。病名などはわかっていないが、当時の記録には「所労疫癘《しょろうえきれい》」とある。戦いに次ぐ戦いで蓄積した疲労が原因だったのだろう。

南北朝を統一した名将軍

足《あし》利《かが》義《よし》満《みつ》

享年 51

生年 延文3年（1358）8月22日
歿年 応永15年（1408）5月6日
墓所 相国寺塔頭鹿苑院（同志社大学今出川キャンパス内）
善福寺（伝。岡山県井原市井原町）

終焉の地 北山第（京都市北区金閣寺町1）か？

室町幕府第二代将軍足利義詮《あしかがよしあきら》の次男で、京の春日東洞院《かすがひがしのとういん》（京都市中京区ヵ）にある幕府政所《まんどころ》執事《しつじ》・伊勢貞継《いせさだつぐ》の屋敷で生まれたとされる。

貞治6年（1367）に父義詮が亡くなると、第三代将軍に就任。管領細川頼之《かんれいほそかわよりゆき》の補佐の下、政権運営を行った。永和4年（1378）、室《むろ》町《まち》に「花御所《はなのごしょ》」（京都市上京区）を造営し、政権の拠点とした。しかし、頼之に権力が集中したため罷免《ひめん》し、康暦元年（1379）に斯波義将《しばよしまさ》を管領に迎えた。以後は有力守護の勢力削減を展開し、明徳元年（1390）の土岐《とき》氏をはじめ、翌2年には山名《やまな》氏（明徳《めいとく》の乱）、応永6年（1399）には大内《おおうち》氏（応永《おうえい》の乱）の勢力削減に成功した。明徳3年には、南北朝合一《なんぼくちょうごういつ》に漕ぎ着けている。義満は外交にも積極的であり、中国との交易（日明《にちみん》〈勘合《かんごう》〉貿易）を復活させた。

また義満は、北山第《きたやまてい》を舞台にして、和歌、連《れん》歌《が》、管弦《かんげん》、猿楽《さるがく》などに嗜み、それは北山文化と讃えられた。さらに五山《ござん》制度を整備し禅宗を保護するなど、五山文化の発展にも尽力した。

応永15年（1408）4月27日、義満は病に倒れ、人に会うことも叶わない状況に陥った。その後、医師の診察を受け、病状は快方に転じたが、再び悪化。第四代将軍義持《よしもち》は諸寺に祈禱を命じ、病状の好転を祈願したが、5月4日には危篤状態となり、2日後に亡くなった。

自刃

永享の乱で敗れて自害

足利《あしかが》持氏《もちうじ》

終焉の地 永安寺（神奈川県鎌倉市二階堂729付近、跡碑あるが個人宅内）

享年 42

生年 応永5年（１３９８）
歿年 永享11年（１４３９）2月10日
墓所 瑞泉寺（墓塔。神奈川県鎌倉市二階堂）
別願寺（供養塔。神奈川県鎌倉市大町）

第三代鎌倉公方足利満兼《くぼうあしかがみつかね》の子として生まれる。出生地は不詳。12歳で家督を継ぎ、第四代鎌倉公方となる。当初は関東管領上杉氏憲《かんとうかんれいうえすぎうじのり》（禅秀《ぜんしゅう》）の補佐を受けたが、長じて対立。応永23年（１４１６）に禅秀は反乱し、持氏は一時鎌倉を退去したが、幕府からの後援で鎮定、鎌倉へ復帰する。のちに持氏は、関東諸将の不穏化を受け、鎌倉公方の権力強化を図るべく敵対勢力の討伐を進めるが、この動きは協調していた幕府からの反感を買った。義持存命中には表面化しなかったが、応永35年1月に第四代将軍義持《よしもち》が歿し、義教《よしのり》が第六代将軍となると、持氏はこれと激しく応酬した。

関東管領上杉憲実《のりざね》は事態を憂慮し、義教・持氏間の和平を図るも失敗。以後、持氏と憲実の関係も急速に冷え込み、永享10年（１４３８）に決裂。同年8月、持氏は憲実のいる上野平井《ひらい》城（群馬県藤岡市）に向けて軍勢を北進させたが、将軍義教は持氏追討を呼びかけ、永享《えいきょう》の乱が発生した。憲実・幕府勢に挟撃された持氏は徐々に不利となり、鎌倉永安寺《えいあんじ》に幽閉《ゆうへい》される。一方の憲実は、持氏を引退させる代わりにその助命を求めるべく、京に上ろうとしたが、幕府の持氏討伐の姿勢は変わらず、永享11年2月10日に憲実勢は永安寺を包囲。抗し得ないと悟った持氏は、同所で自害して果てた。

琉球統一の10年後に死去

尚《しょう》 巴《は》志《し》

享年 68

生年 察度23年（１３７２）

歿年 尚巴志18年（１４３９）４月20日

墓所 沖縄県読谷村伊良皆

終焉の地 首里城（沖縄県那覇市首里金城町1―2）

父は尚思紹《しょうししょう》（苗代大親《なわしろうふや》とも）で、琉球佐敷《さしき》（沖縄県南城市）で生まれたとされる。当時、沖縄本島は北山《ほくざん》、中山《ちゅうざん》、南山《なんざん》という3つの勢力が支配し、絶えず勢力争いを行っていたという。

尚巴志は、沖縄本島の南部・佐敷城《グスク》に本拠を構え、父と共に勢力拡大を行い、わずか21歳で佐敷按司《あじ》（豪族）となった。武寧7年（１４０２）、島添大里《しましいおおざと》按司を攻め滅ぼし、支配下に東四間切《あがりゆまじり》を収めると、その4年後に浦添城《うらぞえグスク》の中山王武寧《ぶねい》を滅亡させた。中山王には、父思紹が就任した。

その後、尚巴志は浦添から中山の拠点を首里《しゅり》（沖縄県那覇市）に移し、第一尚氏王朝を成立する。尚巴志は中山に権力を確立すると、尚思紹11年（１４１６）に攀安知《はんあんち》の居城今帰仁《なきじん》（沖縄県今帰仁村）に侵攻し、北山監守に次男尚忠《しょうちゅう》を任命した。尚巴志8年（１４２９）には南山の他魯毎《たるみい》を滅亡に追い込むと、念願であった三山統一に成功し、琉球で最初の統一王朝を樹立した国王となった。

やがて、尚巴志は中国、日本、朝鮮、東南アジア諸国と貿易を行うようになり、スマトラ島の旧港国ジャワ島と通交、さらに朝鮮国にも使者を遣わしている。中国人の懐機《かいき》を政治顧問として登用するなど、これまでにない施政を展開したことで知られる。尚巴志18年4月20日、病によって亡くなった。

守護大名に殺された独裁者

足《あし》利《かが》義《よし》教《のり》

終焉の地　赤松満祐邸（京都市中京区槌屋町付近）

享年 48

生年　明徳5年（1394）6月13日
歿年　嘉吉元年（1441）6月24日
墓所　十念寺（京都市上京区鶴山町）

室町幕府第三代将軍足利義満《あしかがよしみつ》の四男であり、第四代将軍義持《よしもち》の弟として京で生まれる。当初は義円《ぎえん》と号して仏門に入った。しかし、応永35年（1428）に兄義持が死の床に伏せると、後継者問題が浮上。管領《かんれい》ら幕府重臣の会議により、後継者を義持の弟4人の中から鬮《くじ》で決めることとなり、結果義円が選出。義持歿後に義円は還俗し、最終的に義教《よしのり》と名乗って正長2年（1429）3月、第六代将軍となった。

義教は管領らの重臣会議とは別に、将軍と奉《ほう》行衆《こうしゅう》による政務決済体制を構築し、同時に近臣集団を整備。加えて、有力守護の抑止策を採り、幕府と頻繁に対立していた鎌倉公方《くぼう》足利持氏《もちうじ》も討滅。これらの政策は将軍権力の強化に繋がる一方で、急進性を内包、さらに義教自身の苛烈な性格も相俟って、多くの犠牲者を出し、人々からは恐怖政治と受け取られた。

その最中の嘉吉元年（1441）6月24日、赤松満祐《あかまつみつすけ》・教康《のりやす》父子が義教を自邸に招待。それ以前には満祐に関わる不穏な噂も流れていたが、義教は招きに応じて赤松邸に赴く。しかし、同所で猿楽《さるがく》を鑑賞中に、突如赤松方の武者が乱入。義教は反撃できずに首を刎ねられた。その際、居合わせた重臣の多くは反攻せずに現場から退散した。教康は義教の胴体を残して自邸に火を放ったため、遺骸は鎮火後にようやく葬られた。

幕府に討伐され一族もろとも切腹

赤《あか》松《まつ》満《みつ》祐《すけ》

享年 69

生年 応安6年（1373）
歿年 嘉吉元年（1441）9月10日
墓所 法雲寺（五輪塔。兵庫県上郡町）

終焉の地 城山城（兵庫県たつの市亀山）

播磨（兵庫県）など3ヶ国の守護赤松義則《あかまつよしのり》の嫡男である。出生地は不詳。応永34年（1427）に義則が亡くなると、第四代将軍足利義持《あしかがよしもち》は播磨・備前・美作（岡山県）のうち播磨の守護職を取り上げ、赤松氏庶流の持貞《もちさだ》を任命しようと考えた。これを知った満祐は不満を抱き、京の自邸を焼いて播磨で挙兵の準備を進めたが、持貞と義持の侍女の密通が露見、持貞は切腹を命じられ、満祐は3ヶ国守護職を安堵された。

翌年、義持が亡くなり義教《よしのり》が第六代将軍に就任すると、有力な守護家の家督相続に介入、永享9年（1437）以降、義教は満祐から播磨・美作守護職を取り上げ、寵愛する持貞の甥貞村《さだむら》に与えるとの噂が流れた。同12年3月、満祐の弟義雅《よしまさ》の所領の一部も取り上げられている。

嘉吉元（1441）年6月24日、満祐は西洞《にしのとう》院《いん》二《に》条《じょう》の自邸に義教を招き、義教の殺害に成功する。そのまま満祐は播磨へ下り、坂本城《さかもと》（兵庫県姫路市）で幕府軍を迎え撃つ準備を整えた。ところが、同年8月から細川《ほそかわ》氏、山名《やまな》氏ら幕府の追討軍が播磨へ攻め込み、頼みの備前・美作の国人《こくじん》たちも幕府軍に寝返ったため、城山城《きのやま》（兵庫県たつの市）へ移る。9月10日、幕府軍の攻撃を受けた城山城は落城、満祐は一族と共に自害した。家臣の安積行秀《あさかゆきひで》が介錯を務めたという。その首は、のちに京四条河原《しじょうがわら》で晒された。

病死

諸国遍歴の途中で倒れる

上《うえ》杉《すぎ》憲《のり》実《ざね》

享年 57

生年 応永17年（1410）

歿年 文正元年（1466）閏2月6日

墓所 大寧寺（山口県長門市深川湯本）

終焉の地 大寧寺（山口県長門市深川湯本1074）

越後国（新潟県）守護《しゅご》上杉房方《うえすぎふさかた》の三男として越後で生まれた。応永25年（1418）、関東《かんとう》管領《かんれい》上杉憲基《のりもと》の死後、生前の意向で養子に迎えられた。2年後には管領就任が確認でき、上野（群馬県）など3ヶ国の守護となっている。

第六代将軍に足利義教《あしかがよしのり》が選ばれると、これに不満を持った鎌倉公方《くぼう》足利持氏《もちうじ》が挙兵しようとするが、憲実はこれを制止。こののち、事あるごとに、将軍義教に反発する持氏を諫め、幕府との調停役となるが、これが原因で持氏から疎まれてしまう。永享10年（1438）、持氏から暗殺されるという噂を聞いた憲実は、上野平《ひら》井《い》城（群馬県藤岡市）に退く。持氏は憲実討伐軍を差し向けたが、幕府側も持氏討伐を信濃小《お》笠原《がさわら》氏などに命じた。結局、持氏は幕府軍に攻められて降伏。憲実は幕府に持氏の助命を嘆願するが認められず、逆に持氏を攻め滅ぼすように言われ、居所を攻撃。持氏は自害した。

これに後悔の念を深くした憲実は、伊豆国清《こくしょう》寺《じ》（静岡県伊豆の国市）で出家。一時、結城《ゆうき》合戦に出陣して復帰するが、嘉吉《かきつ》の乱などを挟み、たび重なる管領復帰は拒み続けたという。晩年は諸国を廻り、周防大内《おおうち》氏の許に身を寄せた。文正元年（1466）閏2月6日、長門大寧寺《たいねいじ》（山口県長門市）で死去した。最期まで持氏への不忠を悔やんでいたとされる。

自殺未遂の傷が元で死去

山《や》名《な》宗《そう》全《ぜん》（持《もち》豊《とよ》）

享年
70

生年 応永11年（1404）
歿年 文明5年（1473）3月18日
墓所 南禅寺真乗院（京都市左京区南禅寺福地町）

終焉の地 自邸内の陣中（京都市上京区藤木町786、案内板あり）

但馬（兵庫県）など4ヶ国の守護《しゅご》山名時熙《やまなときひろ》の三男として生まれる。出生地は不詳。

永享3年（1431）5月、第六代将軍足利《あしかが》義教《よしのり》は持豊の兄持熙《もちひろ》を廃嫡《はいちゃく》にしたため、翌々年8月に父時熙から家督を継承し、4ヶ国の守護になった。その後、侍所頭人《さむらいどころとうにん》と山城国（京都府）守護を兼任するなど、幕府内で大きな勢力となる。嘉吉元年（1441）6月に嘉吉《かきつ》の乱が勃発すると、持豊は赤松満祐《あかまつみつすけ》ら一族を滅亡に追い込んだ。その恩賞として満祐の旧領播磨・備前・美作の守護職を与えられ、持豊は但馬・因幡・伯耆・石見・播磨・美作・備前・備後・安芸の9ヶ国を領した。宝徳2年（1450）に出家して、宗全《そうぜん》を法名とする。

享徳3年（1454）11月、持豊は家督を嫡男教豊《のりとよ》に譲った。その後、政治路線を巡って、娘婿である細川勝元《ほそかわかつもと》との関係が悪化、応仁元年（1467）に応仁《おうにん》・文明《ぶんめい》の乱が勃発した。持豊は大内政弘《おおうちまさひろ》らと共に西軍を率い、東軍の勝元に対抗する。しかし、東軍は天皇と将軍を擁するなど優位に立ち、徐々に持豊率いる西軍は追い詰められ、その間、播磨・備前・美作の3ヶ国も赤松政則《まさのり》に奪還されてしまった。文明2年（1470）には重度の中風《ちゅうふう》を患い、筆を持つことも難しくなっていたという。そして文明5年3月18日、持豊は京西陣《にしじん》の陣中で病歿した。

反骨と奇行の僧の死因はマラリア

一《いっ》休《きゅう》宗《そう》純《じゅん》

享年
88

生年 明徳5年（１３９４）1月1日
歿年 文明13年（１４８１）11月21日
墓所 酬恩庵内（慈揚塔。京都府京田辺市薪里ノ内）

終焉の地 一休寺酬恩庵（京都府京田辺市薪里ノ内102）

出生地は京で、後小松《ごこまつ》天皇と南朝《なんちょう》の遺臣花山《かざん》院《いん》某の娘（なお、母に比定される人物は諸説ある）との間に生まれたとされる。6歳で京の安国寺《あんこくじ》の像外集鑑《ぞうがいしゅうかん》に入門・受戒《じゅかい》し、法名を周建《しゅうけん》と名づけられる。応永22年（１４１５）には近江堅田《かただ》の祥瑞庵《しょうずいあん》（滋賀県大津市）に赴き、華叟宗曇《かそうそうどん》の弟子となって、法名を宗純《そうじゅん》と改名した。その後、華叟から一休《いっきゅう》の道号《どうごう》が授けられた。

永享12年（１４４０）に大徳寺《だいとくじ》（京都市北区）の如意庵塔主《にょいあんとっす》となる。文安4年（１４４７）に大徳寺の内部抗争が起こった際、これに憤った一休は大徳寺を去り、譲羽山《ゆずりはやま》（大阪府高槻市）に入って断食《だんじき》、自殺を図った。時の後花園《ごはなぞの》天皇が自殺を思いとどまらせたため、帰京したとされる。文明6年（１４７４）、後土御門《ごつちみかど》天皇の勅命《ちょくめい》が下され、大徳寺の住持に任じられた。文明13年11月21日、酬恩庵《しゅうおんあん》（京都府京田辺市の薪地区）おいて死去した。死因はマラリアによる病死とされる。

一休の行動には破戒《はかい》と見なされる類いもあったが、これには当時の大徳寺一派への批判という意味も込められていたとされる。一休が著述した偈頌《げじゅ》を編纂したものには、『狂雲集《きょううんしゅう》』や『自戒集《じかいしゅう》』がある。また元禄年間（１６８８～１７０４）には『一休咄《いっきゅうばなし》』（作者不詳）が刊行されたが、この中の一休の事績は史実とは異なる。

主君に警戒され湯屋で殺害

太《おお》田《た》道《どう》灌《かん》

享年
55

生年 永享4年（１４３２）
歿年 文明18年（１４８６）7月26日
墓所 大慈寺（首塚。神奈川県伊勢原市下糟屋）
公所寺洞昌院（胴塚。神奈川県伊勢原市上粕屋）

終焉の地 上杉定正邸（神奈川県鎌倉市扇ガ谷2、碑あり）

扇谷上杉《おうぎがやつうえすぎ》氏の家宰《かさい》太田《おおた》資清《すけきよ》の子として、武蔵入間《いるま》郡越生《おごせ》（埼玉県越生町）で生まれたとも相模国（神奈川県）で生まれたともされる。

幼い頃から学秀で、足利学校《あしかががっこう》などで学んだと伝わる。元服後は資長《すけなが》を名乗る（諸説あり）。関東地方における戦国時代の幕開けとされる享徳《きょうとく》の乱（１４５４〜）では、上杉政真《まさざね》・定正《さだまさ》父子の下で戦い、この戦いの最中、武蔵入間郡に河《かわ》越《ごえ》城（埼玉県川越市）を、同豊嶋《としま》郡に江戸《えど》城（千代田区千代田）を築くなどの功績を挙げた。特に江戸城は、古河公方足利《こがくぼうあしかが》氏の味方である房総諸将との境目の城として機能した。そして、応《おう》仁《にん》・文明《ぶんめい》の乱が京を中心に起こる。

文明5年（１４７３）、山内《やまのうち》上杉氏の家宰長《なが》尾《お》氏の家督を春景《はるかげ》が継ぐが、上杉側はこれを認めず、怒った春景は敵対する古河公方側と手を結んでしまう。これにより、道灌は春景方の諸城を急襲して、豊嶋氏の石神井《しゃくじい》城（練馬区石神井台）などを攻略した。さらに転戦を重ね、古河公方足利氏や春景方に打撃を与えるが、文明14年に山内・扇谷の両上杉氏と足利氏の和睦が成立する。しかし、常人ならざる活躍ぶりを発揮した道灌の力を主君上杉定正が恐れ、冷遇したとされる。こうした両者の悪感情が引き金となって、文明18年7月26日、定正は自らの屋敷に道灌を招き、入浴後を襲って斬殺した。

蓮《れん》如《にょ》

多くの弟子や門徒が見守る最期

享年
85

生年 応永22年（1415）2月25日
歿年 明応8年（1499）3月25日
墓所 廟所（京都市山科区西野大手先町）

終焉の地 山科本願寺（京都市山科区音羽伊勢宿町34）

父は浄土《じょうど》真宗《しんしゅう》本願寺《ほんがんじ》第七世存如《ぞんにょ》で、京で生まれたとされる。永享3年（1431）、17歳で中納言《ちゅうなごん》広橋兼郷《ひろはしかねさと》の猶子《ゆうし》となり青蓮院《しょうれんいん》で出家。

その後、大和興福寺《こうふくじ》（奈良市）大乗院門跡《だいじょういんもんぜき》の経覚《きょうがく》の下で修学し、父を補佐した。康正3年（1457）6月に父存如が死去したため、その跡を継いで第八世となる。以後は、近江（滋賀県）・摂津（大阪府・兵庫県）・三河（愛知県）などで活発な布教活動を展開。寛正6年（1465）、比叡山延暦寺《ひえいざんえんりゃくじ》が、蓮如と本願寺を仏敵と見なし、東山大谷《ひがしやまおおたに》の堂舎を、二度にわたって破却した（寛正《かんしょう》の法難《ほうなん》）。そのため、蓮如は南近江地方を流浪し、近松《ちかまつ》（滋賀県大津市）に移った。

文明3年（1471）4月、越前吉崎《よしざき》（福井県あわら市）に移って坊舎を建てるが、加賀の富樫《とがし》一族と本願寺門徒の抗争もあり、同7年8月に退去。同10年1月、山城山科《やましな》（京都市山科区）に本願寺を再興し、寺内町《じないちょう》を形成した。延徳元年（1489）8月に隠居、五男実如《じつにょ》が跡を継ぎ、第九世となる。明応5年（1496）10月、摂津大坂に坊舎を建立して移住。

明応7年に発病した蓮如は、死を覚悟し山科本願寺に赴き、門徒たちに暇乞いをする。翌8年3月25日の正午、再度訪れた山科本願寺の親《しん》鸞《らん》御影像《みかげぞう》の前で、行水し衣服を改めた上、極楽での再会を約して示寂《じじゃく》した。

病死

旅の空に消えた連歌師

宗《そう》祇《ぎ》

終焉の地 箱根湯本の旅館（神奈川県足柄郡箱根町湯本614付近、終焉地碑あり）

享年 82

生年 応永28年（1421）
歿年 文亀2年（1502）7月30日
墓所 定輪寺（静岡県裾野市桃園）

東近江（滋賀県。一説には紀伊〈和歌山県〉）で生まれる。姓を飯尾《いいお》とする説もあるが、詳細は不明。若年期に京都五山《ござん》の相国寺《しょうこくじ》（京都市上京区）へ入る。30余歳から連歌《れんが》を志して宗砌《そうぜい》に師事、のち心敬《しんけい》、専順《せんじゅん》らに学んだ。和歌は二条《にじょう》派《は》の飛鳥井雅親《あすかいまさちか》、古典・有職《ゆうそく》は一条兼良《いちじょうかねよし》、神道は卜部《うらべ》（吉田《よしだ》）兼倶《かねとも》に学んだという。さらに、東常縁《とうのつねより》から古今伝授《こきんでんじゅ》を受けた。門弟には、肖柏《しょうはく》、宗長《そうちょう》、宗碩《そうせき》、玄清《げんせい》らがいる。

文正元年（1466）と文明元年（1469）の二度にわたって関東へ下向し、長尾《ながお》氏や太田《おおた》氏といった武将たちと交流。併せて、『長六文《ちょうろくぶみ》』『吾妻問答《あずまもんどう》』などの連歌論書も著述している。

文明5年秋、京に種玉庵《しゅぎょくあん》を結び、以後はそこを拠点として、連歌作品の整理や古典談義などに携わった。また、同10年には越後（新潟県）に下り、上杉《うえすぎ》氏に古典の講釈を行っている。長享2年（1488）には北野連歌会所奉行《きたのれんがかいしょぶぎょう》および将軍家宗匠《そうしょう》に任じられ、名実共に連歌壇の第一人者となる。明応4年（1495）、准勅撰連《じゅんちょくせんれん》歌集《がしゅう》『新撰菟玖波集《しんせんつくばしゅう》』を撰進した。

明応9年7月に越後の上杉房能《ふさよし》へ『古今和歌《こきんわか》集《しゅう》』の講釈を行うが、文亀元年（1501）秋、病に倒れた。翌年2月末、弟子の宗長・宗碩らに支えられながら京を目指すも、7月30日、箱《はこ》根《ね》湯本《ゆもと》（神奈川県箱根町）の旅館で死去した。

病　死

いまだ謎に包まれた終焉の地

雪舟《せっしゅう》

享年
87

生年　応永27年（1420）
歿年　永正3年（1506）
墓所　大喜庵（島根県益田市乙吉町）
伝墓（岡山県井原市芳井町）

終焉の地　大喜庵（島根県益田市乙吉町イ1204、終焉地碑あり）※諸説あり

備中赤浜《あかはま》（岡山県総社市）で生まれ、小田《おだ》氏の出身ともされる。少年期に京都五山《ござん》の相国寺《しょうこくじ》（京都市上京区）に入り、同寺の住持であった春《しゅう》林周藤《りんしゅうとう》に師事、等楊《とうよう》の諱《いみな》を受け、画を天章周文《てんしょうしゅうぶん》に学んだ。享徳3年（1454）まで同寺にいたとされる。やがて周防大内《おおうち》氏を頼って山口へ行き、雲谷庵《うんこくあん》に住して、画に専念した。

応仁元年（1467）、大内氏が派遣《けん》した遣明船《みんせん》に乗って博多《はかた》を出発し、寧波《ニンポー》へ渡航。寧波近郊の五山第三位の太白山景徳禅寺《てんどうざんけいとくぜんじ》から、首座《しゅざ》の職を与えられた。さらに北京《ペキン》へ渡り、同3年夏には帰国したようである。帰国後の居住地は不明であるが、豊後大分に住み、のち山口へ帰ったと考えられる。

文明13年（1481）には美濃正法寺《しょうほうじ》（岐阜市）に赴き、一説には出羽立石寺《りっしゃくじ》（山形市）まで至り、奥州からの帰途、鎌倉にも立ち寄ったとされるが、定かではない。文明18年（一説には同16年）には山口へ戻り、大内政弘《まさひろ》によって再興された雲谷庵に入ったとされる。文亀元年（1501）頃には天橋立《あまのはしだて》（京都府宮津市）へ赴き、「天橋立《あまのはしだて》図《ず》」を残した。永正3年（1506）に大喜庵《だいきあん》（島根県益田市）で歿したと推定されるが、諸説ある。「四季山水図《しきさんすいず》」、「倣李唐牧牛図《ほうりとうぼくぎゅうず》」、などの作品が有名。雲峰等悦《うんぽうとうえつ》、如水宗淵《じょすいそうえん》ら多くの弟子も生まれ、自然に雪舟派が形成された。

穏やかな死を迎えた戦国の梟雄

伊勢宗瑞《いせそうずい》（北条早雲《ほうじょうそううん》）

享年 64

生年 康正2年（１４５６）

歿年 永正16年（１５１９）8月15日

墓所 早雲寺（神奈川県箱根町）

終焉の地 韮山城（静岡県伊豆の国市韮山438―3）

小田原北条《おだわらほうじょう》氏の初代であり、同時代における呼称は伊勢盛時《いせもりとき》。明応2年（１４９３）に入道《にゅうどう》して早雲庵宗瑞《そううんあんそうずい》と号した。伊勢盛定《もりさだ》の次男として生まれ、当初は京で室町幕府の申次衆《もうしつぎしゅう》として活躍した。出生地は、伊勢（三重県）、京、備中（岡山県）など諸説がある。

文明8年（１４７６）2月、姉の夫で駿河《するが》守《しゅ》護《ご》の今川義忠《いまがわよしただ》が遠江塩買坂《しおかいざか》（静岡県菊川市）で戦死すると、同氏内部で家督争いが発生し、宗瑞は調停役を担って、候補者の竜王丸《りゅうおうまる》（今川氏《うじ》親《ちか》）と小鹿範満《おしかのりみつ》の間を取り持った。これを機に宗瑞は東国へ進出して、今川氏の軍事活動に加わったほか、以後は中央政局の動向も絡んで混沌とする伊豆（静岡県）や関東の情勢にも介入。伊豆韮山《にらやま》城（静岡県伊豆の国市）や相模小田原城（神奈川県小田原市）などの拠点を抑え、両国を支配する大名へと成長した。

宗瑞は韮山城を居城として、後継の氏綱《うじつな》が成長したあとも政務に関わり、最晩年まで領国の維持に注力。永正16年（１５１９）8月15日に同城で亡くなった。宗瑞については数多くの逸話が残されており、かつては享年88説が採られたため、老いてますます盛んな人物というイメージが広まっていたが、近年の研究の深化で、宗瑞は畿内、東国のいずれの政治情勢においても関わりの深い人物として位置づけられている。

病死

孫の大敗を見届けたのち死去

尼子《あまご》経《つね》久《ひさ》

享年 84

生年 長禄2年（1458）11月20日
歿年 天文10年（1541）11月13日
墓所 洞光寺（島根県安来市広瀬町）

終焉の地 月山富田城（島根県安来市広瀬町富田）

　出雲（島根県）守護代《しゅごだい》で月山富田《がっさんとだ》（島根県安来市）の城主尼子清定《あまごきよさだ》の嫡男として、出雲国で生まれた。父清定は、美保関代官《みほのせきだいかん》職をはじめとする幕府の要職に就き、尼子氏発展の基礎を築いた。経久は京極《きょうごく》氏旧臣を自らの配下に収め、美保関代官職を引き続き掌握。また、国内外の貿易の利権を一手に獲得し、その経済基盤を築き上げた。分国内で差し出された鉄や大森銀山《おおもりぎんざん》も重要な経済基盤となった。

　やがて、経久は戦国大名化を指向し、伯耆（鳥取県）や石見（島根県）の一部の領有化にも成功。周防山口の大内《おおうち》氏とも果敢に戦い、領土拡大に努め、最盛期には11ヶ国を制圧した。周辺地域の国人《こくじん》らは皆、経久に従ったという。

　しかし、その後は安芸毛利《もうり》氏の台頭、嫡男政《まさ》久《ひさ》の陣歿、そして三男興久《おきひさ》の謀叛などに悩まされた。経久には、牛尾《うしお》、河副《かわぞえ》、三木《みき》、佐世《させ》、宇《う》山《やま》らの譜代家臣が存在し、彼らの所領は遠方に配置され、本領安堵《ほんりょうあんど》・新恩給与《しんおんきゅうよ》による懐柔策が採られた。また、寺社の造営・寄進に力を入れ、出雲大社《いずもたいしゃ》、日御碕神社《ひのみさきじんじゃ》、鰐淵寺《がくえんじ》の勢力と結んだ。

　天文6年（1537）に経久は引退、家督を孫の詮久《あきひさ》（のちの晴久《はるひさ》）に譲っている。詮久は天文10年に吉田郡山《よしだこおりやま》城（広島県安芸高田市）の毛利元就《もとなり》を攻撃して大敗を喫し、同年、失意のうちに経久も月山富田城で病歿した。

大内家全盛を築くも謀叛で滅亡

大《おお》内《うち》義《よし》隆《たか》

終焉の地 大寧寺（山口県長門市深川湯本1074）

享年 45

生年 永正4年（1507）11月15日
歿年 天文20年（1551）9月1日
墓所 大寧寺（山口県長門市深川湯本）

周防山口の戦国大名大内義興《おおうちよしおき》の嫡男として大《おお》内《うち》氏《し》館《やかた》（山口市大殿大路）で生まれた。享禄元年（1528）12月、父義興が死去したのを機に家督を相続。周防・長門・豊前・石見・安芸の守護となった。

享禄3年頃より、北九州の覇権を巡って豊後大友《おおとも》氏や、筑前少弐《しょうに》氏らと戦った。天文5年（1536）9月には少弐氏を滅ぼし、北九州をほぼ平定。同7年には、室町幕府第十二代将軍足《あし》利義晴《かがよしはる》の仲介によって大友氏と和睦。同10年には安芸武田《たけだ》氏らを滅ぼして安芸国を手中にした。

義隆は文化面にも造詣が深く、儒者清原《じゅしゃきよはら》氏や神職吉田《しんしょくよしだ》氏を京から招き、さらに天文19年・20年にはイエズス会宣教師《せんきょうし》のフランシスコ・ザビエルに引見、山口でのキリスト教布教の許可を与えている。大内文化が爛熟した時期である。

天文20年8月、義隆と対立を深めていた家臣の陶隆房《すえたかふさ》（のちの晴賢《はるかた》）が謀叛を起こした（大《たい》寧寺《ねいじ》の変）。これに大内氏の重臣たちも呼応したため、義隆は親族の吉見正頼《よしみまさより》を頼って石見津《つ》和野《わの》（島根県津和野町）へ赴く途中、長門大寧寺（山口県長門市）に立て籠もった。義隆に従う者は10余人だったため、陶氏に立ち向かうことはできず、義隆は重臣冷泉隆豊《れいぜいたかとよ》の介錯《かいしゃく》によって切腹して果てた。のちに嫡男義尊《よしたか》も陶氏によって殺害され、周防大内氏は事実上、滅亡した。

毛利元就の奇襲を受けて自害

陶《すえ》晴《はる》賢《かた》

享年 35

生年 大永元年（１５２１）

歿年 天文24年（１５５５）10月1日

墓所 洞雲寺（伝。広島県廿日市市佐方）

終焉の地 高安原（広島県廿日市市宮島町、山道に碑あり）

周防山口の戦国大名大内《おおうち》氏の重臣陶興房《すえおきふさ》の次男として、周防国で生まれる。当初は、主君大内義隆《よしたか》から1字を拝領して隆房《たかふさ》と名乗った。早くから義隆に仕え、その寵臣だったとの説もあるが、安芸（広島県）の毛利元就《もうりもとなり》と義隆との連絡担当として、毛利氏との共闘や交渉を行うなど、特に諸領主との交渉面での活躍が目立った。

一方で、大内氏家臣で文治派とされる相良武《さがらたけ》任《とう》らと激しく対立したという。やがてそれは、隆房らと、京からの亡命公家を重用する主君義隆との対立に発展し、隆房はほかの大内氏重臣らと結んで謀叛を起こした（大寧寺《たいねいじ》の変）。

隆房は戦いを優位に進め、天文20年（１５５１）9月に義隆を自害に追い込み、その過程で対立する文官や公家らも殺害した。その後、隆房は晴賢《はるかた》と改名。晴賢はこの一連の流れを、義隆の文弱さゆえのものとし、新たな大内氏当主として豊後大友氏から晴英《はるひで》（のち義長《よしなが》）を迎えた。

しかし、これらの動きは、義隆の生前に大内氏に属していた毛利氏ら諸領主の離反を招き、天文24年9月、晴賢は毛利元就との戦いのために大軍を率いて、安芸厳島《いつくしま》（広島県廿日市市）へ出向くこととなった。この時、毛利勢は対岸の伊予村上水軍《むらかみすいぐん》も味方に付け、海上で晴賢勢を蹂躙《じゅうりん》。軍勢を分断された晴賢はあえなく敗北し、自刃して果てた。

病死

崇孚亡きあと今川家は衰退する

太原《たいげん》崇孚《すうふ》（雪斎《せっさい》）

享年
60

生年 明応5年（1496）
歿年 弘治元年（1555）閏10月10日
墓所 臨済寺（静岡市葵区大岩町）

終焉の地
長慶寺（静岡県藤枝市下之郷1225）

駿河（静岡県）守護《しゅご》今川《いまがわ》氏の被官《ひかん》庵原政盛《いおはらまさもり》を父に、興津正信《おきつまさのぶ》の娘を母に持ち、駿河国で生まれる。駿河善得寺《ぜんとくじ》（静岡県富士市）に入り、剃髪し受戒《じゅかい》。京都五山《ござん》の建仁寺《けんにんじ》（京都市東山区）で修学したのち妙心寺《みょうしんじ》（京都市右京区）へ移り、太原崇孚《そうふ》と称し、別号を雪斎《せっさい》とした。

天文14年（1545）、駿河臨済寺《りんざいじ》（静岡市葵区）を開く。今川義元《よしもと》との出会いは、大永2年（1522）頃と伝えられる。崇孚は、善得寺に入った義元（当時は芳菊丸《ほうぎくまる》）を教育。天文5年に、今川家の家督相続を巡る争い（花倉《はなくら》の乱）が起こった際、崇孚は義元（当時は梅岳承芳《せんがくしょうほう》）を支持し、彼の家督相続を導いた。そのため、還俗して今川家当主となった義元は、政治・軍事の面で崇孚を重用することとなった。

例えば、天文6年の甲駿同盟（武田家との同盟）の締結をはじめ、同18年には、織田家との交渉によって人質となっていた松平竹千代《まつだいらたけちよ》（のちの徳川家康）の返還交渉も行っている。ほかに、同23年に締結された甲相駿三国同盟（武田家・北条家との同盟）も、崇孚の働きかけによるものである。さらに、同22年に制定された今川家の分国法《ぶんこくほう》である「今川仮名目録《いまがわかなもくろく》」33ヶ条の追加22ヶ条にも関与したとされる。

晩年は駿河長慶寺《ちょうけいじ》（静岡県藤枝市）に隠栖《いんせい》し、弘治元年（1555）閏10月10日に死去した。

息子に殺された美濃のまむし
斎《さい》藤《とう》道《どう》三《さん》

終焉の地 長良川河畔（岐阜市）

享年 63

生年 明応3年（1494）？
歿年 弘治2年（1556）4月20日
墓所 塚（岐阜市長良福光）

京の妙覚寺《みょうかくじ》（京都市上京区）の僧で、還俗《げんぞく》した長井《ながい》（西村《にしむら》）新左衛門尉《しんざえもんのじょう》の子として生まれたとされる。出生地は不詳。父と同じく、妙覚寺で修行していたとも伝わる。油売り商人から身を起こし、美濃（岐阜県）の守護《しゅご》土岐《とき》氏に取り入って、下剋上《げこくじょう》を成し遂げたという有名な話は、父新左衛門尉と道三の二代にわたる事績であったことが明らかになっている。とは言うものの、油売りなどの話については確証がない。

天文2年（1533）、父の死で家督を相続したとされ、天文4～5年頃には、守護土岐氏内部の頼芸《よりなり》と次郎頼純《じろうよりずみ》の争いに乗じて勢力を蓄え、2、3年後には守護代斎藤氏の跡目となり、斎藤利政《さいとうとしまさ》を名乗った。天文21年、土岐頼芸の後見人であった六角定頼《ろっかくさだより》が歿すると、頼芸を国外へ追放し、美濃一国を手に入れることに成功した。この間、天文17年に娘の帰蝶《きちょう》（濃姫《のうひめ》）を尾張守護代織田信秀《おだのぶひで》の嫡男信長に嫁がせている。

天文23年になると、嫡男義龍《よしたつ》との不和が決定的となり、隠居させられた（この時、剃髪して道三と号す）。弘治2年（1556）4月、道三は兵2000余を率いて挙兵。娘婿の信長にも援軍を依頼したが間に合わず、長良川《ながらがわ》河畔で義龍に従った旧臣に組み付かれたところを小牧某《こまきなにがし》に討たれたと伝わる。遺言状には、美濃を信長に譲るとあるが、現在では疑問とされている。

桶狭間で散った海道一の弓取り

今《いま》川《がわ》義《よし》元《もと》

享年 42

生年 永正16年（１５１９）

歿年 永禄3年（１５６０）5月19日

墓所 大聖寺（愛知県豊川市牛久保町）

終焉の地 桶狭間（名古屋市緑区有松町桶狭間北3丁目、桶狭間古戦場公園）

戦国大名今川氏親《いまがわうじちか》の三男として、駿河国（静岡県）で生まれる。母は中御門宣胤《なかみかどのぶたね》の娘(寿桂尼《じゅけいに》)。天文5年（１５３６）に家督を継いだ。

天文6年に甲斐武田《たけだ》氏と結び（甲駿同盟）、武田信虎《のぶとら》の娘を正室に迎えた。天文16年、尾張の織田信秀《おだのぶひで》が三河岡崎《おかざき》城（愛知県岡崎市）を攻撃、城主松平広忠《まつだいらひろただ》は義元に援軍を要請し、嫡男竹千《たけち》代《よ》（のちの徳川家康）を人質に送るが、竹千代は織田方に奪われた。天文18年、義元は岡崎城を攻略、城主の織田信広《のぶひろ》を捕らえて竹千代と交換した。これによって三河を勢力下に収め、松平氏も義元の保護下に入った。天文23年、嫡男氏真《うじざね》に北条氏康《ほうじょううじやす》の娘が、武田晴信《はるのぶ》（信玄《しんげん》）の娘が氏康嫡男氏政《うじまさ》へと嫁ぎ、甲相駿三国同盟を締結、義元は東部戦線の安定を図った。

永禄3年（１５６０）5月、2万５０００余（あるいは2万余）の兵を動員して、尾張への侵攻を開始。5月19日、義元は桶狭間《おけはざま》に本営を移したが、そこに2～３０００の兵を率いた織田信長に奇襲された。義元は松井宗信《まついむねのぶ》らと奮戦するが、宗信は討死。義元は輿《こし》を捨て、３００騎の親衛隊に周りを囲まれながら騎馬で退却しようとしたが、信長の馬廻《うままわり》に追い付かれた。義元は一番槍を突き付けた服部一忠《はっとりかずただ》を返り討ちにしたが、毛利良勝《もうりよしかつ》によって組み伏せられ、愛刀左文《さもん》字《じ》の太刀ともども首級を奪われた。

病死

脳溢血で急死した8ヶ国守護

尼《あま》子《ご》晴《はる》久《ひさ》

享年
47

生年　永正11年（１５１４）
歿年　永禄3年（１５６０）12月24日
墓所　宝篋印塔（島根県安来市広瀬町）

終焉の地　月山富田城（島根県安来市広瀬町富田）

戦国大名尼子《あまご》政久《まさひさ》の次男として出雲国（島根県）で生まれる。初めは詮久《あきひさ》と名乗った。父政久が若くして歿したため、天文6年（１５３７）の祖父経久《つねひさ》の引退後、尼子氏の惣領《そうりょう》となる。

基本的には祖父経久の拡大路線を継承し、美作（岡山県）・播磨（兵庫県）へも侵攻をするが、上洛志向があったのか否かは不明である。しかし、その方針はやがて行き詰まりを見せ、長くは続かなかった。天文9年には、毛利《もうり》元就《もとなり》の吉《よし》田《だ》郡山《こおりやま》城（広島県安芸高田市）を攻撃したものの敗北。天文10年、第十二代将軍足利《あしかが》義晴《よしはる》の偏《へん》諱《き》を受けて晴久《はるひさ》と改名した。その後、幕府の御《ご》相伴衆《しょうばんしゅう》にもなっている。天文21年には、出雲など8ヶ国の守護《しゅご》に補されたが、美作などは領国支配に実効性が伴ったか疑問であるとされ、晴久は、将軍権力に擦り寄ることによって、勢力基盤の安定化を図ったものと推測されている。

晴久は、近隣の大名毛利氏、大内《おおうち》氏とたびたび合戦に及び、天文11年には大内義隆《よしたか》による尼子領内への侵攻を許すが、翌年には撃退に成功。しかし、天文23年には身内である新宮党《しんぐうとう》を滅ぼしたため、かえって自らの衰勢を決定的なものにしたとされる。永禄3年（１５６０）、毛利氏と交戦中に月山《がっさん》富《と》田《だ》城（島根県安来市）で急死。死因は脳溢血《のういっけつ》ともされるが不明。永禄4年あるいは5年に歿したという説もある。

川中島で討死した武田の副大将
武《たけ》田《だ》信《のぶ》繁《しげ》

享年 37

生年 大永5年（1525）
歿年 永禄4年（1561）9月10日
墓所 典厩寺（長野市篠ノ井杵淵）
首塚（長野県小諸市大久保地籍）

終焉の地 八幡原（長野市小田島町1384―1、八幡原史跡公園）

甲斐（山梨県）の大名武田信虎《たけだのぶとら》の次男で、信玄《しんげん》（晴信《はるのぶ》）の弟として甲斐国で生まれる。通称は左馬助《さまのすけ》・古典厩《こてんきゅう》。信繁は父信虎の寵愛《ちょうあい》を受け、兄信玄に代わって家督を譲られる予定だったという。しかし、天文10年（1541）に信玄は信虎を追放して家督を相続。信繁が信玄に従ったため、武田氏の内部分裂は抑止された。

以後、信繁は兄信玄をよく支え、軍事・内政の両面で活躍。信玄もまた、親族衆の中でも特に信繁には全幅の信頼を寄せた。その人柄を思わせるものとして、信繁が次男信豊《のぶとよ》に授けた99ヶ条の家訓がある（『武田信繁家訓』）。そこには信玄への忠誠や、武将としての対人関係、戦場における心構えが記されており、信繁の忠義に厚い性格や、武将としての素質の高さを表していると言えよう。

信玄が信濃（長野県）への進出を始めると、やがて越後（新潟県）の上杉謙信《うえすぎけんしん》と対峙することになった。そして永禄4年（1561）9月10日、武田・上杉両勢は信濃川中島《かわなかじま》（長野市）で激突（第4次川中島の戦い）。この戦いで、武田方は多くの名だたる将を失う打撃を受けてしまう。信繁もその一人であり、一説には、かつて武田氏が追い払った信濃国衆《くにしゅう》らの軍勢の猛攻を受け、激闘の末に散ったとされる。その死は敵味方を問わず、大いに惜しまれたという。

献策の責をとり討死した謎の軍師

山《やま》本《もと》菅《かん》助《すけ》

享年
69

生年 明応2年（1493）
歿年 永禄4年（1561）9月10日
墓所 長野市松代町
塚（愛知県豊川市牛久保町）

終焉の地 八幡原（長野市小田島町1384―1、八幡原史跡公園）

勘助の名で有名だが、史料上で確認される名乗りは菅助である。三河宝飯《ほい》郡牛窪《うしくぼ》（愛知県豊川市）出身の浪人とされ、天文12〜13年（1543〜44）頃に武田信玄《たけだしんげん》に召し抱えられ、仕えるようになったと言われる。菅助を推薦したのは、当時の武田氏の宿老板垣信方《いたがきのぶかた》とされ、以後、菅助は北信濃（長野県北部）方面に進出する武田氏の動きに従い、同地で軍功を積んだり、信濃国衆《くにしゅう》との折衝を務めるなどした。

武田信玄と上杉謙信《うえすぎけんしん》との戦いの際も、菅助は信濃にあって、永禄4年（1561）9月10日の第4次川中島《かわなかじま》の戦いで討死を遂げた。

なお、菅助というと、これまで一般には、第4次川中島の戦いで信玄に「啄木鳥戦法《きつつきせんぽう》」を提案するなど、信玄の参謀《さんぼう》というイメージが強かった。また、「啄木鳥戦法」実行中の武田勢が上杉勢に虚を突かれ、菅助が討死する最期も印象に残る。しかしこれらのことは、後年、武田信玄・勝頼《かつより》期の戦争について記述した『甲陽軍《こうようぐん》鑑《かん》』の中に見られることであり、同時代史料をもとにした近年の研究では、作戦参謀のような立ち位置ではない、上記のような一家臣としての菅助の姿が明示されている。しかし、参謀としての菅助の逸話はあまりに有名なものとして、古今を問わず、菅助や戦国期の武田氏のイメージを色づけてきたことも、また事実である。

心身の異常で病死した奸雄
三好長慶《みよしながよし》

享年 43

生年 大永2年（1522）2月13日
歿年 永禄7年（1564）7月4日
墓所 真観寺（大阪府八尾市北亀井）

終焉の地 飯盛山城（大阪府大東市北条飯盛山2377）

戦国武将三好元長《みよしもとなが》の嫡男として阿波国（徳島県）で生まれる。天文元年（1532）、父元長が管領《かんれい》細川晴元《ほそかわはるもと》の策略により、一向一揆《いっこういっき》に攻められて敗死したため、家督を継いだ。天文9年～10年頃に、丹波八上《やがみ》城（兵庫県篠山市）の波《は》多野《たの》秀忠《ひでただ》の娘と結婚している。

天文11年の河内太平寺《たいへいじ》の戦い（大阪府柏原市）で木沢長政《きざわながまさ》を敗死させたのち、同16年の摂津舎《しゃ》利寺《りじ》の戦い（大阪市生野区）での勝利を経て、三好氏の勢力は強まった。天文18年摂津江口《えぐち》の戦い（大阪市東淀川区）で、室町幕府第十二代将軍足利義晴《あしかがよしはる》と嫡男義輝《よしてる》が京から近江坂本《さかもと》（滋賀県大津市）へ逃れたため、長慶は事実上、畿内を制圧した。天文21年1月、第十三代将軍義輝と和睦《わぼく》したものの、翌年3月には破談し、義輝は近江朽木《くつき》（滋賀県高島市）に逃れた。

永禄元年（1558）、北白川《きたしらかわ》の戦い（京都市左京区）を経て、長慶は義輝と和睦。義輝は5年ぶりに京へ戻った。以後、長慶の勢力範囲は畿内・四国など8ヶ国に及んだとされる。永禄3年、居城を摂津芥川山《あくたがわやま》城（大阪府高槻市）から河内飯盛山《いいもりやま》城（大阪府大東市）へ移し、芥川山城は嫡男義長《よしなが》（義興《よしおき》）に譲渡したが、義長が早世。長慶は落胆して病に陥り、さらに家臣の松永久秀《まつながまさひで》にも実権を奪われた。病は癒えず、永禄7年7月4日、飯盛山城で病歿したとされる。

その他

舟遊びの最中に謎の溺死
宇《う》佐《さ》美《み》定《さだ》満《みつ》

享年 76

生年 延徳元年（1489）
没年 永禄7年（1564）7月5日
墓所 雲洞庵（新潟県南魚沼市雲洞）

終焉の地 野尻池（新潟県南魚沼市坂戸392、銭淵公園内の池）※諸説あり

越後（新潟県）守護《しゅご》上杉定実《うえすぎさだざね》の家臣宇佐美房《うさみふさ》忠《ただ》の子として生まれたと伝わる。江戸時代、紀州徳川家に軍学者として仕えた宇佐美定祐《さだすけ》が、自らの先祖が宇佐美定行《さだゆき》という上杉謙信《うえすぎけんしん》の軍師《ぐんし》だったと主張したことで、架空の事績が広く流布された。この定行の元になった人物が定満と考えられている。定満は琵琶島城《びわじま》(新潟県柏崎市)の城主となり、駿河守を称した。

天文4年（1535）5月、主筋にあたる上《じょう》条定憲《じょうさだのり》に味方し、当時勢力を伸ばしていた守護《しゅご》代《だい》の長尾為景《ながおためかげ》（謙信の父）に抵抗して戦うものの、敗れて為景に従う。為景死後、晴景《はるかげ》・景虎《かげとら》（のちの謙信）に仕え、天文19年に景虎の実姉の夫で坂戸城《さかど》（新潟県南魚沼市）の城主長尾政景《まさかげ》が、景虎が家督を継いだことに不満を募らせて反乱を起こすと、定満は景虎と共にこれを鎮圧したと伝えられている。

永禄7年（1564）7月5日、長尾政景と野尻池《のじりいけ》（南魚沼市）を舟で遊覧中、二人とも落水し、溺死したとされる。一説には、政景が再び謀叛を繰り返すのではないかと憂慮した定満が、政景を殺害するために入水したともされる。しかし、これは後世の軍記物に記される記述であり、信用はできない。また、定満の動向も、架空の人物である定行と混同されたことによって脚色に満ちているものと考えられる。

謀叛で散った剣豪将軍

足利義輝《あしかがよしてる》

享年 30

生年 天文5年（1536）3月10日
歿年 永禄8年（1565）5月19日
墓所 相国寺光源院（京都市上京区相国寺門前町）
俊龍寺（供養塔。山口市天花）

終焉の地 二条御所（京都市上京区武衛陣町、平安女学院大学内に碑あり）

室町幕府第十二代将軍足利義晴《あしかがよしはる》の嫡男として京で生まれる。母は近衛尚通《このえひさみち》の娘（慶寿院《けいじゅいん》）。誕生直後に、外祖父近衛尚通と猶子《ゆうし》縁組。天文15年（１５４６）12月、第十三代将軍に就任。

この頃、義晴・義輝父子を支えていたのは、管領細川晴元《かんれいほそかわはるもと》と六角定頼《ろっかくさだより》である。天文16年に義輝は晴元と対立。晴元によって京から追放されるが、翌年に和睦。天文18年には、晴元の家臣三好長慶《みよしながよし》が晴元に叛旗を翻したため、晴元と義輝は近江（滋賀県）へ逃れ、近江各地を流浪。天文21年1月に長慶と講和して京へ戻るが、翌年再び講和は破れ、近江朽木《くつき》（滋賀県高島市）に逃亡。永禄元年（１５５８）11月に長慶と和睦し、翌月には近衛稙家《たねいえ》の娘と結婚。以降は、将軍としての地位も安定し、政務運営にも積極的に関与した。

しかし、幕政を牛耳ろうとした三好義継《よしつぐ》（長慶の養嗣子）と松永久通《まつながひさみち》は、義輝に反発。永禄8年5月19日、義継と久通は鉄砲を撃ちかけて二条御所《にじょうごしょ》（将軍邸）を急襲。義輝は自ら次々と刀を取り替えながら奮戦したが、力及ばなかった。義継方の兵たちは、槍で義輝の足を払い、四方から畳（ないし障子）を倒し掛けて、上から鑓で突きかかり殺害（一説には自害）、邸に火をかけた。義輝は剣術・弓馬に長けており、最期の奮戦はそれを物語るものと評されている。

討死

森《もり》 可《よし》成《なり》

宇佐山城で討死した蘭丸の父

享年 48

生年 大永3年（1523）
歿年 元亀元年（1570）9月20日
墓所 聖衆来迎寺（滋賀県大津市比叡辻）
可成寺（岐阜県可児市兼山）

終焉の地 宇佐山城（滋賀県大津市南滋賀町）

森長可《もりながよし》・成利《なりとし》（蘭丸《らんまる》として有名）兄弟の父であり、尾張葉栗《はぐり》郡蓮台《れんだい》（岐阜県笠松町）で生まれる。初め美濃（岐阜県）の土岐《とき》氏に仕えていたが、のちに織田信長に仕え、各地を転戦した。

永禄11年（1568）、信長が足利義昭《あしかがよしあき》を奉じて上洛したあとは、主に畿内の政務を担当。後年、信長が浅井《あざい》・朝倉《あさくら》の両氏と対立するようになると、その備えとして元亀元年（1570）、近江志賀《しが》・宇佐山《うさやま》（どちらも滋賀県大津市）の2城を預けられる。特に後者は京に繋がる道が敷かれている要地であり、加えて同時期の信長は南近江の六角《ろっかく》氏とも対立していたため、可成の役割は畿内情勢に関わる重要なものだった。

一方で、同時期の信長勢の主力部隊は多方面に出征することが多く、軍勢は分散していた。元亀元年9月、信長主力が摂津（大阪府）へ進軍した間隙を衝き、浅井・朝倉勢が可成の守る宇佐山城に向けて進攻。同16日に可成は城から打って出て坂本（大津市）で野戦し、一度は浅井・朝倉勢をはねのける。しかし、敵勢は圧倒的な兵力差でもって再度攻撃を仕掛け、可成は京からの援軍である織田信治《のぶはる》（信長の弟）勢と共に善戦したものの、同20日、抗しきれず玉砕。その後、信長の主力部隊が摂津から近江方面へ引き返してきたため、浅井・朝倉勢は退却し、可成が生前守っていた宇佐山城は落城を免れた。

病死

「望むな」と遺訓を残す
毛《もう》利《り》元《もと》就《なり》

享年
75

生年 明応6年（1497）3月14日
歿年 元亀2年（1571）6月14日
墓所 広島県安芸高田市吉田町
大徳寺黄梅院（京都市北区紫野大徳寺町）※原則非公開

終焉の地 吉田郡山城（広島県安芸高田市吉田町吉田）

安芸（広島県）の国人《こくじん》領主毛利弘元《もうりひろもと》の次男として安芸国で生まれる。兄興元《おきもと》の歿後、大永3年（1523）に家督を継いだ。当初、毛利氏は尼子《あまご》氏に仕えていたが、のちに大内義興《おおうちよしおき》の配下となり、安芸中央部を統一する。

天文9年（1540）9月、尼子晴久《はるひさ》が吉田《よしだ》郡山《こおりやま》城（広島県安芸高田市）を包囲すると、元就は籠城戦で約5ヶ月もの間を持ち堪え、翌年1月に尼子軍を追い払った。天文15年に嫡男隆《たか》元《もと》へ家督を譲るが、後見役として実権を掌握し、安芸・備後両国の支配を進展させた。天文19年、次男元春《もとはる》を吉川《きっかわ》家に、三男隆景《たかかげ》を小早川《こばやかわ》家に送り込み、「毛利両川《もうりりょうせん》」の基盤を確立した。

天文20年8月、大内義隆《よしたか》が陶晴賢《すえはるかた》に滅ぼされると、同22年5月に晴賢と袂《たもと》を分かち、同24年10月の厳島《いつくしま》の戦い（広島県廿日市市）で、晴賢を滅ぼした。弘治3年（1557）には大内義《よし》長《なが》（大友宗麟《おおともそうりん》の弟）を山口で討伐し、領国は周防・長門・安芸・石見・備後の5ヶ国に広がった。永禄9年（1566）11月に尼子氏を掃討すると、中国地方全域に版図が広がっている。

晩年の元就は病に悩まされたが、第十三代将軍足利義輝《あしかがよしてる》から医師曲直瀬道三《まなせどうさん》を派遣され、治療を受けた。その後、元就の病状は好転したように見えたが、元亀2年（1571）6月14日に吉田郡山城で病歿した。

病死

関東の雄、中風を患い死す

北《ほう》条《じょう》氏《うじ》康《やす》

享年 57

生年 永正12年（1515）
歿年 元亀2年（1571）10月3日
墓所 早雲寺（神奈川県箱根町）
護国神社（山梨県甲府市岩窪町）

終焉の地 小田原城（神奈川県小田原市城内）

伊勢《いせ》（北条《ほうじょう》）氏綱《うじつな》の嫡男として生まれた。出生地は不詳。享禄2年（１５２９）に元服したと考えられ、翌3年6月、扇谷上杉《おうぎがやつうえすぎ》氏と激突した小沢原《おざわがはら》の戦い（川崎市麻生区）で初陣《ういじん》したと伝わる。天文10年（１５４１）、父氏綱の死去によって家督を相続した（諸説あり）。

天文14年、今川義元《いまがわよしもと》と富士川《ふじがわ》を挟む河東《かとう》地域を巡って争い、敗北。武田信玄《たけだしんげん》の仲介で義元と講和した。翌15年には、古河《こが》公方《くぼう》足利《あしかが》晴氏《はるうじ》や扇谷上杉氏らを河越《かわごえ》城の戦い（埼玉県川越市）で破り、天文21年頃までに上杉憲政《のりまさ》を上野平井《ひらい》城（群馬県藤岡市）から上杉謙信《けんしん》の許へ敗走させた。また、古河公方の家督を北条家から輿入れさせた芳春院《ほうしゅんいん》を母とする義氏《よしうじ》に継がせるなどして、関東一帯の攻略を進めた。天文23年には、今川・武田両氏と婚姻関係を成立させ、甲相駿三国同盟を結んだ。永禄2年（１５５９）、由良《ゆら》、沼《ぬま》田《た》、斎藤《さいとう》など、上杉謙信方の諸氏を攻略して上野一国（群馬県）を平定。しかし、この頃に領国内で流行した疫病や飢饉の責任をとるという名目で嫡男氏政《うじまさ》に家督を譲って隠居した。その後も氏政と共に領国経営を行い、上杉謙信や武田信玄などの侵攻に対抗する。

元亀元年（１５７０）に中風を発症、平癒の祈願を行うものの、言葉を発することもできないほどに悪化し、翌2年10月3日に死去した。

病死

陣中で歿した甲斐の虎

武《たけ》田《だ》信《しん》玄《げん》

享年
53

生年　大永元年（１５２１）11月３日
歿年　元亀４年（１５７３）４月12日
墓所　恵林寺（山梨県甲州市塩山小屋敷）

終焉の地　駒場（長野県下伊那郡阿智村駒場）

甲斐（山梨県）の大名武田信虎《たけだのぶとら》の嫡男として要害山《ようがいやま》城（山梨県甲府市）で生まれたとされる。天文10年（１５４１）６月に父信虎を駿河（静岡県）の今川義元《いまがわよしもと》の許へ追放、家督を継承した。晴信は天文11年以降、信濃（長野県）とその周辺地域に進出。北信濃を巡り、川中島《かわなかじま》（長野市）で上杉謙信《うえすぎけんしん》と対決する。一方で今川義元（駿）、北条氏康《ほうじょううじやす》（相）と甲相駿三国同盟を結び、後顧の憂いを絶った。永禄２年（１５５９）以降は、出家して信玄と号す。

その後、信玄は織田信長と結びつつ、永禄11年末に今川氏との同盟を破棄して駿河へ侵攻。義元の後継者氏真《うじざね》を遠江掛川《かけがわ》（静岡県掛川市）へ撤退させ、氏真を援けた北条氏とも対立。三国同盟は消滅した。元亀２年（１５７１）、信玄は北条氏と和睦し、翌３年からは遠江で徳川家康および信長と対決。12月には三方原《みかたがはら》（浜松市北区）で徳川・織田連合軍を撃破。元亀４年（１５７３）２月以降は三河（愛知県）へ西進した。

しかし、信玄はその頃から病に罹り、たびたび吐血《とけつ》、４月には容態が悪化する。長篠《ながしの》城（愛知県新城市）への後退を経て甲斐へ戻ることとなったが、快復せず、同12日、道中の信濃伊那《いな》郡駒場《こまんば》（長野県阿智村。歿地は諸説あり）で生涯を閉じた。遺言により３年の秘喪《ひも》を経て、天正４年（１５７６）４月に本葬されている。

栄華を誇った朝倉家最後の当主

朝《あさ》倉《くら》義《よし》景《かげ》

享年 41

生年 天文2年（１５３３）
歿年 天正元年（１５７３）8月20日
墓所 福井県大野市泉町
一乗谷朝倉氏遺跡（福井市城戸ノ内町）

終焉の地 賢松寺（福井県大野市泉町10、朝倉義景墓所）※諸説あり

朝倉氏第十代当主孝景《たかかげ》の嫡男として越前一乗《いちじょう》谷《だに》（福井市）で生まれる。天文17年（１５４８）、孝景の死により家督を相続し、延景《のぶかげ》と改名。天文21年、室町幕府第十三代将軍足利義輝《あしかがよしてる》より偏《へん》諱《き》授与され、義景と改名する。

永禄8年（１５６５）5月、将軍義輝が横死《おうし》すると、義輝の実弟一乗院覚慶《いちじょういんかくけい》（のちの義昭《よしあき》）は義景を頼った。しかし、義景が上洛の期待に応えなかったため、義昭は織田信長を頼って岐阜に移る。信長は諸国の武将に義昭の上洛命令を通達したが、義景が応じなかったため、元亀元年（１５７０）4月、義景は織田・徳川軍と戦うことになる。6月の姉川《あねがわ》の戦いで敗れたが、9月には本願寺《ほんがんじ》の挙兵と共に、浅井《あざい》・朝倉軍は比叡山《ひえいざん》に立て籠もり、信長と対峙。

その後、いったんは和睦するものの、天正元年（１５７３）8月、信長は浅井・朝倉を討伐すべく近江（滋賀県）への侵攻を開始する。義景自身も近江へ出陣したが、信長に追われて越前へ撤退。信長に追撃されつつ、義景は一乗谷に火を放って大野《おおの》（福井県大野市）へ逃れ、さらに平泉寺《へいせんじ》（福井県勝山市）へ入る。しかし、平泉寺衆徒が信長に通じたため、六坊賢松寺《ろくぼうけんしょうじ》（大野市）へ逃れた。ここで従兄弟の朝倉景鏡《かげあきら》までもが背き、賢松寺を包囲。景鏡の襲撃を受けた義景は8月20日に自害して果てた。

意地を貫き自害した信長の義弟

浅井長政《あざいながまさ》

享年
29

生年 天文14年（１５４５）
歿年 天正元年（１５７３）8月28日
墓所 徳勝寺（滋賀県長浜市平方町）

終焉の地 小谷城（滋賀県長浜市湖北町伊部）

　南近江の観音寺《かんのんじ》城下（滋賀県近江八幡市）で浅井久政《あざいひさまさ》の嫡男として生まれる。初め賢政《かたまさ》、のちに長政と改名。六角《ろっかく》氏家臣の平井定武《ひらいさだたけ》の娘を娶ったが、離別（一説には婚約→破約）。永禄3年（１５６０）に家督を相続し、同年、野良田《のらだ》の戦い（滋賀県彦根市）で六角義賢《よしかた》を破った。

　この頃、織田信長の妹お市《いち》の方《かた》を娶り、織田・浅井同盟を結ぶ（なお、お市の方との婚姻時期には諸説ある）。お市の方との間に、長女茶々《ちゃちゃ》・次女初《はつ》・三女江《ごう》の3人の娘をもうけた。元亀元年（１５７０）4月、信長の越前朝倉《あさくら》氏攻めが始まると、長政は信長から離反し、朝倉義景《よしかげ》と共にこれを挟撃。6月には、義景と結んで織田・徳川連合軍と姉川《あねがわ》（滋賀県長浜市）で戦ったが、大敗した。天正元年（１５７３）8月、信長が長政の居城小谷《おだに》城（長浜市）を包囲。長政は義景に援軍を要請し、義景も布陣したが、間もなく越前に撤退。信長はこれを追い、義景を自刃させた。小谷城も、信長の猛攻撃を受けて落城。織田方による数度の降伏勧告を退けた長政は、同月28日（9月1日とも）に自刃。お市と3人の娘は、落城直前に城から出された。父久政も自刃し、浅井氏は滅亡した。

　なお天正2年1月、馬廻衆《うままわりしゅう》のみの内宴で、信長は薄濃《はくだみ》を施した久政・長政父子、義景の首級を白木の台に載せて出したとされる。

病死

北条氏への徹底抗戦を貫いた勇将

里《さと》見《み》義《よし》堯《たか》

享年 68

生年 永正4年（1507）
没年 天正2年（1574）6月1日
墓所 延命寺（千葉県南房総市本織）

終焉の地 久留里城（千葉県君津市久留里字内山）

安房（千葉県）の戦国武将里見実堯《さとみさねたか》の子として安房国で生まれたとされる。前半生は不詳。

天文2年（1533）7月、父実堯が安房稲《いな》村《むら》城（千葉県館山市）において、里見家当主で従兄の義豊《よしとよ》に討たれると、義堯は上総百首《ひゃくしゅ》城（千葉県富津市。造海《つくろうみ》城とも）に籠城し、小田原の北条氏綱《ほうじょううじつな》に援軍を要請して対抗。翌3年4月に稲村城を攻め、義豊を討って安房を制圧すると同時に、嫡流（宗主《そうしゅ》権）を奪った。天文6年には、小弓公方足利義明《おゆみくぼうあしかがよしあき》に従って、北条氏と対立。以降、上総国へ攻め入り、久留里《くるり》城（千葉県君津市）を築いて本拠とする。永禄4〜5年（1561〜62）頃に出家し、嫡男義弘《よしひろ》に家督を譲って隠居した。その後も北条氏と対立を繰り返し、上杉謙信《うえすぎけんしん》が北条氏康《うじやす》と同盟（越相同盟）を結ぶと、一時は、それに対抗して武田信玄《たけだしんげん》とも同盟を結ぶなどしている。天正2年（1574）6月1日、久留里城で死去した。

安房保田妙本寺《ほたみょうほんじ》（千葉県鋸南町）の僧侶日我《にちが》は、義堯を「関東無双の大将」と評している。なお、江戸時代後期に刊行されて大衆小説として広まった曲亭《きょくてい》（滝沢《たきざわ》）馬琴《ばきん》の『南総里見八犬伝《なんそうさとみはっけんでん》』は、もちろんフィクションであるが、これをもとに創作された系図や伝承などによって「史実」と「物語」が混同して語られることも少なくなかった。

処刑

自らを犠牲に味方を救う

鳥《とり》居《い》強《すね》右《え》衛門《もん》

終焉の地　篠場野（愛知県新城市有海篠原21―50、磔碑あり）

享年　？

生年　不詳
歿年　天正3年（1575）5月16日
墓所　新昌寺（愛知県新城市有海）

三河国（愛知県）の国衆《くにしゅう》で、のち徳川家康に仕えた奥平貞信《おくだいらさだのぶ》（信昌《のぶまさ》）の家臣である。その生涯については、ほとんどわかっていない。

強右衛門の名が見られるようになるのは、天正3年（1575）2月、主君信昌が長篠《ながしの》城（愛知県新城市）を家康から任され、守備した時からである。5月、敵対する武田勝頼《たけだかつより》の軍勢に城を囲まれ、奥平勢は籠城することになった。その際、家康に援軍を要請しようとして、使者を引き受けたのが強右衛門だと言われている。武田軍が包囲する城を抜け出て、家康の許へ知らせに走ることは、非常に危険な役目であった。

しかし、強右衛門は5月14日、城からの脱出に成功、翌日には岡崎《おかざき》城（愛知県岡崎市）の家康に対面して援軍を要請する。そして、強右衛門が長篠城へ戻ろうとした時、武田方の兵に見つかり捕らえられてしまう。武田方は強右衛門を城近くまで連行し、「援軍は来ない。早く降参するように」と城に向かって叫べば命を助けると命じた。しかし強右衛門は、「援軍はすぐに到着するから、それまでの辛抱だ」と叫んだ。これに激怒した勝頼は、強右衛門を磔《はりつけ》にして、串刺しにしたという。一説には、その場で斬殺されたとも伝わる。強右衛門の命がけの行動に奮起した長篠城兵たちは、援軍が到着するまで持ち堪え、21日の長篠の戦いを迎えるのである。

討死

長篠に散った赤備えの猛将

山《やま》県《がた》昌《まさ》景《かげ》

享年
47

生年 享禄2年（1529）？
歿年 天正3年（1575）5月21日
墓所 恵林寺（山梨県甲州市塩山小屋敷）
天澤寺（山形県甲斐市亀沢）

終焉の地 設楽原の竹広激戦地（愛知県新城市竹広）

飯富《おぶ》氏は甲斐源氏《かいげんじ》の一族であり、兄虎昌《とらまさ》は武《たけ》田《だ》氏の重臣として武田信虎《のぶとら》・信玄《しんげん》（晴信《はるのぶ》）父子に仕えた。昌景は、初め飯富源四郎《げんしろう》と称した。

永禄8年（1565）5月、兄虎昌が信玄の嫡男義信《よしのぶ》による謀叛に関わると、昌景はこれを信玄に報告。虎昌は自害したが、昌景は飯富から山県に改姓して、引き続き信玄に仕えた。

以後、昌景は武田氏内で宿老格《しゅくろうかく》の重臣として、信玄による幾多もの戦いで活躍。また、戦時における昌景隊、通称「赤備え」は武田勢屈指の強さを誇ったとされ、後年の井伊《いい》、真田《さなだ》両氏の「赤備え」は昌景隊を模したものとされる。

信玄亡きあと、昌景は次代の勝頼《かつより》にも仕え、敵対するようになった徳川氏との戦いで活躍。天正3年（1575）5月の長篠《ながしの》の戦いでは、武田勢は長篠城（愛知県新城市）近くの設楽原《しだらがはら》で徳川勢、および援軍の織田勢と対峙。その際昌景は、ほかの重臣らと共に、勝頼に決戦を避けるよう諫めたが、勝頼はこれを却下。21日に戦端を開く。昌景はやむなく一番隊を率いて徳川勢を先制攻撃するも、敵鉄砲隊の反撃に遭って後退。敵勢は昌景隊を追撃し、猛攻を受けた昌景は討死。首級は徳川・織田方に送られた。

なお、江戸時代に描かれた『長篠合戦図屏風《ながしのかっせんずびょうぶ》』中には、昌景の首を敵に奪われないよう、家臣が持ち去っていく様子が描かれている。

討死

主君・勝頼の撤退を助け討死

内《ない》藤《とう》昌《まさ》秀《ひで》（昌《まさ》豊《とよ》）

享年 53

生年 大永3年（1523）？
歿年 天正3年（1575）5月21日
墓所 愛知県新城市八束穂

終焉の地 設楽原の自陣（愛知県新城市八束穂字天王）

内藤昌豊《ないとうまさとよ》の名で知られるが、同時代史料に見られる名乗りは昌秀である。本姓は工藤《くどう》で、工藤虎豊《とらとよ》の次男として甲斐（山梨県）で生まれたとされる。武田信玄《たけだしんげん》（晴信《はるのぶ》）・勝頼《かつより》に仕えて重用され、宿老格《しゅくろうかく》の重臣となった。

昌秀は信玄からの信頼も厚く、信玄存命時には信濃深志《ふかし》（長野県松本市）城代を務めたのち、上野箕輪《みのわ》（群馬県高崎市）城代となって西上野へ転出。同所では現地の国衆《くにしゅう》との連絡に努めつつ、武田氏と敵対する上杉《うえすぎ》（長尾《ながお》）氏への押さえや同氏との交渉業務を担うなど、西上野支配の責任者として重要な任務をこなしていた。

信玄の死後、勝頼の代になってからも、昌秀は箕輪を守り、西上野の国衆を統括する。

天正3年（1575）5月の長篠《ながしの》の戦いでは、昌秀は勝頼と合流。武田勢が長篠城（愛知県新城市）近くの設楽原《しだらがはら》に布陣して徳川・織田両勢と対峙し、21日に戦端が開かれた。設楽原での戦いを含む、長篠の戦いにおける昌秀隊の戦闘の内容は、同時代史料からは明らかでない。織田信長率いる織田勢主力と戦ったとも、徳川方の本多忠勝《ほんだただかつ》隊と戦ったともされるが、同日、武田勢が徳川・織田勢に大敗すると、昌秀は勝頼を退却させるべく防戦に努めたという。勝頼は辛くも退却したが、昌秀は共に防戦にあたっていた馬場信春《ばばのぶはる》らと同様、戦場の露と消えた。

総大将の撤退を見届け敵に突撃

馬《ば》場《ば》信《のぶ》春《はる》

終焉の地 出沢（愛知県新城市出沢）

享年 62

生年 永正11年（1514）
殁年 天正3年（1575）5月21日
墓所 恵林寺（山梨県甲州市塩山小屋敷）
自元寺（山梨県北杜市白洲町）

武河衆《むかわしゅう》の教来石《きょうらいし》氏の子として、甲斐北巨摩《きたこま》郡（山梨県北杜市域）で生まれた。幼名や生母は明らかでない。のちに、主君武田信玄《たけだしんげん》（晴信《はるのぶ》）に命じられ、武田氏譜代の馬場家を継いだとされるが、信春の前半生は謎に包まれている。

天文19年（1550）、武田軍の攻撃によって信濃深志《ふかし》（長野県松本市）城主の小笠原長時《おがさわらながとき》が追放されると、信春が同城へ入った。以来、同城が信濃平定の拠点となり、各地に参陣した。永禄9年（1566）に牧之島《まきのしま》城（長野市）が改修されると、そこへ移り、城代となって、海《かい》津《づ》城（長野市）城代の春日虎綱《かすがとらつな》（高坂昌信《こうさかまさのぶ》）と共に、北信濃方面の防衛と外交を担当したという。このの ち、信玄の駿河今川《いまがわ》氏攻め、北条《ほうじょう》氏との三増峠《みませとうげ》の戦い（神奈川県愛川町）、徳川家康との三方原《みかたがはら》の戦い（浜松市北区）などに参戦して武功を挙げた。その働きは、後世に「鬼美濃」と評されるほどの勇猛果敢ぶりだったという。

信玄死後は勝頼《かつより》に従うが、勝頼からは疎まれていたと伝わる。天正3年（1575）5月21日、織田・徳川連合軍と交戦した長篠《ながしの》の戦いで、勝頼退却の際、殿《しんがり》を務めて追撃してきた織田・徳川の兵に討たれて戦死した。この戦いでも信春の勇猛さは目立つものだったらしく、『信長《しんちょう》公記《こうき》』には「馬場美濃守手前の働き比類なし」と奮戦ぶりが讃えられている。

松《まつ》永《なが》久《ひさ》秀《ひで》

茶釜平蜘蛛と共に爆死

享年
68

生年 永正7年（1510）
歿年 天正5年（1577）10月10日
墓所 妙恵会墓地（京都市下京区柿本町）
達磨寺（奈良県王寺町）

終焉の地 信貴山城（奈良県生駒郡平群町信貴山2280—1）

出生地は摂津五百住《よすみ》（大阪府高槻市）や阿波国（徳島県）、出身も商人・百姓・土豪《どごう》と諸説があり、詳細は不詳。天文10年（1541）以前には三好長慶《みよしながよし》に仕えていたとされ、同11年頃には軍事活動にも携わっていたとされている。

天文18年、三好長慶が事実上、京を支配するようになると、久秀もその一端を担った。同22年、兵庫津《ひょうごのつ》に至近の要害である滝山《たきやま》城（神戸市中央区）に配備される。永禄2年（1559）8月、大和北西の信貴山《しぎさん》城（奈良県平群町）に移って居城とした。同年、第十三代将軍足利義輝《あしかがよしてる》から御供衆《おともしゅう》に任じられ、弾正少弼《だんじょうしょうひつ》に任官した。永禄7年の三好長慶死後、三好三人衆《みよしさんにんしゅう》らと共に長慶の甥義継《よしつぐ》を担いで三好家を支えていたが、同9年頃から三好三人衆と対立。永禄10年、東《とう》大寺《だいじ》に陣取った三好三人衆に夜襲をかけて勝利したものの、東大寺が炎上、大仏は焼失した。

永禄11年8月、久秀は織田信長と同盟関係を結んだが、元亀4年（1573）に朝倉義景《あさくらよしかげ》や本願寺顕如《ほんがんじけんにょ》と結んで信長に対抗するも敗れて、居城の多聞《たもん》城（奈良市。多聞山《たもんやま》城とも）の明け渡しを条件に降伏。天正5年（1577）、筒《つつ》井《い》順慶《じゅんけい》を重用する信長の態度に不満を持った久秀は信長から再度離反、信貴山城に立て籠もる。10月10日、織田信忠《のぶただ》（信長嫡男）の総攻撃を受けた久秀は切腹し、城を自ら焼いて果てた。

脳溢血で死去した越後の龍

上《うえ》杉《すぎ》謙《けん》信《しん》

終焉の地 春日山城（新潟県上越市中屋敷字春日山1357―1）

享年 49

生年 享禄3年（1530）1月21日
歿年 天正6年（1578）3月13日
墓所 林泉寺（新潟県上越市中門前）
上杉家廟所（山形県米沢市御廟）

越後守護代《しゅごだい》長尾《ながお》為景《ためかげ》の四男（諸説あり）として春日山《かすがやま》城（新潟県上越市）で生まれたとされる。天文17年（1548）12月に家督を継ぎ、春日山城へ入った。元服後は平三《へいぞう》景虎《かげとら》と名乗る。

天文19年に、越後守護の上杉定実《うえすぎさだざね》が後継者なく歿したことで、景虎（謙信）が越後の実権を握るに至った。天文22年、北信濃（長野県）に迫った武田信玄《たけだしんげん》と対峙。信玄とは、このあとも数度にわたって戦う（川中島《かわなかじま》の戦い）。また同年秋に初めて上洛し、第十三代将軍足利義輝《あしかがよしてる》と対面。永禄2年（1559）にも再度上洛し、正《おお》親町《ぎまち》天皇と将軍義輝に対面している。永禄4年に関東管領《かんとうかんれい》職を相続、名も上杉政虎《まさとら》と改めたが、翌年には将軍義輝の偏諱《へんき》を得て輝虎《てるとら》と称した。

永禄12年に北条《ほうじょう》氏との間で越相同盟を締結したが、元亀3年（1572）、北条氏政《うじまさ》が同盟を破棄して信玄に近づいたため、輝虎（謙信）は織田信長と同盟を結んだ。天正2年（1574）12月には剃髪し、以後は謙信と称する。天正4年に信長と断交したのち、翌5年9月には加賀湊川《みなとがわ》（手取川《てどりがわ》。石川県白山市・川北町）で柴《しば》田勝家《たかついえ》を総大将とする織田軍を撃破した。

天正6年、関東平定に向かう直前の3月13日午後、厠《かわや》で倒れ、昏睡状態になり急死。死因は脳溢血《のういっけつ》とされる。遺骸には鎧《よろい》を着せ、太刀《たち》を帯びさせて甕《かめ》の中へ納め、漆《うるし》で密封したという。

病死

結核で死んだ今孔明

竹中半兵衛《はんべえ》（重治《しげはる》）

享年 36

生年 天文13年（１５４４）

歿年 天正7年（１５７９）6月13日

墓所 兵庫県三木市平井
禅幢寺（岐阜県垂井町）

終焉の地 平井山の秀吉本陣（兵庫県三木市平井、案内板あり）

美濃（岐阜県）斎藤《さいとう》氏の家臣竹中重元《たけなかしげちか》の嫡男として大御堂《おおみどう》城（岐阜県大野町）で生まれたとされる。通称半兵衛。当初は斎藤龍興《たつおき》に仕えていたが、永禄7年（１５６４）年2月、寵臣を優遇するという龍興の方針に反発し、稲葉山《いなばやま》城（岐阜市）をわずか十数名で乗っ取った。その後、龍興に城を返還し、自身は蟄居《ちっきょ》していたという。

永禄10年、織田信長が斎藤氏を滅亡に追い込むと、半兵衛は羽柴秀吉から誘われ、信長の配下に加わった。元亀元年（１５７０）6月の姉《あね》川《がわ》の戦い（滋賀県長浜市）以降、半兵衛は秀吉の与力《よりき》として活躍する。その軍師としての才覚は高く評価されているが、確実な史料による確認は難しく、後世の逸話によるところが大きい。

黒田孝高《よしたか》（官兵衛《かんべえ》）と共に「秀吉の天才軍師」と称され、二人を並べて「二兵衛」と呼ぶこともある。のちの中国毛利《もうり》氏攻めにおいては、官兵衛らと共に調略戦で活躍した。ところが、天正7年（１５７９）、半兵衛は別所長治《べっしょながはる》の籠もる播磨三木《みき》城（兵庫県三木市）を包囲している最中に病に蝕まれ（結核）、一時は秀吉の配慮によって京へ戻って療養していた。しかし、自らの死期を悟った半兵衛は、あえて戦地での死を望んで、三木城の向城《むかいじろ》の平井山《ひらいやま》に戻った。そして、天正7年6月13日、半兵衛は平井山の陣中において、惜しまれながら病歿したという。

病死

逃げ弾正も病からは逃れられず

高坂《こうさか》昌信《まさのぶ》（春日《かすが》虎綱《とらつな》）

享年 52

生年 大永7年（１５２７）
歿年 天正6年（１５７８）6月14日
墓所 恵林寺（山梨県甲州市塩山小屋敷）
明徳寺（長野市松代町）

終焉の地 海津城（長野市松代町松代44）

武田《たけだ》信玄《しんげん》（晴信《はるのぶ》）・勝頼《かつより》期の合戦について記した『甲陽軍鑑《こうようぐんかん》』の著者とされる。高坂昌信として有名だが、同時代史料に見える名乗りは「香坂弾正忠」「香坂虎綱」「春日虎綱」である。

百姓春日大隅の子として甲斐石和《いさわ》郷（山梨県笛吹市）で生まれたとされる。16歳の時に信玄に取り立てられ、近習として出発、その後は使《つかい》番《ばん》を経て侍大将《さむらいだいしょう》に出世した。武田氏の勢力が信濃（長野県）へ及ぶようになると、虎綱は同国へ移り、天文22年（１５５３）には小諸《こもろ》（長野県小諸市）城代となる。弘治3年（１５５７）頃には、新たに築かれた海津《かいづ》城（長野市）の城代に転任し、海津城を守って上杉謙信《うえすぎけんしん》の動向を注視した。数度に及ぶ川中島《かわなかじま》の戦いにも参陣している。以後、虎綱は亡くなるまで海津城代として、武田氏の対上杉氏対策、北信濃政策に大きく関わった。

信玄歿後、虎綱は勝頼に仕えて引き続き海津城を守る。天正3年（１５７５）5月の長篠《ながしの》の戦いの際は海津城にいたため存命。戦後は、多数の重臣を失った武田氏内部を立て直すべく奮闘した。天正6年に謙信が歿すると、虎綱は6月にその養子景勝《かげかつ》と連絡。武田・上杉両氏の和睦を成就させるべく奔走していたが、和睦交渉の最中の14日に亡くなった。死後、高野山《こうやさん》成慶《じょうけい》院《いん》で供養が営まれている。

夢と消えた主家再興の願い

山《やま》中《なか》幸《ゆき》盛《もり》（鹿《しかの》介《すけ》）

享年 34

生年 天文14年（１５４５）？
歿年 天正6年（１５７８）7月17日
墓所 岡山県高梁市落合町
幸盛寺（鳥取市鹿野町）

終焉の地 阿井（合）の渡し（岡山県高梁市）

戦国大名尼子《あまご》氏の家臣山中満幸《やまなかみつゆき》の次男として出雲富田《とだ》庄（島根県安来市）で生まれたとされる。「鹿介」が正しい。「鹿之助」「鹿之介」とも表記されるが、永禄6年（１５６３）の毛利《もうり》氏による月山富田《がっさんとだ》城（安来市）の攻撃時に、初めて史上に登場する。永禄9年の月山富田城の落城と尼子氏の滅亡に伴い、尼子十勇士の筆頭として、その再興を心に固く誓い、三日月に「願わくば、我に七難八苦を与えたまえ」と祈った逸話は、余りに有名である。

幸盛は、まず東福寺《とうふくじ》（京都市東山区）で僧籍にあった尼子誠久《さねひさ》の遺子を還俗《げんぞく》させ、勝久《かつひさ》と名乗らせると、永禄12年に出雲への入国を果たした。幸盛の奮闘もあり、勝久は出雲国の大半を回復するが、元亀元年（１５７０）に毛利氏と戦って敗北、翌2年に織田信長を頼って京へ落ち延びている。天正5年（１５７７）、羽柴秀吉が播磨上月《こうづき》城（兵庫県佐用町）を攻略すると、幸盛は勝久と共に入城した。しかし、翌6年には毛利氏に包囲され、上月城は孤立。信長の命を受けた秀吉が撤兵したため、支援を失った幸盛らは攻撃に耐え切れず、降伏し、生け捕りとなった。主君の勝久は城内で自刃。降人《こうにん》となった幸盛は、備中松山《まつやま》城（岡山県高梁市）に在城する毛利輝元《てるもと》の許へ護送される途中、7月17日に阿井《あい》（合）の渡し（高梁市）で謀殺された。

処刑

信長に叛旗を翻し磔にされる

波《は》多《た》野《の》秀《ひで》治《はる》

終焉の地 浄厳院（滋賀県近江八幡市安土町慈恩寺744）

享年 ？

生年 不詳
歿年 天正7年（１５７９）6月2日
墓所 誓願寺（兵庫県篠山市魚屋町）

丹波の大名波多野晴通《はたのはるみち》の嫡男として丹波国で生まれる。生年は不詳。波多野氏は、代々にわたって丹波守護《しゅご》細川《ほそかわ》氏の下で守護代《しゅごだい》を務めていた。

天文19年（１５５０）以降、秀治は丹波八上《やがみ》城（兵庫県篠山市）を舞台に、三好長慶《みよしながよし》や松永《まつなが》久秀《ひさひで》と攻防を繰り広げ、何とか死守することに成功した。織田信長が台頭すると、その配下に入り、抵抗する丹波の豪族らを掃討している。

しかし、天正3年（１５７５）に突如として信長に謀叛を起こし、黒井《くろい》城の戦い（兵庫県丹波市）で明智光秀《あけちみつひで》を攻撃する。天正5年以降、信長は丹波攻略を開始したが、秀治は激しく抵抗した。信長軍を率いた明智光秀は、八上城を包囲し、兵糧攻めを行っている。秀治は約１年半もの間、この攻撃を耐え抜き、降伏の勧めにも応じなかった。そこで光秀は、自分の母を人質に差し出し、和議を申し入れたという逸話がある。天正7年、秀治は長引く兵糧攻めに耐えかねて、和議の勧めに応じた。

秀治は、城を出たところで捕らえられ、護送中に死んだとも、磔にされたとも言われている。実際には、秀治と弟秀尚《ひでひさ》らは信長の居城安土《あづち》城（滋賀県近江八幡市）に送られ、同年6月２日に安土城下の浄厳院《じょうごんいん》で磔刑《たっけい》となった。こうして丹波の名門波多野氏は、ついに滅亡したのである。

城兵の命と引き替えに自害

別《べっ》所《しょ》長《なが》治《はる》

終焉の地　播磨三木城（兵庫県三木市上の丸町、三木城跡上の丸公園）

享年 23

生年　永禄元年（1558）
歿年　天正8年（1580）1月17日
墓所　法界寺（兵庫県三木市別所町）

播磨国（兵庫県）東部の戦国武将別所長勝《べっしょながかつ》（安治《やすはる》とも）の嫡男として播磨国で生まれる。長治は幼くして父を亡くし、叔父の吉親《よしちか》・重棟《しげむね》に支えられ、播磨三木《みき》城（兵庫県三木市）周辺地域の支配を進めていった。

元亀年間以降は、播磨進出を目指す織田信長に従い、たびたび浦上宗景《うらがみむねかげ》と戦う。信長とは強い信頼関係を結んでいたが、天正5年（1577）2月に突如として叛旗を翻した。謀叛を起こした理由は、身分の賤しい羽柴秀吉に従えなかったためとされるが、実際は足利義昭《あしかがよしあき》や毛利《もうり》輝元《てるもと》の誘いに応じたからであった。長治は輝元、本願寺《ほんがんじ》らと連携し、勇猛果敢に秀吉を相手に奮戦するが、天正8年1月には秀吉の兵糧攻めに耐え切れない状況に陥った（三木の干殺し）。この間、毛利氏の食料搬入は、ことごとく失敗している。籠城の期間は、約3年にも及んだ。長治は降伏に際して、自身と一族の命と引き換えに、部将や領民の助命を乞うたと言われている。そして1月17日、長治は妻子と共に切腹して果てた。腹を十文字に切るという、最も過酷な切腹であったと伝わっている。介錯《かいしゃく》を行ったのは、家臣の三宅治忠《みやけはるただ》であった。

近年、長治の切腹後に、助命の約束は履行されず、秀吉によって三木の領民などに対する大量虐殺がなされたとの説が提起されている。

悪性の腫瘍を患い死んだ大悪人

宇《う》喜《き》多《た》直《なお》家《いえ》

享年
53

生年　享禄２年（１５２９）
歿年　天正９年（１５８１）２月14日
墓所　光珍寺（岡山市北区磨屋町）

終焉の地　**石山城（岡山市北区石関町、石山公園近く）**

備前（岡山県）の大名浦上《うらがみ》氏の家臣宇喜多興《うきたおき》家《いえ》の嫡男として、備前砥石《といし》城（岡山県瀬戸内市）で生まれたとされるが詳細は不詳。

天文３年（１５３４）に祖父能家《よしいえ》が島村盛実《しまむらもりざね》の奇襲を受けて砥石城で自害すると、父と共に備後鞆津《とものつ》（広島県福山市）へ逃れた。天文12年頃から浦上宗景《むねかげ》の配下で活躍し、天文18年に砥石城の奪還に成功している。永禄２年（１５５９）には、居城を沼《ぬま》城（岡山市東区）へ移した。永禄９年に毛利《もうり》氏配下の三村家親《みむらいえちか》に刺客を送って暗殺。明禅寺《みょうぜんじ》の戦い（岡山市中区）で家親の子元親《もとちか》を討伐した。さらに元亀元年（１５７０）、直家は備中勢と内通した岡山《おかやま》城（岡山市北区）の城主金光宗高《かなみつむねたか》を切腹させ、同城を接収ののち修改築している。

天正元年（１５７３）、直家は足利義昭《あしかがよしあき》の仲介によって毛利氏と和睦し、天正３年には宗景を天神山《てんじんやま》城（岡山県和気町）から放逐することに成功。直家は羽柴秀吉の中国攻めで、毛利氏と共に対抗するが、播磨上月《こうづき》城（兵庫県佐用町）を巡る攻防を契機に織田方へ寝返り、天正７年以降は織田方に与して戦った。天正９年、「尻はす（悪性の腫瘍）」という病によって亡くなったという（天正10年説あり）。その死は、直家の血に染まった下着が川を流れているのが発見されたために、わかったという逸話がある。

自刃

鳥取の飢え殺しに耐えた末自害

吉《きっ》川《かわ》経《つね》家《いえ》

終焉の地　眞教寺（鳥取市戎町506）

享年 35

生年　天文16年（1547）
歿年　天正9年（1581）10月25日
墓所　眞教寺（鳥取市戎町）
洞泉寺（忌魂碑。山口県岩国市横山）

石見（島根県）の国衆《くにしゅう》で福光《ふくみつ》城（島根県大田市）の城主吉川経安《きっかわつねやす》の嫡男として生まれる。経家は父経安と共に毛利《もうり》氏の重臣吉川元春《もとはる》に従い、山陰における戦闘に加わっている。

天正9年（1581）3月、因幡（鳥取県）山名《やまな》氏の旧臣の要請で、経家は父と離れて鳥取《とっとり》城（鳥取市）に入る。同城は毛利・織田両氏の境目にあたり、当時織田方の羽柴秀吉率いる大軍の攻撃を受けていた。経家が到着した時、鳥取城内は小勢であり、間もなく秀吉勢に包囲されてしまう。経家勢は数ヶ月間よく持ち堪えたが、秀吉勢の兵糧攻め（「飢《かつ》え殺し」）を受け、城内は困窮を極めた。加えて、毛利軍の主な軍勢はいずれも他地域での戦いに追われていたため、援軍も見込めず、10月、経家は耐え切れず秀吉に降伏を申し出る。降伏の条件は、経家と、共に籠城した毛利方の山名旧臣2名が自害する代わりに、城兵の命は助けるというものだった。

経家は事前に父や子息らに遺書を送り、書中で死後の自領について気にかけつつ、城を枕に死ぬことを名誉あるものとしており、同月25日、鳥取城下の眞教寺《しんきょうじ》において従容《しょうよう》として切腹した。時世の句は「武士の取り伝えたる梓弓かえるやもとの栖なるらん」である。

経家の死後、子の経実《つねざね》は元春の三男広家《ひろいえ》に仕え、後年は周防岩国《いわくに》藩の家老となった。

名門甲斐武田家最後の当主

武《たけ》田《だ》勝《かつ》頼《より》

自刃

終焉の地　田野（山梨県甲州市大和町田野）

享年 37

生年 天文15年（1546）
歿年 天正10年（1582）3月11日
墓所 景徳院（山梨県甲州市大和町田野）
法泉寺（山梨県甲府市和田町）

甲斐（山梨県）の大名武田信玄《たけだしんげん》（晴信《はるのぶ》）の四男として生まれた。母は諏訪頼重《すわよりしげ》の娘である。出生地は不詳。永禄5年（1562）、17歳の時に名を諏訪四郎勝頼と改め、母の実家諏訪氏の庶流《しょりゅう》、高遠頼継《たかとおよりつぐ》の跡継ぎとして、信濃高遠（長野県伊那市）の城主となる。永禄8年に異母兄義信《よしのぶ》が謀叛を企て、2年後に自害を命じられると、周囲から信玄の後継者と認識され始めた。元亀4年4月に信玄が病歿すると、家督を継承した（一説には、勝頼の嫡男信勝《のぶかつ》が成人するまでの後見人だったとされる）。

このの ち、遠江（静岡県）の徳川領への侵攻を続け、天正3年（1575）5月、長篠《ながしの》の戦いで織田・徳川連合軍に大敗。天正9年には、遠江攻略の要であった高天神《たかてんじん》城（静岡県掛川市）が徳川勢に攻められて落城。続いて織田勢が信濃への侵攻を始めると、木曾義昌《きそよしまさ》や穴山信君《あなやまのぶきみ》（梅雪《ばいせつ》）などの家臣が相次いで離反した。

天正10年3月、新たな拠点としていた新府《しんぷ》城（山梨県韮崎市）に火を放ち、小山田信茂《おやまだのぶしげ》の居城岩殿山《いわどのやま》城（山梨県大月市）へ逃げ込むはずが、信茂にも裏切られる。そして、甲斐山梨郡田野《たの》（山梨県甲州市）に避難していたところを、織田方の滝川一益《たきがわかずます》らの兵に包囲されてしまった。逃げ切れないと悟った勝頼は、夫人（北条氏政《ほうじょううじまさ》妹）や嫡男信勝と共に自害したとされている。

その他

「火もまた涼し」と嘯き焼死した

快《かい》川《せん》紹《じょう》喜《き》

享年
？

生年　不詳
歿年　天正10年（1582）4月3日
墓所　恵林寺（山梨県甲州市塩山小屋敷）

終焉の地
恵林寺（山梨県甲州市塩山小屋敷2280）

出身は、美濃（岐阜県）土岐《とき》氏の一族ともされるが不詳（別説もある）。京の妙心寺《みょうしんじ》第二十七世仁岫宗寿《にんしゅうそうじゅ》の法を継ぐ。土岐頼純《よりずみ》が仁岫宗寿を迎えて開いた美濃南泉寺《なんせんじ》（岐阜県山県市）の二世となり、のちに美濃崇福寺《そうふくじ》（岐阜市）の住持となる。しかし、斎藤義龍《さいとうよしたつ》との間で宗教上の混乱が起こったため、永禄4年（1561）に美濃を離れ、甲斐（山梨県）へ逃れた。

甲斐では武田信玄《たけだしんげん》に迎えられ、永禄7年に恵《え》林寺《りんじ》（山梨県甲州市）へ入寺した。天正4年（1576）4月、紹喜は大導師《だいどうし》として信玄の葬儀を行った。また、紹喜の徳を慕って門弟となった者が2000人を数えたことを伝え聞いた正《おお》親《ぎ》町《まち》天皇は、天正9年、紹喜に対して特別に大《だい》通智勝《つうちしょう》の国師号《こくしごう》を授与したとされる。

天正10年、織田信長と武田勝頼《かつより》との戦いの最中、信長に敵対した佐々木次郎《ささきじろう》（六角義定《ろっかくよしさだ》あるいは義弼《よしすけ》）、三井寺《みいでら》の上福院、足利義昭《あしかがよしあき》の家臣大和淡路守《やまとあわじのかみ》らを恵林寺に匿った。これを知った織田信忠《のぶただ》（信長の嫡男）が彼らの引き渡しを要求したが、紹喜は拒否。そのため、紹喜以下、一山の僧100余人は寺の山門に押し上げられ、火がかけられた。同年4月3日、紹喜は火中に滅した。この時、「安禅《あんぜん》必ずしも山水《さんすい》を須《もち》いず、心頭滅却《しんとうめっきゃく》すれば火も亦《ま》た涼し」の辞世を残したと言われているが、史実か否かは不明。

織田《おだ》信長《のぶなが》

炎と消えた天下布武の野望

享年 49

生年 天文3年（1534）
歿年 天正10年（1582）6月2日
墓所 崇福寺（岐阜市長良福光）
阿弥陀寺（京都市上京区鶴山町）

終焉の地 本能寺（京都市中京区元本能寺南町346、老人ホーム敷地内に跡碑あり）

尾張（愛知県）の戦国武将織田信秀《おだのぶひで》の嫡男として生まれた。出生地は那古野《なごや》城（名古屋市中区）とも勝幡《しょばた》城（愛知県愛西市・稲沢市）ともされる。天文20（1551）に父が亡くなると家督を継承し、以後は一族内部の抗争を終結するために奮闘。永禄2年（1559）に、ようやく尾張統一を成し遂げた。

永禄3年5月の桶狭間《おけはざま》の戦いで今川義元《いまがわよしもと》を打ち破ると、のちに徳川家康と結んで勢力を拡大。永禄10年に美濃斎藤《さいとう》氏を放逐し、岐阜城を本拠とする。永禄11年に足利義昭《あしかがよしあき》を擁立して上洛を果たすが、元亀4年（1573）に義昭を追放し、室町幕府を滅亡に追い込んだ。元亀元年（1570）には姉川《あねがわ》の戦いで浅井《あざい》・朝倉《あさくら》連合軍を破り、天正3年（1575）の長篠《ながしの》の戦いでは武《たけ》田《だ》氏に勝利している。

天正4年、近江に安土《あづち》城（滋賀県近江八幡市）を築城し、貿易の奨励や楽市《らくいち》・楽座《らくざ》など、様々な諸政策を実行した。

しかし、天正10年6月2日未明、明智光秀《あけちみつひで》の謀叛により、宿所の本能寺《ほうのうじ》（京都市中京区）が襲撃された。この時に発した「是非《ぜひ》に及ばず」は有名な言葉である。信長は自ら武器を取って果敢に奮戦したが、やがて死期を悟り潔く切腹した。光秀は執拗に信長の遺骸を探索したが、ついに見つけられなかったと言われている。

信長と共に散った美男子
森《もり》成《なり》利《とし》（蘭《らん》丸《まる》）

享年
18

生年 永禄8年（1565）
歿年 天正10年（1582）6月2日
墓所 阿弥陀寺（京都市上京区鶴山町）
可成寺（岐阜県可児市兼山）

終焉の地 本能寺（京都市中京区元本能寺南町346、老人ホーム敷地内に跡碑あり）

織田信長の家臣森可成《もりよしなり》の三男として尾張国（愛知県）。一説には美濃国〈岐阜県〉で生まれる。史料上では「乱」あるいは「乱法師」という名が用いられる。実名は成利《なりとし》。

幼少時より信長の側近くに仕え、客の饗応《きょうおう》、諸大名が出仕した時の取り次ぎなど、奏者《そうじゃ》としての役割を果たした。その活躍時期は、天正7年（1579）から10年までのわずか3年間である。知行も、近江（滋賀県）国内の500石に過ぎなかったが、これは小姓という身分によるものと評価されている。

天正10年の武田攻めのあと、兄長可《ながよし》が信濃海《かい》津《づ》城（長野市）へ移ったため、兄が治めていた美濃兼山《かねやま》城（岐阜県可児市）など5万石が与えられ、城持ち大名となった。ただし、成利（蘭丸）の城主としての事績は確認できない。天正10年5月の、信長最後の上洛にも随従し、本能《ほんのう》寺《じ》（京都市中京区）で明智光秀《あけちみつひで》の急襲を受ける。

6月2日、本能寺で光秀方の兵に囲まれて奮闘する。光秀配下の安田国継《やすだくにつぐ》の行く手を阻《はば》み、彼の下腹部を十文字槍で突いたものの、国継によって討ち取られたとされる。一説には、この時の成利（蘭丸）の出で立ちは、白小袖《しろこそで》を着用し、茶筅髷《ちゃせんまげ》を結っていたとされる。共に信長の小姓を務めていた弟の坊丸《ぼうまる》（長隆《ながたか》）・力丸《りきまる》（長氏《ながうじ》）も、同じく本能寺で討死した。

自刃

信長の後継者、二条御所での最期

織《お》田《だ》信《のぶ》忠《ただ》

享年 26

生年 弘治3年（1557）

歿年 天正10年（1582）6月2日

墓所 崇福寺（岐阜市長良福光）

終焉の地 二条御所（京都市中京区金吹町、碑あり）

織田信長の嫡男として清須《きよす》城（愛知県清須市）で生まれた。母は生駒家宗《いこまいえむね》の娘吉乃《きつの》。幼名は奇《き》妙丸《みょうまる》。天正元年（1573）に元服。この元服は、足利義昭《あしかがよしあき》の追放による信長単独体制の成立という変化に伴うものと評価される。天正3年11月に家督を譲られ、尾張・美濃（岐阜県）2ヶ国と岐阜城を譲渡された。

天正6年頃より、織田軍の総大将を務めるようになる。天正8年8月、織田家の老臣佐久間《さくま》信盛《のぶもり》が、これまでの怠惰《たいだ》の罪を問われて追放され、続いて林秀貞《はやしひでさだ》、安藤守就《あんどうもりなり》も逐われると、信忠の尾張・美濃における支配権は一層強まった。しかし翌9年、信忠も信長の勘気に触れて謹慎を命じられている。天正10年2月、武田《たけだ》攻めの総大将として出陣、武田勝頼《かつより》を自害に追い込み、滅亡させた。5月に安土《あづち》城（滋賀県近江八幡市）へ戻ったのち、徳川家康を伴って京に入った。

6月2日、明智光秀《あけちみつひで》の本能寺《ほんのうじ》急襲を聞いた信忠は、救援を試みたが、信長の自害を知る。村《むら》井《い》貞勝《さだかつ》の進言により、宿所の妙覚寺《みょうかくじ》（京都市上京区）を出て二条御所《にじょうごしょ》（京都市中京区）に籠もった。二条御所にいた誠仁親王《さねひとしんのう》と皇子たちを禁《きん》裏《り》に避難させたのち、光秀軍に対して奮闘。信忠の兵は三度も光秀軍を押し戻したものの、力尽きた。信忠方のほとんどは討死、信忠も鎌田《かまた》新介《しんすけ》の介錯《かいしゃく》によって切腹して果てた。

老齢ながら明智軍に抵抗し討死

村《むら》井《い》貞《さだ》勝《かつ》

享年 ？

生年 不詳
歿年 天正10年（1582）6月2日
墓所 春長寺（五輪塔。京都市下京区貞安前之町）

終焉の地 二条御所（京都市中京区金吹町、碑あり）

『太閤記《たいこうき》』によれば近江国（滋賀県）生まれという。生年や父母などは不詳。早くから織田信長に仕え、奉行衆の筆頭の地位にあった。

永禄11年（1568）に信長が足利義昭《あしかがよしあき》を擁して上洛した際には、貞勝も同行。以降は主に京都行政を担い、室町将軍の御所《ごしょ》の修築事業にも携わるなど、義昭・信長の下で活躍した。

元亀4年（1573）7月に、信長が義昭を京から追放すると、貞勝は「天下所司代《てんかしょしだい》」（京都所司代）に任じられ、引き続き京の治政を担当した。当初は、明智光秀《あけちみつひで》と共同して政務を執ったが、光秀が合戦のために京を離れると、貞勝が職務を一手に引き受けた。加えて貞勝は、安土《あづち》城（滋賀県近江八幡市）の信長との連絡業務や、公家との折衝も担当。その政治力と情報収集力、幅広い人脈は、信長の畿内秩序維持に大きく貢献した。

天正10年（1582）6月2日、本能寺《ほんのうじ》の向かいに自邸があった貞勝は、本能寺を襲う光秀勢を見て、信長の嫡男信忠《のぶただ》の宿所妙覚寺《みょうかくじ》（京都市上京区）へ駆け付け、二条御所《にじょうごしょ》への移動を進言。しかし光秀勢はすぐに同所を包囲し、攻撃を仕掛けてきた。貞勝はすでに老齢だったが、信忠を守って懸命に防戦。しかし、押し寄せる光秀勢には敵わず、信忠は自害。貞勝も二人の息子と共に討死した。

武田を裏切るも一揆により殺害
穴山《あなやま》信君《のぶきみ》（梅雪《ばいせつ》）

享年
42

生年　天文10年（1541）
歿年　天正10年（1582）6月2日
墓所　霊泉寺（静岡市清水区興津井上町）
飯岡山共同墓地（京都府京田辺市飯岡南原）

終焉の地　木津川河畔（京都府京田辺市の山城大橋近く）

武田《たけだ》氏庶流《しょりゅう》で御《ご》一門《いちもん》衆《しゅう》穴山《あなやま》信友《のぶとも》の嫡男として、甲斐河内谷《かわちだに》（山梨県南巨摩郡一帯）で生まれる。母は武田信虎《のぶとら》の娘で、信玄《しんげん》の姉にあたる。

永禄元年（1558）、父信友の出家・隠居に伴って家督を相続した。その後、徳川家康と結んだ信玄の駿河（静岡県）侵攻が活発になると、今川《いまがわ》氏との取次《とりつぎ》を務めた。永禄12年、小田原北条《ほうじょう》氏が駿河へ侵入するようになると、興津《おきつ》横山《よこやま》城（静岡市清水区）に籠城し、これを守備した。のちに、蒲原《かんばら》城（清水区）も預けられている。天正3年（1575）5月、織田・徳川連合軍との長篠《ながしの》の戦いにおいては、配下の穴山衆を率いて参戦。山県昌景《やまがたまさかげ》が討死したため、江《え》尻《じり》城（清水区）の城代となり、武田氏の駿河支配の代官的な立場となる。

天正10年3月、織田・徳川氏の攻勢が強まると、いち早く徳川家康に内通、降伏して本領安堵を信長から取り付けた。その後は、織田政権の下で家康の与力《よりき》となる。5月には家康と共に安土《あづち》城（滋賀県近江八幡市）へ赴き、信長に謁見した。さらに、家康一行と堺《さかい》（堺市）へ向かい、滞在。6月2日、本能寺《ほんのうじ》の変を知ると、家康と途中まで畿内脱出を図る。しかし、家康と離れて別行動で甲斐へ向かう最中、木津川河畔（京都府京田辺市）で一揆勢に襲われて命を落としたという。一説には自害ともされる。

切腹の作法確立の契機となる

清《し》水《みず》宗《むね》治《はる》

享年
46

生年 天文6年（1537）
歿年 天正10年（1582）6月4日
墓所 妙玄寺（供養塔。岡山市北区高松）※廃寺
清鏡寺（供養塔。山口県光市浅江）

終焉の地 備中高松城前の湖上（岡山市北区高松、碑あり）

備中（岡山県）の国人《こくじん》石川《いしかわ》氏の配下にあった清水宗則《しみずむねのり》の次男として生まれる。清水氏は、備中賀陽《かや》郡清水村（岡山県総社市井出）の出身とされ、備中における有力な領主の一人だった。当初、宗治も父同様に石川氏の配下にあったが、毛利《もうり》氏の備中侵攻に伴って石川氏の主家である三村《みむら》氏が滅ぼされると、毛利氏の傘下に入った。

やがて宗治は、備中高松《たかまつ》城（岡山市北区）の守備を任されるようになる。天正10年（1582）3月以降の、羽柴秀吉による中国攻めに際して、宗治は備中高松城での徹底抗戦を命じられる。しかし、秀吉の水攻めには抗し難く、少しずつ情勢は宗治にとって不利に傾いていく。戦いが長期化する中で、ついに毛利氏と秀吉との間で和睦の機運が生じた。秀吉が出した条件は、宗治の切腹を和睦《わぼく》の証《あかし》とし、城兵の命を助けるという非情なものだった。宗治が逡巡する中で、毛利氏の政僧《せいそう》・安国寺恵瓊《あんこくじえけい》が単身で備中高松城に赴き、宗治の説得に動いたとされる。

6月4日、恵瓊の強い説得に応じた宗治は、水をたたえた備中高松城を小舟で出発すると、舟上で華麗にも舞を舞い、兄の月清入道《げっせいにゅうどう》や弟の難波伝兵衛《なんばでんべえ》らと共に潔く切腹した。その死は、敵味方共に称賛したと伝わる。

辞世は「浮世《うきよ》をば　今こそ渡れ　武士《もののふ》の　名を高松の　苔《こけ》に残して」。

自刃

明《あけ》智《ち》光《みつ》秀《ひで》

天下を目前にし落ち武者狩りで落命

享年 55

生年 享禄元年（1528）？
歿年 天正10年（1582）6月13日
墓所 西教寺（滋賀県大津市坂本）
龍護寺（岐阜県恵那市明智町）

終焉の地 小栗栖（京都市伏見区小栗栖小坂町、碑あり）

生年・父母・出生地ともに諸説あり、美濃土《と》岐《き》氏の支族出身という説にも疑義が持たれている。光秀の前半生には不明な点が多い。

光秀は、越前（福井県）の朝倉義景《あさくらよしかげ》に仕官したあと、足利義昭《あしかがよしあき》と共に織田信長を頼った。元亀元年（1570）以降は、信長に従って各地に出陣し、翌2年には近江に坂本《さかもと》城（滋賀県大津市）を築く。天正3年（1575）8月には日向守《ひゅうがのかみ》と惟任《これとう》姓を与えられた。その後は丹波攻略を担当し、八上《やがみ》城（兵庫県篠山市）の波多野《はたの》秀治《ひではる》を滅亡に追い込み、丹波一国支配を認められている。天正8年以降は羽柴秀吉を支援し、備中（岡山県）や因幡鳥取城（鳥取市）の攻撃に出陣する。天正10年3月の甲斐武田《たけだ》氏滅亡後、5月に光秀は、安土《あづち》城（滋賀県近江八幡市）で徳川家康の饗応役を務めたが、ここで信長と何らかのトラブルがあったとされている。

天正10年6月2日、1万3000の兵を率いた光秀は、本能寺《ほんのうじ》（京都市中京区）を襲撃して信長を切腹させた。しかし6月13日、秀吉との山崎《やまざき》の戦いで敗れ、居城の坂本城を目指す。その途中の小栗栖《おぐるす》（京都市伏見区）付近で、光秀は落ち武者狩りを行っていた土民《どみん》らに竹槍で刺され、重傷を負った。その後、光秀は切腹し、家臣溝尾茂朝《みぞおしげとも》が介錯《かいしゃく》。首級は本能寺で晒されたあと、粟田口《あわたぐち》（京都市東山区）にも晒された。

自刃

光秀の妻子と共に自害

明智《あけち》秀満《ひでみつ》

終焉の地　坂本城（滋賀県大津市下阪本3丁目、坂本城址公園）

享年　？

生年　不詳
歿年　天正10年（1582）6月15日
墓所　多景島（慰霊碑。滋賀県彦根市八坂町）

生年・父母・出生地については明らかでない。初め、三宅弥平次《みやけやへいじ》と名乗り、のちに左馬助《さまのすけ》を称した。天正6年（1578）頃、明智光秀《あけちみつひで》の娘を娶り、明智姓を名乗ったと伝わるが定かではない。明智光安《みつやす》の子光春《みつはる》と同一人物であったともされる。一説には、父光安と共に斎藤道三《さいとうどうさん》に味方して嫡男義龍《よしたつ》と戦い、敗れたために牢人したとされるが、これも定かではない。

天正9年、丹波福知山《ふくちやま》（京都府福知山市）の城代として、城を守備した。翌10年の本能寺《ほんのうじ》の変に際しては、斎藤利三《さいとうとしみつ》らと共に光秀から計画を打ち明けられ、これに反対するも、先鋒《せんぽう》として本能寺に攻め入ったと言われている。

変後は、安土《あづち》城（滋賀県近江八幡市）に入ってこれを守備し、光秀が山崎《やまざき》の戦いで羽柴秀吉に敗れたとの知らせを聞いて、安土城から出て、織田方の堀秀政《ほりひでまさ》と戦った。これに敗れると、光秀の居城坂本《さかもと》城（滋賀県大津市）に籠城した。『川角太閤記《かわすみたいこうき》』など後世の編纂物に記される逸話によれば、光秀が所持していた茶器などの名物を城攻めによる混乱で紛失・破壊されることを惜しんだ秀満が、敵将堀秀政らに名物と目録を渡したと伝えられている。天正10年6月15日、城に火を放ち、光秀の妻子と共に自刃して果てたとされる。なお俗説だが、幕末の土佐藩浪人坂本龍馬《さかもとりょうま》の家は、秀満の末裔《まつえい》と伝わる。

京で斬首された光秀の腹心

斎《さい》藤《とう》利《とし》三《みつ》

享年
？

生年 不詳
没年 天正10年（１５８２）6月17日
墓所 真如堂（京都市左京区浄土寺真如町）
妙心寺智勝院（京都市左京区花園妙心寺町）

終焉の地 六条河原（京都市下京区・鴨川河畔）

美濃（岐阜県）の大名斎藤道三《さいとうどうさん》に仕えた斎藤利賢《としかた》の次男として生まれたとされる（諸説あり）。実兄は石谷頼辰《いしがいよりとき》。初め、室町幕府の奉公《ほうこう》衆《しゅう》として仕え、のち三好長慶《みよしながよし》の家臣松山新助《まつやましんすけ》に、次いで美濃の斎藤義龍《よしたつ》に仕えたという。

永禄10年（１５６７）、義龍の重臣で西美濃三人衆の一人、稲葉良通《いなばよしみち》（一鉄《いってつ》）が織田信長に内応すると、これに従ったという。一鉄の下で数々の武功を挙げた利三だったが、稲葉家中での待遇は低いものだったらしい。これを不満に思った利三は、少なくとも天正6年（１５７８）以前には、明智光秀《あけちみつひで》に仕えるようになったとされる。光秀の丹波攻略に武功を挙げ、丹波黒井《くろい》城（兵庫県丹波市）1万石余を与えられた。

天正10年6月の本能寺《ほんのうじ》の変では、光秀の側近として計画を打ち明けられ、随一の働きを見せて信長誅殺を成功させた。6月13日、羽柴秀吉と対決した山崎《やまざき》の戦いでは、明智軍の先鋒《せんぽう》として奮戦するが、敗走。近江堅田《かただ》（滋賀県大津市）に隠れていたところを捕らえられた。この時、利三は抵抗できないほど衰弱していたとされ、17日に六条河原《ろくじょうがわら》（京都市下京区）で斬首された。一説には、粟田口《あわたぐち》（京都市伏見区）で磔《はりつけ》にされたのち、本能寺跡に遺骸が晒されたという。

なお、利三の末娘の福《ふく》は、江戸幕府第三代将軍徳川家光《いえみつ》の乳母《うば》として有名な春日局《かすがのつぼね》である。

武田の遺臣により殺害される

河《かわ》尻《じり》秀《ひで》隆《たか》

終焉の地 岩窪（山梨県甲府市岩窪町268）

享年 56

生年 大永7年（1527）
歿年 天正10年（1582）6月18日
墓所 塚（山梨県甲府市岩窪町）

尾張愛知《あいち》郡岩崎《いわさき》村（愛知県日進市）で生まれたとされる。父母については諸説あり不詳。織《お》田《だ》信秀《のぶひで》、次いで信長に仕え、黒母衣衆《くろほろしゅう》（馬廻から選抜された使者・伝令）筆頭となる。秀隆は、黒母衣衆としての働きのみならず、信長の主だった合戦においても軍勢を率いて活躍を見せた。

信長の嫡男信忠《のぶただ》が元服すると、天正2年（1574）からは信忠を補佐するようになり、甲斐武田《たけだ》氏領に近接する東美濃の警戒を任される。天正3年の長篠《ながしの》の戦いでは信忠勢を率いて参加し、美濃では武田方の手にあった岩村城（岐阜県恵那市）を奪還。その後も秀隆は武田氏の動向に睨みをきかせ、天正10年春の織田・武田氏間の最終決戦の際には、岩村から武田領へ侵入し、軍監として総大将の信忠を補佐。武田氏滅亡に、大いに貢献した。

戦後、秀隆は甲斐4郡と信濃諏訪《すわ》1郡を与えられ、甲斐国内の鎮撫にあたった。しかし、天正10年6月2日に信長が本能寺《ほんのうじ》で横死すると、その影響は甲斐にも及んだ。当時、甲斐には武田の遺臣が残っており、信長の死を受けて彼らは秀隆に反目、一揆《いっき》を起こした。秀隆は一揆勢を抑えることができず、同18日、武田の遺臣三《みっ》井《い》弥《や》一郎《いちろう》によって岩窪《いわくぼ》（山梨県甲府市）で殺害された。この混乱の裏には、甲斐進出の機を窺う徳川家康の存在があったとも言われる。

中川清秀《なかがわきよひで》

賤ヶ岳で奮戦するも討死

終焉の地 大岩山砦（滋賀県長浜市余呉町坂口）

享年 42

生年 天文11年（1542）
歿年 天正11年（1583）4月20日
墓所 滋賀県長浜市余呉町下余呉

中川《なかがわ》（高山《たかやま》）重清《しげきよ》の嫡男として摂津嶋下《しましも》郡中《なか》河原《がわら》村（大阪府茨木市）で生まれたとされる。キリシタン大名として有名な高山右近《たかやまうこん》は、清秀の従兄弟にあたる。通称は瀬兵衛《せべえ》（尉《じょう》）。

もともとは摂津池田《いけだ》城（大阪府池田）の城主池田勝正《かつまさ》に仕えていたが、元亀元年（1570）6月、織田信長に味方した勝正を追放して、荒《あら》木村重《きむらしげ》らと共に三好三人衆《みよしさんにんしゅう》（三好長逸《みよしながやす》・三好宗《そう》渭《い》・石成友通《いわなりともみち》）に味方した。その後、村重が信長に仕えたことから、それに従う。そして、村重が有馬《ありま》氏や和田《わだ》氏、伊丹《いたみ》氏らを滅ぼして摂津一国を平定すると、清秀は茨木《いばらき》城主となった。天正6年（1578）10月、村重が突如として信長に叛旗を翻すと、一時従うものの実妹の夫である古田重然《しげなり》（織部《おりべ》）の説得もあり、高山右近と共に信長に服従した。この直後から、村重の籠もる有岡《ありおか》城（兵庫県伊丹市）攻めに参加するなど、信長に協力して播磨（兵庫県）などの戦況を好転させた。そのため、西国2ヶ国を与えるという朱印状《しゅいんじょう》が出されたり、嫡男秀政《ひでまさ》の正室に信長の娘が嫁いだりして厚遇を得ている。

天正10年6月の本能寺《ほんのうじ》の変後は羽柴秀吉に味方し、山崎《やまざき》の戦いで武功を挙げた。翌11年4月の賤ヶ岳《しずがたけ》の戦いでは、秀吉軍の先鋒《せんぽう》を務め、大《おお》岩山《いわやま》の砦《とりで》を守備して奮戦したが、柴田勝家《しばたかついえ》の部将佐久間盛政《さくまもりまさ》の猛攻を支えきれずに討死した。

十文字に腹を切り天守を爆破

柴《しば》田《た》勝《かつ》家《いえ》

享年 ？

生年 不詳
歿年 天正11年（１５８３）４月24日
墓所 西光寺（福井市左内町）
幡岳寺（滋賀県高島市マキノ町）

終焉の地 北ノ庄城（福井市中央1―21―17、北の庄城址・柴田公園）

尾張愛知《あいち》郡上社《しもやしろ》村（名古屋市名東区）で生まれる。初め織田信長の弟信行《のぶゆき》（信勝《のぶかつ》）付きの家老で、信行の擁立を画策して信長に敵対したものの、敗退。こののち、信行に軽んじられるようになり、勝家は信長に、信行に謀叛の意志があると言上。永禄元年（１５５８）11月、信長は病と偽り、信行を呼び寄せて謀殺。以後、勝家は信長に仕え、数々の合戦で武功を挙げて、織田家随一の猛将として宿老《しゅくろう》の地位を得た。

天正３年（１５７５）の越前一向一揆《いっこういっき》平定に尽力したことで、越前８郡の支配を任され、北《きた》ノ《の》庄《しょう》（福井市）を与えられた。天正８年、加賀の一向一揆を殲滅させたあとは、北国征伐の中心となり、越後（新潟県）の上杉《うえすぎ》氏と対峙。天正10年６月の本能寺《ほんのうじ》の変の際は上杉勢と交戦中だったため、明智光秀《あけちみつひで》追討に遅れをとった。

清須会議《きよすかいぎ》の結果、新たに近江北郡（秀吉の旧領）が与えられたが、信長の後継者として信孝《のぶたか》（信長三男）の擁立に失敗し、織田家内部での勝家の立場は揺らぎ始める。この頃、お市《いち》の方《かた》を娶る。秀吉との対立は深まり、天正11年４月には秀吉と全面対決に至った（賤ヶ岳《しずがたけ》の戦い）。しかし惨敗した勝家は、北ノ庄城へ逃げ戻る。北ノ庄城が秀吉軍に包囲されたため、24日、勝家は城内天主《てんしゅ》でお市を刺し、自らは家臣の中村《なかむら》聞荷斎《ぶんかさい》の介錯《かいしゃく》で切腹して果てた。

自刃

夫と共に自害した絶世の美女

お市《いち》の方《かた》

享年
37

生年　天文16年（1547）
歿年　天正11年（1583）4月24日
墓所　西光寺（福井市左内町）
自性院（福井市西木田）

終焉の地　北ノ庄城（福井市中央1—21—17、北の庄城址・柴田公園）

織田《おだ》信秀《のぶひで》の娘で信長の妹である。尾張国（愛知県）で生まれた。初め、北近江（滋賀県）の浅井《あざい》長政《ながまさ》に嫁ぎ、その居城小谷《おだに》城（滋賀県長浜市）に住んだ。それゆえ、小谷の方とも称される。長政との婚姻時期については諸説ある。

お市は長政との間に、長女茶々《ちゃちゃ》（のちの淀殿《よどどの》）・次女初《はつ》・三女江《ごう》の三姉妹をもうけた。元亀元年（1570）、信長が越前（福井県）の朝倉義景《あさくらよしかげ》を攻めた際、長政が信長に離反したため、信長と長政は敵対することになった。同時に織田・浅井同盟も破綻したが、お市は離縁されずに小谷城で暮らし続けている。しかし天正元年（1573）8月、信長の総攻撃によって小谷城は落城。28日には長政も自刃し、浅井氏は滅亡した。落城直前、お市と3人の娘は城を出て信長の庇護下に入り、兄信包《のぶかね》の下に身を寄せた。

本能寺《ほんのうじ》の変（天正10年6月）後、織田家の宿《しゅく》老《ろう》で当時正室のいなかった柴田《しばた》勝家《かついえ》に再嫁した。お市は3人の娘と共に勝家の居城である越前北《きた》ノ庄《のしょう》城（福井市）に移り住んだ。翌11年、秀吉との戦い（賤ヶ岳《しずがたけ》の戦い）に惨敗した勝家は、北ノ庄城へ逃げ戻る。北ノ庄城が秀吉軍に包囲されたため、勝家は城を出るよう説得したが、お市はこれを拒み、3人の娘だけを城から出し、自らは城に残った。4月24日、お市は勝家と共に自害して果てた。

切腹し、掛け軸に腸を投げ付ける

織田《おだ》信孝《のぶたか》

享年
26

生年　永禄元年（1558）
歿年　天正11年（1583）5月2日
墓所　大御堂寺野間大坊（愛知県美浜町野間東畠）

終焉の地　大御堂寺（愛知県知多郡美浜町野間東畠50）

織田信長の三男で、尾張衆岡本良勝《おわりしゅうおかもとよしかつ》の屋敷で生まれたとされる。次男信雄《のぶかつ》より早く生まれたが、母の身分が低かったため、弟になったという説もある。永禄11年（1568）、信長の命により北伊勢（三重県）の神戸《かんべ》具盛《とものり》の養子に送り込まれ、神戸姓を名乗った。元亀2年（1571）1月、具盛の引退によって神戸家の家督を継承。以後は信長の命に従い、天正2年（1574）の伊勢長島一向一揆《ながしまいっこういっき》、翌3年の越前一向一揆との戦いに出陣する。

天正10年6月の本能寺《ほんのうじ》の変の際、信孝は四国へ渡海すべく堺《さかい》（堺市）にいたため、摂津野田《のだ》城（大阪市福島区）にいた明智光秀《あけちみつひで》の娘婿津田《つだ》信澄《のぶずみ》を殺害した。その後の清須会議《きよすかいぎ》で、信孝は織田家の家督を継ぐことができず、柴田勝家《しばたかついえ》と結んで岐阜城に籠城し、羽柴秀吉に対抗。しかし岐阜城を包囲されて、秀吉の前に屈した。

天正11年4月の賤ヶ岳《しずがたけ》の戦い後、信孝は岐阜城を開城し、尾張知多半島突端の大御堂寺《おおみどうじ》（野《の》間大坊《まだいぼう》。愛知県美浜町）に送られた。5月2日、信孝は同地で切腹して果てた。信孝は切腹の際、腹を掻き切って腸をつかみ出し、床の間の梅の掛け軸に投げ付けた。その血痕は今も残っているという。辞世は「昔より　主《あるじ》討つ身の　野間《のま》なれば　報いを待てや　羽柴筑前《はしばちくぜん》」というが、これは後世に創作されたものであろう。

名誉ある切腹を断り斬首を望む

佐《さ》久《く》間《ま》盛《もり》政《まさ》

享年
30

生年 天文23年（1554）
歿年 天正11年（1583）5月12日
墓所 英雄寺（大分県竹田市会々）

終焉の地 槙島（京都府宇治市槙島町か？）

織田信長の家臣佐久間盛次《さくまもりつぐ》の嫡男として尾張御器所《ごきそ》（名古屋市昭和区）で生まれたとされる。母が柴田勝家《しばたかついえ》の姉だったことから、盛政は勝家に従って多くの合戦に参加、「鬼玄蕃《おにげんば》」の異名をとった。天正4年（1576）からは、勝家の下で加賀平定戦に参加。以後、盛政は上杉《うえすぎ》氏への警戒にあたったほか、加賀尾山《おやま》城（石川県金沢市）を居城として同国の統治を担った。

天正10年6月の本能寺《ほんのうじ》の変で信長が横死すると、その余波は北陸にも及び、能登石動山《せきどうさん》（石川県中能登町）では一向宗門徒《いっこうしゅうもんと》や温井《ぬくい》氏らが蜂起。盛政と前田利家《まえだとしいえ》が鎮定にあたった。天正11年になり、勝家と羽柴秀吉の対立が一触即発の状況になると、3月に盛政は北近江へ移って秀吉勢と対峙。4月20日、秀吉勢の主力が近江から美濃大垣《おおがき》（岐阜県大垣市）へ出征した間隙を突き、盛政は勝家の主力部隊を率いて、羽柴方の拠点大岩山砦《おおいわやまとりで》（滋賀県長浜市）を奇襲し、守将中川清秀《なかがわきよひで》を敗死させた。しかし秀吉は、直後に大垣から軍勢を返し、賤ヶ岳《しずがたけ》で盛政率いる勝家勢と激突。勝家方は大敗し、盛政は逃れたが、越前府中《ふちゅう》（福井県越前市）の山中で秀吉勢に見つかって捕縛される。5月12日、盛政は洛中を引き回され、槙島《まきしま》（京都府宇治市）で処刑された。秀吉は盛政の力量を惜しんでいたが、盛政は秀吉になびかず、死を選んだという。

討死

寡兵に敗れて敗死した肥前の熊

龍《りゅう》造《ぞう》寺《じ》隆《たか》信《のぶ》

享年 56

生年 享禄2年（1529）
歿年 天正12年（1584）3月24日
墓所 高傳寺（佐賀市本庄町大字本庄）
供養塔（長崎県島原市北門町）

終焉の地 沖田畷（長崎県島原市北門町）

肥前（佐賀県）の武将龍造寺周家《りゅうぞうじちかいえ》の嫡男として、肥前佐嘉《さが》（佐賀市）で生まれる。7歳の時に出家して円月《えんげつ》と名乗り、宝琳院《ほうりんいん》へ入った。天文15年（1546）に還俗《げんぞく》して胤信《たねのぶ》と名乗り、水ケ江《みずがえ》龍造寺の家督を相続。2年後には村中《むらなか》龍造寺の家督も継いだ。この頃、周防（山口県）の大内義隆《おおうちよしたか》から1字を貰い受け、隆胤《たかたね》、次いで隆信と名乗りを変えたという。

頭脳明晰と言われた隆信だったが、家臣に対しては傲慢《ごうまん》な振る舞いに及ぶこともあったらしく、そうした隆信の態度に反抗した家臣らによって、一時筑後（福岡県）に退去させられた。しかし、肥前佐嘉城に復帰したあとは、少弐《しょうに》氏や神代《くましろ》氏を攻略し、続いて千葉《ちば》氏、有馬《ありま》氏も降して勢力を広げた。その後、隆信に危機感を抱いた豊後（大分県）の大友宗麟《おおともそうりん》が肥前に兵を進めると、幾度となく交戦を繰り返し、佐賀の桶《おけ》狭間《はざま》と称される元亀元年（1570）の今山《いまやま》の戦いで大友勢を退けることに成功した。この戦いによって、隆信は肥前国を手中に収める。

天正12年（1584）3月、有馬晴信《ありまはるのぶ》が薩摩（鹿児島県）の島津《しまづ》氏と結んで叛旗を翻すと、隆信は自ら大軍を率いて出陣。24日、沖田畷《おきたなわて》（長崎県島原市）で交戦するも、成松信勝《なりまつのぶかつ》、百武賢兼《ひゃくたけともかね》、円城寺信胤《えんじょうじのぶたね》ら多くの部将を失い、隆信も陣中で島津氏家臣の川上忠堅《かわかみただかた》に討ち取られた。

討死

長久手で討たれた信長の乳兄弟

池《いけ》田《だ》恒《つね》興《おき》

享年 49

生年 天文5年（1536）
歿年 天正12年（1584）4月9日
墓所 龍徳寺（岐阜県池田町）常照寺（愛知県長久手市桜作）

終焉の地 仏ヶ根（愛知県長久手市武蔵塚204、長久手古戦場公園、碑あり）

織田信秀《おだのぶひで》の家臣池田恒利《いけだつねとし》の嫡男として尾張国（愛知県）で生まれる（諸説あり）。母が信長の乳母《うば》だったことから、幼少より信長に仕えた。

天正元年（1573）からは、信長の嫡男信忠に付いて東美濃に配置され、その守備にあたった。天正6年からは、信長から離反した荒木《あらき》村重《むらしげ》を攻めるために摂津へ出征。村重の属城を落とす功を挙げて、摂津に所領を与えられた。

天正10年6月2日、信長が本能寺《ほんのうじ》の変で横死すると、羽柴秀吉と共に明智光秀《あけちみつひで》を討ち、27日には秀吉・柴田勝家《しばたかついえ》・丹羽長秀《にわながひで》と4人で信長死後の対応について協議した（清須会議《きよすかいぎ》）。以後、恒興は秀吉に接近し、賤ヶ岳《しずがたけ》の戦いで秀吉が勝家を破ると、美濃に13万石を与えられている。

天正12年3月からの小牧《こまき》・長久手《ながくて》の戦いでも恒興は秀吉に付き、織田信雄《のぶかつ》・徳川家康勢と戦う。戦況が膠着《こうちゃく》したため、恒興は秀吉に、家康の留守中の三河へ奇襲を試みるよう提言、許可を得て嫡男元助《もとすけ》や娘婿の森長可《もりながよし》らと進軍した。4月9日、まず恒興ら羽柴勢は行く手を阻む信雄方の岩崎《いわさき》城（愛知県日進市）を陥れたが、この動きを察知した徳川勢が、同日中に長久手（愛知県長久手市）で羽柴勢を逆襲。奇襲は失敗し、恒興らは戦場に孤立した。恒興は混乱を収拾しようと試みたが、徳川勢との激闘の末に槍傷を受け、元助、長可と共に討死した。

鬼武蔵、鉄砲で撃たれて討死
森《もり》 長《なが》可《よし》

享年
27

生年 永禄元年（１５５８）
歿年 天正12年（１５８４）４月９日
墓所 本源寺（岡山県津山市小田中）
可成禅寺（岐阜県可児市兼山）

終焉の地 仏ヶ根（愛知県長久手市武蔵塚906、碑あり）

織田信長の家臣森可成《もりよしなり》の次男として、美濃兼《かね》山《やま》城（岐阜県可児市）で生まれたとされる。信長の小姓として知られる森成利《なりとし》（蘭丸《らんまる》）は弟。

元亀元年（１５７０）９月、父可成が浅井《あざい》・朝倉《あさくら》氏の軍勢に攻められて討死し、長兄可隆《よしたか》も同年に討死したため、13歳で家督を相続した。以後、信長の嫡男信忠《のぶただ》旗下の部将として、天正２年（１５７４）の伊勢長島《ながしま》城（三重県桑名市）攻めや、同６〜７年の摂津有岡《ありおか》城（兵庫県伊丹市）攻めなど、数々の合戦に参陣。天正10年２月、甲斐武田氏攻めに際しては、信忠軍の先鋒《せんぽう》として信濃国（長野県）に攻め入った。武田氏が滅ぶと、信長から信濃海津《かいづ》城（長野市）を与えられ、北信濃４郡を支配した。本能寺《ほんのうじ》の変勃発の知らせを受けると、旧領の美濃兼山に本拠を移した。以後、織田信孝《のぶたか》に美濃国が与えられると、それに従った。

天正12年３月、徳川家康・織田信雄《のぶかつ》連合軍と羽柴秀吉との間で小牧《こまき》・長久手《ながくて》の戦いが起こると、岳父《がくふ》池田恒興《いけだつねおき》らと共に秀吉方の部将として参陣した。尾張国（愛知県）に侵攻して信雄方の岩崎《いわさき》城（愛知県日進市）を攻略するなどの活躍を見せたが、家康本隊が迫って形勢が不利となり、４月９日、仏ヶ根《ほとけがね》（愛知県長久手市）で討死した。俗説では、水野勝成《みずのかつなり》配下の者に眉間《みけん》を鉄砲で撃たれて絶命したとされる。

病死

筒《つつ》井《い》順《じゅん》慶《けい》

病気を押しての転戦が命を縮める

享年 36

生年　天文18年（1549）
歿年　天正12年（1584）8月11日
墓所　廟（奈良県大和郡山市長安寺町）※原則非公開

終焉の地　郡山城（奈良県大和郡山市城内町2、筒井順慶歴史公園あり）

大和（奈良県）の大名筒井順昭《つついじゅんしょう》の子として大和国で生まれる。天文19年（1550）に父順昭が亡くなったため、2歳で家督を継いだ。

永禄2年（1559）、松永久秀《まつながひさひで》が大和へ侵攻したため、筒井城（奈良県大和郡山市）を捨てて布施《ふせ》城（奈良県葛城市）へと逃れた。その後、順慶は三好三人衆《みよしさんにんしゅう》と結託して久秀に対抗。永禄9年6月に筒井城を奪還した。一方の久秀は、永禄11年に上洛して畿内制圧に乗り出した織田信長に接近、再び筒井城に迫り、これを落としている。順慶は福住《ふくずみ》城（奈良県天理市）へ逃れた。元亀2年（1571）8月に再度筒井城を奪還し、11月に信長へ臣従。天正4年（1576）には信長から大和一国の支配を任され、翌5年10月に久秀を滅亡させた。

天正10年の本能寺《ほんのうじ》の変後は、明智光秀《あけちみつひで》からの誘いを断って羽柴秀吉方に付いた。形勢を見極めるため、洞ヶ峠《ほらがとうげ》（京都府八幡市と大阪府枚方市の境にある峠）でじっくり観察し日和見《ひよりみ》をしたというが、それは俗説に過ぎない。戦後も秀吉から大和支配を認められた。

天正12年頃から病の症状を見せていたが、病を押して小牧《こまき》・長久手《ながくて》の戦いに出陣、伊勢・美濃（三重・岐阜県）方面を転戦した。結局、無理が祟ったのか、8月11日に居城の郡山《こおりやま》城（大和郡山市）で病歿した。

割腹して内臓を取り出す

丹羽《にわ》長秀《ながひで》

終焉の地 府中城（福井県越前市府中1丁目）

享年 51

生年 天文4年（１５３５）
歿年 天正13年（１５８５）4月16日
墓所 総光寺（福井市つくも）

尾張（愛知県）の守護《しゅご》斯波《しば》氏の家臣丹羽《にわ》長政《ながまさ》の嫡男として尾張春日井《かすがい》郡児玉《こだま》（名古屋市西区）で生まれたとされる。若い頃から織田信長に仕え、桶狭間《おけはざま》の戦いをはじめ、美濃斎藤《さいとう》氏攻めや、姉川《あねがわ》の戦いなどに参加。その後、近江佐和山《さわやま》城（滋賀県彦根市）の城主となっている。

天正元年（１５７３）8月、信長と対立していた浅井《あざい》・朝倉《あさくら》の両氏が滅ぼされると、若狭国（福井県）の支配を担うようになった。信長家臣団の中では、柴田《しばた》勝家《かついえ》と双璧《そうへき》、と謳われ、大きな発言力を持っていたとされる。また、羽柴秀吉の名字も、丹羽と柴田の1文字ずつを取って名乗ったという有名な逸話がある。

天正10年（１５８２）6月、信長の三男信孝《のぶたか》率いる四国攻めの副将として渡海の準備中、本《ほん》能寺《のうじ》の変が起こった。こののち秀吉と合流して明智《あけち》光秀《みつひで》と山崎《やまざき》の戦いで交戦、これを破った。戦後、織田家の今後の方針を定めた清須《きよす》会議《かいぎ》では、秀吉に同調して、信長嫡孫三法師《さんぼうし》を次期当主に据える案を支持。翌11年の賤ヶ岳《しずがたけ》の戦いののち、越前一国（福井県）などを加増された。

天正13年4月16日、越前府中（福井県越前市）において病死した。死因は胃癌《いがん》という。一説には、秀吉が織田氏から政権を奪ったことを恨んで自刃し、病巣の部分を秀吉に送り付けるよう遺言したとされる。

病死

法号の由来の如く陣中にて歿す

立花《たちばな》道雪《どうせつ》（戸次《べっき》鑑連《あきつら》）

享年 70

生年 永正13年（1516）

歿年 天正13年（1585）9月11日

墓所 梅岳寺（福岡県新宮町）

終焉の地 北野天満宮（福岡県久留米市北野町3267）

豊後（大分県）の大名大友《おおとも》氏の家臣戸次《べっき》親家《ちかいえ》の子として、豊後大野《おおの》郡（大分県豊後大野市大野町）で生まれたとされる。大永6年（1526）、父親家の死に伴い、戸次氏の家督を相続。親《ちか》守《もり》・親廉《ちかかど》と名乗り、その後、鑑連《あきつら》と改名する。

大友宗麟《そうりん》（義鎮《よししげ》）の重臣として、鑑連はその生涯の多くを毛利《もうり》氏や龍造寺《りゅうぞうじ》氏らとの戦いに費やした。永禄11年（1568）、毛利氏に通じて大友氏から離反した立花鑑載《たちばなあきとし》を攻め、その居城である筑前立花城（福岡県新宮町ほか）を落とした。元亀2年（1571）に立花家の名跡を継いで筑前一国を支配。天正3年（1575）に剃髪して道雪《どうせつ》と名乗った。

天正6年末に、日向耳川《みみがわ》（宮崎県木城町）において大友勢が薩摩（鹿児島県）の島津《しまづ》勢に大敗して以降は、大友氏内部の動揺を鎮静化させるべく、檄文《げきぶん》を回すなどして尽力した。天正9年には、娘誾千代《ぎんちよ》の夫に高橋統虎《たかはしむねとら》（のちの立花宗茂）を迎えて養嗣子とする。しかし、天正13年、筑後猫尾《ねこお》城（福岡県八女市）攻めの陣中で病に倒れ、9月11日に北野天満宮《きたのてんまんぐう》（福岡県久留米市）で亡くなった。

江戸時代には、雷に打たれて半身不随となりながらも、戦時には輿《こし》に乗って軍勢を鼓舞し、「鬼」の異名をとったとする話（『大友興廃記』）など、道雪に関する多くの逸話が生み出された。

拉致され、息子の手で殺害
伊達《だて》輝《てる》宗《むね》

終焉の地　粟ノ須（福島県二本松市沖1丁目）

享年 42

生年　天文13年（1544）
歿年　天正13年（1585）10月8日
墓所　山形県高畠町夏茂夏刈、資福寺跡

陸奥・出羽の大名で奥州探題《おうしゅうたんだい》の伊達晴宗《だてはるむね》の次男として、出羽米沢《よねざわ》（山形県米沢市）で生まれたとされる。永禄8年（1565）頃に家督を継いで、米沢城主となる。輝宗期の伊達氏を巡る情勢は、相馬《そうま》氏や大内《おおうち》氏といった周辺の勢力との間で連衡《れんしょう》・敵対を重ねつつ、自身は山形の最上義守《もがみよしもり》の娘義姫《よしひめ》を妻に迎え、田村《たむら》氏や会津の蘆名《あしな》氏と婚姻関係を結ぶなど外交面での変化が大きかった。一方で内部については、重臣中野《なかの》宗時《むねとき》の離反などがあったが、遠藤基信《えんどうもとのぶ》を重用するなどして再構成した。天正3年（1575）には織田信長に鷹を贈って誼《よしみ》を通じている。

天正12年10月に嫡男政宗《まさむね》へ家督を譲ったが、周辺諸勢力との関わりの面では輝宗の力は大きく、伊達氏に対して離反・従属を繰り返した二《に》本松《ほんまつ》城主の畠山義継《はたけやまよしつぐ》や小浜《おばま》城主の大内定綱《おおうちさだつな》らは、輝宗に従属を願い出ている。

しかし、天正13年10月、その義継が政宗勢の圧迫に耐えかね、輝宗を宮森《みやもり》城（福島県二本松市）において拉致するという事態が発生する。8日、政宗は義継およびその手勢と対峙したが、その中には捕らわれた父輝宗の姿もあった。政宗勢は義継らの撃退に成功したが、輝宗もその際の銃撃に巻き込まれ、義継ともども凄絶な最期を遂げた。なお、輝宗の死を受けて、生前重用された遠藤基信ら複数の家臣が殉死している。

病死

最後まで秀吉の側近として仕える

蜂《はち》須《す》賀《か》正《まさ》勝《かつ》

享年 61

生年 大永6年（1526）
歿年 天正14年（1586）5月22日
墓所 興源寺（徳島市下助任町）
蓮華寺（愛知県あま市蜂須賀大寺）

終焉の地 大坂城下の蜂須賀家邸（大阪市中央区石町1丁目付近か）

尾張海東《かいとう》郡蜂須賀《はちすか》郷（愛知県あま市）を根拠とした国人《こくじん》領主蜂須賀正利《まさとし》の嫡男として蜂須賀城に生まれたとされる。小六《ころく》の名で有名。初め美濃（岐阜県）の斎藤道三《さいとうどうさん》に仕えたが、岩倉《いわくら》城（愛知県岩倉市）の織田信賢《おだのぶかた》に仕えたのち、犬山《いぬやま》城（愛知県犬山市）の織田信清《のぶきよ》へも仕官した。

正勝はたびたび主君を代えたが、最終的には織田信長の配下に収まった。そのきっかけになったのが羽柴秀吉であり、やがて正勝は秀吉の股肱《ここう》の臣となる。正勝と秀吉との邂逅《かいこう》の逸話は有名であるが、現在では疑問視されている。

元亀元年（1570）4月に越前金ヶ崎《かねがさき》（福井県敦賀市）から撤退した際には、秀吉軍の殿《しんがり》を務めた。天正元年（1573）8月に浅井《あざい》氏が滅びると、近江長浜《ながはま》に秀吉から所領を与えられ、その後も秀吉に従って各地を転戦。天正5年から秀吉による中国攻めが開始されると、播磨三木《みき》城（兵庫県三木市）の攻略で功を挙げ、龍野《たつの》城（兵庫県たつの市）の城主となる。天正10年5月に備中高松《たかまつ》城（岡山市北区）の水攻めが開始されると、築堤惣奉行《ちくていそうぶぎょう》を務めた。天正13年の四国攻めののち、阿波一国を与えられたが、正勝はこれを辞退、嫡男家政《いえまさ》に阿波国が与えられた。正勝は黒田孝高《くろだよしたか》（官兵衛《かんべえ》）と共に、毛利《もうり》氏の取次も務めている。天正14年5月22日、大坂城近くの自邸において病歿した。

自刃

苛烈に戦い玉砕を遂げた勇将

高《たか》橋《はし》紹《じょう》運《うん》

享年 ？

生年 不詳
歿年 天正14年（1586）7月27日
墓所 福岡県太宰府市観世音寺

終焉の地 岩屋城（福岡県太宰府市観世音寺704）

豊後（大分県）の大名大友宗麟《おおともそうりん》の重臣吉弘《よしひろ》鑑《あき》理《ただ》の次男として、筧《かけい》城（大分県豊後高田市）で生まれたとされる。初め、鎮理《しげただ》と名乗った。

永禄12年（1569）、大友宗麟の命により、反乱を起こして追放された高橋鑑種《たかはしあきたね》の名跡を継いで筑前宝満《ほうまん》城と岩屋城（どちらも福岡県太宰府市）を与えられた。この時、名を鎮種《しげたね》に改めたという。その後、身体的に不自由だったとされる戸次《べっき》鑑連《あきつら》（立花道雪《たちばなどうせつ》）を補佐して、筑前国支配に尽力。また、大友氏と九州各地で争っていた秋月《あきづき》氏や龍造寺《りゅうぞうじ》氏らの大名や国衆《くにしゅう》との戦いにも参加、武功を挙げて、猛将と恐れられた。天正6年（1578）に剃髪して紹運《じょううん》と号した。

天正9年頃、嫡男宗茂《むねしげ》を道雪の娘誾千代《ぎんちよ》の婿として養子に出す。この縁組は、道雪の懇願で実現したものという。天正14年7月、薩摩（鹿児島県）の島津《しまづ》氏が筑前へ攻め入り、岩屋城が囲まれると、少ない城兵で籠城。26日、島津氏との和睦交渉が決裂し、徹底抗戦する。700名近い城兵たちがことごとく討死する中、紹運も奮戦し島津軍に大打撃を与えるも、自刃して果てた。島津軍の将兵や、のちに、その壮絶な最期を聞いた羽柴秀吉は、紹運を讃えたという。

なお、紹運の嫡男宗茂は、関ヶ原の戦い後に牢人したが、大坂夏の陣後に筑後柳川《やながわ》（福岡県柳川市）11万石余の大名として復帰している。

病死

不遇のうちに死んだ信長の遺臣

滝川一益《たきがわかずます》

享年 62

生年 大永5年（1525）
歿年 天正14年（1586）9月9日
墓所 信楽寺（島根県松江市竪町）
妙心寺長興院（供養塔。京都市左京区花園妙心寺町）

終焉の地 大野（福井県大野市）

近江（滋賀県）の国人《こくじん》滝川一勝（滝川資清《すけきよ》とも）の子として、近江国で生まれたとされる（諸説あり）。永禄3年（1560）頃から、織田信長に仕えていたことが記録に見える。永禄10年に伊勢（三重県）の北畠《きたばたけ》氏攻めで活躍し台頭。永禄12年の大河内《おかわち》城（三重県松阪市）攻めで功を挙げ、北伊勢5郡を信長から与えられた。天正2年（1574）9月には、伊勢長島《ながしま》（桑名市）の一向一揆《いっこういっき》を平定して長島城主となっている。

以降も信長の戦いに参陣して数多くの武功を挙げ、柴田勝家《しばたかついえ》（北陸）・明智光秀《あけちみつひで》（畿内）・羽柴秀吉（中国）と並んで、関東方面軍団長を務めるまでになった。天正10年3月の武田勝頼《たけだかつより》との戦いで勝利に貢献し、一益には新たに上野一国（群馬県）と信濃国（長野県）の2郡が与えられ、上野厩橋《うまやばし》城（高崎市）を居城とした。

しかし、同年6月に勃発した本能寺《ほんのうじ》の変直後、北条氏直《ほうじょううじなお》と戦って敗北し（神流川《かんながわ》の戦い）、本領の伊勢へ逃げ帰る。天正11年、柴田勝家らと共に羽柴秀吉へ叛旗を翻すが降伏し、所領はすべて没収された。天正12年の小牧《こまき》・長久手《ながくて》の戦いでは秀吉に味方したが、その後は秀吉の不興を買い、越前国（福井県）へ追放されたという。

天正14年9月9日、越前大野《おおの》（大野市）で死去したとされる。一説には、かつて一益によって焼き討ちされた大滝村民に殺害されたという。

病死

名将の最期は病を押しての出陣

吉《きっ》川《かわ》元《もと》春《はる》

享年
57

生年 享禄3年（1530）
歿年 天正14年（1586）11月15日
墓所 広島県北広島町志路原、海翁寺跡

終焉の地
小倉城二の丸（福岡県北九州市小倉北区場内2—1）

中国地方の覇者毛利元就《もうりもとなり》の次男として、吉田《よしだ》郡山《こおりやま》城（広島県安芸高田市）で生まれる。天文16年（1547）に吉川興経《きっかわおきつね》の養子となり、同家の家督を相続する。弘治2年（1556）頃から石見国（島根県）を中心に、毛利家の山陰計略を任された。元亀2年（1571）に父元就が死去すると、弟の小早川隆景《こばやかわたかかげ》と共に、後継者である若い輝元《てるもと》（長兄隆元《たかもと》の嫡男）を補佐することになった。いわゆる「両川体制《りょうせんたいせい》」である。

元春は心優しい人物であり、妻（熊谷信直《くまがいのぶなお》の娘）が不器量であるにもかかわらず受け入れたという。当時は政略結婚が一般的であり、相手を選ぶことは事実上不可能だった。元春は「不器量な妻を可愛がれば、熊谷氏も毛利家のために働いてくれるはず」と言ったと伝わる。

その後、元春は中国地方の各地を転戦。天正10年（1582）6月、備中高松《たかまつ》城（岡山市北区）において羽柴秀吉軍と対峙するが、信長横死の報を受け（本能寺《ほんのうじ》の変）、和睦する。12月に家督を嫡男元長《もとなが》に譲り、自らは隠居する。

天正14年10月、秀吉の強い要望で九州へ出陣するが、すでにこの頃から病（細菌感染症とされる）が進行していたという。その後、病状はやや好転したようであるが、元長の看病や医師徳琳の手当ても虚しく、11月15日に豊前小倉《こくら》城（北九州市小倉北区）の二の丸で歿した。

長宗我部《ちょうそかべ》信親《のぶちか》

長宗我部家の衰退を招いた討死

享年 22

生年 永禄8年（1565）
歿年 天正14年（1586）12月12日
墓所 大分市中戸次、戸次川古戦場跡
雪蹊寺（高知市長浜）

終焉の地 戸次川（大分県大分市上戸次利光、終焉地碑あり）

土佐（高知県）の大名長宗我部元親《ちょうそかべもとちか》の嫡男として、岡豊《おこう》城（高知県南国市）で生まれる。母は室町幕府の奉公衆《ほうこうしゅう》石谷光政《いしがいみつまさ》の娘。天正6年（1578）、14歳の時に織田信長の偏諱《へんき》を与えられ、信親と名乗って元服した。

天正10年、18歳の時、父元親に従って阿波中《なか》富川《とみがわ》（徳島県藍住町）で十河存保《そごうまさやす》と戦い、その直前に初陣したとされる。翌11年3月には連署《れんしょ》状《じょう》を出すなどして、政治にも関与し始めた。天正13年の豊臣秀吉による四国攻めののち、長宗我部氏は秀吉に臣従することとなる。

翌天正14年には、秀吉の九州攻めの前哨戦となる出兵に父元親と従い、豊後戸次川《へつぎがわ》（大分市）で島津家久《しまづいえひさ》の軍と戦った。しかし、この戦いは秀吉本隊到着までの牽制程度のはずが、軍監《ぐんかん》仙《せん》石《ごく》秀久《ひでひさ》の命令に従った無謀な交戦であったとされる。結果、信親らは奮戦するものの島津軍の猛攻に遭って討死する。あまりの奮戦ぶりに、敵将新納忠元《にいろただもと》が涙を流して死を悼み、信親を賞賛したとの逸話もある。信親と共に討死した家臣は500余人にのぼると言われ、戦闘の激しさが窺える。信親の死を悼んだ秀吉は、元親に対して大隅国（鹿児島県）を与えるとした朱印《しゅいん》状《じょう》を出している。信親を失った元親は、失意のあまり、それまでの温厚で慎重な性格から、強引な意思決定を行うなど、一変したと伝わる。

病死

死の前日に小鳥を空に解き放つ

大《おお》村《むら》純《すみ》忠《ただ》

終焉の地　自邸（長崎県大村市荒瀬町大門1116、大村純忠史跡公園）

享年 55

生年　天文2年（1533）

歿年　天正15年（1587）5月18日

墓所　本経寺（長崎県大村市古町）

肥前（佐賀県）の大名有馬晴純《ありまはるずみ》の次男として生まれる。大村純前《おおむらすみさき》の養子となり、天文19年（1550）に家督を継ぐ。日本最初のキリシタン大名として知られ、永禄6年（1563）に受洗、バルトロメウの洗礼名を受ける。以後、領内に教会を建設し、イエズス会に肥前長崎の地を寄進するなど、キリスト教伝播に寄与。また、肥前横瀬浦《よこせうら》（長崎県西海市）をポルトガルとの貿易拠点とするなど、交易にも積極性を見せた。

天正10年（1582）には、大友宗麟《おおともそうりん》や甥の有馬晴信《はるのぶ》と共に天正遣欧少年使節《てんしょうけんおうしょうねんしせつ》の派遣に関与し、千々和《ちぢわ》ミゲルらを渡海させている。

一方で、純忠は肥前国内の敵対勢力との戦いに苦慮し、特に龍造寺隆信《りゅうぞうじたかのぶ》との戦いには抗し切れず、一時大村を退去する。その心労ゆえか、晩年は結核《けっかく》などを患い、ひどくやつれていたという。しかし、キリシタンとしての信仰心は衰えず、純忠の様子に関する記述はフロイス『日本史』に採録されている。

天正15年5月17日、死の間際に純忠は侍女《じじょ》が飼っていた小鳥を籠から放つよう命じ、侍女が乱雑に放った際には「小鳥はデウス様が創られたものであるから、予はそれを可愛がっている。それゆえ今後とも愛情をもって扱って欲しい」と諭したという。翌18日、純忠は肥前坂口《さかぐち》（長崎県大村市）の居館で生涯を閉じた。

病死

戦局好転の最中に病歿する

大《おお》友《とも》宗《そう》麟《りん》（義鎮）

享年 58

生年 享禄3年（1530）5月4日？
歿年 天正15年（1587）5月23日
墓所 宗麟公園（大分県津久見市津久見尾畑）
瑞峯院（京都市北区紫野大徳寺町）

終焉の地 津久見（大分県津久見市津久見尾畑、宗麟公園）

豊後（大分県）の大名大友義鑑《おおともよしあき》の嫡男として府内《ふない》城（大分市）で生まれる。諱《いみな》は義鎮《よししげ》である。キリシタン大名で、洗礼名はドン＝フランシスコ。天文19年（1550）に家督を相続し、翌20年の大内義隆《おおうちよしたか》横死で大内氏勢力が衰退化したことにより、大友氏は発展していく。

豊前門司《もじ》城（北九州市門司区）の戦いで毛利《もうり》元就《もとなり》に敗れたのち、永禄5年（1562）に出家して宗麟《そうりん》と名乗る。元亀2年（1571）に至り、毛利氏が九州から完全に手を引いたことで、宗麟の北九州制覇が完成した。2年後の天正元年（1573）に、家督を嫡男義統《よしむね》に譲与。天正6年7月には、宣教師フランシスコ＝ガブラルから洗礼を受け、キリシタンとなる。

天正6年11月、日向耳川《みみがわ》の戦い（宮崎県木城町）で薩摩（鹿児島県）の島津義久《しまづよしひさ》に大敗を喫する。この大敗を機に、大友氏の領土は龍造寺《りゅうぞうじ》氏や秋《あき》月《づき》氏、島津氏らによって侵食されるようになり、宗麟は豊臣秀吉の救援を求めて、天正14年に大坂城へ赴く。翌15年に秀吉が九州を平定し、義統に豊後一国が安堵された。

宗麟は天正10年頃から、後室ジュリア（洗礼名）と共に豊後津久見《つくみ》（大分県津久見市）に隠棲し、信仰生活を送っていたが、秀吉による九州平定目前の同15年5月23日、津久見（一説には臼杵《うすき》）で死去した。死因はチフスとされる。

佐《さっ》々《さ》成《なり》政《まさ》

失政の責めを受けて切腹

享年
53

生年 天文5年（1536）
歿年 天正16年（1588）閏5月14日
墓所 法園寺（兵庫県尼崎市寺町）

終焉の地 法園寺（兵庫県尼崎市寺町5）

尾張（愛知県）の土《ど》豪《ごう》佐《さっ》々《さ》成《なり》宗《むね》（盛政《もりまさ》）の三男として比良《ひら》城（名古屋市西区）で生まれたとされる。永禄3年（1560）に家督を継いだ。

織田信長に仕えて数々の軍功を挙げ、永禄10年に黒母衣衆《くろほろしゅう》筆頭に任じられる。天正3年（1575）5月の長篠《ながしの》の戦いでは鉄砲隊を率いて出陣し、8月には越前一向一揆《いっこういっき》の平定に尽力。その恩賞として越前府中《ふちゅう》（福井県越前市）上二郡が与えられた。天正10年には神保長住《じんぼうながずみ》を放逐して越中一国を掌中に収め、富山《とやま》城（富山市）を本拠とした。本能寺《ほんのうじ》の変後は、成政は柴田勝《しばたかつ》家《いえ》の与力《よりき》だったこともあり、羽柴秀吉とは反対の立場をとる。結局、翌11年の賤ヶ岳《しずがたけ》の戦いののち、秀吉に降伏して配下となり越中一国を安堵されたが、のちに織田信雄《のぶかつ》・徳川家康に接近。天正12年の小牧《こまき》・長久手《ながくて》の戦いの際には、秀吉と家康らの和睦に不満を抱き、家康に再挙を促すため、富山から立山連峰《たてやまれんぽう》を越えて（更更越《さらさらごえ》）浜松《はままつ》城（浜松市中区）へ向かうも説得に失敗。天正13年8月、成政は富山城を秀吉に攻められて降伏し、再度その軍門に降った。

天正15年、秀吉による九州攻めで成政は軍功を挙げ、肥後一国（熊本県）が与えられた。しかし、強引な検地などが原因で国人一揆《こくじんいっき》が勃発。その責任を追及され、天正16年閏5月14日、摂津法園寺《ほうおんじ》（兵庫県尼崎市）で切腹させられた。

病死

畳の上で往生を遂げた無敗の将
稲葉《いなば》一鉄《いってつ》（良通《よしみち》）

享年 75

生年 永正12年（1515）
歿年 天正16年（1589）11月19日
墓所 月桂院（岐阜県揖斐川町）

終焉の地 清水城（岐阜県揖斐郡揖斐川町清水字後川1527、清水小学校）

美濃（岐阜県）の守護《しゅご》土岐《とき》頼芸《よりなり》に仕えた稲葉《いなば》通則《みちのり》の六男として、美濃本郷《ほんごう》城（岐阜県池田町）で生まれたとされる。一鉄は号名。氏家《うじいえ》直元《なおもと》（卜全《ぼくぜん》）、安藤守就《あんどうもりなり》と並び「西美濃三人衆《にしみのさんにんしゅう》」と称された。当初、美濃崇福寺《そうふくじ》（岐阜市）の僧となっていたが、大永5年（1525）、近江浅井《あざい》氏と土岐氏による牧田《まきた》の戦い（岐阜県大垣市）で父と5人の兄が戦死したため、還俗《げんぞく》して頼芸に仕えた。頼芸が斎藤道三《さいとうどうさん》のために没落すると、一鉄は斎藤氏の重臣となる。斎藤義龍《よしたつ》・龍興《たつおき》父子にも仕えたが、永禄10年（1567）、直元・守就と共に織田信長に内通し、龍興を居城稲葉《いなば》山《やま》城から追放。以後、一鉄は信長に仕えて各地を転戦、多方面で活躍した。

天正10年（1582）、本能寺《ほんのうじ》の変の際には、信長に追放されていた安藤守就が美濃で反攻の気配を見せたため、一鉄はこれを滅ぼす。その後、羽柴秀吉に接近し、美濃に所領を安堵された。こうして土岐、斎藤、織田、羽柴4氏に仕えた一鉄は、同14年に隠居。天正16年11月19日に清水《しみず》城（岐阜県揖斐川町）で歿した。

一鉄は生前、医学に精通して覚書《おぼえがき》を残し、死後は剛胆で武勇に優れ、教養に富んだ人物と評された。ある時、信長に疑われて茶室で殺されかけた際、一鉄は茶室にあった墨蹟《ぼくせき》の内容を踏まえて無実を弁明、事なきを得たという。

その他

謎多き鉄砲傭兵集団棟梁の死

鈴木《すずき》孫一《まごいち》（雑賀《さいか》孫一《まごいち》）

享年　？

生年　不詳
歿年　天正17年（1589）5月2日？
墓所　供養塔（和歌山県熊野市有馬町）
蓮華寺（伝。和歌山市平井）

終焉の地　熊野（三重県熊野市有馬町、碑あり）

父母・出生地などは不詳（一説に、父は鈴木《すずき》重意《しげおき》）。重秀《しげひで》を名乗る。もっとも、歴史上に足跡を残した鈴木孫一は、紀伊（和歌山県）北西部を本拠地とした土豪《どごう》たちの集まりである雑賀《さいか》衆《しゅう》の有力者の一族、平井《ひらい》鈴木氏の棟梁《とうりょう》が代々名乗った名前と言われている。つまり、史料に見られる鈴木孫一の足跡は、一人ではなく、重意など複数人の事績が入り混じったものという。

その中で、孫一は永禄５年（１５６２）７月に出された起請文《きしょうもん》に初めて名前を確認でき、織田信長と本願寺《ほんがんじ》が争った石山合戦《いしやまかっせん》で鉄砲衆を率いて参加。本願寺顕如《けんにょ》に味方し、僧侶の下間頼《しもつまらい》廉《れん》らと共に「大坂之左右之大将」とされた。この最中、将軍足利義昭《あしかがよしあき》から感状《かんじょう》を与えられている。天正４年（１５７６）の天王寺《てんのうじ》の戦いでは、信長と直接対峙したと伝わる。その後も反信長の動きを見せて、各地を転戦した。信長と本願寺の講和後は、信長に味方したともいう。信長死後は秀吉に味方し、小牧・長久手の戦いでは鉄砲衆２００余を率いて参加。天正13年、秀吉の紀州攻めでは、降伏を勧める使者となり、息子を人質として秀吉に差し出したという。

その後の孫一の足跡は明らかでなく、死去の記録なども見当たらない。孫一の墓と伝わる熊《くま》野《の》（和歌山県熊野町）の墓碑に、天正17年５月２日死去と刻まれているだけである。

自刃

秀吉に徹底抗戦の上で切腹

北条《ほうじょう》氏照《うじてる》

享年 51

生年 天文9年（1540）？

歿年 天正18年（1590）7月11日

墓所 神奈川県小田原市栄町

終焉の地 田村安栖邸（神奈川県小田原市南町1丁目か？）

相模（神奈川県）の大名北条氏康《ほうじょううじやす》の三男として相模国で生まれる。天文15年（1546）、武蔵多摩《たま》郡の国衆大石氏《くにしゅうおおいし》へ養子に入る。

その後、氏照は永禄4年（1561）に滝山《たきやま》城（八王子市）へ入り、天正2年（1574）からは古河公方足利義氏《こがくぼうあしかがよしうじ》を後見する。関東甲信や、駿河における北条氏の戦いに参加する一方で、氏照は対外交渉でも躍動。関東の国衆をはじめ、伊達《だて》氏や蘆名《あしな》氏、徳川氏、織田氏などへの窓口となって折衝を担当する。永禄12年の上《うえ》杉《すぎ》氏と北条氏による越相同盟の締結交渉の際も、氏照は北条氏側で中心的立場にあった。また、天正10年頃からは八王子《はちおうじ》城（八王子市）を築城して同国の防備を固め、居城を滝山城から移転。

天正14年以降、豊臣秀吉の関東への影響が徐々に強まると、氏照は兄氏政《うじまさ》と共に対豊臣主戦派となる。天正18年に始まった秀吉の小田原《おだわら》攻めでは、八王子城などの拠点を家臣に守らせ、自身は小田原城（神奈川県小田原市）に籠城した。しかし、北条側の諸城はことごとく落とされ、6月23日には八王子城が落城、小田原城も豊臣勢には抗し切れず、7月4日に降伏した。

小田原開城後は、兄氏政と同様、秀吉から切腹するよう命じられ、氏照はこれを受諾。7月11日、小田原城下の田村安栖邸《たむらあんせい》（小田原市）において、弟氏規《うじのり》の介錯《かいしゃく》で自害して果てた。

小田原征伐の責を取らされる

北《ほう》条《じょう》氏《うじ》政《まさ》

享年
53

生年 天文7年（1538）
歿年 天正18年（1590）7月11日
墓所 神奈川県小田原市栄町
北条五代の墓（神奈川県箱根町）

終焉の地 田村安栖邸（神奈川県小田原市南町1丁目か？）

相模（神奈川県）の大名北条氏康《ほうじょううじやす》の次男として相模国で生まれる。天文21年（1552）3月、兄新九郎《しんくろう》が早世したため、後継者となる。

永禄2年（1559）、22歳の時、父氏康がこの頃に起こった飢饉《ききん》や疫病《えきびょう》流行の責任を負うという理由で隠居したため、家督を相続した。しかし、以降も氏康が政務の実権を握り続け、上杉謙信《うえすぎけんしん》や武田信玄《たけだしんげん》らの侵攻に対抗しつつ、領国経営を行った。元亀2年（1571）、父氏康が死去すると、それまでの方針から一転して、上杉謙信と断交。武田信玄と講和し、同盟を結んだ（甲相同盟）。天正2年（1574）には、氏康から「一国に匹敵する城」と評された下総関宿《せきやど》城（千葉県野田市）や、武蔵羽生《はにゅう》城（埼玉県羽生市）を攻略し、古河公方《こがくぼう》の領国を勢力下に収めた。以降、下野（栃木県）小山《おやま》氏を攻略し、上総（千葉県）里見《さとみ》氏との和睦に成功する。天正6年に謙信が死去すると、その家督争いに介入して武田勝頼《かつより》と対立、徳川家康と同盟する。2年後の天正8年に隠居して、嫡男氏直《うじなお》に家督を譲るが、依然として実権を握り続けた。

天正10年の本能寺《ほんのうじ》の変後、台頭した豊臣秀吉に従わず、同18年、小田原《おだわら》城を包囲され、降伏。家康によって助命嘆願がなされたが、秀吉からは切腹を命じられた。北条家を滅亡させたことで後世の評価は低いが、最も領国を拡大させた。

過労で死んだ天才絵師

狩《か》野《のう》永《えい》徳《とく》

終焉の地　**東福寺（京都市東山区本町15―778）か？**

享年
48

生年　天文12年（１５４３）1月13日
歿年　天正18年（１５９０）9月14日
墓所　妙覚寺（京都市上京区下清蔵口町）

狩野派《かのうは》の絵師狩野松栄《しょうえい》の嫡男として京で生まれる。祖父狩野元信《もとのぶ》から、絵画の指導を受けた。

永禄9年（１５６６）、父松栄と共にあたった大徳寺聚光院《だいとくじじゅこういん》（京都市北区）の障壁画《しょうへきが》制作では、最も重要な室中《しっちゅう》（仏間）の障壁画を父に代わって担当。永禄11年から12年にかけて、摂家《せっけ》筆頭近衛前久《このえさきひさ》邸（京都市上京区）の障壁画を描いた。また、元亀2年（１５７１）には大友宗《おおともそう》麟《りん》の招きで豊後国（大分県）へ下向し、丹生島《にゅうじま》城（大分県臼杵市）の障壁画も手掛けた。天正4年（１５７６）、弟宗秀《そうしゅう》に京の家屋敷を譲る。織田信長に認められ、同年から約3年あまりの間、安土《あづち》城（滋賀県近江八幡市）築城に、天下一の画家として嫡男光信《みつのぶ》と共に参加し、天主《てんしゅ》や場内殿舎障壁画を描いた。その褒美として、信長から３００石の知行地を与えられた。

信長の死後は、豊臣秀吉に登用された。天正11年からは大坂城、同17年の聚楽第《じゅらくてい》（京都市上京区）、同16年の天龍寺《てんりゅうじ》（京都市右京区）など、秀吉による大建築の障壁画のほとんどを手掛けた。狩野派工房による集団制作という活動は、やがて狩野派が桃山画壇の中心となっていく動きを見せている。

永徳は、東福寺《とうふくじ》法堂《ほうどう》（京都市東山区）の天井画の龍図を制作中に病気になったとされ、天正18年9月14日に死去した。

病　死

豊臣政権の崩壊を加速させた

豊《とよ》臣《とみ》秀《ひで》長《なが》

享年
52

生年　天文9年（1540）
歿年　天正19年（1591）1月22日
墓所　塚（奈良県大和郡山市箕山町）

終焉の地　郡山城（奈良県大和郡山市城内町2）

織田氏の足軽木下弥右衛門《あしがるきのしたやえもん》の子として、尾張愛知《あいち》郡中村《なかむら》（名古屋市中村区）で生まれたとされる（秀吉の異父弟という説もある）。母はなか（のちの大政所《おおまんどころ》）で、通称は小一郎《こいちろう》である。

早くから兄秀吉に従い、近江長浜《ながはま》城（滋賀県長浜市）の城代《じょうだい》を務めた。天正5年（1577）、織田信長から秀吉へ中国地方の平定が命じられると、播磨国（兵庫県）や但馬国（兵庫県）の攻略などに尽力。因幡鳥取《とっとり》城（鳥取市）への兵糧攻め（飢え殺し）や、備中高松《たかまつ》城（岡山市北区）への水攻めにも参加し、大きな武功を挙げた。

本能寺《ほんのうじ》の変後、山崎《やまざき》の戦いに参加。天正11年の賤ケ岳《しずがたけ》の戦いでは、秀吉不在の軍勢を指揮した。その後の紀州攻めや、四国攻めでも武功を挙げ、紀伊・和泉（伊賀の一部も）に加えて大和国も与えられ、100万石近い大大名となる。天正15年の九州攻めでも活躍し、その武功によって従二位大納言《じゅにいだいなごん》に叙任され、大和大納言《やまとだいなごん》と呼ばれた。以降も秀吉の補佐役として政権の舵取りを担う。天正18年の小田原攻めには、病を押して参加するが、病状が悪化。翌19年1月22日、郡山《こおりやま》城（奈良県大和郡山市）で死去した。

秀長の死後、秀吉の言動を抑える人間がいなくなり、多くの反対意見を無視した朝鮮出兵が実施され、甥秀次《ひでつぐ》が切腹させられるなど、豊臣政権は崩壊していくことになった。

自刃

自らの木像の下に晒された首

千利休《せんのりきゅう》

享年 70

生年 大永2年（1522）

歿年 天正19年（1591）2月28日

墓所 聚光院（京都市北区紫野大徳寺町）
南宗寺（供養塔。堺市堺区南旅篭町東）

終焉の地 聚楽屋敷（京都市上京区晴明町806、碑あり）

和泉（大阪府）堺今市町《さかいいまいち》（堺市堺区宿院町西）で魚問屋《ととや》を営む田中与兵衛《たなかよへえ》の子として生まれる。法名は宗易《そうえき》、抛筌斎《ほうせんさい》。天文4年（1535）に千家《せんけ》の当主となる。北向道陳《きたむきどうちん》に能阿弥流《のうあみりゅう》の書院の茶を習い、その後、道陳に武野紹鷗《たけのじょうおう》を紹介され、紹鷗から村田珠光流《むらたじゅこうりゅう》のわび茶を指導された。

天文末年頃には、茶の湯を通じて畿内の大名とも交流を持つようになる。永禄11年（1568）9月に上洛した織田信長が堺を直轄領とするに及んで、利休は今井宗久《いまいそうきゅう》や津田宗及《つだそうきゅう》と共に茶頭《さどう》に起用され、三宗匠《さんそうしょう》と称された。天正10年（1582）6月の本能寺《ほんのうじ》の変で信長が斃れると、続いて羽柴秀吉の茶頭となり、併せて秀吉側近としての役割も果たすようになった。天正13年10月、秀吉の関白任官を記念して開催された禁中茶会《きんちゅうちゃかい》では、正親町《おおぎまち》天皇に茶を献じた秀吉の後見役を、天正17年10月に開催された北野大《きたのおお》茶湯《ちゃのゆ》では、秀吉に次ぐ第二席の席主を務めた。同年、私財を投じて大徳寺山門《だいとくじさんもん》の重層化を果たし、自身の木像を楼上に置いたことが、秀吉から不敬不遜《ふけいふそん》の罪に問われることとなる。

天正19年2月13日、秀吉から謹慎を命じられ、堺へ下向。大政所《おおまんどころ》（秀吉母）や北政所《きたのまんどころ》（秀吉妻）らによる助命嘆願もあったが、25日に死罪が決定。28日に京葭屋《よしや》町（京都市上京区）の自邸で、弟子の蒔田淡路守《まいたあわじのかみ》の介錯《かいしゃく》で切腹した。

病死

殁後に本願寺は東西分裂する

顕如《けんにょ》

享年
50

生年 天文12年（1543）1月6日
歿年 天正20年（1592）11月24日
墓所 大谷祖廟（京都市東山区円山町）

終焉の地 西本願寺（京都市下京区門前町60）

浄土真宗本願寺《じょうどしんしゅうほんがんじ》第十世宗主証如《そうしゅしょうにょ》の嫡男として、大坂本願寺（大阪市中央区）で生まれる。諱《いみな》は光佐《こうさ》。天文23年（1554）8月12日、父証如を戒師《かいし》として得度《とくど》、本願寺第十一世宗主を継いだ。弘治3年（1557）4月に三条公頼《さんじょうきんより》の娘を娶る。永禄2年（1559）、正親町《おおぎまち》天皇の勅命《ちょくめい》を受け、本願寺として初めて門跡《もんぜき》に列した。

元亀元年（1570）9月12日、紀伊門徒らに対して、対織田信長戦に立ち上がることを命じる。これは、本願寺が信長包囲網の一角に入ったことを示すもので、以後、約10年間にわたる石山合戦《いしやまかっせん》の幕開けである。石山合戦の終結は、天正7年（1579）12月頃から朝廷の仲介によってなされた。朝廷からは勅使が派遣され、翌天正8年3月から閏3月にかけて、信長と本願寺との間で講和が成立する。これにより4月9日、顕如は大坂を退き、紀伊鷺森別院《さぎのもりべついん》（和歌山市）へ移った。この時、徹底抗戦を主張する嫡男教如《きょうにょ》を義絶《ぎぜつ》したという。

天正13年11月には大僧正《だいそうじょう》に、翌14年11月には准后宣下《じゅごうせんげ》を受けた。同年8月、豊臣秀吉の命で、本願寺は大坂の地に戻る。天正15年12月6日、三男阿茶丸《あさまろ》（准如《じゅんにょ》）を第十二世宗主に指名。天正20年7月、秀吉の命を受けて京七条堀川《しちじょうほりかわ》（京都市下京区）に本願寺を移転させたのち、11月20日に中風《ちゅうふう》に罹り、24日に病歿した。

病死

天下を狙える器量人の早すぎる死

蒲《がも》生《う》氏《うじ》郷《さと》

享年 40

生年 弘治2年（1556）
歿年 文禄4年（1595）2月7日
墓所 黄梅院（京都市北区紫野大徳寺町）※原則非公開
興徳寺（福島県会津若松市栄町）

終焉の地 伏見の蒲生家邸（京都市伏見区桃山町泰長老）

近江（滋賀県）の大名六角《ろっかく》氏の重臣蒲生賢秀《がもうかたひで》の三男として、近江蒲生郡日野《ひの》（日野町）で生まれたとされる。永禄11年（1568）、六角氏が織田信長によって滅ぼされると、父賢秀は信長に従った。その際の人質が、幼少時の氏郷という。翌12年、岐阜城で元服して賦秀《やすひで》と名乗り、同年冬に信長の娘を娶って、日野へ帰った。以降は信長配下の部将として、姉川《あねがわ》の戦い、浅《あざ》井《い》・朝倉《あさくら》氏攻めなどに参加し、武功を挙げた。

天正10年（1582）6月、本能寺《ほんのうじ》の変が起こると、安土《あづち》城内にいた信長の一族を日野城に匿った。その後は豊臣秀吉に従い、天正12年には伊勢松ヶ島《まつがしま》城（三重県松阪市）を与えられ、12万石を領した。この頃、氏郷に改名したとされる。天正15年の九州攻めや同18年の小田原攻めにも参加し、その功で陸奥国会津《あいづ》（福島県）などに42万石を与えられ、のちに奥羽地方の安定に尽力した功績で加増され、92万石を領した。

文禄3年（1594）に上洛し、秀吉をはじめとする諸大名と会見するものの、この時すでに病状がかなり進行していたらしい。秀吉は氏郷を気遣い、医師曲名瀬《まなせ》玄朔《げんさく》を遣わすが、その甲斐なく翌4年2月7日、京伏見《ふしみ》で病歿した。

氏郷はキリシタン大名高山右近《たかやまうこん》と親しく、洗礼を受けてレオンと称した。また、茶道は千利《せんのり》休《きゅう》に師事、利休七哲《しちてつ》の一人としても有名である。

故地を追われて湖に水葬された

木《き》曾《そ》義《よし》昌《まさ》

享年 56

生年 天文9年（1540）

歿年 文禄4年（1595）3月17日

墓所 東漸寺（供養塔。千葉県旭市イ）

終焉の地 阿知戸（千葉県旭市網戸）

甲斐（山梨県）の大名武田信玄《たけだしんげん》に仕えた木曾《きそ》義康《よしやす》の嫡男として信濃木曾谷《きそだに》（長野県南西部）で生まれる。父義康は弘治元年（1555）に信玄の軍門に降り、のちに義昌は信玄の娘真理《まり》姫《ひめ》を妻に娶った。美濃や飛騨（どちらも岐阜県）に隣接する木曾は、武田氏にとって領国防衛の要衝であり、義昌は信玄から厚遇された。

武田氏に衰えが見え始めると、天正10年（1582）に義昌は織田氏に内通したため、2月には武田勢の攻撃を受けた。しかし、義昌は織田方の援軍を得てこれを撃退、信長からその功を賞されて安曇《あずみ》・筑摩《ちくま》2郡の加増を得た。義昌の寝返りは武田氏の戦局不利を決定づけ、翌3月の滅亡へと導くこととなる。同年6月に本能寺で信長が横死すると、上杉《うえすぎ》・徳川・北条《ほうじょう》各氏の勢力が信濃へ及ぶようになり、義昌は紆余曲折を経て、8月に徳川家康へ従属した。

以後、義昌は家康や豊臣秀吉との間を巧みに渡って生き抜いたが、天正18年には家康の江戸入部に合わせて木曾を離れ、下総阿知戸《あじど》（千葉県旭市）1万石の地へ移ることとなった。義昌は嫡男義利《よしとし》と共に移動したが、木曾氏の勢威は木曾にいた時と比べて減退してしまったという。阿知戸に入ってのち、義昌は義利に家督を譲って隠退。その後の義昌の動きは、同所で歿するまでよくわかっていない。

豊《とよ》臣《とみ》秀《ひで》次《つぐ》

一族郎党もろとも粛正された関白

享年
28

生年 永禄11年（1568）
歿年 文禄4年（1595）7月15日
墓所 瑞泉寺（京都市中京区石屋町）

終焉の地 青巌寺柳の間（和歌山県伊都郡高野町高野山132、金剛峰寺）

三好吉房《みよしよしふさ》の嫡男として尾張知多《ちた》郡大高《おおだか》村（名古屋市緑区）で生まれたとされる。母は豊臣秀吉の実姉とも（智）。生涯に三度（宮部継潤《みやべけいじゅん》、三《み》好康長《よしやすなが》、豊臣秀吉）の養子縁組を経験する。

天正12年（1584）、養父三好康長の許を去って秀吉一門として独立、羽柴孫七郎秀次と名乗る。天正13年閏8月、秀吉から近江に43万石を与えられ、八幡山《はちまんやま》城（滋賀県近江八幡市）の城主となった。天正18年の小田原攻めに動員されたのち、尾張へ加増移封されて居城を清須《きよす》城とした。天正19年8月、秀吉の長子鶴松《つるまつ》が夭《よう》折《せつ》したのち、秀吉と養子縁組を果たし、12月には関白《かんぱく》に就任する。文禄2年（1593）8月に秀吉の第二子秀頼《ひでより》が誕生したものの、秀吉は当初、秀次と秀頼に日本を分割することを提案するなど、秀吉と秀次の関係は安定していた。

しかし文禄4年に入ると、蒲生《がもう》氏の継嗣《けいし》問題を機に、緊張関係へと一転した。7月に関係は決裂し、秀次は高野山《こうやさん》へと追放された。14日、秀次は小姓らを介錯《かいしゃく》したあと、雀部重政《ささべしげまさ》の介錯で自害した。なお現在、秀次追放の理由には「謀叛説」「確執説」があるほか、自害についても「秀吉命令説」の一方で、「秀次による潔白表明行為説」もあるなど、評価は分かれている。

秀次は、古典籍《こてんせき》の蒐集《しゅうしゅう》に励むなど、学問の興隆に関心を寄せる一面も持っていた。

病死

酒井忠次《さかいただつぐ》

秀吉から拝領した屋敷で歿す

終焉の地　**桜井の酒井家邸（京都市上京区桜井町）**

享年 70

生年　大永7年（1527）
歿年　慶長元年（1596）10月28日
墓所　知恩院先求院（京都市東山区林下町）

「徳川四天王」の一人として名高い。三河（愛知県）の大名松平《まつだいら》氏の家臣酒井忠親《さかいただちか》の次男として、三河井田《いだ》城（岡崎市）で生まれる。妻は松平広忠《ひろただ》（家康の父）の妹。家康の若年期から仕え、三河内外の主要な合戦に参加して功を挙げ、近隣の武田《たけだ》氏や織田氏との折衝役を務めるなど、筆頭格の重臣として活躍した。

織田信長や家康との関係を示す逸話は複数あり、中でも天正7年（1579）9月の、家康の嫡男信康《のぶやす》が自害させられた際の逸話が有名である。信長は信康に対し、「我に叛心あり」として徳川方に問い合わせ、忠次は弁明の使者となるも、信長の説得には至らず信康は自害。以後忠次は家康に冷遇された、というものである。これはのちに通説化したが、忠次が隠居するまで一貫して家康重臣の立場にあったことから、近年は見直しが進んでいる。いずれにせよ、忠次が信長と家康との間を取り持つ立場にあった点は不変である。

後年、家康が豊臣秀吉と和したあとの天正14年、忠次は秀吉によって従四位下《じゅしいげ》左衛門督《さえもんのかみ》に叙任され、京の桜井《さくらい》（京都市上京区）に邸宅を与えられた。忠次は、老いてのち眼病を患っていたとも言われ、2年後の天正16年には一智《いっち》と号して同所に隠居。その後も桜井に留まり、慶長元年（1596）10月28日に亡くなった。

病死

卒中で倒れた毛利両川の片翼

小《こ》早《ばや》川《かわ》隆《たか》景《かげ》

終焉の地　三原城（広島県三原市館町1丁目）

享年 65

生年　天文2年（1533）
歿年　慶長2年（1597）6月12日
墓所　米山寺（広島県三原市沼田東町納所）

中国地方の覇者毛利元就《もうりもとなり》の三男として吉田郡《よしだこおり》山《やま》城（広島県安芸高田市）で生まれる。天文13年（1544）、竹原小早川《たけはらこばやかわ》家の養子となって家督を継承し、天文19年には沼田《ぬまた》小早川家の正平の娘を妻に迎えて嗣子《しし》となった。こうして竹原・沼田の両小早川家の統一に成功する。

当初、隆景は高山《たかやま》城（広島県三原市）を本拠としたが、永禄10年（1567）に三原《みはら》城（三原市）を築城して本拠を移した。長兄隆元《たかもと》が早世すると、次兄元春《もとはる》と共に輝元《てるもと》（隆元の嫡男）を支え、それは「毛利両川《もうりりょうせん》」と称された。

天正10年（1582）に備中高松《たかまつ》城（岡山市北区）が水攻めされた際、隆景は羽柴秀吉と和《わ》睦《ぼく》することを主張し、このことがのちに秀吉の厚い信頼を得ることになった。天正13年の四国攻めでは大いに軍功を挙げ、秀吉から伊予国35万石を、天正15年の九州攻め後には、筑前・筑後（福岡県）などを与えられて、名島《なじま》城（福岡市東区）を本拠に定めた。文禄3年（1594）には、秀吉の猶子《ゆうし》秀秋《ひであき》を後継者に迎えている。

天正20年に始まった、いわゆる文禄《ぶんろく》・慶長《けいちょう》の役《えき》では朝鮮に出陣し、のちに病によって帰国。文禄4年に秀秋へ家督を譲り、慶長2年（1597）6月、三原城で病歿した。亡くなる直前、病床の弟穂井田《ほいだ》元清《もときよ》と「どちらが先に逝くか」と語り合ったという逸話がある。

病死

豊《とよ》臣《とみ》秀《ひで》吉《よし》

ひたすらに幼子を案じつつ薨去

享年 62

生年 天文6年（1537）2月
歿年 慶長3年（1598）8月18日
墓所 豊国廟（京都市東山区今熊野北日吉町）

終焉の地 伏見城（京都市伏見区桃山町大蔵45）

織田氏の足軽木下弥右衛門《あしがるきのしたやえもん》の子として、尾張愛知《あいち》郡中村《なかむら》（名古屋市中村区）で生まれたとされる。織田信長に仕官して以降、数々の軍功を重ね、天正元年（1573）の浅井《あざい》氏滅亡後には浅井氏の旧領18万石を与えられ、長浜《ながはま》城（滋賀県長浜市）を本拠とした。

天正10年6月、備中高松《たかまつ》城（岡山市北区）を水攻めしている最中に本能寺《ほんのうじ》の変を知ると、軍を返して山崎《やまざき》の戦いで明智光秀《あけちみつひで》を討ち、信長の後継者として振る舞うようになった。天正12年の小牧《こまき》・長久手《ながくて》の戦いでは不利なまま戦闘を終えるが、のちに徳川家康を臣従させることに成功。その後、関白《かんぱく》に就任。四国攻め、九州攻め、小田原攻めで勝利を得た秀吉は、名実共に天下人となる。しかし、天正20年に始まった二度の朝鮮出兵は失敗に終わった。文禄2年（1593）に秀頼《ひでより》が誕生すると、文禄4年には養子秀《ひで》次《つぐ》を切腹に追い込むなど、晩年は残酷な一面を見せている。政策面では際立った才能を示し、太閤検地《たいこうけんち》や刀狩《かたながり》などを行った。

晩年は病に悩まされ、慶長3年（1598）8月18日、後事を五大老《ごたいろう》の徳川家康や前田利家《まえだとしいえ》らに託して、伏見城で亡くなった。秀頼の行く末を最後まで心配したとされる。辞世の「露と落ち　露と消えにし　我が身かな　浪速《なにわ》のことは　夢のまた夢」はあまりに有名である。

病死

妻子の行く末を案じた遺言

前田利家《まえだとしいえ》

享年
62

生年　天文7年（1538）
歿年　慶長4年（1599）閏3月3日
墓所　野田山墓地（石川県金沢市野田町）
宝円寺（石川県金沢市宝町）

終焉の地　大坂の前田家邸（大阪市中央区玉造2丁目付近）

尾張荒子《あらこ》城（名古屋市中川区）の城主前田利《まえだとし》春《はる》（利昌《としまさ》）の四男として生まれる。天文20年（1551）に、織田信長の小姓として仕え始める。その後は、赤母衣衆《あかほろしゅう》筆頭として従軍し、槍の名手として活躍。天正3年（1575）、利家は府中三人衆《ふちゅうさんにんしゅう》の一人として、越前の大部分を任された柴田勝家《しばたかついえ》の与力を務めることとなった。天正9年12月に能登一国（石川県）が与えられ、利家は新たに小丸山《こまるやま》城（石川県七尾市）を築城。

信長の死後、天正11年の賤ヶ岳《しずがたけ》の戦いでは、初め勝家側に立ったものの、離脱して秀吉側に付き、その先鋒《せんぽう》を務めた。この功で加賀半国が加増された。その後も秀吉に従い、佐々《さっさ》攻め（天正13年）、小田原攻め（天正18年）などに参陣。朝鮮出兵では肥前名護屋《なごや》（佐賀県唐津市）に駐留した。文禄4年（1595）7月の秀次《ひでつぐ》事件のあとは、秀頼《ひでより》の傅役《もりやく》を担った。慶長3年（1598）4月、嫡男利長《としなが》に家督を譲る。

7月に秀吉が五大老《ごたいろう》・五奉行《ごぶぎょう》の制度を定め、利家を五大老の一人とした。秀吉の死後、家康が秀吉の遺言にたびたび違反したため、利家と家康は対立。慶長4年2月に、利家は伏見《ふしみ》まで赴き、家康と会談して和解を成立させた。この直後、利家の体調は悪化、寝込む日が続いたという。家康も病気見舞いに赴いたが、閏3月3日、大坂の自邸（大阪市中央区）で死去した。

生涯をかけて大名にのし上がった

松《ま》浦《つら》隆《たか》信《のぶ》

享年 71

生年 享禄2年（1529）

歿年 慶長4年（1599）閏3月6日

墓所 最教寺奥之院（長崎県平戸市岩の上町）

終焉の地 印山寺屋敷（長崎県平戸市鏡川町281、金光教平戸教会）

肥前平戸《ひらど》城（長崎県平戸市）の城主松浦興信《まつらおきのぶ》の嫡男として平戸で生まれる。松浦氏は、肥前松浦地方の土豪《どごう》たちの盟主として選ばれた家だった。隆信の系統は分家の平戸松浦氏だが、天文12年（1543）、周防山口の大内義隆《おおうちよしたか》から1字を与えられて隆信を名乗り、家督を継ぐと、北松浦郡や壱岐《いき》国一帯にまで勢力を伸ばした。

これと前後するように、イエズス会宣教師のフランシスコ・ザビエルが平戸へ来て、布教を願い出ると、隆信はそれを許した。これによって、ポルトガル船が平戸へ来航するようになり、弘治元～3年（1555～57）、永禄元年（1558）・同2年・同4年とそれが続いた。ポルトガル船から鉄砲を中心とする品々を購入することで、隆信は経済的に豊かとなった。しかし、隆信自身はキリスト教には入信せず、永禄4年には、取引上の揉めごとからポルトガル人が殺害されるなどの事件が起こった。これを境に、ポルトガル船の寄港地が大村純忠《おおむらすみただ》の支配する港に変更となり、貿易は終息してしまう。

その後は龍造寺《りゅうぞうじ》氏や有馬《ありま》氏らと戦い、豊臣秀吉の九州攻めでは、嫡男鎮信《しげのぶ》と共に秀吉に従って所領を安堵された。隆信は隠居の身だったが、秀吉や千利休《せんのりきゅう》との文化的交流を行い、朝鮮出兵では兵站《へいたん》管理などを任されている。慶長4年（1599）閏3月6日、平戸で死去した。

病死

愛息の死によって鬱病に

長宗我部元親《ちょうそかべもとちか》

享年
61

生年 天文８年（１５３９）

歿年 慶長４年（１５９９）５月19日

墓所 高知市長浜天甫山

終焉の地 伏見の長宗我部家邸（京都市伏見区桃山井伊掃部東町）

土佐（高知県）の大名長宗我部《ちょうそかべ》国親《くにちか》の嫡男として、岡豊《おこう》城（高知県南国市）で生まれる。永禄３年（１５６０）５月、22歳の時、父国親と本山茂辰《もとやましげとき》の軍勢が激突した長浜戸ノ本《ながはまとのもと》の戦いで初陣を果たす。６月、父国親の死に伴って家督を相続した。以後、永禄12年８月までに土佐西部を除く地域を平定。天正２年（１５７４）には、幡多《はた》郡（高知県四万十市一帯）の公家領主一条《いちじょう》兼定《かねさだ》を豊後国（大分県）に退去させ、翌３年には旧領回復を目指した兼定を渡川《わたりがわ》の戦いで破ると同時に、土佐東部の残存勢力も打倒して、土佐一国の平定に成功した。

天正４～５年頃から、阿波国（徳島県）東部や伊予国（愛媛県）南部にも侵攻。天正６年頃には、織田信長と同盟に近い関係を築き、讃岐（香川県）などでも一時有利に戦闘を進めた。しかし、信長との関係が悪化すると、天正10年、織田方が四国攻めを決定。その直前に本能寺《ほんのうじ》の変が起こったため、それは回避された。

天正13年には四国をほぼ統一したが、豊臣秀吉の四国攻めで降伏、土佐一国を安堵された。その後は秀吉に従って、九州攻めや小田原攻め、朝鮮出兵などに参陣。領国では、検地の実施や分国法《ぶんこくほう》制定などに力を注いだ。晩年は長年患っていた病が悪化し、慶長４年（１５９９）５月19日、京の伏見《ふしみ》屋敷（京都市伏見区）で歿した。

病死

長女への文が最後の手紙

南《なん》部《ぶ》信《のぶ》直《なお》

享年
54

生年 天文15年（1546）
歿年 慶長4年（1599）10月5日
墓所 三光寺（霊屋。青森県南部町）※非公開

終焉の地 九戸城（岩手県二戸市福岡城ノ内字松ノ丸）

陸奥田子《たっこ》城（青森県田子町）の城主南部《なんぶ》（石《いし》川《かわ》）高信《たかのぶ》の庶子《しょし》として陸奥岩手郡一方井《いっかたい》（岩手県岩手町）で生まれ、のちに南部晴政《はるまさ》の養子となる。当初は、信直が晴政の跡を継ぐかに見えたが、晴政に実子が誕生したため、泥沼の家督相続問題が発生。天正10年（1582）、信直は重臣北信愛《きたのぶちか》らの支持を得て家督を相続した。その際に信直相続反対派の九戸《くのへ》政実《まさざね》・実親《さねちか》兄弟と激しく対立。彼らとの争いは信直が抑止し得ないほどに激化し、天正19年には豊臣秀吉に支援を求める事態となった（九戸政実の乱）。

加えて、同時期の信直は、実父高信を敗死させて南部氏から独立した津軽為信《つがるためのぶ》の台頭や、奥州各所で発生した葛西《かさい》、大崎《おおさき》、稗貫《ひえぬき》、和賀《わが》といった領主による一揆への対応にも苦悩する。

その後、信直は秀吉から大名としての地位を認められ、拠点を三戸《さんのへ》（青森県三戸町）から九《くの》戸《へ》（岩手県二戸市）へと移して領内を整備。慶長3年（1598）からは盛岡《もりおか》城（岩手県盛岡市）の築城に取り掛かり、後年の盛岡藩成立の礎を築いた。しかし、その裏で信直は兼ねてより患っていた中風《ちゅうふう》の症状に悩まされることとなる。慶長4年の1月から閏3月にかけて、信直は娘千代子《ちよこ》を心配させないようにと、彼女に容態が安定している旨の書状を送っていたものの、最期は薬効の甲斐なく、10月5日に歿した。

自 刃

教えに基づき自殺を拒否

細《ほそ》川《かわ》ガラシャ

享年 38

生年 永禄6年（１５６３）
歿年 慶長5年（１６００）7月17日
墓所 崇禅寺（大阪市東淀川区東中島）
大徳寺高桐院（塔。京都市北区紫野大徳寺町）

終焉の地 大坂の細川家邸（大阪市中央区森ノ宮中央2―12）

明智光秀《あけちみつひで》の三女として越前国（福井県）で生まれる。諱《いみな》は玉子《たまこ》。天正6年（１５７８）、父光秀の主君織田信長の命によって細川藤孝《ほそかわふじたか》の嫡男忠興《ただおき》に嫁ぎ、初め山城勝龍寺《しょうりゅうじ》城（京都府長岡京市）、のち丹後宮津《みやづ》城（京都府宮津市）に住む。忠興との間に嫡男忠隆《ただたか》ほか二男二女をもうけた。

天正10年の本能寺《ほんのうじ》の変によって逆臣の娘となった玉子は、夫忠興によって丹後味土野《みどの》（京都府京丹後市）に幽閉される。天正12年、豊臣秀吉に許されて大坂玉造《たまつくり》（大阪市中央区）の細川邸へ戻った。忠興を通じて、高山右近《たかやまうこん》の話すキリスト教の教義に関心を抱いた玉子は、天正15年、侍女頭《じじょがしら》の清原枝賢《きよはらのえだかた》の娘（いと、洗礼名マリア）から特別に洗礼を授けられ、キリシタン（洗礼名ガラシャ）となる。

慶長5年（１６００）、忠興が徳川家康による上杉景勝《うえすぎかげかつ》征伐に従って出陣中の7月17日、石《いし》田《だ》三成《みつなり》は玉子に対して、大坂城へ人質として入城するよう命じ、細川邸を包囲した。玉子は忠興の命に従ってこれを拒み、自身の死後、細川邸に火を付けるよう言い残して、留守居《るすい》の家老小笠原少斎秀清《おがさわらしょうさいひできよ》が介錯《かいしゃく》を行い、自害した（一説には、小笠原少斎秀清に長刀で胸を突かせた）。玉子の死後、イエズス会宣教師オルガンティーノは、玉子の遺骨を拾うべく細川邸へ使者を派遣、のちに大坂の教会内で葬儀を執り行った。

討死

鳥《とり》居《い》元《もと》忠《ただ》

伏見城に散った三河武士の鑑

享年 62

生年 天文8年（1539）
歿年 慶長5年（1600）8月1日
墓所 光善寺（愛知県岡崎市魚町）

終焉の地 伏見城（京都市伏見区桃山町大蔵45）

徳川家康の家臣鳥居忠吉《とりいただよし》の三男として、三河碧海《あおみ》郡渡郷《わたり》（愛知県岡崎市渡町）に生まれる。幼少の頃から、今川《いまがわ》氏の人質となっていた松平《まつだいら》竹千代《たけちよ》（のちの徳川家康）の側近くに仕えた。長兄が戦死、次兄が出家していたため、元亀3年（1572）に父忠吉の跡を継いだとされる。

以後も家康の旗本先手役《はたもとさきてやく》として、姉川《あねがわ》の戦い、三方原《みかたがはら》の戦いなどに参加。長篠《ながしの》の戦いに際しては、馬防柵《ばぼうさく》の設置を石川数正《いしかわかずまさ》と共に行っている。この戦いで、武田《たけだ》軍の鉄砲によって負傷したと伝わる。天正10年（1582）の本能寺《ほんのうじ》の変後、旧武田領を巡る天正壬午《てんしょうじんご》の乱では、甲斐（山梨県）・信濃（長野県）攻略戦でも武功を挙げた。この功績によって小山田《おやまだ》氏の支配していた甲斐都留《つる》郡一帯（都留市）を与えられている。

天正18年、小田原攻め後に家康が関東へ移封されると、元忠は下総香取《かとり》郡矢作《やはぎ》（千葉県香取市）で4万石を与えられた。

慶長5年（1600）、関ヶ原の戦いの前哨戦となる伏見城の戦いでは、1800余の城兵で籠城。4万近い軍勢を前に、2週間近く城を守り抜いた。しかし8月1日、宇喜多秀家《うきたひでいえ》らの軍勢に加わっていた雑賀衆《さいかしゅう》の鈴木孫一《すずきまごいち》（重朝《しげとも》説あり）が城内に侵入、元忠は首を刎ねられ、壮絶な死を遂げたとされる。元忠の勇猛果敢ぶりと忠節は、長く徳川家の語り草になったという。

死の間際まで輿に乗って戦い抜く

大《おお》谷《たに》吉《よし》継《つぐ》

享年
42

生年 永禄2年（1559）
歿年 慶長5年（1600）9月15日
墓所 岐阜県関ケ原町大字藤下
永賞寺（供養塔。福井県敦賀市栄新町）

終焉の地 関ヶ原（岐阜県不破郡関ケ原町山中30—1）

近江（滋賀県）の大名六角《ろっかく》氏の旧臣大谷吉房《おおたによしふさ》（盛治《もりはる》）の子として近江国で生まれたとされる（諸説あり）。吉継の前半生はほとんどわかっていない。小姓として羽柴秀吉に仕え、信任を得たという。天正11年（1583）の賤ヶ岳《しずがたけ》の戦いで戦功を挙げたが、九州攻めでは吏僚派として兵站奉行《へいたんぶぎょう》を担当し、のちに検地《けんち》奉行などを務めた。石田三成《いしだみつなり》と共に秀吉から重用されている。

天正17年に越前敦賀《つるが》（福井県敦賀市）の城主となる。その後の小田原攻めや奥羽平定にも尽力し、朝鮮出兵では船奉行を担当して、明《ミン》軍との和平交渉も務めた。顔を頭巾《ずきん》で隠すなど、一時はハンセン病に悩まされることもあった。

慶長3年（1598）8月に秀吉が亡くなると、最初は徳川家康に協力する姿勢を示した。三成が七将に襲撃された際は、仲介役を務めている。家康に与《くみ》して会津征討に出陣するが、途中で三成と面会し、西軍に味方することを決意している。関ヶ原の戦いでは藤堂高虎《とうどうたかとら》らを相手に奮闘したが、松尾山《まつおやま》に陣を置いた小早川秀秋《こばやかわひであき》の奇襲攻撃を受けて敗北。最期は無念の思いを抱きつつ、自刃して果てた。吉継の首は側近の湯浅五助《ゆあさごすけ》によって埋められ、東軍には発見されなかったと伝わる。異説によると、吉継の首を家臣三浦喜太夫《みうらきだゆう》が吉継の甥の僧祐玄《ゆうげん》に持たせて、米原《まいばら》（滋賀県米原市）に埋めたという。

戦いに敗れ弟と共に切腹

長《な》束《つか》正《まさ》家《いえ》

終焉の地　桜井谷（滋賀県蒲生郡日野町中之郷）

享年　?

生年　不詳
歿年　慶長5年（1600）9月30日
墓所　安乗寺（滋賀県日野町）

水口盛里《みずぐちもりさと》の嫡男として近江栗太《くりた》郡長束《なつか》村（滋賀県草津市）で生まれたとされるが、父の名も出生地も諸説あって詳細は不詳。

初め織田信長の重臣丹羽《にわ》長秀《ながひで》に仕え、長秀の死後は豊臣秀吉に召し抱えられた。経理に長じており、秀吉の下では、戦争における兵糧《ひょうろう》奉行《ぶぎょう》、各地の検地《けんち》奉行、普請《ふしん》奉行などを一手に引き受け、秀吉の天下統一に大きく貢献。小田原攻めや、朝鮮出兵といった、秀吉に関わる大掛かりな戦いや、伏見《ふしみ》城の普請といった事業の裏には正家の活躍があった。それらの功を賞され、正家は近江水口《みなくち》（甲賀市）5万石の城主となる（のちに加増されて12万石となる）など、秀吉の下で順調に出世していった。

秀吉死後の慶長5年（1600）9月に起きた関ヶ原の戦いでは、同じく五奉行《ごぶぎょう》の一人である石田三成《いしだみつなり》に味方して西軍に付く。正家は主に伊勢（三重県）方面を固めて東軍と戦ったが、戦果を挙げることなく本拠水口へ引き上げる。その後、戦いは西軍側の敗北に終わり、9月15日、正家は水口を東軍の池田長吉《いけだながよし》に攻められる。城は池田勢に包囲され、正家は窮して開城したが、城を出たところで池田勢によって虚を突かれ、捕縛されてしまった。その後、正家は9月30日に、弟直吉と共に近江桜井谷（佐久良谷とも。滋賀県日野町）において自害して果てた。

処刑

首が離れるまで命を惜しむ

石《いし》田《だ》三《みつ》成《なり》

享年
41

生年 永禄3年（1560）
歿年 慶長5年（1600）10月1日
墓所 大徳寺三玄院（京都市北区紫野大徳寺町）
※原則非公開

終焉の地 **六条河原（京都市下京区・鴨川沿岸）**

北近江（滋賀県）の守護《しゅご》京極《きょうごく》氏に仕えていたとされる石田正継《いしだまさつぐ》の次男として、近江坂田《さかた》郡石《いし》田《だ》村（長浜市）で生まれる。豊臣秀吉が長浜《ながはま》城主だった頃、15～16歳で仕えたとされる。

天正10年（1582）の本能寺《ほんのうじ》の変後、秀吉に従って各地を転戦し、直属吏僚《りりょう》として重用された。天正19年に近江佐和山《さわやま》城（彦根市）の城主として21万石を与えられている。また、太閤《たいこう》検地《けんち》などで吏僚としての能力を発揮した。朝鮮出兵では肥前名護屋《なごや》（佐賀県唐津市）に駐屯し、その後、朝鮮に渡って明《ミン》国との和平交渉を担当したが、加藤清正《かとうきよまさ》ら武断派《ぶだんは》と対立している。

慶長3年（1598）8月に秀吉が亡くなると、朝鮮派遣軍の撤収を担当。その間、五奉行《ごぶぎょう》の一人として、豊臣政権を支え続けた。慶長5年の関ヶ原の戦いでは、西軍を率いて徳川家康の東軍に挑んだが、敗退。逃亡した三成は近江伊香《いか》郡古橋《ふるはし》村（長浜市）で捕縛され、10月1日に京六条河原で斬首された。

処刑直前に喉《のど》が渇いた三成は、警護の者に水を所望すると「水は無いが、柿がある」と言われた。三成は「柿は痰《たん》の毒であるのでいらない」と答えた。警護の者は「首を切られる者が、毒断ちをして何になる」と嘲笑《あざわら》ったが、三成は「大志を持つ者は、最期の瞬間まで命を惜しむものだ」と述べたという逸話がある。

キリストとマリアのイコンを拝む

小《こ》西《にし》行《ゆき》長《なが》

享年 ？

生年 不詳
歿年 慶長5年（1600）10月1日
墓所 東光院（熊本市西区花園）
堺公園墓地（供養塔。堺市南区鉢ケ峯寺）

終焉の地 六条河原（京都市下京区・鴨川沿岸）

堺（堺市）の薬種商小西立佐《こにしりゅうさ》（隆佐）の次男として京で生まれたとされる。初め、備前（岡山県）の大名宇喜多直家《うきたなおいえ》に仕える。天正8年（1580）頃より、立佐・行長父子は羽柴秀吉に重用され始め、のちに行長は小豆島《しょうどしま》（香川県）の管理を任されることになる。天正11年には、塩飽《しわく》（香川県丸亀市）から堺に至るまでの船舶を管理する水軍の長に任じられたという。天正12年頃、高山右近《たかやまうこん》の勧めでキリスト教に入信。洗礼名はアウグスティヌス（アグスチノ）。

天正16年、肥後宇土《うと》（熊本県宇土市）を中心に12万石（諸説あり）が与えられた。朝鮮出兵の際には、行長が一番隊の隊長となる。天正20年4月13日、行長は宗義智《そうよしとし》と共に釜山《プサン》城を落とし、6月には平壌《ピョンヤン》を陥落させた。明《ミン》の沈惟敬《しんいけい》と謀って講和を結んだが、秀吉が提示した講和条件と異なっていたため、秀吉は激高。慶長2年（1597）、行長は再度の朝鮮出兵にも出陣し、翌3年12月に帰国した。

慶長5年の関ヶ原の戦いでは、石田三成《いしだみつなり》に呼応して西軍に付いたが敗北、伊吹《いぶき》山中へ逃れたのち捕らえられた。10月1日、三成らと共に京六条河原で斬首。この時、行長はキリスト教の教義に反する切腹を拒否し、ポルトガル王妃から贈られたキリストと聖母マリアのイコン（聖画像）を押し戴き、これに祈ったという。

自らの死は予言できず

安《あん》国《こく》寺《じ》恵《え》瓊《けい》

享年
？

生年　不詳
歿年　慶長5年（1600）10月1日
墓所　安国寺不動院（広島市東区牛田新町）
建仁寺（首塚。京都市東山区小松町）

終焉の地　六条河原（京都市下京区・鴨川沿岸）

安芸（広島県）の守護《しゅご》武田《たけだ》氏の流れを汲むとされ、安芸国で生まれる。当時は臨済宗東福寺《りんざいしゅうとうふくじ》の末寺《まつじ》だった安芸安国寺《あんこくじ》（広島市東区。現在の真言宗不動院）に入寺。のちに毛利《もうり》氏から招かれ、安芸安国寺、備後安国寺（広島県福山市）の住持を兼務する。卓越した交渉能力が評価され、使僧《しそう》として起用された。元亀４年（１５７３）に将軍足利義昭《あしかがよしあき》と織田信長が決裂すると、義昭のために調停に従事した。その際、信長の天下が長く続かないこと、また羽柴秀吉の将来の躍進を予言するなど、天下の情勢を見抜く先見性があった。天正10年（１５８２）６月の秀吉による備中高松《たかまつ》城（岡山市北区）の水攻めにおいては、秀吉との和睦《わぼく》を積極的に進め、以後、秀吉からも重用されるようになった。一説によると、恵瓊は大名と言われているが、それは誤りである。その後も恵瓊は秀吉に従って各地を転戦し、使僧としての役割を果たした。

慶長５年（１６００）９月の関ヶ原の戦いでは、毛利氏を西軍に引き入れようとするが、最終的に失敗、西軍も敗北した。戦後、恵瓊は京の鞍馬寺《くらまでら》を経て本願寺《ほんがんじ》へ逃れ、六条《ろくじょう》あたりに潜伏していた。やがて奥平信昌《おくだいらのぶまさ》に捕らえられ、大《おお》津《つ》（滋賀県大津市）の家康陣所へ護送されている。そして10月１日、石田三成《いしだみつなり》や小西行長《こにしゆきなが》らと共に京六条河原で処刑された。

助命されたことを知らずに自害

九《く》鬼《き》嘉《よし》隆《たか》

享年 59

生年 天文11年（１５４２）

歿年 慶長5年（１６００）10月12日

墓所 常安寺（三重県鳥羽市鳥羽）

終焉の地 洞仙庵（三重県鳥羽市答志町813、和具浦公民館）

志摩田城《たしろ》城（三重県鳥羽市）の城主九《く》鬼《き》定隆《さだたか》の次男として、波切《なみきり》城（三重県志摩市）で生まれたとされる（諸説あり）。九鬼宗家の家督は兄浄隆《きよたか》が継いだが、志摩七人衆と争って討死したため、兄の遺児澄隆《すみたか》を補佐して織田信長と交渉し、織田家に庇護《ひご》されたという。

永禄12年（１５６９）、信長が伊勢（三重県）の北畠具教《きたばたけとものり》を攻めた際、これに協力して武功を挙げ、北畠氏を継いだ信長の次男信雄《のぶかつ》に仕えた。澄隆が病歿すると、九鬼家の家督を継いで、伊勢長島一向一揆《ながしまいっこういっき》、摂津木《き》津《づ》川口《がわぐち》の戦い（毛利《もうり》水軍との戦い）などの海戦に、水軍を率いて活躍。その際、信長から鉄甲船《てっこうせん》の建造を命じられた逸話は有名である。嘉隆は、俗に海賊大名と呼ばれていたが、平時は物資輸送や織田家の流通に関わり、堺（堺市）の港に駐留していた。本能《ほんのう》寺《じ》の変後は、信雄を見限って豊臣秀吉に従い、小牧《こまき》・長久手《ながくて》の戦いや九州攻め、小田原攻めに相次いで参加。秀吉の天下統一を支えた。天正20年から始まった朝鮮出兵（文禄《ぶんろく》の役《えき》）では、自ら水軍を率いて渡海したという。

慶長5年（１６００）9月の関ヶ原の戦いでは、嫡男守隆《もりたか》が徳川家康に、嘉隆は石田三成《いしだみつなり》に従った。敗戦後、守隆の助命嘆願によって嘉隆は許されるはずだったが、家臣からの切腹の勧めに応じて、10月12日、自害して果てた。

病死

関ヶ原での戦傷が原因で世を去る

井《い》伊《い》直《なお》政《まさ》

享年 42

生年 永禄4年（1561）2月19日
歿年 慶長7年（1602）2月1日
墓所 清涼寺（滋賀県彦根市古沢町）

終焉の地 佐和山城（滋賀県彦根市佐和山町）か？

「徳川四天王」の一人として有名。遠江（静岡県）の国衆《くにしゅう》井伊直親《いいなおちか》の嫡男として、井伊谷《いいのや》（浜松市北区）で生まれる。当時の遠江では、桶狭《おけはざ》間《ま》の戦いで今川義元《いまがわよしもと》が討たれたことで激震が走り、父直親は織田・徳川氏との関係を怪しまれ、永禄5年（1562）に義元の後継氏真《うじざね》によって謀殺された。当主を失った井伊谷では混乱が続き、直政も天正3年（1575）に家康から小姓に取り立てられるまで、各地を転々とする。

直政は、家康に仕えると井伊谷を回復し、政治・軍事の両面で貢献。甲斐武田《たけだ》氏との戦いで功を挙げ、天正10年（1582）の武田氏滅亡後は、同氏旧臣らを自軍に取り込む。直政の軍勢は兵具を赤色とし、武田の軍制を引き継いだ「赤備え」と称され、同12年の小牧《こまき》・長久手《ながくて》の戦いで池田恒興《いけだつねおき》らの軍勢を撃破するなど猛威を振るった。慶長5年（1600）の関ヶ原の戦いでは島津義弘《しまづよしひろ》勢と戦ったが、その際、鉄砲で撃たれて重傷を負う。所領面では、家康の関東入部（天正18年）の際に上野箕輪《みのわ》城（群馬県高崎市）12万石を、関ヶ原の戦い後は近江佐和山《さわやま》城（滋賀県彦根市）18万石を領した。

外交能力も優れていた直政は、関ヶ原での鉄砲傷が癒えないままに、毛利《もうり》氏や島津氏との戦後処理交渉にあたっていたが、無理がたたって、慶長7年2月1日、破傷風《はしょうふう》のために歿した。

病死

枕頭で処世術を我が子に語る

黒田《くろだ》孝高《よしたか》（官兵衛《かんべえ》）

享年 59

生年 天文15年（1546）
歿年 慶長9年（1604）3月20日
墓所 崇福寺（福岡市博多区千代）

終焉の地 伏見の黒田家邸（京都市伏見区深草大亀谷敦賀町）

播磨（兵庫県）の大名小寺《こでら》氏に仕えた黒田《くろだ》（小寺）職隆《もとたか》の嫡男として播磨姫路《ひめじ》（姫路市）で生まれたとされる。毛利《もうり》氏と織田信長が対立する状況下、官兵衛は父職隆と共に主家の小寺政職《まさもと》に対して信長に与《くみ》するよう進言し、天正5年（1577）に羽柴秀吉を姫路城に迎えた。天正6年、荒木村重《あらきむらしげ》が信長に謀叛を起こすと、単身で摂津有岡《ありおか》城（兵庫県伊丹市）へ説得に向かうも捕らえられ、幽閉《ゆうへい》される。天正7年の有岡落城後に助け出され、以後は秀吉に重用された。

天正10年に備中高松《たかまつ》城（岡山市北区）を攻撃する際、秀吉に水攻めを献策、本能寺《ほんのうじ》の変で信長が謀殺されると、秀吉に「天下を取る好機」と囁《ささや》いたと言われている。その後も秀吉に従って各地を転戦、数々の戦功を挙げ、天正14年の九州攻めでは軍奉行《いくさぶぎょう》を務め、戦後は豊前中津《なかつ》（大分県中津市）に12万石を与えられた。天正17年には嫡男長政《ながまさ》へ家督を譲っている。

慶長5年（1600）の関ヶ原の戦いでは東軍に属し、大友吉統《おおともよしむね》と豊後石垣原《いしがきばる》（大分県別府市）で戦うなど、九州の西軍勢力を撃破していった。晩年は政治に関与することもなく、慶長9年3月20日、京の黒田邸で病歿。『黒田家譜《くろだかふ》』によると、官兵衛は自らの亡くなる日を予言し、また自身がキリシタンだったため、教会への寄付や殉死の禁止を遺言したとも伝わる。

病死

嫡男の討死に落胆しつつ病歿

村《むら》上《かみ》武《たけ》吉《よし》

享年 73

生年 天文元年（1532）

歿年 慶長9年（1604）8月22日

墓所 元正寺墓地（宝篋印塔。山口県周防大島町）

終焉の地 和田（山口県大島郡周防大島町内入）

瀬戸内海を本拠とした能島《のしま》村上水軍《むらかみすいぐん》の惣領《そうりょう》村上義忠《よしただ》の嫡男として、能島（愛媛県今治市）で生まれたとされる。父義忠の兄義雅《よしまさ》が早世し、義雅の嫡男義益《よします》と家督を巡る争いに突入したとされ、義益病死後の天文20年（1551）頃に、村上氏の当主になったと伝わる。

天文24年10月の安芸厳島《いつくしま》の戦いでは、毛利元《もうりもと》就《なり》に味方し、陶晴賢《すえはるかた》軍と戦った。その後も毛利氏と結び付くことで瀬戸内海の制海権を握り、通行料を取り立てるなどして勢力を強めていった。一時期、毛利氏と敵対する浦上宗景《うらがみむねかげ》などに味方し、毛利氏との関係は悪化するが、天正3年（1575）頃には関係を修復したという。

織田信長と毛利氏が戦うようになると、武吉の嫡男元吉《もとよし》が摂津木津川口《きづがわぐち》の戦い（第1次）に参加し、信長方の水軍を破っている。信長配下の羽柴秀吉から調略などを受けるが、その後も毛利氏に従い、信長に味方するようになった来《くる》島《しま》村上氏の本拠地を攻めて、これを奪った。信長の死後、秀吉と毛利氏が和睦《わぼく》すると、毛利氏に攻められて能島を失い、小早川隆景《こばやかわたかかげ》に従ったとされる。武吉自身は以降、隠居して表舞台から退いたと考えられ、能島村上氏は嫡男元吉と次男景親《かげちか》が活躍するが、関ヶ原の戦いで元吉が討死した。慶長9年（1604）、周防和田《わだ》（山口県周防大島町）で病死したとされる。

病死

心血を注いで整備した城で死去

山《やま》内《うち》一《かつ》豊《とよ》

終焉の地　高知城（高知市丸ノ内）

享年　60

生年　天文15年（1546）
歿年　慶長10年（1605）9月20日
墓所　山内家墓所（高知市筆山町）
妙心寺大通院（京都市左京区花園妙心寺町）※原則非公開

尾張（愛知県）守護代織田信安《しゅごだいおだのぶやす》の重臣山内盛《やまうちもり》豊《しげ》の三男として、尾張法蓮寺《ほうれんじ》（一宮市）で生まれたとされる（諸説あり）。織田信長との対立によって父盛豊が討死すると、一族は離散、一豊も牢人となる。天正元年（１５７３）８月、朝倉義景《あさくらよしかげ》と信長が交戦した刀禰坂《とねざか》の戦い（福井県敦賀市）では、顔面に矢傷を受けながら、朝倉方の三段崎勘右衛門《みたざきかんえもん》を討ち取ったと伝わる。

この頃までには信長に仕官し、羽柴秀吉の与《よ》力《りき》になったとされる。この戦いの直後、近江浅《あざ》井《い》郡唐国《からくに》（滋賀県長浜市）で４００石余を与えられたという。さらに同じ頃、内助の功の逸話で有名な見性院《けんしょういん》（実名《じつみょう》は千代《ちよ》とされるが、不詳）と結婚したと伝わる。

天正13年（１５８５）に秀吉の後継者秀次《ひでつぐ》の側に仕え、近江長浜《ながはま》（滋賀県長浜市）の城主となる。小田原攻めののち、遠江掛川《かけがわ》（静岡県掛川市）５万石余を与えられた。慶長５年（１６００）の関ヶ原の戦いでは、徳川家康に味方。戦い前に、石田三成《いしだみつなり》の挙兵を知らせ、居城の掛川城を家康に明け渡すことを申し出たと言われているが、この逸話は、現在では否定されている。戦後、土佐一国（高知県）20万石余を与えられた一豊は、土佐の旧国主長宗我部《ちょうそかべ》氏の遺臣の反抗や対応に苦しみながらも、領国の基礎を固め、慶長10年9月20日、高知城で死去した。

病死

隠棲した地で安逸な日々を送った
前《まえ》田《だ》利《とし》益《ます》（慶《けい》次《じ》）

享年 72

生年 天文10年（１５４１）
歿年 慶長17年（１６１２）６月４日
墓所 善光寺（供養塔。山形県米沢市万世町）

終焉の地 堂森（山形県米沢市万世町）※諸説あり

実父は滝川一益《たきがわかずます》の一族と伝わるが、諸説あって定まらない。利益は、前田利家《まえだとしいえ》の兄で尾張荒《あら》子《こ》（名古屋市中川区）の城主前田利久《としひさ》の養子となる。養父利久は病弱だったため、武将としての素養を織田信長から問題視され、利家が家を継ぎ、利久と利益は荒子城を退去。のちに利家が能登（石川県）の支配を担うようになると、利益は養父利久と共に仕えた。

信長の死後、秀吉に与《くみ》した利家の下で、利益は天正13年（１５８５）に越中阿尾《あお》城（富山県氷見市）の城代《じょうだい》となり、天正18年７月には利家と共に陸奥へ赴いて検地を担当。しかし同年以降、利家の許から出奔、京へ上り、後年は会津の上杉景勝《うえすぎかげかつ》に仕えて２０００石を領す。

慶長５年（１６００）９月の慶長出羽合戦《けいちょうでわかっせん》では、上杉勢として最上《もがみ》氏の軍勢と戦い、戦後は上杉氏の米沢《よねざわ》（米沢市）移封《いふう》に従った。利益は同地で隠棲、慶長17年６月４日に堂森（米沢市）で歿した。以上は上杉側の記録だが、前田側の記録では、利益は大和（奈良県）に移住し、慶長10年11月19日、同国刈布で歿したという。このように、晩年の動向にも諸説ある。その逸話の多さゆえ、現在に至るまでかぶき者、武辺者《ぶへんもの》として知られるが、漢詩や連歌《れんが》を通じて細川《ほそかわ》藤《ふじ》孝《たか》（幽斎《ゆうさい》）や、京の文人、米沢では直江《なおえ》兼続《かねつぐ》らと交わるなど、文芸にも秀でた人物だった。

病死

榊《さかき》原《ばら》康《やす》政《まさ》

徳川四天王も晩年は恵まれず

享年
59

生年 天文17年（１５４８）
歿年 慶長11年（１６０６）5月14日
墓所 善導寺（群馬県館林市楠町）

終焉の地 館林城（群馬県館林市城町3）

「徳川四天王」の一人として有名。松平氏譜《まつだいらしふ》代《だい》の酒井忠尚《さかいただひさ》の家臣榊原長政《さかきばらながまさ》の次男として、三河上野郷（愛知県豊田市）で生まれる。幼少の頃から聡明で、学問に秀でていたとされる。

永禄3年（１５６０）頃、桶狭間《おけはざま》の戦い後に、徳川家康（当時は松平元康《もとやす》）に謁見し、小姓に取り立てられたという。永禄6年の三河一向一《いっこういっ》揆《き》との戦いで初陣を果たし、武功を挙げ、家康の一字を与えられて康政と名乗った。後世の編纂物によれば、こののち本多忠勝《ほんだただかつ》、鳥居元忠《とりいもとただ》らに次いで家康の与力《よりき》を指揮する旗本先手役《はたもとさきてやく》となり、姉川《あねがわ》の戦い、三方原《みかたがはら》の戦いなど数々の戦いで武功を挙げた。天正9年（１５８１）、遠江高天神《たかてんじん》城（静岡県掛川市）を巡る攻防では先鋒《せんぽう》を務め、敵の首級を41も挙げたとされる。天正10年の本能寺《ほんのうじ》の変に際しては、家康の伊賀越えに同道し、無事浜松《はままつ》へ帰っている。その後、秀吉と交戦した小牧《こまき》・長久手《ながくて》の戦いでは、森長可《もりながよし》・池田恒興《いけだつねおき》らを追い詰めて討死させた。家康が秀吉に服属し、関東に移封されると、上野館《たて》林《ばやし》（群馬県館林市）10万石余を与えられている。

慶長5年（１６００）の関ヶ原の戦いの際は、家康の後継者秀忠《ひでただ》の軍勢に付いていたが、遅参。秀忠を叱責《しっせき》する家康との間を仲介したと言われ、のち老中に抜擢された。晩年は家康から疎まれ、慶長11年5月14日、感染症が悪化し病死した。

病死

嫡男のあとを追うように病死する

津《つ》軽《がる》為《ため》信《のぶ》

終焉の地 京の津軽家邸（京都市中京区津軽町）

享年 59

生年 天文19年（1550）1月1日
歿年 慶長12年（1608）12月5日
墓所 革秀寺（霊屋。青森県弘前市藤代）

為信の出自には諸説ある。南部《なんぶ》氏の一族久慈《くじ》信義《のぶよし》の弟だったが、のちに出奔《しゅっぽん》。永禄11年（1568）に、同じく南部一族の大浦《おおうら》氏を継ぐ。一方、後年の津軽氏側の記録では、為信は武田《たけだ》（大浦）守信《もりのぶ》の子とされ、南部宗家との関係も希薄化する。このように、南部氏と為信とは因縁浅からぬ関係にあった。

為信は陸奥大浦城（青森県弘前市）を拠点とし、元亀2年（1571）に石川《いしかわ》城（弘前市）の石川高信《たかのぶ》（南部信直《のぶなお》の実父）を敗死させたのを皮切りに、周辺の南部方の諸城を攻略。以後は南部氏や、出羽（秋田県）の安東《あんどう》氏らと戦いつつ、津軽での地盤を固めていく。天正17年（1589）には豊臣秀吉に接近し、翌18年には小田原へ参陣して、秀吉から南部氏よりの独立と津軽支配の承認を得るに至った。天正19年には九戸《くのへ》政実《まさざね》の乱の鎮定に参加。この頃に為信は、南部から津軽に姓を改めている。

慶長5年（1600）の関ヶ原の戦いでは家康に味方したことから、戦後に加増を受け、慶長8年からは高岡《たかおか》（のちの弘前《ひろさき》）築城にも着手し、弘前藩発展の礎を築いた。

慶長12年、為信は病床にあった嫡男信建《のぶたけ》を見舞うために上洛するも、到着前に信建は死去。為信も上洛前からすでに病気だったとされ、信建のあとを追うように12月5日、京で歿した。

病死

守り抜いた古今伝授の秘伝

細《ほそ》川《かわ》藤《ふじ》孝《たか》（幽《ゆう》斎《さい》）

享年 77

生年　天文3年（1534）4月22日

歿年　慶長15年（1610）8月20日

墓所　立田自然公園（泰勝寺跡。熊本市中央区）
南禅寺天授庵（京都市左京区南禅寺福地町）

終焉の地　自邸（京都市中京区北車屋町か？）

室町幕府奉公衆三淵晴員《ほうこうしゅうみつぶちはるかず》の次男として京の東山岡崎《おかざき》（京都市左京区）で生まれる。天文8年（1539）、伯父細川元常《ほそかわもとつね》の養子となった（諸説あり）。天文15年、第十三代将軍足利義藤《あしかがよしふじ》（のちの義輝《よしてる》）の偏諱《へんき》を受け、藤孝《ふじたか》を名乗る。

永禄8年（1565）5月に将軍義輝が横死すると、藤孝は義輝の弟一乗院覚慶《いちじょういんかくけい》（のちの義《よし》昭《あき》）を救出。永禄11年10月に義昭が第十五代将軍に就任すると、藤孝は義昭に仕えた。元亀4年（1573）になると織田信長方として行動、7月に義昭が京から追放されたあとは完全に信長の家臣となった。天正6年（1578）、信長の薦めで嫡男忠興《ただおき》と明智光秀《あけちみつひで》の娘玉子《たまこ》が結婚。天正8年には丹後宮津《みやづ》（京都府宮津市）が与えられ、宮津城を築いた。天正10年6月の本能寺《ほんのうじ》の変では、明智光秀からの再三の協力要請を拒否し、剃髪。幽斎玄旨《ゆうさいげんし》と号して丹後田辺《たなべ》城（京都府舞鶴市）に移り、家督を忠興に譲る。

その後は豊臣秀吉に重用された。慶長5年（1600）の関ヶ原の戦いの際は、東軍に属して田辺城を守った。1万5000余の西軍が田辺城を囲んだ際、幽斎の死によって古今伝授《こきんでんじゅ》の伝統が絶えることを惜しんだ後陽成《ごようぜい》天皇は、二度にわたり勅命講和《ちょくめいこうわ》を働きかけている。

晩年は京の吉田《よしだ》で暮らし、慶長15年8月20日、京三条車屋町の自邸で歿した。

病死

「忠節を守る者が侍」と遺言

本《ほん》多《だ》忠《ただ》勝《かつ》

終焉の地 桑名城（三重県桑名市吉之丸、九華公園に跡碑あり）

享年 63

生年 天文17年（1548）
歿年 慶長15年（1610）10月18日
墓所 浄土寺（三重県桑名市清水町）
良玄寺（千葉県大多喜町）

三河（愛知県）の大名松平広忠《まつだいらひろただ》の家臣本多《ほんだ》忠《ただ》高《たか》の嫡男として、三河額田《ぬかた》郡蔵前《くらまえ》（岡崎市）で生まれる。幼少期から徳川家康に仕えた。酒井《さかい》忠次《ただつぐ》、榊原康政《さかきばらやすまさ》、井伊直政《いいなおまさ》と共に「徳川四天王」の一人として有名。永禄3年（1560）に尾張大高《おおだか》城（名古屋市緑区）の戦いで初陣を果たすと、以後も家康の下で各地を転戦する。忠勝は初陣以来、生涯で57回の戦いを経験したが、身に傷跡をとどめなかったと言われている。

天正10年（1582）の本能寺《ほんのうじ》の変では、家康に岡崎《おかざき》へ帰還することを進言、伊賀越えによって無事に帰ることができた。天正18年に家康が関東へ入部すると、上総大多喜《おおたき》（千葉県大多喜町）に10万石が与えられた。慶長5年（1600）の関ヶ原の戦いでは、家康が率いる東海道方面の軍目付《いくさめつけ》として出陣し、東軍勝利の立役者となった。その戦いぶりは、福島正則《ふくしままさのり》から絶賛されたという。慶長6年には伊勢桑名《くわな》（三重県桑名市）へ移封され、桑名城下の整備に尽力。

慶長9年頃から病に罹り、家康に隠居を申し出るが慰留された。嫡男忠政《ただまさ》に家督を譲ったのは、5年後のことである。慶長15年10月18日に桑名で病歿した。臨終に際して「侍《さむらい》は首取らずとも、不手柄なりとも、事の難に臨みて退かず。主君と枕を並べて討死を遂げ、忠節を守るを指して侍という」と言い残したとされる。

影響力は死ぬまで家中に及んだ 島《しま》津《づ》義《よし》久《ひさ》

享年 79

生年 天文2年（1533）
歿年 慶長16年（1611）1月21日
墓所 福昌寺跡（鹿児島市池之上町）

終焉の地 国分城（鹿児島県霧島市国分中央2―5―1、霧島市立国分小学校）

薩摩（鹿児島県）の大名島津《しまづ》貴久《たかひさ》の嫡男として、薩摩伊作《いさく》城（日置市）で生まれる。永禄9年（1566）、父貴久から家督を相続した。

元亀元年（1570）、薩摩国を統一すると、同3年には弟義弘《よしひろ》が伊東《いとう》氏を日向木崎原《きざきばる》の戦い（宮崎県えびの市）で破り、日向・大隈国にたびたび侵攻。天正5年（1577）に伊東義祐《よしすけ》を豊後（大分県）へ追いやり、翌6年、日向へ侵攻してきた大友宗麟《おおともそうりん》を耳川《みみがわ》の戦い（宮崎県木城町）で破って両国平定に成功した。その後、さらに義久は肥後（熊本県）の相良《さがら》氏、肥前（佐賀県）の龍造寺《りゅうぞうじ》氏を降して勢力を広げていった。

これに危機感を抱いた大友宗麟は、豊臣秀吉に支援を要請。秀吉から義久に対して停戦命令が出されたが、義久は無視し、兵を豊後に進めた。これに怒った秀吉は、天正14年12月に仙石《せんごく》秀久《ひでひさ》・長宗我部《ちょうそかべ》元親《もとちか》らの軍勢を派遣。島津勢は、これを撃破する。しかし、翌15年3月に豊臣勢の主力が豊後へ攻め入ると、抵抗するも敗れ、5月に降伏した。その後、義久に男子がいなかったため、弟義弘が秀吉から島津氏の当主に遇された。一方で、領内での内乱鎮圧や、関ヶ原の戦い後は徳川家康との講和交渉を担ったりして、義久は島津氏を滅亡の危機から救った。

慶長16年1月21日、国分《こくぶ》城（鹿児島県霧島市）において死去した。晩年の詳細は不詳。

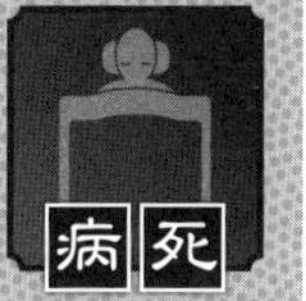

五奉行の中では唯一、家康の味方に

浅野長政《あさのながまさ》

享年
65

生年　天文16年（１５４７）
歿年　慶長16年（１６１１）４月７日
墓所　伝正寺（茨城県桜川市真壁町）
悉地院（和歌山県高野町）

終焉の地　**真壁陣屋（茨城県桜川市真壁町真壁198、真壁伝承館）※諸説あり**

尾張宮後《みやうしろ》（愛知県江南市）城主安井重継《やすいしげつぐ》の嫡男として、尾張春日井《かすがい》郡北野《きたの》（北名古屋市）で生まれたとされる。初名は長吉《ながよし》。長政への改名は秀吉死後とされる。織田信長の弓衆浅野長勝《あさのながかつ》の婿養子となり浅野家を継いだ。

初め弓衆として信長に、のち羽柴秀吉に仕えた。天正15年（１５８７）９月には若狭一国（福井県）を与えられ国持《くにもち》大名となる。天正18年の小田原攻めの際には、北条《ほうじょう》氏の支城攻略に活躍を見せ、天正20年から始まる朝鮮出兵では、軍監《ぐんかん》として石田三成《いしだみつなり》や増田長盛《ましたながもり》と共に朝鮮へ渡っている。文禄２年（１５９３）11月には甲斐一国（山梨県）が与えられ、豊臣政権の奥羽・関東支配の一翼を担うこととなった。

秀吉の晩年には五奉行《ごぶぎょう》の一人となり、慶長３年（１５９８）の秀吉死後は秀頼《ひでより》の擁立に尽力。しかし翌４年10月、家康暗殺の嫌疑をかけられ、家督を嫡男幸長《よしなが》に譲り武蔵府中《ふちゅう》（東京都府中市）に蟄居《ちっきょ》。慶長５年の関ヶ原の戦いでは東軍に属し、長政は徳川秀忠《ひでただ》に従って出陣した。

戦後は家康に近侍《きんじ》したとされ、慶長10年に江戸へ移り住んだ。翌慶長11年に隠居料として常陸真壁《まかべ》（茨城県桜川市）に５万石が与えられ、真壁藩の初代藩主となる。慶長16年４月７日、湯治先の下野塩原《しおばら》（栃木県那須塩原市）で急死した（真壁あるいは江戸での死去説もある）。

死してなお家康に警戒される

真《さな》田《だ》昌《まさ》幸《ゆき》

享年 65

生年 天文16年（1547）
歿年 慶長16年（1611）6月4日
墓所 長谷寺（長野県上田市真田町）
善明称院（和歌山県九度山町）

終焉の地 九度山真田庵（和歌山県伊都郡九度山町九度山）

甲斐（山梨県）の大名武田《たけだ》信玄《しんげん》の家臣真田《さなだ》幸《ゆき》綱《つな》（幸隆《ゆきたか》）の三男として、信濃国（長野県）に生まれる。天文22年（1553）、7歳の時に昌幸は信玄の許へ人質として送られた。のちに信玄は、昌幸を「わが眼」と称して重用。天正3年（1575）の長篠《ながしの》の戦いでは、信綱《のぶつな》・昌《まさ》輝《てる》の二人の兄が討死したため、昌幸は真田家の家督を継ぎ、真田姓に復した。

天正10年3月に武田氏が滅びると織田氏に仕え、6月の本能寺《ほんのうじ》の変後は、北条《ほうじょう》・上杉《うえすぎ》・徳川の3氏を翻弄《ほんろう》し、自らの領土保全に奔走。翌天正11年に上田《うえだ》城（長野県上田市）を築城して本拠とし、天正13年に豊臣秀吉へ臣従。天正17年には秀吉の裁定に従い、上野沼田《ぬまた》城（群馬県沼田市）を北条氏に渡したが、翌18年に北条氏が滅びると、沼田城を再び掌中に収めた。

慶長5年（1600）9月の関ヶ原の戦いでは、次男信繁《のぶしげ》（幸村《ゆきむら》）と共に西軍に与《くみ》して、上田城で徳川秀忠《ひでただ》軍を食い止める。しかし、結果的に西軍が敗北したため所領は没収。東軍に属した嫡男信幸《のぶゆき》の助命嘆願が功を奏し、九度山《くどやま》（和歌山県九度山町）に蟄居《ちっきょ》を命じられた。九度山では打倒家康を目標にしていたというが、実際は借金や病に悩まされ、上田への帰還を願う日々が続いた。慶長16年6月4日、昌幸の願いは叶わず、九度山で病歿した。

急死ゆえ遺書も辞世もなく
加《か》藤《とう》清《きよ》正《まさ》

享年 50

生年 永禄5年（1562）6月24日
歿年 慶長16年（1611）6月24日
墓所 本妙寺（熊本市西区花園）
池上本門寺（供養塔。大田区池上）

終焉の地 隈本城（熊本市中央区本丸1—1）

刀鍛冶《かたなかじ》の加藤清忠《かとうきよただ》の次男として尾張愛知《あいち》郡中《なか》村《むら》（愛知県名古屋市中村区）で生まれる。母が羽柴秀吉の母と縁戚関係にあったことから、幼少より秀吉に仕え、天正11年（1583）の賤《しず》ヶ岳《がたけ》の戦いにおける活躍から「賤ヶ岳の七本《しちほん》槍《やり》」の一人に数えられる。秀吉からの信頼は厚く、天正16年からは国人一揆《こくじんいっき》のあった肥後（熊本県）へ入り、小西行長《こにしゆきなが》と鎮撫を担当。肥後半国と同国蔵入地《くらいりち》（豊臣家の直轄地）の維持を任され、隈本《くまもと》城（熊本市中央区）を居城とした。

朝鮮出兵（文禄《ぶんろく》の役《えき》）の際には、二番隊の主将として漢城《ハンソン》を落とすなどの戦功を挙げたが、朝鮮や明《ミン》との講和条件を巡って行長や石田三成《いしだみつなり》と対立。行長の讒言《ざんげん》に遭い、京に戻されて蟄居《ちっきょ》の身となる。秀吉死後は徳川家康に接近。慶長4年（1599）、清正は福島正則《ふくしままさのり》や黒田長政《くろだながまさ》らと共に、対立していた三成を襲撃。翌5年の関ヶ原の戦いでは、東軍として九州の西軍勢力と戦い、戦後は肥後54万石の大大名となった。

その後の清正は領内安定化に努めると共に、豊臣秀頼《ひでより》にも仕え、慶長15年3月、二条《にじょう》城での秀頼と家康の会見の際には、その実現に奔走した。しかし、会見終了後、清正は肥後への帰途で倒れ、腎虚《じんきょ》のため6月24日に隈本で死去した。その死ついては、家康に毒殺されたとする後世の逸話もあり、様々な憶測を呼んでいる。

病死

死の原因は狩猟中の落馬

佐《さ》竹《たけ》義《よし》重《しげ》

享年 66

生年 天文16年（1547）2月16日
歿年 慶長17年（1612）4月19日
墓所 天徳寺（秋田市泉三嶽根）

終焉の地 六郷城（秋田県仙北郡美郷町六郷字田岡）

常陸（茨城県）の大名佐竹義昭《さたけよしあき》の嫡男として太田《おおた》城（常陸太田市）で生まれる。妻は伊達《だて》晴《はる》宗《むね》の娘。永禄5年（1562）に家督を継承。その勇猛さから「鬼義重」の異名をとり、越後（新潟県）の上杉謙信《うえすぎけんしん》や、北関東・南東北の諸勢力と合従連衡《がっしょうれんこう》を重ねて勢力を拡大。小田原の北条《ほうじょう》氏や、妻の実家である伊達氏といった有力大名との間で激しい抗争を繰り広げた。

他方、義重は織田信長や豊臣秀吉といった畿内の有力者と頻繁に連絡を取るなど、巧みな外交手腕を発揮する。天正18年（1590）には、嫡男義宣《よしのぶ》と共に秀吉の小田原攻めに参陣、石田《いしだ》三成《みつなり》勢と合流して忍《おし》城（埼玉県行田市）攻めに加わった。北条氏が秀吉に滅ぼされたのち、義重は秀吉の後押しを受けて常陸を統一。その後は、義宣に家督を譲って隠居した。

慶長5年（1600）の関ヶ原の戦いでは、義宣が石田三成側に付こうとしたが、義重は徳川家康に味方するよう主張し、父子は対立。戦後、佐竹氏は所領没収の危機に瀕したが、義重が家康・秀忠父子に嘆願したことなどから、出羽（秋田県）への移封にとどめ、改易《かいえき》は免れた。

出羽へ移ってからの義重は、仙北《せんぼく》地方を守備し、六郷《ろくごう》城（秋田県美郷町）へ入った。慶長17年4月19日、狩猟中の落馬事故がもとで、六郷城で激動の生涯を終えたとされる。

処刑

贈賄の罪を問われ死罪となる
有馬晴信《ありまはるのぶ》

享年
46

生年 永禄10年（1567）
歿年 慶長17年（1612）5月6日
墓所 不詳

終焉の地 初鹿野（山梨県甲州市大和町初鹿野1924、跡碑あり）

肥前日野江《ひのえ》城（長崎県南島原市）の城主有馬《ありま》義貞《よしさだ》の次男として、日野江城で生まれたとされる。初め、大友義鎮《おおともよししげ》（宗麟《そうりん》）から一字を与えられて鎮純《しげずみ》と名乗った。兄義純《よしずみ》の早世によって元亀2年（1571）に家督を継いだと言われる。

従属していた大友氏が日向耳川《みみがわ》の戦い（宮崎県木城町）で薩摩（鹿児島県）の島津《しまづ》氏に大敗を喫し、衰退していくと、有馬氏は龍造寺隆信《りゅうぞうじたかのぶ》の勢力に脅かされるようになった。天正7年（1579）には、隆信の嫡男鎮賢《しげとも》（政家《まさいえ》）に降伏している。この頃、叔父である大村純忠《おおむらすみただ》の影響もあってか、洗礼を受けてキリシタンとなり、ドン・プロタジオと称した。天正10年、大友氏の許にいたヴァリニャーノの発案で、宗麟・純忠らと共に遣欧少年使節《けんおうしょうねんしせつ》を派遣する。

天正12年になると、島津義久《よしひさ》と結んで沖田畷《おきたなわて》（長崎県島原市）で龍造寺氏と交戦、隆信を敗死させたが、以後は島津氏の影響下に置かれる。天正15年の豊臣秀吉による九州攻めでは秀吉に従い、慶長5年（1600）の関ヶ原の戦いでは徳川家康に寝返り、本領を安堵されている。

しかし慶長17年3月、本多正純《ほんだまさずみ》の家臣岡本大《おかもとだい》八《はち》の奸策にかかり、贈賄や長崎奉行暗殺計画の罪などで所領を没収され、甲斐初鹿野《はじかの》（山梨県甲州市）へ流罪となった。晴信には切腹が命じられたが、それを拒否し、5月6日に斬首された。

病死

秀吉の呪いではないかと噂に

池《いけ》田《だ》輝《てる》政《まさ》

享年
49

生年　永禄7年（1565）12月29日
歿年　慶長18年（1613）1月25日
墓所　池田家墓所（岡山県備前市吉永町）
国清寺（岡山市中区小橋町）

終焉の地　**姫路城（兵庫県姫路市本町68）**

織田信長の重臣池田恒興《いけだつねおき》の次男として、尾張春日井《かすがい》郡清須《きよす》（愛知県清須市）で生まれる。

初め織田信長に仕え、天正６年（１５７８）の摂津有岡《ありおか》城の戦いや、同10年の甲斐武田氏攻めにも出陣。信長の歿後は、豊臣秀吉に仕えた。天正12年の小牧《こまき》・長久手《ながくて》の戦いで、父恒興と兄元助《もとすけ》を失ったため、輝政が家督を継承し、美濃大垣《おおがき》（岐阜県大垣市）の城主となる。翌天正13年、秀吉から10万石（一説には13万石）を与えられ、岐阜城へ移った。その後も秀吉に従い、紀州攻め、九州攻めに出陣。天正18年には加増されて、三河吉田《よしだ》（愛知県豊橋市）の城主となる。朝鮮出兵には従軍せず、東国の警備や大船造船、兵糧米の回送にあたった。文禄3年（１５９４）、秀吉の命で北条氏直《ほうじょううじなお》の未亡人（徳川家康の娘督《とく》姫《ひめ》）を継室《けいしつ》に迎えた。

秀吉歿後は石田三成《いしだみつなり》と対立し、家康に接近した。慶長5年（１６００）の関ヶ原の戦いでは、東軍に属し、福島正則《ふくしままさのり》と共に岐阜城（城主は信長の嫡孫秀信《ひでのぶ》）を攻略した。この戦功により、播磨姫路《ひめじ》（兵庫県姫路市）52万に加増移封され、初代姫路藩主となった。輝政は、慶長6年から14年にかけて姫路城を大規模に改修している。

慶長18年1月、輝政は姫路でにわかに発病、家康が驚いて薬を遣わしたものの、25日に急死した。死因は中風《ちゅうふう》（一説には腎虚《じんきょ》）とされる。

病死

最《も》上《がみ》義《よし》光《あき》

死から8年後に最上家は改易

享年 69

生年 天文15年（1546）

歿年 慶長19年（1614）1月18日

墓所 光禅寺（山形市鉄砲町）

終焉の地 山形城（山形県山形市霞城町3ほか）

出羽（山形県）の大名最上義守《もがみよしもり》の嫡男として、山形《やまがた》城（山形市）で生まれる。元亀2年（1571）8月に家督を相続するが、父義守との仲は後年悪化し、最上家内で騒動となる（天正《てんしょう》最上の乱）。この騒動は、義光の妹義姫《よしひめ》の夫伊達《だて》輝宗《てるむね》らの介入によって混迷したが、天正2年（1574）に挽回して、輝宗と和を結んだ。以後の義光は、庄内《しょうない》地方を巡っては上杉景勝《うえすぎかげかつ》と、陸奥では輝宗の子政宗《まさむね》と抗争しつつ、支配領域の拡大・保全に努めていった。

中央政権に対しては、豊臣秀吉や徳川家康と結んで、最上氏の命脈を保った。特に慶長5年（1600）の関ヶ原の戦いの際には、会津の上杉景勝から領土を攻められ（慶長出羽合戦）、長谷堂《はせどう》城（山形市）の戦いでは、直江兼続《なおえかねつぐ》率いる大軍を撃退するなど、上杉勢を奥羽の地に釘付けとした。その功で、戦後は出羽庄内54万石の大大名となる。以後、義光は山形城を拡張、城下町も整備。「北楯大堰《きたたておおぜき》」造成などの治水事業は、庄内平野の発展の礎となった。

しかし義光は、慶長8年に嫡男義康《よしやす》を失う。動揺の残る中、義光は家康との関係が密だった次男家親《いえちか》を後継者に据え、慶長18年には山形を発ち、江戸で将軍秀忠《ひでただ》、駿府で家康と面会。最後の根回しを終えた義光は、山形帰還後の翌慶長19年1月18日に山形城で亡くなった。

病死

帰途に発病してそのまま死す

仙《せん》石《ごく》秀《ひで》久《ひさ》

享年
63

生年 天文21年（１５５２）
歿年 慶長19年（１６１４）5月6日
墓所 芳泉寺（長野県上田市常磐城）
勝願寺（埼玉県鴻巣市本町）

終焉の地 勝願寺（埼玉県鴻巣市本町8―2―31）

美濃（岐阜県）の土豪《どごう》仙石久盛《せんごくひさもり》の四男として美濃加茂《かも》郡黒岩《くろいわ》（岐阜県坂祝町）で生まれたとされる。織田信長に仕えたのち、羽柴秀吉の与力となり、以降は秀吉の戦いに従軍する。天正9年（１５８１）には、淡路洲本《すもと》城（兵庫県洲本市）の城主となり（諸説あり）、天正13年の四国攻めでも軍功を挙げて、讃岐一国（香川県）を与えられた。当初、秀久は宇多津《うたづ》の聖通寺山《せいつうじやま》城（香川県宇多津町）に本拠を構えたが、のちに高松《たかまつ》城（香川県高松市）へ移っている。

天正14年12月から始まる九州攻めでは、先陣を務めた長宗我部《ちょうそかべ》氏ら四国勢の軍監《ぐんかん》に任命されたが、豊後戸次川《へつぎがわ》の戦い（大分市）で島津軍に大敗。それが原因で所領をすべて没収され、秀吉から高野山《こうやさん》への蟄居《ちっきょ》を命じられた。のちに許され、天正18年の小田原攻めでの軍功で、信濃小諸《こもろ》（長野県小諸市）5万石が与えられた。朝鮮出兵が始まると、肥前名護屋《なごや》城（佐賀県唐津市）の築城工事で手腕を発揮したとされる。文禄3年（１５９４）の伏見《ふしみ》城の工事では、盗賊の石《いし》川《かわ》五右衛門《ごえもん》を捕縛したという逸話も残っている。慶長5年（１６００）9月の関ヶ原の戦いでは東軍に属し、徳川秀忠《ひでただ》に従った。

慶長19年、江戸から小諸へ帰国する途中、突如として病となり、5月6日に武蔵鴻巣《こうのす》の勝願《しょうがん》寺《じ》（埼玉県鴻巣市）で病歿したとされる。

乱戦の中で散った槍の又兵衛

後藤基次《ごとうもとつぐ》（又兵衛《またべえ》）

享年
56

生年 永禄3年（1560）
歿年 慶長20年（1615）5月6日
墓所 伝墓（大分県中津市耶馬溪町）

終焉の地 小松山（大阪府柏原市玉手町25―80）

播磨三木《みき》（兵庫県三木市）の城主別所長治《べっしょながはる》の家臣後藤基国《ごとうもとくに》の次男として播磨神東《じんとう》郡山田《やまだ》村（姫路市）で生まれたという（諸説あり）。関係史料が少なく、その生涯は謎に包まれている。父基国は、のちに黒田孝高《くろだよしたか》（官兵衛《かんべえ》）に召し抱えられ、基次も孝高・長政《ながまさ》父子に従って各地を転戦、朝鮮出兵にも出陣し、朝鮮へ渡っている。

慶長5年（1600）の関ヶ原の戦いでは、長政に従って出陣。その軍功により長政に筑前一国（福岡県）が与えられると、基次にも1万6000石の知行が与えられた。しかし、次第に長政と不和になり、孝高死後の慶長11年、不本意ながらも黒田家を出奔して牢人生活を送る。

慶長19年10月の大坂冬の陣では豊臣秀頼《ひでより》に招かれ、豊臣方に与《くみ》した。翌20年5月の夏の陣では、基次は2800の兵を率いて、大和（奈良県）への出口にあたる南河内郡国分《こくぶ》村（大阪府柏原市）へ出陣。迎え撃つ徳川方の水野勝成《みずのかつなり》勢が国分村まで進出していたため、基次は仕方なく小《こ》松山《まつやま》に布陣した。基次は寡兵《かへい》を用いて奮戦したが、明石全登《あかしたけのり》や真田信繁《さなだのぶしげ》（幸村《ゆきむら》）ら後続部隊が霧で遅れたため、伊達政宗《だてまさむね》の家臣片倉重長《かたくらしげなが》の大軍と交戦（道明寺《どうみょうじ》の戦い）。基次は山を降りて果敢に攻撃を仕掛けたが、討死した。片倉重長の鉄砲隊が討ち取ったとも、松平忠明《まつだいらただあきら》配下の山田《やまだ》十郎兵衛《じゅうろうべえ》が討ち取ったともされる。

討死

香を焚き染めてあった首級

木《き》村《むら》重《しげ》成《なり》

終焉の地 若江村（大阪府東大阪市若江南町）か？

享年 ？

生年 不詳
歿年 慶長20年（1615）5月6日
墓所 木村公園（供養塔。大阪府八尾市幸町）
宗安寺（首塚。滋賀県彦根市本町）

豊臣秀次《ひでつぐ》の家臣木村重茲《きむらしげこれ》の子として生まれたとされる（諸説あり）。関係史料が少なく、その生涯は謎に包まれており、偽文書も多いとされる。母が豊臣秀頼《ひでより》の乳母《うば》となり、重成は幼少から秀頼の小姓として仕えたともいう。それゆえ秀頼の信頼が厚く、重臣として活躍した。

慶長19年（1614）10月に大坂冬の陣が勃発したが、和睦《わぼく》の機運が高まると、12月21日に使者として徳川秀忠《ひでただ》の本陣へ赴き、誓紙《せいし》を受け取った。その見事な所作や堂々とした態度は、大いに称賛されたという。しかし、翌20年には和睦が破れ、大坂夏の陣が勃発すると、5月に豊臣軍の主力として出陣した。重成は長宗我部《ちょうそかべ》盛親《もりちか》と共に八尾《やお》・若江《わかえ》（大阪府東大阪市南部）方面へ向かうと、若江方面で藤堂高虎《とうどうたかとら》・井伊直《いいなお》孝《たか》軍との戦いに及んだ。早朝からの戦いで、重成は藤堂軍の右翼を破り、昼食後、さらに戦おうとして、敵陣へと突撃。結局、井伊直孝の新《あら》手《て》に突かれて敗走したが、重成は逃げることなく踏みとどまって戦った。そして、激闘の末に、重成は討ち取られた。重成を討ったのは、井伊家の家臣安藤重勝《あんどうしげかつ》、あるいは庵原朝昌《いはらともまさ》とされる。重成の首級が家康に届けられると、首実検が行われた。重成の首級には香《こう》が焚き染めてあり、家康はその覚悟と武士としての嗜みに、大いに感服したという逸話が残る。

奮戦空しく休憩中に討たれる

真田《さなだ》信繁《のぶしげ》（幸村《ゆきむら》）

享年
49

生年 永禄10年（1567）
歿年 慶長20年（1615）5月7日
墓所 長国寺（供養塔。長野市松代町）

終焉の地 安居神社（大阪市天王寺区逢阪1—3—24）

信濃（長野県）の大名真田昌幸《さなだまさゆき》の次男として信濃国で生まれる。幸村の名で知られるが、信繁が正しい。天正13年（1585）に越後（新潟県）の上杉景勝《うえすぎかげかつ》の人質となり、同15年には豊臣秀吉の許で人質生活を送った。その後、秀吉の家臣大谷吉継《おおたによしつぐ》の娘を妻として迎えている。

慶長5年（1600）の関ヶ原の戦いでは父昌幸と共に西軍に与し、上田《うえだ》城（長野県上田市）に籠城。徳川秀忠《ひでただ》率いる軍勢を食い止めた。戦後は助命され、父と共に高野山麓《こうやさんろく》の九度山《くどやま》（和歌山県九度山町）で幽閉《ゆうへい》生活を送った。

慶長19年の大坂冬の陣では、豊臣秀頼《ひでより》の招きに応じて大坂城へ入城し、同城外堀《そとぼり》の天王寺口《てんのうじぐち》付近に出城《でじろ》「真田丸」を築城。幸村は、前田利《まえだとし》常《つね》や・松平忠直《まつだいらただなお》・井伊直孝《いいなおたか》らを中心とする徳川勢の猛攻を退け、和睦《わぼく》を結ぶきっかけを作った。

翌20年の夏の陣でも、信繁は家康の本陣を脅かすほどの戦いを繰り広げたが、5月7日の天王寺方面の戦いで松平忠直の軍勢と戦い、安居《やすい》神社《じんじゃ》（大阪市天王寺区）で討死した。信繁を討ち取ったのは鉄砲頭の西尾久作《にしおきゅうさく》とされるが、この点は諸説あって定かではない。また、叔父信《のぶ》尹《ただ》が信繁の首級を確認できなかったとも伝わっており、それゆえに「信繁生存説」が広がった。戦後、秀頼と共に薩摩（鹿児島県）へ逃れたとの逸話まで残っている。

大坂落城と消えた豊臣の血

豊《とよ》臣《とみ》秀《ひで》頼《より》

享年
23

生年　文禄2年（1593）8月3日
歿年　慶長20年（1615）5月8日
墓所　清凉寺（京都市右京区嵯峨釈迦堂藤ノ木町）

終焉の地　大坂城山里曲輪（大阪市中央区大阪城1−1）

天下人豊臣秀吉の第二子であり、秀吉の側室淀殿《よどどの》を母に、大坂城二の丸で生まれる。幼名は「拾《ひろい》」。文禄4年（1595）7月、豊臣秀次《ひでつぐ》を高野山《こうやさん》へ追放した秀吉は、諸大名に秀頼への奉公と忠誠を誓わせている。慶長3年（1598）8月、秀吉は「五大老《ごたいろう》・五奉行《ごぶぎょう》」による秀頼補佐体制の強化を遺言して歿した。

慶長5年9月の関ヶ原の戦いは徳川家康の勝利に終わったが、秀頼の政治的地位がすぐに低下したわけではなかった。慶長8年7月、千姫《せんひめ》（徳川秀忠《ひでただ》の長女。家康の孫）との婚姻も、豊臣・徳川両家の良好な関係を保持するためのものだった。しかし、慶長16年3月の二条《にじょう》城会見を境に、家康は秀頼を圧迫し始めるようになる。

慶長19年、家康は方広寺大仏殿《ほうこうじだいぶつでん》再興の際、鐘銘《しょうめい》の文面を問題視して秀頼と決裂、大坂城を包囲した（大坂冬の陣）。いったん講和したものの、豊臣方が講和条件を守らなかったことを理由に、翌20年、家康は再度挙兵した（大坂夏の陣）。大坂城内の内部分裂もあり、豊臣方は敗北。5月8日、負けを覚悟した秀頼は、引き留める母淀殿を諭して、豊国大明神《ほうこくだいみょうじん》を拝み、毛利勝永《もうりかつなが》に介錯《かいしゃく》させて自害した。秀頼と淀殿の最期の場所は、大坂城山里曲輪《やまざとぐるわ》中の第三櫓の糒蔵《ほしいぐら》（あるいは東下ノ段帯曲輪の東上櫓）であるが、母子の自害後、ほどなくして焼け落ちている。

秀頼の介錯をしたのち、あとを追う

毛《もう》利《り》勝《かつ》永《なが》

享年 ？

生年 不詳
歿年 慶長20年（1615）5月8日
墓所 毛利勝永供養塔（高知県土佐市波介板谷）

終焉の地 大坂城山里曲輪蘆田矢倉（大阪市中央区大阪城1―1）

豊臣秀吉の家臣毛利勝信《もうりかつのぶ》（森吉成《もりよしなり》、毛利吉成）の嫡男として、尾張国（愛知県）で生まれたとされる。関連史料が乏しく、その生涯には不明な点が多い。天正15年（1587）、勝信は秀吉から豊前小倉《こくら》（北九州市小倉北区）に6万石を、勝永は豊前国内に4万石（1万石とも）を与えられた。朝鮮出兵にも出陣し、大いに軍功を挙げた。しかし、慶長5年（1600）の関ヶ原の戦いでは西軍に味方し、敗北。父勝信も、小倉城を黒田孝高《くろだよしたか》（官兵衛《かんべえ》）に落とされた。

その後、父子は肥後（熊本県）の加藤清正《かとうきよまさ》の許へ送られ、やがて土佐（高知県）の山内一豊《やまうちかつとよ》に預けられた。勝永は山内家で厚遇されていたが、慶長19年10月の大坂冬の陣に際して、土佐を離れて豊臣方として参陣。山内忠義《ただよし》は勝永の出奔に激怒し、妻や娘を軟禁したと伝わる。豊臣方では勝永を歓迎し、主力として期待された。ところが、勝永ら牢人たちの献策は、ことごとく大野治長《おおのはるなが》らによって却下されたと伝わる。

翌20年の大坂夏の陣にも出陣し、5月6日の河内道明寺《どうみょうじ》の戦いでは殿《しんがり》を務めた。続く5月7日の天王寺口《てんのうじぐち》の戦いでは、徳川家康の本陣に突撃するなど、あと一歩のところまで家康を追い詰めたが、ついに豊臣方は敗北に追い込まれた。勝永は大坂城内に入ると、秀頼《ひでより》を介錯《かいしゃく》したのちに、嫡男勝家《かついえ》らと共に自害して果てた。

淀《よど》殿《どの》

最期を目撃したものはおらず

享年
?

生年 不詳
歿年 慶長20年（1615）5月8日
墓所 太融寺（大阪市北区太融寺町）

終焉の地 大坂城山里曲輪（大阪市中央区大阪城1—1）

北近江（滋賀県）の大名浅井《あざい》長政《ながまさ》と織田信長の妹お市《いち》の方《かた》の長女として、小谷《おだに》城（滋賀県長浜市）で生まれる。生年は諸説ある。名は茶々《ちゃちゃ》。居城にちなんで「淀の方」「二の丸殿」「西の丸殿」とも称された。淀君《よどぎみ》は俗称である。

天正11年（1583）、賤ヶ岳《しずがたけ》の戦いで敗れた継父《けいふ》柴田勝家《しばたかついえ》と、母お市が自刃したのち、妹二人と共に豊臣秀吉の庇護を受けた。天正15年ないし16年、茶々は秀吉の側室となる。天正17年に淀《よど》城（京都市伏見区）で秀吉の第一子鶴松《つるまつ》（夭折《ようせつ》）を、文禄2年（1593）には大坂城で拾《ひろい》（のちの秀頼《ひでより》）を出産。その後、淀殿の権勢は、秀吉の正室おねを凌ぐようになったとされる。

しかし近年の研究では、茶々とおねは対立関係にはなく、協調関係にあったと見る説が主流となりつつある。

秀吉の死後は、その遺命によって秀頼を後見した。次第に勢力を伸ばす徳川家康と対立した豊臣方は、慶長20年（1615）5月の大坂夏の陣で敗北。秀頼の重臣大野治長《おおのはるなが》は、将軍徳川秀忠《ひでただ》に対して、秀頼の正室千姫《せんひめ》（秀忠の長女）を使者に立て、自身の切腹を条件に淀殿と秀頼の助命を嘆願したが、それは叶わなかったとされる。結局5月8日、淀殿と秀頼は大坂城山里《やまざと》曲輪《ぐるわ》の糒蔵《ほしいぐら》で自害した。秀頼が自害した刀を拾って、治長が淀殿の介錯《かいしゃく》をしたとも伝わる。

三条河原に晒された寺子屋の主

長《ちょう》宗《そ》我《か》部《べ》盛《もり》親《ちか》

享年
41

生年　天正３年（１５７５）
歿年　慶長20年（１６１５）５月15日
墓所　蓮光寺（供養塔。京都市下京区本塩竈町）

終焉の地
六条河原（京都市下京区・鴨川沿岸）

土佐（高知県）の大名長宗我部元親《ちょうそかべもとちか》の四男として、土佐国で生まれる。天正14年（１５８６）12月、豊後戸次川《へつぎがわ》の戦い（大分市）で兄信親《のぶちか》が討死すると、父元親は二人の兄（親和《ちかかず》・親忠《ちかただ》）を差し置いて、盛親を後継者に指名する。これが、家臣同士による対立と内部分裂を招いた。慶長元年（１５９６）11月には、分国法《ぶんこくほう》で有名な「長宗我部掟書《おきてがき》」を父と連署《れんしょ》で制定するなど、政治にも力を注いだ。一方で、性急かつ短気な性格を豊臣政権から問題視され、大名の跡取りとして認められていなかったという見方もある。

慶長５年の関ヶ原の戦いでは、西軍に味方するも敗走。領国を没収されて牢人する。剃髪して、京で手習いの師匠をしていたと伝わる。

慶長19年10月に大坂冬の陣が起こると、大坂城に入って戦うが、大した見せ場もなく講和。翌20年５月の夏の陣では奮戦するも、戦局悪化で敗走。５月11日、家臣数名と石清水八幡宮《いわしみずはちまんぐう》（京都府八幡市）付近に隠れているところを捕らえられた。護送された盛親は、二条城《にじょう》門外に縛られ、晒された。その姿を見た徳川の旗本二人に、「死ぬべき時に死なぬから、このような醜態を晒すのだ」と言われると、盛親は「大義を思うからこそ、命を惜しんだのである」と言い放ったという。最後まで大名として返り咲くことを望んだが、５月15日、京六条河原で斬首された。

自刃

生涯をかけて豊臣家に尽くした

増田《ました》長盛《ながもり》

享年
71

生年 天文14年（１５４５）
歿年 慶長20年（１６１５）5月27日
墓所 平林寺（埼玉県新座市野火止）

終焉の地 岩槻城（さいたま市岩槻区太田3—4、岩槻城址公園）

尾張中島《なかしま》郡増田《ました》村（愛知県稲沢市）で生まれたとされる（諸説あり）。天正元年（１５７３）頃に、近江長浜《ながはま》（滋賀県長浜市）の城主だった羽柴秀吉に仕え始めたとされるが、それまでの長盛の足跡は明らかでない。秀吉に従って、中国攻めなどにも参加し、天正10年には、秀吉と越後（新潟県）の上杉景勝《うえすぎかげかつ》の間を取り次ぐ役目を担っている。天正12年には小牧《こまき》・長久手《ながくて》の戦いで武功を挙げ、のちの紀州雑賀《さいか》攻めや小田原攻めでは、兵糧米の徴収・確保を担当するなどしている。さらに、安房（千葉県）の里見義《さとみよし》康《やす》と秀吉を取り次ぎ、安房をはじめ、美濃（岐阜県）や越後などの国々の検地《けんち》にも関わった。

こうした実績から、長盛は「五奉行《ごぶぎょう》」の一人に数えられ、豊臣政権の財政を担っていく。文禄4年（１５９５）には、近江水口《みなくち》城（甲賀市）から大和郡山《こおりやま》城（奈良県大和郡山市）へ加増移封され、20万石余が与えられた。

秀吉歿後の関ヶ原の戦いでは、石田三成《いしだみつなり》らと共に反徳川家康の態度を鮮明にし、毛利輝元《もうりてるもと》と大坂城に籠城、守備を固めた。西軍が敗れると、長盛は出家。助命嘆願をした結果、高野山《こうやさん》へ追放され、のちに岩槻城（さいたま市岩槻区）の高力清長に預けられた。慶長20年の大坂夏の陣後に、嫡男盛次が豊臣方にいたことが発覚したため、切腹を命じられ、5月27日に自刃した。

大坂夏の陣からほどなくして急死

片《かた》桐《ぎり》且《かつ》元《もと》

享年 60

生年 弘治2年（1556）
歿年 慶長20年（1615）5月28日
墓所 誓願寺（静岡市駿河区丸子）

終焉の地 京の片桐家邸（京都市中京区烏丸三条西入ル）

北近江（滋賀県）の大名浅井《あざい》氏に仕えた片桐《かたぎり》直貞《なおさだ》の嫡男として、近江浅井《あざい》郡須賀谷《すがたに》（長浜市）で生まれたとされる。羽柴秀吉に仕え、天正11年（1583）の賤ヶ岳《しずがたけ》の戦いでは「七本槍《しちほんやり》」の一人に挙げられるほどの武功を残した。その後も秀吉の下で各国の検地《けんち》奉行《ぶぎょう》や方広寺《ほうこうじ》の作事《さくじ》奉行を務めつつ、軍事も担当した。

秀吉の死後、且元は大坂城にあって、秀吉の遺児秀頼《ひでより》の後見となって補佐をするかたわら、徳川家康の下でも奉行として活躍。秀頼・家康の双方から信頼され、領地の加増を受けた。

しかし、豊臣・徳川両氏の対立が顕在化すると、且元の立場は非常に微妙なものとなる。慶長19年（1614）7月の方広寺鐘銘《しょうめい》事件で両氏の間に亀裂が生じると、且元は秀頼の母淀殿《よどどの》から徳川方に通じていると疑われるようになり、10月には大坂城を退去。摂津茨木《いばらき》城（大阪府茨木市）に入った。一方で、家康との良好な関係は続いていたようで、この頃から肺病を患っていた且元の許には家康知己の医師が派遣されている。慶長20年5月の大坂夏の陣では徳川方に属したが、戦後間もない28日に京の屋敷で急逝した。豊臣・徳川両氏から信任を受けた且元にとって、両氏の間で板挟みとなり、かつ一方が滅亡するという事態は耐え難いものだったのだろう。その死は様々な憶測を呼んでいる。

近侍の膝を枕に息を引き取る

徳《とく》川《がわ》家《いえ》康《やす》

終焉の地　駿府城（静岡市葵区駿府城公園1、駿府城公園）

享年　75

生年　天文11年（1542）12月26日
歿年　元和2年（1616）4月17日
墓所　日光東照宮の奥宮（栃木県日光市山内）
久能山東照宮（静岡市駿河区根古屋）

三河（愛知県）の大名松平広忠《まつだいらひろただ》の嫡男として、三河岡崎《おかざき》城（岡崎市）で生まれる。幼少期は、今川《いまがわ》氏と織田氏の許で人質として過ごした。永禄3年（1560）の桶狭間《おけはざま》の戦いののち、岡崎城に入って自立し、翌4年に織田信長と和解した（清須同盟《きよすどうめい》）。永禄6年に家康と改名し、同9年には徳川と改姓。

信長の死後、台頭してきた豊臣秀吉と対立するが、家康は信長の次男信雄《のぶかつ》を援助して、天正12年（1584）に小牧山《こまきやま》（愛知県小牧市）で秀吉方と対峙（小牧《こまき》・長久手《ながくて》の戦い）。講和ののち、家康は秀吉に臣従。天正18年の小田原攻めののちに関東へ移封され、江戸を本拠とした。

秀吉の死後は、いわゆる「五大老《ごたいろう》」の筆頭として大きな勢力を持つようになり、慶長5年（1600）の関ヶ原の戦いを経て、全国支配への道を歩んでいく。慶長8年2月、征夷大将軍《せいいたいしょうぐん》に就いて江戸幕府を開いた。2年後には、将軍職を秀忠《ひでただ》に譲り、駿府《すんぷ》城（静岡市葵区）へ移って大御所《おおごしょ》となる。慶長19年から20年にかけての大坂の両陣によって豊臣氏を滅ぼした。

元和2年（1616）1月、駿河田中《たなか》（静岡県藤枝市）への鷹狩《たかがり》の途中で発病し、4月17日に歿した。死因は、これまでは鯛の天ぷらによる食中毒死とされていたが、近年では胃癌《いがん》と見なす説もあり、諸説が乱立している。

病死

あとを追って13名の家臣が殉死

島《しま》津《づ》義《よし》弘《ひろ》

享年 85

生年 天文4年（1535）7月23日
歿年 元和5年（1619）7月21日
墓所 福昌寺跡（鹿児島市池之上町）

終焉の地 加治木城（鹿児島県姶良市加治木町仮屋町211、県立加治木高等学校）

薩摩（鹿児島県）の大名島津貴久《しまづたかひさ》の次男として、薩摩伊作《いさく》城（日置市）で生まれる。兄義久《よしひさ》を支えて数々の戦功を挙げ、日向（宮崎県）で伊東《いとう》氏や大友《おおとも》氏と対峙してこれを破り、肥後（熊本県）でも相良《さがら》氏らを従属させるかたわら、摂《せっ》関家《かんけ》の近衛前久《このえさきひさ》や、最後の室町将軍足利義昭《あしかがよしあき》と折衝するなど、多方面で活躍した。天正15年（1587）5月、義弘は九州へ攻めてきた豊臣秀吉勢に降伏。大隅一国（鹿児島県）を安堵された。朝鮮出兵（文禄《ぶんろく》・慶長《けいちょう》の役《えき》）では、義弘は二度とも朝鮮へ渡海し、慶長3年（1598）9月からの泗川《サチョン》の戦いでは朝鮮・明《ミン》の大軍を破り、朝鮮の李舜臣《りしゅんしん》を戦死させている。

秀吉の死後、豊臣と徳川のどちらに接近するかを巡って島津氏内部が割れる中、慶長5年9月の関ヶ原の戦いで、義弘は小勢ながらも西軍に付いて奮戦。甥豊久《とよひさ》など多くの犠牲者を出しながらも、井伊直政《いいなおまさ》を負傷させるなど敵勢に大損害を与えて戦線突破、退却する光景は「島津の退《の》き口」として後世に語り伝えられた。

戦後、薩摩に戻った義弘は桜島《さくらじま》に蟄居《ちっきょ》。島津氏は直政らとの交渉の末に徳川氏と和解し、本領安堵を得て、義弘も赦免された。以後、すでに老齢だった義弘は戦場に出ることなく、隠退。加治木《かじき》（鹿児島県姶良市）に移住し、元和5年（1619）7月21日、天寿を全うした。

藩政に忙殺され死病に罹る

直《なお》江《え》兼《かね》続《つぐ》

終焉の地 江戸鱗屋敷（千代田区霞が関2―1―1、警視庁）

享年 60

生年 永禄3年（1560）

歿年 元和5年（1619）12月19日

墓所 林泉寺（山形県米沢市林泉寺）

越後（新潟県）の大名上杉景勝《うえすぎかげかつ》の家臣樋口《ひぐち》兼《かね》豊《とよ》の嫡男として、越後魚沼《うおぬま》郡上田《うえだ》庄で生まれたとされる（諸説あり）。永禄7年（1564）、上杉景勝に従って越後春日山《かすがやま》城（上越市）へ入った。天正9年（1581）、上杉氏の重臣直《なお》江《え》景綱《かげつな》の娘婿となって直江家を相続し、越後与《よ》板《いた》（長岡市）の城主となる。天正12年、主君景勝に重用されていた狩野秀治《かのうひではる》の死去や、天正14年の上条政繁《じょうじょうまさしげ》の出奔によって、兼続が上杉家の政務を一手に担う立場となった。

慶長3年（1598）1月、景勝の会津《あいづ》移封で、出羽米沢《よねざわ》（山形県米沢市）の城主となる。慶長5年、徳川家康による景勝謀叛の疑いと、上洛して釈明しない状況を詰問《きつもん》する書状の返書として、有名な「直江状《なおえじょう》」を出したとされるが、否定説も根強い。関ヶ原の戦いが家康勝利で終わったのち、景勝と共に上洛。家康に謝罪し、大減封の上で会津から米沢へ移封された。以降は、領内や家中の再編に手腕を発揮。慶長19年10月の大坂冬の陣にも参陣し、豊臣方の後藤基次《ごとうもとつぐ》（又兵衛《またべえ》）の軍勢を破るなど、活躍した。

元和5年（1619）5月から9月にかけて、景勝に従って上洛するも、体調を崩したと伝わる。12月19日、江戸の鱗屋敷《うろこやしき》（千代田区霞が関）で病歿した。幕府は、兼続の死を悼み、賻典銀《ふてんぎん》70枚（諸説あり）を下賜したという。

病死

寵臣と来世での再会を約束

上《うえ》杉《すぎ》景《かげ》勝《かつ》

享年
69

生年 弘治元年（1555）
歿年 元和9年（1623）3月20日
墓所 上杉家墓所（山形県米沢市御廟）

終焉の地 米沢城（山形県米沢市丸の内1―3―60）

越後（新潟県）の大名上杉謙信《うえすぎけんしん》の重臣長《なが》尾《お》政《まさ》景《かげ》の次男として、越後魚沼《うおぬま》郡上田庄《うえだのしょう》（南魚沼市）で生まれたとされる。母は謙信の実姉。のちに謙信の養子となる。謙信死後に勃発した御館《おたて》の乱で、もう一人の養子上杉景虎《かげとら》（北条氏政《ほうじょううじまさ》の弟）を打ち破り、天正7年（1579）には上杉家の家督を継承。天正15年には越後国を統一し、さらに佐渡《さど》、出羽庄内《しょうない》へと領国を拡大した。

慶長3年（1598）1月には、秀吉の命によって会津《あいづ》120万石を与えられ、豊臣政権末期には、亡くなった小早川隆景《こばやかわたかかげ》の跡を受けて、「五大老《ごたいろう》」の一人に加わった。ところが、秀吉死後は会津にとどまり、たび重なる徳川家康からの上洛要請に従わなかった。それどころか、重臣直江兼続《なおえかねつぐ》が「直江状《なおえじょう》」をしたため、家康を挑発する事態が勃発。両者の対立関係が激化したとされる。景勝は石田三成《いしだみつなり》に呼応し、慶長5年9月、奥羽の地で最上《もがみ》氏や伊達《だて》氏と戦うも、西軍が家康に敗れたため、その後の措置で出羽米沢（米沢市）30万石に大減封された。

元和9年（1623）以降、景勝は体調を崩したが、同年2月に嫡男定勝《さだかつ》が元服し、後継者の不安がなくなった。死に際しては、家臣清野《きよの》長範《ながのり》が必死の看病をしたというが、3月20日に米沢城で病歿した。景勝は遺言の中で、長範との来世における再会を期すと書き残したという。

病死

家臣に長大な遺言を残す

黒《くろ》田《だ》長《なが》政《まさ》

終焉の地 報恩寺客殿寝所（京都市上京区小川町寺之内下射場579）

享年 56

生年 永禄11年（1568）12月3日
歿年 元和9年（1623）8月4日
墓所 崇福寺（福岡市博多区千代）
祥雲寺（渋谷区広尾）

播磨御着《ごちゃく》城（兵庫県姫路市）小寺《こでら》氏の家臣黒《くろ》田孝高《だよしたか》（官兵衛《かんべえ》）の嫡男として、姫路《ひめじ》城（姫路市）で生まれる。父が織田信長へ与《くみ》したため、天正5年（1577）、人質として近江長浜《ながはま》城（滋賀県長浜市）へ送られたが、羽柴秀吉・おね夫婦の許では大変可愛がられたとされる。

天正10年の中国攻めで初陣を果たし、以後も秀吉旗下で父孝高と共に幾多の合戦に出陣した。天正17年、父から家督を受け継いで豊前中津《なかつ》（大分県中津市）の城主となる。朝鮮出兵では碧蹄《ビョクチェ》館《グァン》の戦い、蔚山《ウルサン》城の戦いで戦功を挙げたが、一方で石田三成《いしだみつなり》らとの関係が悪化。秀吉の死後は徳川家康に近づき、慶長5年（1600）の関ヶ原の戦いでは東軍に与した。長政による小早《こばや》川秀秋《かわひであき》らへの内応工作が東軍を勝利へ導くことになり、その功によって筑前一国（福岡県）を与えられ、福岡《ふくおか》城（福岡市中央区）を築き、城下を整備した。慶長19年の大坂冬の陣では江戸城の留守居《るすい》を務めたが、翌20年の夏の陣では徳川秀忠《ひでただ》隊に属して出陣している。

元和9年（1623）に上洛し、自らの足跡を訪ねているが、すでに病におかされていたとされ、8月4日、京報恩寺《ほうおんじ》（京都市上京区）の客殿寝所《きゃくでんしんしょ》で病歿した。長政は家臣に長大な遺言を残し、父孝高と自らの功績を書き連ね、黒田家の偉大さを強調したことで知られる。

病死

福島家は二代で滅びる

福《ふく》島《しま》正《まさ》則《のり》

享年 64

生年 永禄4年（1561）

歿年 寛永元年（1624）7月13日

墓所 岩松院（霊廟。長野県上高井郡小布施町）
妙心寺海福院（京都市右京区花園妙心寺町）

終焉の地 陣屋（長野県上高井郡高山村大字高井堀之内196、高井寺に跡碑あり）

尾張（愛知県）の桶屋福島正信《ふくしままさのぶ》の子として、尾張海東《かいとう》郡二寺《ふたつでら》村（あま市）で生まれたという（諸説あり）。母が羽柴秀吉の叔母だったことから、幼少より秀吉に近侍して多くの戦いに参加。特に天正11年（1583）の賤ヶ岳《しずがたけ》の戦いでは、「七本槍《しちほんやり》」の一人として筆頭格の功を挙げ、秀吉に賞された。その後も、秀吉の下で活躍し、伊予今治《いまばり》（愛媛県今治市）11万石、尾張清須《きよす》（清須市）20万石を領するまでに出世する。

秀吉の死後は徳川家康に接近し、石田三成《いしだみつなり》と激しく対立。慶長4年（1599）閏3月には、加藤清正《かとうきよまさ》や黒田長政《くろだながまさ》らと三成を襲撃している。翌5年9月の関ヶ原の戦いでは、東軍の先鋒《せんぽう》を務めて奮迅。戦後は、安芸・備後（広島県）50万石余を与えられ、広島《ひろしま》城（広島市中区）を居城とし、初代広島藩主となる。以後も正則は家康方にあって、大坂冬の陣では、江戸留守居役、夏の陣では豊臣方への降伏説得役を務めた。

しかし元和5年（1619）、正則は幕府の許可なく広島城を修築したために安芸・備後を没収され、信濃高井《たかい》郡（長野県高山村）ほかへ所領を移されたのち、隠居。その後は同郡から出ることなく、寛永元年（1624）7月13日に歿した。戦歴に比して寂しい最期となったが、多くの軍記物の中で正則の剛直さを示す逸話が生み出され、勇猛なイメージが定着していった。

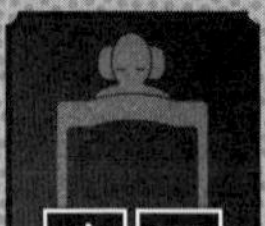

病死

高台院の木像の下に眠る

おね（北政所《きたのまんどころ》）

終焉の地
高台寺（京都市東山区下河原町八坂鳥居前下る下河原町526）

享年
77

生年　天文17年（1548）？
歿年　寛永元年（1624）9月6日
墓所　高台寺（京都市東山区高台寺下河原町）

尾張愛知《あいち》郡朝日《あさひ》村（愛知県清須市）の杉原定《すぎはらさだ》利《とし》の次女として生まれる。名は於禰《おね》（寧子《ねいこ》）。生年は諸説ある。叔母の嫁いだ織田家足軽組頭《あしがるくみがしら》浅野長勝《あさのながかつ》の養女となり、永禄4年（1561）、織田信長の家臣木下藤吉郎《きのしたとうきちろう》（のちの豊臣秀吉）に嫁ぎ、「糟糠《そうこう》の妻」として秀吉を支え続けた。

天正10年（1582）6月、夫秀吉が山崎《やまざき》の戦いで明智光秀《あけちみつひで》を破り、信長の後継者に躍り出た。その後、秀吉が大坂城へ移ると、それに従った。天正13年7月、秀吉の従一位関白《じゅいちいかんぱく》叙任時には、おねも従三位《じゅさんみ》に叙任され、「北政所《きたのまんどころ》」と称された。秀吉の関白就任後は、聚楽第《じゅらくてい》（天正15年完成。京都市上京区）へ秀吉と共に移り住み、おねは朝廷や公家衆らと積極的に交流したほか、側室淀殿《よどどの》が出産した秀吉の第一子鶴松《つるまつ》（天正17年誕生）の養育にも携わる。鶴松の死後、天正19年に秀吉の養嗣子《ようしし》秀次《ひでつぐ》が関白に就任すると、おねは大坂城へ戻って西の丸に住んだ。

慶長3年（1598）8月に秀吉が歿すると、おねは剃髪し、翌4年には大坂城西の丸を徳川家康に明け渡して、京の「太閤御屋敷」に隠棲《いんせい》したとされる。慶長8年、朝廷から「高台院《こうだいいん》」の号が許され、同10年、家康によって建立された高台寺《こうだいじ》（京都市東山区）へと移り、以後は秀吉の菩提《ぼだい》を弔う生活に入った。寛永元年（1624）9月6日、高台寺で病歿した。

引退から2年後に隠居所で
毛《もう》利《り》輝《てる》元《もと》

享年 73

生年 天文22年（１５５３）1月22日
歿年 寛永2年（１６２５）4月27日
墓所 天樹院墓所（山口県萩市堀内）

終焉の地 萩城四本松邸（山口県萩市堀内字城内1—1）

中国地方の覇者毛利元就《もうりもとなり》の嫡孫として安芸国（広島県）で生まれた。永禄6年（１５６３）に父隆元《たかもと》が急死したため、11歳で家督を相続。元亀2年（１５７１）に元就が亡くなると、叔父の吉川元春《きっかわもとはる》・小早川隆景《こばやかわたかかげ》らに支えられ、いわゆる「両川体制《りょうせんたいせい》」の下で領国支配を進めた。

天正4年（１５７６）に第十五代将軍足利義《あしかがよし》昭《あき》を備後鞆《とも》（広島県福山市）に迎え、大坂本願《ほんがん》寺《じ》を支援するなど、反織田信長の立場を鮮明にした。しかし、信長の部将羽柴秀吉に攻められて退勢となり、天正10年の備中高松《たかまつ》城の戦い（岡山市北区）後に、秀吉と和睦《わぼく》。その後は、秀吉の下で四国攻め、九州攻めに従軍した。

輝元は、惣国検地《そうごくけんち》と広島築城を開始するなど、領国支配の充実に努め、天正19年3月、秀吉から１１２万石を与えられた。慶長3年（１５９８）に「五大老《ごたいろう》」の一人となり、豊臣政権の重鎮となったが、同5年の関ヶ原の戦いでは、土壇場で西軍から東軍に転じている。結局、こうした姿勢が咎められ、周防・長門両国（山口県）のみが安堵された。戦後、輝元は心ならずも家督を嫡男秀就《ひでなり》に譲り、出家して引退。しかし、実際は実質的な当主の座にあり、秀就を支え続けた。正式な引退は、元和9年（１６２３）のことである。寛永2年（１６２５）4月27日、長門萩《はぎ》城内の四本松邸（萩市堀内）で病歿した。

病死

龍野神社の祭神として祀られる

脇《わき》坂《ざか》安《やす》治《はる》

享年
73

生年　天文23年（1554）
歿年　寛永3年（1626）8月6日
墓所　妙心寺隣華院（京都市右京区花園妙心寺町）

終焉の地　西洞院（京都市下京区西洞院町）

　近江浅井《あざい》郡脇坂庄《わきざかのしょう》（滋賀県長浜市）の田村孫《たむらまご》左衛門《ざえもん》の子として生まれ、のちに脇坂安明《やすあき》の嗣子になったとされる（諸説あり）。永禄12年（1569）、明智光秀《あけちみつひで》に従って丹波黒井《くろい》城（兵庫県丹波市）攻めに加わったのち、羽柴秀吉に属して播磨三木《みき》城（兵庫県三木市）攻めなどに参陣。特に天正11年（1583）の賤ヶ岳《しずがたけ》の戦いで武功を挙げ、「七本槍《しちほんやり》」の一人に数えられた。その後も安治は順調に出世し、天正13年には淡路洲本《すもと》（兵庫県洲本市）に3万石が与えられた。朝鮮出兵（文禄《ぶんろく》・慶長《けいちょう》の役）の際には、二度とも水軍を率いて朝鮮に赴いている。

　秀吉の死後、慶長5年（1600）の関ヶ原の戦いでは、安治は西軍に従いつつも、戦前から徳川家康に通じていたため、東軍に寝返って石田三成《いしだみつなり》の一族が籠もる近江佐和山《さわやま》城（彦根市）を攻撃。安治の所領は安堵された。のちには水軍の将として家康から西国船の監視役を任され、淀川口《よどがわぐち》を警備。慶長14年には、淡路洲本から伊予大洲《おおず》（愛媛県大洲市）へ加増の上、転封となった。大坂の陣には息子らを参加させ、安治自身は元和元年（1615）に家督を次男安元《やすもと》に譲って京の西洞院《にしのとういん》へ隠退。その後も京に留まって、寛永3年（1626）8月6日、同地にて歿した。脇坂氏は後年、播磨龍野《たつの》（たつの市）へ移り、安治は龍野神社の祭神《さいじん》として祀られた。

政争に敗れ失意の内に歿した

大《おお》久《く》保《ぼ》忠《ただ》隣《ちか》

病死

享年 76

生年 天文22年（１５５３）

歿年 寛永５年（１６２８）６月27日

墓所 本禅寺（京都市上京区北之辺町）
大久寺（神奈川県小田原市城山）

終焉の地 龍潭寺（滋賀県彦根市古沢町１１０４、碑あり）

三河（愛知県）の大名徳川家康の重臣大久保《おおくぼ》忠世《ただよ》の嫡男として三河額田《ぬかた》郡上和田《かみわだ》（岡崎市）で生まれる。11歳の頃から家康の側近くに仕え始め、永禄11年（１５６８）に初陣してからは、数々の戦いに参加。特に元亀３年（１５７２）の三方原《みかたがはら》の戦いでは、武田信玄《たけだしんげん》の軍勢に大敗して浜松《はままつ》城へ退却する家康を守った。この功績で、家康から重用されるようになったという。

天正18年（１５９０）に家康が関東へ移封されると、武蔵羽生《はにゅう》（埼玉県羽生市）２万石が与えられた。さらに、家康の後継者秀忠《ひでただ》の近くに仕えるようになり、文禄３年（１５９４）に父忠世が死去すると、遺領の相模小田原６万５０００石を継ぐ。慶長15年（１６１０）には秀忠の側近として老中《ろうじゅう》に就任するが、嫡男忠常《ただつね》の死後は、政務を顧みない言動が目立ったと伝わり、慶長19年１月に改易《かいえき》される。幕府に無届けで婚姻関係を結んだのが理由とされるが、本多正信《ほんだまさのぶ》や駿府の家康側近などとの権力争いが背景にあるとも言われている。さらに、忠隣と近い関係にあった大久保長安《ながやす》の死後に発覚した不正蓄財事件が理由ともいう。忠隣は、井伊《いい》家に預けられ、近江栗太《くりた》郡中村《なかむら》（滋賀県）に蟄居した。のちに同国佐和山《さわやま》（彦根市）へ移るが、最後まで幕府の許しが得られないまま、寛永５年（１６２８）６月27日、龍潭寺《りょうたんじ》（彦根市）で死去した。

病死

藤堂高虎《とうどうたかとら》

眼病を患い失明した晩年

終焉の地　津藩上屋敷（千代田区神田和泉町1、和泉公園）

享年 75

生年　弘治2年（1556）
歿年　寛永7年（1630）10月5日
墓所　寛永寺寒松院（台東区上野公園）※原則非公開

近江犬上《いぬかみ》郡藤堂《とうどう》村（滋賀県甲良町）の土豪《どごう》藤《とう》堂虎高《どうとらたか》の次男として藤堂村で生まれる。15歳で浅井《あざい》氏に従って姉川《あねがわ》の戦いに参加し、以後は阿《あ》閉貞征《つじさだゆき》・磯野《いその》員昌《かずまさ》（どちらも浅井氏旧臣）、津田《つだ》信澄《のぶずみ》（信長の甥）と仕官先を変えたが、天正4年（1576）に羽柴秀吉の弟秀長《ひでなが》に仕えると、秀吉の主だった合戦に参加して、武功を重ねた。

秀吉の死後、高虎は家康に接近し、その信頼を勝ち取る。慶長5年（1600）の関ヶ原の戦いでは東軍に属し、戦後は伊予今治《いまばり》（愛媛県今治市）20万石、同13年に伊勢津《つ》（三重県津市）へ転封となり、伊賀一国（三重県）と合わせて約22万石を領した。高虎は、大坂の両陣にも参戦し、特に慶長20年の夏の陣では、徳川勢の先《せん》鋒《ぽう》として大坂方の長宗我部《ちょうそかべ》盛親《もりちか》隊と激闘するなど、徳川方の勝利に貢献。最終的に高虎は、約32万4000石を領することになった。

高虎は、特に家康からの信頼が厚く、元和2年（1616）、死の床にあった家康の枕元に侍《はべ》り、来世での奉公継続を誓ったとする逸話もある。また元和9年頃からは眼病を患い、のちには失明。寛永7年（1630）10月5日に江戸の藩邸（千代田区神田和泉町）で歿した。医師曲直瀬玄朔《まなせげんさく》の『医学天正記《いがくてんしょうき》』には、普請の際に水に浸かりながら指揮したことが原因で、下《げ》痢《り》などの症状に悩まされていたと記されている。

病死

病に敗れた賤ヶ岳七本槍

加《か》藤《とう》嘉《よし》明《あき》

享年 69

生年 永禄6年（1563）

歿年 寛永8年（1631）9月12日

墓所 大谷祖廟（京都市東山区円山町）

終焉の地 会津藩上屋敷（千代田区皇居外苑3—1、和田倉噴水公園）

三河（愛知県）の大名徳川家康の家臣加藤教明《かとうのりあき》の嫡男として、三河幡豆《はず》郡永良郷《ながらごう》（西尾市）で生まれたとされる。茂勝《しげかつ》を名乗り、嘉明を名乗るのは晩年。父教明が家康に背いて三河一向《いっこう》一揆《いっき》に参加したため、牢人した。天正4年（1576）頃、近江長浜《ながはま》（滋賀県長浜市）の城主だった羽柴秀吉に仕官したとされる。天正6年の播磨三木《みき》城（兵庫県三木市）攻防戦で初陣。

嘉明の名を高めたのが天正11年の賤ヶ岳《しずがたけ》の戦いであり、加藤清正《かとうきよまさ》や福島正則《ふくしままさのり》らと共に「七本《しちほん》槍《やり》」の一人に数えられた。天正13年の四国攻めで伊予国（愛媛県）攻略に功があり、翌14年淡路志智《しち》（兵庫県淡路市）に領地を与えられて大名に列した。さらに、九州攻めや小田原攻めにも従い、朝鮮出兵（文禄《ぶんろく》・慶長《けいちょう》の役《えき》）では、水軍を率いて武功を重ねた。文禄4年（1595）には、伊予松前《まさき》（正木《まさき》。愛媛県松前町）に6万石が与えられている。

秀吉の死後は清正や正則らと共に、対立する石田三成《いしだみつなり》の襲撃に加わり、こののち徳川家康に従っている。関ヶ原の戦い後は伊予松山《まつやま》（松山市）20万石余が与えられた。さらに、大坂夏の陣にも参陣。家康死後も秀忠《ひでただ》、家光《いえみつ》に仕え、寛永4年（1627）には会津若松《あいづわかまつ》44万石余に加増転封。寛永8年9月12日、病に倒れて江戸の藩邸（千代田区皇居外苑）で死去した。

病死

幕府第一と言い残した黒衣の宰相

金地院崇伝《こんちいんすうでん》（以心崇伝《いしんすうでん》）

享年 65

生年 永禄12年（1569）
殁年 寛永10年（1633）1月20日
墓所 金地院開山堂（京都市左京区南禅寺福地町）

終焉の地

金地院（港区芝公園3—5—4）

室町幕府第十三代将軍足利義輝《あしかがよしてる》の家臣一色秀勝《いっしきひでかつ》の次男として京で生まれる。字《あざな》は以心《いしん》、法名は崇伝《すうでん》である。元亀4年（1573）頃、臨済宗南禅寺《りんざいしゅうなんぜんじ》（京都市左京区）で出家し、のち南禅寺金地院《こんちいん》の靖叔徳林《せいしゅくとくりん》に付いて、その法を嗣いだ。

慶長10年（1605）に鎌倉建長寺《けんちょうじ》の住職となり、同年3月には南禅寺の住職となって金地院に住んだ。この時、後陽成《ごようぜい》天皇から紫衣《しえ》を賜ったという。相国寺《しょうこくじ》（京都市上京区）の鹿苑僧録《ろくおんそうろく》となった西笑承兌《せいしょうじょうたい》の推挙で徳川家康と接するようになり、慶長13年に駿府《すんぷ》城（静岡市葵区）へ招かれた。以後は、幕府の外交事務のほとんどは崇伝に任されるようになった。のちの寺院《じいん》諸法度《しょはっと》などの起草にも崇伝が関与したため、俗に「黒衣《こくい》の宰相《さいしょう》」とも呼ばれた。慶長19年の大坂冬の陣の際は、豊臣方に対して、発端となった方広寺鐘銘《ほうこうじしょうめい》問題などの取り調べを行っている。

元和2年（1616）4月の家康死後、その神祀について南光坊天海《なんこうぼうてんかい》と争い、敗れた。元和4年には江戸芝《しば》に金地院（港区芝公園）を開き、翌5年9月には僧録に任じられて、五山《ござん》・十刹《じっさつ》・諸山《しょざん》の住持任命権など禅寺行政の実権を掌中にした。寛永4年（1627）の、大徳寺《だいとくじ》・妙心寺《みょうしんじ》の紫衣勅許《ちょっきょ》事件に関して、幕府に抗議した僧2名を流罪に処した。寛永10年1月20日、芝の金地院で死去している。

病死

従兄弟の伊達政宗より先に旅立つ

佐《さ》竹《たけ》義《よし》宣《のぶ》

享年 64

生年 元亀元年（1570）7月16日
歿年 寛永10年（1633）1月25日
墓所 天徳寺（秋田市泉三嶽根）

終焉の地 秋田藩上屋敷（千代田区内神田2—14—6、跡碑あり）

常陸（茨城県）の大名佐《さ》竹義重《たけよししげ》の嫡男として、太《おお》田《た》城（常陸太田市）で生まれる。母は伊達《だて》晴《はる》宗《むね》の娘である。伊達政宗《まさむね》とは従兄弟《いとこ》同士だが、父と共に伊達氏との間で抗争を繰り広げた。

天正18年（1590）、豊臣秀吉の小田原攻めの前後では、石田三成《いしだみつなり》を仲介として秀吉と誼《よしみ》を通じ、常陸・下野（栃木県）の所領の支配を保障された。その後、父義重と秀吉の後援を受けて、義宣は常陸国内の反佐竹勢力を一掃。これまでの太田城から、本拠を水戸《みと》城へ移した。しかし、慶長5年（1600）の関ヶ原の戦い後に状況は暗転してしまう。かねてから三成と懇意だった義宣には、明確に西軍（三成方）に付いた形跡が見られなかったものの、それを支援した疑いが浮上し、慶長7年5月、大減封の上で出羽（秋田県）へと改易されてしまった。

しかしながら、すでに父義重から家督を譲られていた義宣は、移封先の出羽情勢の安定化に努め、久保田《くぼた》（秋田市）を本拠として領内各地を整備。慶長19年の大坂冬の陣にも出陣して軍功を積み、佐竹氏の近世大名化を推し進めていった。その後、かつて激戦を繰り広げた従兄弟の伊達政宗と共に、江戸城で将軍徳川家光《いえみつ》に面会することもあったが、政宗に先立つこと3年、義宣は寛永10年（1633）1月25日に、江戸神田《かんだ》の屋敷（千代田区内神田）で病歿した。

病死

趣味に生きた独眼竜の余生

伊達《だて》政宗《まさむね》

享年
70

生年　永禄10年（１５６７）
歿年　寛永13年（１６３６）5月24日
墓所　瑞鳳寺瑞鳳殿（霊屋。仙台市青葉区霊屋下）
瑞巌寺（慰霊碑。宮城県松島町）

終焉の地　**仙台藩上屋敷（千代田区日比谷公園1、日比谷公園内に終焉地碑あり）**

奥羽の大名伊達輝宗《だててるむね》の嫡男として、出羽米沢《よねざわ》城（山形県米沢市）で生まれる。母は義姫《よしひめ》（保《ほ》春院《しゅんいん》。最上義光《もがみよしあき》の妹）。幼名は梵天丸《ぼんてんまる》。幼少時に患った天然痘《てんねんとう》により、右眼を失明した。天正5年（１５７７）に元服して藤次郎政宗《とうじろうまさむね》と名乗り、天正12年10月に家督を相続。天正17年に蘆名《あしな》氏を滅亡させて居城を黒川城《くろかわ》（福島県会津若松市）へ移すが、この頃の政宗の領国は非常に広大なものとなり、事実上、奥州の覇者となった。

しかし天正18年5月、浅野長政《あさのながまさ》からの催促を受け、小田原攻めの陣中にあった豊臣秀吉の許に参陣し、服属を誓うことになる。秀吉によって諸郡を没収されて本拠を米沢城に戻し、さらに天正19年には秀吉の命で岩出山城《いわでやま》（宮城県大崎市）へ移った。秀吉の死後、慶長4年（１５９９）には長女五郎八姫《いろはひめ》と徳川家康の六男松平《まつだいら》忠輝《ただてる》とを婚約させて、家康に接近。翌慶長5年9月の関ヶ原の戦いでは東軍に付き、会津の上《うえ》杉景勝《すぎかげかつ》を攻めた。慶長6年からは、仙台《せんだい》城（仙台市青葉区）および城下町の建設を始める。

家康の死後は秀忠《ひでただ》、家光《いえみつ》にも臣従したが、寛永11年（１６３４）頃から体調不良を訴え始めた。寛永13年5月、病を押して江戸へ参府。この時、家光も侍医半井成近《じいなからいなりちか》を派遣し、家光自身も仙台藩上屋敷（千代田区日比谷公園）へ病気見舞いに訪れたが、数日後の24日に死去した。

本阿弥光悦《ほんあみこうえつ》

自邸は死後に光悦寺となる

病 死

享年 80

生年 永禄元年（1558）
歿年 寛永14年（1637）2月3日
墓所 妙法寺（台東区谷中）
光悦寺（京都市北区高峯光悦町）

終焉の地 自邸（京都市北区鷹峯光悦町29、光悦寺）

室町時代以来、京で代々刀剣《とうけん》の研ぎ（磨研《まけん》）・拭い（浄拭《じょうしょく》）・目利き（鑑定《かんてい》）の三業を家業とした上層町衆本阿弥《ほんあみ》家の分家、本阿弥光二の嫡男として京で生まれる。

慶長8年（1603）、父光二の死後に家督を継ぎ、父に続いて加賀前田《まえだ》家から200石の禄で迎えられ、家業のほかに漆芸《しつげい》の御用にもあたった。その間、茶の湯については千利休《せんのりきゅう》を批判し、古田織部《ふるたおりべ》に学んでいる。また、書は青蓮《しょうれん》院尊朝法親王《いんそんちょうほうしんのう》に学んだと伝えられ、のちに光悦流を興し、近衛信尹《このえのぶただ》・松花堂昭乗《しょうかどうしょうじょう》と共に「寛永《かんえい》の三筆《さんぴつ》」の一人として高く評価されている。光悦は、蒔絵《まきえ》や陶芸にも優れた作品を数多く残しており、特に白楽茶碗《しろらくちゃわん》（銘は不二山《ふじさん》）、黒楽《くろらく》茶碗（銘は雨雲《あまぐも》）、赤楽《あからく》茶碗（銘は加賀光悦《かがこうえつ》）は現在、国宝と重要文化財に指定されている。

慶長20年の大坂夏の陣後、二条《にじょう》城において、板倉勝重《いたくらかつしげ》を通じて徳川家康から鷹ケ峰《たかがみね》の地（京都市北区）を拝領した。鷹ケ峰には、自邸を中心に本阿弥一族・茶屋四郎次郎《ちゃやしろうじろう》・尾形宗伯《おがたそうはく》ら京の上層町衆の屋敷が55軒建ち並び、法華宗《ほっけしゅう》を精神的紐帯《ちゅうたい》とする独特の集落（光悦村）が形成されたという。創作三昧の生活を送っていた光悦は、寛永14年（1637）2月3日、鷹ケ峰で死去した。死後、光悦の屋敷は日蓮宗《にちれんしゅう》の寺（光悦寺）となっている。

日も差さない幽閉先で死去する

本《ほん》多《だ》正《まさ》純《ずみ》

享年 73

生年 永禄8年（1565）
歿年 寛永14年（1637）3月10日
墓所 墓碑（秋田県横手市城南町）

終焉の地 横手城（秋田県横手市城山町29—1）

徳川家康の重臣本多正信《ほんだまさのぶ》の嫡男として、三河国（愛知県）で生まれたとされる。父正信は、三河一向一揆《いっこういっき》で一時、主君家康から離反するが、のちに許されて復帰。その頃から正純も家康の側近くに仕え始めたという。慶長5年（1600）の関ヶ原の戦いにも参加し、戦後は敗軍の将石田三成《いしだみつなり》の身柄を預かった。慶長12年に、家康が将軍から大御所《おおごしょ》となって駿府《すんぷ》城（静岡市葵区）へ居を移すと、これに従った。第二代将軍秀忠《ひでただ》に従った父正信と連携しつつ、駿府（家康）と江戸（秀忠）を繋ぐ役割を果たした。この功績により、慶長13年頃に下野小山《おやま》(栃木県小山市)3万石余が与えられて、大名に列した。

家康の死後は秀忠の側近くに仕え、年寄《としより》に就任して権勢を振るった。元和5年（1619）には下野宇都宮《うつのみや》（宇都宮市）へ移され、15万石余が与えられた。元和8年8月、出羽最上《もがみ》氏改《かい》易《えき》の上使《じょうし》として派遣された正純に、宇都宮城の無断改修や鉄砲密造などの嫌疑がかけられてしまう。正純は反論したものの認められず、出羽由利《ゆり》（秋田県由利本荘市）への転封《てんぽう》が命じられた。しかし正純は、これを拒否。秀忠は正純の態度に激怒し、改易に処した。正純の身柄は佐竹義《さたけよし》宣《のぶ》に預けられ、のちに出羽横手《よこて》（横手市）へ移されて、軟禁状態に置かれたまま、寛永14年（1637）3月10日に病死した。

天草《あまくさ》四郎《しろう》時貞《ときさだ》

母が手にした神の子の首級

享年 18

生年 元和7年（1621）

歿年 寛永15年（1638）2月28日

墓所 長崎県南島原市南有馬町
慰霊碑（熊本県上天草市大矢野町）

終焉の地 原城址（長崎県南島原市南有馬町乙）

慶長5年（1600）の関ヶ原の戦いに敗れて処刑されたキリシタン大名小西行長《こにしゆきなが》の遺臣益《ます》田好次《だよしつぐ》の子として、母の実家のある天草《あまくさ》諸島の大矢野島《おおやのじま》（熊本県上天草市）で生まれたとされる。本名は益田四郎時貞《ますだしろうときさだ》で、キリシタンである。寛永14年（1637）に起こった島原《しまばら》・天草の乱の主導者として知られるが、その生涯には不明な点が多く、ほとんどわかっていない。

同乱は、島原藩と唐津《からつ》藩の一部の領民たちが、領主の圧政やキリシタン弾圧に対して起こした反乱とされるが、その実は有馬《ありま》氏や小西氏などの旧領主に仕えて牢人した者たちを含んでおり、藩ではなく幕府への抵抗と考えられている。この時、10代後半だったとされる四郎は、反乱軍の首謀者たちから総大将に定められたという。島原地方で蜂起した反乱軍に呼応するように、天草地方でも反乱軍が蜂起、四郎たちは本渡《ほんど》城（天草市）などを攻め落とす。その後、島原半島の原《はら》城址（長崎県南島原市）に立て籠もった。籠城者の人数は4万近くと言われ、3ヶ月余り抵抗を続けたが、寛永15年2月27、28日、十数万とされる幕府軍の総攻撃で陥落した。

顔のわからない四郎を探し出すために、城内の少年たちが惨殺されたというが、熊本藩士の陣左衛門《じんざえもん》が持参した首を見た四郎の母マルタが泣き崩れたために、四郎と断定されたという。

病死

立《たち》花《ばな》宗《むね》茂《しげ》

戒名に宗茂とそのまま入る

享年
74

生年 永禄12年（1569）8月13日
歿年 寛永19年（1642）11月25日
墓所 廣徳寺（練馬区桜台）
福厳寺（福岡県柳川市奥州町）

終焉の地 柳川藩上屋敷（東京都台東区東上野1丁目）

豊後（大分県）の大名大友宗麟《おおともそうりん》の重臣高橋紹《たかはしじょう》運《うん》の嫡男として、豊後国東《くにさき》郡筧《かけい》（豊後高田市）で生まれる。天正8年（1580）に立花道雪《たちばなどうせつ》（戸次《べっき》鑑連《あきつら》）の婿養子となり、同13年の道雪死後に家督を継いで、筑前立花《たちばな》城（福岡県新宮町ほか）へ入った。この頃の大友氏は島津《しまづ》氏によって圧迫され、天正14年には実父紹運も戦死するなど危機的状況にあったが、同15年、豊臣秀吉の九州攻めで島津氏は降伏。戦後は筑後柳川《やながわ》（福岡県柳川市）13万石の大名に成長した。

しかし、慶長5年（1600）に関ヶ原の戦いが起こると、宗茂は西軍として、九州で東軍の鍋島直茂《なべしまなおしげ》や加藤清正《かとうきよまさ》らと戦ったため、戦後は所領を没収。以後は牢人《ろうにん》して各地を転々とした。4年後の慶長9年、宗茂は江戸で徳川家康に召し出され、その後は秀忠《ひでただ》に仕えて陸奥棚倉《たなくら》（福島県棚倉町）1万石を領し、大名に復帰。元和6年（1620）には、ようやく20年ぶりに旧領柳川へ戻ることができた。

宗茂は、以後も秀忠、家光《いえみつ》に重用され、寛永14年（1637）に養子忠茂《ただしげ》へ家督を譲って隠居。しかし島原《しまばら》の乱が起こると、宗茂は家光に請われて参戦し、乱の鎮定にあたった。乱後、ようやく隠退した宗茂は、寛永19年11月25日、江戸柳原《やなぎはら》の屋敷（台東区東上野）において波乱の生涯を閉じている。

半跏趺坐のまま生涯を終えた

天《てん》海《かい》

享年
108

生年 天文5年（1536）
歿年 寛永20年（1643）10月2日
墓所 輪王寺慈眼堂（栃木県日光市山内）
慈眼堂（滋賀県大津市坂本）

終焉の地 寛永寺（台東区上野桜木1—14—11）

天海は、陸奥会津《あいづ》郡高田《たかだ》（福島県）で生まれ、蘆名《あしな》氏の一族出身とされるが、諸説あって定説はない。下野粉河寺《こかわでら》（栃木県宇都宮市）で学んだのち、比叡山《ひえいざん》の実全《じつぜん》に天台学《てんだいがく》を学んだ。

元亀2年（1571）9月の織田信長による比叡山焼き討ち後、武田信玄《たけだしんげん》の招きで甲斐国（山梨県）へ移住。その後、各地を転々とし、天正19年（1591）には江戸崎不動院《えどさきふどういん》（茨城県稲敷市）、慶長4年（1599）には仙波喜多院《せんばきたいん》（埼玉県川越市）に入った。翌5年の関ヶ原の戦い後、徳川家康に重用されるようになり、江戸幕府の成立に関わったという。慶長12年には比叡山探題執行《たんだいしっこう》を命じられ、南光坊《なんこうぼう》に住して、信長焼き討ち後の延暦寺《えんりゃくじ》の再興に尽力した。慶長18年には、家康から日光山貫主《にっこうさんかんしゅ》を拝命している。

元和2年（1616）の家康死後、神号を巡って金地院崇伝《こんちいんすうでん》（以心崇伝《いしんすうでん》）や本多正純《ほんだまさずみ》らと争う。天海は、仏教と神道《しんとう》を融合した山王一実神《さんのういちじつしん》道《とう》の立場から、「権現《ごんげん》」として祀ることを主張。「東照大権現《とうしょうだいごんげん》」位が勅許《ちょっきょ》されると、天海は家康の遺骸を久能山《くのうさん》（静岡市駿河区）から日光山輪《りん》王寺《のうじ》（栃木県日光市）に改葬した。その後は、秀忠、家光に仕え、寛永2年（1625）、江戸忍岡《しのぶがおか》に東叡山寛永寺《とうえいざんかんえいじ》（台東区上野桜木）が建立されると、その第一世となり、同寺を徳川家の廟所《びょうしょ》とした。寛永20年10月2日に歿す。

刀を杖に片膝をついた姿で絶命

宮本武蔵《みやもとむさし》

享年
62

生年 天正12年（1584）
歿年 正保2年（1645）5月19日
墓所 武蔵塚公園（熊本市北区龍田町）

終焉の地 千葉城址（熊本市中央区千葉城町2）

剣豪新免無二《けんごうしんめんむに》の子とされ、出生地も美作（岡山県）、播磨（兵庫県）があり、生年も諸説あっていまだ決着していない。かつ、実録、小説、映画などによって脚色された像が様々に提示されているが、その生涯は晩年に至るまで不明な点が多い。幼い頃から兵法《へいほう》に打ち込み、13歳で有馬喜兵衛《ありまきへえ》と戦って初勝利を得、以後は60回以上の戦いで負けることはなかったとされる。

慶長5年（1600）の関ヶ原の戦いでは、黒田孝高《くろだよしたか》（官兵衛《かんべえ》）に従って、九州で西軍勢と戦ったとされる。慶長17年、舟島《ふなしま》（巌流島《がんりゅうじま》。山口県下関市）で佐々木小次郎《ささきこじろう》（巌流）と決闘して勝った話は有名である。大坂の陣では、徳川方の水野勝成《みずのかつなり》の客将として豊臣方と戦っている。寛永15年（1638）の島原《しまばら》の乱にも出陣し、のちに熊本藩主細川忠利《ほそかわただとし》から客分として招かれ、千葉《ちば》城址（熊本市中央区）に屋敷が与えられた。

武蔵は水墨画にも才能を発揮し、「鵜図《うず》」「芦《ろ》雁図《がんず》」「達磨図《だるまず》」などが知られている。

武蔵は、しばしば岩戸山《いわとやま》の霊巌堂《れいがんどう》（熊本市西区）に籠もり、寛永20年頃から『五輪書《ごりんしょ》』の執筆を始めたという。しかし、正保2年（1645）の春頃から次第に手足が痺れるなど、身体の違和感を覚えるようになったと言われ、細川氏の家臣長岡寄之《ながおかよりゆき》が武蔵を屋敷へ帰宅させ、療養に専念させるも、結局5月19日に病歿した。

細《ほそ》川《かわ》忠《ただ》興《おき》

最期に戦場が恋しいと言い残す

享年 83

生年 永禄6年（１５６３）11月13日
歿年 正保2年（１６４５）12月2日
墓所 立田自然公園（泰勝寺跡。熊本市中央区黒髪）

終焉の地 八代城（熊本県八代市松江城町15―1）

室町幕府第十三代将軍足利義輝《あしかがよしてる》の家臣細川藤《ほそかわふじ》孝《たか》（幽斎《ゆうさい》）の嫡男として、京で生まれる。天正6年（１５７８）に元服し、織田信忠《のぶただ》の一字を与えられて与一郎忠興《よいちろうただおき》と名乗った。この時、信長の勧めで明智光秀《あけちみつひで》の娘玉子《たまこ》（のちのガラシャ）と結婚した。天正10年6月の本能寺《ほんのうじ》の変に際しては、岳父《がくふ》光秀からの協力要請を断り、妻を幽閉している。この時、家督を相続し、丹後宮津《みやづ》（京都府宮津市）の城主となった。

その後は豊臣秀吉に味方して、小牧《こまき》・長久手《ながくて》の戦い、九州攻め、小田原攻め、朝鮮出兵などに参陣。これらの功績から、加藤清正《かとうきよまさ》や福島正《ふくしままさ》則《のり》らと共に、「七将」と言われた。忠興は父幽斎同様、文化的素養もあり、能楽《のうがく》、和歌、絵画などにも通じ、特に茶道は千利休《せんのりきゅう》の高弟《こうてい》の一人（利休の七哲《しちてつ》）としても知られている。

秀吉の死後は徳川家康に従い、慶長5年（１６００）の関ヶ原の戦いには東軍として参戦。家康の勝利に貢献し、恩賞として豊前中津《なかつ》（大分県中津市）、次いで豊前小倉《こくら》（北九州市小倉北区）が与えられた。元和6年（１６２０）、家督を三男忠利《ただとし》に譲って隠居。三斎宗立《さんさいそうりゅう》と号す。寛永9年（１６３２）に忠利が肥後熊本《くまもと》54万石に移封されると、八代《やつしろ》城（熊本県八代市）に入り、9万５０００石を隠居領とした。正保2年（１６４５）12月2日に死去した。

病死

「夢」の一字を大書して入寂

沢《たく》庵《あん》宗《そう》彭《ほう》

享年 73

生年 天正元年（1573）12月1日
歿年 正保2年（1645）12月11日
墓所 東海寺大山墓地（品川区北品川）
宗鏡寺（兵庫県豊岡市出石町）

終焉の地 東海寺（品川区北品川3―11―9）

但馬（兵庫県）の守護《しゅご》山名《やまな》祐豊《すけとよ》の重臣秋庭《あきば》綱《つな》典《のり》の次男として但馬出石《いずし》（豊岡市）で生まれる。天正14年（1586）に宗鏡寺《すきょうじ》（豊岡市）の塔《たっ》頭《ちゅう》勝福寺《しょうふくじ》へ入り、受戒《じゅかい》した。のち董甫宗仲《とうほそうちゅう》に師事し、天正20年には董甫と共に上洛して、大徳《だいとく》寺《じ》山内三玄院《さんげんいん》の春屋宗園《しゅんおくそうえん》に修学。法諱《ほうい》を宗彭《そうほう》と改める。慶長9年（1604）8月4日には沢《たく》庵《あん》の道号《どうごう》を得た。慶長14年には大徳寺の第百五十三世住持に出世したものの、3日で大徳寺から去ったという。元和2年（1616）8月には宗鏡寺を復興し、翌3年に同寺の後山へ投淵《とうえん》軒《けん》を構えて寓居《ぐうきょ》した。

寛永4年（1627）、沢庵は正隠宗知《しょういんそうち》を推して大徳寺に出世させたが、幕府がこれを問題視したため、沢庵や江月宗玩《こうげつそうがん》らは幕府に抗議。寛永6年、幕府は沢庵らを江戸へ召喚し、評議した。その結果、沢庵は出羽上山《かみのやま》（山形県上山市）へ流罪に処された（紫衣《しえ》事件）。寛永9年に赦されて江戸へ戻り、その後は第三代将軍徳川家《いえ》光《みつ》から厚遇を受けている。寛永15年に将軍家光が品川に東海寺《とうかいじ》（品川区北品川）を創建すると、沢庵は翌16年に初代住職となった。

正保2年（1645）11月29日、病に倒れ、12月11日に東海寺で死去したという。死に際して、弟子から辞世の偈《げ》を求められ、「夢」の一文字を書き、筆を投げて示寂《じじゃく》したとされる。

病死

柳生宗矩《やぎゅうむねのり》

死の床でも将軍の諮問を受ける

享年 76

生年 元亀2年（1571）
歿年 正保3年（1646）3月26日
墓所 廣徳寺（練馬区桜台）
芳徳寺（奈良市柳生下町）

終焉の地 **自邸（港区六本木5・6丁目付近）**

新陰流《しんかげりゅう》第二世柳生《やぎゅう》宗厳《むねよし》（石舟斎《せきしゅうさい》）の五男として、大和添上《そえかみ》郡柳生庄（奈良市柳生町）で生まれる。幼少より父宗厳から剣術を習い、文禄3年（1594）には京で徳川家康に披露、賞賛を受けた。これ以降、宗矩は徳川氏に重用されるようになり、慶長5年（1600）の関ヶ原の戦いで功を挙げて、大和柳生の旧領2000石を回復した。さらに、家康の子秀忠《ひでただ》の兵法指《へいほうし》南役《なんやく》として1000石の加増を受け、元和7年（1621）には、秀忠の嫡男家光《いえみつ》の兵法指南役も務める。以後、新陰流は将軍家御流儀として公式化されていった。家光の宗矩への信頼は厚く、将軍側近として諸大名の監察役（惣目付《そうめつけ》。のちの大目付《おおめつけ》）を任せている。

宗矩は、肥前佐賀《さが》藩主の鍋島元茂《なべしまもとしげ》ら大名にも新陰流を伝授している。また、大徳寺《だいとくじ》の住持沢《たく》庵宗彭《あんそうほう》との関係も深く、紫衣《しえ》事件で失脚した沢庵の赦免に奔走した。このように、宗矩は剣術に加えて、幕府と大名・高僧らとの関係を取り持つ高度な政治手腕も持っていた。寛永13年からは大名の地位に昇り、大和柳生藩の礎を築く。

晩年に至るまで将軍の信頼を得続けた宗矩は、正保3年（1646）3月に重病に倒れた際、家光の見舞いを受けたが、26日、徳川三代に仕えた剣術家は、江戸麻布《あざぶ》の自邸で死去したという。

病死

晩年は茶の湯三昧の日々を送った

小堀遠州《こぼりえんしゅう》

享年
69

生年 天正7年（１５７９）
没年 正保4年（１６４７）2月6日
墓所 廣徳寺（練馬区桜台）
仏国寺（京都市伏見区）

終焉の地 伏見奉行屋敷（京都市伏見区西奉行町、桃陵団地入り口に跡碑あり）

羽柴秀吉の弟秀長《ひでなが》の家臣小堀正次《こぼりまさつぐ》（政次）の嫡男として近江坂田《さかた》郡小堀《こぼり》村（滋賀県長浜市）で生まれる。元服後は正一《まさかず》（政一）と名乗った。通称の遠州《えんしゅう》は、慶長13年（１６０８）に従五位《じゅごい》下《げ》遠江守《とおとうみのかみ》に叙せられたことによる。

初めは羽柴秀長の小姓《こしょう》として仕え、秀長死後は秀吉に、秀吉死後は徳川家康へ父正次と共に仕えた。慶長9年10月に父正次の遺領である備中松山《まつやま》（岡山県高梁市）を継ぐ。遠州は徳川政権下で、重要な建造物の作事奉行《さくじぶぎょう》を務めている。それは、後陽成上皇《ごようぜいじょうこう》の院御所《いんのごしょ》、駿府《すんぷ》城、名古屋《なごや》城、二条《にじょう》城などである。元和5年（１６１９）には近江小室《こむろ》藩（長浜市）へ移封され、元和9年には伏見《ふしみ》奉行に任じられている。

一方で、幼い頃より父に付いて茶の湯に親しみ、20代から30代にかけて師事した古田織部《ふるたおりべ》を終生の師匠として立て続け、織部流の茶の湯を伝えた。また作事を通じて宮廷文化との接触も深まり、遠州の茶風が次第に完成、茶人としての地位を確立していく。師の古田織部亡きあとは、武家茶道・大名茶の総師として、多くの大名茶人を指導し、徳川将軍家の茶道指南《しなん》も務めた。遠州の茶風は「きれいさび」と称される、明るく大らかで軽快なものである。

正保4年（１６４７）2月6日、伏見奉行屋敷（京都市伏見区）で死去した。

自刃

クーデター計画が直前に漏れる

由《ゆ》井《い》正《しょう》雪《せつ》

享年 47

生年 慶長10年（1605）
歿年 慶安4年（1651）7月26日
墓所 墓址碑（静岡市葵区弥勒緑地）

終焉の地 梅屋太郎右衛門邸（静岡市葵区梅屋町）

正雪の出自については、駿河浅間宮《せんげんみや》ヶ崎《がさき》（静岡市葵区）の岡村弥右衛門の子（幕府の公式文書）、または駿河由比《ゆい》（静岡市清水区）の染物屋の子（『慶安太平記《けいあんたいへいき》』）とする説があるが、いまだ定説はない。正雪の生涯も、裏づけとなる史料が乏しいことから不明な点が多く、浄瑠璃《じょうるり》や歌舞伎《かぶき》などで語られてきた俗説の印象が強い。

成長して江戸で生活するようになると、楠木《くすのき》正成《まさしげ》の子孫と称する軍学者楠木不伝《くすのきふでん》に師事し、教えを乞うた。のちにその後継者となり、旗本、大名の家来、浪人などに楠木流軍学を教授したとされ、その数は約3000人に及んだという。

慶安4年（1651）、正雪は幕府を転覆すべく、同志の丸橋忠弥《まるはしちゅうや》や金井半兵衛《かないはんべえ》らと計画を練った。謀叛の目的は、尊王討幕《そんのうとうばく》説、幕政改革説、浪人救済説など諸説があるが、現在では浪人救済説が有力視されている。ところが、内部から密告する者がいて、事前にすべて露見していた。7月22日、正雪は江戸を出発して駿河へ向かったが、翌日に江戸で丸橋忠弥が捕らえられ、主要メンバーも各地で捕縛された。正雪が駿河に到着したのは、7月25日である。正雪は駿府梅屋町（静岡市葵区）の町年寄梅屋太郎《うめやたろう》右衛門《えもん》方に滞在していたが、翌26日の明け方に駿府町奉行所から宿の周囲を包囲され、正雪は8人の同志と共に切腹して果てた。

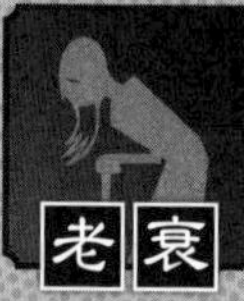

50年に及んだ流刑地での生活

宇《う》喜《き》多《た》秀《ひで》家《いえ》

終焉の地　八丈島（東京都八丈町）

享年 84

生年　元亀3年（1572）
歿年　明暦元年（1655）11月20日
墓所　東京都八丈町大賀郷東里
東光寺（板橋区板橋）

備前（岡山県）の大名宇《う》喜《き》多《た》直《なお》家《いえ》の嫡男として、備前沼《ぬま》城（亀山《かめやま》城。岡山市東区）で生まれたとされる。父直家が天正9年（1581）に歿すると（天正10年説もあり）、宇喜多家の家督を継承した。秀家は羽柴秀吉の寵愛《ちょうあい》を受け、秀吉の養女豪姫《ごうひめ》（前田《まえだ》利家《としいえ》の娘）を妻に迎えた。その後も豊臣政権で重用され、破格の昇進を遂げると共に、秀吉に従って各地を転戦している。官途をとって「備前中納言《びぜんちゅうなごん》」とも称された。

慶長3年（1598）8月の秀吉死後、秀家は豊臣家を守り立て、最年少の「五大老《ごたいろう》」として政権を支えることになる。2年後の関ヶ原の戦いでは、西軍を率いて徳川家康と対決するが、敗北。伊吹《いぶき》山中をさまよったのち、いったん薩摩（鹿児島県）に逃亡したが、慶長11年に八丈《はちじょう》島《じま》へ流された。八丈島への流人第1号である。

八丈島における秀家の生活は、これまでと一変するものだった。生活は、妻の実家前田氏や旧臣花房正成《はなぶさまさなり》の援助によって成り立っていたとされる。八丈島の代官から食事に招かれた際、出された食事を家族のために持ち帰ろうとしたとか、八丈島に難破した福島正則《ふくしままさのり》の家臣に酒を恵んでもらった話など、逸話も豊富である。秀家は当時としては長命で、明暦元年（1655）11月20日に病歿した。晩年は故郷の備前岡山への帰還を願ったが、ついに叶わなかった。

病死

死後40年一族の幽閉は続いた

野《の》中《なか》兼《けん》山《ざん》

享年
49

生年 元和元年（1615）

歿年 寛文3年（1663）12月15日

墓所 高知市北高見町

終焉の地 明夷軒（高知県香美市土佐山田町中野262付近、終焉地碑あり）

播磨姫路《ひめじ》（兵庫県姫路市）で生まれる。土佐（高知県）を出て牢人となっていた父良明《よしあき》の死後、母と共に土佐へ帰る。分家野中直継《のなかなおつぐ》の娘市《いち》の入婿となり、寛永8年（1631）には直継と共に土佐藩の奉行（執政《しっせい》）を務めた。寛永13年、直継の死後に野中家を継ぎ、奉行職に専任。第二代藩主山内忠義《やまうちただよし》の命により、藩政改革に着手した。谷時中《たにじちゅう》に学んだ土佐南学《とさなんがく》による封建道徳を施政方針とし、封建秩序の強化を目指した。

兼山は藩財政を立て直すべく、新田開発や土木工事、殖産興業《しょくさんこうぎょう》、専売制《せんばいせい》の実施など様々な政策に取り組んだ。蜜蜂《みつばち》の飼育や蛤《はまぐり》の養殖、山《やま》田堰《だぜき》の設置、柏島《かしわじま》港・手結《てい》港の開削《かいさく》など、その功績は大きく、藩財政は好転した。

しかし、過酷な年貢負担などから領民の逃亡が相次いだ。また身分にとらわれず郷士《ごうし》などを登用したことで、上士《じょうし》の反発を買い、対立を深めていった。寛文3年（1663）、兼山に不満を持つ者が第三代藩主忠豊《ただとよ》に弾劾状《だんがいじょう》を提出したため、兼山は失脚してしまう。12月15日、隠居地である香美《かみ》郡山田《やまだ》村（高知県香美市）の別邸明夷軒で急死した。

翌年、野中家は改易《かいえき》となり、遺族は幡多《はた》郡宿《すく》毛《も》（高知県宿毛市）に幽閉《ゆうへい》される。その後、男系が絶えるまで一族の幽閉は続き、元禄16年（1703）、40年後にやっと許された。

病死

家訓は幕末まで遵守された

保《ほ》科《しな》正《まさ》之《ゆき》

享年 61

生年 慶長16年（1611）5月7日

歿年 寛文12年（1672）12月18日

墓所 土津神社奥之院（福島県猪苗代町見禰山）

終焉の地 会津藩下屋敷（港区三田2−17−10、慶應義塾中等部・慶應義塾女子高等学校）

江戸幕府第二代将軍徳川秀忠《ひでただ》の四男（庶子《しょし》）として、江戸神田白銀町の竹村次俊宅で生まれたとされる。母は、秀忠の乳母《うば》大姥局《おおうばのつぼね》の侍女《じじょ》で北条《ほうじょう》氏の旧臣神尾栄嘉《かんおさかよし》の娘、もしくは武蔵板橋郷竹村の大工の娘と伝わる。養育にあたった武《たけ》田《だ》信玄《しんげん》の次女見性院《けんしょういん》の縁で、元和3年（1617）、武田氏旧臣で信濃高遠《たかとお》藩主の保科正光《ほしなまさみつ》の養子となる。寛永8年（1631）に正光の遺領3万石を継いで、高遠藩主となった。

第三代将軍で兄の家光《いえみつ》は、有能な異母弟を重用。正之は、寛永13年には出羽山形《やまがた》藩20万石を、寛永20年には陸奥会津《あいづ》藩23万石を領有する大名となる。家光の死後は、その遺命によって第四代将軍家綱《いえつな》の後見役として幕府の文治《ぶんち》政治を主導し、明暦《めいれき》の大火《たいか》後の江戸の都市建設にも力を注いだ。

一方で、会津藩内では家臣団の編成や行政機構の整備、産業の育成と振興に努めたほか、農民救済を目的とする社倉《しゃそう》の設置や、高齢者への養老扶持《ようろうふち》の支給など、社会政策の実施に尽力。日新館《にっしんかん》の前身である稽古堂《けいこどう》を設け、藩士の教育にも力を入れた。水戸藩主徳川光圀《みつくに》、岡山藩主池田光政《いけだみつまさ》と並び、江戸初期の三名君と呼ばれる。

寛文9年（1669）に嫡男正経《まさつね》へ家督を譲り、隠居。寛文12年12月18日、三田の会津藩邸（港区三田）で死去した。

病死

池田光政《いけだみつまさ》

名医の力も及ばず病いで死す

享年 74

生年 慶長14年（１６０９）４月４日
歿年 天和２年（１６８２）５月22日
墓所 池田家墓所（岡山県備前市吉永町）

終焉の地 岡山城西の丸（岡山市北区丸の内2―3―1）

播磨姫路《ひめじ》藩第二代藩主池田利隆《いけだとしたか》の嫡男として、岡山《おかやま》城（岡山市北区）で生まれる。母は第二代将軍徳川秀忠《ひでただ》の養女で榊原康政《さかきばらやすまさ》の娘鶴姫《つるひめ》。元服した際に第三代将軍家光《いえみつ》の偏諱《へんき》を受けて、光政《みつまさ》と名乗る。元和2年（１６１６）に父利隆が死去し、家督を継いで姫路藩主となるが、幼少だったため、翌年には因幡鳥取《とっとり》藩32万５０００石に減転封となった。しかし、寛永9年（１６３２）に叔父で岡山藩主の池田忠雄《ただかつ》が死去すると、忠雄の嫡男光仲《みつなか》が幼少だったことから、光政が岡山31万５０００石を治めることになる。

岡山藩主となった光政は、陽明《ようめい》学者熊沢蕃山《くまざわばんざん》を招いて、儒教《じゅきょう》に基づく文治《ぶんち》政治を推進。教育にも力を入れ、日本初の藩校である花畠教場《はなばたけきょうじょう》、日本最古の庶民の学校である閑谷学校《しずたにがっこう》を開いた。さらに藩士の津田永忠《つだながただ》を登用して新田開発や水路の開鑿《かいさく》などの治水事業を行い、産業の振興を奨励。水戸《みと》藩主徳川光圀《みつくに》、会津《あいづ》藩主保科正之《ほしなまさゆき》と並び、江戸時代初期の三名君と称される。

寛文12年（１６７２）６月11日、藩主の座を嫡男綱政《つなまさ》に譲って隠居したあとも、実権を握り続けた。しかし天和元年（１６８１）10月、岡山に帰国した頃から体調を崩し、岡山城西の丸で養生したが、回復しなかった。翌2年4月、京から医師岡玄昌《おかげんしょう》を招いたものの快方に向かわず、5月22日に息を引き取った。

処刑

恋の炎が身をも焼き尽くす

八百屋《やおや》お七《しち》

終焉の地　鈴ケ森刑場（品川区南大井2―5―6）

享年 18

生年　寛文6年（1666）
歿年　天和3年（1683）
墓所　円乗寺（文京区白山）

江戸本郷《ほんごう》（文京区本郷）の八百屋《やおや》に、お七《しち》という娘がいた。天和2年（1682）の大火で家が焼けてしまい、お七は親と共に寺へ避難。そこでお七は、寺小姓《てらこしょう》の生田庄之介《いくたしょうのすけ》と恋に落ちる。やがて店が再建されると一家は寺を引き払うが、お七は庄之介への想いを募らせる。もう一度家が燃えれば、庄之介がいる寺で暮らすことができると考えたお七は、庄之介に会いたい一心で自宅に放火した。しかし、火はすぐに消し止められ、お七は放火の罪で捕縛され、鈴《すず》ケ《が》森刑場《もりけいじょう》（品川区南大井）で火あぶりに処された。

以上が有名な「八百屋お七」の物語である。井原西鶴《いはらさいかく》の『好色五人女《こうしょくごにんおんな》』に取り上げられたことで広く知られるようになり、文学や歌舞伎《かぶき》、文楽《ぶんらく》などの作品の題材となっている。しかし、実在のお七のことはほとんどわかっていない。

同時代の資料である戸田茂睡《とだもすい》の『御当代記《ごとうだいき》』の天和3年の記録に「駒込《こまごめ》のお七付火《つけび》の事、この三月の事にて二十日時分よりさらされしなり」とあるのみで、ほかの公的な記録ではお七の名を見つけられない。しかし、お七処刑の数年後、事件を知る人々が生きている時代に、八百屋お七を描いた物語が江戸と大坂で出版され、多くの人の同情を集めたのは、東西でお七処刑の話が知られていたか、お七のモデルとなった人物がいたからではないかと推測されている。

殿中で刺殺された大老

堀田正俊《ほったまさとし》

終焉の地　安中藩上屋敷（千代田区大手町１―２―１）

享年 51

生年　寛永11年（１６３４）
歿年　貞享元年（１６８４）８月28日
墓所　甚大寺（千葉県佐倉市新町）

江戸幕府老中《ろうじゅう》堀田《ほった》正盛《まさもり》の三男として、江戸で生まれる。寛永12年（１６３５）、春日局《かすがのつぼね》の養子となり、大奥《おおおく》で育てられた。寛永18年、第三代将軍徳川家光《いえみつ》の嫡男竹千代《たけちよ》（のちの家綱《いえつな》）の小姓《こしょう》になる。慶安４年（１６５１）４月、家光の死去に際して父が殉死《じゅんし》すると、大名となり、寛文７年（１６６７）に上野安中《あんなか》藩主となる。

その後は、若年寄《わかどしより》、老中と順調に出世を重ねた。延宝８年（１６８０）、第四代将軍家綱が亡くなると、大老《たいろう》酒井《さかい》忠清《ただきよ》と家綱の後継を巡って対立。正俊は家綱の異母弟である綱吉《つなよし》を推した。その功績から、綱吉が第五代将軍に就任すると、大手門前の忠清邸を与えられ、天和元年（１６８１）12月には忠清に代わって大老に任じられるなど、綱吉に重用された。農政専従の老中として、特に財政面で大きな成果を挙げる。

綱吉の下でこのまま権勢を誇るかに見えたが、貞享元年（１６８４）８月28日、若年寄稲葉《いなば》正休《まさやす》が江戸城内で正俊を刺すという事件が起きる。瀕死の重傷を負った正俊は、医師の手当を受けて安中藩邸（千代田区千代田）に運ばれるも、そこで息を引き取った。正休もその場で殺害されたため、事件の原因は不明。幕府の記録では、正休が発狂して凶行に及んだとされるが、大坂淀川《よどがわ》の治水事業を巡って対立したためとも、将軍綱吉が裏で糸を引いたとも言われる。

病死

歿するまで作品を書き続けた

井《い》原《はら》西《さい》鶴《かく》

享年
52

生年 寛永19年（１６４２）
歿年 元禄６年（１６９３）８月10日
墓所 誓願寺（大阪市中央区上本町）

終焉の地 松寿軒（大阪市中央区谷町３丁目南、「井原西鶴終焉之地」碑あり）

大坂難波《なんば》（大阪市中央区・浪速区）の富裕な商家に生まれたとも、紀伊日高《ひだか》郡三十木《みそぎ》村（和歌山県日高川町）で生まれたともされる。

15歳の頃に俳諧《はいかい》の道を志し、師である西山宗因《にしやまそういん》（西翁《さいおう》）の号から一字をもらって西鶴《さいかく》を名乗る。オランダ流とも呼ばれる軽口・狂句《きょうく》を特徴とする独自の作風で、談林派《だんりんは》の代表的俳人として活躍。一昼夜かけて多くの句を詠む矢数《やかず》俳諧を創始した。各地で俳諧師による記録合戦が行われたが、貞享元年（１６８４）、西鶴は大坂住吉神社《すみよしじんじゃ》（大阪市住吉区）の社前で、一昼夜２万３５００句の独吟《どくぎん》という新記録を樹立した。

その後、作家に転身。天和２年（１６８２）、処女小説『好色一代男《こうしょくいちだいおとこ》』が江戸と大坂で出版された。世之介《よのすけ》という好色で自由気ままな男の人生を活写し、ベストセラーとなった。以後、もっぱら浮世草子《うきよぞうし》作家として、俳諧的な文を取り入れた雅俗折衷《がぞくせっちゅう》の文体で、『日本永代蔵《にっぽんえいたいぐら》』『世間胸算用《せけんむねさんよう》』などの町人物をはじめ、好色物・武家物などに多くの傑作を残した。

元禄６年（１６９３）８月10日、西鶴は鎗屋《やりや》町（大阪市中央区）の草庵《そうあん》「松寿軒《しょうじゅけん》」で死去した。歿後は門人北条団水《ほうじょうだんすい》が草庵を守り、西鶴の遺稿を整理して出版し続けた。「浮世の月　見過しにけり　末二年」の句が刻まれた墓が、誓願寺《せいがんじ》（大阪市中央区）に現存する。

子孫は経済を動かす財閥となった

三《みつ》井《い》高《たか》利《とし》

享年
73

生年 元和8年（1622）
歿年 元禄7年（1694）5月6日
墓所 真如堂（京都市左京区浄土寺真如町）

終焉の地 両替店奥の屋敷（京都市中京区六角町109付近）

伊勢松坂《まつさか》（三重県松阪市）の商家三《みつ》井《い》高俊《たかとし》の8番目の末子として生まれる。四男だった高利は、江戸で釘抜《くぎぬき》三井家を創業した長兄三井俊次《としつぐ》（三郎《さぶろう》左《ざ》衛《え》門《もん》）の許へ丁稚奉公《でっちぼうこう》に出されたが、高利の才能を妬んだ兄たちから、母の面倒を見るように言われ、松坂へ帰国することに。高利は母の孝行をするかたわら、金融業に乗り出して蓄財しつつ、江戸進出の機会を待ち続けた。

寛文13年（1673）に兄俊次が亡くなると、高利はついに、「江戸店持《たなもち》」という夢の実現に乗り出した。この時、52歳。高利は息子たちに指示し、江戸日本橋の本町《ほんちょう》1丁目（中央区日本橋本町）に間口9尺の小さな店を借り受けさせ、三《みつ》井《い》越後《えちご》屋《や》呉服店《ごふくだな》を開業。のちの三越《みつこし》である。越後屋は、反物《たんもの》の「店前売り」「現銀（金）安売掛け値なし」という、顧客に現金支払いを要求する一方、良質な商品を必要な分だけ安く販売する新商法で、庶民の人気を博した。高利は松坂から指示を出し続け、商売を繁盛させた。

天和3年（1683）、店舗を駿河《するが》町（中央区日本橋室町）に移転させると、新たに両替店《りょうがえだな》も開業。為替《かわせ》でも商才を発揮し、幕府為替方御用を務めるなど着実に地位を築いていく。

元禄7年（1694）5月6日に京の両替店（京都市中京区）で死去。高利一代で築いた財産は7万両以上とも言われている。

病　死

故郷に納骨された浮世絵の祖

菱《ひし》川《かわ》師《もろ》宣《のぶ》

享年　？

生年　不詳
歿年　元禄7年（1694）6月4日
墓所　千葉県鋸南町吉浜

終焉の地　自邸（中央区東日本橋3―6―13）

安房平《へい》郡保《ほ》田《た》本郷《ほんごう》（千葉県鋸南町）の縫箔刺《ぬいはくし》繡《しゅう》業菱川吉左衛門《ひしかわきちざえもん》の嫡男として生まれる。本名は吉兵衛《きちべえ》。晩年に剃髪して友竹《ゆうちく》と号した。

寛文（1661～73）後期には江戸で絵師として活動しているが、それ以前の経歴や誰に絵を学んだかはよくわかっていない。師宣は、版本《はんぼん》の版下絵師《はんしたえし》として、仮名草子《かなぞうし》・浄瑠璃本《じょうるりぼん》・俳書《はいしょ》などの挿絵《さしえ》を主に制作。仮名草子や好色本《こうしょくぼん》を中心に優れた挿絵を提供し、本の中に占める挿絵の比重を拡大していった。やがて絵入り本、絵本や風俗画などで個性を発揮していく。

「菱川様」と呼ばれる独自の作風で、多くの作品を残した。100種以上の絵本・挿絵本、50種以上の枕絵本《まくらえぼん》のほか、画巻《がかん》・屛風《びょうぶ》・掛軸《かけじく》など相当数の肉筆《にくひつ》作品が確認され、その人気と旺盛な活動が知られる。女性美を追求した肉筆浮《うき》世絵《よえ》「見返り美人図」が特に有名。大らかで優美な作風は、浮世絵の基本的様式となっていった。師宣が「浮世絵の祖」と言われる所以《ゆえん》である。

遅くとも貞享年間（1684～88）には、嫡男師房《もろふさ》らと共に工房を営んでおり、遊里《ゆうり》と芝居町の二大悪所《あくしょ》や上野、隅田川といった行楽地をテーマにした風俗画を量産し続けた。

元禄7年（1694）6月4日、江戸村松《むらまつ》町（中央区東日本橋）の自邸で死去した。晩年の師宣についての詳細は不明。

病死

ハエを追う門人を眺めつつ歿す

松《まつ》尾《お》芭《ば》蕉《しょう》

享年 51

生年 寛永21年（１６４４）

歿年 元禄7年（１６９４）10月12日

墓所 義仲寺（滋賀県大津市馬場）円成院（大阪市天王寺区下寺町）

終焉の地 花屋仁左衛門邸（大阪市中央区久太郎町4−1−11、終焉地碑あり）

伊賀上野《うえの》（三重県伊賀市）の下級武士松尾与《まつおよ》左衛門《ざえもん》の次男として生まれたとされる。出生地には赤坂《あかさか》（伊賀市上野赤坂町）説と柘植《つげ》（伊賀市柘植）説がある。本名は宗房《むねふさ》。

寛文2年（１６６２）、伊賀上野の侍大将藤《とう》堂良清《どうよしきよ》の嗣子良忠《よしただ》に仕え、良忠と共に京の北村《きたむら》季吟《きぎん》に俳諧《はいかい》を学ぶ。良忠歿後に仕官を退くと、30代初めには江戸に出て、俳諧師の道を歩み始めた。延宝8年（１６８０）、深川《ふかがわ》（江東区）に芭蕉庵《ばしょうあん》を構え、その後の生涯を旅に過ごす。

『野ざらし紀行』『笈《おい》の小文《こぶみ》』などの旅を経て、西行《さいぎょう》５００回忌にあたる元禄2年（１６８９）3月27日、芭蕉は弟子の曾良《そら》と『おくのほそ道』の旅に出る。東北を中心に各国を巡り、多くの句を詠んだ。元禄7年4月、たび重なる推敲《すいこう》の末に『おくのほそ道』が完成。

5月、芭蕉は伊賀上野に向かい、9月には大坂へ旅立つ。門人の之道《しどう》と珍碩《ちんせき》の仲を取り持つためだった。芭蕉が珍碩を諭すも、珍碩は拒否して失踪。この心労が健康に障ったのか、芭蕉は体調を崩して之道の家に移ったが、容態は悪化の一途を辿った。10月5日に御堂筋《みどうすじ》（大阪市中央区）の花屋仁左衛門《はなやにざえもん》の貸座敷に移るが回復せず、病床での「旅に病んで　夢は枯野《かれの》を　かけ廻《めぐ》る」が事実上最後の句となった。10日に遺書を書き、2日後の早朝に息を引き取った。

円《えん》空《くう》

自ら土に入り即身仏となる

享年
64

生年 寛永9年（1632）
殁年 元禄8年（1695）7月15日
墓所 入定塚（岐阜県関市池尻）
弥勒寺裏山墓地（岐阜県関市池尻）

終焉の地 長良川河畔（岐阜県関市池尻付近）

美濃（岐阜県）で生まれたとされるが、具体的な出生地や父母の名前は不詳。出家の時期についても諸説あり、幼少期に出家したと記すものもあれば、長じて尾張高田寺《こうでんじ》（愛知県北名古屋市）で修行したと記すものもある。もともと天台宗《てんだいしゅう》の僧だったとも、最初は禅門《ぜんもん》にあったとも、浄土真宗《じょうどしんしゅう》の僧だったとも言われる。さらに、円空は美濃粥川寺（郡上市美並町）において出家したとする説も見られる。

自らの悟りを開こうとすると共に、厳しい生活にあえぐ人々の幸福を願い、「造仏《ぞうぶつ》」と呼ばれる修験道《しゅげんどう》の修行に励んだ。「円空仏《えんくうぶつ》」と呼ばれる独特の作風の仏像を作り続けた。一生のうちに12万体造像を発願《ほつがん》したが、現在までに二千数百体が発見されている。円空は、常に諸国遍歴の旅を続ける遊行《ゆぎょう》の僧でもあった。その足取りは断片的にしかわからないが、寛文4年（1664）頃までは美濃地方にいて、全国を歩き、北は蝦夷（北海道）から、西は四国・中国に及んだとされる。

晩年の元禄5年（1692）、廃寺だった飛鳥時代創建の寺、弥勒寺《みろくじ》（岐阜県関市）を再興し、自坊とした。そして3年後、死期を悟った円空は、弥勒寺南方の長良川《ながらがわ》河畔に穴を掘り、多くの里人に見守られる中、念仏を唱えながら自ら土に埋もれ、入定《にゅうじょう》を果たしたと言われている。

病死

食道癌で歿した黄門様

徳《とく》川《がわ》光《みつ》圀《くに》

享年 73

生年 寛永5年（1628）6月10日
歿年 元禄13年（1700）12月6日
墓所 水戸徳川家墓所（茨城県常陸太田市瑞竜町）※非公開

終焉の地 西山荘（茨城県常陸太田市新宿町590）

水戸《みと》徳川家初代徳川頼房《よりふさ》の三男として、水戸城下の柵《さく》町（茨城県水戸市）にあった家臣三木《みき》之次《ゆきつぐ》の屋敷で生まれる。寛永13年（1636）に元服し、第三代将軍徳川家光《いえみつ》から偏諱《へんき》を与えられ、光国《みつくに》（のち光圀と改める）と名乗った。

寛文元年（1661）34歳の時、父の跡を継いで第二代水戸藩主となり、朱子学《しゅしがく》に基づく立場から藩政を主導。一方、藩主就任以前の明暦3年（1657）から『大日本史《だいにほんし》』の編纂事業に取り組み、これは明治39年（1906）まで続いた。光圀は、第五代将軍綱吉《つなよし》の生類憐《しょうるいあわ》れみの令《れい》を批判し、元禄3年（1690）、老衰を理由に隠居を願い出ると、常陸久慈《くじ》郡新宿《あらじゅく》村（茨城県常陸太田市）に建設された西山荘《せいざんそう》に隠棲し、水戸学の基礎を築いた。元禄7年3月、隠居後初めて江戸に上り、水戸藩上屋敷（文京区後楽）で行われた能舞興行の際、光圀が楽屋で重臣藤《ふじ》井紋太夫《いもんだゆう》を刺殺するという事件が起きるが、動機は明らかでない。翌8年1月、西山荘に帰って以降はここで過ごした。

寺社改革を断行した光圀も、晩年は僧日乗《にちじょう》らとの交流から仏教に心を寄せるようになった。元禄9年12月23日、亡妻泰姫《たいひめ》の命日に落飾《らくしょく》。元禄12年頃から食欲不振になり、13年12月6日、食道癌《しょくどうがん》のために死去した。なお、光圀の漫遊記《まんゆうき》は明治時代の創作であり、事実ではない。

自刃

刃傷事件を起こして即日切腹

浅野《あさの》内匠頭《たくみのかみ》（長矩《ながのり》）

享年 35

生年 寛文7年（1667）
歿年 元禄14年（1701）3月14日
墓所 泉岳寺（港区高輪）

終焉の地 一関藩上屋敷（港区新橋4―28―31付近）

播磨赤穂《あこう》藩第二代藩主浅野長友《あさのながとも》の嫡男として、江戸の赤穂藩上屋敷（中央区明石町）で生まれる。諱《いみな》は長矩《ながのり》。延宝3年（1675）に父長友が亡くなり、9歳で第三代赤穂藩主となる。

元禄14年（1701）2月4日、浅野は朝廷から派遣された勅使《ちょくし》の饗応役《きょうおうやく》を拝命した。自身二度目の勅使接待で、礼法指南役《れいほうしなんやく》には、前回同様、高家《こうけ》の吉良上野介《きらこうずけのすけ》（義央《よしなか》）が任じられた。3月14日、江戸城では第五代将軍徳川綱吉《つなよし》が聖《せい》旨《し》・院旨《いんじ》に奉答する勅答《ちょくとう》の儀が行われる予定だった。儀式が始まる直前、本丸大廊下《おおろうか》（松の廊下）で留守居番《るすいばん》梶川与惣兵衛《かじかわよそべえ》（頼照《よりてる》）と打ち合わせをしていた吉良に、浅野は背後から近づき、脇《わき》差《ざし》で切りかかった。吉良は額《ひたい》と背中に傷を負ったが、致命傷ではなく、浅野は梶川に取り押さえられた。この刃傷《にんじょう》事件に、綱吉は激怒。芝愛《しばあた》宕下《ごした》の陸奥一関《いちのせき》藩上屋敷（港区新橋）に護送された浅野には、即日切腹と赤穂浅野家取り潰しという厳しい処分が下される。浅野は庭先の切腹場へと移され、幕府検使役の立会いの下、幕府徒目付《かちめつけ》磯田武大夫《いそだぶだゆう》の介錯《かいしゃく》で切腹した。事件発生から、たった数時間後のことである。

浅野が突然の刃傷に及んだ動機は定かではないが、斬りかかる際に「この間の遺恨《いこん》覚えたるか」と叫んだとも言われ、吉良との間に何らかの確執があったものと考えられている。

赤穂浪士に掲げられた首級

吉《き》良《ら》上《こう》野《ずけの》介《すけ》（義《よし》央《なか》）

享年
62

生年 寛永18年（1641）9月2日
歿年 元禄15年（1702）12月15日
墓所 華蔵寺（愛知県西尾市吉良町）
功運寺（中野区上高田）

終焉の地 吉良家上屋敷（墨田区両国3—13—9、本所松坂町公園）

　江戸幕府の高家旗本吉良義冬《こうけはたもときらよしふゆ》の嫡男として、江戸鍛冶橋《かじばし》門内の吉良邸（千代田区丸の内）で生まれたとされる。諱《いみな》は義央《よしなか》。寛文8年（1668）に家督を継ぎ、天和3年（1683）高家肝煎《きもいり》に就任した。

　元禄14年（1701）3月14日、勅使《ちょくし》の饗応《きょうおう》役《やく》に任じられた赤穂《あこう》藩主浅野内匠頭《あさのたくみのかみ》（長矩《ながのり》）の礼法指南役《れいほうしなんやく》を務めていた吉良は、儀式の直前、江戸城の大廊下《おおろうか》（松の廊下）で突然、浅野に額《ひたい》と背中を斬り付けられた。吉良は別室に運ばれ、外科医栗崎道有《くりさきどうゆう》の治療によって命は助かった。吉良に特別な咎めはなかったが、数日後に御役御免願いを提出し、12月11日に隠居する。

　約1年後の元禄15年12月15日未明、主君の敵《かたき》を討つべく、大石内蔵助《おおいしくらのすけ》ら赤穂浪士47名が本所《ほんじょ》松坂《まつざか》町の吉良邸（墨田区両国）に討ち入った。当主義周《よしちか》や家臣らが防戦する中、自身は炭小屋に隠れた。しかし、ふと動いたところを間光興《はざまみつおき》に槍で突かれ、脇差《わきざし》で抵抗しようとするが、武《たけ》林隆重《ばやしたかしげ》に斬殺された。吉良の首級は泉岳寺《せんがくじ》（港区高輪）の浅野長矩の墓前に捧げられたのち、箱に詰めて同寺に預けられ、僧が吉良家に届けた。家老二人の連署《れんしょ》がある吉良の首級の受領書が泉岳寺に残されている。刃傷《にんじょう》事件の際に治療した医師栗崎が首と胴体を繋ぎ合わせ、菩提寺万昌院《ばんしょういん》（現在は中野区上高田）に葬られた。

自刃

本懐を果たした2ヶ月後に切腹

大《おお》石《いし》内蔵助《くらのすけ》（良雄《よしお》）

享年 45

生年 万治2年（1659）
歿年 元禄16年（1703）2月4日
墓所 泉岳寺（港区高輪）
一運寺（大阪市住吉区住吉）

終焉の地 熊本藩下屋敷（港区高輪1—16—25）

播磨赤穂《あこう》藩浅野《あさの》家の重臣大石良昭《おおいしよしあき》の嫡男として、赤穂（兵庫県赤穂市）で生まれる。諱《いみな》は良《よし》雄《お》。父良昭が早世したため、祖父良欽《よしたか》の養子となり、その遺領と内蔵助《くらのすけ》の通称を受け継ぐ。21歳で正式な筆頭家老となるが、「昼行灯《ひるあんどん》」とあだ名される凡庸《ぼんよう》な人物だったようである。

元禄14年（1701）3月14日、江戸城の大《おお》廊下《ろうか》（松の廊下）で、主君浅野内匠頭《たくみのかみ》（長矩《ながのり》）が高家《こうけ》吉良《きら》上野介《こうずけのすけ》（義央《よしなか》）に斬りかかる事件が発生。浅野は即日切腹に処され、赤穂藩は取り潰しとなるが、吉良には何の咎めもなかった。

大石は、切腹か籠城か開城かと意見が割れる家中をまとめて赤穂城を引き渡し、京山科《やましな》に退去、御家再興を目指して様々な運動をした。しかし、長矩の弟長広《ながひろ》が広島《ひろしま》藩御預けとなり絶望。吉良を討つべく、周到に準備を重ねていった。

そして決行の日。元禄15年12月15日未明、47人の赤穂浪士が本所松坂《ほんじょまつざか》町の吉良邸（墨田区両国）に討ち入った。2時間に及ぶ激闘の末、浪士たちはついに吉良を殺害。江戸市中を行進し、泉岳寺《せんがくじ》（港区高輪）に眠る亡き主君の墓前に吉良の首級を供え、仇討ちを報告した。

浪士らの身柄は4大名家に預けられた。元禄16年2月4日、大石は熊本《くまもと》藩細川《ほそかわ》家の下屋敷（港区高輪）で、細川家家臣安場《やすば》一平《いっぺい》の介錯《かいしゃく》によって切腹した。

その他

不可解な舞台上の刺殺事件

市《いち》川《かわ》團《だん》十《じゅう》郎《ろう》〔初代〕

享年 45

生年 万治3年（1660）5月
歿年 元禄17年（1704）2月19日
墓所 青山霊園（港区南青山）

終焉の地 市村座（中央区日本橋人形町3丁目付近）

「面疵《つらきず》の重蔵《じゅうぞう》」などのあだ名を持つ侠客《きょうかく》堀越《ほりこし》重蔵《じゅうぞう》を父に持つ。初代團十郎《だんじゅうろう》の幼少期についてはほとんどわかっていない。最初は市川海老蔵《いちかわえびぞう》と名乗り、市川團十郎を名乗るのは延宝3年（1675）以降のことである。

貞享2年（1685）、江戸市村座《いちむらざ》（中央区日本橋人形町）における『金平六条通《きんぴらろくじょうがよい》』で、超人的な怪力を発揮して、頼光四天王《らいこうしてんのう》の子供たちと共に鬼神《きじん》・妖怪《ようかい》や悪人どもを退治する坂田金平《さかたのきんぴら》役を演じ、歌舞伎《かぶき》における荒事《あらごと》を創始、市川宗《そう》家《け》の基礎を築いた。なお、荒事の創始を14歳の時とする説もある。

江戸では絶大な人気を誇った團十郎の歌舞伎だったが、京都人の気風には合わなかったようである。元禄6年（1693）、妻子を連れて上洛し、京の舞台に出演するが、評判は悪く、1年余りで江戸へ帰ることになった。しかし、この機会に、上方《かみがた》の俳人椎本才麿《しいのもとさいまろ》に入門し、才《さい》牛《ぎゅう》の俳名を得ている。一方、狂言《きょうげん》作者としても三升屋兵庫《みますやひょうご》の名で活躍した。

市村座で『わたまし十二段《じゅうにだん》』の佐藤忠信《さとうただのぶ》役を演じていた團十郎は、大見得《おおみえ》に極まっている最中、楽屋から壇上に上がって来た役者生島半六《いくしまはんろく》に刀で脇腹を刺され、舞台上で絶命した。生島が凶行に及んだ原因は不明だが、生島の息子が虐待を受けたことを恨んでいたとも言われる。

晩年は本草書の執筆に専念

貝原益軒《かいばらえきけん》

終焉の地 自邸（福岡市中央区荒戸1—11—10、跡碑あり）

享年 85

生年 寛永7年（１６３０）11月14日
歿年 正徳4年（１７１４）8月27日
墓所 金龍寺（福岡市中央区今川）

筑前福岡《ふくおか》藩黒田《くろだ》家の家臣貝原寛斎《かいばらかんさい》の五男として福岡（福岡市）で生まれる。益軒《えきけん》と名乗るのは晩年である。18歳で第二代藩主黒田忠之《ただゆき》に仕えるが、慶安3年（１６５０）、忠之の怒りに触れ、7年間の浪人生活を送ることになった。明暦2年（１６５６）、父寛斎の取り成しで第三代藩主光之《みつゆき》に赦され、藩医として帰藩する。

翌3年、藩費で京に留学して朱子学《しゅしがく》や本草学《ほんぞうがく》を学び、木下順庵《きのしたじゅんあん》や中村惕斎《なかむらてきさい》らと交流した。7年間にわたる留学を終えて、35歳で帰藩。その後、朱子学の講義や朝鮮通信使《ちょうせんつうしんし》の応接を行うかたわら、光之の命令で藩祖黒田孝高《よしたか》（官兵衛《かんべえ》）の業績を伝える黒田家の正史『黒田家譜《くろだかふ》』の編纂を、寛文11年（１６７１）から開始した。

主な著作は、70歳で役を退いてから完成している。元禄13年（１７００）に致仕《ちし》した益軒は、荒戸《あらと》の自邸（福岡市中央区）で、亡くなるまで著述業に専念。『和俗童子訓《わぞくどうじくん》』『大和本草《やまとほんぞう》』など幅広い分野に著作を持つが、特に『養生訓《ようじょうくん》』が知られる。益軒自身の実体験に基づく健康法を記した著作で、長寿を全うするための身体の養生だけでなく、精神の養生も説いているのが特徴。やさしい言葉で書かれた一般向けの生活心得書で、広く人々に愛読された。

正徳4年（１７１４）8月27日に自邸で歿す。著作は、生涯に60部２７０余巻に及んだ。

病死

将軍代替えで失脚した改革者

間《まな》部《べ》詮《あき》房《ふさ》

終焉の地　村上城（新潟県村上市二之町）

享年 55

生年　寛文6年（１６６６）5月16日
歿年　享保5年（１７２０）7月16日
墓所　浄念寺（新潟県村上市寺町）

甲斐甲府《こうふ》藩主徳川綱豊《つなとよ》の家臣西田《にしだ》清貞《きよさだ》の嫡男として、武蔵忍《おし》（埼玉県行田市）で生まれたとされる。初め猿楽師《さるがくし》喜多《きた》七太夫《しちだゆう》の弟子だったが、貞享元年（１６８４）に綱豊の用人《ようにん》となって寵愛を受け、その命によって間部《まなべ》氏と改姓する。

宝永元年（１７０４）、綱豊が江戸城西の丸へ入ったのに伴い、幕府の側衆《そばしゅう》となる。その後も順調に出世・加増を重ね、宝永3年には若年《わかどし》寄格《よりかく》として1万石の大名となった。その後、老《ろう》中格《じゅうかく》に昇進、上野高崎《たかさき》5万石を領有することになる。猿楽師だった者が大名になるという、歴史上、類を見ない大出世だった。

綱豊が第六代将軍家宣《いえのぶ》になると、詮房は侍講《じこう》新井《あらい》白石《はくせき》とのトロイカ体制で、「正徳《しょうとく》の治《ち》」と呼ばれる政治改革を行った。しかし、家宣は在職3年で死去、幼少の家継《いえつぐ》が第七代将軍に就任する。詮房は3歳の将軍を、常に江戸城に宿直《しゅくちょく》して自邸にも帰らず支えたが、譜代大名など既存の勢力の反感が徐々に強まっていき、政治は思うように進められなかった。

正徳6年（１７１６）4月、家継が幼少のまま病死し、吉宗《よしむね》が第八代将軍に就任すると、詮房は白石と共に失脚。高崎から越後村上《むらかみ》藩への転封《てんぽう》を命じられた。4年後の享保5年（１７２０）7月16日、詮房は不遇のままに村上の地で生涯を終えた。死因は暑気あたりとされる。

吉宗に嫌われて政界を引退

新《あら》井《い》白《はく》石《せき》

終焉の地
自邸（渋谷区千駄ヶ谷6—1—1、終焉地碑あり）

享年
69

生年　明暦3年（１６５７）2月10日
歿年　享保10年（１７２５）5月19日
墓所　高徳寺（中野区上高田）

上総久留里《くるり》藩主土屋利直《つちやとしなお》の家臣新井正済《あらいまさなり》の子として、江戸神田柳原《かんだやなぎわら》（千代田区神田須田町付近）で生まれたとされる。

久留里藩で御家騒動《おいえそうどう》が起こったため、父子共に土屋家を追われる。その後、大老堀田正俊《たいろうほったまさとし》に仕えるも、その正俊が若年寄稲葉正休《わかどしよりいなばまさやす》に江戸城内で刺殺される事件が起き、堀田家を去った。浪人となった白石は独学で儒学《じゅがく》を学び続け、朱《しゅ》子学者木下順庵《しがくしゃきのしたじゅんあん》に入門。37歳の時、順庵の推挙で、甲府《こうふ》藩主徳川綱豊《つなとよ》の侍講《じこう》となった。

宝永6年（１７０９）、綱豊が綱吉《つなよし》の跡を継いで第六代将軍家宣《いえのぶ》になると、幕政に参加。第七代将軍家継《いえつぐ》の治世まで、間部詮房《まなべあきふさ》と共に将軍を補佐した。朝鮮通信使《ちょうせんつうしんし》の待遇簡素化、金銀貨の改良、長崎貿易の制限など、のちに「正徳の治《しょうとくのち》」と呼ばれる政治改革を主導。しかし、幕閣や譜代大名からの反発も強く、吉宗《よしむね》が第八代将軍に就任すると、白石は失脚の憂き目に遭う。

江戸城内の部屋や神田小川《かんだおがわ》町の屋敷も没収された白石は、深川一色《ふかがわいっしき》町（江東区深住）の屋敷に移ったのち、享保2年（１７１７）に幕府から与えられた千駄ヶ谷《せんだがや》（渋谷区）の屋敷に隠遁《いんとん》する。晩年は不遇の中で著作活動に勤しみ、自伝『折《おり》たく柴《しば》の記《き》』をはじめ、『読史余論《とくしよろん》』や『西洋紀聞《せいようきぶん》』など多数の書を著す。享保10年5月19日、失意の中で生涯を終えた。

絵《え》島《じま》

27年間の閉居の末の衰死

享年
61

生年 天和元年（1681）
歿年 寛保元年（1741）4月10日
墓所 蓮華寺（長野県伊那市高遠町）

終焉の地 囲み屋敷（長野県伊那市高遠町東高遠457、絵島囲み屋敷）

絵島は本名をみよという。天和元年（1681）に生まれたこと以外、絵島の出自には不明な点が多い。第六代将軍徳川家宣《いえのぶ》の側室で、第七代将軍家継《いえつぐ》の生母お喜世《きよ》の方（のちの月光院《げっこういん》）に、大奥女中《おおおくじょちゅう》として仕えた。絵島はとても美しい女性だったようで、月光院の絶大な信頼を得て出世を重ねたが、34歳の時に事件は起こった。月光院の代わりに寛永寺《かんえいじ》と増上寺《ぞうじょうじ》、二つの将軍家菩提寺《ぼだいじ》の墓参りに出掛けた絵島は、その帰り道、木挽《こびき》町（中央区銀座）の芝居小屋山村座《やまむらざ》で生島新五郎《いくしましんごろう》の芝居を見物。門限を破ったことなどが問題になり、多くの連座者が出る中、生島との密会を疑われた絵島には、死罪を減じての島流しという処分が下った。

月光院の嘆願により、絵島は信濃高遠《たかとお》藩の内《ない》藤《とう》家に預けられ、屋敷（長野県伊那市）で幽閉《ゆうへい》生活を送ることに。昼夜10人近くの監視人に見張られ、衣食住を制限され、日蓮宗《にちれんしゅう》に帰依《きえ》して精進する毎日だった。この屋敷は現在、伊那市立高遠町歴史博物館の敷地に復元されており（絵島囲み屋敷）、はめ殺しの格子戸《こうしど》や板塀の二重の忍び返しなどが、警備の厳重さを物語る。

第八代将軍吉宗《よしむね》の時、高遠藩主内藤頼卿《よりのり》の嘆願で非公式ながら赦免され、屋敷周囲の散歩などが認められた。寛保元年（1741）4月10日に病死。27年間を囲み屋敷で過ごした。

病気に苛まれた名奉行の最晩年

大《おお》岡《おか》忠《ただ》相《すけ》

享年
75

生年　延宝5年（１６７７）
歿年　宝暦元年（１７５１）12月19日
墓所　浄見寺（神奈川県茅ヶ崎市堤）

終焉の地　西大平藩上屋敷（千代田区霞が関1―1―3、案内板あり）

幕府旗本《はたもと》大岡忠高《おおおかただたか》の四男として江戸に生まれ、同族の旗本大岡忠真《ただざね》の許へ養子に入った。

忠相は、目付《めつけ》、山田奉行《やまだぶぎょう》、普請《ふしん》奉行などを歴任し、江戸町奉行（南町《みなみまち》奉行）に抜擢されたのは、徳川吉宗《よしむね》が第八代将軍に就任した翌年の享保2年（１７１７）である。この時、中町《なかまち》奉行坪内《つぼうち》定鑑《さだかね》の名乗りが同じ能登守《のとのかみ》だったため、越前守《えちぜんのかみ》と改めた。享保《きょうほう》の改革を推進する吉宗の下で、忠相は町奉行所の機構改革や江戸の防火政策などに取り組み、小石川養生所《こいしがわようじょうしょ》を設立した。町奉行としての忠相の活躍は『大岡政談《おおおかせいだん》』と呼ばれる小説・講釈《こうしゃく》・歌舞伎《かぶき》などで有名だが、実際には忠相と無関係の逸話がほとんどである。

元文元年（１７３６）8月、寺社《じしゃ》奉行に栄進。大名の役職である寺社奉行に、旗本の忠相が就任する異例の出世だった。寛延元年（１７４８）には奏者番《そうじゃばん》を兼任し、三河西大平《にしおおひら》（愛知県岡崎市）1万石を与えられて正式な大名となるが、町奉行から大名となったのは江戸時代を通じて忠相のみである。

寛延3年頃から体調を崩し、病身を押して勤務するようになった。日記には「腹具合《あ》悪しき」などと頻繁に書かれ、病状の重さが窺える。宝暦元年（１７５１）11月2日、吉宗の葬儀を担当したあとに寺社奉行を辞し、自宅療養に入って間もない12月19日に死去した。

病死

身分社会を否定した農本主義者

安《あん》藤《どう》昌《しょう》益《えき》

享年 60

生年 元禄16年（1703）
歿年 宝暦12年（1762）10月14日
墓所 温泉寺（秋田県大館市二井田）

終焉の地 自邸（秋田県大館市二井田）

出羽秋田《あきた》郡二井田《にいだ》村（秋田県大館市）の豪農《ごうのう》の家に生まれる。昌益の前半生は、ほとんどわかっていない。上京して妙心寺《みょうしんじ》（京都市右京区）や北野天満宮《きたのてんまんぐう》（京都市上京区）で修行するが、仏教の教えに疑問を持ち、医師味岡三伯《あじおかさんぱく》に入門。延享元年（1744）から陸奥八戸《はちのへ》（青森県八戸市）の櫓横丁《やぐらよこちょう》に居住して、開業医となる。医者・学者として高く評価され、八戸藩から賓客の治療を命じられ、門人にも上士層が多かった。

一方で、昌益は封建社会を批判する書を著している。宝暦3年（1753）に刊行された『自然真営道《しぜんしんえいどう》』では、生産活動を自然・社会・人体の統一原理とし、万人が私有地を持って生産活動に従う身分差別のない社会「自然の世」を理想として掲げ、武士が農民の生産を収奪する封建領主制を批判した。

宝暦6年9月、郷里の本家を継いでいた兄が亡くなり、家督を継ぐ者がいなくなった。そのため、宝暦8年、二井田村に一人で帰郷、本家の当主として孫右衛門《まごえもん》を名乗った。昌益は、田地をすべて失い窮乏状態にあった安藤家の家産《かさん》回復に努める。さらに飢饉《ききん》で疲弊した二井田村の再建を目指し、地主層の門人らと村寄合を指導、支出の多い神事を停止するなどして復興させた。晩年の約5年間を二井田村で過ごし、宝暦12年10月14日、この地で歿した。

病死

流刑となった尊王論者

竹《たけの》内《うち》敬《たか》持《もち》（式《しき》部《ぶ》）

終焉の地　三宅島（東京都三宅村）

享年
56

生年　正徳2年（1712）
歿年　明和4年（1767）12月5日
墓所　新潟市中央区二葉町、日和山墓地の西側
大林寺（東京都三宅村井ヶ谷）

越後新潟《にいがた》（新潟県）の町医師竹内宗詮《たけのうちそうせん》の子として生まれる。竹内式部《しきぶ》は通称である。

享保13年（1728）頃に京へ上り、摂関家《せっかんけ》に次ぐ清華家《せいがけ》の家格を持つ徳大寺家《とくだいじけ》に仕える。また、その間に山崎闇斎《やまざきあんさい》を学祖とする崎門学派《きもんがくは》で、門下の松岡仲良《まつおかちゅうりょう》・玉木正英《たまきまさひで》に師事し、垂加《すいか》神道《しんとう》を学んで、軍学を修めた。その後、家塾を開いて、徳大寺公城《きんむら》ら若い公家たちに、大義名分を重んじる垂加神道の教義を教授した。

当時の朝廷では、若い公家たちを中心に幕府の専制と摂関家による朝廷支配に対する不満が高まっていた。徳大寺らは、敬持から学んでいた『日本書紀《にほんしょき》』神代巻《じんだいのまき》を桃園《ももぞの》天皇に進講《しんこう》し、宝暦6年（1756）には、ついに敬持自身による桃園天皇への直接進講を実現させた。

しかし、朝幕関係の悪化を案じた関白一条道《かんぱくいちじょうみち》香《か》らは、徳大寺らを追放。さらに、公卿に武芸稽古をしたとして、宝暦8年、敬持を京都所司《きょうとしょし》代《だい》に告訴した。敬持は取り調べを受け、翌9年、重追放《じゅうついほう》に処せられた（宝暦《ほうれき》事件）。

敬持は伊勢国（三重県）に身を寄せていたが、明和4年（1767）、山県大弐《やまがただいに》ら尊王論者《そんのうろんじゃ》が幕府に処罰されるという事件が起こる（明和《めいわ》事件）。敬持は無関係だったにもかかわらず、関与を疑われて八丈島《はちじょうじま》へ流罪となった。しかし護送中に発病、三宅島《みやけじま》（東京都）で死去した。

病 死

自ら「甘藷先生」と墓に刻む

青《あお》木《き》昆《こん》陽《よう》

享年 72

生年 元禄11年（1698）5月12日
歿年 明和6年（1769）10月12日
墓所 瀧泉寺（目黒区下目黒）

終焉の地 **自邸（目黒区下目黒3—1—2、大鳥神社付近）**

江戸日本橋《にほんばし》小田原《おだわら》町（中央区）の魚屋佃屋《つくだや》半《はん》右《え》衛門《もん》の嫡男として生まれる。通称は文蔵《ぶんぞう》。京で伊藤東涯《いとうとうがい》に儒学《じゅがく》を学び、27歳の時、江戸八丁《はっちょう》堀《ぼり》（中央区八丁堀）の町奉行所与力《よりき》加藤枝直《かとうえなお》の屋敷地内で塾を開いた。当時は飢饉《ききん》が続き、人々が飢餓に苦しむのを見た昆陽は、西日本で飢饉対策として普及していた甘藷《かんしょ》（サツマイモ）を栽培すべきと主張し、『蕃藷考《ばんしょこう》』を著した。享保20年（1735）、37歳の時である。

　昆陽は枝直の推挙によって大岡忠相《おおおかただすけ》の知遇を得て、この『蕃藷考』を第八代将軍徳川吉宗《よしむね》に上書《じょうしょ》。吉宗が昆陽にサツマイモを試作させたところ、見事成功し、関東地方でもサツマイモが普及した結果、天明《てんめい》の大飢饉《だいききん》で多くの人々の命が救われた。

　その後、昆陽はサツマイモ栽培から離れ、幕臣として寺社奉行《じしゃぶぎょう》となっていた大岡忠相の配下に加わり、甲斐（山梨県）・信濃（長野県）・三河（愛知県）など徳川家旧領の古文書を調査・研究するようになる。吉宗は昆陽にオランダ語を学ばせ、弟子には『解体新書《かいたいしんしょ》』で知られる前《まえ》野《の》良沢《りょうたく》がいるなど、まさに蘭学《らんがく》の祖と言える。

　明和6年（1769）10月12日、風邪が原因で死去した。サツマイモが試作された下総馬加《まくわり》村（千葉市花見川区幕張町）には昆陽神社《こんようじんじゃ》が建てられ、「芋神様」として祀られている。

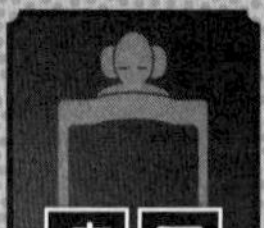

病死

万葉集の研究に生涯を捧ぐ

賀《か》茂《も》真《ま》淵《ぶち》

享年 73

生年 元禄10年（1697）3月4日

歿年 明和6年（1769）10月30日

墓所 東海寺大山墓地（品川区北品川）

終焉の地 自邸（中央区日本橋久松町9、清洲通り沿い）

遠江敷智《ふち》郡浜松庄伊庭《いば》村（静岡県浜松市中区）で、加茂神社《かもんじんじゃ》の神官《しんかん》岡部政信《おかべまさのぶ》の三男として生まれたとされる。11歳の頃より荷田春満《かだのあずままろ》の弟子杉《すぎ》浦国頭《うらくにあきら》から手習いを受け、26歳の時に浜松の杉浦国頭邸で行われた歌会で荷田春満に初めて出会ったとされる。そして31歳の頃に、家を捨てて京の春満の許へ入門。しかし、上京して3年ほど経った元文元年（1736）に春満が死去してしまい、いったんは浜松へ帰るも、翌2年には江戸へ出て、歌学者としての生活に入った。

延享3年（1746）50歳の時、真淵は和学《わがく》をもって御三卿《ごさんきょう》田安《たやす》徳川家の徳川宗武《むねたけ》に仕えることになり、生活も安定を見た。宝暦10年（1760）に64歳で隠居。以降は旺盛に著述に励み、『国意考《こくいこう》』『歌意考《かいこう》』などのいわゆる五意考《ごいこう》など多くの著書を残し、明和6年（1769）10月30日、江戸久松《ひさまつ》町（中央区日本橋久松町）の自邸で亡くなった。

真淵は、『万葉集《まんようしゅう》』など古典の研究に力を注ぎ、日本の古代精神（古意・古道）の意義を強調した。また万葉風の歌を詠み、歌壇に影響を与えた。また国学《こくがく》を樹立した人物として、のちに荷田春満、本居宣長《もとおりのりなが》、平田篤胤《ひらたあつたね》と共に「国学の四大《しう》人《し》」の一人に数えられた。本居宣長、加藤千蔭《かとうちかげ》、村田春海《むらたはるみ》、塙保己一《はなわほきいち》など多くの門下生がおり、彼らは県居学派《あがたいがくは》（県門派《けんもんは》）と呼ばれる。

酒に酔って殺人を犯した奇才

平《ひら》賀《が》源《げん》内《ない》

享年 52

生年 享保13年（1728）

歿年 安永8年（1779）12月18日

墓所 台東区橋場 自性院（香川県さぬき市志度）

終焉の地 伝馬町牢屋敷（中央区日本橋小伝馬町5—2、十思公園）

讃岐高松《たかまつ》藩松平《まつだいら》家の足軽白石良房の三男として、讃岐寒川《さんがわ》郡志度浦《しどうら》（香川県さぬき市志度）で生まれる。13歳から藩医の下で本草学《ほんぞうがく》や儒学《じゅがく》を学ぶ。父良房の死後は長崎・大坂・京へ遊学し、家督を放棄したあとは江戸に出て、田村藍《たむららん》水《すい》の下で本草学を学んだ。師と共に毎年薬品会を開催し、宝暦11年（1761）には日本発の博覧会とも言える「第五回東都薬品会」を成功させ、蘭学者《らんがくしゃ》杉田玄白《すぎたげんぱく》らとも交流を持った。

源内は、秩父《ちちぶ》（埼玉県秩父市）の鉱山開発中に発見した石綿《いしわた》から、燃えない布「火浣布《かかんぷ》」を発明。科学者・発明家としての顔のほか、戯作《げさく》者風来山人《しゃふうらいさんじん》、浄瑠璃《じょうるり》作家福内鬼外《ふくうちきがい》としても活躍するなどマルチな才能を発揮した。土用《どよう》の丑《うし》の日に鰻《うなぎ》を食べる風習は、夏の営業不振に悩む鰻屋に、源内が「本日は土用の丑、鰻食うべし」と看板を出すよう助言したことに始まるという。

安永5年（1776）には、長崎で入手したエレキテル（摩擦起電器《まさつきでんき》）の復原に成功。しかしこの頃から、源内は自分を認めない世間への不満を募らせていく。安永8年夏、酒に酔って大工の棟梁《とうりょう》二人を殺傷。11月21日、江戸の伝馬《てんま》町牢屋敷《ろうやしき》（中央区日本橋小伝馬町）に投獄され、破傷風《はしょうふう》により獄死した。「非常ノ人」の「非常ノ死」を惜しんだ友人杉田玄白らの手により、遺体がないまま葬儀が行われた。

病死

南画を大成した大器晩成の俳人

与謝蕪村《よさぶそん》

享年 68

生年 享保元年（1716）

歿年 天明3年（1783）12月25日

墓所 金福寺（京都市左京区一乗寺才形町）

終焉の地 自邸（京都市下京区釘隠町249付近、跡碑あり）

摂津東成《ひがしなり》郡毛馬《けま》村（大阪市都島区）に生まれるが、詳しいことはわかっていない。20歳の頃に江戸へ出て、日本橋本石町《にほんばしほんごく》（中央区）に居住し、早野巴人《はやのはじん》（夜半亭宋阿《やはんていそうあ》）に入門して俳諧《はいかい》を学ぶ。この時は宰鳥《さいちょう》の号を名乗っていた。

寛保2年（1742）に師が亡くなると、縁故を頼って各地を転々とする。松尾芭蕉《まつおばしょう》を偲《しの》び、僧の姿で東北地方を旅して、その足跡を辿った。寛保4年、下野宇都宮《うつのみや》（栃木県宇都宮市）の佐《さ》藤露鳩《とうろきゅう》宅へ寄った際に編集した手記『歳旦帳《さいたんじょう》』で、初めて蕪村《ぶそん》を号している。

その後、丹後（京都府）や讃岐（香川県）などを歴遊し、42歳の頃、京に居を構えた。与謝《よさ》を名乗るようになったのはこの頃であり、母の出身である丹後与謝にちなんだとも言われる。

明和7年（1770）に夜半亭二世を継いだ。

島原《しまばら》の角屋《すみや》（京都市下京区）で句を教えるなど、晩年は京で生涯を送り、天明3年（1783）12月25日、自邸で息を引き取った。死因は従来、重症下痢症とされたが、最近の調査で心筋梗塞《しんきんこうそく》だったと判明している。辞世は「しら梅に　明る夜ばかりと　なりにけり」。

写実的かつ浪漫《ろまん》的で叙情性に富んだ俳風を示した中興期俳壇の中心的人物で、晩年は蕉風《しょうふう》復興を提唱。また池大雅《いけのたいが》と共に日本南画《なんが》の大成者と言われ、池との合作に「十便十宜図《じゅうべんじゅうぎず》」がある。

病死

重罪人を捕らえ続けた「鬼平」
長谷川《はせがわ》平蔵《へいぞう》（宣以《のぶため》）

享年
51

生年 延享2年（１７４５）
歿年 寛政7年（１７９５）5月19日
墓所 戒行寺（供養碑。新宿区須賀町）

終焉の地 長谷川家屋敷（墨田区菊川3—16—2、案内板あり）

幕府旗本《はたもと》長谷川《はせがわ》宣雄《のぶお》の嫡男として、江戸赤坂築地中之町（港区赤坂）で生まれたとされる（諸説あり）。明和5年（１７６８）12月5日、23歳の時に第十代将軍徳川家治《いえはる》に御目見《おめみえ》した。

青年時代の平蔵は、「本所《ほんじょ》の銕《てつ》」などと恐れられる、放蕩《ほうとう》無頼《ぶらい》の風来坊《ふうらいぼう》だったようだ。安永2年（１７７３）、父宣雄が赴任先の京で死去すると、一緒に京にいた平蔵は江戸へ戻り、30歳で家督を継いで、小普請組《こぶしんぐみ》支配長田備中守の配下となった。翌3年、江戸城西の丸の書院番《しょいんばん》（将軍世子《せいし》の警護役）に任じられたのを皮切りに、出世を重ねていく。

天明7年（１７８７）9月9日、42歳の時、火付盗賊改役《ひつけとうぞくあらためやく》に任じられると、犯罪者の更生施設である石川島人足寄場《いしかわじまにんそくよせば》（中央区佃）を設立するなどの功績を挙げた。有能だったが、松平定信《まつだいらさだのぶ》をはじめ、幕閣や同僚からはあまり信頼されていなかったようで、以降の出世はままならなかった。しかし、的確で人情味溢れる仕事ぶりが評価され、庶民からは「本所の平蔵様」「今大岡《いまおおおか》」と呼ばれ、非常に人気があったという。

寛政7年（１７９５）、8年間勤め上げた火付盗賊改役の御役御免を申し出る。それが認められた3ヶ月後の5月19日に病死した。死の直前、第十一代将軍家斉《いえなり》から懇《ねんご》ろな労《ねぎら》いの言葉を受け、高貴薬「瓊玉膏《けいぎょくこう》」を下賜《かし》されたと伝わる。

墓のデザインもこだわった国学者

本居宣長《もとおりのりなが》

終焉の地 自邸（三重県松阪市魚町1645）

享年 72

生年 享保15年（1730）5月7日
歿年 享和元年（1801）9月29日
墓所 妙楽寺（三重県松阪市山室町）

伊勢松坂《まつさか》（三重県松阪市）の木綿商小津定利《おづさだとし》の次男として生まれる。熱心な鈴の収集家だったとされ、鈴屋《すずや》の屋号《やごう》を用いた。

兄が死んだあとに小津家を継ぐが、読書に熱中して商売には向かなかった。22歳で京に上り、堀元厚《ほりげんこう》と武川幸順《たけかわこうじゅん》に医学を、堀景山《ほりけいざん》に儒学を学んだ。本居宣長と名を変えたのは、この頃である。宝暦7年（1757）、京から松坂へ帰り、医師を開業。そのかたわら、自宅で『源氏物語《げんじものがたり》』の講義や古典の研究を始めた。やがて賀茂《かもの》真淵《まぶち》の書との出会いから国学《こくがく》の研究に入り、真淵からは文通による指導を受ける。

宝暦13年5月25日、宣長は、伊勢神宮《いせじんぐう》への参宮のために松坂を来訪した真淵と初めて相まみえた。生涯一度の対面だった。この時に入門を希望し、冬に正式に許可される。真淵からは『古事記《こじき》』の研究を託されたとも言われ、宣長は『古事記』の本格的な研究に励んだ。翌14年に起稿した『古事記伝《こじきでん》』が完成したのは、実に34年後、宣長69歳の時である。

多くの門人を抱え、死去した時には487人を数えたという。60歳の時には、諸国を旅して各地にいる門人を激励している。宣長は自分の墓のデザインを遺言に記しており、平成11年（1999）には、これに沿った「本居宣長之奥津墓《おくつき》」が建造されている。

病死

失明後も執筆活動を続ける

上《うえ》田《だ》秋《あき》成《なり》

終焉の地

羽倉信美邸（京都市上京区染殿町680、梨木神社に終焉地碑あり）

享年
76

生年　享保19年（1734）6月25日
歿年　文化6年（1809）6月27日
墓所　西福寺（京都市左京区南禅寺草川町）

父は旗本《はたもと》小堀政報《こぼりまさつぐ》、母は大和樋野《ひの》村（奈良県御所市）の旧家松尾《まつお》家の娘ヲサキとされる（諸説あり）。大坂曾根崎《そねざき》（大阪市北区）で生まれた。4歳の時に堂島永来《どうじまえら》町（大阪市北区）の紙油商嶋屋《しまや》上田茂助の養子となる。5歳の時には天然《てんねん》痘《とう》に罹り、生死の境をさまよった。後遺症で、右手中指と左手人指し指が短くなったという。

青年時代は遊蕩《ゆうとう》を覚えながらも、俳諧《はいかい》に遊び、戯作《げさく》を耽読《たんどく》した。植山たまと結婚した翌年の宝暦11年（1761）に養父茂助が歿したため、嶋屋を継ぐも、商売には向かなかった。

明和3年（1766）に浮世草子《うきよぞうし》『諸道聴耳《しょどうききみみ》世間猿《せけんざる》』を上梓《じょうし》。明和5年には、読本《よみほん》『雨月物《うげつもの》語《がたり》』を脱稿する。一方で、賀茂真淵《かものまぶち》門下の国学《こくがく》者《しゃ》加藤宇万伎《かとううまき》に師事した。明和8年に嶋屋が火災で破産すると、加島稲荷《かしまいなり》（大阪市淀川区）の神職方に寄寓《きぐう》して医学を学び、加島村で医師を始めた。大坂尼崎《あまがさき》町（大阪市中央区今橋）に移ってからも、医師を続けながら『雨月物語』を上梓した。天明7年（1787）54歳の時、大坂北郊の淡路庄《あわじのじょう》村（大阪市東淀川区）に隠退。

左眼の視力を失い、右眼の視力も弱っていく中、60歳を迎えてから京へ移転、校訂を生活の資《かて》とした。歌人羽倉信美《はくらのぶよし》邸（京都市上京区）に引き取られたのち、文化6年（1809）6月27日、同地で息を引き取った。

精巧な地図作りに命をかけた

伊《い》能《のう》忠《ただ》敬《たか》

享年 74

生年 延享２年（１７４５）１月11日
歿年 文化15年（１８１８）４月13日
墓所 源空寺（台東区東上野）

終焉の地 自邸内の地図御用所（中央区日本橋茅場町２—12付近）か？

上総山辺《やまべ》郡小関《こせき》村（千葉県九十九里町）の名《な》主《ぬし》小関家の婿養子となっていた小関（神保《じんぼう》）貞《さだ》恒《つね》の次男として生まれる。宝暦12年（１７６２）に下総佐原《さわら》村（千葉県香取市）の酒造業伊能《いのう》家へ婿養子に入って忠敬《ただたか》と改名。商売を立て直し、名主としても活躍した。

50歳で隠居すると江戸に出て、幕府天文方《てんもんがた》の高橋至時《たかはしよしとき》に天文学を学ぶ。そして寛政12年（１８００）、幕府に出願して蝦夷地《えぞち》南東沿岸の測量を行い、正確な地図を作製する。忠敬の測量事業は、その後、全国に及んだ。文化13年（１８１６）に終了するまでに10次を数え、延べ旅行日数３７３６日、陸上測量距離４万３７０８km、方位測定回数15万回に及ぶ大事業となった。忠敬の得た子午線《しごせん》１度の長さは、現代の測定値と約１０００分の１の誤差しかないという。

忠敬は１期測量するごとに地図を作った。しかし、文化14年秋頃から喘息《ぜんそく》がひどくなり、病床から地図の作成作業を監督したが、15年に入ると消耗していった。そして弟子に見守られながら、４月13日、江戸八丁堀《はっちょうぼり》（中央区）の自邸で生涯を閉じた。忠敬の死後も、高橋景保《かげやす》を中心に地図の作成作業が進められた。文政４年（１８２１）、『大日本沿海輿地全図《だいにほんえんかいよちぜんず》』は完成し、これに『大日本沿海実測録《だいにほんえんかいじっそくろく》』が添えられて幕府に献上された。日本初の科学的実測図である。

病死

上杉《うえすぎ》治憲《はるのり》（鷹山《ようざん》）

米沢藩を復興させ神となった名君

享年 72

生年 寛延4年（1751）7月20日
歿年 文政5年（1822）3月12日
墓所 上杉家墓所（山形県米沢市御廟）

終焉の地 餐霞館（山形県米沢市城南1—7、餐霞館遺跡に跡碑あり）

日向高鍋《たかなべ》藩主秋月種美《あきづきたねみつ》の次男として、江戸の秋月藩上屋敷（港区元麻布）で生まれる。出羽米沢《よねざわ》藩主上杉重定《うえすぎしげさだ》の養嗣子《ようしし》となって、米沢藩上屋敷に移り、明和3年（1766）に元服。第十代将軍徳川家治《いえはる》の偏諱《へんき》を授かり、治憲《はるのり》と改名した。明和4年に家督を継いだこの時から、治憲の改革が始まる。

当時の米沢藩は、20万両にも及ぶ莫大な借財を抱えていた。治憲は、竹俣当綱《たけまたまさつな》や莅戸善政《のぞきよしまさ》を重用して、代官制改革、農村復興、産業開発や災害対策を進める一方、徹底した倹約《けんやく》を行った。また、閉鎖されていた学問所を、藩校興譲館《こうじょうかん》として細井平洲《ほそいへいしゅう》らに再興させ、身分を問わず学問を学ばせた。藩内では治憲の藩政改革に対する反発も起こったが、これを退け、これらの施策と裁決で、破綻寸前の藩財政は立ち直り、次々代の斉定《なりさだ》の時代に借財を完済している。

天明5年（1785）、家督を養子治広《はるひろ》に譲って隠居。この時、治広に伝えた「伝国《でんこく》の辞《じ》」は、「生せは生る 成さねは生らぬ 何事も 生らぬは人の 生さぬ生けり」の言葉と共に有名。以降の治憲は、治広を後見する立場で藩政を主導。米沢城三の丸に建設された餐霞館《さんかかん》が完成すると、そこに移った。享和2年（1802）に剃髪し、鷹山《ようざん》と号す。そして文政5年（1822）3月12日早朝、餐霞館で大往生を遂げたのである。

病死

幕府とロシアの架け橋となる

高《たか》田《だ》屋《や》嘉《か》兵《へ》衛《え》

終焉の地 自邸（兵庫県洲本市五色町都志241、高田屋嘉兵衛翁記念館）

享年
59

生年 明和6年（1769）
歿年 文政10年（1827）4月5日
墓所 称名寺（北海道函館市船見町）
高田屋嘉兵衛公園（兵庫県洲本市五色町）

淡路津名《つな》郡都志本《つしもと》村（兵庫県洲本市五色町）の百姓弥吉《やきち》の嫡男として生まれる。寛政2年（1790）に兵庫へ出て、樽廻船《たるかいせん》の乗組員として頭角を現す。兵庫西出《にしで》町（神戸市兵庫区）に居を構えて財を蓄え、辰悦丸《しんえつまる》（1500石積）を新造し、船持船頭《ふなもちせんどう》として独立した。

嘉兵衛は、弟金兵衛《きんべえ》を箱館大町《はこだておおまち》（北海道函館市）の支店の支配人にして、商売の手を蝦夷地《えぞち》へ広げていった。やがて嘉兵衛は、松前《まつまえ》藩の御用達《ごようたし》を拝命し、東蝦夷地が幕府直轄地になると、国《くな》後島《しりとう》と択捉島《えとろふとう》間の航路を開拓。享和元年（1801）には、この功績をもって「蝦夷地定雇船《えぞちじょうやといせん》頭《どう》」となり、苗字帯刀《みょうじたいとう》を許可された。さらに大坂町奉行所から蝦夷地産物売捌方《さんぶつうりさばきかた》を命じられ、蝦夷地での経営を拡大していった。

文化9年（1812）8月、観世丸《かんぜまる》で箱館に向かう途中の嘉兵衛は、ロシア船に拿捕《だほ》される。前年、ロシアの軍艦ディアナ号の艦長ゴローニンを松前藩の役人が捕虜としたため、ロシア側が報復として嘉兵衛を拿捕したのだ。嘉兵衛はカムチャツカに連行、抑留されたが、幕府とロシアの仲介に尽力。翌10年に事件は解決し、帰国した嘉兵衛は、その功を賞された。

文政元年（1818）に弟金兵衛へ事業を譲り、秋には郷里の淡路へ帰った。文政10年4月5日に同地で生涯を閉じている。

病死

土蔵で死んだユーモアの俳人

小林《こばやし》一茶《いっさ》

享年
65

生年　宝暦13年（1763）5月5日
歿年　文政10年（1827）11月19日
墓所　小丸山墓地（長野県信濃町柏原）

終焉の地　土蔵（長野県上水内郡信濃町柏原48・49、小林一茶旧宅）

北国街道《ほっこくかいどう》の宿場柏原《かしわばら》（長野県信濃町）の百姓家に、嫡男として生まれる。本名は弥太郎《やたろう》。3歳で母を失い、継母《けいぼ》を迎えるが確執が生じて、安永6年（1777）に15歳で江戸へ出る。このあとの消息は不明だが、俳諧《はいかい》を始めたのは25歳の時で、天明7年（1787）に葛飾派《かつしかは》の小《こ》林竹阿《ばやしちくあ》（二六庵《にろくあん》）に師事した。葛飾派は、江戸俳諧の一派で田舎風を特色とした。寛政4年（1792）、竹阿の知人や門弟を頼り、京や大坂、四国・中国・九州などへ俳諧修行の旅に出る。修行は6年間に及んだが、江戸へ帰っても宗匠《そうしょう》にはなれず、関係者の多い下総・上総（千葉県）を歩き回る巡回俳諧師として暮らしたという。

享和元年（1801）、39歳の一茶は、病気の父を看病するために帰郷。父の発病から死、初七日を迎えるまでの約1ヶ月は、『父《ちち》の終焉《しゅうえん》日記《にっき》』としてまとめられている。以後、遺産相続を巡って、継母や義弟と12年間の争いを繰り広げる。その結果、遺産の半分を貰うことに成功。「いざいなん　江戸は涼みも　むつかしき」の句を残し、文化9年（1812）11月半ば、永住すべき郷里柏原村に帰った。

文政10年（1827）閏6月に柏原宿を襲った大火で母屋《おもや》を失い、焼け残った土蔵《どぞう》で生活することになる。そして11月19日、三度目の中風《ちゅうふう》で命を落とした。

病死

ロシア漂流の果てに薬草園で眠る

大黒屋光太夫《だいこくやこうだゆう》

享年 78

生年 宝暦元年（1751）
歿年 文政11年（1828）4月15日
墓所 南若松東墓地（供養碑。三重県鈴鹿市若松東）
回向院（供養塔。墨田区両国）

終焉の地 自邸（文京区白山3—7、東京大学附属植物園）

伊勢川曲《かわわ》郡南若松《みなみわかまつ》村（三重県鈴鹿市）の船宿亀屋《かめや》四郎治《しろうじ》家の次男として生まれる。母方の実家は伊勢津《つ》藩領（藤堂家《とうどうけ》）の玉垣《たまがき》村（鈴鹿市）で酒造業や木綿商などを営んでおり、光太夫はその江戸店《えどだな》で奉公していた。安永7年（1778）、亀屋の分家四郎兵衛《しろべえ》家の養子として伊勢に戻り、船頭《せんどう》となる。2年後には沖船頭《おきせんどう》になり、名を大黒屋光太夫に改めた。

天明2年（1782）12月、光太夫らは神昌《しんしょう》丸《まる》で白子浦《しらこうら》（鈴鹿市）から江戸に向けて出航するが、駿河（静岡県）沖付近で暴風に遭う。7ヶ月余りの漂流の末、アリューシャン列島のアムチトカ島へ漂着。先住民やロシア人と4年間を過ごし、ロシア人らと島を脱出。ロシアの首都ペテルブルクでエカチェリーナ二世に謁見、寛政4年（1792）に根室《ねむろ》（北海道根室市）へ帰着した。出航した17名のうち、帰国できたのは光太夫ら3名だけだった。光太夫の見聞は、幕府医学館《いがくかん》教授の桂川甫周《かつらがわほしゅう》によって『北槎聞略《ほくさぶんりゃく》』や『漂民御覧之記《ひょうみんごらんのき》』にまとめられている。

のちに光太夫は、小石川薬草園《こいしがわやくそうえん》（文京区白山）に居宅を与えられ、後半生をそこで過ごした。軟禁《なんきん》状態にあったように思われてきたが、近年発見された古文書により、比較的自由な生活を送っていたことが判明している。文政11年（1828）4月15日に、同地で死去した。

病死

松《まつ》平《だいら》定《さだ》信《のぶ》

晩年は風雅に暮らした元老中

享年 72

生年 宝暦8年（1758）12月27日
歿年 文政12年（1829）5月13日
墓所 霊巌寺（江東区白河）

終焉の地 松山藩中屋敷（港区三田2—5—4、イタリア大使館）

御三卿《ごさんきょう》田安《たやす》徳川家の初代徳川宗武《むねたけ》の七男として田安邸（千代田区北の丸公園付近）で生まれる。第八代将軍徳川吉宗《よしむね》の孫にあたる。陸奥白河《しらかわ》藩の藩主松平定邦《まつだいらさだくに》の養子となり、天明3年（1783）26歳で白河藩主に就任。藩政に手腕を振るい、天明《てんめい》の大飢饉《だいききん》で餓死者を出さないなど、名君と讃えられた。老中《ろうじゅう》田沼意次《たぬまおきつぐ》失脚後の天明7年6月、徳川御三家《ごさんけ》の推挙を受けて、第十一代将軍家斉《いえなり》の下で老中首座・将軍輔佐となる。田沼政治を一新し、祖父吉宗の改革を手本に寛《かん》政《せい》の改革を断行。幕政の再建を目指した。

しかし定信の厳しい改革は様々な方面から批判され、わずか6年で老中を失脚することとなった。その後は白河藩の藩政に専念。文化9年（1812）に家督を嫡男定永《さだなが》に譲り、隠居して楽翁《らくおう》と号し、白河藩下屋敷の「浴恩園《よくおんえん》」（中央区築地）で風雅な生活を送った。

文政12年（1829）3月21日、江戸の町を火事が襲った。定信は、この火事で屋敷を失い、同族である伊予松山《まつやま》藩上屋敷《かみやしき》に避難、その後、松山藩中屋敷《なかやしき》（港区三田）に移った。火事の前から風邪が原因で病床に伏せており、駕籠《かご》で寝たまま避難したという話もある。一時小康状態にあったが、病状は悪化していった。5月13日、うめき声を上げるなど苦しんだ末、午後4時に容態が急変、医師に看取られて死去した。

息子の罪に連座した北方探検家

近《こん》藤《どう》重《じゅう》蔵《ぞう》

享年
59

生年　明和8年（1771）
歿年　文政12年（1829）6月16日
墓所　瑞雪院（滋賀県高島市勝野）

終焉の地
大溝（滋賀県高島市勝野2861付近、終焉地碑あり）

幕府先手組《さきてぐみ》与力《よりき》近藤守知《こんどうもりとも》の三男として、駒込《こまごめ》（文京区駒込）で生まれる。寛政2年（1790）に先手組与力として出仕。その後、火付盗賊《ひつけとうぞく》改方《あらためかた》、長崎奉行《ながさきぶぎょう》手付出役《てつけしゅつやく》、支払勘定方《しはらいかんじょうかた》、関東《かんとう》郡代付出役《ぐんだいつきしゅつやく》と順調に出世していく。老中松平定《ろうじゅうまつだいらさだ》信《のぶ》が実施した学問吟味にも合格する秀才だった。

寛政10年、松前蝦夷地御用掛《まつまええぞちごようがかり》となり、最上徳《もがみとく》内《ない》と千島列島《ちしまれっとう》などを踏査し、択捉島《えとろふとう》の北端に「大日本恵土呂府《だいにほんえとろふ》」の標識を立てる。その後も5度にわたって蝦夷地に赴き、調査・開拓に従事した。博学で著作も多かったことから、文化5年（1808）に書物《しょもつ》奉行となるが、大層な自信家で周囲に煙たがられ、文政2年（1819）には大坂勤番御弓《おおさかきんばんおゆみ》奉行に左遷《させん》される。文政4年に罷免《ひめん》され、江戸滝野川《たきのがわ》村（北区滝野川）に居住した。

重蔵は、本邸以外に、三田村鎗ヶ崎《みたむらやりがさき》（目黒区中目黒）にも別邸を所持していた。庭には富士《ふじ》塚《づか》があり、「近藤富士」などと呼ばれて参詣客もあるほどだったという。文政9年、その屋敷の管理を任せていた嫡男富蔵《とみぞう》が、屋敷の敷地を巡る争いから町人7名を殺害するという事件を起こす。富蔵は八丈島《はちじょうじま》（東京都）に流罪となり、重蔵も連座《れんざ》。近江大溝《おおみぞ》藩に預けられた。その後、陣屋近くの獄舎《ごくしゃ》（滋賀県高島市）で病を得て、文政12年6月16日に生涯を閉じた。

良寛《りょうかん》

子供を愛し続けた北国の僧侶

享年
?

生年 不詳
歿年 天保2年（1831）1月6日
墓所 隆泉寺（新潟県長岡市島崎）

終焉の地 木村元右衛門邸（新潟県長岡市島崎4690付近、終焉地碑あり）

　越後出雲崎《いずもざき》（新潟県出雲崎町）の名主《なぬし》橘屋《たちばなや》山《やま》本《もと》家の嫡男として生まれる。本名は栄蔵《えいぞう》。安永4年（1775）の18歳の時、父の後継者として名主見習いを始めて、わずか46日目に突然出家。良寛と称して、隣村の曹洞宗光照寺《そうとうしゅうこうしょうじ》で修行を始めた。安永8年、備中玉島円通寺《たましまえんつうじ》（岡山県倉敷市）の国仙和尚《こくせんおしょう》が光照寺を訪れた。感銘を受けた良寛は、国仙を生涯の師と定め、国仙と共に玉島へ随行し、20年間にわたって師事した。良寛が修行した僧堂（良寛堂）は、当時のまま現代に伝わっている。

　寛政2年（1790）、一人前の僧として認められた良寛は、師の遺言に従って諸国を巡り、48歳の時、越後蒲原《かんばら》郡国上《くがみ》村（燕市国上）の国《こく》上寺《じょうじ》五合庵《ごごうあん》に定住する。ここで書を残しながら、10年以上の時を過ごした。

　その後、国上山上の乙子神社《おとごじんじゃ》（燕市）の境内の草庵《そうあん》を経て、70歳の良寛は越後三島《みしま》郡島崎《しまざき》村（長岡市島崎）の豪商木村元右衛門《きむらもとえもん》の邸宅内に庵《いおり》を構える。ここで弟子の貞心尼《ていしんに》の来訪を受けながら過ごした。最期を看取ったのも貞心尼である。天保2年（1831）1月6日に死去。

　生涯寺を持たず、無一物の托鉢《たくはつ》生活を営み、人に説法《せっぽう》もせず、手毬《てまり》とおはじきで子供と遊ぶような僧であったと言われる。また詩歌と書に優れ、多くの作品を世に残した。

江戸中の武家屋敷に忍んだ義賊

鼠《ねずみ》小《こ》僧《ぞう》次《じ》郎《ろ》吉《きち》

享年 36

生年 寛政9年（1797）？
歿年 天保3年（1832）8月19日
墓所 回向院（墨田区両国）

終焉の地 鈴ヶ森刑場（品川区南大井2−5−6）

江戸三座《さんざ》の一つ、中村座《なかむらざ》の木戸番《きどばん》の子として、元吉原《もとよしわら》（中央区日本橋人形町）で生まれたとされる。本名は次郎吉《じろきち》。鳶職人《とびしょくにん》となるが、賭博《とばく》で身を崩してしまったという。

その後は、五尺（約１５１cm）に満たない小さな体と身軽な運動神経を活かして、武家屋敷を中心に狙う盗賊《とうぞく》として活動したとされる。文政８年（１８２５）に捕まるが、初めて盗みに入ったと嘘をつき、入墨《いれずみ》を入れられ、中追放《ちゅうついほう》の刑に処せられた。天保３年（１８３２）５月５日、日本橋浜町の上野小幡《おばた》藩上屋敷に侵入したところで二度目の逮捕となる。10年間で荒らした武家屋敷は99ヶ所・１２２度、金３０００両余りを盗んだ、と供述したというが、これについては諸説ある。

鼠小僧には、市中引き回しの上での獄門《ごくもん》（晒し首）という、本来であれば放火や殺人などの凶悪犯に適用される、非常に重い刑が下された。そして天保３年８月19日、鈴《すず》ヶ《が》森《もり》刑場《けいじょう》（品川区南大井）で処刑。

武家屋敷を狙った鼠小僧は、ヒーローとして江戸庶民に持てはやされた。盗んだ金品を庶民に配り歩いたという伝説も生まれ、義賊《ぎぞく》として芝居や講談《こうだん》、小説などでたびたび取り上げられた。しかし実際は、盗んだ金のほとんどを賭博や遊興に費やしていたと言われている。

死の数分前まで尊王思想を綴る

頼《らい》 山《さん》陽《よう》

享年 53

生年 安永9年（1780）12月27日
歿年 天保3年（1832）9月23日
墓所 長楽寺（京都市東山区円山町）

終焉の地 水西荘（京都市上京区南町519、山紫水明処）

朱子学者《しゅしがくしゃ》頼春水《らいしゅんすい》の嫡男として、大坂江戸堀《えどぼり》（大阪市西区）で生まれる。父春水が広島《ひろしま》藩に登用されたため、広島城下の袋《ふくろ》町（広島市中区）で育った。幼少期から秀才だったが、神経症《しんけいしょう》も患っていたという。寛政9年（1797）に江戸へ遊学し、父の学友尾藤二洲《びとうじしゅう》に師事した。帰国後の寛政12年、突如脱藩を企てて出奔。しかし京で発見され、広島の自邸に幽閉《ゆうへい》されてしまう。『日本外史《にほんがいし》』の執筆が始まったのは、まさにこの時だった。24歳で謹慎を解かれるまでの3年間、山陽は学問に専念し、著述に明け暮れた。

文化6年（1809）、父の友人菅茶山《かんちゃざん》の招きで、廉塾《れんじゅく》（広島県福山市）の塾頭《じゅくとう》に就任。しかし、その境遇に満足できず、翌年京に出て塾を開く。文政5年（1822）、水西荘《すいせいそう》（京都市上京区）という居宅を構えて著述を続け、文政9年に『日本外史』を完成させる。さらに書斎兼茶室を造営し、「山紫水明処《さんしすいめいしょ》」と名づけて、知識人らと交流してサロンを形成した。

51歳を過ぎた頃から、山陽は健康を害する。肺結核《はいけっかく》を患い、喀血《かっけつ》してもなお、筆を執り続けたという。遺稿となった「南北朝正閏論《なんぼくちょうせいじゅんろん》」（『日《に》本政記《ほんせいき》』所収）の自序に、これを書く決意をしたのは亡くなる11日前の天保3年（1832）9月12日の夜だと記している。山陽の『日本外史』は、幕末の志士たちに大きな影響を与えた。

幕府に反乱し爆死した元役人

大《おお》塩《しお》平《へい》八《はち》郎《ろう》

享年
45

生年 寛政5年（1793）1月22日
没年 天保8年（1837）3月27日
墓所 成正寺墓地（大阪市北区末広町）

終焉の地 美吉屋五郎兵衛邸裏庭の隠居所（大阪市西区靭本町1―18―12、終焉地碑あり）

大坂町奉行所の与力《よりき》大塩《おおしお》敬高《よしたか》の子として、大坂天満《てんま》（大阪市北区）に生まれる。諱《いみな》は正高《まさたか》、平八郎《へいはちろう》は通称である。幼少期に父母を亡くし、大坂町奉行所与力だった祖父の跡を継いだ。

与力として職務に励み、名与力と讃えられた。そのかたわら、独学で陽明学《ようめいがく》を修め、自宅に私塾「洗心洞《せんしんどう》」を開く。文政13年（1830）、38歳の時に与力を辞職。その後、洗心洞で弟子の指導にあたりながら、著述に励んだ。

天保4年（1833）は大雨による洪水や冷害で、全国的に大凶作となった。天保《てんぽう》の大飢饉《だいききん》の影響が大坂に及んだのはその3年後で、豪商《ごうしょう》が米を買い占めたために、餓死者《がししゃ》が続出。その惨状を傍観できなかった大塩は、大坂東町奉行の跡部良弼《あとべよしすけ》に救済策を訴えたが、受け入れられなかった。蔵書を売って救済活動にあたったが、それでは足りず、ついに武力蜂起《ほうき》を決意する。

天保8年2月19日、近隣の農民に檄文《げきぶん》を飛ばして、大塩は門弟と共に挙兵。しかし、乱は蜂起当日に鎮圧された。大塩は数日間、大和（奈良県）に逃亡し、大坂に戻って下船場《しもせんば》（大阪市西区）の商家美吉屋五郎兵衛《みよしやごろべえ》邸の裏庭にある隠居所に匿われた。潜伏生活が1ヶ月に及んだところで、食事が余分にあるのを不審に思った女《じょ》中《ちゅう》が、大坂城代《じょうだい》土井利位《どいとしつら》に通報。見つかった大塩は3月27日、養子格之助《かくのすけ》と共に自害した。

貧民救済のために蜂起した国学者

生《いく》田《た》万《よろず》

自刃

享年 37

生年 享和元年（1801）
歿年 天保8年（1837）6月1日
墓所 柏崎招魂社（新潟県柏崎市柏崎）

終焉の地 柏崎（新潟県柏崎市北園町22付近か？）

上野館林《たてばやし》藩松平《まつだいら》家の家臣生田信勝《いくたのぶかつ》の嫡男として、館林城下（群馬県館林市）で生まれる。本名は国秀《くにひで》、万《よろず》は通称である。初め藩校道学館《どうがくかん》で闇斎学派《あんさいがくは》の朱子学《しゅしがく》を学び、文政7年（1824）に江戸の平田篤胤《ひらたあつたね》へ入門して国学《こくがく》を学んだ。4年後の文政11年4月9日、藩政改革の意見書「岩《いわ》にむす苔《こけ》」を藩に提出したが却下され、藩から追放された。

その後、師篤胤の私塾「気吹舎《いぶきのや》」の塾頭《じゅくとう》を経て、天保2年（1831）、上野太田《おおた》（群馬県太田市）に私塾「厚載館《こうさいかん》」を開く。ここで付近の門弟の指導にあたった。天保7年、気吹舎で学んだ同門の樋口英哲《ひぐちひでのり》の招きで、越後柏崎《かしわざき》（新潟県柏崎市）に「桜園塾《おうえんじゅく》」を開いた。

この時、日本中が天保《てんぽう》の大飢饉《だいききん》の影響下にあり、柏崎も例外ではなかった。生田は柏崎の人々を救うべく、数度にわたって嘆願書を提出するが、無視され続けた。ちょうどそこに、大坂町奉行所の元与力大塩平八郎《よりきおおしおへいはちろう》が救民を掲げて武力蜂起《ほうき》したとの報が伝わった。天保8年のことである。生田はこれに強く影響を受けて、6月1日、6名の同志を集めて、「大塩門人」を自称し、「奉天命誅国賊」の旗を掲げて、桑名《くわな》藩領柏崎陣屋《じんや》を襲撃した（生田万の乱）。

しかし乱は失敗に終わり、生田らは負傷して自刃。妻と幼い二人の子供も、共に自害した。

自刃

渡《わた》辺《なべ》崋《か》山《ざん》

蛮社の獄により納屋で切腹

享年 49

生年 寛政5年（1793）9月16日
歿年 天保12年（1841）10月11日
墓所 城宝寺（愛知県田原市田原町）

終焉の地 池ノ原屋敷の納屋（愛知県田原市田原町中小路17付近、池ノ原公園）

三河田原《たわら》藩三宅《みやけ》家の家臣渡辺定通《わたなべさだみち》の嫡男として、田原藩上屋敷（千代田区の三宅坂付近）で生まれる。幼少期は家が貧しかったため、得意だった絵を描いて家計を助けた。谷文晁《たにぶんちょう》らに学び、のちに遠近法《えんきんほう》や陰影法《いんえいほう》などの西洋画の技法を取り入れた写実的画風を確立する。

さらに、洋画研究を通して蘭学《らんがく》へも興味を持つようになった。天保3年（1832）、田原藩の家老と海防《かいぼう》担当を兼務し、藩政改革を主導。藩務に精励するかたわら、蘭学に親しみ、高野《たかの》長英《ちょうえい》や小関三英《こせきさんえい》らと尚歯会《しょうしかい》を結成。こうした政治活動が幕府の目付《めつけ》鳥居《とりい》耀蔵《ようぞう》に敵視された。

天保9年、アメリカの商船モリソン号渡来の報に接して『慎機論《しんきろん》』を執筆、高野長英らと共に異国船打払令《いこくせんうちはらいれい》の適用に反対した。これが幕政批判とされ、崋山は田原に蟄居《ちっきょ》、長英は永牢《えいろう》に処される。いわゆる「蛮社《ばんしゃ》の獄《ごく》」である。蟄居中の崋山一家の生活を助けるため、門人福田半《ふくだはん》香《こう》は、江戸で崋山の書画会を開いて絵を売り、その代金を生活費に充てることにした。崋山は作画に専念したが、「罪人身を慎まず」という悪い噂が立ってしまう。藩主に災いが及ぶことを恐れた崋山は、死を決意。「不忠不孝渡辺登」と絶筆し、池ノ原《いけのはら》屋敷（愛知県田原市）の納屋《なや》で切腹した。現在、崋山が蟄居した屋敷は、池ノ原公園内に復元されている。

病死

神道のあり方を変えた国学四大人

平田《ひらた》篤胤《あつたね》

享年 68

生年 安永5年（1776）8月24日
歿年 天保14年（1843）閏9月11日
墓所 秋田市手形大沢

終焉の地 自邸（秋田県秋田市南通亀の町5―20、終焉地碑あり）

　出羽久保田《くぼた》藩佐竹《さたけ》家の家臣で大番組頭《おおばんくみがしら》大和田《おおわだ》祚胤《よしたね》の四男として、久保田城下の下谷地《しもやち》町（秋田市）に生まれる。幼少期については不明な点が多い。寛政7年（1795）、20歳の時に出奔し、江戸に出る。その5年後、旅籠《はたご》で働いていたところ、備中松山《まつやま》藩士で、山鹿流兵学者《やまがりゅうへいがくしゃ》だった平田篤穏《あつやす》の目に留まり、養子となった。

　夢に現れた本居宣長《もとおりのりなが》と師弟関係を結んだとして、本居宣長歿後の門人を自称する。享和3年（1803）に処女作『呵妄書《かもうしょ》』を著して以後、膨大な量の著作を次々に発表。宣長門人の間に波紋を呼んだ『霊能真柱《たまのみはしら》』など、多くの書を残し、平田国学《ひらたこくがく》を確立した。一方で、文化3年（1806）に開いた私塾「真菅乃屋《ますげのや》」（同13年、気吹舎《いぶきのや》に改称）で、門人の育成にもあたった。

　文政6年（1823）、篤胤は上洛を決意し、関西周遊の旅に出る。この旅で篤胤は、著書を朝廷に献上し、宣長の門人らと面会、さらにかねてからの念願である宣長の墓参を果たした。

　天保12年（1841）の正月元日、江戸幕府の暦制を批判した『天朝無窮暦《てんちょうむきゅうれき》』を出版し、幕府から故郷の秋田への帰還を命じられ、著述を禁止された。秋田に帰った篤胤は、2年後の天保14年閏9月11日に自邸で病歿した。辞世は「思ふこと　一つも神に　つとめ終えず　今日やまかるか　あたらこの世を」。

間《ま》宮《みや》林《りん》蔵《ぞう》

晩年は樺太探索の経験を活かす

享年 70

生年 安永4年（1775）
歿年 天保15年（1844）2月26日
墓所 本立院（江東区平野）
専称寺（茨城県つくばみらい市上平柳）

終焉の地 自邸（江東区門前仲町付近）

常陸筑波《つくば》郡上平柳《かみひらやなぎ》村（茨城県つくばみらい市）の小貝川《こかいがわ》河畔に、百姓の子として生まれる。林蔵の家の近くでは、幕府による堰《せき》（岡堰）の工事が行われていた。林蔵は、この工事に加わり、幕臣村上島之丞《むらかみしまのじょう》に非凡な才能を認められ、江戸に出て地理学《ちりがく》を学ぶ。

寛政11年（1799）、国後場所《くなしばしょ》（範囲は国後《くなしり》島《とう》、択捉島《えとろふとう》、得撫島《うるっぷとう》）に派遣された林蔵は、そこで伊能忠敬《いのうただたか》から測量を学ぶ。その技術を活かし、西蝦夷地《にしえぞち》（日本海岸およびオホーツク海岸）を測量、得撫島までの地図を作製した。文化5年（1808）、幕臣松田伝十郎《まつだでんじゅうろう》と共に幕府から樺太《からふと》探索の命を受ける。林蔵は松田と別れて単独で調査を続け、海峡を渡って黒竜江《こくりゅうこう》下流を探検し、樺太が半島ではなく島であることを確認した。この功績にちなみ、シーボルトは、自身が作成した日本地図で樺太・大陸間の海峡最狭部を「マミアノセト」と命名している。

帰着したあとは、勘定奉行《かんじょうぶぎょう》村垣定行《むらがきさだゆき》配下の隠《おん》密《みつ》として、全国各地の調査活動に従事した。シーボルト事件を密告したのも間宮だと言われる。

天保9年（1838）頃から病床に伏し、自宅に引き籠った。交流のあった藤田東湖《ふじたとうこ》は、林蔵が湿瘡《しっそう》に悩んでいたと述べ、症状などから梅《ばい》毒《どく》だった可能性が高い。天保15年2月26日、江戸深川蛤《ふかがわはまぐり》町（江東区門前仲町付近）で歿した。

光を失いながら『八犬伝』を記す

曲亭《きょくてい》（滝沢《たきざわ》）馬琴《ばきん》

享年
82

生年　明和4年（1767）6月9日
歿年　嘉永元年（1848）11月6日
墓所　深光寺（文京区小日向）

終焉の地　自邸（新宿区霞ヶ丘町14―1、案内板あり）

江戸深川《ふかがわ》（江東区平野）にあった幕府旗本松《はたもとまつ》平信成《だいらのぶなり》の屋敷内で、同家用人滝沢興義《ようにんたきざわおきよし》の五男として生まれる。父の死後は松平家を出て、武家の渡り奉公を転々とし、放蕩無頼《ほうとうぶらい》の放浪生活を送ったという。寛政3年（1791）、山東京《さんとうきょう》伝《でん》の助けを得て、黄表紙《きびょうし》作家としてデビュー。寛政8年、30歳の頃から本格的な創作活動を開始し、『月氷奇縁《げっぴょうきえん》』や『椿説弓張月《ちんせつゆみはりづき》』などで名声を博す。文化11年（1814）に執筆を開始した『南総里見八犬伝《なんそうさとみはっけんでん》』は、完成までに28年もの年月を費やし、馬琴のライフワークとなった。

非常に几帳面な人物で、朝食後に前日の日記を記してから、執筆作業に入ったという。日々の出来事が詳細に記されたこの日記は、『馬琴《ばきん》日記《にっき》』として有名である。私生活では、文政7年（1824）、医師となった嫡男宗伯《そうはく》と神田《かんだ》明神下《みょうじんした》に買った家で同居。隠居となり、剃髪して蓑笠漁隠《さりつぎょいん》と称するようになる。天保4年（1833）、67歳の時に右眼に異常を覚え、73歳で失明。宗伯の妻お路《みち》が口述筆記をした。

天保12年に『南総里見八犬伝』が完結、翌13年に刊行された。その後も、お路を筆記者として、『傾城水滸伝《けいせいすいこでん》』などの執筆を続けたが、未完のまま、嘉永元年（1848）に自邸（新宿区霞ヶ丘町）で死去した。命日の11月6日は、「馬琴忌」とも呼ばれる。

画道を追究し続けた画狂人

葛《かつ》飾《しか》北《ほく》斎《さい》

享年 90

生年 宝暦10年（1760）9月23日？
歿年 嘉永2年（1849）4月18日
墓所 誓教寺（台東区元浅草）

終焉の地 遍照院の仮宅（台東区浅草6―37―12）

武蔵葛飾《かつしか》郡本所割下水《ほんじょわりげすい》（墨田区亀沢付近）の百姓川村《かわむら》家に生まれる。通称は中島八右衛門《なかじまはちえもん》。14歳で版木彫《ほんぎぼ》りの仕事を始め、18歳の時、人気浮世絵師《うきよえし》の勝川春章《かつかわしゅんしょう》に入門した。のちに狩野《かのう》派《は》、住吉派《すみよしは》、琳派《りんぱ》、さらには洋風銅版画など、様々な画法を学び、独自の画風を確立した。勝川派を破門されたあとは、生計を立てるべく様々な絵を描いた。生涯にわたって旺盛な作画活動に取り組み、風景・花鳥・美人・戯画《ぎが》と広いジャンルで、錦絵《にしきえ》・版本挿絵《はんぽんさしえ》・肉筆画《にくひつが》に優れた作品を多数残している。

北斎は1日に3回も転居するなど、数々の奇行でも知られ、引越回数は93回にのぼるとされる。また頻繁に画号《がごう》を変え、30以上の画号を持っている。70歳を過ぎて刊行された『富嶽三十《ふがくさんじゅう》六景《ろっけい》』は、各地から見た富士山を描いた大作で、浮世絵に「名所絵《めいしょえ》」という風景画のジャンルを確立。74歳で『富嶽百景《ふがくひゃっけい》』を完成させている。

しかしこの頃から、北斎の人気には陰りが見え始め、天保《てんぽう》の大飢饉《だいききん》も重なって、借金を抱えた北斎は窮乏生活を送る。火災で、70年も描きためてきた写生帳をすべて失う悲劇にも遭遇。遍照院《へんしょういん》（台東区浅草）境内の長屋で病み、嘉永2年（1849）4月18日、天寿を全うした。

自刃

脱獄・逃亡の末の自刃

高《たか》野《の》長《ちょう》英《えい》

享年 47

生年 文化元年（１８０４）5月5日
歿年 嘉永3年（１８５０）10月30日
墓所 浄真寺（茨城県土浦市立田町）

終焉の地 青山百人町（港区南青山5—6—23、終焉地碑あり）

仙台《せんだい》藩水沢《みずさわ》領主伊達将監《だてしょうげん》の家臣後藤実慶《ごとうさねのぶ》の三男として、陸奥胆沢《いさわ》郡水沢村（岩手県奥州市）で生まれる。父の死後は、母方の伯父高野玄斎《たかのげんさい》の養子になった。文政3年（１８２０）に江戸へ、次いで長崎へと遊学し、シーボルトの鳴滝塾《なるたきじゅく》で西洋医学などを学んだのち、文政13年に江戸へ戻って町医師となった。天保3年（１８３２）、三河田原《たわら》藩の家老渡辺崋山《わたなべかざん》と出会ったのち、共に尚歯会《しょうしかい》を結成。モリソン号事件に際して、『戊戌夢物語《ぼじゅつゆめものがたり》』を執筆し、幕府の対外政策を批判するも、言論弾圧に遭う（蛮社《ばんしゃ》の獄《ごく》）。

天保10年、長英は永牢《えいろう》に処され、伝馬町牢屋《てんまちょうろうや》敷《しき》（中央区日本橋小伝馬町）に収監。それから5年後の天保15年6月29日の深夜、長英は牢で働いていた非人栄蔵《ひにんえいぞう》に放火をさせ、脱獄した。硝酸《しょうさん》で顔を焼いて人相を変えた長英は、大間木《おおまぎ》村（さいたま市緑区）の高野隆仙《りゅうせん》に匿われる。その後、江戸では田原藩医鈴木春山《すずきしゅんざん》の許で、さらに伊予宇和島《うわじま》藩では藩主伊達宗城《むねなり》の許で著述・翻訳などの活動を行う。

しばらくして江戸に戻った長英は、沢三伯《さわさんぱく》の偽名を使って町医師を開業した。嘉永3年（１８５０）10月30日、江戸の青山百人町《あおやまひゃくにんちょう》に潜伏していたところを、町奉行所に踏み込まれて捕縛される。長英は短刀を振るって奮戦したのち、喉《のど》を突いて自害したという。

権力に抗い磔にされた上州の侠客

国《くに》定《さだ》忠《ちゅう》治《じ》

享年
41

生年 文化7年（1810）
歿年 嘉永3年（1850）12月21日
墓所 養寿寺（群馬県伊勢崎市国定町）

終焉の地 大戸関所（群馬県吾妻郡東吾妻町大戸、大戸関所跡）

上野佐位《さい》郡国定《くにさだ》村（群馬県伊勢崎市）の百姓与五左衛門《よござえもん》の子として生まれる。本名は長岡忠《ながおかちゅう》次郎《じろう》。文政2年（1819）、父の死去で無宿《むしゅく》になった忠治は、上野勢多《せた》郡大前田《おおまえだ》村（群馬県前橋市）の博徒《ばくと》大前田英五郎《えいごろう》の縄張りを受け継いで百々村《どうどうむら》の親分となり、博徒島村伊三郎《しまむらいさぶろう》と敵対する。天保5年（1834）、伊三郎を殺して縄張りを奪ったことで、関東取締出役《かんとうとりしまりしゅつやく》に追われる身となった。忠治は、長脇差《ながわきざし》や鉄砲などで武装し、赤城山《あかぎやま》を根城《ねじろ》に権力と戦うようになる。

関東取締出役は、人員を一新して体制の強化を図り、忠治の逮捕を試みたが、忠治は一向に捕まらなかった。目明《めあか》し（道案内）の三室勘《みむろのかん》助《すけ》・太良吉《たろきち》父子の殺害容疑で、関東取締出役は忠治一家の一斉手配を行うも、忠治は信州街道の大戸関所《おおどせきしょ》（群馬県東吾妻町）を破って会津へ逃れてしまった。

上野に戻った忠治は、嘉永2年（1849）、跡目を子分の境川安五郎《さかいがわやすごろう》に譲る。しかし翌嘉永3年8月24日、中風《ちゅうふう》で倒れ、田部井《たべい》村（伊勢崎市）の名主《なぬし》の家で匿われていたところを捕縛。江戸に移送され、伝馬町牢屋敷《てんまちょうろうやしき》（中央区日本橋小伝馬町）に入れられる。博奕《ばくえき》・殺人・殺人教唆《きょうさ》など、様々な罪名があったが、最も重罪である大戸関所の関所破りにより、大戸関所に移送され、12月21日、磔《はりつけ》の刑に処せられた。

病死

水《みず》野《の》忠《ただ》邦《くに》

天保の改革の失脚から立ち直れず

享年 58

生年 寛政6年（1794）6月23日
歿年 嘉永4年（1851）2月10日
墓所 茨城県結城市山川新宿

終焉の地 山形藩中屋敷（港区白金台2丁目付近）

肥前唐津《からつ》藩主水野《みずの》忠光《ただみつ》の次男として、唐津藩上屋敷（港区虎ノ門）で生まれる。文化9年（1812）に父忠光が隠居したため、19歳で家督を継いだ。忠邦は出世欲が強く、多額の費用を惜しまずに賄賂《わいろ》を贈り続けた結果、奏者番《そうじゃばん》に就任。さらに、唐津藩主は長崎《ながさき》警固役《けいごやく》を課されているために出世が難しいと知ると、転封《てんぽう》を願う運動を展開。文化14年に、遠江浜松《はままつ》への転封を実現させた。その後、寺社奉行《じしゃぶぎょう》、大坂城代《おおさかじょうだい》、京《きょう》都所司代《としょしだい》を歴任し、西の丸老中《ろうじゅう》へと昇進。天保5年（1834）には本丸老中に転じ、同10年、忠邦はついに老中首座にまで昇り詰めた。

大御所《おおごしょ》徳川家斉《いえなり》が亡くなった天保12年、忠邦は天保《てんぽう》の改革を宣言。外国船の出現と大御所政治による放漫財政という「内憂外患《ないゆうがいかん》」に対応する改革を断行した。しかし、各方面から不満の声が高まり、天保14年に罷免《ひめん》されて失脚。翌天保15年に再び老中首座に返り咲くも、かつての勢いはなく、「木《で》偶《く》の坊《ぼう》のよう」と揶揄《やゆ》され、病を理由に職を辞した。

弘化2年（1845）には在職中の政治責任を問われ、一部領地の没収と隠居・謹慎が命じられる。嫡男忠精《ただきよ》は出羽山形《やまがた》へ転封となるが、忠邦は病のために同行できなかった。嘉永4年（1851）2月10日、山形藩中屋敷（港区白金台）で病死した。

病死

海防に力を尽くすも激務に倒れる
江川《えがわ》英龍《ひでたつ》（太郎左衛門《たろうざえもん》）

享年 55

生年 享和元年（1801）5月13日
歿年 安政2年（1855）1月16日
墓所 本立寺（静岡県伊豆の国市韮山金谷）

終焉の地 江川家屋敷（墨田区亀沢1―3―11、緑町公園向かいに終焉地碑あり）

伊豆韮山《にらやま》の代官屋敷（静岡県伊豆の国市）で、江川英毅《えがわひでたけ》の次男として生まれる。号は坦庵《たんあん》。代々太郎左衛門《たろうざえもん》を名乗った。天保6年（1835）に代官となり、駿河・伊豆・甲斐・武蔵・相模のうち、9万石の幕府領を支配した。種痘《しゅとう》の実施や二宮尊徳《にのみやそんとく》を招いて農地改革を進めるなどの民政を行い、「世直し江川大明神《だいみょうじん》」と呼ばれた。また、支配下の海岸は、江戸湾防御の重要地だったことから、多くの海防建議書《かいぼうけんぎしょ》を上呈した。

英龍は渡辺崋山《わたなべかざん》とも交わり、高島秋帆《たかしましゅうはん》の門人となって砲術を学んで、天保12年の徳丸原演練《とくまるがはらえんれん》に尽力した。そのため、保守派だった目付《めつけ》鳥居《とりい》耀蔵《ようぞう》と対立し、蛮社《ばんしゃ》の獄《ごく》に巻き込まれる（英龍は行政手腕を評価されていたため、処分を免れたという）。天保14年に鉄砲方となるも、老中《ろうじゅう》水野忠邦《みずのただくに》の失脚によって罷免《ひめん》される。また、農兵制度の確立を提言するも、当初は支持を得られなかった。この時期、諸藩士に砲術教育を行い、佐久間象山《さくましょうざん》や川路聖謨《かわじとしあきら》、木戸孝允《きどたかよし》などの門人を輩出した。ペリー来航直後に勘定吟味役格《かんじょうぎんみやくかく》に登用され、海防・外交の中心として働いたが、間もなく安政2年（1855）1月16日、江戸本所《ほんじょ》の屋敷（墨田区亀沢）で歿した。

英龍は、世界遺産となった韮山反射炉《はんしゃろ》をはじめとして、品川台場《しながわだいば》などを建設したことでも有名である。剣は神道無念流《しんとうむねんりゅう》の免許皆伝という。

晩年は悠々自適だった名奉行

遠《とお》山《やま》景《かげ》元《もと》（金《きん》四《し》郎《ろう》）

享年 63

生年 寛政5年（1793）8月
歿年 安政2年（1855）2月29日
墓所 本妙寺（豊島区巣鴨）

終焉の地 遠山家屋敷（墨田区菊川菊川3—16—2、屋敷跡を示す碑あり）

幕府旗本《はたもと》遠山景晋《とおやまかげくに》の嫡男として江戸で生まれる。通称は金四郎《きんしろう》。テレビドラマ『遠山の金さん』のモデルとして有名である。

文化6年（1809）3月に、第十一代将軍徳川家斉《いえなり》への御目見《おめみえ》を果たし、12月に小納戸役《こなんどやく》となる。小普請奉行《こぶしんぶぎょう》、作事《さくじ》奉行、勘定《かんじょう》奉行などを経て、天保11年（1840）3月に江戸の北《きた》町《まち》奉行となった。翌12年から天保《てんぽう》の改革が始まると、急進的な改革に対して、江戸市中の実情に通じていた景元は、漸進的な改革を目指した。それゆえに、老中《ろうじゅう》水野忠邦《みずのただくに》や目付《めつけ》（のちに江戸南町《みなみまち》奉行）鳥居耀蔵《とりいようぞう》らと対立。天保14年2月に大目付《おおめつけ》へ転じた。しかし、水野忠邦失脚後の弘化2年（1845）3月には、江戸南町奉行として幕政に復帰。嘉永5年（1852）3月まで勤役したが、病気のために退任、隠居した。以後は悠々自適の生活を送り、安政2年（1855）2月29日に自邸（墨田区菊川）で歿した。

景元には様々な伝説がある。その一つに、若年の頃に家を出て放蕩《ほうとう》な生活を送り、彼の腕には彫物《ほりもの》があったという逸話がある。しかし、彫物があったこと自体も定かでない。名裁判官のイメージの元になった逸話は存在し、たびたび老中水野忠邦と対立しながらも、すぐには町奉行を罷免《ひめん》されなかったのは、景元が能吏《のうり》だったためと言われている。

その他

自らを犠牲に母を救う

藤《ふじ》田《た》東《とう》湖《こ》

享年 50

生年 文化3年（1806）3月16日
歿年 安政2年（1855）10月2日
墓所 常磐共同墓地内（茨城県水戸市松本町）

終焉の地 水戸藩上屋敷（文京区後楽1―6、小石川後楽園）

水戸《みと》徳川家の第八代徳川斉脩《なりのぶ》の家臣藤田幽谷《ふじたゆうこく》の次男として、水戸城下で生まれる。幼少から父幽谷の薫陶《くんとう》を受け、文政2年（1819）に江戸へ留学する。その後、家督を継いで進物番《しんもつばん》となり、彰考館編修《しょうこうかんへんしゅう》を経て、彰考館総裁代役《そうさいだいやく》に就任。文政12年、藩主斉脩の後継を巡って門閥《もんばつ》派《は》と改革派が対立した際、東湖は改革派に属し、10月には無願出府《むがんしゅっぷ》して徳川斉昭《なりあき》の襲封《しゅうふう》実現に奔走した。翌文政13年1月、無願出府を咎められて逼塞《ひっそく》させられたが、4月に許されて郡奉行《こおりぶぎょう》に抜擢された。

以後、第九代藩主斉昭の厚い信任を得、その腹心として藩政改革を推進。人事・政策・軍備など幅広い改革に参与する。しかし、天保15年（1844）に幕命によって斉昭が致仕《ちし》・謹慎処分を受けると、東湖も役職を免ぜられて蟄居《ちっきょ》となった。嘉永5年（1852）閏2月に蟄居が解禁となり、その前後から家塾を開く。嘉永6年7月に斉昭が幕政へ参与するや、江戸藩邸に召し出されて海岸防禦御用掛《かいがんぼうぎょごようがかり》となる。対外関係の緊迫した嘉永年間以降、『回天詩史《かいてんしし》』「正気《せいきの》歌《うた》」『弘道館記述義《こうどうかんきじゅつぎ》』などを執筆、広く尊攘志《そんじょうし》士《し》たちに愛読され、その精神昂揚《こうよう》を促進した。

安政2年10月2日に起こった大地震の時には、水戸藩上屋敷（文京区後楽）内にいたが、落下してきた梁《はり》の下敷きになって圧死した。

地域復興に全力を投じた

二《にの》宮《みや》尊《そん》徳《とく》

享年
70

生年 天明7年（1787）7月23日
歿年 安政3年（1856）10月20日
墓所 吉祥寺（文京区本駒込）
報徳二宮神社（栃木県日光市今市）

終焉の地 報徳役所（栃木県日光市今市304―1、報徳今市振興会館）

相模足柄上《あしがらかみ》郡栢山《かやま》村（神奈川県小田原市）の百姓利右衛門《りえもん》・よし夫妻の嫡男として生まれる。通称は金次郎《きんじろう》。両親の死後、伯父の二宮万兵衛《にのみやまんべえ》家に預けられ、農作業と学問に励んだ。酒匂川《さかわがわ》の氾濫《はんらん》などによって田畑が減少し、没落した生家の復興に取り組み、20歳の時に見事再興した。

文化9年（1812）、小田原《おだわら》藩の家老服部《はっとり》十郎兵衛《じゅうろべえ》家の若党《わかとう》となり、財政再建を依頼され、厳しい倹約《けんやく》の励行と藩からの借用金の運用によってこれに成功。その手腕が認められ、小田原藩主大久保《おおくぼ》家の分家で旗本《はたもと》宇津《うつ》家の領地下野桜《さくら》町領《まちりょう》（栃木県真岡市）の復興を任された。この復興で尊徳が用いたのが、報徳仕法《ほうとくしほう》である。勤《きん》倹《けん》や〆粕《しめかす》・干鰯《ほしか》などの肥料の導入、種穀の貸付、農地改良、荒地の復興などを実施した。この成功によって、尊徳の許へは依頼が相次ぎ、北関東各地の仕法を手掛けた。晩年は幕臣として取り立てられ、日光山領《にっこうさんりょう》の仕法を行ったが、その最中の安政3年（1856）10月20日、下野今《いま》市《いち》村の報徳役所（栃木県日光市）で歿した。

彼の報徳仕法は死後も広がりを見せ、大正13年（1924）に大日本《だいにっぽん》報徳社《ほうとくしゃ》が結成された。さらに国民教化の観点から、多くの徳を兼ね備えた人物として修身《しゅうしん》の教科書にも登場。昭和に入ると全国の小学校の校庭に薪《たきぎ》を背負って本を読む少年金次郎像が建立された。

阿《あ》部《べ》正《まさ》弘《ひろ》

安政の改革半ばにして急死

終焉の地　福山藩上屋敷（千代田区大手町皇居外苑3—1）

享年 39

生年　文政2年（1819）10月16日
歿年　安政4年（1857）6月17日
墓所　谷中霊園（台東区谷中）

備後福山《ふくやま》藩主阿部正精《あべまさきよ》の五男として、福山藩上屋敷（千代田区）で生まれる。天保7年（1836）に家督を継いでいた兄正寧《まさやす》が隠居したため、正弘が藩主となる。奏者番《そうじゃばん》や寺社奉行《じしゃぶぎょう》を歴任し、天保14年閏9月、25歳で老中《ろうじゅう》に任命された。翌15年には勝手掛《かってがかり》・海防掛《かいぼうがかり》を兼務し、さらに弘化2年（1845）、水野忠邦《みずのただくに》の罷免《ひめん》を受けて老中首座となった。

第十二代将軍徳川家慶《いえよし》、第十三代将軍家定《いえさだ》の下で幕政を主導した正弘は、外国船が来航し、中国でアヘン戦争が勃発するなど対外的危機の高まる難しい局面にあって、対応に追われた。

嘉永6年（1853）6月にペリーが来航し、日本に開国を要求。正弘はこれを朝廷に奏聞《そうぶん》し、その対策について諸大名や旗本《はたもと》に諮問《しもん》、忌憚《きたん》なく意見を提出させた。しかし有効な手立てを打ち出せず、翌7年1月のペリー再来航にあたって、3月に日米和親条約《にちべいわしんじょうやく》を締結する。諸大名の協力を得て難局を乗り切ろうと、水戸《みと》藩主徳川斉昭《なりあき》を海防参与《さんよ》とし、薩摩《さつま》藩主島津斉彬《しまづなりあきら》の養女篤姫《あつひめ》を将軍家定の夫人に入れるなどの政策を実行した。その後も人材の登用と洋学の導入に力を入れ、時勢に合わせた政権運営を行ったが、安政4年（1857）6月17日に急死した。正弘の突然の死については、膵臓癌《すいぞうがん》や過労死などの説のほか、暗殺説も囁《ささや》かれている。

村の荒廃を嘆き切腹した農学者

大《おお》原《はら》幽《ゆう》学《がく》

享年
62

生年 寛政9年（1797）
没年 安政5年（1858）3月8日
墓所 千葉県旭市長部

終焉の地 長部村の墓地（千葉県旭市長部）

詳細な出自はわからないが、尾張《おわり》藩士大道寺《だいどうじ》氏の次男とも、尾張藩浪人とも言われる。生家を出て、畿内・中国・四国と流浪し、その間勉学と共に各地を見聞したとされる。

天保2年（1831）に江戸へ出て、浦賀《うらが》（神奈川県横須賀市）から安房（千葉県）に渡った。以降は房総各地を巡歴し、下総香取《かとり》郡長部《ながべ》村（千葉県旭市）の名主《なぬし》遠藤伊兵衛《えんどういへえ》に招かれ、同地に「改心楼《かいしんろう》」を開いて性理学《せいりがく》を教える。神・儒・仏を融合させ、これに自己の経験を加えてまとめた学問である。主観的要素の強い教説と家族主義道徳の尊重を説き、農村の復興に努めた。農業技術では関西の手法を取り入れ、計画的な生産を説いた。また、先祖株組合《せんぞかぶくみあい》と呼ばれる農業組合を創設した。

しかし、関東取締出役《かんとうとりしまりしゅつやく》の手先に目を付けられ、幕府評定所《ひょうじょうしょ》の取り調べを受けることに。5年間の聴取の末、安政4年（1857）、押込《おしこめ》の処分と改心楼の棄却、先祖株組合解散を言い渡された。戸籍を有せずに長部村に居住したこと、独断的な教説を唱えたことなどが理由だった。

100日の押込を終えて、安政5年2月に長部村へ帰るが、疲れ切った幽学は、3月8日、遠藤家の墓所に向かった。白絹《しらぎぬ》の下着に黒絹《くろぎぬ》の上着を着て、白帯を締め、小倉《こくら》の無地袴《むじばかま》を履いて、作法に従って切腹して果てた。

病死

島津斉彬《しまづなりあきら》

今も囁かれる暗殺説

終焉の地　鹿児島城（鹿児島県鹿児島市城山町）

享年 50

生年　文化6年（1809）9月28日
歿年　安政5年（1858）7月16日
墓所　福昌寺跡（鹿児島市池之上町）

薩摩《さつま》藩第十代藩主島津斉興《しまづなりおき》の嫡男として、薩摩藩上屋敷（港区芝）で生まれる。お由羅騒動《ゆらそうどう》と呼ばれる御家騒動《おいえそうどう》を経て、嘉永4年（１８５１）2月、第十一代薩摩藩主となる。

世子《せいし》時代から老中《ろうじゅう》阿部正弘《あべまさひろ》をはじめとして、水戸《みと》藩主徳川斉昭《なりあき》、尾張《おわり》藩主徳川慶勝《よしかつ》、福井《ふくい》藩主松平慶永《まつだいらよしなが》（春嶽《しゅんがく》）、土佐《とさ》藩主山内豊信《やまうちとよしげ》（容堂《ようどう》）、宇和島《うわじま》藩主伊達宗城《だてむねなり》らと親交があった。また、「蘭癖《らんぺき》」と呼ばれるほどの西洋好きであり、藩主就任後は、集成館《しゅうせいかん》事業に代表されるような西洋文物の導入による富国強兵《ふこくきょうへい》政策を推進した。我が国最初の洋式軍艦昇平丸《しょうへいまる》などの造船事業、大反射炉《だいはんしゃろ》・熔鉱炉《ようこうろ》などの造兵事業に力を入れ、領内の砲台築造、西洋砲術の練習、洋式軍隊調練、水軍の創設を実施した。

一方で、養女篤姫《あつひめ》を第十三代将軍徳川家定《いえさだ》の正室として送り込み、幕府に対する発言力を強めた。将軍後継者問題では一橋慶喜《ひとつばしよしのぶ》擁立を企む一派に与《くみ》したが、擁立は失敗に終わり、南紀派《なんきは》の井伊直弼《いいなおすけ》が大老《たいろう》になると、安政《あんせい》の大獄《たいごく》が始まった。斉彬は、抗議のために３０００人の藩兵を率いての上京を計画するが、安政5年（１８５８）7月8日、鹿児島城下で練兵を指揮している最中に発症、16日に急死した。死因はコレラとする説が有力だが、赤痢《せきり》・腸《ちょう》チフスなど別の病気、あるいは暗殺とも言われている。

病死

情熱衰えず『名所江戸百景』を描く

歌《うた》川《がわ》広《ひろ》重《しげ》

享年
62

生年 寛政9年（1797）
歿年 安政5年（1858）9月6日
墓所 東岳寺（足立区伊興）

終焉の地 自邸（中央区京橋1—9、案内板あり）

八代洲河岸《やよすがし》定火消組《じょうびけしぐみ》の同心《どうしん》安藤徳右衛門《あんどうとくえもん》の子として、江戸で生まれる。本名は安藤重右衛門《じゅうえもん》。文化8年（1811）、13歳の時に同心職を継いだ。絵を学びたいと願って歌川豊広《うたがわとよひろ》に入門。翌9年、歌川を称することを許され、自分の名と師の号から1字ずつ取って、広重《ひろしげ》と名乗った。

当初は、特筆すべき様な画風は持っていなかったが、徐々に大胆な構図を取り入れるようになり、天保2年（1831）頃には初期の風景画の名作『東都名所《とうとめいしょ》』（全10枚）を送り出した。天保3年には火消同心職を子の仲次郎に譲って、以降は浮世絵《うきよえ》に専念。『東海道五拾三次《とうかいどうごじゅうさんつぎ》』（全55枚）を世に送り出したのは、この翌年からである。安政3年（1856）からは『名所江戸百《めいしょえどひゃっ》景《けい》』（全118枚）の制作に取りかかった。なお広重は、肉筆画《にくひつが》も多く残している。

安政5年、当時流行していたコレラに罹り、9月6日に江戸の自邸（中央区京橋）で歿した。友人だった三代目歌川豊国《とよくに》が描いた死絵に、「東路《あずまじ》へ 筆をのこして 旅のそら 西のみ国の名ところを見ん」との辞世が遺っている。

19世紀後半には、「ヒロシゲブルー」と呼ばれる藍色《あいいろ》が欧米で好評を博し、フランスに発する印象派の芸術家たちに大きな影響を与えたという。特にゴッホは強い影響を受けたようで、広重作品の模写が残っている。

攘夷運動の先鋒は獄中で死す

梅《うめ》田《だ》雲《うん》浜《ぴん》

享年
45

生年　文化12年（1815）6月7日
歿年　安政6年（1859）9月14日
墓所　海禅寺（台東区松が谷）
松源寺（福井県小浜市北塩屋）

終焉の地　伝馬町牢屋敷（中央区日本橋小伝馬町5—2、十思公園）

若狭小浜《おばま》藩酒井《さかい》家の家臣矢部義比《やべよしちか》の次男として、小浜（福井県小浜市）で生まれる。通称は源次郎《げんじろう》。雲浜《うんぴん》の号は小浜海岸が由来だという。

文政12年（1829）に京へ上り、崎門学派《きもんがくは》の学塾望楠軒《ぼうなんけん》に学ぶ。その翌年に江戸へ留学。小浜藩儒《はんじゅ》であり望楠軒学派の正統を継ぐ山口菅《やまぐちかん》山《ざん》の門に入り、10年間の修行を終えて小浜へ帰国した。その後、大津《おおつ》（滋賀県大津市）に湖南《こなん》塾《じゅく》を開き、世に知られるようになっていく。祖父の家系である梅田《うめだ》氏を継いだのもこの頃である。対外的な緊張が高まる中で、小浜藩主酒井忠義《ただよし》に意見書を提出するも、藩政を批判する内容であったため、藩籍を剥奪されて浪人となる。生活困窮の中で尊王攘夷論《そんのうじょういろん》を唱え、ペリー来航前後には吉田松陰《よしだしょういん》や武田耕雲斎《たけだこううんさい》らと交流。ロシア軍艦が大坂天保山《てんぽうざん》沖に現れて条約締結を迫るという事態に対して、妻子を放置し、ロシア軍艦撃攘のために大坂へ下ったが、すでに天保山沖を出発したあとだった。

京で志士の指導者として積極的に活動したため、安政《あんせい》の大獄《たいごく》が始まると、すぐさま捕らえられた。雲浜の身柄は江戸に送られ、箒尻《ほうきじり》で何度も叩かれるなど拷問されるも、口を割らなかった。取り調べが終らないまま、伝馬町牢屋敷《てんまちょうろうやしき》（中央区日本橋小伝馬町）内で獄死した。死因は、コレラや拷問による傷の悪化という説がある。

処刑

朝廷に働きかけた尊王志士

頼《らい》三《み》樹《き》三《さぶ》郎《ろう》

享年 35

生年 文政8年（1825）5月26日
歿年 安政6年（1859）10月7日
墓所 小塚原回向院（荒川区南千住）
長楽寺（京都市東山区円山町）

終焉の地 伝馬町牢屋敷（中央区日本橋小伝馬町5—2、十思公園）

京の三本木《さんぼんぎ》（京都市上京区南町）で、『日本外《にほんがい》史《し》』を著した頼山陽《らいさんよう》の三男として生まれる。

天保11年（1840）、大坂に下って後藤松《ごとうしょう》陰《いん》の塾に入り、かたわらで篠崎小竹《しのざきしょうちく》に学んだ。天保14年に江戸へ遊学し、昌平坂学問所《しょうへいざかがくもんじょ》に入る。弘化3年（1846）3月に、将軍家の菩提寺《ぼだいじ》である寛永寺《かんえいじ》（台東区上野桜木）の石灯籠《いしどうろう》を破壊する事件を起こし、徳川氏への反感を示したため、退学処分となった。その後、東北への遊歴を経て、嘉永2年（1849）1月に帰京。小浜《おばま》藩士梅田雲浜《うめだうんぴん》や漢詩人梁川星巌《やながわせいがん》らと交流を持った。嘉永6年6月のペリー来航に悲憤慷慨《ひふんこうがい》し、また母を安政2年に失って以来、三樹三郎は家を忘れて尊王攘夷《そんのうじょうい》運動にのめり込んだ。

安政5年に第十三代将軍徳川家定《いえさだ》の後継者問題が発生すると、梁川星巌や薩摩藩士西郷隆盛《さいごうたかもり》らと会合を重ね、一橋慶喜《ひとつばしよしのぶ》を擁立する動きを見せて朝廷に働きかけたため、大老《たいろう》井伊直弼《いいなおすけ》からは危険人物の一人と目されるようになる。それゆえ、安政《あんせい》の大獄《たいごく》が起こると、すぐさま捕らえられて六角獄舎《ろっかくごくしゃ》（京都市中京区）に入れられた。

翌安政6年1月には江戸へ檻送され、幕府評《ひょう》定所《じょうしょ》での尋問ののち、10月7日に死罪を言い渡された。伝馬町牢屋敷《てんまちょうろうやしき》（中央区日本橋小伝馬町）で斬首《ざんしゅ》となり、三樹三郎の遺骸は小塚原《こづかっぱら》（荒川区南千住）に棄てられた。

処刑

安政の大獄に散った福井藩士

橋《はし》本《もと》左《さ》内《ない》

享年
26

生年 天保5年（１８３４）3月11日
歿年 安政6年（１８５９）10月7日
墓所 小塚原回向院（荒川区南千住）
左内公園（福井市左内町）

終焉の地 伝馬町牢屋敷（中央区日本橋小伝馬町5―2、十思公園）

越前福井《ふくい》藩松平《まつだいら》家の奥外科医《おくげかい》橋本長綱《はしもとながつな》の嫡男として、福井城下（福井市）で生まれる。諱《いみな》は綱紀《つなのり》、左内《さない》は通称である。弟には、のちに陸軍《りくぐん》軍医総監《ぐんいそうかん》となった橋本綱常《つなつね》がいる。

16歳で大坂へ遊学し、緒方洪庵《おがたこうあん》の適々斎塾《てきてきさいじゅく》において蘭学《らんがく》・蘭方医学を修めた。嘉永5年（１８５２）に帰国したのち、家督を相続して藩医となっている。嘉永7年に江戸へ遊学し、医学を中心に西洋学一般への知見を広げた。その一方で、左内は水戸《みと》藩の藤田東湖《ふじたとうこ》や薩摩《さつま》藩の西郷《さいごう》隆盛《たかもり》ら諸藩士との交流も深めている。安政2年（１８５５）以降は、藩校明道館学監《めいどうかんがっかん》になるなど教育部門において力を発揮し、同年8月には藩主松平慶永《よしなが》の侍読兼内用掛《じこうけんないようがかり》として、第十三代将軍徳川家定《いえさだ》の後継問題に参画した。

左内は開国を前提として、外国貿易を盛んにし、富国強兵《ふこくきょうへい》を推し進めて、広く人材を登用する政治を目指した。これらは、国際連合的な機構が出現することを予想し、その対応策だった。安政5年2月に上京して公家に入説、一橋慶喜《ひとつばしよしのぶ》への内勅降下《ないちょくこうか》と日米修好通商条約《にちべいしゅうこうつうしょうじょうやく》に勅許《ちょっきょ》を与えるよう周旋したが、紀伊《きい》藩主徳川慶福《よしとみ》（家茂《いえもち》）擁立派の井伊直弼《いいなおすけ》が大老《たいろう》に就任したことで挫折。安政《あんせい》の大獄《たいごく》が始まると、将軍後継問題に介入したことを理由に謹慎。その後、伝馬町牢屋敷《てんまちょうろうやしき》（中央区日本橋小伝馬町）で斬首となった。

処刑

堂々と断罪された維新の先駆者

吉《よし》田《だ》松《しょう》陰《いん》

享年 30

生年 文政13年（1830）8月4日
歿年 安政6年（1859）10月27日
墓所 小塚原回向院（荒川区南千住）
山口県萩市椿東

終焉の地 伝馬町牢屋敷（中央区日本橋小伝馬町5―2、十思公園に終焉地碑あり）

長門萩《はぎ》藩毛利《もうり》家の家臣杉常道《すぎつねみち》の次男として、萩城下松本《まつもと》村（山口県萩市）で生まれる。毛利家の山鹿流兵学師範《やまがりゅうへいがくしはん》だった叔父吉田賢良《よしだかたよし》の養子となり、吉田家を継ぐ。11歳の時、藩主毛利慶《よし》親《ちか》への御前講義の出来栄えが見事だったため、その才能が認められた。アヘン戦争で清《シン》が西洋列強に大敗したことを知ると、山鹿流兵学は時代遅れと痛感し、西洋兵学を学ぶために嘉永3年（1850）、九州へ留学する。次いで江戸に出て、佐久間象山《さくましょうざん》に師事。嘉永6年6月のペリー来航時には、黒船を実見して、西洋への留学を決意。その後、プチャーチンのロシア軍艦に乗り込もうとするが叶わず、嘉永7年1月、日米和親条約《にちべいわしんじょうやく》締結のために再来航したペリーの旗艦《きかん》ポーハタン号への乗船を試みるも、拒否されたため、下田奉行所《しもだぶぎょうしょ》に自首。詮議の結果、国許蟄居《ちっきょ》となり、野山獄《のやまごく》（萩市）に幽閉《ゆうへい》された。

安政2年（1855）に出獄となり、同4年からは松下村塾《しょうかそんじゅく》を開いて、久坂玄瑞《くさかげんずい》・高杉晋《たかすぎしん》作《さく》・伊藤博文《いとうひろぶみ》などへの教育を行った。安政5年、幕府が無勅許《むちょっきょ》で日米修好通商条約《にちべいしゅうこうつうしょうじょうやく》を締結したことに激怒、老中《ろうじゅう》首座間部詮勝《まなべあきかつ》の暗殺を計画する。しかし計画は頓挫し、再び松陰は野山獄に幽閉された。松陰は安政《あんせい》の大獄《たいごく》に連座し、江戸へ檻送されて、安政6年10月27日、伝馬町牢屋敷《てんまちょうろうやしき》（中央区日本橋小伝馬町）で斬首された。

井《い》伊《い》直《なお》弼《すけ》

江戸城前で暗殺された大老

享年 46

生年 文化12年（1815）10月29日
歿年 安政7年（1860）3月3日
墓所 豪徳寺（世田谷区豪徳寺）
天寧寺（供養塔。滋賀県彦根市里根町）

終焉の地 桜田門外（千代田区霞が関2―1）

近江彦根《ひこね》藩第十三代藩主井伊直中《いいなおなか》の十四男として、彦根城内（滋賀県彦根市）で生まれた。藩主直亮《なおあき》〈直弼の兄）の世子直元《せいしなおもと》が病死したため、弘化3年（1846）2月に直弼が世子となった。兄直亮の死去に伴い、嘉永3年（1850）に第十五代藩主に就任して、藩政改革を推し進めた。

一方、幕政では、将軍後継者問題と日米修好《にちべいしゅうこう》通商条約《つうしょうじょうやく》締結を巡る問題で存在感を示す。開国を主張する直弼の意見は、幕府参与《さんよ》に起用された水戸《みと》藩主徳川斉昭《なりあき》の意見と対立。安政5年（1858）2月、老中《ろうじゅう》首座堀田正睦《ほったまさよし》が条約勅許奏請《ちょっきょそうせい》のために上京すると、家臣長野主膳《ながのしゅぜん》を先に入京させ、廷臣《ていしん》間を運動させた。関白《かんぱく》九条尚忠《くじょうひさただ》を幕府支持に立たせ、内勅によって一橋慶喜《ひとつばしよしのぶ》を将軍継嗣にしようとする一橋派の運動を阻止したが、勅許を得ることには失敗。正睦が帰府してから3日後の4月23日、大老《たいろう》に就任した。

8月8日、孝明《こうめい》天皇からの密勅《みっちょく》が水戸藩に降下し、次いで関白九条尚忠が排斥されると、近《こん》藤《どう》茂《も》左《ざ》衛門《えもん》や梅田雲浜《うめだうんぴん》の逮捕を契機に安政《あんせい》の大《たい》獄《ごく》を断行。大獄では水戸藩への処罰が最も厳しく、さらに安政6年12月、水戸藩に降下した密勅の返納を迫ったため、藩内の過激派が激昂。安政7年3月3日、水戸浪士を中心とする18士に桜田門外《さくらだもんがい》（千代田区霞が関）で暗殺された。

病死

過激な攘夷論を唱えた慶喜の父

徳《とく》川《がわ》斉《なり》昭《あき》

享年 61

生年　寛政12年（1800）3月11日
歿年　万延元年（1860）8月15日
墓所　水戸徳川家墓所（茨城県常陸太田市瑞竜町）
※非公開

終焉の地　水戸城（茨城県水戸市三の丸2丁目）

水戸《みと》徳川家の第七代徳川治紀《はるとし》の三男として、水戸藩上屋敷（文京区後楽）で生まれる。文政12年（1829）、藤田東湖《ふじたとうこ》ら改革派に推されて第九代となり、斉昭《なりあき》と改めた。斉昭は、海防・民政・教育を中心とする藩政改革を推し進め、藩士教育のために弘道館《こうどうかん》を建設し、領内の廃仏《はいぶつ》毀釈《きしゃく》によって思想統制を強化するなどした。

しかし、これら水戸藩独自の改革が幕府の嫌疑を招き、天保15年（1844）5月に幕府から隠居・謹慎を命じられ、嫡男慶篤《よしあつ》に家督を譲った。その後、老中《ろうじゅう》阿部《あべ》正弘《まさひろ》らの幕閣が有志諸藩との協調策に転じたこともあって、嘉永2年（1849）に藩政への関与を許された。

嘉永6年6月のペリー来航に際しては、海防問題について海防参与《さんよ》を命じられたが、対外強硬論を唱えたため、参与を免ぜられた。安政5年（1858）4月に政敵井伊直弼《いいなおすけ》が大老《たいろう》となり、6月に日米修好通商条約《にちべいしゅうこうつうしょうじょうやく》が無勅許《むちょっきょ》のまま調印され、将軍継嗣問題では斉昭の実子一橋慶喜《ひとつばしよしのぶ》を抑えて、紀伊藩主徳川慶福《よしとみ》が後継者に決定された。無断調印に怒った斉昭は、尾張《おわり》藩主徳川慶勝《よしかつ》らと共に不時登城《ふじとじょう》して違勅《いちょく》を責めたが、かえって謹慎を命じられ、翌6年、安政《あんせい》の大獄《たいごく》によって国許永蟄居《くにもとえいちっきょ》に処された。斉昭の蟄居は解かれることなく、万延元年（1860）8月15日、水戸城（茨城県水戸市）で病歿した。

暗殺

政敵・土佐勤王党の手にかかり暗殺

吉《よし》田《だ》東《とう》洋《よう》

享年
47

生年 文化13年（1816）
歿年 文久2年（1862）4月8日
墓所 筆山公園墓地（高知市塩屋崎町）

終焉の地 高知城下の帯屋町（高知市追手筋2丁目付近）

土佐《とさ》藩第十三代藩主山内豊熙《やまうちとよひろ》の家臣吉田正清《よしだまさきよ》の四男として高知城下の帯屋《おびや》町（高知市）で生まれる。諱《いみな》は正秋《まさあき》、東洋《とうよう》は号である。後藤象二《ごとうしょうじ》郎《ろう》は義理の甥にあたる。文化13年（1816）、兄たちの早世で世子《せいし》となる。藩儒《はんじゅ》中村十次郎《なかむらじゅうじろう》や一刀流《いっとうりゅう》指南役《しなんやく》寺田忠次《てらだちゅうじ》に学んだ。天保12年（1841）、父正清の死によって家督を相続し、舟奉行《ふなぶぎょう》、郡《こおり》奉行を歴任するも、病気で辞職した。

回復後は、再び舟奉行に復帰したが、嘉永元年（1848）、藩主豊熙の死によって辞職し、無役となる。嘉永6年、対外的危機の中で、新藩主山内豊信《とよしげ》（容堂《ようどう》）の抜擢により大目付《おおめつけ》に任じられ、次いで参政《さんせい》（仕置役《しおきやく》）となった。しかし、嘉永7年6月の江戸参府時に、藩主豊信主催の酒宴で不敬を演じたために免職され、家禄削減と城下外追放に処された。東洋は長浜《ながはま》村（高知市長浜）で少林塾《しょうりんじゅく》を開き、後藤象二郎・福岡孝《ふくおかたか》弟《ちか》・岩崎弥太郎《いわさきやたろう》・乾《いぬい》（板垣《いたがき》）退助《たいすけ》らを教えた。

安政4年（1857）12月には参政に復帰、門下生がメンバーとなっていた「新おこぜ組」を登用して、門閥打破、殖産興業《しょくさんこうぎょう》、軍制改革、開国貿易などの改革を断行した。

しかし、保守門閥層に加え、尊王攘夷派《そんのうじょういは》の反発から、文久2年（1862）4月8日、武市《たけち》半平太《はんぺいた》（瑞山《ずいざん》）の指示を受けた土佐勤王党《とさきんのうとう》那須《なす》信吾《しんご》らによって、帯屋町で暗殺された。

自らを貫き寺田屋事件で闘死

有馬《ありま》新七《しんしち》

終焉の地 寺田屋（京都市伏見区南浜町263）

享年 38

生年 文政8年（1825）11月4日
歿年 文久2年（1862）4月23日
墓所 大黒寺（京都市伏見区鷹匠町）
墓碑（鹿児島県日置市伊集院町）

薩摩《さつま》藩伊集院郷《いじゅういんごう》の郷士《ごうし》坂木正直《さかきまさなお》の子として、薩摩日置《ひおき》郡伊集院郷古城《ふるじょう》村（鹿児島県日置市伊集院町）で生まれる。諱《いみな》は正義《まさよし》。父正直が城下《じょうか》士《し》有馬《ありま》家を継いだことにより、鹿児島城下の加《か》治屋《じや》町（鹿児島市）に移った。文政10年（１８２７）に有馬家を継いだ。

新七は、幼少期から文武に優れていたとされる。剣術は新陰流《しんかげりゅう》を伝授され、江戸に留学していた際には山崎闇斎《やまざきあんさい》派《は》の儒者《じゅしゃ》山口菅山《やまぐちかんざん》の門下となった。弘化２年（１８４５）から京に滞在し、儒者鈴木恕平《すずきじょへい》や小浜《おばま》藩士梅田雲浜《うめだうんぴん》らと交わる。天皇親祭の新嘗祭《にいなめさい》を遠くから拝観したことをきっかけに、勤王家《きんのうか》となった。安政４年（１８５７）には、藩主島津斉彬《しまづなりあきら》から薩摩藩邸の学問所教授《がくもんじょきょうじゅ》に抜擢されるなど、藩内でも活躍。また、広く尊王攘夷《そんのうじょうい》派《は》の志士たちと交流して、安政７年には大老《たいろう》井伊直弼《いいなおすけ》の暗殺を謀ったが、自藩の同意を得られず、水戸《みと》藩を裏切ることになった。

文久２年（１８６２）３月、新七は藩主忠義《ただよし》の父島津久光《ひさみつ》の率兵上京の列に加わった。大坂到着の直後、真木和泉《まきいずみ》・小河一敏《おごうかずとし》・久坂玄瑞《くさかげんずい》ら各地の志士と共に、関白《かんぱく》九条尚忠《くじょうひさただ》や京都所司代《きょうとしょしだい》酒井忠義《さかいただあき》を襲撃する計画を立て、４月23日に大坂を脱して寺田屋《てらだや》（京都市伏見区）に移る。同日夜、久光は中止を命じたが、新七が従わずに抵抗したため、上意《じょうい》討ちに遭って斬殺された。

関《せき》 鉄《てつ》之《の》介《すけ》

井伊直弼を暗殺した罪により斬首

享年
39

生年 文政7年（1824）10月17日
歿年 文久2年（1862）5月11日
墓所 小塚原回向院（荒川区南千住）
常磐共有墓地（茨城県水戸市松本町）

終焉の地 伝馬町牢屋敷（中央区日本橋小伝馬町5—2、十思公園）

水戸《みと》徳川家の第九代徳川斉昭《なりあき》の家臣関昌克の嫡男として、水戸城下で生まれる。藩校弘道館《こうどうかん》に学び、水戸学の影響を受けて尊王攘夷《そんのうじょうい》運動に乗り出す。嘉永6年（1853）のペリー来航の際には、鮎沢伊太夫《あゆさわいだゆう》と共にその動静を探り、斉昭に報告した。安政3年（1856）には北《ほく》郡奉行所《ぐんぶぎょうしょ》に勤め、大子郷校《だいごごうこう》の開設や農兵の組織作りに取り組み、藩政改革に参与。安政5年、高橋多一郎《たかはしたいちろう》らの内意を受け、大老《たいろう》井伊直弼《いいなおすけ》との対決を促すことを目的に、北陸・山陰・山陽方面を遊説した。安政6年に安政《あんせい》の大獄《たいごく》が起こると、薩摩藩士の高崎五六《たかさきごろく》らと挙兵するも、失敗。安政6年11月に蟄居《ちっきょ》を命じられたが、翌7年2月に脱藩して江戸へ赴き、3月3日、鉄之介を現場総指揮とする水戸・薩摩の浪士ら18人が登城中の大老井伊直弼を桜田門外《さくらだもんがい》（千代田区霞が関）において襲撃し、これを暗殺した。

変後は、三好貫一郎《みよしかんいちろう》（貫之助とも）と名前を変えて、常陸袋田《ふくろだ》村（茨城県大子町）の豪農桜《ごうのうさくら》岡《おか》家や高柴《たかしば》村（大子町）の益子《ましこ》家などに匿われたのち、各地に潜伏。一時は薩摩《さつま》入国を試みるも、失敗する。その後、老中安藤信正《ろうじゅうあんどうのぶまさ》の襲撃を計画するも失敗し、最後は越後雲母温泉《きらおんせん》（新潟県関川村）で捕縛された。鉄之介は伝馬町牢屋《てんまちょうろうや》敷《しき》（中央区日本橋小伝馬町）に送られ、文久2年（1862）5月11日、斬首に処せられた。

処刑

詰め腹を切らされた井伊の謀臣

長《なが》野《の》主《しゅ》膳《ぜん》

享年
48

生年 文化12年（１８１５）10月16日
歿年 文久２年（１８６２）８月27日
墓所 天寧寺（滋賀県彦根市里根町）

終焉の地 彦根四十九町の牢屋前（滋賀県彦根市城町１丁目）

伊勢飯高《いいたか》郡滝野《たきの》村（三重県松阪市）の住人で、上野（群馬県）長野《ながの》氏を先祖に持つ長野次郎祐の弟だという以外、出自については不明である。諱《いみな》は義言《よしとき》、主膳《しゅぜん》は通称である。その名が歴史に現れるのは、天保10年（１８３９）、滝野村の滝野次郎左衛門《じろうざえもん》宅に仮住まいをした時である。その後、次郎左衛門の妹瀧《たき》（多紀）と結婚。国《こく》学《がく》を講じながら、夫妻で諸国を遊歴した。

主膳は天保12年、近江坂田《さかた》郡志賀谷《しがや》村（滋賀県米原市）に高尚館《こうしょうかん》を開く。翌13年、部屋住みの庶子《しょし》だった井伊直弼《いいなおすけ》が入門して来て、国学や和歌を教えた。嘉永３年（１８５０）に直弼が彦根《ひこね》藩主となるに及んで、藩校弘道館《こうどうかん》の国学方で召し抱えられ、直弼の改革政治を支えた。

直弼が幕府大老《たいろう》に就任すると、その懐刀として辣腕《らつわん》を振るい、将軍後継者問題では南紀派《なんきは》の勝利に貢献した。直弼に対して一橋派《ひとつばしは》や尊王攘《そんのうじょう》夷派《いは》の志士らの処罰を進言したのも、彼である。

安政７年（１８６０）３月、桜田門外《さくらだもんがい》の変で直弼が暗殺されると、新藩主となった直憲《なおのり》（直弼の次男）に疎まれて対立。一方で、松平春嶽《まつだいらしゅんがく》らによる幕政改革（文久《ぶんきゅう》の改革）において、直弼の専横・圧政を糾弾され、彦根藩は20万石へ減封された。直憲は、家老《かろう》岡本半介《おかもとはんすけ》の進言を受け入れて、文久２年（１８６２）８月27日、父直弼の腹心だった主膳を斬首に処している。

同志の凶刃に倒れた勤王の志士

本《ほん》間《ま》精《せい》一《いち》郎《ろう》

終焉の地　木屋町（京都市中京区下樵木町208、遭難地碑あり）

享年 29

生年　天保5年（1834）
歿年　文久2年（1862）閏8月20日
墓所　不詳

越後寺泊《てらどまり》（新潟県長岡市）で醤油醸造業を営む商家に生まれる。家は裕福で、佐渡奉行《さどぶぎょう》や大商人と繋がりを持っていたという。

嘉永6年（1853）に江戸へ行き、幕府旗《はた》本《もと》川路《かわじ》聖謨《としあきら》の中小姓《ちゅうこしょう》となり、昌平坂学問所《しょうへいざかがくもんしょ》の安《あ》積《さか》艮斎《ごんさい》に学んだ。江戸では庄内《しょうない》藩出身の志士清《きよ》河八郎《かわはちろう》らと交流し、尊王攘夷《そんのうじょうい》に傾倒する。安政6年（1859）、川路に随行して上った京で勤王《きんのう》活動を展開し、安政《あんせい》の大獄《たいごく》で頼三樹三郎《らいみきさぶろう》に連座し、伏見《ふしみ》（京都市伏見区）で入獄された。

出獄後は、京を中心に尊攘志士の急先鋒として活動するようになる。諸国の志士たちと交わり、長州や四国・九州へと遊説した。文久2年（1862）4月、幕政改革を求めて薩摩《さつま》藩主島津忠義《しまづただよし》の父久光《ひさみつ》が上洛すると、今こそ討幕の機だと、清河と共に挙兵の計画を立てる。しかし、雄藩出身ではない本間は、薩摩や長州を批判した。また好んで長刀を帯び、言説は雄弁過激で、さらに酒食に溺れるところもあり、同志の反感と誤解を買うことも多かったという。

先斗町《ぽんとちょう》（京都市中京区）で酒を飲まされた本間は、その帰り道に襲撃を受け、閏8月20日に木屋《きや》町（中京区）で斬殺された。薩摩や土佐の勤王志士らの計画した犯行だった。凶刃を振るったのは岡田以蔵《おかだいぞう》とも言われる。死骸は高瀬川《たかせがわ》に捨てられ、首は四条河原《しじょうがわら》に晒された。

自刃

藩論を導けずに切腹

長《なが》井《い》雅《う》楽《た》

終焉の地 自邸（山口県萩市土原159―2付近）

享年 45

生年 文政2年（1819）5月1日
歿年 文久3年（1863）2月6日
墓所 海潮寺（山口県萩市北古萩町）

長門萩《はぎ》藩の大組士《おおぐみし》中老《ちゅうろう》長井《ながい》泰憲《やすのり》の嫡男として、松本《まつもと》村（山口県萩市）で生まれる。諱《いみな》は時庸《ときつね》、のち雅楽《うた》と改める。父泰憲の病死によって4歳で家督を継ぐが、禄高を半減された。

藩校明倫館《めいりんかん》で学んだ長井は、天保8年（1837）に毛利敬親《もうりたかちか》が藩主になると、その小姓役《こしょうやく》、奥番頭格《おくばんがしらかく》を務め、敬親に厚く信頼される。敬親の世子《せいし》定広《さだひろ》の養育にも尽くし、その後見人にもなった。安政5年（1858）には直目付《じかめつけ》となって敬親の側近にあり、また記録所役をも兼ねて藩政の中枢に参画する。

文久元年（1861）、長井は公武一和《こうぶいちわ》の立場に立ち、「航海遠略策《こうかいえんりゃくさく》」という独自の開国論を建白、これが萩藩の藩論となった。開国策と公武合体策とを重ね合わせたこの策は、幕府からも朝廷からも大いに期待された。この時、雅楽は中老格《ちゅうろうかく》に列していた。

しかし、やがて藩内では吉田松陰《よしだしょういん》の松下村塾《しょうかそんじゅく》門下生を中心とした尊攘派《そんじょうは》が台頭し、藩論は破約攘夷へと一変、長井の排斥が叫ばれるようになる。長井は奸物《かんぶつ》・奸計《かんけい》との非難を浴び、敬親から帰国謹慎を言い渡されてしまう。

文久2年6月、中老格を罷免《ひめん》されて帰国。すべての責任を押し付けられ、切腹を命じられた。藩論が二分されることを憂えた長井は、萩城下の自邸で切腹して果てた。

幕府に消された浪士組の祖

清河八郎《きよかわはちろう》

終焉の地 麻布一ノ橋（港区三田1―1）

享年 34

生年 文政13年（1830）10月10日
歿年 文久3年（1863）4月13日
墓所 傳通院（文京区小石川）

出羽田川《たがわ》郡清川《きよかわ》村（山形県庄内町）の郷士斎《ごうしさい》藤豪寿《とうひでとし》の嫡男として生まれる。諱《いみな》は正明《まさあき》。

初め、鶴岡《つるおか》（山形県鶴岡市）の清水塾《しみずじゅく》に学んだ。弘化4年（1847）に家を出て江戸に上り、古学派《こがくは》の東条一堂《とうじょういちどう》や安積艮斎《あさかごんさい》に師事。一方で、北辰一刀流《ほくしんいっとうりゅう》の開祖千葉周作《ちばしゅうさく》の玄武館《げんぶかん》で剣術を修め、免許皆伝《めんきょかいでん》を得る。幕府の学問所である昌平《しょうへい》坂学問所《ざかがくもんじょ》で学んだのち、嘉永7年（1854）、三河《みかわ》町（千代田区内神田ほか）に文武塾を開いた。この年、清河八郎《きよかわはちろう》と改名する。

やがて国事に心を寄せて、志士との交流を深め、尊王攘夷《そんのうじょうい》の思想に傾いていく。安政7年（1860）の桜田門外《さくらだもんがい》の変を契機に、塾に集った志士らと「虎尾の会」を結成し、倒幕を計画した。しかし、文久元年（1861）に殺傷事件を起こし、幕府に追われる身となる。探索を避けて水戸、江戸、仙台と逃避行し、尊王攘夷・倒幕を唱えて遊説を続けた。

文久2年4月、島津久光《しまづひさみつ》上京の報に接し、尊攘蜂起を計画したが、寺田屋事件《てらだやじけん》で挫折した。翌3年、政事総裁職《せいじそうさいしょく》の松平春嶽《まつだいらしゅんがく》（福井藩主）に浪士組《ろうしぐみ》結成を上申し、採用される。浪士組を動かして尊王攘夷を画策するが、幕府に危険視されていた清河は、命を狙われていた。そして文久3年4月13日、麻布一ノ橋《あざぶいちのはし》（港区三田）で、幕府の刺客佐々木只三郎《ささきただざぶろう》らに斬殺される。

緒方洪庵《おがたこうあん》

適々斎塾を開いた近代医学の祖

享年 54

生年 文化7年（1810）7月14日
歿年 文久3年（1863）6月10日
墓所 高林寺（文京区向丘）
龍海寺（大阪市北区同心）

終焉の地 医学所頭取役宅（台東区台東1―28付近）

備中足守《あしもり》藩の足軽《あしがる》佐伯《さいき》惟因《これより》の三男として、備中賀陽《かや》郡足守（岡山市足守）で生まれる。諱《いみな》は惟章《これあき》で、洪庵《こうあん》のほかに華陰《かいん》、適々斎《てきてきさい》の号を持つ。

文政8年（1825）に元服。この年、大坂に足守藩の蔵屋敷《くらやしき》ができた。洪庵は、大坂蔵屋敷留守居役《るすいやく》になった父と共に大坂へ出る。この地で、洪庵は病気に苦しむ人を救いたいと医学の道を志した。蘭方医《らんぽうい》中天游《なかてんゆう》の私塾「思々斎《ししさい》塾《じゅく》」に入門し、名を緒方三平《おがたさんぺい》と改めた。

天保2年（1831）22歳の時、江戸に上って蘭方医坪井信道《つぼいしんどう》の塾に入る。約3年間の在塾中に多くの翻訳を完成させた。また、蘭方医宇《う》田川玄真《だがわげんしん》の門に出入りし、学才を深く認められた。天保7年に長崎へ赴く。緒方洪庵を名乗るのは、この時からである。約2年間の修行を終えて大坂に戻った洪庵は、瓦《かわら》町（大阪市中央区）に蘭学《らんがく》塾「適々斎塾《てきてきさいじゅく》」を開き、医業のかたわら蘭学を教えた。塾は大いに賑わい、船場過書《せんばかしょ》町（中央区北浜）に移ってからは、いっそう発展した。門人には、大村益次郎《おおむらますじろう》や福沢諭吉《ふくざわゆきち》らがいる。嘉永2年（1849）には、佐賀《さが》藩が輸入した種痘《しゅとう》を得た洪庵が、その普及に尽力する。

文久2年（1862）、幕府からの要請に応じて江戸に出仕。奥医師《おくいし》と西洋医学所頭取《せいよういがくしょとうどり》を兼任し、法眼《ほうげん》に叙せられたが、翌3年に突然喀血《かっけつ》し、窒息《ちっそく》が原因で6月10日に急死した。

尊攘派志士のバイブルを執筆

会《あい》沢《ざわ》正《せい》志《し》斎《さい》

享年
82

生年 天明2年（1782）5月25日
歿年 文久3年（1863）7月14日
墓所 本法寺（茨城県水戸市千波町）

終焉の地
自邸（水戸市南町3—4—10、銅像あり）

水戸《みと》藩士会沢恭敬《あいざわやすたか》の嫡男として、水戸城下西南の下谷（茨城県水戸市）で生まれる。名は安《やす》、号は正志斎《せいしさい》・欣賞斎《きんしょうさい》などがある。

寛政3年（1791）、藤田幽谷《ふじたゆうこく》の私塾に入門。正志斎10歳、幽谷18歳の時である。儒学《じゅがく》や史学を学び、のちに彰考館《しょうこうかん》に入って『大日本史《だいにほんし》』の編纂に従事する。以後、実力を認められて昇進し、文化元年（1804）には徳川斉昭《なりあき》らの侍《じ》読《どく》を命じられた。

幽谷の影響で対外情勢に関心を持ち、『千島《ちしま》異聞《いぶん》』や『暗夷問答《あんいもんどう》』を著す。さらに、尊王攘《そんのうじょう》夷《い》論を体系的にまとめた『新論《しんろん》』を著して藩主に提出したが、過激な内容から出版されなかった。幽谷の子東湖《とうこ》と徳川斉昭を擁立し、水戸藩の藩政改革にあたった。幽谷の跡を受けて彰考館総裁《そうさい》となり、天保11年（1840）には藩校弘道館《こうどうかん》の初代総裁に就任する。

しかし弘化2年（1845）に斉昭が失脚すると、翌3年には正志斎自身も蟄居《ちっきょ》を命じられた。嘉永2年（1849）に赦免され、弘道館に復する。安政5年（1858）の戊午《ぼご》の密勅《みっちょく》を巡って、藩内の尊王攘夷激派と対立。斉昭の七男一橋慶喜《ひとつばしよしのぶ》に『時務策《じむさく》』を提出して開国論を説くと、尊攘激派からは「老耄《ろうもう》」と非難された。

文久3年（1863）7月14日、水戸の自邸（水戸市南町）で歿した。

暗殺

横暴のため内部粛清に

芹《せり》沢《ざわ》 鴨《かも》

享年 ？

生年 不詳
歿年 文久３年（１８６３）９月16日
墓所 壬生寺（京都市中京区壬生梛ノ宮町）

終焉の地 八木家（京都市中京区壬生梛ノ宮町24、壬生屯所旧跡）

水戸《みと》藩士芹沢以幹《せりざわしげもと》の子として生まれたとされるが、諸説あって定説を見ない。生年にも諸説ある。変名を下村継次《しもむらとしつぐ》という。

戸ヶ崎熊太郎《とがさきくまたろう》に神道無念流《しんとうむねんりゅう》を学んで剣の腕を磨き、免許皆伝《めんきょかいでん》を受けたと言われる。文久２年（１８６２）、幕府が清河八郎《きよかわはちろう》の献策によって浪《ろう》士組《しぐみ》を編成すると、それに参加し、水戸出身の新見錦《にいみにしき》や平山五郎《ひらやまごろう》らと上洛。清河と行動を別にして近藤勇《こんどういさみ》らと京に残り、新撰組《しんせんぐみ》を結成した。

京都守護職《きょうとしゅごしょく》を担っていた会津《あいづ》藩の御預《おあづかり》となり、志士の取り締まりに尽力。文久３年８月18日の政変に際しては、御所《ごしょ》の警備のため、近藤と共に隊士を率いて出動した。しかし、門を固めていた会津藩士たちは新撰組を知らず、門を通そうとしなかった。会津藩兵が槍を突き付けるが、芹沢は鉄扇《てっせん》でその槍先を悠々とあおいで笑った。会津藩の軍奉行《いくさぶぎょう》が駆け付けて新撰組を通してやると、芹沢は悠然と門を通り、人々はその剛胆さに驚いたという。

芹沢の行動は粗暴で、豪商を襲うなど恐喝まがいの行動もあり、次第に近藤勇らの試衛館派《しえいかんは》と反目していった。９月16日、宴会に出席した芹沢は、壬生《みぶ》の屯所《とんしょ》八木《やぎ》家（京都市中京区）に戻ると、愛妾《あいしょう》と同衾《どうきん》。その夜、寝込みを襲われ、命を絶たれた。近藤派の沖田総司《おきたそうじ》・土方歳三《ふじかたとしぞう》らが実行犯とされるが、長州藩士犯行説もある。

天誅組を率いて幕府軍と奮戦

吉《よし》村《むら》虎《とら》（寅《とら》）太《た》郎《ろう》

享年
27

生年　天保8年（1837）4月18日
歿年　文久3年（1863）9月27日
墓所　奈良県東吉野村鷲家

終焉の地　鷲家口付近（奈良県吉野郡東吉野村鷲家）

土佐高岡《たかおか》郡芳生野《よしうの》村（高知県津野町）の庄屋《しょうや》吉村太平の嫡男として生まれる。諱は重郷《しげさと》。12歳の時に父の跡を継ぎ、各地の庄屋を歴任する。間崎哲馬《まさきてつま》らに学問を、武市半平太《たけちはんぺいた》（瑞山《ずいざん》）に剣術を学び、尊攘《そんじょう》思想に傾倒していった。

文久元年（1861）武市が土佐勤王党《きんのうとう》を結成すると、吉村もこれに加わる。翌2年4月、薩摩《さつま》主の父島津久光《しまづひさみつ》の上洛を知ると、浪士たちによる倒幕挙兵を計画。急進派の吉村は土佐勤王党も参加することを説くが、武市がこれを拒否したため、数名の同志と脱藩する。

しかし、久光の上洛は公武合体《こうぶがったい》を目的としたもので、久光は尊攘激派《そんじょうげきは》の粛清《しゅくせい》を断行する（寺《てら》田屋事件《だやじけん》）。吉村は事件の翌日（4月24日）に捕らえられ、土佐に送還、禁獄された。

文久3年2月、出獄した吉村は、藩から自費遊学の許可を得て京へ向かった。8月に天誅組《てんちゅうぐみ》を組織し、方広寺《ほうこうじ》に集結して公家の中山忠光《なかやまただみつ》を大将に戴き、京を出立。大和（奈良県）に入って五条代官所《ごじょうだいかんしょ》を襲撃、再び倒幕の兵を挙げた。しかし、8月18日の政変で状況は一変。天誅組は、周辺諸藩の軍と戦うも敗退を続け、壊滅状態に陥った。鷲家口《わしかぐち》（奈良県東吉野村）の戦いで負傷した吉村は、一行から遅れ、駕籠《かご》に乗せられて運ばれていたところを、津《つ》藩の兵に発見され、9月27日に射殺された。

病死

庶民に人気の開国派老中首座
堀《ほっ》田《た》正《まさ》睦《よし》

享年 55

生年 文化７年（１８１０）８月１日
歿年 元治元年（１８６４）３月21日
墓所 甚大寺（千葉県佐倉市新町）

終焉の地 佐倉城三の丸の松山御殿（千葉県佐倉市城内町、佐倉城址公園）

下総佐倉《さくら》藩主堀田正時《ほったまさとき》の次男として、佐倉藩上屋敷（千代田区神保町）で生まれる。初名は正篤《まさひろ》。文政７年（１８２４）、正時の跡を継いだ従兄正愛《まさちか》の養子となり、翌８年に遺領を相続、佐倉11万石を領した。奏者番《そうじゃばん》、寺社奉行《じしゃぶぎょう》、大坂《おおさか》城代《じょうだい》、西の丸老中《ろうじゅう》と順調に出世を重ね、天保12年（１８４１）２月に本丸老中となって、天保《てんぽう》の改革《かいかく》期の幕政を担った。しかし、天保の改革が失敗したのち、老中を罷免《ひめん》される。

安政２年（１８５５）に老中首座阿部正弘《あべまさひろ》の要請で老中に再任、阿部に代わって老中首座となった。翌３年に外国御用取扱《がいこくごようとりあつかい》を命じられ、正睦《まさよし》と改名。安政４年にアメリカ総領事ハリスが江戸に入り、将軍徳川家定《いえさだ》と会見する。正睦に対してハリスは、通商条約の締結を要望してきた。正睦は安政５年１月に上洛して、孝明《こうめい》天皇の勅許《ちょっきょ》を得ようしたが、失敗。その後、大老《たいろう》に就任した井伊直弼《いいなおすけ》は、反対派を押し切って６月に無勅許で日米修好通商条約《にちべいしゅうこうつうしょうじょうやく》を締結する。将軍継嗣問題では、正睦は一橋派《ひとつばしは》に与《くみ》したが、南《なん》紀派《きは》が勝利したため、再度老中を罷免される。安政６年に隠居して、家督を嫡男正倫《まさとも》に譲った。

その後は、正倫の後見として藩政改革に着手したが、文久２年（１８６２）、老中在職中の不届きで蟄居《ちっきょ》を命じられ、元治元年（１８６４）３月21日、佐倉城内の松山御殿《まつやまごてん》で死去した。

自刃

池田屋の御用改めにより自刃

宮《みや》部《べ》鼎《てい》蔵《ぞう》

終焉の地　**池田屋（京都市中京区中島町82、碑あり）**

享年 45

生年　文政3年（1820）4月
歿年　元治元年（1864）6月5日
墓所　小峰墓地（熊本市中央区黒髪）

肥後上益城《かみましき》郡田代《たしろ》村（熊本県御船町）の医師宮部春吾の嫡男として生まれる。諱《いみな》は増実で、鼎蔵《ていぞう》は通称である。叔父宮部増美《ますよし》の許で山鹿流《やまがりゅう》兵学《へいがく》を学び、その養子となる。30歳の時に、熊本藩の兵学師範《へいがくしはん》となった。

嘉永3年（１８５０）、九州遊歴中の吉田松陰《よしだしょういん》と知り合った。翌4年に江戸へ出て山鹿素水《やまがそすい》に入門し、同年末からは松陰の東北遊歴にも同行。松陰から海外渡航の企てを聞いた際には、自身の愛刀を贈って松陰を激励したという。この頃、攻守和戦の策を論じ、建白書を藩へ提出したが、容れられず、失意のうちに帰国する。帰国後は閉居して、世人との交わりを絶ち、門人の教育に力を注いだ。

文久2年（１８６２）、清河八郎《きよかわはちろう》の勧めを受けて上京する。薩摩《さつま》藩尊攘派《そんじょうは》の領袖有馬新七《りょうしゅうありましんしち》と連絡を取ると共に摂津地方の海岸を巡視、絵図・防禦策を提出した。翌3年に親兵《しんぺい》設置の令が出されると、熊本藩50余名を率いて討幕運動昂揚の気運に乗じたが、8月18日の政変のために、三条実美《さんじょうさねとみ》ら七卿と共に長州へと退去した。

元治元年（１８６４）、萩《はぎ》藩主の赦免周旋を志して上京する。在京志士の重鎮として活動したが、6月5日の夜、尊王攘夷派の勢力回復を目指して三条小橋《さんじょうこばし》の旅館池田屋《いけだや》（京都市中京区）において密談中に、新撰組《しんせんぐみ》に襲われて自刃した。

池田屋に散った松陰の愛弟子
吉《よし》田《だ》稔《とし》麿《まろ》

享年
24

生年 天保12年（1841）閏1月24日
歿年 元治元年（1864）6月5日
墓所 京都霊山護国神社（京都市東山区清閑寺霊山町）
護国山（山口県萩市椿東椎原）

終焉の地 池田屋付近（京都市中京区、河原町通御池交差点に終焉地碑あり）

長門萩《はぎ》藩の足軽吉田清内《あしがるよしだせいない》の嫡男として、松本《まつもと》村（山口県萩市）で生まれる。諱《いみな》は秀実。通称は栄太郎《えいたろう》で、のちに稔麿《としまろ》と名乗る。

嘉永6年（1853）に江戸へ赴いた際、ペリー来航騒ぎを体験。列強の外圧を痛感し、帰国後に槍術を学んだという。安政3年（1856）11月からは、吉田松陰《よしだしょういん》の松下村塾《しょうかそんじゅく》で学び、久坂玄瑞《くさかげんずい》・高杉晋作《たかすぎしんさく》と共に「松下三秀」と称された。安政5年12月、松陰が野山獄《のやまごく》（萩市）へ投獄された際に、藩の重役宅へ押しかけたため、前原一誠《まえばらいっせい》らと共に謹慎組預けに処された。万延元年（1860）8月に脱藩。江戸に出て、幕府旗本妻木田宮《はたもとつまきたみや》に雇われて用人《ようにん》となる。文久2年（1862）、伊藤博文《いとうひろぶみ》ら有志を頼って京の萩藩邸に自首して許され、同3年4月に石清水社行幸《いわしみずしゃぎょうこう》の萩藩供奉《ぐぶ》の行列に加わる。同月、下関《しものせき》（山口県下関市）へ出張し、同地で奇兵隊《きへいたい》に入隊した。7月には、自身の建議によって屠勇取立《とゆうとりたて》方《かた》に任命され、被差別民を登用した屠勇隊《とゆうたい》を組織した。この月、士籍に加えられた。

文久3年8月18日の政変後、妻木を頼って長幕間の斡旋《あっせん》を企図したが成功せず、元治元年（1864）6月5日、京の萩藩邸にいた稔麿は、池田屋《いけだや》が新撰組《しんせんぐみ》に襲われことを聞きつけ、池田屋に向かおうとしたが、加賀《かが》藩邸前で多数の会《あい》津《づ》藩兵に遭遇し、討死したという（諸説あり）。

尊攘派に敵視された大学者

佐《さ》久《く》間《ま》象山《しょうざん／ぞうざん》

享年
54

生年 文化8年（1811）2月28日
歿年 元治元年（1864）7月11日
墓所 蓮乗寺（長野市松代町松代御安町）
妙心寺大法院（京都市右京区花園妙心寺町）※原則非公開

終焉の地 木屋町（京都市中京区一之船入町537、遭難碑あり）

信濃松代《まつしろ》藩主真田幸貫《さなだゆきつら》の側右筆《そばゆうひつ》などを務めた佐久間国善《さくまくによし》（一学《いちがく》）の嫡男として、信濃埴科《はにしな》郡松代字浦町（長野市松代町）で生まれる。

象山は18歳で家督を継ぎ、天保4年（1833）に江戸へ出て佐藤一斎《さとういっさい》に師事する。天保12年には江戸松代藩邸の学問所頭取《がくもんじょとうどり》となる。アヘン戦争の情報に衝撃を受けた象山は、老中《ろうじゅう》となった藩主幸貫から海外事情の研究を命じられたことから、にわかに対外危機に目覚め、以後は海防の問題に専心する。天保13年9月には、西洋砲術を学ぶために江川英龍《えがわひでたつ》（太郎左衛門《たろうざえもん》）に入門した。11月の藩主宛て上書《じょうしょ》では、西洋列強と戦争になった場合は勝ち目がないとして、大船・大砲を充実すべきことなどを説いた。

嘉永4年（1851）、江戸木挽《こびき》町（中央区銀座）に塾を開いた。門下生には勝海舟《かつかいしゅう》や吉田松陰《よしだしょういん》らがいる。嘉永6年6月のペリー来航と共に、西洋事情の探索と国力充実の必要を一層強調したが、翌7年4月、吉田松陰に密航を慫慂《しょうよう》した罪で幕府に捕らえられ、松代で蟄居《ちっきょ》するよう命じられた。文久2年（1862）9月末に赦免。

元治元年（1864）3月、一橋慶喜《ひとつばしよしのぶ》に招かれて上洛。京では、慶喜や皇族・公卿の間を奔走したが、天皇を彦根《ひこね》へ遷《うつ》すよう画策していたことなどが原因で、7月11日、三条木屋町《さんじょうきや》筋（京都市中京区）で尊攘派《そんじょうは》に斬殺された。

自刃

久《く》坂《さか》玄《げん》瑞《ずい》

京で散った長州一の俊才

享年 25

生年 天保11年（1840）
歿年 元治元年（1864）7月19日
墓所 東光寺（山口県萩市椿東）
京都霊山護国神社（京都市東山区清閑寺霊山町）

終焉の地 鷹司輔熙邸（京都市上京区京都御苑9）

長州藩の藩医久坂良廸《くさかりょうてき》の三男として、萩城下の平安古《ひやこ》（萩市）で生まれた。初め吉松淳三《よしまつじゅんぞう》の私塾に学び、次いで藩校明倫館《めいりんかん》に入り、のちに医学所好生館《いがくしょこうせいかん》で蘭学《らんがく》を学んだ。嘉永7年（１８５４）に家督を継ぐ。安政3年（１８５６）には九州を遊歴し、この頃、吉田松陰《よしだしょういん》との交流が始まった。翌4年12月、松陰の妹文《ふみ》と結婚。

玄瑞は、松陰の実家杉《すぎ》家に同居して松下村塾《しょうかそんじゅく》での教育を助けた。安政5年に江戸遊学の許可を得て、梅田雲浜《うめだうんぴん》らと交友し、蘭学・医術の研究にも励んだ。安政6年10月の松陰処刑後は、塾舎で遺著などを門人らと読んでいる。

文久元年（１８６１）、長州藩論をリードしていた長井雅楽《ながいうた》の「航海遠略策《こうかいえんりゃくさく》」を痛烈に批判、藩主毛利敬親《もうりたかちか》にも弾劾書《だんがいしょ》を提出した。文久2年には高杉晋作《たかすぎしんさく》らと攘夷血盟書《じょういけつめいしょ》を作り、御殿山《ごてんやま》の英国公使館（品川区北高輪）を焼き討ちした。文久3年には、下関《しものせき》で外国艦隊への砲撃に参加し、同志と共に公家の中山忠光《なかやまただみつ》を奉じて光明寺《こうみょうじ》党《とう》を結成。これは奇兵隊《きへいたい》の基盤となった。

同年8月18日の政変による長州藩勢力の京からの追放後も、京に潜入して木戸孝允《きどたかよし》らと共に失地回復に努めた。元治元年（１８６４）7月19日に禁門《きんもん》の変が起こると、玄瑞は流弾にあたって負傷、鷹司輔熙《たかつかさすけひろ》邸（京都市上京区）で自害して果てた。

遊撃隊総督の潔い死に様

来《き》島《じま》又《また》兵《べ》衛《え》

享年
48

生年 文化14年（1817）1月8日
歿年 元治元年（1864）7月19日
墓所 京都霊山護国神社（京都市東山区清閑寺霊山町）

終焉の地 蛤御門付近（京都市上京区京都御苑、下長者町通付近）

長州藩士喜多村正倫《きたむらまさとも》の次男として、長門厚狭《あさ》郡西高泊村《にしたかどまり》（山口県山陽小野田市）で生まれる。天保7年（1836）に、上級藩士来島政常《きじままさつね》の養子となる。筑後柳川藩《やながわ》の大石進《おおいしすすむ》や、江戸の久《く》保田助四郎《ぼたすけしろう》らの許で剣術・馬術を学び、「鬼来島」と称された。一方で、藩の経理面の役職も歴任し、文武共に傑出していたという。嘉永4年（1851）に家督を継ぎ、翌5年に名を政久《まさひさ》、通称を又兵衛《またべえ》に改めた。

文久2年（1862）に学習院御用掛《がくしゅういんごようがかり》として在京中、広く諸藩の志士と交わった。文久3年5月の長州藩による攘夷《じょうい》決行に際しては、馬関《ばかん》総奉行《そうぶぎょう》の国司信濃《くにししなの》の手元役として活躍。6月には狙撃隊を率いて上京したが、8月18日の政変によって帰藩した。京における長州藩勢力の回復のため、藩主毛利敬親《もうりたかちか》の世子元徳《せいしもとのり》が上京するにあたり、10月に遊撃隊を編成し、総督となって三田尻《みたじり》（山口県防府市）に駐屯している。

元治元年（1864）6月に森鬼太郎と変名し、遊撃軍を率いて長州軍の先鋒《せんぽう》として京に攻め上った。7月19日の禁門《きんもん》の変では、会津《あいづ》藩・薩摩《さつま》藩の兵と蛤御門《はまぐりごもん》で戦うが、当時、薩摩藩兵の銃撃隊として活躍した川路利良《かわじとしよし》の狙撃で胸を撃ち抜かれ、助からないと悟った又兵衛は、甥の喜多村武七《たけしち》に介錯《かいしゃく》を命じ、自ら槍で喉《のど》を突いて自害した。

処刑

禁門の変のどさくさで処刑

平《ひら》野《の》国《くに》臣《おみ》

享年 37

生年 文政11年（１８２８）3月29日
歿年 元治元年（１８６４）7月20日
墓所 竹林寺（京都市上京区行衛町）

終焉の地 三条新地牢屋敷（京都市中京区因幡町112、終焉地碑あり）

筑前福岡《ふくおか》藩の足軽《あしがる》平野吉郎右衛門《ひらのきちろうえもん》の次男として、福岡城下の地行下町《じぎょうしもまち》（福岡市中央区）で生まれる。天保12（１８４１）に小金丸彦六《こがねまるひころく》の養《よう》嗣子《しし》となり、弘化3年（１８４６）に江戸へ赴く。安政4年（１８５７）、藩主黒田長溥《くろだながひろ》に犬追物《いぬおうもの》復興を直訴したため、蟄居《ちっきょ》を命じられた。

安政5年8月に脱藩して上京。西郷隆盛《さいごうたかもり》らと交わり、のちに九州を転々とする。万延元年（１８６０）、久留米《くるめ》（福岡県久留米市）郊外で蟄居中の真木和泉《まきいずみ》と初めて面会し、決起を呼び掛けた。文久2年（１８６２）、島津久光《しまづひさみつ》の上京を機に薩摩藩士および真木和泉・小河一敏《おごうかずとし》ら九州の有志と挙兵を企てたが、寺田屋事件《てらだやじけん》で挫折、のちに福岡へ投獄される。翌文久3年に出獄し、7月に上京の命を受けた。京では8月18日の政変によって三条実美《さんじょうさねとみ》ら七卿および長州藩勢力が一掃されたため、但馬（兵庫県）へ入る。10月12日、天誅組《てんちゅうぐみ》に呼応する形で、七卿の一人沢宣嘉《さわのぶよし》を擁して生野代官所《いくのだいかんしょ》（兵庫県生野町）を襲撃し、これを占拠。しかし近隣諸藩の出兵や、沢に逃げられて兵を解散。城崎《きのさき》（兵庫県豊岡市）への逃亡中に、豊岡《とよおか》藩士に捕らえられて六角獄舎《ろっかくごくしゃ》（三条新地牢屋敷）へ投獄される。元治元年（１８６４）7月の禁門《きんもん》の変に際し、幕府大目付《おおめつけ》永井尚志《ながいなおゆき》らの判断によって、新撰組《しんせんぐみ》の手により20日、裁定のないまま処刑される。

真《ま》木《き》和《い》泉《ずみ》

禁門の変で天王山に籠もり自刃

享年
52

生年 文化10年（１８１３）３月７日
歿年 元治元年（１８６４）７月21日
墓所 十七烈士の墓（京都府大山崎町）

終焉の地 天王山（京都府乙訓郡大山崎町）

筑後久留米水天宮《くるめすいてんぐう》の神職真木旋臣《まきとしおみ》の嫡男として、久留米城下の瀬下《せのした》町（福岡県久留米市）で生まれる。11歳で家督を相続。その後、筑後三《み》潴《ずま》郡姪池《ひるいけ》村にあった三島神社《みしまじんじゃ》の神職宮崎信敦《みやざきのぶあつ》に国学《こくがく》・和歌を学び、国史・神道《しんとう》・有識故実《ゆうそくこじつ》にわたる広い教養を培った。天保15年（１８４４）に初めて江戸へ行く。在府中に水戸へ赴いて会《あい》沢正志斎《ざわせいしさい》に従学し、帰国後は水戸遊学の経験がある村上守太郎《むらかみもりたろう》らと天保学連《てんぽうがくれん》を結成、藩主有馬《ありま》頼永《よりとお》の下で藩政刷新を図り、朝廷に心を尽くすべしという建白書を提出した。しかし、弘化３年（１８４６）に頼永が死ぬと、守旧派の巻き返しや、天保学連の分裂によって改革は挫折。

嘉永５年（１８５２）、同志らと罰せられ、水《みず》田天満宮《たてんまんぐう》（福岡県筑後市）での蟄居《ちっきょ》を命じられる。

文久２年（１８６２）に平野国臣《ひらのくにおみ》らの勧めにより、久留米を脱出して上京したが、寺田屋事《てらだやじ》件《けん》で身柄を拘束され、久留米藩に引き渡されて、７月に投獄。長州藩などの梃子入れで解囚されて上京した真木は、三条実美《さんじょうさねとみ》の信任を得て、長州藩を足場に討幕決行を目指したが、文久３年８月18日の政変で挫折、三条ら七卿と共に長州へ退去する。翌元治元年（１８６４）６月、浪《ろう》士隊《したい》を率いて長州藩兵と共に京に上ったが、禁《きん》門《もん》の変に敗れ、７月21日、天王山《てんのうざん》（京都府大山崎町）で浪士16名と共に自刃した。

自刃

長州暴走の収拾に奔走

周《す》布《ふ》政《まさ》之《の》助《すけ》

享年
42

生年 文政6年（1823）3月23日
歿年 元治元年（1864）9月26日
墓所 山口市周布町
東光寺（招魂墓。山口県萩市大字椿東）

終焉の地 庄屋吉富藤兵衛邸（山口市幸町上湯田）

長州藩士周布兼正《すふかねまさ》の五男として、萩《はぎ》城下（萩市）で生まれる。藩校明倫館《めいりんかん》で学び、やがて藩に登用された周布は、嘉永6年（1853）に右筆《ゆうひつ》本役に就任した。ペリー来航に伴う相模（神奈川県）沿岸の警衛を契機とし、幕府に対して武器の自由輸送などを要求する一方、藩内の軍備増強・兵制改革を推進した。しかし、反感を招いて改革は挫折する。安政5年（1858）に藩中枢へ復帰し、再度藩政改革に参画、藩の実権を掌握する。周布は、軍政・民政のほか、学制改革を行って洋学を重視した。

やがて、幕府に指導性がないことを見極めると、文久元年（1861）に藩主毛利敬親《もうりたかちか》の朝廷建白を阻止しようとして、謹慎処分を受けた。翌2年に謹慎は解かれ、4月には破約攘夷《はやくじょうい》を藩《はん》是《ぜ》とし、尊王《そんのう》による挙国一致を目指して、朝廷や幕府・諸藩への周旋活動を進めた。文久3年、将軍徳川家茂《いえもち》の上洛と、幕府が5月10日を期限とした攘夷実行を上奏《じょうそう》したことで帰藩する。

元治元年（1864）7月の禁門《きんもん》の変の敗退は、幕府による長州藩討伐のきっかけとなった。さらに8月、前年の攘夷決行の報復が、英米仏蘭の四国艦隊《しこくかんたい》によってなされた（下関砲撃事件《しものせきほうげきじけん》）。このような状況下でも藩内は争いが絶えず、責任を感じた周布は9月25日、吉敷《よしき》郡矢原《やばら》村（山口市）の庄屋《しょうや》吉富《よしとみ》藤兵衛《とうべえ》邸で自刃して果てた。

自刃

長州征討の責任を問われ切腹

益田《ます だ》越中《えっ ちゅう》（親施《ちか のぶ》）

終焉の地
惣持院（山口県周南市毛利町、碑はモウリマンション角へ移設）

享年 32

生年 天保4年（1833）9月2日
歿年 元治元年（1864）11月11日
墓所 山口県萩市須佐中津

長州藩永代《えいだい》家老《がろう》益田元宣《ますだもとのぶ》の次男として、萩城下の益田家屋敷（萩市）で生まれる。諱《いみな》は兼施《かねのぶ》、のちに親施《ちかのぶ》、通称は越中《えっちゅう》、右衛門介《うえもんのすけ》などと称した。兄の死去により、嘉永2年（1849）に益田家の家督を継ぐ。吉田松陰《よしだしょういん》に兵学を学び、嘉永6年に相模（神奈川県）警衛の惣奉行《そうぶぎょう》となり、安政3年（1856）には当職《とうしょく》（国家老《くにがろう》）に就いて、藩政改革を行った。日米修好通商条《にちべいしゅうこうつうしょうじょう》約《やく》締結時の安政5年6月、周布政之助《すふまさのすけ》らの改革派と共に公武合体《こうぶがったい》路線を掲げて当役《とうやく》（江戸家老）となり、藩政の頂点に立つ。

文久2年（1862）7月、尊王攘夷《そんのうじょうい》を掲げる藩是《はんぜ》転換に参画、翌3年の藩制一変ののち、加判役《かはんやく》にとどまり、同年7月の攘夷親征《しんせい》・大和行幸《ぎょうこう》を関白《かんぱく》鷹司輔熙《たかつかさすけひろ》に建議し、勅許《ちょっきょ》された。その直後に8月18日の政変が起こり、三条実美《さんじょうさねとみ》ら七卿と共に長州藩へ退去した。

元治元年（1864）7月、藩命により、兵600余を率いて上京、男山《おとこやま》の石清水八幡宮《いわしみずはちまんぐう》（京都府八幡市）に陣を構えた。7月18日、会津《あいづ》藩討伐を建白して、夜半に三方から進撃、禁門《きんもん》の変を起こした。益田の兵は、天王山《てんのうざん》で殿《しんがり》にあたり、長州へと敗走。その後は徳山《とくやま》藩に幽囚《ゆうしゅう》された。幕府の長州征伐が決まると、幕府への謝罪のために切腹が命じられ、同年11月11日、惣《そう》持院《じいん》（山口県周南市）において切腹した。

自刃

国のため命を尽くした実力派家老

国司《くにし》信濃《しなの》（親相《ちかすけ》）

享年
23

生年 天保13年（1842）6月15日
歿年 元治元年（1864）11月12日
墓所 天龍寺（山口県宇部市奥万倉）

終焉の地 澄泉寺（山口県周南市大字徳山、碑は御弓町公園内へ移設）

長州藩士高洲元忠《たかすもとただ》の次男として、萩城下で生まれる。6歳の頃、国司迪徳《くにしみちのり》の養嗣子となり、弘化4年（1847）9月に国司家を継いだ。安政2年（1855）5月に元服して朝相《ともすけ》と称し、安政5年7月に通称を信濃《しなの》と改め、文久4年（1864）2月に藩主毛利敬親《もうりたかちか》の1字を拝領して親相《ちかすけ》と改名した。

これより前の文久3年4月には、攘夷《じょうい》決行のために手兵を率いて下関《しものせき》に出張した。6月10日、家老に昇進して馬関《ばかん》防備の惣奉行《そうぶぎょう》を命じられ、7月に加判役《かはんやく》へ昇進。8月18日の政変によって三条実美《さんじょうさねとみ》ら攘夷派公卿が失脚し、さらに長州藩も入京を禁止された。

長州藩は哀訴嘆願を重ねたが容れられず、ついに元治元年（1864）6月、家老益田越中《ますだえっちゅう》と福原越後《ふくはらえちご》および国司信濃を将とした3軍が京へ進発した。国司の軍は7月1日に三田尻《みたじり》港（山口県防府市）を出航し、11日には天龍寺《てんりゅうじ》（京都市右京区）に着陣する。19日の中立売門《なかだちうりもん》の戦いで薩摩《さつま》藩兵に敗れて帰藩した。8月2日、その責をもって家老の職を解かれ、8日に支藩である徳山《とくやま》毛利家に身柄を預けられ、同地の澄泉寺《ちょうせんじ》（山口県周南市）に幽閉《ゆうへい》。幕府が長州征伐の軍を起こしたため、長州藩は恭順の意を表するために三家老の処分を決め、11月12日、信濃は澄泉寺において切腹して果てた。

自刃

禁門の変の責を負った藩主補佐

福《ふく》原《ばら》越《えち》後《ご》（元《もと》僴《たけ》）

享年 50

生年 文化12年（1815）8月28日
歿年 元治元年（1864）11月12日
墓所 宗隣寺（山口県宇部市小串）※年1回公開

終焉の地 龍護寺（山口県岩国市川西1—7—3、清泰院）

長州藩の支藩で周防徳山《とくやま》藩主毛利広鎮《もうりひろしげ》の六男として生まれる。出生地は不詳。初め、長州藩寄組《よりぐみ》の佐世親長《させちかなが》の養子となり、江戸留守居役《るすいやく》となった。安政5年（1858）、長州藩永代家《えいだいが》老《ろう》福原親俊《ふくはらちかとし》の死後、藩命によって福原家に入り、越後《えちご》と称した。その後、越後は兵庫警衛惣奉行《ひょうごけいえいそうぶぎょう》となり、外警にあたる。万延元年（1860）から文久3年（1863）まで長州藩最後の当《とう》職《しょく》（国家老《くにがろう》）を務め、当職廃止後は、加判役《かはんやく》の重職にあたる。この間、当役《とうやく》（江戸家老）の益《ます》田《だ》越中《えっちゅう》と共に長州藩の公武合体《こうぶがったい》・尊王攘夷《そんのうじょうい》運動を推進した。

文久3年8月18日の政変で、長州藩が京から駆逐されたため、翌元治元年（1864）6月、来島又兵衛《きじままたべえ》や久坂玄瑞《くさかげんずい》らと協力し、福原は兵を率いて上京した。7月18日、兵700人を率いて伏見《ふしみ》（京都市伏見区）の藩邸を出発し、伏見街道を北上、藤森《ふじのもり》（伏見区）で大垣《おおがき》藩・桑名《くわな》藩らの兵と戦闘し、負傷の末に退却。禁門《きんもん》の変における長州藩の敗北ののち、海路帰国した。

幕府の第一次長州征伐に際して、福原は徳山藩に幽囚《ゆうしゅう》された。そして征長軍進撃の前に、藩命によって三家老の処刑が決まり、二家老の益田越中・国司信濃《くにししなの》に次いで、岩国龍護寺《りゅうごじ》（山口県岩国市）で11月12日、幕府への謝罪のために切腹させられた。

処刑

24歳で処された天狗党リーダー

藤《ふじ》田《た》小《こ》四《し》郎《ろう》

享年 24

生年　天保13年（1842）
歿年　元治2年（1865）2月4日
墓所　来迎寺（福井県敦賀市松原町）
常磐共有墓地（茨城県水戸市松本町）

終焉の地　来迎寺（福井県敦賀市松島町2―5―32）

水戸《みと》藩主徳川斉昭《なりあき》の側近藤田東湖《ふじたとうこ》の四男として、水戸城下の梅香《ばいこう》（水戸市）で生まれる。諱《いみな》は信《まこと》、小四郎《こしろう》は通称である。幼少から父東湖に水戸学を学び、父の死後は弘道館《こうどうかん》で学んだ。

文久3年（1863）3月、藩主徳川慶篤《よしあつ》に随従して上京。滞京中は、長州藩の木戸孝允《きどたかよし》や久坂玄瑞《くさかげんずい》らと交わり、攘夷《じょうい》の策を議論した。7月頃、幕府の攘夷不履行に慨嘆し、上京して朝廷に訴えようとしたが、水戸藩目付《めつけ》の山国兵部《やまぐにひょうぶ》に慰留された。9月、長州・鳥取藩士らと江戸で会合、東西呼応しての挙兵を計画する。この密計を水戸藩執政《しっせい》の武田耕雲斎《たけだこううんさい》に伝えると、耕雲斎からは時期尚早として軽挙を戒められた。

しかし、小四郎は同志を糾合し、軍資金を集め、町奉行の田丸稲之衛門《たまるいなのえもん》を説いて首領とし、元治元年（1864）3月27日、筑波山《つくばさん》で挙兵した。その後、執政市川三左衛門《いちかわさんざえもん》らの率いる水戸藩兵や、幕命で加勢した常総諸藩兵と各地で交戦。8月には那珂湊《なかみなと》（茨城県ひたちなか市）で藩主名代の松平頼徳《まつだいらよりのり》を支援し、市川らと戦った。頼徳に従って水戸へ来た耕雲斎らと合流し、11月には耕雲斎を将として大子《だいご》（茨城県大子町）を発し、西上した。京へ向かう途中の12月、越前新保《しんぼ》（福井市）で加賀藩に投降。その後、幕府に引き渡されて、元治2年2月4日、越前敦《つる》賀《が》（福井県敦賀市）の来迎寺《らいごうじ》で斬罪に処せられた。

決死の覚悟で挑んだ天狗党の首領

武田《たけだ》耕雲斎《こううんさい》

享年 62

生年 文化元年（1804）
歿年 元治2年（1865）2月4日
墓所 松原公園（福井県敦賀市松原町）
妙雲寺（茨城県水戸市見川）

終焉の地 来迎寺（福井県敦賀市松島町2―5―32）

水戸《みと》藩士跡部正続《あとべまさつぐ》の嫡男として、水戸城下（水戸市）で生まれる。正続の兄正房《まさふさ》の養子となって本家を継いだが、のちに跡部の旧姓武田《たけだ》に復す。致仕後に耕雲斎《こううんさい》を名乗る。文化14年（1817）に家督を継いだ。

徳川斉昭《なりあき》の藩主擁立に尽力して以来、改革派に属して活躍した。天保15年（1844）に斉昭が幕府から隠居・謹慎を命じられると、耕雲斎は処罰の解除を幕閣に嘆願。その罪で、弘化2年（1845）から5年間の幽閉《ゆうへい》生活を送る。復帰後、安政3年（1856）には執政《しっせい》に進み、尊攘派《そんじょうは》の重鎮として活動した。文久2年（1862）12月、一橋慶喜《ひとつばしよしのぶ》に随従して上京し、翌3年5月に江戸へ帰着する。

元治元年（1864）3月、藤田小四郎《ふじたこしろう》らが筑波山《つくばさん》で挙兵すると、領内不取り締まりの罪で謹慎処分を受けて水戸に下った。市川三左衛門《いちかわさんざえもん》ら門閥派政権に抗議するため、出府を企てたが果たせず、領内鎮撫のために水戸へ向かう常陸宍戸《ししど》藩主の松平頼徳《まつだいらよりのり》に随行する。しかし、市川らに入城を阻止されたため、那珂湊《なかみなと》（茨城県ひたちなか市）で城兵と戦った。10月に藤田らの筑波勢と合流し、天狗党《てんぐとう》を再編して上京の途に就いた。苦しい行軍を続けたが、力尽きて加賀藩に投降。元治2年2月4日、越前敦賀《つるが》（福井県敦賀市）の来迎寺《らいごうじ》で斬罪に処せられた。

苦悩の末に脱走した新撰組総長

山《やま》南《なみ》敬《けい》助《けすけ》

享年
33

生年 天保4年（1833）
歿年 元治2年（1865）2月23日
墓所 光縁寺（京都市下京区四条大宮町）

終焉の地 前川邸（京都市中京区壬生賀陽御所町49、個人宅）

出自に関しては諸説あるが、仙台《せんだい》藩を脱藩したのち江戸に出たと伝わる。江戸では小野派一《おのはいっ》刀流《とうりゅう》の免許皆伝《めんきょかいでん》となり、のちに北辰一刀流《ほくしんいっとうりゅう》の千《ち》葉《ば》周作《しゅうさく》門人になったとされる。近藤勇《こんどういさみ》の天然理《てんねんり》心流《しんりゅう》剣術道場・試衛館《しえいかん》に他流試合を挑み、相対した近藤に敗れる。この時、近藤の腕前や人柄に感服して近藤を慕うようになり、以後は試衛館の門人と行動を共にするようになった。

文久3年（1863）、将軍警護と尊王攘《そんのうじょう》夷《い》を目的に清河八郎《きよかわはちろう》が浪士組《ろうしぐみ》を組織すると、山南は近藤らと一緒に参加し、上洛する。清河が攘夷実行を掲げて江戸に帰還すると、これに反対した芹沢鴨《せりざわかも》や近藤らは京に残り、山南もこれに従った。その後、会津《あいづ》藩預かりとなって新撰組《しんせんぐみ》を名乗るようになる。山南は、近藤派の土方歳《ひじかたとし》三《ぞう》、芹沢派の新見錦《にいみにしき》と共に副長に就任した。文久3年9月には、筆頭局長の芹沢と副長の新見が粛清され、新撰組は近藤派によって統一。その後の組織再編で山南は新設された総長となり、局長の近藤、副長の土方に次ぐ地位に就いた。

元治2年（1865）2月、勤王《きんのう》の志が強かった山南は、近藤らと袂《たもと》を分かち、行方をくらませた。近藤と土方は、沖田総司《おきたそうじ》を追っ手に差し向け、山南は大津《おおつ》（滋賀県大津市）で捕縛される。新撰組の屯所《とんしょ》に連れ戻され、2月23日、沖田の介錯《かいしゃく》で切腹した。

土佐勤王党を支えた暗殺剣

岡《お》田《か》以《だ》蔵《い》

享年 28

生年 天保9年（1838）
歿年 慶応元年（1865）閏5月11日
墓所 真宗寺山（高知市薊野北町）

終焉の地 山田獄舎（高知市はりまや町3―17―21）

高知《こうち》城下に近い土佐《とさ》郡江ノ口《えのぐち》村（高知市）で、郷士岡田義平《おかだぎへい》の子として生まれる。嘉永元年（1848）、土佐沖に現れた外国船に対する海岸防備のために、父義平が藩の足軽として徴募されると、そのまま城下の七軒町に住むようになった。以蔵は、城下の武市半平太《たけちはんぺいた》（瑞山《ずいざん》）道場、次いで江戸の桃井春蔵《もものいしゅんぞう》道場で剣術を修業し、万延元年（1860）には、武市に付いて四国・中国・九州諸藩を歴遊、剣で名声を上げた。

その後、武市の指導する土佐勤王党《とさきんのうとう》に加わり、文久2年（1862）には藩主山内豊範《やまうちとよのり》に従って上洛する。以蔵は、多くの暗殺事件に関与し、佐幕派《さばくは》の人物に対して、次々と斬奸《ざんかん》・天誅《てんちゅう》といったテロを加えていった。世人には「人斬り以蔵」として恐れられ、ついには同志にも警戒されるようになった。

のちに土佐藩を出奔して、京摂の間に潜伏したが、元治元年（1864）、京で土佐藩吏に捕らえられ、高知へ護送、投獄された。土佐藩では、吉田東洋《よしだとうよう》の暗殺や、京における一連の暗殺に関して、武市を含む土佐勤王党の同志たちがことごとく捕らえられていた。以蔵は間もなく拷問に屈して、自分の罪状および天誅に関与した同志の名を白状し、土佐勤王党崩壊のきっかけを作る。慶応元年（1865）閏5月11日、無宿者《むしゅくもの》の扱いで斬首の刑に処せられた。

腹を三度もかっさばき絶命

武市《たけち》半平太《はんぺいた》（瑞山《ずいざん》）

享年 37

生年 文政12年（1829）9月27日
歿年 慶応元年（1865）閏5月11日
墓所 高知市仁井田

終焉の地 南会所大広庭（高知市帯屋町2—5—18、終焉地碑あり）

土佐《とさ》藩郷士《ごうし》武市《たけち》正恒《まさつね》の嫡男として、土佐長岡《ながおか》郡吹井《ふきい》村（高知市）で生まれる。通称は半平太《はんぺいた》で、号は瑞山《ずいざん》。21歳で家督を相続。嘉永7年（1854）に高知城下で剣術道場を開き、安政3年（1856）には剣術修行のために出府し、桃井《もものい》春蔵《しゅんぞう》に入門、塾頭《じゅくとう》となる。

内外情勢が混迷する中、万延元年（1860）には岡田以蔵《おかだいぞう》ら門人と四国・中国・九州を遊歴する。文久元年（1861）7月には江戸へ上り、長州藩の木戸孝允《きどたかよし》や久坂玄瑞《くさかげんずい》をはじめ、薩摩藩や水戸藩の尊攘派《そんじょうは》に紹介される一方、在府土佐藩尊攘派の中心となった。8月には土佐勤王党《とさきんのうとう》血判盟約書《けっぱんめいやくしょ》を起草《きそう》、9月に帰国し、同志を募って、文久3年までには坂本龍馬《さかもとりょうま》や中岡慎太郎《なかおかしんたろう》ら192名の加盟を得た。その後、藩内の保守派と結び、吉田東洋《よしだとうよう》を暗殺する。

文久2年には藩主山内豊範《やまうちとよのり》の上京にも随従し、在京中は他藩応接役として活躍する。文久3年まで、公武合体派《こうぶがったいは》・佐幕派《さばくは》へのテロを指導した。一方、藩内では土佐勤王党が目指す改革は進展せず、逆に公武合体派の前藩主山内豊信《とよしげ》（容《よう》堂《どう》）が、土佐勤王党の弾圧を開始し、9月21日に武市は城下の南会所《みなみかいしょ》へ投獄された。岡田以蔵らの自白はあったものの、武市は拷問にも耐えて否認を続ける。しかし、慶応元年（1865）閏5月11日、切腹を命じられた。

病死

生き急いだ若き革命家

高《たか》杉《すぎ》晋《しん》作《さく》

享年 29

生年 天保10年（1839）8月20日

歿年 慶応3年（1867）4月14日

墓所 東行庵（山口県下関市吉田町）

終焉の地

桜山のふもとの家屋（山口県下関市新町3番、終焉地碑あり）

長州藩高杉春樹《たかすぎはるき》（小忠太《こちゅうた》）の嫡男として、萩城下の菊屋横丁《きくやよこちょう》（山口県萩市）で生まれる。諱《いみな》は春風《はるかぜ》。変名に谷梅之助《たにうめのすけ》などがある。

安政4年（1857）、藩校明倫館《めいりんかん》に入学。次いで吉田松陰《よしだしょういん》の松下村塾《しょうかそんじゅく》に入門し、久坂玄瑞《くさかげんずい》と共に松門《しょうもん》の双璧と称せられた。翌安政5年に江戸へ遊学し、昌平坂学問所《しょうへいざかがくもんじょ》で学んでいる。

萩に戻って明倫館舎長《しゃちょう》、都講《とこう》を歴任し、文久元年（1861）、藩主毛利敬親《もうりたかちか》の世子《せいし》定広《さだひろ》の小姓役《こしょうやく》となる。藩命で上海《シャンハイ》に渡り、清《シン》の半植民地化の実情を視察し、対外的危機意識を強めた。文久3年、10年間の暇《いとま》を願い出、剃髪して東行《とうぎょう》と称す。しかし、松本《まつもと》村（萩市）に潜居していた際、長州藩は外国船を砲撃した報復攻撃に敗れたところだった（四国艦隊下関砲撃事件）。下関（山口県下関市）の防御を任された晋作は、身分に関係ない有志による奇兵隊《きへいたい》を結成し、総督としてこれを率いた。元治元年（1864）、京への進発を巡って脱藩したために入獄されるも、出獄して四国艦隊との講和条約を締結。第1次長州征伐では下関で挙兵し、藩の主導権を掌握することに成功。第2次長州征伐では海軍総督として幕府軍と戦い、これに勝利を収めた。

しかし慶応3年（1867）、肺結核《はいけっかく》を患って、桜山《さくらやま》（下関市新町）で療養生活に入るも、4月14日、家族らに看取られて息を引き取った。

暗殺

薩摩と通じて暗殺された五番組隊長

武田観柳斎《たけだかんりゅうさい》

享年
?

生年 不詳
歿年 慶応3年（1867）6月22日
墓所 不詳

終焉の地 鴨川銭取橋（京都市伏見区深草西河原町／京都市南区東九条柳下町）

出雲（島根県）母里《もり》藩士の子として生まれる。医学生であったとも言われるが、観柳斎の出自の詳細は、よくわかっていない。

脱藩して江戸に赴き、福島伝之助《ふくしまでんのすけ》に甲州流軍《こうしゅうりゅうぐん》学《がく》（長沼流《ながぬまりゅう》）を学ぶ。甲斐武田《たけだ》氏にちなみ、「武田観柳斎」を自称するようになったという。

新撰組《しんせんぐみ》に参加したのは文久3年（1863）冬頃のことで、徳大寺《とくだいじ》家の家士滋賀右馬允《しがうまのじょう》の斡旋があったともいう。軍学者として近藤勇《こんどういさみ》に重用され、甲州流軍学による調練を担当。元治元年（1864）には副長助勤《ふくちょうじょきん》に抜擢される。五番組隊長や文学師範、軍事方などを務め、近藤のブレーンとして活躍した。

しかし、新撰組で洋式の調練が採用されるようになると、観柳斎は隊内での影響力を失っていく。しかも、倒幕派の薩摩藩や長州藩との接触を企てるなど、不穏な行動を示し始め、慶応2年（1866）、正式に新撰組を除隊。前年に長州を探索した際、倒幕思想に感化されたためとも言われている。

除隊後も京にとどまり、倒幕運動を展開したことで、新撰組と敵対していく。そして慶応3年6月22日、京郊外の鴨川銭取橋《かもがわぜにとりばし》（京都市伏見区）で暗殺された。暗殺者は不明で、一説には新撰組の斎藤一《さいとうはじめ》らが関与したと伝わる。この日、隊士加藤羆《かとうひぐま》も隊を脱走、翌日切腹させられた。

坂《さか》本《もと》龍《りょう》馬《ま》

真犯人・黒幕を巡り今も議論百出

終焉の地　近江屋新助邸の母屋（京都市中京区塩屋町330、終焉地碑あり）

享年　33

生年　天保６年（１８３５）11月15日
歿年　慶応３年（１８６７）11月15日
墓所　京都霊山護国神社（京都市東山区清閑寺霊山町）

土佐《とさ》藩の郷士《ごうし》坂本直足《さかもとなおたり》（八平《はちへい》）の次男として、高知城下の上街本町（高知市上町）で生まれる。諱《いみな》は直柔《なおなり》、龍馬《りょうま》は通称である。嘉永６年（１８５３）に江戸へ出て、北辰一刀流《ほくしんいっとうりゅう》千葉定吉《ちばさだきち》の門に入る。武市半平太《たけちはんぺいた》（瑞山《ずいざん》）との交流を深め、文久元年（１８６１）８月に武市が土佐勤王党《とさきんのうとう》を結成するや、早速加盟している。

文久２年３月に龍馬は脱藩し、各地を遊歴後、夏過ぎに江戸で勝海舟《かつかいしゅう》の門に入った。勝の下で幕府の近代海軍創設計画に参加し、文久３年４月に幕府が神戸海軍操練所《こうべかいぐんそうれんじょ》の建設を決定すると、勝の右腕として東奔西走する。勝が元治元年（１８６４）10月に江戸へ召喚されたため、操練所に集まった龍馬らは薩摩《さつま》藩に預けられた。

この結果、中岡慎太郎《なかおかしんたろう》や土方久元《ひじかたひさもと》らの動きに協力し、慶応２年（１８６６）１月に京の小松帯刀《こまつたてわき》邸（京都市上京区）で薩長同盟《さっちょうどうめい》を成立させたと言われる。慶応３年１月に長崎で土佐藩参政《さんせい》後藤象二郎《ごとうしょうじろう》と会談、土佐藩の支援を受けて海援隊《かいえんたい》の業務を拡大すると共に、割拠論と公議政体論とを結び付けた独自の国家構想である「船中八策《せんちゅうはっさく》」を後藤に提示する。後藤は、この構想に基づいて大政奉還《たいせいほうかん》を実現させた。

11月15日、京の近江屋《おうみや》（京都市中京区）で中岡慎太郎と一緒にいたところを、見廻組《みまわりぐみ》に襲撃されて、額《ひたい》に深い傷を負い闘死した。

近江屋で襲撃された龍馬の同志

中《なか》岡《おか》慎《しん》太《た》郎《ろう》

享年 30

生年 天保9年（1838）4月13日

歿年 慶応3年（1867）11月17日

墓所 京都霊山護国神社（京都市東山区清閑寺霊山町）

終焉の地 近江屋の隣家（京都市中京区塩谷町330付近）

土佐安芸《あき》郡北川郷柏木《きたがわごうかしわぎ》（高知県北川村）の大《おお》庄屋《じょうや》役勤仕《やくきんじ》中岡小伝次《なかおかこでんじ》の嫡男として生まれる。諱《いみな》は道正《みちまさ》、初めは光次を名乗った。間崎哲馬《まさきてつま》に詩書を、武市半平太《たけちはんぺいた》（瑞山《ずいざん》）に剣術を学ぶ。

文久元年（1861）に武市が土佐勤王党《とさきんのうとう》を結成すると、これに加わり、五十人組の伍長《ごちょう》として京・江戸に出る。慎太郎《しんたろう》と改称したのは、この頃とされる。文久3年8月18日の政変後、土佐藩が勤王党の弾圧を本格化したため脱藩し、三条実美《さんじょうさねとみ》らと周防三田尻《みたじり》（山口県防府市）の招《しょう》賢閣《けんかく》に集う。以後、長州藩の支援を得て、三条の周辺にあり、薩長同盟の工作に関与。坂本龍《さかもとりょう》馬《ま》の協力を得て計画を推進し、慶応2年（1866）1月、ついに薩長同盟を実現させた。

翌慶応3年、藩から脱藩を赦され、乾《いぬい》（板《いた》垣《がき》）退助《たいすけ》を西郷隆盛《さいごうたかもり》に紹介し、倒幕・王政復古《おうせいふっこ》実現のための薩土密約の締結を仲介した。その一方で、武力倒幕必至であるとして岩倉具視《いわくらともみ》・三条・西郷らの協力関係樹立に力を尽くした。さらに、白川《しらから》土佐藩邸（京都市左京区）を本拠地に陸援隊《りくえんたい》を組織し、自ら隊長となって武力倒幕を目指して活動した。

大政奉還《たいせいほうかん》後の慶応3年11月15日、龍馬の下宿である近江屋《おうみや》（京都市中京区）を訪ね、龍馬と会談していた最中、見廻組《みまわりぐみ》に襲われて重傷を負う。しかし、その2日後に絶命した。

暗殺

伊東甲子太郎《いとうかしたろう》

人望高き参謀が遂げた非業の死

享年 33

生年 天保6年（1835）

歿年 慶応3年（1867）11月18日

墓所 戒光寺（京都市東山区泉涌寺山内町）

終焉の地 本光寺門前（京都市下京区油小路町218―1、終焉地碑あり）

常陸志筑《しづく》藩の郷目付《ごうめつけ》鈴木《すずき》忠明の嫡男として、志筑（茨城県かすみがうら市）で生まれる。父忠明の隠居を受けて家督を相続するも、父の借財が理由で家名断絶となり、藩から追放。遊学先の水戸《みと》で、神道無念流《しんとうむねんりゅう》剣術と水戸学を学んで勤王《きんのう》思想に傾く。江戸深川中川町《ふかがわなかがわちょう》（江東区佐賀）の北辰一刀流《ほくしんいっとうりゅう》剣術伊東道場に入門し、師の伊東《いとう》誠一郎《せいいちろう》の婿養子となって伊東大蔵《おおくら》と称した。

元治元年（1864）10月、同門の藤堂平助《とうどうへいすけ》の仲介で新撰組《しんせんぐみ》に参加。翌月上洛して甲子太郎《かしたろう》と改める。新撰組では参謀兼文学師範に任じられ、人望を集めたが、両者の方針は攘夷《じょうい》という点では一致するものの、新撰組は佐幕派《さばくは》、伊東は勤王倒幕派だったため、次第に対立を深める。

慶応3年（1867）3月20日、伊東は御陵《ごりょう》警備任務を拝命したことを名目に、新撰組を脱隊。篠原泰之進《しのはらたいのしん》や鈴木三樹三郎《みきさぶろう》ら14名と御陵衛《ごりょうえ》士《じ》を結成。彼らは本拠地にちなみ、高台寺党《こうだいじとう》と呼ばれた。11月18日、近藤勇《こんどういさみ》に呼ばれ、妾宅で接待を受けた伊東は、酒を飲まされて酔い、帰途にあった油小路《あぶらこうじ》の本光寺《ほんこうじ》門前（京都市下京区）で新撰組隊士の大石鍬次郎《おおいしくわじろう》ら数名によって暗殺された。「奸賊《かんぞく》ばら」と叫んで絶命したと伝わる。遺体は、御陵衛士を誘い出す囮《おとり》として路上に放置され、収容に来た御陵衛士らと新撰組が刃を交え、藤堂らが戦死した。

油小路に討ち捨てられた魁先生

藤《とう》堂《どう》平《へい》助《すけ》

享年 24

生年 弘化元年（1844）

歿年 慶応3年（1867）11月18日

墓所 戒光寺（京都市東山区泉涌寺山内町）

終焉の地 本光寺門前（京都市下京区油小路町218―1、終焉地碑あり）

江戸で生まれたとされるが、詳細な出自はわからない。伊勢津《つ》藩主藤堂高猷《とうどうたかゆき》の落胤《らくいん》とも、伊勢久居《ひさい》藩家老藤堂八座の子とも言われる。

新撰組《しんせんぐみ》に加わった経緯も諸説ある。北辰一刀流《ほくしんいっとうりゅう》開祖千葉周作《ちばしゅうさく》の道場玄武館《げんぶかん》の門弟とされるが、一方で伊東甲子太郎《いとうかしたろう》がいた伊東道場の寄り弟子であったとの証言もある。また『新撰組顛末記《しんせんぐみてんまつき》』では、近藤勇《こんどういさみ》の道場試衛館《しえいかん》以来の生え抜きで、新撰組結成当初からの同志ともされている。

元治元年（1864）6月の池田屋事件《いけだやじけん》では、最初に斬り込み、刀がぼろぼろになり、鍔元《つばもと》にひび割れが入るまで奮戦した。油断して鉢金《はちがね》を取ったところを斬り付けられ、額《ひたい》に傷を負っている。これより前の1月、新撰組が大規模な隊士募集を行うと、藤堂はこれに先立って志願者を集めるために江戸へ下った。これは、伊東甲子太郎の勧誘に来たとの証言もある。

慶応3年（1867）3月、伊東と脱退して御陵衛士《ごりょうえじ》（高台寺党《こうだいじとう》）を結成し、新撰組と敵対。11月18日、油小路《あぶらこうじ》（京都市下京区）で新撰組に暗殺された伊東の遺体を収容に来たところ、待ち伏せしていた隊士らと交戦し、殺害された。額から鼻にかけて長さ約21㎝、深さ6㎝に達する傷を負い、ほぼ即死だったという。藤堂の遺体も、同志をおびき出す囮《おとり》として、2日ほど野《の》晒《ざら》しにされたと伝わる。

飛び交う銃弾を腹に受け戦死

井《いの》上《うえ》源《げん》三《ざぶ》郎《ろう》

享年 40

生年 文政12年（1829）3月1日
歿年 慶応4年（1868）1月5日
墓所 宝泉寺（東京都日野市日野本町）

終焉の地 淀千両松（京都市伏見区納所下野31―11付近、碑あり）

八王子千人同心《はちおうじせんにんどうしん》世話役《せわやく》の井上藤左衛門《いのうえとうざえもん》の三男として、武蔵日野《ひの》宿北原《きたはら》（東京都日野市）で生まれる。天然理心流《てんねんりしんりゅう》の三代目宗家近藤周助《こんどうしゅうすけ》（近藤勇《いさみ》の養父）に入門したのは弘化4年（1847）頃。兄弟子の土方歳三《ひじかたとしぞう》らと稽古に励み、約10年をかけて、万延元年（1860）に免許皆伝を受けた。文久3年（1863）35歳の時、近藤や土方らと浪士組《ろうしぐみ》に参加。のちに新撰組が組織されると、副長助勤《ふくちょうじょきん》に就任し、古参幹部として働く。

元治元年（1864）6月の池田屋事件《いけだやじけん》では土方隊の支隊の指揮にあたり、池田屋に突入。長州藩の浪士8人を捕縛し、報奨金を受ける活躍を見せた。慶応元年（1865）6月の組織再編成で六番隊組長に任じられる。

慶応4年1月、戊辰戦争《ぼしんせんそう》の緒戦となる戦いが、京南郊の鳥羽《とば》（京都市南区）・伏見《ふしみ》（京都市伏見区）で勃発。土方率いる新撰組は伏見で敗れて、淀《よど》（伏見区）まで退却し、千両松《せんりょうまつ》（伏見区）で官軍と激突した。井上は、遺棄された大砲で応戦したが、敵の銃弾を腹部に受けて戦死した。

甥の井上泰助《たいすけ》が首を持ち帰ろうとしたが、あまりに重く、刀と共に近くの寺院の境内に埋葬したという。埋めた場所は不明ながら、近年の調査で墨染《すみぞめ》の欣浄寺《ごんじょうじ》（伏見区）だった可能性が高いと指摘されている。

銃の時代に最期まで剣を振るった

佐々木只三郎《さ さ き ただ さぶ ろう》

享年
36

生年 天保4年（1833）
歿年 慶応4年（1868）1月12日
墓所 会津武家屋敷（福島県会津若松市東山町）

終焉の地 紀三井寺（和歌山市紀三井寺1201）

陸奥会津《あいづ》藩士佐々木源八《ささきげんぱち》の三男として、会津《あいづ》若松《わかまつ》（福島県会津若松市）で生まれる。諱《いみな》は高《たか》城《しろ》。長兄の勝任《かつとう》は父の実家手代木《てしろぎ》家を、次兄が佐々木家を継ぎ、只三郎は親戚の旗本《はたもと》佐々木弥《や》太夫《だゆう》の養子となった。

神道精武流剣術を学んで「小太刀《こだち》日本一」と称されるほどの腕前を持ち、幕府講武所《こうぶしょ》の剣術師範を務めた。文久2年（１８６２）、第十四代将軍徳川家茂《いえもち》の上洛にあたって浪士組《ろうしぐみ》が結成されると、浪士組取締出役《とりしまりしゅつやく》に任じられ、京へ上る。清河八郎《きよかわはちろう》が攘夷《じょうい》の勅諚《ちょくじょう》を受けて一部の浪士組と江戸に発つと、佐々木は京への残留を決めた近藤勇《こんどういさみ》らを京都守護職《きょうとしゅごしょく》の支配下に置くように取り計らった。のちの新撰組《しんせんぐみ》である。

自身は、見《み》廻組《まわりぐみ》として反幕府勢力の取り締まりにあたり、文久3年4月に麻布一ノ橋《あざぶいちのはし》（港区三田）で清河の暗殺に及んだ。慶応3年（１８６７）、近江屋《おうみや》（京都市中京区）で土佐藩の坂本《さかもと》龍馬《りょうま》と中岡慎太郎《なかおかしんたろう》を暗殺したのも佐々木を中心とした見廻組と言われている。

慶応4年1月に戊辰戦争《ぼしんせんそう》が勃発すると、幕府軍の一員として見廻組も鳥羽《とば》・伏見《ふしみ》の戦いに参戦。しかし、腰にミニエー銃の銃弾を受けて、重傷を負う。銃弾は貫通せず鎖骨《さこつ》にとどまった。只三郎は和歌山へと敗走し、護送された紀《き》三《み》井《い》寺《でら》（和歌山市）で12日、息を引き取った。

処刑

処刑後に友がその首を葬る

相《さが》楽《ら》総《そう》三《ぞう》

享年 30

生年 天保10年（1839）
歿年 慶応4年（1868）3月3日
墓所 青山霊園（港区南青山）

終焉の地 下諏訪（長野県諏訪郡下諏訪町魁町、相良塚あり）

下総相馬《そうま》郡椚木新田《くぬぎしんでん》（茨城県取手市）の郷士《ごうし》小島兵馬《こじまひょうま》の子として、赤坂《あかさか》（港区）で生まれたとされる。本名は小島四郎左衛門将満《しろうざえもんまさみつ》である。

武芸と学問に秀で、若くして開いた私塾で200人を超える門人を教えた。尊王攘夷《そんのうじょうい》の機運が高まるにつれ、裕福な実家から資金援助を受け、関東各地で義勇軍《ぎゆうぐん》を集めた。

その後、薩摩《さつま》藩の西郷隆盛《さいごうたかもり》や大久保利通《おおくぼとしみち》らと交流を持つ。慶応3年（1867）、芝三田《しばみた》の薩摩藩上屋敷（港区芝）を本拠地に、浪士隊を創設。この時から相楽総三《さがらそうぞう》の名を使い始める。大政奉還《たいせいほうかん》によって、倒幕という大義名分を失う中、江戸を錯乱させて幕府を挑発し、戦端を開こうという西郷の狙いに従い、江戸周辺で倒幕活動と称した蛮行《ばんこう》を繰り返す。西郷の思惑通り、屯所《とんしょ》を襲撃された庄内《しょうない》藩が薩摩藩邸を焼き討ちしたことがきっかけで、慶応4年1月、鳥羽《とば》・伏見《ふしみ》の戦いが勃発した。

相良は赤報隊《せきほうたい》を組織し、年貢半減を認める新政府からの勅諚《ちょくじょう》を携えて進軍、東山道軍先鋒《とうさんどうぐんせんぽう》として活躍した。しかし、資金難から新政府はこれを撤回、年貢半減・農民救済を訴えて進軍を続ける赤報隊を、偽官軍《にせかんぐん》とする布告《ふこく》を出して、相良は追われる身に。相楽は下諏訪《しもすわ》宿（長野県下諏訪町）で捕縛され、3月3日、取り調べもないまま同地で首を落とされた。

川《かわ》路《じ》聖《とし》謨《あきら》

日本初、拳銃自殺を遂げた名官吏

享年 68

生年 享和元年（1801）4月25日
歿年 慶応4年（1868）3月15日
墓所 大正寺（台東区池之端）

終焉の地 自邸（千代田区五番町10付近）

豊後（大分県）の幕府日田代官所《ひただいかんしょ》の属吏《ぞくり》内藤《ないとう》吉兵衛《きちべえ》の子として、日田（日田市）で生まれる。

父の転勤に伴って江戸に移り、文化9年（1812）、12歳で幕府旗本《はたもと》の川路《かわじ》光房《みつふさ》の養子になる。聖謨《としあきら》は、その能力を高く評価されて出世を重ね、嘉永5年（1852）9月には勘定奉《かんじょうぶ》行《ぎょう》に昇進、海防掛《かいぼうがかり》を兼ねた。翌嘉永6年6月のペリーの浦賀《うらが》来航に際しては、国書《こくしょ》の受理を主張して開国を唱えた。また、ロシアのプチャーチンが長崎に来航すると、大目付《おおめつけ》筒井《つつい》正憲《まさのり》らと交渉にあたり、日露和親条約《にちろわしんじょうやく》に調印。この時、ロシアは川路の人柄に惹き付けられたという。

安政5年（1858）には外国事務取扱《がいこくじむとりあつかい》を兼任した老中《ろうじゅう》堀田《ほった》正睦《まさよし》の下で、外国貿易取調掛《がいこくぼうえきとりしらべがかり》・ハリス上府用掛《じょうふようがかり》を命じられ、堀田と共に条約勅《ちょっ》許奏請《きょそうせい》のために上洛したが、失敗に終わり、将軍継嗣問題では一橋慶喜《ひとつばしよしのぶ》を擁立する一橋派に属したために、大老《たいろう》井伊《いい》直弼《なおすけ》に遠ざけられ、西の丸留守居《るすい》へ左遷《させん》され、翌安政6年8月に免職・隠居を命じられた。

文久3年（1863）5月に外国《がいこく》奉行に起用されるも、半年を経ずして老疾《ろうしつ》により辞職。慶応2年（1866）2月に中風《ちゅうふう》で身体不自由となる。江戸開城を目前に控えた慶応4年3月15日の朝、川路は、三年坂《さんねんざか》（千代田区五番町）の自邸で割腹の上、拳銃自殺し、幕府に殉じた。

処刑

誠の魂を死守した新撰組局長

近《こん》藤《どう》 勇《いさみ》

終焉の地

板橋刑場（東京都北区滝野川7—8—10）

享年 35

生年 天保５年（１８３４）10月９日
歿年 慶応４年（１８６８）４月25日
墓所 北区滝野川
天寧寺（福島県会津若松市東山町）

武蔵多摩《たま》郡上石原《かみいしはら》村（東京都調布市野水）の農家宮川久次郎《みやがわきゅうじろう》の三男、四人兄姉の末子として生まれる。諱《いみな》は昌宜《まさよし》、勇《いさみ》は通称である。嘉永元年（１８４９）に江戸牛込《うしごめ》（新宿区市谷柳町）の天然理心流《てんねんりしんりゅう》剣術道場試衛館《しえいかん》に入門。翌年、道場主近藤周助《こんどうしゅうすけ》の養子になり、天然理心流宗家の四代目を継いだ。

文久３年（１８６３）、第十四代将軍徳川家茂《いえもち》の上洛にあたり、その警護として浪士組《ろうしぐみ》が募集された。近藤は、土方歳三《ひじかたとしぞう》・沖田総司《おきたそうじ》・永倉新八《ながくらしんぱち》らと共に参加。しかし、浪士組を献策した清河八郎《きよかわはちろう》が一部の隊士と共に江戸へ帰還。近藤らは京に残留し、壬生《みぶ》村（京都市中京区）に屯営《とんえい》し、佐々木只三郎《ささきたださぶろう》の取り計らいもあって京都《きょうと》守護職《しゅごしょく》の会津《あいづ》藩主松平容保《まつだいらかたもり》の支配下に入り、新撰組《しんせんぐみ》を組織した。当初は副長を務めていたが、粗暴な局長芹沢鴨《せりざわかも》とは違って人望を集め、局長に推されて、芹沢を粛清《しゅくせい》する。

慶応３年（１８６７）、見廻組与頭格《みまわりぐみくみがしらかく》に就任し、近藤はついに幕臣となった。翌４年１月、鳥羽《とば》・伏見《ふしみ》の戦いに敗れて東下、名を大久保大和《おおくぼやまと》と改めて、新撰組の残党を指揮して甲陽鎮撫隊《こうようちんぶたい》を組織する。３月、政府軍と甲斐勝沼《かつぬま》（山梨県甲州市）で戦ったが敗走。次いで下総流山《ながれやま》（千葉県流山市）に陣を置くが、最後は官軍に投降。４月25日に板橋刑場《いたばしけいじょう》（板橋区）で斬首された。

処刑

取り調べの間もない手荒な斬首

小栗忠順《おぐりただまさ》

享年
42

生年 文政10年（1827）
歿年 慶応4年（1868）閏4月6日
墓所 東善寺（群馬県高崎市倉渕町）
雑司ケ谷霊園（豊島区南池袋）

終焉の地 水沼河原（群馬県高崎市倉渕町水沼1613―3、終焉地碑あり）

幕府旗本《はたもと》小栗忠高《おぐりただたか》の子として、江戸駿河台《するがだい》（千代田区神田駿河台）で生まれる。通称は又一《またかず》。安政2年（1855）に家督を継いだ。

安政7年、遣米使節《けんべいしせつ》として外国奉行《がいこくぶぎょう》新見正興《しんみまさおき》の目付《めつけ》として随行。フィラデルフィアで通貨の交換比率見直しの交渉に臨んだ。帰国後は、その功績によって外国奉行に任じられるが、文久元年（1861）、ロシア艦による対馬占拠事《つしませんきょじ》件《けん》に際して、幕府の命を受けて現地に赴いたが、事件を解決できず、外国奉行を罷免される。

翌文久2年、勘定《かんじょう》奉行に就任。歩兵《ほへい》奉行や陸《りく》軍《ぐん》奉行を兼任し、歩《ほ》・騎《き》・砲《ほう》の三兵を編成する陸軍の軍制改革を行った。元治元年（1864）には栗本鋤雲《くりもとじょうん》と共にフランス公使ロッシュと交渉しながら、のちの横須賀《よこすか》軍港の基礎となる横須賀製鉄所などの建設を開始。翌年、軍艦《ぐんかん》奉行を免ぜられて以後は勘定奉行として、幕末期の困難な財政を担当した。

慶応4年（1868）1月の鳥羽《とば》・伏見《ふしみ》の戦いで敗北した徳川慶喜《よしのぶ》が江戸に帰ると、小栗は強硬な主戦論を展開したが、慶喜に疎まれて勘定奉行を罷免された。その後、知行地《ちぎょうち》の上野群《ぐん》馬《ま》郡権田《ごんだ》村（群馬県高崎市）に隠退して再起を図るが、間もなく新政府軍に捕らえられ、取り調べられることもなく、閏4月6日、烏川《からすがわ》の水沼河原（高崎市）ほとりで斬首に処された。

激怒した仙台藩士らによる暗殺

世《せ》良《ら》修《しゅう》蔵《ぞう》

享年
34

生年　天保6年（1835）7月14日
歿年　慶応4年（1868）閏4月20日
墓所　陣馬山（宮城県白石市福岡蔵本）
福島稲荷神社（福島市宮町）

終焉の地　阿武隈川の河原（福島市上浜町10—38、福島県教育会館付近）

周防大島《おおしま》郡椋野《むくの》村（山口県周防大島町）の庄《しょう》屋《や》中司《なかつかさ》八郎《はちろう》右衛門《えもん》の子として生まれ、のちに長州藩の重臣浦《うら》靫負《ゆきえ》の家臣木谷良蔵の養子となる。17歳で藩校明倫館《めいりんかん》に、その後は大畠《おおばたけ》村（山口県柳井市）で僧月性《げっしょう》の時習館《じしゅうかん》に学ぶ。さらに江戸へ出て、儒者《じゅしゃ》安井《やすい》息軒《そっけん》の三計塾《さんけいじゅく》に入り、塾長代理を務めた。文久3年（1863）頃、奇兵《きへい》隊《たい》に入隊し、その書記となる。慶応元年（1865）の第二奇兵隊では、軍監《ぐんかん》に就任。翌2年に世良《せら》家の名跡を継いだ。第2次幕長戦争では、第二奇兵隊を率いて、大島口で伊予松山《まつやま》藩を中心とする幕府軍に勝利。慶応4年1月から始まる戊辰戦争《ぼしんせんそう》では、第二奇兵隊や遊撃隊を指揮して新政府軍の勝利に貢献。その後も奥羽鎮撫総《おううちんぶそう》督府《とくふ》下参謀《しもさんぼう》となり、会津《あいづ》戦争で活躍した。しかし会津藩に対して強硬な世良は、同藩に同情的な仙台《せんだい》・米沢《よねざわ》藩の救済嘆願を拒否。会津救済の可能性は断たれ、彼らの反感を買うことになる。

慶応4年閏4月19日、世良が参謀大山格之助《おおやまかくのすけ》（綱良《つなよし》）に宛てた奥羽総攻撃の密書《みっしょ》の内容が福《ふく》島《しま》藩・仙台藩に漏れ、彼らは世良の暗殺を決意。計画は翌20日未明、ただちに決行された。福島城下の旅籠《はたご》金沢屋《かなざわや》（福島市）に滞在していた世良は、目明《めあか》しらの襲撃を受けて2階から飛び降りるも、その際に瀕死の重傷を負って捕縛され、阿武隈川《あぶくまがわ》の河原で斬首された。

討死

原《はら》田《だ》左《さ》之《の》助《すけ》

「死損ね左之助」上野で死す

終焉の地 神保相徳宅（江東区森下3—5—26）

享年 29

生年 天保11年（1840）
歿年 慶応4年（1868）5月17日
墓所 不詳

伊予松山《まつやま》藩士原田《はらだ》長次の子として、松山城下の矢矧《やはぎ》町（愛媛県松山市）で生まれたとされる。諱《いみな》は忠一《ただかず》。中間《ちゅうげん》として藩に仕えていたが、のちに出奔。大坂の谷万太郎《たにまんたろう》に種田流槍術《たねだりゅうそうじゅつ》を学び、免許皆伝を受けた。こののち、近藤勇《こんどういさみ》の試衛館《しえいかん》（新宿区市谷柳町）にも出入りするようになる。

文久3年（1863）、その近藤に従って浪《ろう》士組《しぐみ》に加入し、上洛。新撰組《しんせんぐみ》の結成後は殿軍《しんがりぐん》の十番隊組長を務め、池田屋事件《いけだやじけん》や禁門《きんもん》の変《へん》、油小路《あぶらこうじ》事件など新撰組の戦闘のほとんどに参加し、第一線で活躍した。慶応4年（1868）3月、甲陽鎮撫隊《こうようちんぶたい》と改称した新撰組が甲斐勝沼《かつぬま》（山梨県甲州市）で惨敗を喫すると、原田は近藤らと袂《たもと》を分かち、永倉新八《ながくらしんぱち》と共に脱隊。約50名を集めて靖兵隊《せいへいたい》を結成し、その副長に就任した。しかし、靖共隊が北関東に出発した直後、原田は離脱して江戸に潜伏。つてを頼って彰義隊《しょうぎたい》に参加することになる。

5月15日に上野戦争《うえのせんそう》が勃発すると、原田は彰義隊としてこの戦いに臨み、負傷。その傷がもとで、2日後の17日、本所の神保相徳《じんぼうはるのり》邸（江東区森下）で死亡した。なお、入隊時期が遅いため、彰義隊の名簿に原田の名は載っていない。

一方で原田は、上野戦争を生き延び、新潟《にいがた》、下関《しものせき》、釜山《プサン》を経て中国大陸へ渡り、馬賊《ばぞく》の頭目《とうもく》になったという伝説も残っている。

病死

沖田《おきた》総司《そうじ》

天才剣士、労咳により侘びしく夭逝

享年
27

生年 天保13年（１８４２）
歿年 慶応４年（１８６８）５月30日
墓所 専称寺（港区元麻布）

終焉の地 植木屋平五郎宅（新宿区大京町29、終焉地碑あり）

陸奥白河《しらかわ》藩士沖田《おきた》勝次郎《かつじろう》の嫡男として、白河藩下屋敷（港区西麻布）で生まれる。生年は諸説ある。幼名は宗次郎《そうじろう》。近藤周助《こんどうしゅうすけ》（近藤勇《いさみ》の養父）の内弟子となり、試衛館《しえいかん》で天然理心流《てんねんりしんりゅう》を学んだ。試衛館塾頭《じゅくとう》を務め、恩師と慕う近藤勇と共に、出稽古に出掛ける日々を過ごした。

文久３年（１８６３）の浪士組《ろうしぐみ》結成に参加して上洛。近藤らと京に残留して新撰組《しんせんぐみ》を結成、一番隊組長となった。文久３年３月24日の夜、清河八郎《きよかわはちろう》率いる浪士組一番隊の殿内義雄《とのうちよしお》を斬ったのを皮切りに、芹沢鴨《せりざわかも》の暗殺などに関与。池《いけ》田屋事件《だやじけん》では近藤らと最初に池田屋へ踏み込み、奮戦した。元治２年（１８６５）２月、兄のように慕っていた山南敬助《やまなみけいすけ》が脱走した際には、追っ手として山南を捕らえ、その介錯《かいしゃく》を務めた。

肺結核《はいけっかく》発病の時期には諸説あるが、慶応３年（１８６７）以降、前線を退いている。前年に新撰組を健診した幕府の医師松本良順《まつもとりょうじゅん》が、「肺結核の者一名あり」と報告しており、それが沖田ではないかとも言われている。慶応４年１月の鳥羽《とば》・伏見《ふしみ》の戦いには、体調不良で参加できず、隊士らと海路江戸に戻り、良順によって千《せん》駄ヶ谷《だがや》の植木屋（新宿区大京町）に匿われ、療養生活に入ったのち、５月30日に息を引き取った。近藤勇の処刑から約２ヶ月後、その死を知らないまま生涯を閉じたとも言われる。

病死

「腰抜け武士」と辞世を詠む
河《かわ》井《い》継《つぐ》之《の》助《すけ》

享年 42

生年 文政10年（1827）1月1日
歿年 慶応4年（1868）8月16日
墓所 栄涼寺（新潟県長岡市東神田）
建福寺（墓碑。福島県会津若松市建福寺前）

終焉の地 矢澤家（福島県南会津郡只見町塩沢）

越後長岡《ながおか》藩士河井《かわい》秋紀《あきのり》の嫡男として、長岡城下の長町《ながまち》（新潟県長岡市）で生まれる。家督を相続後は秋義《あきよし》を名乗るが、元服後も通称の継之《つぐの》助《すけ》を用いる。江戸や中国、九州に遊学して山田《やまだ》方谷《ほうこく》や佐久間象山《さくましょうざん》に学び、世界の事情に通じた。慶応元年（１８６５）に郡奉行《こおりぶぎょう》、翌2年に町奉行を兼任し、思い切った藩政改革を断行する。慶応3年10月に大政奉還《たいせいほうかん》が実現すると、公武周《こうぶしゅう》旋《せん》のために、長岡藩主牧野忠訓《まきのただくに》と共に上洛。

翌慶応4年1月の鳥羽《とば》・伏見《ふしみ》の戦いののち、江戸へ退き、藩主忠訓を先に国許へ返して、自身は江戸藩邸の資材を売却。ガトリング砲などの新兵器を購入してから長岡に帰った。5月2日、河井は小千谷《おぢや》（新潟県小千谷市）の新政府軍本陣へと乗り込み、新政府と会津《あいづ》藩、奥羽諸藩との間で中立の立場をとって、双方の融和を図ろうとするが失敗に終わり、長岡藩は奥羽越《おううえつ》列藩同盟《れっぱんどうめい》に加わることになる。

その2日後、北越戦争《ほくえつせんそう》が勃発。長岡藩は小藩ながらも近代的な訓練と最新兵器で新政府軍と互角に戦ったが、やがて劣勢に陥り、5月19日に長岡城は落城。河井も左脚膝下に銃弾を受けて重傷を負い、戸板に担がれて会津へ向かい、只見《ただみ》村（福島県只見町）で、幕府の医師松本良《まつもとりょう》順《じゅん》の診療を受けたが、破傷風《はしょうふう》により病状は深刻で、8月16日午後8時半に息絶えた。

獄中で病に倒れた実直なる男

天野八郎《あまのはちろう》

享年 38

生年 天保2年（1831）
歿年 明治元年（1868）11月8日
墓所 円通寺（荒川区南千住）

終焉の地 陸奥泉藩上屋敷内の牢獄（千代田区皇居外苑）か？

上野甘楽《かんら》郡磐戸《いわど》村（群馬県南牧村）の名主大井田吉五郎の次男（三男とも）として生まれる。文武を志して江戸に出て、慶応元年（1865）に江戸町火消与力《まちびけしよりき》の広浜喜之進の養子となった。翌慶応2年、旗本《はたもと》天野氏を自称して八郎と改名する。第十四代将軍徳川家茂《いえもち》上洛の際には、警護のために上洛している。

慶応4年1月の鳥羽《とば》・伏見《ふしみ》の戦いで幕府軍が敗れ、前将軍徳川慶喜《よしのぶ》が「朝敵《ちょうてき》」として上野寛《かん》永寺《えいじ》の大慈院《だいじいん》に謹慎すると、浅草東本願寺《ひがしほんがんじ》を屯《とん》営地《えいち》に、一橋《ひとつばし》家家臣を中心とする彰義隊《しょうぎたい》が結成される。一橋家の奥右筆《おくゆうひつ》渋沢成一郎《しぶさわせいいちろう》が頭取《とうどり》となり、天野は副頭取に就任した。しかし、4月に江戸城の無血開城が決まり、慶喜が水戸《みと》に隠退すると、日光《にっこう》に退いて再起を図ろうとする渋沢に対し、天野は江戸府内での徹底抗戦を主張して決裂。渋沢は彰義隊を脱退する。その後は天野が頭取として実権を持ち、上野寛永寺を本拠に、新政府軍に徹底抗戦しようとした。

5月15日、上野戦争《うえのせんそう》が勃発。彰義隊はわずか1日で壊滅に追い込まれ、天野は戦場を脱出しようと本所大川端《ほんじょおおかわばた》（墨田区）の炭屋文次郎《すみやぶんじろう》宅に潜伏していたところを捕らえられ、獄中で病死した。のちに獄中で、上野戦争の際に「いざ一戦」と後ろを振り返っても誰もおらず、「徳川氏の柔極《きわ》まるを知る」と感じた、と記している。

暗殺

横井小楠《よこいしょうなん》

短刀一振りで襲撃に応戦

終焉の地　丸太町（京都市中京区下御霊前町657）

享年　61

生年　文化６年（１８０９）８月13日
歿年　明治２年（１８６９）１月５日
墓所　南禅寺天授庵（京都市左京区南禅寺福地町）
小楠公園（髪塚。熊本市東区沼山津）

肥後熊本《くまもと》藩士横井時直《よこいときなお》の次男として、熊本城下の内坪井町《うちつぼいまち》（熊本市中央区）で生まれる。藩校時習館《じしゅうかん》に学び、天保10年（１８３９）に江戸へ遊学するが、藤田東湖《ふじたとうこ》主催の宴会の帰りに他藩士と喧嘩になり、帰国禁足《きんそく》の処分を受ける。この間、朱子学《しゅしがく》の研究に没頭して研究会を開き、これが「実学党《じつがくとう》」となる。肥後実学党の領袖《りょうしゅう》としての評判は広まり、その思想に心服した越前福井《ふくい》藩主の松平春嶽《まつだいらしゅんがく》（慶永《よしなが》）に招聘《しょうへい》された。

文久２年（１８６２）、春嶽が政事総裁職《せいじそうさいしょく》に就任すると、江戸でその補佐に努めて、参勤交《さんきんこう》代制《たいせい》の緩和など幕政改革を推進したが、同年末に刺客に襲われた際に逃げたことを理由に、翌3年熊本へ戻り、士籍剝奪《しせきはくだつ》の処分を受けた。国許で逼塞《ひっそく》したあとも、幕臣の勝海舟《かつかいしゅう》や大久保《おおくぼ》一《いち》翁《おう》らとの書簡の往復や、来訪する諸国の志士との意見交換を続けている。

慶応4年（１８６８）に新政府が発足すると、小楠には政府への登用のために上京命令が出されたが、熊本藩はこれをいったん拒否した。それでも、副総裁岩倉具視《いわくらともみ》の高い評価と再度の上京命令によって京に入る。

しかし明治2年（１８６９）1月5日午後、参内して帰るところを十《と》津川《つがわ》郷《ごう》士《し》ら6人組に突然襲われ、小楠は短刀1本で防戦したが、暗殺された。暗殺の理由はわかっていない。

鬼の副長の華々しい散り際
土《ひじ》方《かた》歳《とし》三《ぞう》

享年
35

生年 天保6年（1835）5月5日
歿年 明治2年（1869）5月11日
墓所 石田寺（東京都日野市石田）
北区滝野川

終焉の地 五稜郭付近（北海道函館市若松町33、終焉地碑あり）

武蔵多摩《たま》郡石田《いしだ》村（東京都日野市）の百姓土《ひじ》方《かた》義諄の六男、10人兄弟の末子として生まれる。江戸へ約10年間の奉公に出たのち、日野《ひの》宿（日野市）の名主《なぬし》で、天然理心流《てんねんりしんりゅう》の道場を開く佐藤《さとう》彦五郎《ひこごろう》宅に居候《いそうろう》。土方は家伝石田散薬《いしださんやく》の行商をしながら稽古に励んだ。やがて近藤周助《こんどうしゅうすけ》の弟子となり、近藤勇《いさみ》と義兄弟の契りを結んでいる。

文久3年（1863）の第十四代将軍徳川家《いえ》茂《もち》の上洛に伴い、近藤らと共に浪士組《ろうしぐみ》として上洛。清河八郎《きよかわはちろう》が江戸に帰ると、壬生《みぶ》村（京都市中京区）を本陣として新撰組《しんせんぐみ》を結成した。局中《きょくちゅう》法度《はっと》を厳格に貫いて「鬼の副長」と呼ばれ、芹《せり》沢鴨《ざわかも》らを暗殺するなど、内部粛清《しゅくせい》に努めた。

慶応4年（1868）の鳥羽《とば》・伏見《ふしみ》の戦い以降、流山《ながれやま》（千葉県流山市）で近藤と別れたあとは、小山《おやま》、宇都宮《うつのみや》、会津《あいづ》と転戦。明治2年（1868）3月には軍艦回天《かいてん》に乗って宮古湾海戦《みやこわんかいせん》（岩手県宮古市）に臨み、榎本武揚《えのもとたけあき》らと箱館《はこだて》（北海道函館市）に渡った。五稜郭《ごりょうかく》を本拠に「蝦夷《えぞ》共和《きょうわ》国《こく》」の陸軍奉行並《りくぐんぶぎょうなみ》として徹底抗戦。4月9日、蝦夷地に上陸した新政府軍を迎え、二股口《ふたまたぐち》の戦いで防戦。翌5月11日の箱館総攻撃で、土方はわずかな兵を率いて出陣するが、乱戦の最中に流れ弾が腹部にあたって落馬、即死した。その死からわずか6日後、榎本らは全面降伏、五稜郭は陥落した。

骨を切られて処置が間に合わず

大《おお》村《むら》益《ます》次《じ》郎《ろう》

享年
46

生年　文政７年（１８２４）５月３日
歿年　明治２年（１８６９）11月５日
墓所　山口市鋳銭司

終焉の地　大阪仮病院（大阪市中央区法円坂２―１、大阪医療センター）

周防吉敷《よしき》郡鋳銭司《じゅせんし》村（山口市鋳銭司）の医師村《むら》田《た》孝益《たかます》の嫡男として生まれる。江戸や大坂、長崎に遊学して蘭学《らんがく》を学び、嘉永６年（１８５３）、伊予宇和島《うわじま》藩主伊達《だて》宗城《むねなり》に招かれて、蘭学者として軍制改革に参画。こののち村《むら》田《た》蔵六《ぞうろく》と改名している。安政３年（１８５６）４月には、宗城に随行して江戸に出て、私塾鳩居堂《きゅうきょどう》を開く一方、幕府にも出仕した。万延元年（１８６０）に、長州藩の要請によって同藩の藩士となる。

慶応元年（１８６５）12月、藩主毛利《もうり》敬親《たかちか》の命によって大村《おおむら》益《ます》次郎《じろう》と改名。慶応４年、藩主広封《ひろあつ》と共に上洛して新政府に出仕し、軍制事務を担当した。上野戦争《うえのせんそう》では彰義隊《しょうぎたい》討伐を指揮し、戊辰戦争《ぼしんせんそう》の終結に尽力している。

明治２年（１８６９）７月に兵部省《ひょうぶしょう》が設置されると、兵部大輔《ひょうぶだゆう》に就任。徴兵制度《ちょうへいせいど》の創出を構想するなど軍制改革に着手したが、帯刀《たいとう》禁止などを建白したために、士族《しぞく》の不満を買う。９月４日、京阪地方へ軍事視察に出掛けた大村は、京都の旅館で８人の刺客に襲われて重傷を負い、山口藩邸で数日間の治療を受けるが、敗血症《はいけっしょう》に。10月１日、寺内正毅《てらうちまさたけ》らに大阪仮病院（大阪市北区）へ運び込まれ、左大腿部《だいたいぶ》切断手術を受けることになるが、手術の調整に時間がかかり、27日に手術を受けた時には、すでに手遅れだった。病状は悪化する一方で、11月５日に死去した。

病死

小松帯刀《こまつたてわき》

側室に看取られた平和な最期

終焉の地 自邸（大阪市西区立売堀６丁目）

享年 36

生年 天保６年（１８３５）10月14日
歿年 明治３年（１８７０）７月20日
墓所 園林寺跡（鹿児島県日置市日吉町）

薩摩《さつま》藩内の喜入《きいれ》領主肝付兼善《きもつきかねよし》の三男として、鹿児島城下の山下《やました》町（鹿児島市）で生まれる。のちに吉利《よしとし》領主小松清猷《こまつきよもと》の養子となった。諱《いみな》は清廉《きよかど》。藩主島津斉彬《しまづなりあきら》の小姓《こしょう》などを務め、斉彬歿後は島津久光《ひさみつ》の側近として、大久保利通《おおくぼとしみち》らと共に公武合体《こうぶがったい》・幕政改革運動を推進した。

文久２年（１８６２）、久光の率兵上京に随行し、元治元年（１８６４）７月の禁門《きんもん》の変《へん》では、西郷隆盛《さいごうたかもり》と薩摩軍の指揮にあたり、長州軍と戦った。慶応２年（１８６６）１月、西郷や大久保らと共に長州藩の木戸孝允《きどたかよし》と薩長同盟《さっちょうどうめい》を締結。さらに６月、土佐《とさ》藩の後藤象二郎《ごとうしょうじろう》らとの間に薩土盟約《さつどめいやく》を結んだ。慶応４年に上洛して参与《さんよ》、総裁局顧問《そうさいきょくこもん》、外国官副知事《がいこくかんふくちじ》を歴任する。しかし、小松は万延元年（１８６０）頃からたびたび足の痛みを訴え、明治に入ってからも胸の痛みなどを感じていた。左下腹部に腫瘍《しゅよう》を自覚しており、診察したオランダ人医師ボードウィンからは切除困難、と判断されたという。

病状が悪化するのに従って領地・家格の返上を願い出、５月15日に退職。９月には下腹部の腫瘍が悪化し、大阪薩摩堀《さつまぼり》（大阪市西区）に家を借りて療養した。明治３年（１８７０）１月に大久保や木戸らが小松を見舞った時には、死を覚悟して遺言書を作成していた。最期は側室三木琴《みきこと》に看取られ、７月20日に息を引き取った。

処刑

信念を言葉に託した詩人

雲《くも》井《い》龍《たつ》雄《お》

享年 27

生年　天保15年（1844）3月25日
歿年　明治3年（1870）12月28日
墓所　常安寺（山形県米沢市城南）
谷中霊園（墓表。台東区谷中）

終焉の地　伝馬町牢屋敷（中央区日本橋小伝馬町5―2、十思公園）

出羽米沢《よねざわ》藩士中島惣右衛門《なかじまそうえもん》の次男として、米沢城下の袋《ふくろ》町（山形県米沢市）で生まれる。幼少期は藩校興譲館《こうじょうかん》に学んだ。文久元年（1861）に小島《こじま》家の養子となり、藩命によって屋代《やしろ》郷《ごう》（山形県高畠町）の警備にあたる。慶応元年（1865）に江戸藩邸へ出仕し、藩の許可を得て儒者安井息軒《じゅしゃやすいそっけん》の三計塾《さんけいじゅく》に入門すると、塾頭《じゅくとう》にまで昇り詰めた。

王政復古《おうせいふっこ》後の慶応4年（1868）、米沢藩の貢士《こうし》となるが、新政府の佐幕《さばく》諸藩に対する措置に反発。新政府が奥州鎮撫《おうしゅうちんぶ》の軍を派兵すると、これに反対して奥羽越列藩同盟《おううえつれっぱんどうめい》に加わり、抗戦する。米沢藩兵に「討薩の檄文《げきぶん》」を草し、会津《あいづ》での挙兵も計画したが、東北諸藩が続々と降伏する中で、米沢での謹慎を命じられた。

明治2年（1869）に謹慎が解かれると、新政府が設置した集議院《しゅうぎいん》の寄宿生となった。しかし、それも1ヶ月余りで辞職。明治3年2月、芝二本榎《しばにほんえのき》（港区高輪）の上行寺《じょうぎょうじ》・円真寺《えんしんじ》に帰順《きじゅん》部曲点検所《ぶきょくてんけんじょ》を設ける。これは、表向きは不平士《ふへいし》族《ぞく》を政府に帰順させようとするものだったが、実際は不平士族の屯所《とんしょ》となったことから、5月に新政府から謹慎を命じられ、米沢に護送された。政府転覆を画策したとして、7月20日に東京へ身柄が移送され、12月28日に伝馬町《てんまちょう》牢屋敷（中央区日本橋小伝馬町）で斬首に処された。

謎が残る宴のあとの暗殺

広《ひろ》沢《さわ》真《さね》臣《おみ》

終焉の地　自邸（千代田区九段北2—4—1、白百合学園中学高等学校）

享年 39

生年　天保4年（1833）12月29日
歿年　明治4年（1871）1月9日
墓所　世田谷区若林
錦小路神社（山口市赤妻町）

長州藩士柏村安利《かしわむらやすとし》の四男として、萩城下の土《ひじ》原十日市筋《わらとおかいちすじ》（山口県萩市）で生まれる。長州藩士波多野直忠《はたのなおただ》の聟養子となり、安政6年（1859）に家督を相続し、波多野金吾《きんご》と称した。

藩校明倫館《めいりんかん》に学び、藩の実務官僚として出世を重ねた。元治元年（1864）、藩命によって広沢《ひろさわ》と改姓。四国艦隊《しこくかんたい》による下関砲撃事件《しものせきほうげきじけん》の和平交渉にあたった。その後も藩政の中核にあって指揮を執り、慶応3年（1867）9月、山口で木戸孝允《きどたかよし》と共に大久保利通《おおくぼとしみち》と会談し、薩長出兵を約したのち、広島《ひろしま》藩とも出兵について交渉。倒幕の密勅《みっちょく》を受けて帰国した。

新政府樹立後は参与《さんよ》となり、明治2年（1869）6月の版籍奉還《はんせきほうかん》の実行を合議。藩士出身者としては、政府で最高位の参議《さんぎ》にまで昇り詰める。真臣は、民情を顧みない急激な改革には否定的な考えを持つ人物だった。

明治4年1月9日の深夜、麹町《こうじまち》（千代田区富士見町）の自邸での宴会後に暗殺された。医師の検視によると、傷は13ヶ所で、喉《のど》に3ヶ所の突き傷があった。一緒にいた妾《めかけ》は軽傷で、現場の状況に不審な点も多かった。その後の捜査で、家令《かれい》と妾が密通しており、広沢家の私金を流用していたことが判明。犯人として疑われたが、明治8年の裁判で二人は無罪となり、結局犯人は明らかになっていない。

処刑

攘夷を貫いた「四大人斬」

河《かわ》上《かみ》彦《げん》斎《さい》

享年 38

生年 天保5年（1834）11月25日
歿年 明治4年（1871）12月4日
墓所 池上本門寺（大田区池上）
桜山神社（熊本市中央区黒髪）

終焉の地 伝馬町牢屋敷（中央区日本橋小伝馬町5―2、十思公園）

肥後熊本《くまもと》藩士小森《こもり》貞助の次男として、熊本城下の新馬借町《しんばしゃくまち》（熊本市中央区新町）に生まれる。のちに熊本藩士河上源兵衛《かわかみげんべえ》の養子となり、彦斎《げんさい》と称した。さらに高田源兵衛《たかだげんべえ》と改め、維新後は高田玄明《げんめい》と名乗っている。16歳で藩主細川家の花畑《はなばた》屋敷（熊本市中央区）の掃除坊主《そうじぼうず》となり、藩主の近くに仕える。文武を励み、林桜園《はやしおうえん》に師事して国学《こくがく》を修め、太田黒伴雄《おおたぐろともお》らと共に宮部鼎蔵《みやべていぞう》に学んで尊王攘夷《そんのうじょうい》思想に傾倒した。

文久2年（1862）に上京。その後は「人斬り彦斎」として人々から恐れられ、佐久間象山《さくましょうざん》の暗殺にも関与した。慶応元年（1865）の第2次幕長戦争では長州軍に加わり、熊本藩の小倉《こくら》出兵を阻止しようと帰藩して捕まる。明治元年（1868）に赦免され、鶴崎《つるさき》（大分県鶴崎市。熊本藩の飛び地）の藩兵隊長となり、有《ゆう》終館《しゅうかん》を設けて子弟の育成に尽力した。

しかし翌明治2年、突然藩から免職の通知を受けて、有終館も解散。大村益次郎《おおむらますじろう》暗殺事件および脱隊騒動に関係して鶴崎に逃れてきた長州藩士大楽源太郎《だいらくげんたろう》を匿った影響で、河上自身も大村暗殺事件に加えて広沢真臣《ひろさわさねおみ》暗殺事件、反乱公家との政府転覆計画（二卿事件《にきょうじけん》）への関与が疑われてしまう。その後、東京へ移送され、危険な攘夷思想を持つ反乱分子として、明治4年12月4日、伝馬町《てんまちょう》牢屋敷で斬罪に処せられた。

処刑

不当な裁判の末、晒し首に

江藤新平《えとうしんぺい》

享年 41

生年 天保5年（1834）2月9日

歿年 明治7年（1874）4月13日

墓所 本行寺（佐賀市西田代）

終焉の地 嘉瀬刑場（佐賀市久保田町、佐賀県立森林公園内）

肥前佐賀《さが》藩士江藤胤光《えとうたねみつ》の嫡男として、佐賀郡八戸《やえ》村（佐賀市八戸）で生まれる。16歳で藩校弘道館《こうどうかん》に寄宿し、枝吉神陽《えだよししんよう》（副島種臣《そえじまたねおみ》の兄）の尊王論《そんのうろん》の影響を受ける。文久2年（1862）6月、長州藩の木戸孝允《きどたかよし》を頼って脱藩。京に出るも、前藩主鍋島直正《なべしまなおまさ》から帰藩を命じられ、永《えい》蟄居《ちっきょ》となったが、慶応3年（1867）12月に赦免され、副島と共に京へ派遣されている。

慶応4年、江藤は東征大総督府軍監《とうせいだいそうとくふぐんかん》として江戸に赴き、江戸城の無血開城後は京に戻って、江戸遷都《せんと》を岩倉具視《いわくらともみ》に建議している。新政府では、その中枢にあって多数の官制改革案を起草し、中央集権化を図った。数々の要職を歴任し、フランス流の民法典編纂《みんぽうてんへんさん》に従事、司法《しほう》権の独立や司法制度の整備に尽力した。

明治6年（1873）、参議《さんぎ》に任じられたが、西郷隆盛《さいごうたかもり》や板垣退助《いたがきたいすけ》らと征韓論《せいかんろん》を主張して敗れ、10月に下野《げや》。翌7年1月に愛国公党《あいこくこうとう》を結成し、民撰議院設立建白書《みんせんぎいんせつりつけんぱくしょ》に署名し、慰留の説得を拒否して帰国した。2月、佐賀征韓党を率いて挙兵し、政府軍と戦った（佐賀の乱）。しかし、政府軍の前に敗走し、岩倉に直接陳述しようと上京する途上、土佐甲浦《かんのうら》付近（高知県東洋町）で捕まった。佐賀裁判所で司法省時代の部下河野《こうの》敏鎌《とがま》に裁かれ、4月13日の夕方、嘉瀬刑場《かせけいじょう》（佐賀市）で処刑。近くの千人塚《せんにんづか》に梟首《きょうしゅ》された。

廃刀令に背いた神風連の乱で切腹

太田黒伴雄《おおたぐろともお》

享年 42

生年 天保6年（1835）
歿年 明治9年（1876）10月24日
墓所 妙行寺（熊本市南区内田町）
桜山神社（熊本市中央区黒髪）

終焉の地 熊本城内の法華坂（熊本市中央区本丸1―1）

肥後熊本《くまもと》藩士飯田熊助《いいだくますけ》の次男（三男説もある）として、熊本城下の被分町《わかされ》（熊本市中央区水道町）で生まれる。同藩の下士大野《おおの》家の養子となり、大野鉄兵衛《てつべえ》と称した。

江戸藩邸詰の際、朱子学《しゅしがく》や陽明学《ようめいがく》を学び、帰国後に国学者林桜園《こくがくしゃはやしおうえん》に入門。これを機に尊王攘《そんのうじょう》夷《い》運動へ傾倒し、同じく熊本藩士の勤王《きんのう》家で、のちに池田屋事件《いけだやじけん》（元治元年6月）で自刃した宮部鼎蔵《みやべていぞう》からの信頼も厚かった。

その後、飽託《ほうたく》郡内田《うちだ》村の新開大神宮《しんかいだいじんぐう》（熊本市南区）の太田黒《おおたぐろ》氏に入婿し、太田黒伴雄《ともお》と改めた。明治2年（1869）、新政府に招かれた林桜園の上洛に随行し、岩倉具視《いわくらともみ》らとの会見に臨席している。帰国後は熊本で国学と敬神《けいしん》思想を説き、多くの下士層からの信頼を得て、明治5年頃に敬神党《けいしんとう》（神風連《しんぷうれん》）を組織した。

明治9年3月に廃刀令《はいとうれい》、6月に断髪令《だんぱつれい》が出されると、10月24日、政府に対して反乱を起こす。いわゆる神風連の乱（敬神党の乱とも）である。太田黒は、自ら本隊を率いて熊本鎮台砲兵営《くまもとちんだいほうへいえい》を襲撃し、兵舎を全焼させ、さらに熊本鎮台司令長官種田政明《たねだまさあき》や熊本県令安岡良亮《やすおかりょうすけ》を殺害するなど、一時は熊本鎮台を混乱に陥れた。しかし、直後に鎮台兵の反撃に遭うと、銃弾を胸に受けた太田黒は、熊本城内の法華坂《ほっけざか》で義弟大野昇雄《ひでお》の介錯《かいしゃく》によって自害した。

処刑されし萩の乱の首謀者

前原《まえばら》一誠《いっせい》

享年 43

生年 天保5年（1834）3月20日
歿年 明治9年（1876）12月3日
墓所 弘法寺（山口県萩市土原）

終焉の地 相首屋敷（山口県萩市恵美須町57付近、刑場跡として現存）

長州藩士佐世彦七《させひこしち》の嫡男として、長門阿武《あぶ》郡土原《ひじわら》村（山口県萩市）で生まれる。安政4年（1857）、吉田松陰《よしだしょういん》の松下村塾《しょうかそんじゅく》に入塾。翌5年12月に松陰が投獄されると、これに抗議したため、謹慎に処せられた。赦免後は長崎に遊学し、帰藩後も藩の西洋学所《せいようがくしょ》で洋学を学んだ。

文久2年（1862）に藩命で江戸へ遊学。高杉晋作《たかすぎしんさく》と久坂玄瑞《くさかげんずい》らが血判連盟《けっぱんれんめい》した御楯組《みたてぐみ》に参加して脱藩し、公武合体論《こうぶがったいろん》を唱える藩の重臣長井雅楽《ながいうた》の暗殺を図った。翌3年の8月18日の政変後は京を離れ、三条実美《さんじょうさねとみ》ら七卿の用掛《ようがかり》となった。元治元年（1864）の第1次幕長戦争に際しては、高杉らと共に下関《しものせき》（山口県下関市）で挙兵し、新たな藩政府の樹立に尽力。慶応元年（1865）には干城隊頭取《かんじょうたいとうどり》などを務めた。前原《まえばら》と姓を改めたのは、この年である。慶応4年の戊辰戦争《ぼしんせんそう》では干城隊副督《ふくとく》として北越《ほくえつ》戦線に出陣し、会津《あいづ》藩への攻撃の際には越後口《えちごぐち》の参謀《さんぼう》となった。

新政府では越後府判事《ふはんじ》、参議《さんぎ》、兵部大輔《ひょうぶだゆう》を歴任。しかし、新政府の政策と意見が対立し、明治3年（1870）9月に辞職して帰国。その後は、山口県の反政府士族の領袖《りょうしゅう》と目された。明治9年10月26日、元長州藩士奥平謙輔《おくだいらけんすけ》らと萩《はぎ》の乱《らん》を起こすが、広島鎮台兵《ひろしまちんだいへい》に制圧されて捕縛、萩の相首《おくび》屋敷で斬罪に処せられた。

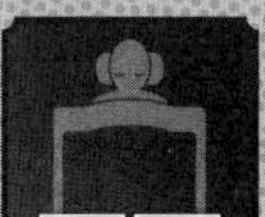

病死

西南戦争の行く末を案じた病床

木戸孝允《きどたかよし》

享年 45

生年 天保4年（1833）6月26日
歿年 明治10年（1877）5月26日
墓所 京都霊山護国神社（京都市東山区清閑寺霊山町）

終焉の地 別邸（京都市中京区末丸町284）

長州藩の藩医和田昌景《わだまさかげ》の次男として、萩城下の呉服《ごふく》町（萩市）で生まれる。8歳の時に桂《かつら》九《く》郎兵衛《ろべえ》の養子となり、桂小五郎《こごろう》を名乗った。嘉永2年（1849）に吉田松陰《よしだしょういん》の松下村塾《しょうかそんじゅく》へ入門し、同5年には江戸へ遊学。こののち、高杉晋作《たかすぎしんさく》や久坂玄瑞《くさかげんずい》と並んで藩内尊攘派《そんじょうは》の指導者になっていくが、一方で勝海舟《かつかいしゅう》や坂本龍馬《さかもとりょうま》ら開明派《かいめいは》とも親しく交流している。慶応元年（1865）に木戸と改姓し、藩政中枢に参画。慶応2年1月には、龍馬の仲介で薩摩《さつま》藩の西郷隆《さいごうたか》盛《もり》と薩長同盟《さっちょうどうめい》を結び、西郷や大久保利通《おおくぼとしみち》らと倒幕挙兵について協議した。

明治新政府では、総裁局顧問《そうさいきょくこもん》や参与《さんよ》などの要職に就き、「五箇条《ごかじょう》の御誓文《ごせいもん》」の起草にも関与。さらに明治2年（1869）6月の版籍奉還《はんせきほうかん》、同4年7月の廃藩置県《はいはんちけん》の断行で中心的役割も果たす。また、岩倉使節団《いわくらしせつだん》では全権副使《ぜんけんふくし》として参加している（10月出発）。明治6年7月に帰国すると、内治優先を主張して西郷らの征韓論《せいかんろん》に反対し、翌7年に参議《さんぎ》を辞職。のち参議に復帰するも、大久保独裁に傾く政府方針に不満を持ち、明治9年に再び参議を辞職する。

明治10年2月に西南戦争《せいなんせんそう》が始まると、明治天皇と共に京へ向かうが、5月26日に京の別邸（京都市中京区）で病死した。死の間際「西郷、いいかげんにしないか」と言い残したという。

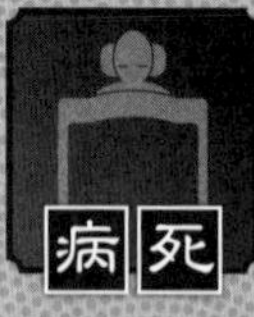

死後も将軍の隣を望んだ皇女

和《かずの》宮《みや》（静《せい》寛《かん》院《いんの》宮《みや》）

享年 32

生年 弘化3年（1846）閏5月10日

歿年 明治10年（1877）9月2日

墓所 増上寺（港区芝公園）

終焉の地 環翠楼（神奈川県足柄下郡箱根町塔之沢88）

仁孝《にんこう》天皇の第八皇女として、京で生まれる。孝明《こうめい》天皇の実妹である。嘉永4年（1851）に有栖川宮熾仁親王《ありすがわのみやたるひとしんのう》と婚約したが、桜田門外《さくらだもんがい》の変で現職の大老《たいろう》を暗殺されるという大失態を犯した幕府が、万延元年（1860）4月に、公《こう》武一和《ぶいちわ》による幕権強化を目指して、和宮の第十四代将軍徳川家茂《いえもち》への降嫁《こうか》を奏請《そうせい》。幕府の再三の請願と、孝明天皇の強い要望である鎖国《さこく》への復旧実現を条件として、ようやく許された。

文久元年（1861）4月に内親王宣下《ないしんのうせんげ》を受けて、10月に京を出発。翌2年2月11日に婚儀が挙行され、17歳で家茂に降嫁した。しかし慶応2年（1866）7月、第2次長州征伐に向から途上で病を得て、大坂城で家茂が死去すると、12月には剃髪して静寛院宮《せいかんいんのみや》と称した。

慶応4年1月の鳥羽《とば》・伏見《ふしみ》の戦い勃発後は、徳川家救済のために、徳川慶喜《よしのぶ》の嘆願書に直書《じきしょ》を添えて朝廷に嘆願するなど、江戸城無血開城と徳川家の存続のために奔走した。その後、徳川家が駿河（静岡県）に移封されると、明治2年（1869）2月に京へ戻る。明治7年7月に再び東京へ移住した。

明治10年8月に脚気《かっけ》療養のため、箱根塔ノ沢《はこねとうのさわ》温泉《おんせん》（神奈川県箱根町）へ赴いた際に衝心《しょうしん》（脚気に伴う心臓機能の不全）を起こし、9月2日に環翠楼《かんすいろう》で死去した。

大雨の中で執り行われた検屍

西郷《さいごう》隆盛《たかもり》

終焉の地 城山（鹿児島市城山町9―15、終焉地碑あり）

享年 51

生年 文政10年（1827）12月7日

歿年 明治10年（1877）9月24日

墓所 南洲墓地（鹿児島市上竜尾町）
洗足池公園（留魂碑。大田区南千束）

薩摩《さつま》藩士西郷吉兵衛隆盛《さいごうきちべえたかもり》の嫡男として、鹿児島城下の加治屋町山之口馬場《かじややまのぐちばば》（鹿児島市加治屋町）で生まれる。藩主島津斉彬《しまづなりあきら》の薫陶《くんとう》を受け、斉彬の弟島津久光《ひさみつ》の下で藩内政治を主導する。

政局の中で二度の流罪（奄美大島《あまみおおしま》・沖永良部島《おきのえらぶじま》）を経験するが、元治元年（1864）に召還されると、禁門《きんもん》の変では藩兵参謀として長州軍と戦う。その後、幕府征長軍に参加し、長州処分を戦闘なしで収拾した。第2次長州征伐には反対の立場をとる。さらに慶応2年（1866）1月には、長州藩の木戸孝允《きどたかよし》と薩長同盟《さっちょうどうめい》を結んだ。慶応3年には、岩倉具視《いわくらともみ》や大久保利通《おおくぼとしみち》と共に倒幕の密勅《みっちょく》降下を工作し、12月9日には王政復古《おうせいふっこ》のクーデターを首謀している。

慶応4年1月の鳥羽《とば》・伏見《ふしみ》の戦いに始まる戊辰戦争《ぼしんせんそう》では、東征大総督府下参謀《とうせいだいそうとくふしもさんぼう》に任命され、4月には江戸城の無血開城を実現。明治政府においては、明治4年（1871）6月に参議《さんぎ》となる。岩倉使節団の派遣後は、留守政府の最高責任者として諸改革を断行。しかし、征韓論《せいかんろん》を巡って政府内で対立すると、参議を辞職して下野《げや》。鹿児島で士族《しぞく》子弟の教育にあたる。

明治10年2月には、政府への不満を募らせる士族らに担がれ、反乱を起こす（西南戦争《せいなんせんそう》）。しかし熊本城での戦いに敗れると、鹿児島に逃れ、9月24日、城山《しろやま》（鹿児島市）で自刃した。

奮戦虚しく額を撃ち抜かれる

桐《きり》野《の》利《とし》秋《あき》（中《なか》村《むら》半《はん》次《じ》郎《ろう》）

終焉の地 岩崎谷（鹿児島市城山町）

享年 40

生年 天保9年（1838）12月
歿年 明治10年（1877）9月24日
墓所 南洲墓地（鹿児島市上竜尾町）

薩摩藩士桐野兼秋《きりのかねあき》の三男として、鹿児島《かごしま》郡吉《よし》野《の》村（鹿児島市吉野町）で生まれる。初め中村《なかむら》半次郎《はんじろう》と称した。生家は貧しかったが、伊集院《いじゅういん》鴨居《かもい》の門で小示現流《こじげんりゅう》の剣術を修行し、その奥義を極めた。文久２年（１８６２）４月、島津久《しまづひさ》光《みつ》の上京に従い、尹宮《いんのみや》（朝彦親王《あさひこしんのう》）付きの守衛となって諸藩士と交際するようになった。「人斬り半次郎」の異名でも知られ、西郷隆盛《さいごうたかもり》の下で国事に奔走した。慶応４年（１８６８）から始まる戊辰戦争《ぼしんせんそう》では、東海道先鋒総督軍《とうかいどうせんぽうそうとくぐん》に属し、会津若松《あいづわかまつ》城攻めの軍監《ぐんかん》を務め、その戦功によって賞典禄《しょうてんろく》２００石を授けられた。

その後、鹿児島の藩政改革では常備大隊長《じょうびだいたいちょう》を務め、明治４年（１８７１）７月に兵部省《ひょうぶしょう》に出仕して陸軍少将《りくぐんしょうしょう》、従五位《じゅごい》となる。熊本鎮台司令《くまもとちんだいしれい》長官《ちょうかん》、陸軍裁判所長《りくぐんさいばんしょちょう》を歴任するも、明治６年の政変で西郷が下野《げや》したのに伴い、辞職して鹿児島に帰った。鹿児島では、同志の篠原国幹《しのはらくにもと》や村《むら》田新八《たしんぱち》らと私学校《しがっこう》を設立し、士族教育に尽力。

明治10年２月から始まる西南戦争《せいなんせんそう》では、西郷軍四番大隊長として参戦し、主導的立場で奮闘。しかし、熊本城での政府軍との戦いに敗れると、人吉《ひとよし》（熊本県人吉市）、宮崎と転戦して、鹿児島に逃れる。政府軍に抗戦する城山《しろやま》（鹿児島市）で西郷の自刃を見届けたあと、なおも塁に籠って戦うも、額《ひたい》を撃ち抜かれて戦死した。

村《むら》田《た》新《しん》八《ぱち》

同志の死を見届けて戦い続ける

終焉の地　岩崎谷（鹿児島市城山町）

享年 42

生年　天保7年（1836）11月3日
歿年　明治10年（1877）9月24日
墓所　南洲墓地（鹿児島市上竜尾町）

薩摩藩士高橋良中の三男として、鹿児島城下の加治屋《かじや》町山之口馬場《やまのぐちばば》（鹿児島市加治屋町）で生まれる。のち同藩士村田経典《むらたつねのり》の養子となる。新八《しんぱち》は通称。文久2年（1862）に西郷隆盛《さいごうたかもり》の徳之島《とくのしま》（のち沖永良部島《おきのえらぶじま》に変更）流罪に連座して、喜界島《きかいじま》（鹿児島県喜界町）に配流された。

元治元年（1864）に赦免されると、西郷の下で国事に奔走し、慶応3年（1867）には、肥前大村《おおむら》藩や平戸《ひらど》藩に倒幕論を遊説。慶応4年1月から始まる戊辰戦争《ぼしんせんそう》では、薩摩藩軍の軍監《ぐんかん》として奥羽地方を転戦した。その後、鹿児島の藩政改革で常備隊砲兵隊長《じょうびたいほうへいたいちょう》を務め、明治4年（1871）に西郷の上京に従って政府へ出仕。宮《く》内大丞《ないたいじょう》、従五位《じゅごい》となった。村田は、岩倉使節団《いわくらしせつだん》にも大久保利通《おおくぼとしみち》らと随行している。明治7年に帰国すると、征韓論争《せいかんろんそう》で敗れた西郷が下野《げや》したことを知り、辞職。村田に期待していた大久保は、村田の辞職に茫然《ぼうぜん》としたという。

鹿児島に戻ったあとは、同志の篠原国幹《しのはらくにもと》や桐《きり》野利秋《のとしあき》らと私学校《しがっこう》を設立し、砲隊学校を監督。明治10年2月に勃発した西南戦争《せいなんせんそう》では、西郷軍の二番大隊長を務め、熊本の田原《たばる》・吉次《きちじ》・植木《うえき》方面の戦線を指揮した。熊本城での政府軍との戦いに敗れると、鹿児島に逃れ、9月24日に政府軍の総攻撃を受けて、岩崎谷《いわさきだに》（鹿児島市）で戦死した。

紀尾井坂を血に染めた暗殺事件

大《おお》久《く》保《ぼ》利《とし》通《みち》

享年 49

生年 文政13年（1830）8月10日
歿年 明治11年（1878）5月14日
墓所 青山霊園（港区南青山）

終焉の地 清水谷（千代田区紀尾井町清水谷、案内板あり）

薩摩藩士大久保利世《おおくぼとしよ》の嫡男として、鹿児島城下の高麗《こうらい》町（鹿児島市）で生まれる。西郷隆盛《さいごうたかもり》とは近所で、幼少の頃からの友人だった。

嘉永4年（1851）2月、島津斉彬《しまづなりあきら》の藩主就任の際に登用された。嘉永6年に岩下方平《いわしたまさひら》らと精忠組《せいちゅうぐみ》を結成し、尊王攘夷《そんのうじょうい》運動に傾倒。文久元年（1861）には異例の抜擢で小納戸役《こなんどやく》に昇進し、政務に参与するようになる。慶応2年（1866）からは倒幕に向けた朝廷工作にあたり、翌3年12月、岩倉具視《いわくらともみ》らと王政復古《おうせいふっこ》のクーデター遂行の中心的役割を果たした。

維新後は参与《さんよ》に任じられ、版籍奉還《はんせきほうかん》や廃藩置《はいはんち》県《けん》の断行を推進。また、明治4年（1871）6月に大蔵卿《おおくらきょう》となると、民部省《みんぶしょう》を廃止・吸収して、絶大な権限を手にした。また同年10月には、特命全権副使《とくめいぜんけんふくし》として岩倉使節団《いわくらしせつだん》に随行し、欧米を視察。帰国後は、内治優先の立場から西郷らの征韓派《せいかんは》を批判。西郷らの下野《げや》後は、新設の内《ない》務卿《むきょう》となり、大久保政権と言われるほどの権力を手中にした。明治7年の佐賀《さが》の乱、明治9年の神風連《しんぷうれん》の乱や萩《はぎ》の乱といった一連の士族《しぞく》反乱を鎮圧。明治10年の西南戦争《せいなんせんそう》でも指揮をとった。

西南戦争終結後も、内政整備に施政の中心を置いたが、明治11年5月14日、大久保の独裁政治に不満を持った石川《いしかわ》県士族らによって、麴町《こうじまち》清水谷《しみずだに》（千代田区紀尾井町）で暗殺される。

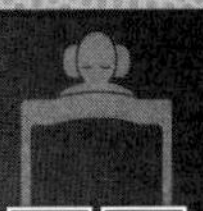

病死

転地療養の甲斐なく病歿

川《かわ》路《じ》利《とし》良《よし》

享年 46

生年 天保5年（1834）5月11日
歿年 明治12年（1879）10月13日
墓所 青山霊園（港区南青山）

終焉の地 大警視邸（台東区下谷3—15—9、下谷警察署）

薩摩《さつま》藩士川路《かわじ》利愛の嫡男として、鹿児島《かごしま》郡比《ひ》志島《しじま》村（鹿児島市皆与志町）で生まれる。

元治元年（1864）7月の禁門《きんもん》の変《へん》で戦功を挙げ、西郷隆盛《さいごうたかもり》や大久保利通《おおくぼとしみち》らの評価を得た。慶応4年（1868）の戊辰戦争《ぼしんせんそう》では、薩摩藩軍大隊長として彰義隊《しょうぎたい》の鎮圧にあたった。

新政府の樹立後、明治4年（1871）に東《とう》京府大属《きょうふたいぞく》、翌5年には邏卒総長《らそつそうちょう》に就任。同年8月に司法省警保寮《しほうしょうけいほりょう》が設置されると、警保助兼大《けいほじょけんだい》警視《けいし》となった。西郷の推薦で、ヨーロッパの警察制度調査のために渡欧し、帰国後は司法と行政の分離を主張。フランスを参考に警察制度の改革を建議し、警察行政の近代化に尽力した。

川路が「日本警察の父」と言われる所以《ゆえん》である。

明治7年1月に警視庁《けいしちょう》が創設されると、初代大警視に就任。西郷の下野《げや》にあっても、川路は警察に献身することを表明した。明治10年1月に警視庁が廃止され、内務省《ないむしょう》直轄の東京警視本《とうきょうけいしほん》署《しょ》へと改編されるが、2月の西南戦争《せいなんせんそう》では、陸《りく》軍少将《ぐんしょうしょう》・征討別働第三旅団司令長官《せいとうべつどうだいさんりょだんしれいちょうかん》として警視隊を率い、西郷軍と戦っている。

明治12年に海外警察制度と監獄《かんごく》制度の視察のために再び渡欧したが、渡航中に病となり吐血《とけつ》。渡航先のパリで治療を受けるも病状は改善せず、帰国後さらに病状は悪化し、10月13日に大警視邸（台東区下谷）で死去した。

病死

岩倉具視《いわくらともみ》

日本初の国葬を受けた首脳

享年
59

生年　文政8年（1825）9月15日
歿年　明治16年（1883）7月20日
墓所　海晏寺（品川区南品川）

終焉の地　自邸（千代田区皇居外苑2—1付近）

公家の堀河康親《ほりかわやすちか》の次男として、京に生まれる。天保9年（1838）に岩倉具慶《いわくらともやす》の養子となり、具視《ともみ》の名を与えられた。

初め、公武合体《こうぶがったい》を唱えて皇女和宮《こうじょかずのみや》の降嫁《こうか》を推進するが、尊攘派《そんじょうは》の糾弾によって一度は失脚し、洛北《らくほく》の岩倉《いわくら》村（京都市左京区）に幽居《ゆうきょ》する。しかし、のちに薩長倒幕派との関係を強めていき、慶応3年（1867）12月、西郷隆盛《さいごうたかもり》や大久保《おおくぼ》利通《としみち》らと謀って、王政復古《おうせいふっこ》を実現した。

新政府では中心人物となる。明治4年（1871）の廃藩置県《はいはんちけん》後は、外務卿《がいむきょう》を経て右大臣《うだいじん》となり、11月には特命全権大使《とくめいぜんけんたいし》として使節団を組織、欧米の視察に赴いた。帰国後は、西郷らの征韓論《せいかんろん》を大久保らと組んで退けた（明治6年の政変）ことで、赤坂喰違坂《あかさかくいちがいざか》（港区赤坂）において、征韓派士族の襲撃を受けている。その後は、天皇を中心に据えた国家の基礎を固めるべく、大《だい》日本帝国憲法《にほんていこくけんぽう》の制定を目指す。しかし、その完成を岩倉が見ることはなかった。

明治16年の初め頃から体調不良を訴え、明治天皇の勅命《ちょくめい》を受けた東京大学医学部教授ベルツが京に派遣されて、岩倉を診察。ベルツは岩倉に喉頭癌《こうとうがん》であることを告知した。記録に残る、日本初の癌告知である。岩倉は船で東京へ戻り、たびたび天皇の見舞いを受けたが回復せず、7月20日に自邸で息を引き取った。

1万の群衆が葬儀に集まる

天璋院篤姫《てんしょういんあつひめ》

終焉の地 自邸（渋谷区千駄ケ谷1—17—1、東京体育館）

享年
48

生年 天保7年（1836）12月19日
歿年 明治16年（1883）11月12日
墓所 寛永寺（台東区上野桜木）

薩摩《さつま》藩第九代藩主島津斉宣《しまづなりのぶ》の七男忠剛《ただたけ》の長女として、鹿児島城下の上竜尾町《かみたつお》（鹿児島市大竜町）で生まれる。通称は篤姫《あつひめ》。嘉永6年（1853）に従兄で第十一代藩主島津斉彬《なりあきら》の養女となった。安政3年（1856）4月に右大臣近衛忠熙《このえただひろ》の養女となり、12月に第十三代将軍徳川家定《いえさだ》に嫁した。わずか2年の結婚生活の末、安政5年7月に家定が病死すると、落飾《らくしょく》して天璋院《てんしょういん》と号する。万延元年（1860）10月には再度本丸に移り、大奥《おおおく》の取り締まりにあたった。慶応4年（1868）の戊辰戦争《ぼしんせんそう》の際には、静寛院宮《せいかんいんのみや》（和《かずの》宮《みや》）らと共に徳川家の救済に尽力。4月の江戸開城の際には、徳川家処分として従三位《じゅさんみ》の位記《いき》を剝奪されている。

明治に入ってからも、鹿児島には戻らず、東京千駄ケ谷《せんだがや》（渋谷区）の徳川宗家《そうけ》邸で自由気ままな生活を楽しんだ。また、徳川宗家を相続した亀之助《かめのすけ》（家達《いえさと》）の養育に専念し、海外に留学させるなど英才教育を施した。生活に窮した際にも、薩摩藩からの援助を断り、徳川家の人間として生きた。

明治16年（1883）に脳溢血《のういっけつ》で倒れ、11月12日に死去した。葬儀の際には、沿道に1万人もの人々が集まり、その様子が描かれた「天璋院葬送之図」が残されている。日本で最初にミシンを扱った人物、との逸話もある。

海運競争の最中に歿した実業家
岩崎《いわさき》弥太郎《やたろう》

享年 52

生年 天保5年（1834）12月11日
歿年 明治18年（1885）2月7日
墓所 豊島区駒込　※非公開

終焉の地 別邸（文京区本駒込6―16―3、六義園）

土佐《とさ》藩の地下浪人《じげろうにん》岩崎弥次郎《いわさきやじろう》の嫡男として、土佐安芸《あき》郡井ノ口《いのくち》村（高知県安芸市）で生まれる。幼少の頃から学問での立身を志したという。安政2年（1855）、江戸の安積艮斎《あさかごんさい》の見山楼《けんざんろう》に入門。帰藩後は土佐藩参政《さんせい》吉田東洋《よしだとうよう》の門人となり、安政6年10月には西洋事情調査のために長崎留学。慶応3年（1867）3月に再度長崎へ行き、藩の開成館《かいせいかん》長崎出張所に勤務して貿易業務を遂行。長崎では、外国からの洋式武器の輸入と、国産品の輸出を行った。

明治2年（1869）に藩の大坂商会《おおさかしょうかい》に転出し、明治4年7月の廃藩置県《はいはんちけん》によって官職を失うと、実業界へと転身。前年から藩の事業として設立されていた九十九《つくも》商会を引き継いで独立し、これを三ツ川《みつかわ》商会と改称した。その後、三《みつ》菱《びし》商会、三菱汽船会社《きせんがいしゃ》と改称し、明治7年の台《たい》湾《わん》出兵《しゅっぺい》の際に、軍事輸送の任を完遂して政府の信頼を得る。内務卿《ないむきょう》大久保利通《おおくぼとしみち》は、海運振興政策に三菱を起用して、助成。郵便汽船《ゆうびんきせん》三菱会社と改称し、国内最大の汽船会社へと成長させた。その後、事業を鉱山・造船・金融・貿易などへと拡大し、のちの三菱財閥《ざいばつ》の基礎を築いていく。

弥太郎は、明治17年夏頃から食欲不振となり、のちに胃液を吐くようになった。診察の結果、胃癌《いがん》と判明。翌18年2月4日には発声困難となり、7日、二人の息子に遺言を残して死去した。

療養の末に歿した関西経済界の重鎮

五《ご》代《だい》友《とも》厚《あつ》

享年 51

生年 天保6年（1835）12月26日
歿年 明治18年（1885）9月25日
墓所 阿倍野墓地（大阪市阿倍野区阿倍野筋）

終焉の地 別邸（中央区明石町10、聖路加病院内）

薩摩《さつま》藩士五代秀堯《ごだいひでたか》の次男として、鹿児島城下の長田《ながた》町（鹿児島市）で生まれる。幼名は才助《さいすけ》。安政4年（1857）3月に長崎へ留学して、オランダ海軍士官から航海術を学ぶ。その後、幕府が派遣した千歳丸《ちとせまる》に乗船して上海《シャンハイ》へ渡航し、秘かに汽船購入の契約を行った。元治2年（1865）3月、藩命により、留学生を率いて渡欧。西洋の制度・文物に接して、小銃《しょうじゅう》・汽船《きせん》・紡績《ぼうせき》機械《きかい》などを購入し、慶応2年（1866）に帰国した。

明治元年（1868）には、新政府の参与《さんよ》と外国事務掛《がいこくじむがかり》（直後に外国事務局判事《はんじ》）に任じられ、外交事務と貿易に従事。その後、5月に外国官権判事《ごんのはんじ》・大阪府権判事となるが、明治2年7月、富国強兵《ふこくきょうへい》を実現するためには商工業の振興が急務として、大阪で実業家へと転身した。10月の金銀分析所《きんぎんぶんせきじょ》開設に続き、明治5年には弘成館《こうせいかん》を設立して鉱山経営に取り組んだ。次いで明治11年6月に大阪株式取引所、8月に大阪商法会議所（のち大阪商工会議所）を設立して初代会頭《かいとう》となる。その後も明治13年11月に大阪商業講習《こうしゅう》所《じょ》（現、大阪市立大学）の設立、翌14年1月には大阪製銅《せいどう》会社、6月には関西貿易社の設立など、関西実業界の発展に貢献した。

明治18年9月25日、東京築地《つきじ》（中央区明石町）の別邸で、糖尿病《とうにょうびょう》により死去した。

早くに開国を主張した福岡藩主

黒《くろ》田《だ》長《なが》溥《ひろ》

享年
７７

生年 文化８年（１８１１）３月１日
歿年 明治20年（１８８７）３月７日
墓所 青山霊園（港区南青山）

終焉の地 自邸（港区赤坂２―15～23）

薩摩《さつま》藩第八代藩主島津重豪《しまづしげひで》の九男として、薩摩藩下屋敷（港区高輪）で生まれたとされる。文政５年（１８２２）に筑前福岡《ふくおか》藩の黒田斉清《くろだなりきよ》の養子となり、長溥《ながひろ》と改名。天保５年（１８３４）に家督を相続して第十一代藩主になると、精錬所《せいれんじょ》の建設を進めるなど近代化政策に注力した。その開明的な思想は、嘉永６年（１８５３）６月のペリー来航に伴って幕府が行った諸大名への諮問の際に、少数派だった積極的開国論を主張したことにも示されている。また、嘉永２年には種痘法《しゅとうほう》の伝来に接し、いち早くこれを採用している。

幕末の政治史においては、文久２年（１８６２）に朝廷から国事周旋の内勅《ないちょく》を得て上京し、熊本《くまもと》藩や薩摩藩と公武合体《こうぶがったい》路線の強化を図った。文久３年８月18日の政変の際には、長州藩の赦免を朝幕に訴え、さらに元治元年（１８６４）には京から追放された公家のうち五卿の周旋を行い、その功績から宰相《さいしょう》に昇進している。

維新後は、明治２年（１８６９）２月に家督を長知《ながとも》に譲り、長知が岩倉使節団《いわくらしせつだん》に随って海外留学する際には、金子堅太郎《かねこけんたろう》と團琢磨《だんたくま》を随行させている。明治18年には、旧藩士らと協議の結果、旧藩校の修猷館《しゅうゆうかん》を福岡県立修猷館（現、県立修猷館高等学校）として再興。明治20年３月７日、東京赤坂《あかさか》の自邸（港区赤坂）で死去した。

病死

史書の編纂に注力した晩年

島《しま》津《づ》久《ひさ》光《みつ》

終焉の地 玉里邸（鹿児島市玉里町27—20）

享年 71

生年 文化14年（1817）10月24日
歿年 明治20年（1887）12月6日
墓所 福昌寺跡（鹿児島市池之上町）

薩摩《さつま》藩第十代藩主島津斉興《しまづなりおき》の五男として、鹿《か》児島《ごしま》城で生まれる。文政元年（1818）に種《たね》子島久道《がしまひさみち》の養子となり、さらに一門の重富《しげとみ》島津家の養子となり、天保10年（1839）に家督を継いだ。異母兄の島津斉彬《なりあきら》の死去後、実子忠《ただ》徳《のり》が本家を継いだのに伴って再度本家に戻り、「国父《こくふ》」の尊称を受けて藩政の実権を掌握。

文久2年（1862）4月、藩兵を率いて上洛し、5月に江戸へ下向すると、一橋慶喜《ひとつばしよしのぶ》の将《しょう》軍後見職《ぐんこうけんしょく》、松平春嶽《まつだいらしゅんがく》の政事総裁職《せいじそうさいしょく》就任を主とする政治改革を幕府に要請した。直後の8月、江戸からの帰途で、随行の藩士がイギリス人を殺害する生麦事件《なまむぎじけん》が発生し、翌3年7月には薩英《さつえい》戦争《せんそう》へと発展。8月には、過激攘夷派《じょういは》の暴走を抑制するために孝明《こうめい》天皇の内意を奉じて上洛。会津《あいづ》藩と共に長州藩勢力を京から駆逐する8月18日の政変を決行した。年末には、ほかの有力諸侯と共に朝議参与《ちょうぎさんよ》を命じられるが、翌元治元年（1864）3月には辞任して鹿児島へ帰国。

維新後も国許で権力を握ったが、新政府の急進的な政治改革には批判的立場をとって対立。明治4年（1871）7月の廃藩置県《はいはんちけん》の断行には激怒した。明治9年4月に鹿児島へ帰国したのち、晩年は島津家に伝わる史料の蒐集《しゅうしゅう》や史書の著作・編纂に専念し、明治20年12月6日に玉《たま》里《ざと》邸（鹿児島市）で死去した。

病死

殉死者が続出した無刀流開祖

山《やま》岡《おか》鉄《てっ》舟《しゅう》

終焉の地　全生庵（台東区谷中5—4—7）

享年 53

生年　天保7年（1836）6月10日
歿年　明治21年（1888）7月19日
墓所　全生庵（台東区谷中）

幕府旗本《はたもと》小野朝右衛門《おのちょうえもん》の五男として、本所亀《ほんじょかめ》沢《さわ》（墨田区亀沢）で生まれる。通称は鉄太郎《てつたろう》。井上清虎《いのうえきよとら》に北辰一刀流《ほくしんいっとうりゅう》を学び、槍術《そうじゅつ》の師山岡静《やまおかせい》山《ざん》の妹と結婚して、安政2年（1855）に山岡家を継ぐ。また、井上の仲介で同年に講武所《こうぶしょ》へ入り、翌3年に剣術の教授方世話役《きょうじゅかたせわやく》となった。

文久3年（1863）に新設された浪士組《ろうしぐみ》の浪士取扱《ろうしとりあつかい》に任じられて上京。しかし、同組の清河八郎《きよかわはちろう》らが攘夷《じょうい》・倒幕の動きを見せ、これを警戒した幕府は、浪士組を江戸に戻した。慶応4年（1868）2月24日には、鳥羽《とば》・伏見《ふしみ》の戦いから敗走して帰東した徳川慶喜《よしのぶ》の警固のため、精鋭隊頭《せいえいたいがしら》に任じられる。その後、勝海舟《かつかいしゅう》と共に江戸城の無血開城や幕臣の鎮撫《ちんぶ》に尽力した。

徳川家の静岡移封《しずおかいふう》に従い、明治2年（1869）9月、静岡藩権大参事《ごんのだいさんじ》に任じられる。廃藩《はいはん》置県《ちけん》後は、茨城県参事や伊万里県権令《いまりけんごんれい》を歴任したのち、西郷隆盛《さいごうたかもり》の依頼を受けて、宮中に出仕。明治5年から15年まで、侍従《じじゅう》として明治天皇に仕えた。明治20年5月24日、維新の功績によって子爵《ししゃく》に叙せられている。

明治21年7月19日、東京谷中《やなか》の全生庵《ぜんしょうあん》（台東区谷中）で死去した。死因は胃癌《いがん》で、皇居に向かって結跏趺坐《けっかふざ》のまま絶命したという。鉄舟の死は、直後に門人の殉死《じゅんし》・殉死未遂が相次いだほどの衝撃を与えた。

国粋主義者に刺された急進派

森《もり》 有《あり》礼《のり》

享年 43

生年 弘化4年（1847）7月13日
歿年 明治22年（1889）2月12日
墓所 青山霊園（港区南青山）

終焉の地 文部大臣官邸（千代田区一ツ橋1―1―1、パレスサイドビル）

薩摩《さつま》藩士森有恕《もりありひろ》の五男として、鹿児島城下の春日小路《かすがこうじ》町（鹿児島市春日町）で生まれる。幼少期に同郷の先輩五代友厚《ごだいともあつ》らの影響を受けて洋学へ傾倒し、藩校造士館《ぞうしかん》に入校。その後、林子《はやしし》平《へい》の『海国兵談《かいこくへいだん》』を読み、海外事情に精通する必要性を認めて洋学修行を志した。元治元年（1864）6月に、藩の洋学開成所に入学し、頭角を現す。翌2年1月、藩が派遣する英国留学生に選抜され、沢井鉄馬《さわいてつま》と変名して渡航。渡航先では、ロンドン大学に入学している。慶応3年（1867）7月には米国へ渡り、同地では社会改良主義的なキリスト教の影響を受けた。

戊辰戦争《ぼしんせんそう》の最中の慶応4年6月に帰国すると、外国官権判事《がいこくかんごんのはんじ》として新政府に出仕したのを皮切りに、議事体裁取調御用《ぎじていさいとりしらべごよう》、制度寮副総裁心得《せいどりょうふくそうさいこころえ》などの重職を歴任し、国制改革事業にあたった。明治3年閏10月にも渡米。帰国後の明治6年9月には明六社《めいろくしゃ》を設立し、翌7年から『明六雑《めいろくざっ》誌《し》』を刊行した。その後、外務少輔《がいむしょうゆう》、駐清公使《ちゅうしんこうし》、外務大輔《だゆう》を歴任して駐英公使《ちゅうえいこうし》となり、井上馨《いのうえかおる》外《がい》務《む》卿《きょう》の下で進められていた条約改正交渉に取り組み、明治17年4月に帰国。明治18年の第1次伊藤博文《いとうひろぶみ》内閣では、初代文部大臣《もんぶだいじん》となった。

しかし、大日本帝国憲法《だいにほんていこくけんぽう》発布の当日である明治22年2月11日に、国粋《こくすい》主義者西野文太郎《にしのぶんたろう》に文部大臣官邸で刺され、翌日に死去した。

10ヶ条の遺言を残した教育者

新《にい》島《じま》襄《じょう》

享年
48

生年 天保14年（1843）1月14日
歿年 明治23年（1890）1月23日
墓所 同志社墓地（京都市左京区鹿ケ谷若王子山町）

終焉の地 旅館百足屋（神奈川県中郡大磯町大磯1103付近、終焉地碑あり）

上野安中《あんなか》藩士新島民治《にいじまたみじ》の嫡男として、安中藩上屋敷（千代田区神田錦町）で生まれる。安政3年（1856）に藩内の子弟から抜擢され、田島順輔《たじまじゅんすけ》と手塚律蔵《てづかりつぞう》に蘭学《らんがく》を学んだ。その後、アメリカの政治・社会に興味を持つと、兵学修行の一環で箱館《はこだて》（北海道函館市）に赴き、元治元年（1864）6月、アメリカ船に乗って海外に密出港した。1865年7月にボストンへ到着すると、フィリップス＝アカデミーに入学し、次いでアーモスト大学に入学。1870年7月に卒業し、日本人で初めて学士号を取得した。この間、洗礼を受けている。

明治4年（1871）7月に、新政府から正式に米国留学を認められ、岩倉使節団《いわくらしせつだん》が派遣された際には、欧米の学校教育制度の調査を担当した。明治7年11月に帰国すると、翌8年には京都に同志社英学校《どうししゃえいがっこう》を設立。明治11年1月には日本基督伝道会社《にほんきりすとでんどうがいしゃ》を設立し、キリスト教の伝道に努めた。その後、再び欧米を巡歴し、教育制度などを調査して帰国すると、明治20年6月には仙台に東華学校《とうかがっこう》を、11月には京都に同志社病院・京都看病婦学校《かんびょうふがっこう》を新たに開いた。

明治23年、大学設立運動に奔走する中、群馬県前橋《まえばし》で倒れ、1月23日、静養中の旅館百足屋《むかでや》（神奈川県大磯町）で死去した。最期の言葉は「狼狽《ろうばい》するなかれ、グッドバイ、また会わん」。

病死

郷里の神社で主祭神となる

松《まつ》平《だいら》慶《よし》永《なが》（春《しゅん》嶽《がく》）

享年 63

生年 文政11年（1828）9月2日
歿年 明治23年（1890）6月2日
墓所 海晏寺（品川区南品川）

終焉の地 自邸（文京区関口2―10付近）

田安《たやす》徳川家第三代当主徳川斉匡《なりまさ》の八男として、田安邸（千代田区北の丸公園）で生まれる。天保9年（1838）9月に、第十二代将軍徳川家慶《いえよし》の命で、越前福井《ふくい》藩主松平斉善《まつだいらなりさわ》の跡を継ぎ、新藩主となった。中根雪江《なかねゆきえ》や橋本左内《はしもとさない》、熊本《くまもと》藩から招聘《しょうへい》した横井小楠《よこいしょうなん》ら有能なブレーンを側に置き、藩政改革を行う。また、水戸《みと》藩主徳川斉《なり》昭《あき》や薩摩《さつま》藩主島津《しまづ》斉彬《なりあきら》ら有志大名と交流し、幕末の中央政界にも積極的に乗り出していった。

しかし、安政5年（1858）7月に、政治的に対立関係にあった大老《たいろう》井伊直弼《いいなおすけ》によって隠居・謹慎処分とされてしまう。この時から春嶽《しゅんがく》と号す。文久2年（1862）、島津久光《ひさみつ》が勅《ちょく》使《し》を伴って江戸に下向し、一橋慶喜《ひとつばしよしのぶ》の将軍後見《しょうぐんこうけん》職《しょく》と春嶽の政事総裁職《せいじそうさいしょく》就任を中心とする幕政改革を迫ったことで、政界に復帰。以後、慶喜と共に幕末の幕政改革に携わるなど、その後の政局に大きな影響を与えた。慶応3年（1867）12月9日の王政復古《おうせいふっこ》のクーデターでは、公議政《こうぎせい》体派《たいは》として慶喜の政治参加を主張したが、徳川家が朝敵《ちょうてき》となったことで頓挫する。

新政府では、議定《ぎじょう》をはじめとして、民部卿《みんぶきょう》や大蔵卿《おおくらきょう》などの要職を歴任したが、明治3年（1870）に一切の官職を辞任すると、以後は文筆活動に注力。明治23年6月2日に小石川《こいしがわ》区関《せき》口台町《ぐちだいまち》（文京区関口町）の自邸で死去した。

病死

小《お》笠《がさ》原《わら》長《なが》行《みち》

辛酸を舐めた佐幕派の潜伏生活

享年 70

生年 文政5年（1822）5月11日
歿年 明治24年（1891）1月22日
墓所 幸龍寺（世田谷区北烏山）

終焉の地 自邸（渋谷区本町1丁目）

肥前唐津《からつ》藩主小笠原長昌《おがさわらながまさ》の嫡男として、唐津城二の丸（佐賀県唐津市）で生まれる。安政4年（1857）に、当時の藩主長国《ながくに》の養嗣子《ようしし》となり、世子《せいし》でありながら、文久2年（1862）7月に幕府から抜擢されて奏者番《そうじゃばん》となり、閏8月に若年寄《わかどしより》、9月に老中格《ろうじゅうかく》と昇進し、10月には外国御用取扱《がいこくごようとりあつかい》となった。この間、8月に起きた生麦事件《なまむぎじけん》に際しては、英国側との交渉にあたり、独断で償金《しょうきん》10万ポンドの交付を強行している。慶応元年（1865）9月には大坂で老中格に再任、10月には老中へと進み、条約勅許問題・兵庫開港問題・長州処分問題など、この時期最大の懸念だった政治課題の評議にあたった。

しかし、慶応2年6月の第2次幕長戦争において、九州方面監軍として進軍した豊前小倉《こくら》（北九州市）で敗戦すると、10月に免職され、逼塞《ひっそく》を命じられる。それでも、翌11月には老中再任、慶応3年6月には新設の外国事務総裁《がいこくじむそうさい》となった。

鳥羽《とば》・伏見《ふしみ》の戦いが始まった慶応4年1月には外国事務総裁を免じられ、2月には老中を辞任。3月に福島《ふくしま》へ移り、次いで仙台《せんだい》から榎本武《えのもとたけ》揚《あき》ら旧幕府軍と合流して箱館《はこだて》（北海道函館市）へ向かった。その後、江戸に戻って潜伏生活を送り、明治5年（1872）7月になって新政府に自首したが、罪には問われなかった。明治24年1月22日、自邸（渋谷区本町）で死去した。

病 死

死の直前に正一位を賜った 三《さん》条《じょう》実《さね》美《とみ》

終焉の地 自邸（東京都品川区上大崎2―23）

享年 55

生年 天保8年（１８３７）2月7日
歿年 明治24年（１８９１）2月18日
墓所 護国寺（文京区大塚）

公家三条実万《さんじょうさねつむ》の四男として、京で生まれる。家臣で尊攘志士《そんじょうしし》の富田織部《とみたおりべ》の訓育を受けたほか、国学者谷森種松《こくがくしゃたにもりたねまつ》や漢学者池内大学《かんがくしゃいけうちだいがく》に学んだ。嘉永7年（１８５４）2月に兄公睦《きんむつ》が死去したことで、三条家を継ぐ。文久2年（１８６２）頃の京では、長州藩の過激攘夷勢力の活動が活発化していたが、実美も公家側の中心として奔走。9月には、幕府への攘夷督促勅使に任命され、姉小路公知《あねがこうじきんとも》と共に江戸へ下向し、翌3年3月の将軍徳川家茂《いえもち》上洛を実現させる。

しかし、8月18日の政変で過激攘夷勢力が京から追放されると、実美ら公家側の同志7名も追放された（七卿落ち）。その後、幕朝戦争による長州処分に関連して、藩内の過激派が実美らを擁立することを恐れた長州藩は、彼らを福《ふく》岡《おか》藩へ引き渡した。慶応3年（１８６７）12月9日に王政復古《おうせいふっこ》を迎えると、実美は27日に入京し、即日議定《ぎじょう》に就任。翌慶応4年には、岩倉具《いわくらとも》視《み》と共に新政府の副総裁《ふくそうさい》となった。明治2年（１８６９）7月に右大臣《うだいじん》、明治4年7月に太政大《だじょうだい》臣《じん》となり、明治18年の太政官制廃止まで政府の最高位にいた。太政官制廃止後は内大臣《ないだいじん》となり、明治22年の黒田清隆《くろだきよたか》内閣退陣後に、一時は内閣総理大臣を兼任するなどしている。

しかし、その2年後の明治24年2月18日、東京の自邸（品川区上大崎）で病死した。

病死

戊辰戦争後は新政府に出仕

永《なが》井《い》尚《なお》志《ゆき》

享年 76

生年 文化13年（1816）11月3日
歿年 明治24年（1891）7月1日
墓所 本行寺（荒川区西日暮里）

終焉の地 岐雲園（墨田区墨田1―4）

三河奥殿《おくとの》藩主松平乗尹《まつだいらのりただ》の庶子《しょし》として、三河（愛知県）で生まれる。25歳頃に幕府旗本《はたもと》永井《ながい》尚徳の養子となった。嘉永6年（1853）に徒士《かち》頭《がしら》から目付《めつけ》へと進み、翌7年長崎在勤となる。長崎では海軍伝習所《かいぐんでんしゅうじょ》の監督を務め、安政4年（1857）に帰府すると、江戸に新設された軍艦《ぐんかん》操練所《そうれんじょ》の総督となった。同年末には勘定奉行《かんじょうぶぎょう》となり、翌5年には外国《がいこく》奉行に転任。さらに翌6年2月には軍艦奉行に就任した。しかし、直後に起こった安政《あんせい》の大獄《たいごく》の影響から罷免《ひめん》される。

文久2年（1862）7月に政界へ復帰すると、8月には京都町奉行《きょうとまちぶぎょう》に任命され、反幕府勢力の矢面に立った。文久4年2月には大目付《おおめつけ》に昇進。慶応3年（1867）2月に若年寄格《わかどしよりかく》となり、老中板倉勝静《ろうじゅういたくらかつきよ》と共に将軍徳川慶喜《よしのぶ》を補佐。10月14日の大政奉還《たいせいほうかん》の上表文《じょうひょうぶん》を起草した。12月には若年寄となるも、慶応4年1月に勃発した鳥羽《とば》・伏見《ふしみ》の戦いで敗北すると、江戸に逃れて、2月に罷免された。その後、榎本武揚《えのもとたけあき》と箱館《はこだて》（北海道函館市）へ赴き、五稜郭《ごりょうかく》に立て籠もって新政府軍に抵抗したが、明治2年（1869）5月に降伏し、東京で投獄された。明治5年1月に赦免される。明治8年には元老院権大書記官《げんろういんごんのだいしょきかん》に任じられたが、翌9年免職し、退隠。

晩年の様子は不明だが、明治24年7月1日に岐雲園《きうんえん》（墨田区墨田）で死去している。

病死

思想家の死は病歿か毒殺か

植《うえ》木《き》枝《え》盛《もり》

享年 36

生年 安政４年（１８５７）１月20日

歿年 明治25年（１８９２）１月23日

墓所 青山霊園（港区南青山）

終焉の地 東京病院（港区西新橋３―19―18、東京慈恵会医科大学附属病院）

土佐《とさ》藩士植木直枝《うえきなおえ》の嫡男として、土佐郡井口《いぐち》村（高知市中須賀町）で生まれる。藩校致道館《ちどうかん》で漢学を学び、明治７年（１８７４）に板垣退《いただきたい》助《すけ》の演説を聞いて政治思想に目覚めると、東京で明六社《めいろくしゃ》、三田演説会《みたえんぜつかい》、キリスト教会などに出入りして、近代西洋思想を学び、民権論者としての活動を始める。

明治10年に高知へ帰って立志社《りっししゃ》に参加し、立志社建白書の草稿を起草。翌11年、自主的地方民会として設立された土佐州会の議員に選出され、地方自治の確立に尽力。さらに愛国社《あいこくしゃ》の再興、国会期成同盟《こっかいきせいどうめい》の結成などに参加し、明治13年末には自由党《じゆうとう》の結党に参画した。立志社草案として枝盛が起草した私擬憲法《しぎけんぽう》「日本国国憲《にほんこくこっけん》案《あん》」は、徹底した民主主義の精神を示した。

明治17年に自由党が解党すると、高知へ戻り、明治19年から21年まで高知県議会議員を務め、県政民主化、婦人解放、風俗改良などに尽力。明治23年には愛国公党《あいこくこうとう》の創立に関わり、第１回衆議院議員選挙に立候補して当選を果たす。しかし、第１回帝国議会で、いわゆる土佐派として予算案に関して民党を裏切る行為に出て、自由党を脱会した。第２回議会で衆議院が解散されると、自由党に復帰したが、直後に発病。

明治25年１月23日に胃潰瘍《いかいよう》の悪化により、東京病院で急死した。毒殺の疑いもあるという。

その他

突然死した小ナポレオン

山《やま》田《だ》顕《あき》義《よし》

終焉の地　生野銀山の坑道（兵庫県朝来市生野町小野33—5）

享年 49

生年　天保15年（1844）10月9日
歿年　明治25年（1892）11月11日
墓所　護国寺（文京区大塚）

長州藩士山田顕行《やまだあきゆき》の嫡男として、長門阿武《あぶ》郡松本《まつもと》村（山口県萩市）で生まれる。大伯父には、毛利《もうり》家の重臣村田清風《むらたせいふう》がいる。藩校明倫館《めいりんかん》や、吉田松陰《よしだしょういん》の松下村塾《しょうかそんじゅく》に学んだ。文久2年（１８６２）、御楯組《みたてぐみ》の結成に参加し、尊王攘夷《そんのうじょうい》運動に奔走。元治元年（１８６４）7月の禁門《きんもん》の変《へん》では敗走したが、第1次幕長戦争後に高杉晋作《たかすぎしんさく》が挙兵すると、御楯組もそれに呼応して藩政を掌握した。慶応3年（１８６７）には整武隊総《せいぶたいそう》督《とく》となり、大政奉還《たいせいほうかん》後に率兵上京した。

慶応4年の戊辰戦争《ぼしんせんそう》では、官軍の参謀《さんぼう》として北越《ほくえつ》・箱館《はこだて》戦争で活躍。明治4年（１８７１）10月に出発した岩倉使節団《いわくらしせつだん》にも随行し、帰国後は東京鎮台司令長官《とうきょうちんだいしれいちょうかん》、駐清公使《ちゅうしんこうし》を務める。明治7年7月に陸軍少将兼司法大輔《りくぐんしょうしょうけんしほうだゆう》になると、以後は司法行政に携わるようになる。明治11年3月から翌年9月まで元老院議官《げんろういんぎかん》を兼任。その後も工部卿《こうぶきょう》、内務卿《ないむきょう》、司法卿《しほうきょう》を歴任し、明治18年12月の第1次伊藤博文《いとうひろぶみ》内閣では初代司法大臣《しほうだいじん》に就任し、伊藤らと共に長州閥の中核を担った。

その後、議会運営を巡る意見対立から、明治24年6月に退任。政治以外では、日本法律学校《にほんほうりつがっこう》（現、日本大学）の設立に重要な役割を果たし、教育面にも力を注いだ。しかし、官職を辞した翌25年11月11日、生野銀山《いくのぎんざん》（兵庫県県朝来市）の視察中に、坑道《こうどう》に転落して死亡したという。

病死

伊達宗城《だてむねなり》

ハワイ国王から勲章を授与

享年 75

生年 文政元年（1818）8月1日
歿年 明治25年（1892）12月20日
墓所 等覚寺（愛媛県宇和島市野川）
谷中霊園（台東区谷中）

終焉の地 自邸（台東区今戸1丁目）

幕府旗本山口直勝《はたもとやまぐちなおかつ》の次男として江戸で生まれる。文政12年（1829）に、伊予宇和島《うわじま》藩主伊達宗紀《だてむねただ》の養嗣子《ようしし》となり、宗城《むねなり》と称した。天保15年（1844）に家督を相続し、殖産興業《しょくさんこうぎょう》政策や教育振興、富国強兵《ふこくきょうへい》のための洋式兵学の導入など藩政改革を主導した。

水戸《みと》藩主徳川斉昭《なりあき》とは親しく交流し、越前福井《ふくい》藩主松平慶永《まつだいらよしなが》（春嶽《しゅんがく》）ら有志大名と共に中央政局で影響を与える存在となる。安政5年（1858）から始まる安政《あんせい》の大獄《たいごく》に関連して、11月に退隠。文久3年（1863）8月18日の政変後、朝廷に招かれて入京し、朝議参与《ちょうぎさんよ》を命じられる（参与会議）。しかし、横浜鎖港問題を巡って一橋慶喜《ひとつばしよしのぶ》と宗城ら有志大名との間で意見が対立し、元治元年（1864）4月に会議は解体。慶応元年（1865）6月、英国公使パークスが宇和島を訪問、翌2年12月にも同国書記官アーネスト・サトウが訪れ、宗城と懇談、軍事工場の視察などを行っている。慶応3年12月9日の王政復古《おうせいふっこ》後は、新政府の議定《ぎじょう》となった。

明治2年（1869）9月には民部卿兼大蔵《みんぶきょうけんおおくら》卿《きょう》となり、鉄道建設の推進に尽力。明治4年7月には、全権として天津《テンシン》で日清修好条規《にっしんしゅうこうじょうき》に調印した。その後は公職を辞し、明治16年に修史館《しゅうしかん》副総裁《ふくそうさい》などを務めている。明治25年12月20日、東京の自邸（台東区今戸）で死去した。

病死

河《かわ》竹《たけ》黙《もく》阿《あ》弥《み》

遺作の上演直後に脳溢血で死歿

終焉の地 自邸（墨田区亀沢2―11―11）

享年 78

生年 文化13年（1816）2月3日

歿年 明治26年（1893）1月22日

墓所 源通寺（中野区上高田）

江戸日本橋通2丁目、通称式部小路《しきぶこうじ》で湯屋《ゆや》の株売買を生業とする越前屋勘兵衛《えちぜんやかんべえ》の嫡男として生まれる。14歳の時に柳橋《やなぎばし》で遊興中のところを見つかって勘当《かんどう》され、17歳で銀座の貸本屋の手《て》代《だい》となった。19歳となった天保6年（1835）に、踊りの師匠である沢村《さわむら》お紋《もん》の紹介で鶴屋孫《つるやまご》太郎《たろう》（のち五代目鶴屋南北《なんぼく》）に入門し、勝諺蔵《かつげんぞう》と名乗って市村座《いちむらざ》へ通うようになる。天保12年には柴晋輔《しばしんすけ》と改名して河原崎座《かわらざきざ》に入り、次席作《じせきさく》者《しゃ》となる。次いで天保14年には、二代目河竹新《かわたけしん》七《しち》を襲名し、立作者格《たてさくしゃかく》となる。

転機は嘉永7年（1854）。『忍《しの》ぶの惣太《そうた》（都鳥廓白浪《みやこどりながれのしらなみ》）』で、幕末の名優四代目市川小團《いちかわこだん》次《じ》と意気投合すると、慶応2年（1866）に彼が死ぬまで、多くの生世話《きぜわ》狂言《きょうげん》を書き、第一人者となった。

維新後は、九代目市川團十郎《だんじゅうろう》や五代目尾上菊《おのえきく》五郎《ごろう》のために、新時代を反映する作品を執筆したが、やがて政府の干渉が入ってくるようになると、伝統的な狂言作者への非難も大きくなり、明治14年（1881）に引退を宣言。最後の作品として、黙阿弥《もくあみ》と改名の上、『島ちどり（島《しま》鵆月白浪《ちどりつきのしらなみ》）』を発表した。後年、坪内逍遥《つぼうちしょうよう》は「江戸演劇の大問屋」と、黙阿弥を称している。

明治26年1月22日、脳溢血《のういっけつ》により、本所南二《ほんじょみなみふた》葉《ば》町（墨田区亀沢）の自邸で死去した。

条約改正を目指した不屈の外交官

寺《てら》島《じま》宗《むね》則《のり》

享年 62

生年 天保３年（１８３２）５月23日
歿年 明治26年（１８９３）６月６日
墓所 海晏寺（品川区南品川）

終焉の地 自邸（港区白金台２―20―12、畠山記念館）

薩摩《さつま》藩出水《いずみ》郷士《ごうし》長野祐照《ながのすけてる》の次男として、出水郡出水郷脇本《わきもと》村（鹿児島県阿久根市）で生まれる。16～17歳頃から同藩蘭医《らんい》八木昇平《やぎしょうへい》に学び、弘化２年（１８４５）には江戸で伊東玄朴《いとうげんぼく》らに蘭学を学んだ。安政３年（１８５６）には、幕府の蕃書調書教授手伝《ばんしょしらべしょきょうじゅてつだい》となる。この頃、伯父松木宗《まつきそう》保《ほ》の養子となり、松木弘安《こうあん》と名乗っていた。

文久元年（１８６１）12月、開市開港延期問《かいしかいこうえんきもん》題《だい》交渉のために欧州へ派遣された竹内保徳《たけうちやすのり》使節《しせつ》団《だん》には、通訳兼医師として、福沢諭吉《ふくざわゆきち》や福地源《ふくちげん》一郎《いちろう》らと随行している。文久３年７月の薩英戦《さつえいせん》争《そう》では、五代友厚《ごだいともあつ》と共に英国軍艦の捕虜となり、横浜で和議交渉にあたった。慶応元年（１８６５）に薩摩藩が英国に留学生を派遣した際には、出水泉蔵《いずみせんぞう》の変名で参加、留学生をまとめている。

維新後は、外国事務局判事《がいこくじむきょくはんじ》や神奈川県知事《かながわけんちじ》などを歴任し、明治２年（１８６９）７月に外務《がいむ》省《しょう》が設置されると、外務大輔《だゆう》に任じられ、明治５年には英国駐箚《ちゅうさつ》、のち特命全権公使《とくめいぜんけんこうし》へと進む。翌６年に帰国すると参議兼外務卿《さんぎけんがいむきょう》となり、マリア・ルス号事件の処理、千島《ちしま》・樺太交換条約《からふとこうかんじょうやく》の締結、税権回復の条約改正交渉など、重要外交案件に対応。その後も、文部卿《もんぶきょう》、法制局長官《ほうせいきょくちょうかん》、元老院議長《げんろういんぎちょう》、駐米特命全権公使など多くの要職を歴任した。晩年の様子は不詳だが、明治26年６月６日、東京の自邸（港区白金台）で死去した。

病死

会津藩の実質最後の藩主

松《まつ》平《だいら》容《かた》保《もり》

終焉の地　自邸（文京区小日向1丁目）

享年 59

生年　天保6年（1835）12月29日
歿年　明治26年（1893）12月5日
墓所　院内御廟（福島県会津若松市東山町）

美濃高須《たかす》藩主松平義建《まつだいらよしたつ》の六男として、高須藩上屋敷（新宿区荒木町）で生まれる。弘化3年（1846）4月に会津《あいづ》藩主松平容敬《かたたか》の養子となり、嘉永5年（1852）に家督を継いだ。

文久2年（1862）の幕政改革で、新設の京都守護職《きょうとしゅごしょく》となり、容保は京都政局の中心に身を置くこととなる。孝明《こうめい》天皇の絶大な信任を得ると、8月18日の政変で、長州藩の尊攘過激派《そんじょうかげきは》勢力を京から追放。元治元年（1864）、実弟の伊勢桑名《くわな》藩主松平定敬《さだあき》が京都所司代《しょしだい》に任命されると、一橋慶喜《ひとつばしよしのぶ》と共に一大勢力を形成した（一会桑《いちかいそう》政権）。7月の禁門《きんもん》の変《へん》では、薩摩《さつま》・桑名藩兵と共に長州勢を撃退し、その後の長州処分問題では、強硬論を主張。慶応3年（1867）12月9日の王政復古《おうせいふっこ》によって京都守護職を免じられ、さらに鳥羽《とば》・伏見《ふしみ》の戦いが起きると官位も奪われた。その後は国許に戻るが、8月には新政府軍が会津に侵攻。1ヶ月の籠城の末、9月に降伏。容保は鳥取《とっとり》藩に永預《ながあずけ》となった。

なお会津藩は、明治2年（1869）9月に容保の嫡男容大《かたはる》に家名再興が許可され、11月に陸奥で3万石が与えられたことで、斗南《となみ》藩として再起した。明治5年の謹慎解除後は、日光東《にっこうとう》照宮《しょうぐう》の宮司《ぐうじ》や二荒山神社《ふたらさんじんじゃ》の宮司などを務め、明治26年12月5日、東京小石川《こいしかわ》の自邸（文京区小日向）で、肺炎のために亡くなった。

病　死

伊藤博文と仲違いして政界引退
井《いの》上《うえ》毅《こわし》

享年
52

生年　天保14年（1843）12月18日
歿年　明治28年（1895）3月17日
墓所　瑞輪寺（台東区谷中）

終焉の地　別邸（神奈川県三浦郡葉山町一色2123、葉山しおさい公園）

肥後熊本《くまもと》藩の家老長岡監物《ながおかけんもつ》の家臣飯田権五兵《いいだごんごべ》衛《え》の三男として、熊本城下の長岡家下屋敷の長屋で生まれる。慶応元年（1865）に同家中の井上茂三郎《いのうえもさぶろう》の養子となった。幼少から神童《しんどう》と言われ、長岡監物の命で藩儒木下犀潭《はんじゅきのしたさいたん》に学び、次いで藩校時習館《じしゅうかん》で学んだ。慶応3年に江戸遊学を命じられて仏学を学び、明治3年（1870）に再度東京へ出て南校《なんこう》に入る。明治5年6月には司法卿江藤新平《しほうきょうえとうしんぺい》の渡欧に随従を命じられた。帰国後、明治7年に大久保利通《おおくぼとしみち》が清《シン》国に派遣されるに伴い、諸文案の起草を担当したことで大久保に認められ、頭角を現す。明治10年に太政官大書記官《だじょうかんだいしょきかん》、翌11年に内務大書記官などを兼任すると、各種の意見書を起草するようになり、政府要人との繫がりを強固にしていった。

その後、自由民権運動や国会開設要求が高まると、プロシア憲法による欽定《きんてい》憲法構想をまとめ、伊藤博文《いとうひろぶみ》が憲法起草の責任者に指名されると、その協力者となった。明治14年には太政官雇ロエスレルを顧問として憲法起草の準備調査に専念。明治19年に憲法起草を始め、憲法本文と皇室典範《こうしつてんぱん》の起草を担当、明治21年に確定草案を完成。明治23年には、教育勅語《きょういくちょくご》の起草にもあたる。第2次伊藤博文内閣では文部大臣《もんぶだいじん》となるが、翌24年8月に病気のため辞任。明治28年3月17日、神奈川県葉山《はやま》の別邸で病死した。

わずか14ヶ月余りの作家生活

樋《ひ》口《ぐち》一《いち》葉《よう》

享年
25

生年　明治5年（1872）3月25日
歿年　明治29年（1896）11月23日
墓所　築地本願寺和田堀廟所（杉並区永福）

終焉の地
自邸（文京区西片1—17—8）

東京府第2大区1小区内幸町《うちさいわいちょう》（千代田区）の東京府庁構内の長屋で、甲斐中萩原《なかはぎわら》村（山梨県甲州市）出身の樋口則義《ひぐちのりよし》・多喜《たき》の次女として生まれる。父則義は、幕末に御家人株《ごけにんかぶ》を買って幕臣となり、維新後は東京府の官吏《かんり》となっていた。

一葉は、明治16年（1883）12月に池ノ端《いけのはた》の私立青梅《せいかい》学校高等科第4級を首席で卒業。翌17年には歌人和田重雄《わだしげお》に、次いで中島歌子《なかじまうたこ》にも入門して、和歌・古典を学んだ。明治22年7月に父則義が死去すると、家計の負担が一葉にのしかかり、生活を支えるために小説執筆を志す。

明治24年10月から『朝日新聞』の小説記者半《なから》井《い》桃水《とうすい》の手ほどきを受けるも、桃水との関係が中島塾で醜聞沙汰《しゅうぶんざた》になると、離れざるを得なくなった。しかし、この間執筆した『うもれ木』（『都の花』）が『文学界』の同人に注目されると、上田柳村《うえだりゅうそん》や島崎藤村《しまざきとうそん》などの文人が来訪するようになり、彼らから西洋文学の知識を得た。その一方で、明治27年7月には下谷竜泉寺《したやりゅうせんじ》町（台東区）に移転して荒物《あらもの》店を開いている。

翌28年5月には本郷《ほんごう》の丸山福山《まるやまふくやま》町（文京区）に転居し、それから1年半余の間に、『たけくらべ』、『にごりえ』などの名著を次々と発表。中でも『たけくらべ』は、森鷗外《もりおうがい》や幸田露伴《こうだろはん》からの絶賛を受け、文名が一気に高まった。しかし、明治29年11月23日、肺結核《はいけっかく》で亡くなった。

病死

幕臣からジャーナリストに転身

栗《くり》本《もと》鋤《じょ》雲《うん》

享年 76

生年 文政5年（1822）3月10日
歿年 明治30年（1897）3月6日
墓所 善心寺（文京区大塚）

終焉の地 自邸（墨田区石原3―18―1）

幕府医官喜多村槐園《きたむらかいえん》の三男として、神田猿楽《かんださるがく》町（千代田区）で生まれる。17歳で安積艮斎《あさかごんさい》に入門。嘉永元年（1848）に幕府奥詰医師《おくづめいし》栗《くり》本《もと》家の養子となるが、安政5年（1858）に上司の忌憚《きたん》に触れて蝦夷地《えぞち》移住を命じられる。以後6年間、箱館《はこだて》（北海道函館市）での生活を送るが、その間に山野の開拓、薬草園経営、鉱物資源調査、医学所・病院建設など様々な事業を推進した。文久2年（1862）に箱館奉行支配組頭《しはいくみがしら》となり、樺太《からふと》・千島《ちしま》の調査にあたる。この間、仏人宣教師《せんきょうし》メルメ＝ドゥ＝カションと双方の語学伝授を続け、その時に得た西洋事情を『鉛筆紀聞《えんぴつきぶん》』としてまとめた。

文久3年、突如江戸に呼び戻され、主に対仏幕府外交の第一線に立つようになった。翌年にはフランス技術の導入による横須賀造船所《よこすかぞうせんじょ》・製鉄所の事業に携わり、ほかにもフランス陸軍の伝習推進、仏語学所の設置に尽力した。その後、軍艦《ぐんかん》奉行や外国《がいこく》奉行を歴任し、慶応3年（1867）6月には外国奉行・勘定奉行格・箱館奉行と3つの要職を兼帯して渡仏。フランスからの対幕府借款《しゃっかん》の外交交渉にあたった。

維新後は、『横浜毎日《よこはままいにち》新聞』や『郵便報知《ゆうびんほうち》新聞』の主筆として入社し、犬養毅《いぬかいつよし》や尾崎行雄《おざきゆきお》らの後進を育成している。その後も執筆活動を続け、明治30年3月6日に自邸で亡くなった。

病死

収賄事件で大臣を辞任

後《ご》藤《とう》象《しょう》二《じ》郎《ろう》

享年 60

生年 天保9年（1838）3月19日
歿年 明治30年（1897）8月4日
墓所 青山霊園（港区南青山）

終焉の地 自邸（港区高輪3―13―1、高輪プリンスホテル）

土佐《とさ》藩士後藤助右衛門《ごとうすけえもん》の嫡男として、高知城下の片町《かたまち》（高知市与力町）で生まれる。藩参政《さんせい》で義理の叔父にあたる吉田東洋《よしだとうよう》の少林塾《しょうりんじゅく》に学び、東洋の開国進取論に影響を受けた。

元治元年（1864）には、同門の岩崎弥太《いわさきやた》郎《ろう》らと開国策を前藩主山内容堂《やまうちようどう》に上申。殖産興《しょくさんこう》業《ぎょう》のための開成館《かいせいかん》設立や、長崎貿易での汽船購入などの必要性を主張した。7月に大監察《だいかんさつ》になると、土佐勤王党《とさきんのうとう》を取り締まり、武市半平太《たけちはんぺいた》（瑞山《ずいざん》）を切腹させた。さらに参政として藩政の実権を握ると、開成館を経営し、長崎での国産品輸出、汽船購入など積極的な殖産興業政策を推進。慶応3年（1867）には、坂本龍馬《さかもとりょうま》らと公議政体論《こうぎせいたいろん》を唱え、将軍徳川慶喜《よしのぶ》に大政奉還《たいせいほうかん》を入説した。12月9日の王政復古《おうせいふっこ》後は参与《さんよ》に任じられ、大阪府知事、左院議長《さいんぎちょう》などを歴任。

しかし、明治6年（1873）の征韓論争《せいかんろんそう》で下野《げや》すると、翌7年1月に板垣退助《いたがきたいすけ》や江藤新平《えとうしんぺい》らと共に民撰議院設立建白書《みんせんぎいんせつりつけんぱくしょ》を提出した。明治14年、自由党《じゆうとう》の結党に参加。明治22年には黒田《くろだ》清隆《きよたか》内閣で逓信大臣《ていしんだいじん》に就任し、後続の第1次山《やま》県有朋《がたありとも》内閣、第1次松方正義《まつかたまさよし》内閣でも逓信大臣を続投した。第2次伊藤博文《いとうひろぶみ》内閣では農商務《のうしょうむ》大臣となるも、議会の激しい批判を受けて辞任。明治29年の夏頃から心臓病を患い、箱根《はこね》で療養を続けたが、翌30年8月4日に亡くなった。

病死

条約改正に尽くしたカミソリ大臣

陸《む》奥《つ》宗《むね》光《みつ》

享年 54

生年 天保15年（1844）7月7日
歿年 明治30年（1897）8月24日
墓所 寿福寺（神奈川県鎌倉市扇ガ谷）

終焉の地 自邸（北区西ヶ原1丁目、旧古河庭園）

紀伊和歌山《わかやま》藩士伊達宗広《だてむねひろ》の六男として、和歌山城下（和歌山市吹上）で生まれる。15歳で江戸に出て苦学し、その後は一家で京に移る。京では勤王《きんのう》運動に従事するが、坂本龍馬《さかもとりょうま》と知り合い、神戸《こうべ》の海軍操練所《かいぐんそうれんじょ》で勝海舟《かつかいしゅう》の教えを受けた。慶応元年（1865）に、龍馬と共に鹿児島や長崎を遊歴。慶応3年に龍馬の海援隊《かいえんたい》に入る。

王政復古《おうせいふっこ》後は、新政府で外国事務局御用掛《がいこくじむきょくごようがかり》となり、次いで大阪府権判事《ごんのはんじ》・兵庫県知事《けんちじ》などを歴任。明治3年（1870）、和歌山藩欧州執《しっ》事《じ》として渡欧し、翌4年和歌山藩庁出仕《しゅっし》となる。廃藩置県《はいはんちけん》後は、神奈川県知事と外務大丞《たいじょう》を兼任したが、明治10年に西南戦争《せいなんせんそう》が起きると、立志《りっし》社《しゃ》の大江卓《おおえたく》らによる政府転覆計画に連累《れんるい》した罪で、国事犯《こくじはん》として禁固5年に処せられた。

明治16年に出獄すると、翌17年からヨーロッパに渡り、帰国後は外務省に入る。明治21年には駐米公使《ちゅうべいこうし》となり、初めての対等条約となるメキシコとの条約に調印した。帰国後は、第1次山県有朋《やまがたありとも》内閣、第1次松方正義《まつかたまさよし》内閣で農商務大《のうしょうむだい》臣《じん》を務め、第2次伊藤博文《いとうひろぶみ》内閣で外務大臣となる。明治27年には、維新以来の念願だった条約改正交渉を進め、7月に日英通商航海条約《にちえいつうしょうこうかいじょうやく》に調印し、治外法権《ちがいほうけん》の撤廃を果たした。

明治30年8月24日、肺結核《はいけっかく》のために東京西《にし》ヶ《が》原《はら》の自邸で病死した。

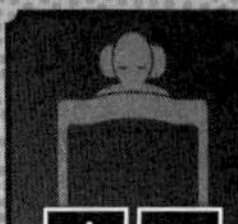

病死

勝《かつ》 海《かい》 舟《しゅう》

最後の言葉は「コレデオシマイ」

享年 77

生年 文政6年（1823）1月30日

歿年 明治32年（1899）1月19日

墓所 洗足池公園（大田区南千束）

終焉の地 自邸（港区赤坂6—6—14）

幕府旗本《はたもと》勝《かつ》小吉《こきち》の嫡男として、江戸の本所《ほんじょ》亀《かめ》沢《さわ》町（墨田区両国）で生まれる。天保9年（1838）に家督を相続。弘化2年（1845）頃に永《なが》井《い》青崖《せいがい》から蘭学《らんがく》を学び始め、嘉永3年（1850）には自身の蘭学塾を開く。嘉永6年6月のペリー来航に際しては、海防《かいぼう》意見書《いけんしょ》を幕府に提出。安政2年（1855）7月には海軍伝習のために長崎へ派遣され、現地でオランダ海軍士官から伝習を受ける。万延元年（1860）、日米修好通商条約《にちべいしゅうこうつうしょうじょうやく》の批准《ひじゅん》使節の一員として、咸《かん》臨丸《りんまる》を指揮して太平洋を横断。帰国後は、軍艦《ぐんかん》操練所頭取《そうれんじょとうどり》などを経て、文久2年（1862）閏8月、軍艦奉行並《ぐんかんぶぎょうなみ》に昇進した。元治元年（1864）5月、軍艦奉行となって神戸《こうべ》海軍操練《かいぐんそうれん》所《じょ》を開設。幕臣以外にも、諸藩の学生や坂本龍《さかもとりょう》馬《ま》、陸奥宗光《むつむねみつ》などの脱藩志士をも受け入れた。

慶応4年（1868）の戊辰戦争《ぼしんせんそう》では、鳥《と》羽《ば》・伏見《ふしみ》の戦いでの敗戦を受けて、3月に薩摩《さつま》藩の西郷隆盛《さいごうたかもり》と会談し、江戸城の無血開城を実現させた。その後、しばらくは新政府の役職には就かなったが、明治5年（1872）5月に海軍大輔《かいぐんだゆう》、翌6年には海軍卿《かいぐんきょう》となる。明治8年に免官されて以降は、官職から離れた。

明治32年1月19日、赤坂の自邸で風呂上がりにブランデーを飲んでいたところ、脳溢血《のういっけつ》となり、死去したという。

病死

民法編纂の確立に尽力

大《おお》木《き》喬《たか》任《とう》

終焉の地　自邸（港区虎ノ門4―1―34）

享年 68

生年　天保3年（1832）3月23日
歿年　明治32年（1899）9月26日
墓所　西往寺（佐賀県吉野ヶ里町）
青山霊園（港区南青山）

肥前佐賀《さが》藩士大木《おおき》知喬の嫡男として、佐賀城下（佐賀市水ヶ江）で生まれる。初め藩校弘道《こうどう》館《かん》で学び、嘉永3年（1850）に副島種臣《そえじまたねおみ》と枝吉神陽《えだよししんよう》の義祭同盟《ぎさいどうめい》に参加し、尊王論《そんのうろん》を唱えた。のちに江藤新平《えとうしんぺい》や大隈重信《おおくましげのぶ》も加わっている。

王政復古《おうせいふっこ》後、慶応4年（1868）閏4月に徴士《ちょうし》、次いで参与兼外国事務局判事《さんよけんがいこくじむきょくはんじ》となる。この閏4月には、江藤新平と連署《れんしょ》で東京奠都《てんと》を岩《いわ》倉具視《くらともみ》に提出し、その実現に向けて文字通り東奔西走。これはのちに実現している。佐賀藩においては、江藤、副島、大隈らと藩主鍋島直正《なべしまなおまさ》を補佐し、藩政改革を進めると共に、版籍奉還《はんせきほうかん》を強く進言した。新政府では参議《さんぎ》、文部卿《もんぶぎょう》、民《みん》部《ぶ》卿、司法《しほう》卿などを歴任する一方で、明治2年（1869）7月には初代東京府大参事《とうきょうふだいさんじ》（現、東京府知事）となっている。

明治9年に山口や熊本で勃発した不平士族《ふへいしぞく》の反乱（萩の乱、神風連の乱）の際には、司法卿として現地へ赴き、公正な裁判を行って判決を下した。明治13年には民法編纂総裁《みんぽうへんさんそうさい》として法典《ほうてん》編纂にも尽力。明治18年に内閣制度が施行されると、元老院議長《げんろういんぎちょう》となり、その後も枢密顧問官《すうみつこもんかん》、枢密院議長《すうみついんぎちょう》を歴任。明治24年の第1次松方正義《まつかたまさよし》内閣では文部大臣を務めた。

明治32年9月26日、芝葺手《しばふきて》町（港区虎ノ門）の自邸で病歿した。

病死

同志のために尊攘堂を建立

品《しな》川《がわ》弥《や》二《じ》郎《ろう》

享年 58

生年 天保14年（1843）9月26日
歿年 明治33年（1900）2月26日
墓所 正法寺（京都市東山区清閑寺霊山町）

終焉の地 自邸（千代田区九段南2—1—39、九段坂病院）

長州藩の足軽品川弥市右衛門《あしがるしながわやいちえもん》の嫡男として、萩城下の松本《まつもと》村川端《かわばた》（山口県萩市）で生まれる。安政5年（1858）に松下村塾《しょうかそんじゅく》へ入門し、吉《よし》田《だ》松陰《しょういん》に学んだ。しかし翌6年10月に安政《あんせい》の大《たい》獄《ごく》で松陰が刑死すると、師の冤罪《えんざい》を訴えて謹慎となる。万延元年（1860）に赦免されて以降は、高杉晋作《たかすぎしんさく》や久坂玄瑞《くさかげんずい》らと尊王攘夷《そんのうじょうい》運動に活躍した。元治元年（1864）7月の禁門《きんもん》の変《へん》では、八幡隊《やはたたい》隊長として参戦。太田市之進《おおたいちのしん》を総督《そうとく》に、山田顕義《やまだあきよし》ら長州藩士と御楯隊《みたてたい》を組織した。慶応元年（1865）に木戸孝允《きどたかよし》と上京して薩摩《さつま》との連携にあたり、薩長同盟《さっちょうどうめい》の成立に貢献する。戊辰戦争《ぼしんせんそう》では奥羽鎮撫総督参謀《おううちんぶそうとくさんぼう》、整武《せいぶ》隊《たい》参謀として奥羽に出陣した。

新政府では内務少輔《ないむしょうゆう》、農商務大輔《のうしょうむだゆう》、駐独公使《ちゅうどくこうし》、枢密顧問官《すうみつこもんかん》などを歴任。しかし明治24年（1891）、第1次松方正義《まつかたまさよし》内閣の内務大臣《ないむだいじん》に就任した品川は、翌25年3月の第2回総選挙において、次官白根専一《しらねせんいち》と警察を動員しての選挙干渉を行い、死者25人を出したために、引責辞任を余儀なくされた。その後は、西郷従道《さいごうつぐみち》らと国民《こくみん》協会《きょうかい》を組織。獨逸学協会学校《どいつがくきょうかいがっこう》（現、獨協学園）や旧制京華《けいか》中学校（現、京華学園）を創立し、また、信用組合や産業組合の設立にも貢献した。

明治33年2月26日、インフルエンザに肺炎《はいえん》を併発して、東京九段《くだん》の自邸で死去した。

病死

西本願寺の警備員となった後半生

島田《しまだ》 魁《かい／さきがけ》

享年 73

生年 文政11年（１８２８）１月15日
歿年 明治33年（１９００）３月20日
墓所 大谷祖廟（遺骨。京都市東山区円山町）

終焉の地 西本願寺（京都市下京区門前町60）

美濃方県《かたがた》郡雄総《おぶさ》村（岐阜市）の庄屋《しょうや》近藤《こんどう》伊《い》右衛門《えもん》の次男として生まれる。のちに永縄半左《ながなわはんざ》衛門《えもん》の養子となるが、その死後は母方の祖父川《かわ》島嘉右衛門《しまかえもん》に預けられた。優れた剣術の腕を持ち、美濃大垣《おおがき》藩の島田《しまだ》才から才能を認められて養子となり、島田家を継いだ。

島田が新撰組《しんせんぐみ》に入隊した経緯は不明だが、文久３年（１８６３）には脱藩して隊に加わっていたとされる。諸士調役兼監察《しょししらべやくけんかんさつ》に就任。「鬼の副長」土方歳三《ひじかたとしぞう》の下で、隊士の粛清《しゅくせい》などにも加担した。元治元年（１８６４）６月に古高俊太《ふるたかしゅんた》郎《ろう》を捕縛して拷問《ごうもん》、古高を自白させたことが、同夜の池田屋事件《いけだやじけん》に繋がった。新撰組の組織再編後は伍長《ごちょう》も兼任した。慶応３年（１８６７）12月18日、高台寺党《こうだいじとう》の残党が近藤勇《こんどういさみ》を襲った際には、近藤の護衛として同行し、馬上で狙撃された近藤の馬を駆ってその命を救った。慶応４年の鳥羽《とば》・伏見《ふしみ》の戦いでは、永倉新八《ながくらしんぱち》らと決死《けっし》隊《たい》を組織して敵陣に斬り込むが、撤退。新撰組隊士として、最後の箱館五稜郭《はこだてごりょうかく》（北海道函館市）まで戊辰戦争《ぼしんせんそう》を戦い抜いた。

明治２年（１８６９）５月に降伏すると、11月まで謹慎。赦免後は京都でレモネード屋や剣術道場などを開いたが、流行らず困窮。明治19年に西本願寺《にしほんがんじ》の夜間警備員として勤め始め、明治33年３月20日、西本願寺で倒れて死去した。

病死

名人とされる近代落語の祖

三遊亭圓朝《さんゆうていえんちょう》

終焉の地　自邸（台東区東上野3—36付近）

享年 62

生年　天保10年（１８３９）4月1日
歿年　明治33年（１９００）8月11日
墓所　全生庵（台東区谷中）

音曲師《おんぎょくし》の初代橘屋圓太郎《たちばなやえんたろう》（出淵長蔵《いずぶちちょうぞう》）の子として、江戸湯島切通《ゆしまきりどおし》町（千代田区湯島）に生まれる。本名は出淵治郎吉《いずぶちじろきち》。

弘化2年（１８４５）に7歳で小圓太《こえんた》を名乗り、初めて高座《こうざ》に上がる。その後、二代目三遊亭圓生《さんゆうていえんしょう》に弟子入りした。安政2年（１８５５）に圓朝《えんちょう》と改名し、場末《ばすえ》の席で真打《しんうち》となる。安政5年に歌川国芳《うたがわくによし》仕込みの画技を活かして、鳴り物入りの道具噺《どうぐばなし》で人気を博し、翌6年には都心の席でも真打となった。その後、『累ケ淵後日《かさねがふちごにちの》怪談《かいだん》』を創作してから、自作を高座にかけるようになる。文久（１８６１〜６４）頃には三題噺《さんだいばなし》のグループ「粋狂連《すいきょうれん》」に加わり、通人・作者連中との交流を深め、人気が爆発した。

しかし、明治になると、素噺《すばなし》に戻って高い芸境を目指した。明治11年（１８７８）、『塩原多助一代記《しおばらたすけいちだいき》』を完成。明治17年7月から、速記術普及のために刊行した『怪談牡丹燈籠《かいだんぼたんどうろう》』が、言文一致体《げんぶんいっちたい》小説の文体に影響を与えたとされる。圓朝の作品の多くが劇化され、好評を博した。

しかし、明治24年6月に、席亭の横暴を憤って寄席《よせ》を退隠すると、寂しい晩年を送った。その後は弟子の育成に力を注ぎ、三遊派《さんゆうは》は全盛を迎えることとなる。

明治32年から発病し、明治33年8月11日に、下谷車坂《したやくるまざか》町（台東区東上野）の自邸で死去した。

死後も続いた榎本武揚との交流

黒《くろ》田《だ》清《きよ》隆《たか》

終焉の地　自邸（港区三田1―6）

享年 61

生年　天保11年（1840）10月16日
歿年　明治33年（1900）8月23日
墓所　青山霊園（港区南青山）

薩摩《さつま》藩士黒田《くろだ》清行の嫡男として、鹿児島城下（鹿児島市新屋敷町）で生まれる。成年して家督を継ぎ、砲隊に入る。慶応2年（1866）の薩長同盟《さっちょうどうめい》では、西郷隆盛《さいごうたかもり》を助けてその成立に奔走。慶応4年の戊辰戦争《ぼしんせんそう》では、官軍参謀《かんぐんさんぼう》として北越《ほくえつ》・庄内《しょうない》・蝦夷《えぞ》地を転戦、明治2年（1869）の箱館《はこだて》戦争では旧幕府軍との戦闘を指揮し、榎《えの》本武揚《もとたけあき》を降伏に追い込んだ。その後は榎本の能力を惜しんで新政府に助命を嘆願。榎本は赦免後、開拓使出仕《かいたくししゅっし》として黒田を助けた。

その後は北方《ほっぽう》問題に関わり、明治3年5月、開拓次官《かいたくじかん》に任じられると、樺太《からふと》を放棄して北海道の開拓を重視した。明治4年に「開拓使十年計画」を策定し、10月に開拓長官代理《かいたくちょうかんだいり》となると、明治15年の開拓使廃止まで北海道開拓の最高責任者として北海道政策に尽力した。

しかし明治14年7月、官有物《かんゆうぶつ》を極端に有利な条件で同郷の五代友厚《ごだいともあつ》らに払い下げようとしたことが発覚し、世論の激しい批判を受けた（開拓使官有物払い下げ事件）。10月に起こった明治14年の政変《せいへん》によって払い下げは中止、翌15年に開拓使は廃止された。

明治20年に農商務大臣《のうしょうむだいじん》、翌21年には枢密院議《すうみついんぎ》長《ちょう》、さらに4月には内閣総理大臣となった。その後も逓信《ていしん》大臣、枢密院議長などを歴任し、明治33年8月23日、脳出血《のうしゅっけつ》によって死去した。

病死

命日は「雪地忌」と呼ばれる

福《ふく》沢《ざわ》諭《ゆ》吉《きち》

終焉の地 自邸（港区三田2―15―45、慶應義塾大学三田キャンパス内に碑あり）

享年 68

生年 天保5年（1834）12月12日
歿年 明治34年（1901）2月3日
墓所 善福寺（港区元麻布）

豊前中津《なかつ》藩士福沢百助《ふくざわひゃくすけ》の次男として、大坂の中津藩蔵屋敷《くらやしき》（大阪市福島区福島）で生まれる。14～15歳頃から漢学《かんがく》を学び始め、安政2年（1855）に大坂で緒方洪庵《おがたこうあん》主宰《しゅさい》の適々斎塾《てきてきさいじゅく》に入り、塾頭《じゅくとう》にまで成長。安政5年、藩命により江戸へ行き、築地鉄砲洲《つきじてっぽうず》の中屋敷内で蘭学塾《らんがくじゅく》を開いた（慶應義塾《けいおうぎじゅく》の起源）。安政7年1月の幕府遣米使節派遣に際しては、自ら希望して軍艦奉行《ぐんかんぶぎょう》木村喜毅《きむらよしたけ》の従僕として咸臨丸《かんりんまる》に乗船、随行した。この時、ウェブスター辞書を購入、日本人として初めて持ち帰り、帰国後の8月に『増訂華英《ぞうていかえい》通語《つうご》』を刊行した。さらに幕府外国方《がいこくかた》に雇われ、外交文書の翻訳にも携わるようになった。文久元年（1861）にも、幕府遣欧使節の随員として渡欧している。帰国後の元治元年（1864）に幕臣となり、外国奉行翻訳方を命じられる。慶応3年（1867）にも幕府軍艦の購入のために再び渡米。最後の洋行となった。

維新後は、新政府への出仕を固辞し、生涯官職には就かなかった。また慶応4年に塾を芝新《しばしん》銭座《ぜにざ》（港区浜松町）に移転して慶應義塾と名づけ、後進の育成に尽力。その後は出版業にも注力し、『学問のすゝめ』や『文明論之概略《ぶんめいろんのがいりゃく》』など数多くの著作を刊行。明治31年頃から、脳出《のうしゅっ》血《けつ》によって倒れることが続いていたが、ついに明治34年2月3日、三田山上の自邸で死去した。

暗殺

汚職を非難され刺殺される

星《ほし》 亨《とおる》

享年
52

生年　嘉永3年（1850）4月8日
歿年　明治34年（1901）6月21日
墓所　池上本門寺（大田区池上）

終焉の地　東京市庁参事会室（千代田区丸の内3丁目）

江戸の左官《さかん》職佃屋《つくだや》徳兵衛《とくべえ》の子として、新橋八《しんばしはち》官《かん》町（中央区銀座）で生まれる。その後、母が再婚した巫医《ふい》星泰順《ほしたいじゅん》の養子となった。一家が横《よこ》浜《はま》に移り住んだのち、神奈川《かながわ》奉行所《ぶぎょうしょ》附属《ふぞく》英学校《えいがっこう》で学ぶ。慶応2年（1866）に幕府開成所《かいせいじょ》へ入学し、教授の何礼之《がれいし》の推挙で幕府海軍伝習所《かいぐんでんしゅうじょ》英語世話役《えいごせわやく》となり、維新後は、何《が》が主宰する大坂の瓊江《たまえ》塾《じゅく》塾頭《じゅくとう》となった。さらに何の紹介で陸《む》奥《つ》宗光《むねみつ》に知り合うと、和歌山《わかやま》藩英学助教授となり、大阪府の洋学校訓導《ようがっこうくんどう》を兼ねた。

明治7年に横浜税関長《ぜいかんちょう》となったが、英国公使《えいこくこうし》との対立で解任されたものの、英国への留学を果たし、日本人で初めてバリスター（英国法廷弁護士）の資格を得た。帰国後は、明治12年の高島炭坑《たかしまたんこう》を巡るジャーディン＝マセソン商会と後藤象二郎《ごとうしょうじろう》の訴訟を担当し、後藤有利の和解に導いて、代言人《だいげんにん》としての名声を得る。

明治15年に自由党《じゆうとう》へ入党し、明治17年3月の自由党大会では、板垣退助《いたがきたいすけ》総理《そうり》諮問《しもん》となる。自由党解党後も民権運動に投身。明治25年の第2回総選挙で当選すると、衆議院議長《しゅうぎいんぎちょう》に就任した。その後は、朝鮮《ちょうせん》政府法律顧問、駐米公使《ちゅうべいこうし》などを務め、明治33年には伊藤博文《いとうひろぶみ》を総裁《そうさい》とする立憲《りっけん》政友会《せいゆうかい》を創立し、第4次伊藤内閣で逓信大臣《ていしんだいじん》を務めた。しかし翌34年6月21日、剣術家伊庭想《いばそう》太郎《たろう》に東京市庁参事会《とうきょうしちょうさんじかい》室内で暗殺された。

病死

民権運動を支えた東洋のルソー

中《なか》江《え》兆《ちょう》民《みん》

終焉の地 自邸（文京区水道2—4）

享年 55

生年 弘化4年（１８４７）11月1日
歿年 明治34年（１９０１）12月13日
墓所 青山霊園（港区南青山）

土佐《とさ》藩の足軽《あしがる》中江元助《なかえもとすけ》の嫡男として、高知城下の山田《やまだ》町（高知市はりまや町）で生まれる。文久2年（１８６２）に藩校文武館《ぶんぶかん》へ入学し、慶応元年（１８６５）9月、藩の留学生として英学修行に長崎を訪れ、平井義十郎《ひらいぎじゅうろう》から仏学を学ぶ。翌2年に江戸遊学を希望し、後藤象二郎《ごとうしょうじろう》の援助で江戸の村上英俊《むらかみひでとし》の達理堂《たつりどう》に入った。

最幕末は、仏国公使ロッシュの通訳として関西に滞在。維新後は、福地源一郎《ふくちげんいちろう》の日新舎《にっしんしゃ》などで学び、塾頭《じゅくとう》となった。明治3年（１８７０）5月には大学南校《だいがくなんこう》の大得業生《だいとくごうしょう》となり、仏語を教え、翌4年には岩倉使節団《いわくらしせつだん》に随行し、フランス留学を果たした。帰国後は、明治7年に東京で仏蘭西学舎《ふらんすがくしゃ》を開き、同21年の廃校まで２０００人にも及ぶ塾生を輩出。明治8年2月、東京外国語学校長に就任する一方で、5月には元老院《げんろういん》の権少書記官《ごんのしょうしょきかん》にもなるが、明治10年に辞任すると、以後は官職に就かなかった。

その後、高谷龍洲《たかたにりゅうしゅう》の済美黌《せいびこう》、岡松甕谷《おかまつおうこく》の紹成書院、三島中洲《みしまちゅうしゅう》の二松学舎《にしょうがくしゃ》などに学び、明治14年3月18日に『東洋自由新聞《とうようじゆうしんぶん》』が創刊されると、その主筆となる。その後も執筆活動を積極的に行い、自由民権運動《じゆうみんけんうんどう》に理論を提供するようになった。代表作はルソーの『社会契約論《しゃかいけいやくろん》』を翻訳した『民約訳解《みんやくやくかい》』。明治34年12月13日、食道癌《しょくどうがん》により、東京小石川《こいしがわ》の自邸で死去した。

西《さい》郷《ごう》従道《じゅうどう/つぐみち》

西南戦争後は薩摩閥の重鎮に

終焉の地 自邸（目黒区青葉台2―11―25）

享年 60

生年 天保14年（1843）5月4日
歿年 明治35年（1902）7月18日
墓所 多磨霊園（東京都府中市多磨町）

薩摩《さつま》藩士西郷吉兵衛隆盛《さいごうきちべえたかもり》の三男として、鹿児《かご》島《しま》城下の加治屋町山之口馬場《かじややまのぐちばば》（鹿児島市加治屋町）で生まれる。西郷隆盛の実弟。兄隆盛の影響から、急進的な尊攘《そんじょう》運動に身を投じる。文久3年（1863）7月の薩英戦争《さつえいせんそう》、元治元年（1864）7月の禁門《きんもん》の変《へん》にも参加した。

維新後は、新政府に出仕し、明治2年（1869）から翌3年にかけて山県有朋《やまがたありとも》らと欧州を視察し、帰国後は警察制度の確立に尽力する。征韓論争《せいかんろんそう》では、兄隆盛は下野《げや》したが、従道は政府に残留した。明治7年には陸軍中将《りくぐんちゅうじょう》となって、台湾蕃地事務都督《たいわんばんちじむととく》に任じられると、大久保利通《おおくぼとしみち》の反対を押し切って台湾に強行出兵した。明治10年の西南戦争《せいなんせんそう》では、政府軍参謀《さんぼう》の山県有朋に代わって陸軍卿代理《りくぐんきょうだいり》を務め、その後も文部《もんぶ》卿、陸軍卿、農商務《のうしょうむ》卿などを兼任。明治18年12月に発足した第1次伊藤博文《いとうひろぶみ》内閣では海軍大臣《かいぐんだいじん》として入閣し、続く黒田清隆《くろだきよたか》内閣、第1次山県内閣でも留任。明治26年3月の第2次伊藤内閣に海軍大臣として再入閣すると、後継の第2次松方《まつかた》正義《まさよし》内閣、第3次伊藤内閣、第1次大隈重信《おおくましげのぶ》内閣でも海軍大臣を務めた。

その後も海軍大将《たいしょう》昇進、侯爵叙任《こうしゃくじょにん》、内務大臣《ないむだいじん》就任など政界の中心で活躍し、晩年は元老《げんろう》として遇せられた。明治35年7月18日、胃癌《いがん》のために東京目黒《めぐろ》の自邸で亡くなった。

病死

7年に及ぶ闘病生活

正《まさ》岡《おか》子《し》規《き》

享年 36

生年 慶応3年（1867）9月17日
歿年 明治35年（1902）9月19日
墓所 大龍寺（北区田端）

終焉の地 子規庵（台東区根岸2丁目5—11）

伊予松山《まつやま》藩士正岡隼太《まさおかはやた》の嫡男として、温泉《おんせん》郡藤原新町（愛媛県松山市花園町）で生まれる。本名は常規《つねのり》。明治13年（1880）に松山中学へ入学。明治16年に上京し、旧藩主久松《ひさまつ》家の書《しょ》生宿舎《せいしゅくしゃ》に入り、17年7月には大学予備門《だいがくよびもん》の入学試験に合格。この頃、和歌や俳句を創り始める。

明治21年9月、久松家の給費施設常盤舎寄宿《きゅうひしせつときわしゃきしゅく》舎《しゃ》に入り、明治24年の暮れまで舎生《しゃせい》として過ごす。この間、夏目漱石《なつめそうせき》との交友が始まった。また、明治23年9月に帝国大学文科大学哲学科《ていこくだいがくぶんかだいがくてつがくか》に入学したが、25年6月に学年試験に落第《らくだい》し、26年3月に退学。これと前後して、陸羯南《くがかつなん》率いる日本新聞社《にっぽんしんぶんしゃ》の社員となり、明治28年3月には日《にっ》清戦争《しんせんそう》に従軍。帰国途中に大喀血《だいかっけつ》し、神戸病院《こうべびょういん》須磨保養院《すまほよういん》に療養したのち、松山に帰郷。松山中学校在職中の夏目漱石宅に身を寄せた。

東京に戻ってからも療養生活は続いたが、文学活動は精力的に続け、明治29年には3000句以上の俳句を残し、30年の『ホトトギス』創刊にも全面的に協力している。子規の生活と思想をよく示す代表作として『筆まかせ』『墨汁《ぼくじゅう》一滴《いってき》』『病牀六尺《びょうしょうろくしゃく》』がある。ほかにも、俳句革新者としての顔だけでなく、小説・新体詩《しんたいし》・漢詩など幅広い分野で活躍。晩年は、脊椎《せきつい》カリエスによってほとんど寝たきりで過ごし、明治35年9月19日に、子規庵《しきあん》（台東区根岸）で死去した。

病死

神主となった会津藩家老

西《さい》郷《ごう》頼《たの》母《も》

享年 74

生年 文政13年（1830）閏3月24日
歿年 明治36年（1903）4月28日
墓所 善龍寺（福島県会津若松市北青木）

終焉の地 十軒長屋（福島県会津若松市東栄町1）

陸奥会津《あいづ》藩の家老《かろう》西郷近思《さいごうちかし》の嫡男として、若《わか》松《まつ》城下の追手町《おうてまち》（福島県会津若松市）で生まれる。頼母《たのも》は代々の通称で、諱《いみな》は近悳《ちかのり》。

万延元年（1860）に家督と家老職を継いで、藩主松平容保《まつだいらかたもり》に仕えた。文久2年（1862）に容保が京都守護職《きょうとしゅごしょく》に任じられた際には反対し、容保の怒りを買う。元治元年（1864）7月の禁門《きんもん》の変《へん》直前には、藩士らの帰国を主張した結果、家老職を解任、蟄居《ちっきょ》させられた。

慶応4年（1868）に戊辰戦争《ぼしんせんそう》が始まると、容保から家老職復帰を許され、白河口総督《しらかわぐちそうとく》として白河城（福島県白河市）を攻略・占拠し、新政府軍に抗戦。しかし、伊地知正治《いじちまさはる》率いる薩摩軍の攻撃を受けて落城。総督を解任されて若松城に帰参し、恭順を主張したが、多くの藩士は賛同せず、頼母は嫡男吉十郎を連れて若松城から脱出。その後は榎本武揚《えのもとたけあき》率いる旧幕府軍に合流して箱館《はこだて》戦争に参加したが、明治2年（1869）、新政府軍に捕まり、館林《たてばやし》藩に預けられた。

明治5年の釈放後は、明治8年に都都古別神《つつこわけじん》社《じゃ》の宮司《ぐうじ》となるが、西南《せいなん》戦争の際に西郷隆盛《たかもり》との関係を疑われ解任される。明治13年に旧藩主容保が日光東照宮《にっこうとうしょうぐう》の宮司になると、その禰宜《ねぎ》となった。明治22年から32年まで福島県伊達《だて》郡の霊山神社《りょうぜんじんじゃ》（伊達市霊山町）で神職を務めた。明治36年4月28日、会津若松の十軒長屋《じっけんながや》で死去。

満23歳10ヶ月で散った天才作曲家

滝《たき》 廉《れん》太《た》郎《ろう》

終焉の地 自邸（大分市稲荷町339）

享年 25

生年 明治12年（1879）8月24日
歿年 明治36年（1903）6月29日
墓所 龍泉寺（大分県日出町）

地方官滝吉弘《たきよしひろ》の嫡男として、東京市芝《しば》区南佐《みなみさ》久間《くま》町（港区西新橋）で生まれる。父吉弘は、内務省《ないむしょう》で大久保利通《おおくぼとしみち》や伊藤博文《いとうひろぶみ》らの下で内務官僚として勤めた。のちに地方官として横浜《よこはま》や富《と》山《やま》、大分《おおいた》などに移り住んだため、廉太郎も生後間もなくから各地を回ることとなる。

大分県竹田《たけた》市の高等小学校を卒業したのちに上京し、小山作之助《こやまさくのすけ》の芝唱歌会《しばしょうかかい》で唱歌科を修業した。次いで東京音楽学校に入学して幸田延《こうだのぶ》にピアノを学び、研究科ではケーベルに師事した。明治32年（1899）には東京音楽学校の授業補助として務めるようになる。この前後に、「四《し》季《き》」「荒城《こうじょう》の月《つき》」「箱根《はこね》八里《はちり》」や、「お正月《しょうがつ》」「桃《もも》太郎《たろう》」「鳩《はと》ポッポ」など、現在でも歌い継がれる唱歌を作曲した。明治34年に文部省留学生第1号として、ピアノと作曲の研究のためにドイツへ留学、タイヒミューラーの指導の下で、ドイツ語やピアノを学び、11月にライプチヒ音楽院に入学した。ここでヤダーソン・クレッチュマーなどの錚々たる教授に師事することになる。

しかし、直後に結核《けっかく》を患い、翌35年9月にライプチヒを出発して帰国の途に就いた。途中ロンドンに碇泊し、「荒城の月」の作詞者土井晩翠《どいばんすい》の訪問を受け、最初で最後の会談を開く。帰国後は大分の両親の許で療養したが、快復せず、明治36年6月29日、大分市の自邸で死去した。

病死

『金色夜叉』が招いた衰弱

尾《お》崎《ざき》紅《こう》葉《よう》

終焉の地　自邸（新宿区横寺町47、案内板あり）

享年 36

生年　慶応3年（1867）12月16日
歿年　明治36年（1903）10月30日
墓所　青山霊園（港区南青山）

谷斎《こくさい》と号した角彫《つのぼり》名人尾崎惣蔵《おざきそうぞう》の嫡男として、芝中門前町《しばなかもんぜんまち》（港区芝大門・芝公園）に生まれる。本名は徳太郎《とくたろう》。明治16年（1883）に大学予《だいがくよ》備門《びもん》へ入学。明治18年に山田美妙《やまだびみょう》や石橋思案《いしばししあん》らと硯友社《けんゆうしゃ》を結成し、機関誌『我楽多文庫《がらくたぶんこ》』を創刊した。明治22年に『二人比丘尼色懺悔《ににんびくにいろざんげ》』を発行、出世作となるが、大学在籍のまま読売新聞社の社員となり、同紙に創作を発表していく。

しかし、明治23年に帝国大学を中途退学。新聞小説家として、時流の動向や読者の好尚《こうしょう》を見極めながら独自の進路を開拓し、明治25年に当代女性の群像を描いた『三人妻《さんにんづま》』、翌26年には男性の深刻な心理を描いた『男ごゝろ』や『心の闇《やみ》』を発表。明治29年、日清戦争《にっしんせんそう》後の近代的知識人の内面に迫る意欲作『多情多恨《たじょうたこん》』を発表し、30年には、一代大作で、のちに明治期の国民文学の代表作とまで評される『金色夜叉《こんじきやしゃ》』の執筆に取りかかった。主人公の貫一《かんいち》・お宮《みや》の名前は大衆に浸透し、のちに演劇・映画・流行歌などによって広く普及した。

しかし、この執筆に苦労した紅葉は、健康を害し、佐渡《さど》、伊豆修善寺《いずしゅぜんじ》、千葉成東《ちばなるとう》など各地を巡って療養するも、快復せず、明治36年3月に大学病院へ入院し、胃癌《いがん》と診断される。そのため『金色夜叉』は完成に至らなかった。10月30日、牛込区横寺町《よこてらまち》（新宿区）の自邸で死去した。

病死

日本を愛し日本に殁した文学者

小泉八雲《こいずみやくも》

終焉の地　自邸（新宿区大久保1―7）

享年 55

生年　１８５０年６月27日
殁年　明治37年（１９０４）９月26日
墓所　雑司ケ谷霊園（豊島区南池袋）

ギリシャ駐在のアイルランド軍医チャールズ＝ハーンの次男として、イギリス領レフカダ島（現、ギリシャ領）で生まれる。本名ラフカディオ＝ハーン。両親の離婚後に大叔母に引き取られ、イギリスとフランスで教育を受けた。イギリス時代には左眼を失明している。

19歳で渡米し、ニュー＝オーリーンズで『タイムズ・デモクラット』の文学部主筆を任された。１８８４～８５年にかけてニュー＝オーリーンズで開かれた「万国工業兼綿百年期博覧会」に記者として参加、ここで日本からの展示物に接し、もともとあった東洋に対する関心がいっそう高まった。明治23年（１８９０）４月、ハーパー社の特派員という肩書で初来日。直後に同社との関係は断ち、帝国大学教授のB・H・チェンバレンらの仲介で松江《まつえ》の島根県尋常中学《しまねけんじんじょうちゅうがっ》校《こう》の英語教師となる。この年、小泉セツと結婚。翌年には熊本第五高等中学校《くまもとだいごこうとうちゅうがっこう》へ移るが、土地と人に馴染めず、明治27年に神戸へ移り、英字紙『神戸クロニクル』の記者となる。明治28年に帰化して小泉八雲《こいずみやくも》と名乗った。

明治29年９月に帝国大学文科大学の英文学講師となるも、明治36年３月に辞任。翌37年４月には東京専門学校（現、早稲田大学）の講師となるが、９月26日、狭心症により西大久保《にしおおくぼ》（新宿区）の自邸で急死した。

死後、児玉神社に祀られる

児《こ》玉《だま》源《げん》太《た》郎《ろう》

享年
55

生年　嘉永5年（1852）閏2月25日
歿年　明治39年（1906）7月23日
墓所　多磨霊園（東京都府中市多磨町）

終焉の地　自邸（新宿区市谷薬王寺37）

長州藩支藩の徳山《とくやま》藩士児玉半九郎《こだまはんくろう》の嫡男として、周防都濃《つの》郡徳山《とくやま》村（山口県周南市）で生まれる。慶応4年（1868）、17歳の時に戊辰《ぼしん》戦争《せんそう》へ参加し、その後、京都の仏式伝習所《ふつしきでんしゅうじょ》で学び、次いで大阪の兵学寮《へいがくりょう》に移った。明治3年（1870）6月に卒業すると、第六等下《か》士官《しかん》に任じられ、以後は急速に昇進していく。明治7年の佐賀《さが》の乱では大尉《たいい》として、明治9年の神風連《しんぷうれん》の乱では少佐《しょうさ》・熊本鎮台参謀《くまもとちんだいさんぼう》として、さらに明治10年の西南《せいなん》戦争では熊本鎮台参謀副長として参加し、その才能が認められた。

戦後は、東京鎮台《とうきょうちんだい》歩兵第二聯隊長《ほへいだいにれんたいちょう》、参謀本部《さんぼうほんぶ》第一局長《だいいちきょくちょう》などを歴任し、明治20年10月に陸軍大《りくぐんだい》学校校長《がっこうこうちょう》となった。明治24年に外遊し、帰国後は陸軍次官兼陸軍省軍務局長《りくぐんじかんけんりくぐんしょうぐんむきょくちょう》となった。

日清《にっしん》戦争では、西郷従道《さいごうつぐみち》が海軍大臣と陸軍大臣を兼任していたが、児玉が事実上の陸軍大臣として働いた。明治31年2月には台湾総督《たいわんそうとく》に任じられ、後藤新平《ごとうしんぺい》を民政局長《みんせいきょくちょう》に任用、台湾の統治に成果を挙げた。明治33年の第4次伊藤博文《いとうひろぶみ》内閣では陸軍大臣を兼任し、さらに翌34年の第1次桂太郎《かつらたろう》内閣では内務《ないむ》大臣に就任した。日露《にちろ》戦争では、大山巌《おおやまいわお》満洲軍総司令官《まんしゅうぐんそうしれいかん》の下で総参謀《そうさんぼう》長《ちょう》として参加し、明治39年4月、参謀総長《さんぼうそうちょう》に任じられると共に子爵《ししゃく》に叙せられた。しかし7月23日、自邸で就寝中に脳溢血《のういっけつ》で急逝した。

幕府と陸軍を支えた軍医

松本《まつもと》順《じゅん》（良順《りょうじゅん》）

享年 76

生年　天保3年（1832）6月16日

歿年　明治40年（1907）3月12日

墓所　妙大寺（神奈川県大磯町東小磯）

終焉の地　自邸（神奈川県中郡大磯町東小磯字宮ノ上1015外）

下総佐倉《さくら》藩医佐藤泰然《さとうたいぜん》の次男として、江戸麻《あざ》布《ぶ》（港区）で生まれる。嘉永3年（1850）に、幕府医官松本良甫《まつもとりょうほ》の養子となり、名を良順《りょうじゅん》、のちに順《じゅん》と改め、蘭疇《らんちゅう》と号した。坪井信道《つぼいしんどう》や戸塚《とつか》静海《せいかい》、伊東玄朴《いとうげんぼく》に学んだ。安政4年（1857）、幕命で長崎へ赴き、同年に来日したオランダ海軍の軍医ポンペの助手として、日本初の系統的かつ近代的医学教育の実施に協力した。

文久元年（1861）には、日本初の西洋式病院である長崎養生所《ながさきようじょうしょ》の開設に尽力。翌2年に江戸へ帰り、西洋医学所頭取助《せいよういがくしょとうどりじょ》に就任。さらに文久3年には、頭取だった緒方洪庵《おがたこうあん》の歿後に頭取へと昇進した。松本は、ポンペに倣って医学所の改革を行ったが、充分な成果を上げられないまま戊辰戦争《ぼしんせんそう》を迎え、旧幕府軍に随従した。

しかし会津《あいづ》では、旧幕府軍負傷兵の治療にあたったという理由で、朝敵《ちょうてき》として捕らえられてしまう。赦免後の明治4年（1871）には兵《ひょう》部省《ぶしょう》へ出仕し、軍医頭《ぐんいがしら》となって陸軍軍医部《りくぐんぐんいぶ》を編制。明治6年には初代陸軍軍医総監《ぐんいそうかん》に就任し、日本の陸軍軍医制度を確立。明治23年、貴族院《きぞくいん》議員《ぎいん》に選出された。軍医学は公衆衛生学《こうしゅうえいせいがく》的な考え方を基盤にしていたため、民間の公衆衛生的啓蒙《けいもう》を行い、牛乳の飲用、海水浴を奨励した。

明治40年3月12日、神奈川県大磯《おおいそ》の自邸で心《しん》臓病《ぞうびょう》のため死去した。

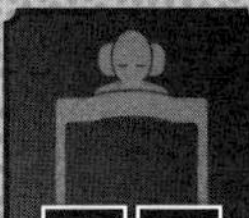

病死

敵対した新政府の大臣職を歴任

榎《えの》本《もと》武《たけ》揚《あき》

享年 73

生年 天保7年（1836）8月25日

歿年 明治41年（1908）10月26日

墓所 吉祥寺（文京区本駒込）

終焉の地 自邸（墨田区向島5―12）

幕府旗本《はたもと》榎本《えのもと》武規《たけのり》の次男として、江戸下谷《したや》御《お》徒町《かちまち》柳川横町《やながわよこちょう》（台東区浅草橋付近）で生まれる。通称釜次郎《かまじろう》。弘化4年（1847）に昌平坂学《しょうへいざかがく》問所《もんじょ》へ入り、さらに中浜万次郎《なかはままんじろう》の塾でも学ぶ。安政3年（1856）4月に、長崎海軍伝習所《ながさきかいぐんでんしゅうじょ》の第2期生として、長崎で勝海舟《かつかいしゅう》の指導を受ける。文久2年（1862）6月には、幕府の命でオランダへ留学し、航海術や砲術などを学んだ。そして幕府発注の軍艦開陽丸《かいようまる》に乗って、慶応3年（1867）2月に帰国。

慶応4年の戊辰戦争《ぼしんせんそう》では、海軍副総裁《かいぐんふくそうさい》として新政府軍に抗戦。8月に旧幕府軍艦8隻を率いて品川《しながわ》沖から脱出し、10月に箱館《はこだて》五稜郭《ごりょうかく》へ入ると、「蝦夷島政府《えぞとうせいふ》」を樹立し、明治2年（1869）5月に降伏するまで新政府に徹底抗戦した。

降伏後は東京で投獄されるが、黒田清隆《くろだきよたか》や福《ふく》沢諭吉《ざわゆきち》らの尽力で明治5年3月に特赦《とくしゃ》され、北《ほっ》海道開拓使《かいどうかいたくし》として新政府に出仕。明治7年1月には特命全権公使《とくめいぜんけんこうし》としてロシア公使館在勤を命じられ、翌8年5月7日に樺太《からふと》・千島交換条約《ちしまこうかんじょうやく》を締結。その後は、第1次伊藤博文《いとうひろぶみ》内閣で逓信《ていしん》大臣《だいじん》を務めたのをはじめ、5つの内閣で文部《もんぶ》大臣、外務《がいむ》大臣、農商務《のうしょうむ》大臣などの要職を歴任。

明治41年7月頃から病気となり、10月26日、東京の自邸（墨田区向島）で腎臓病《じんぞうびょう》のために死去した。30日に海軍葬が行われている。

暗殺された初代総理大臣

伊藤《いとう》博文《ひろぶみ》

終焉の地　ハルピン駅（中国黒竜江省）

享年 69

生年　天保12年（1841）9月2日
歿年　明治42年（1909）10月26日
墓所　品川区西大井　※通常非公開

周防熊毛《くまげ》郡束荷《つかり》村（山口県光市）の百姓林十《はやしじゅう》蔵《ぞう》の嫡男として生まれる。嘉永7年（1854）に父十蔵が長州藩士伊藤弥右衛門《いとうやえもん》の養子となり、伊藤姓を名乗った。安政4年（1857）に吉《よし》田松陰《だしょういん》の松下村塾《しょうかそんじゅく》で学び、その後は高杉晋作《たかすぎしんさく》や木戸孝允《きどたかよし》らの下で、京・江戸・長崎などを往来。文久2年（1862）の英国公使館焼討事件《えいこくこうしかんやきうちじけん》にも参加した。翌3年、井上聞多《いのうえもんた》（馨《かおる》）と共に英国へ留学し、帰国後は開国論を唱えて、尊王攘《そんのうじょう》夷《い》に染まる藩論の転換に努めた。

維新後は新政府に出仕し、明治4年（1871）の岩倉使節団《いわくらしせつだん》では、特命全権副使《とくめいぜんけんふくし》として欧米を視察。帰国後は参議兼工部卿《さんぎけんこうぶきょう》となり、大久《おおく》保利通《ぼとしみち》を支えて、政府の近代化政策を推進した。

その後も政府の要職を歴任し、大久保が暗殺されたあとは、参議兼内務卿《ないむきょう》として藩閥《はんばつ》政権の中心的人物となった。自由民権運動《じゆうみんけんうんどう》の高まりの中で憲法制定が大きな政治課題になると、その作成・制定に全力を挙げた。明治18年12月に内閣制度を導入して初代内閣総理大臣となり、以後、第4次伊藤内閣まで組閣。明治22年には、念願の大日本帝国憲法《だいにほんていこくけんぽう》を制定した。その後は元《げん》老《ろう》として、政府の最高権力者に君臨。

日露戦争《にちろせんそう》後の明治38年、初代韓国統監《かんこくとうかん》に就任したが、韓国併合《へいごう》へと進む最中の42年10月26日、中国のハルピン駅で安重根《アンジュングン》に暗殺された。

処刑

ねつ造の大逆事件により処刑

幸徳秋水《こうとくしゅうすい》

終焉の地 市ヶ谷刑務所（新宿区余丁町4、富久町児童遊園）

享年 41

生年 明治4年（1871）9月23日
歿年 明治44年（1911）1月24日
墓所 高知県四万十市中村山手通

高知県幡多《はた》郡中村《なかむら》町（四万十市）で町老役《まちろうやく》、酒造業・薬種業を営む幸徳篤明《こうとくあつあき》の三男として生まれる。本名は幸徳傳次郎《でんじろう》。明治9年（1876）12月に中村小学校へ、14年9月に中村中学校へ入学したが、17年からは木戸明《きどめい》の遊焉義塾《ゆうえんぎじゅく》に奇遇しながら高知中学校に通った。

明治20年8月に上京し、林有造《はやしゆうぞう》の書生《しょせい》となって、林包明《はやしかねあき》の日本英学館《にほんえいがくかん》に通学したが、12月には保安条例《ほあんじょうれい》によって東京を追放され、郷里に戻った。明治21年に大阪で中江兆民《なかえちょうみん》の学僕《がくぼく》となる。明治26年には板垣退助《いたがきたいすけ》主宰《しゅさい》の『自由新聞《じゆうしんぶん》』に、明治31年には黒岩涙香《くろいわるいこう》が創刊した『萬朝報《よろずちょうほう》』の記者となり、社会主義に傾倒し始める。

明治34年5月18日に、片山潜《かたやません》らと社会民主党《しゃかいみんしゅとう》を結成したが、2日後には解散を命じられた。12月には、足尾銅山鉱毒事件《あしおどうざんこうどくじけん》に際して、田中正造《たなかしょうぞう》のために直訴文《じきそぶん》を起草。明治36年、日露開戦論《にちろかいせんろん》に反対して堺利彦《さかいとしひこ》と萬朝報社を退社し、11月に平民社《へいみんしゃ》を立ち上げて週刊『平民新聞《へいみんしんぶん》』を発刊。明治38年に新聞紙条例《しんぶんしじょうれい》で入獄し、獄中でクロポトキンを知り、無政府主義に傾倒。明治40年1月には日刊『平民新聞』を発刊するも、4月には廃刊となる。明治43年の大逆事件《たいぎゃくじけん》（明治天皇爆殺計画）に連座して、44年1月18日、刑法第73条によって死刑宣告を受け、24日午前8時に東京の市ヶ谷《いちがや》刑務所で処刑された。

病死

土佐藩重鎮として薩長と対立

谷《たに》干城《たてき／かんじょう》

享年 75

生年 天保8年（1837）2月12日
歿年 明治44年（1911）5月13日
墓所 高知市中久万

終焉の地　自邸（新宿区市谷田町3―20）

土佐《とさ》藩儒医谷景井《たにかげい》の四男として、土佐高岡《たかおか》郡窪川《くぼかわ》（高知県四万十町本町）で生まれる。安政3年（1856）に江戸へ出て、安積艮斎《あさこごんさい》や安《やす》井息軒《いそっけん》に学び、帰藩して藩校致道館《ちどうかん》で史学助教授となった。のちに武市半平太《たけちはんぺいた》（瑞山《ずいざん》）の影響で尊王攘夷《そんのうじょうい》運動に加わっている。慶応2年（1866）には藩命によって長崎・上海《シャンハイ》へ行き、後藤象二郎《ごとうしょうじろう》や坂本龍馬《さかもとりょうま》と接触。翌3年、京で西《さい》郷隆盛《ごうたかもり》らと会談し、薩土密約《さつどみつやく》に尽力している。

戊辰戦争《ぼしんせんそう》では、大監察《だいかんさつ》として新政府軍に従軍。明治4年（1871）に新政府へ出仕して陸軍《りくぐん》に入り、翌年に陸軍少将《しょうしょう》となる。明治6年に熊《くま》本鎮台《もとちんだい》司令長官《しれいちょうかん》となり、翌7年の佐賀《さが》の乱の鎮定に出動。さらに台湾蕃地事務参軍《たいわんばんちじむさんぐん》に任じられ、西郷従道《つぐみち》を補佐して台湾に出兵。明治10年の西《せい》南《なん》戦争では、鎮台兵を統率して熊本《くまもと》城を死守し、鹿児島《かごしま》攻撃にも参加した。

明治17年には学習院院長《がくしゅういんいんちょう》を、18年の第1次伊《い》藤博文《とうひろぶみ》内閣では農商務大臣《のうしょうむだいじん》を務めた。明治23年には貴族院議員《きぞくいんぎいん》に当選し、初期議会の反政府勢力の中心となる。明治28年の三国干渉《さんごくかんしょう》や31年の地租増徴問題《ちそぞうちょうもんだい》で政府を批判し、日英同盟《にちえいどうめい》や日露《にちろ》開戦《かいせん》にも反対、批判的態度を貫いた。明治44年5月13日、東京市ヶ谷《いちがや》の自邸で病死した。

谷は、坂本龍馬を厚く尊敬していたとされ、生涯をかけて龍馬の暗殺犯を追っていたという。

病死

大《おお》鳥《とり》圭《けい》介《すけ》

維新後は教育者・外交官となる

終焉の地　別荘（神奈川県小田原市国府津2064）

享年 79

生年　天保4年（1833）2月25日
歿年　明治44年（1911）6月15日
墓所　青山霊園（港区南青山）

播磨赤穂《あこう》郡赤松《あかまつ》村（兵庫県上郡町岩木内）の医師小林直輔の子として生まれる。岡山《おかやま》藩の閑《しず》谷学校《だにがっこう》で漢学《かんがく》を修め、大坂の適々斎塾《てきてきさいじゅく》で緒方洪《おがたこう》庵《あん》から蘭学《らんがく》を学んだ。嘉永7年（1854）に江戸の坪井《つぼい》忠益《ちゅうえき》の塾に入り、安政4年（1857）には韮山代官《にらやまだいかん》の江川英敏《えがわひでとし》から兵学《へいがく》を学ぶ。慶応2年（1866）に幕府から取り立てられ、幕府陸軍《りくぐん》の洋式調練《ようしきちょうれん》にあたった。慶応4年には歩兵頭《ほへいがしら》、歩兵奉行《ほへいぶぎょう》にまで昇り詰めた。

戊辰戦争《ぼしんせんそう》では新政府軍に徹底抗戦し、4月11日の江戸開城後は同志200人余を率いて脱走。明治元年（1868）10月に仙台《せんだい》で榎本武揚《えのもとたけあき》の軍勢と合流し、箱館《はこだて》へ向かった。陸軍奉行となって五稜郭《ごりょうかく》を拠点に新政府軍と戦ったが、明治2年5月18日に降伏、東京で投獄された。

明治5年の赦免後は、榎本武揚と共に北海道《ほっかいどう》開拓使《かいたくし》に出仕。その後、明治7年には陸軍省四等出仕を、9年と13年には内国勧業博覧会御用《ないこくかんぎょうはくらんかいごよう》掛《がかり》を命じられている。明治15年には工部大学校《こうぶだいがっこう》の校長となり、学習院院長《がくしゅういんいんちょう》と華族女学校《かぞくじょがっこう》の校長を兼ねた。明治22年6月、特命全権公使《とくめいぜんけんこうし》として清《シン》国に在勤。明治27年に東学党《とうがくとう》の乱が起こると、清兵撤退・内政改革を朝鮮《ちょうせん》に要求し、日清《にっしん》戦争の端緒を作った。

明治44年6月15日、神奈川県国府津《こうづ》町（小田原市）の別荘で、食道癌《しょくどうがん》のために死去した。

病死

舞台上で息を引き取る

川《かわ》上《かみ》音《おと》二《じ》郎《ろう》

享年 48

生年 文久4年（1864）1月1日
歿年 明治44年（1911）11月11日
墓所 谷中霊園（台東区谷中）

終焉の地 帝国座の舞台（大阪市中央区北浜4―4―7、碑あり）

筑前福岡《ふくおか》藩の御用商人《ごようしょうにん》川上専蔵《かわかみせんぞう》の子として、博多中対馬小路《はかたなかつしまこうじ》町（福岡市博多区）で生まれる。14歳の時に大阪と東京で放浪生活を経験し、政治を志して帰郷。自由党壮士《じゆうとうそうし》となって自由童子《じゆうどうじ》と名乗った。政談《せいだん》演説の取り締まりが強化されると、大阪で落語家桂文之助《かつらぶんのすけ》の弟子となり、浮《うき》世亭《よてい》○○《まるまる》と名乗って、高座《こうざ》で時事を諷《ふう》したオッペケペー節で売り出した。明治24年（1891）2月5日に大阪堺《さかい》の卯《う》の日座に川上書生芝居《かわかみしょせいしばい》を旗揚げ。6月には東京中村座《なかむらざ》へ進出して好評を博した。明治27年1月に浅草座《あさくさざ》で華族《かぞく》のお家騒動を劇化した『意外』『又意外』『又々意外』を続演して大好評を得る。この年、郷土の先輩金《かね》子堅太郎《こけんたろう》の媒酌《ばいしゃく》で人気芸者の貞奴《さだやっこ》（本名小山貞）と結婚している。

明治32年に欧米へ渡り、『備後三郎《びんごのさぶろう》』『紅葉狩《もみじがり》』『道成寺《どうじょうじ》』などを巡演。さらに明治36年には正劇《せいげき》と称して『オセロ』『ハムレット』『ベニスの商人』などの翻訳劇を紹介するなど、新しい演劇を積極的に開拓していった。

明治40年前後に俳優を廃業したあとは興行師《こうぎょうし》となるが、帝国女優養成所《ていこくじょゆうようせいじょ》や大阪北浜《きたはま》に純洋風劇場の帝国座《ていこくざ》を新設するなど、日本の近代演劇の発展に貢献した。急性腹膜炎《きゅうせいふくまくえん》により、明治44年11月4日から昏睡《こんすい》状態となり、11日に貞奴の懇願で運ばれた帝国座の舞台上で死去した。

病死

西洋列強と戦い続けた外交官

小村寿太郎《こむらじゅたろう》

享年 57

生年 安政2年（1855）9月16日
歿年 明治44年（1911）11月26日
墓所 旧報恩寺墓地（宮崎県日南市楠原）
青山霊園（港区南青山）

終焉の地 別荘（神奈川県三浦郡葉山町一色2320付近、碑あり）

日向飫肥《おび》藩士小村寛平《こむらかんぺい》の嫡男として、飫肥城下（宮崎県日南市楠原）で生まれる。文久元年（1861）に藩校振徳堂《しんとくどう》へ入って頭角を現した。

明治2年（1869）に長崎へ遊学後、上京して大学南校《だいがくなんこう》に入学。開成学校《かいせいがっこう》に改組後は法学部を選び、明治8年には文部省第1回留学生として渡米、ハーバード大学法学部に入学した。明治13年の帰国後は司法省《しほうしょう》雇となり、大審院判《だいしんいんはん》事《じ》を経て、17年6月に外務省《がいむしょう》へ転じて権少書記《ごんのしょうしょき》官《かん》となった。明治21年に翻訳局長《ほんやくきょくちょう》、明治26年には在清公使館参事官《ざいしんこうしかんさんじかん》を命じられる。翌27年の日《にっ》清戦争《しんせんそう》に際しては、強硬論を主張して開戦を促進。帰国後は、西園寺公望《さいおんじきんもち》・大隈重信《おおくましげのぶ》・西徳二《にしとくじ》郎《ろう》外務大臣《がいむだいじん》の下で次官《じかん》を務めた。明治34年には義和団事件《ぎわだんじけん》に関する列国公使会議に日本全権として活躍。最終議定書《ぎていしょ》に調印したのちに帰国して、第1次桂太郎《かつらたろう》内閣で外務大臣に就任。日露《にちろ》協商論《きょうしょうろん》を抑えて日英同盟《にちえいどうめい》を推進・成功させた。

日露戦争後は早期講和のため、明治38年9月、ポーツマスで開かれた講和会議に全権として出席し、日露講和条約を締結。明治41年8月に第2次桂内閣の外務大臣に再任すると、第2次条約改正に成功して、関税自主権《かんぜいじしゅけん》を回復させ、さらに43年には韓国併合《かんこくへいごう》を果たした。明治44年8月の政界引退後、11月26日、結核《けっかく》療養のために滞在していた神奈川県葉山《はやま》町の別荘で死去した。

病死

満26歳で散った天才歌人

石《いし》川《かわ》啄《たく》木《ぼく》

享年 27

生年 明治19年（1886）2月20日

歿年 明治45年（1912）4月13日

墓所 青山霊園（港区南青山）

終焉の地 自邸（文京区小石川5―11―7）

岩手県南岩手《みなみいわて》郡日戸《ひのと》村（盛岡市玉山区）の曹《そう》洞宗常光寺《とうしゅうじょうこうじ》住職石川一禎《いしかわいってい》と、元南部《なんぶ》藩士工藤常《くどうつね》房《ふさ》の娘カツとの間に生まれる。本名は石川一《はじめ》。

明治31年（1898）に岩手県盛岡尋常中学《もりおかじんじょうちゅうがっ》校《こう》へ入学したが、文学と恋愛に熱中して学業を怠った末、2回のカンニング事件から明治35年10月27日に退学する。その後、文学で身を立てようと上京したが失敗し、翌年2月に帰郷。

その後、与謝野鉄幹《よさのてっかん》の知遇を得て東京新詩社《とうきょうしんししゃ》の同人となり、明星派《みょうじょうは》の詩人として活躍するようになる。明治38年、20歳の時に処女詩集『あこがれ』を出版すると、前途が嘱望《しょくぼう》された。しかし、同年に父が宗費滞納を理由に住職を辞めさせられると、一家扶養のために結婚し、盛岡市内に新居を構えた。生活難から、母校の代用教員となって生活を支えながら、小説『雲は天才である』や『葬列《そうれつ》』を執筆した。明治40年5月に北海道へ渡り、1年の漂泊生活を送る。

その後、再度上京して自然主義風の小説を執筆するも評価されず、極貧生活を送る中で、創作意欲は短歌《たんか》へと向けられていく。明治42年3月に朝日新聞社へ就職し、本郷弓町《ほんごうゆみまち》（文京区）の床屋の2階で間借生活を始める。翌43年12月に三行書《さんぎょうしょ》の歌集『一握《いちあく》の砂《すな》』を出版して、歌壇内外から注目された。明治45年4月13日、肺結《はいけっ》核《かく》によって東京久堅町の自邸で死去した。

自刃

明治天皇に殉じて夫婦で自刃

乃木希典《のぎまれすけ》

享年 64

生年 嘉永2年（1849）11月11日

没年 大正元年（1912）9月13日

墓所 北海道函館市住吉町、立待岬近く

終焉の地 自邸（港区赤坂8—11—27、乃木神社）

長州藩の支藩長府《ちょうふ》藩士乃木希次《のぎまれつぐ》の三男として、長府藩上屋敷（港区六本木）で生まれる。慶応元年（1865）、長府藩の報国隊《ほうこくたい》に参加し、翌年の第2次幕長戦争では奇兵隊《きへいたい》と合流して幕府軍と戦った。なお、戊辰戦争《ぼしんせんそう》には参加していない。明治2年（1869）11月に伏見御親兵《ふしみごしんぺい》兵《へい》営《えい》に入営したが、翌年に長州藩で脱隊騒動が起こると、一時帰藩して鎮圧にあたった。明治8年12月に熊本鎮台《くまもとちんだい》歩兵《ほへい》第十四聯隊長《だいじゅうよんれんたいちょう》心得《こころえ》となり、翌10年の西南《せんなん》戦争にも従軍。この間、弟の玉木《たまき》正誼《まさよし》が萩《はぎ》の乱で前原一誠《まえばらいっせい》に加担して戦死している。また、西南《せいなん》戦争の翌年に鹿児島県士族湯地《ゆち》定之《さだゆき》の四女静子《しずこ》と結婚。明治18年に陸軍少将《りくぐんしょうしょう》となり、翌19年に川上操六《かわかみそうろく》とドイツに留学。明治21年に帰国し、軍紀確立などに関する報告書を提出。留学前の放蕩《ほうとう》生活とは決別し、軍紀を体現して生きることを自らに課した。

明治27年の日清《にっしん》戦争では、歩兵《ほへい》第一旅団長《だいいちりょだんちょう》として旅順《りょじゅん》を攻略。翌28年に陸軍中将《ちゅうじょう》となり、29年に台湾総督《たいわんそうとく》となる。明治37年の日露《にちろ》戦争では、第三軍《だいさんぐん》司令官《しれいかん》として旅順攻撃を指揮したが、多くの将兵を失い、勝典《かつすけ》・保典《やすすけ》の二子も戦死させた。戦後は軍事参議官《ぐんじさんぎかん》、さらに学習院院長《がくしゅういんいんちょう》兼任となり、尚武教育《しょうぶきょういく》による学習院改革を試みた。大正元年（1912）9月13日、明治天皇大喪《たいそう》の日に東京赤坂の自邸で自刃、殉死《じゅんし》した。

病死

日本美術の発展に尽くす

岡《おか》倉《くら》天《てん》心《しん》

享年
52

生年 文久2年（1862）12月26日
歿年 大正2年（1913）9月2日
墓所 天心遺跡記念公園（茨城県北茨城市大津町）
染井霊園（豊島区駒込）

終焉の地 赤倉山荘（新潟県妙高市赤倉557、岡倉天津六角堂）

越前福井《ふくい》藩士で、藩命によって横浜《よこはま》で生糸貿《きいとぼう》易商《えきしょう》「石川屋《いしかわや》」を営んでいた岡倉覚右衛門《おかくらかくえもん》の次男として、横浜（横浜市中区本町）で生まれる。

明治6年（1873）に東京外国語学校《とうきょうがいこくごがっこう》、8年には東京開成《かいせい》学校に入学して、政治学などを学ぶ。明治13年に東京大学を卒業し、10月に文《もん》部省《ぶしょう》出仕《しゅっし》音楽取調掛《おんがくとりしらべがかり》を命じられ、大学時代の師であるフェノロサの日本美術研究を助けた。明治17年には、フェノロサらと法隆寺《ほうりゅうじ》夢殿《ゆめどの》の秘仏《ひぶつ》本尊観音立像《ほんぞんかんのんりつぞう》を検査。明治19年に図書取調掛主《としょとりしらべがかりしゅ》幹《かん》となり、東京美術学校の創立準備に尽力。10月には美術取調委員としてフェノロサらと共に渡欧し、美術行政や学校制度などを視察し、帰国後は東京美術学校幹事《かんじ》に任じられた。明治22年2月に、念願の東京美術学校が開校。この頃、改組開設された帝国博物館《ていこくはくぶつかん》の東京博物館理事・美術部長も命じられる。明治23年10月に東京美術学校の校長となり、日本美術史の講義を行った。明治29年4月に日本絵画協会が結成されると、副会頭《ふくかいとう》となる。明治31年3月の東京美術学校事件によって非職《ひしょく》を命じられたあとは、日本美術院を創立して美術運動を推進した。

自らの死期が近いことを悟った天心は、妻基《もと》子《こ》の隠居所を東京田端《たばた》（北区）に建設したのち、静養に訪れていた新潟県赤倉温泉《あかくらおんせん》（妙高市）の山荘で大正2年9月2日に亡くなった。

病死

田《た》中《なか》正《しょう》造《ぞう》

鉱毒反対運動に生涯を費やす

享年
73

生年　天保12年（1841）11月3日
歿年　大正2年（1913）9月4日
墓所　惣宗寺（栃木県佐野市金井上町）
雲龍寺（群馬県館林市下早川田町）

終焉の地　庭田清四郎邸（栃木県佐野市下羽田町19―2）

下野安蘇《あそ》郡小中《こなか》村（栃木県佐野市）の名主《なぬし》富《とみ》蔵《ぞう》の嫡男として生まれる。安政4年（1857）に17歳で小中村の名主となった。維新後の明治3年（1870）からは江刺《えさし》県の下級官吏《かんり》として花輪支庁《はなわしちょう》（岩手県鹿角市）に勤務した。明治10年頃から民権運動《みんけんうんどう》を志すようになったという。

明治12年に『栃木新聞《とちぎしんぶん》』を創刊し、編集長として民権思想を鼓吹《こすい》した。翌13年、栃木県議会議員に当選し、明治23年まで議員を務めた。初当選と同じ年、安蘇郡有志を中心に民権政社「中節社《ちゅうせつしゃ》」を結成し、国会開設建白書《こっかいかいせつけんぱくしょ》を元老院《げんろういん》に提出。のち立憲改進党《りっけんかいしんとう》に入党し、栃木に一大改進党勢力を築いたが、明治17年に県令《けんれい》三島通《みしまみち》庸《つね》の道路開発計画に反対して逮捕される。

明治23年の第1回総選挙では栃木3区から出馬し、衆議院議員に当選。明治34年の辞職まで、連続当選を果たす。明治24年の第2帝国議会で足尾銅山鉱毒問題《あしおどうざんこうどくもんだい》に関して政府の責任を厳しく追及し、29年8月の渡良瀬川《わたらせがわ》の大洪水で鉱毒被害が深刻化すると、以後は、これを沿岸被害民の人権問題としてその解決に生涯を賭した。明治34年12月には、議会開院式帰途の明治天皇に鉱毒問題を直訴《じきそ》している。

大正2年（1913）9月4日、正造の支援者である足利《あしかが》郡吾妻《あずま》村（佐野市）の庭田清四郎《にわたせいしろう》の家で、胃癌《いがん》のため死去した。

病死

明治短歌界の中心的人物

伊藤左千夫《いとうさちお》

終焉の地 自邸（江東区大島町6—1）

享年 50

生年 元治元年（1864）8月18日
歿年 大正2年（1913）7月30日
墓所 普門院（江東区亀戸）

下総武射《むさ》郡殿台《とのだい》村（千葉県山武市）の百姓伊《い》藤良作《とうりょうさく》の四男として生まれる。農業のかたわらに漢学を学び、明治14年（1881）3月に上京して明治《めいじ》法律学校《ほうりつがっこう》（現、明治大学）に入学。しかし、眼病のために中途で退学している。明治18年1月に再度上京すると、東京や横浜の乳《にゅう》業店《ぎょうてん》で働き、明治22年4月に独立して搾乳業《さくにゅうぎょう》を営み、これを生涯の生業とした。

この頃から同業者の伊藤並根《なみね》から和歌や茶の湯を学び、明治28年に桐《きり》の舎桂子《やかつらこ》に師事すると、万葉《まんよう》に関心を持つようになった。明治31年に新聞『日本《にっぽん》』紙上で正岡子規《まさおかしき》と論争したが、のちに「歌よみに与ふる書」に感激して、2年後の1月に根岸短歌会《ねぎしたんかかい》に参加。短歌や歌論を『日本』や雑誌『心の花』に発表した。子規の客観写生の歌を学び、独自の歌境を完成したという。

明治39年1月に『ホトトギス』上で発表した『野菊《のぎく》の墓《はか》』が好評を得た。翌年3月以降は、森鷗外《もりおうがい》が主催していた観潮楼歌会《かんちょうろうかかい》に出席し、外部の歌人とも接して視野を広げた。さらに明治41年10月には『阿羅々木《あららぎ》』を刊行、2巻以降は編集兼発行者として経営にあたると共に、アララギ派初期の主宰者として、島木赤彦《しまぎあかひこ》や斎藤茂《さいとうも》吉《きち》ら多くの門人を養成している。

大正2年（1913）7月30日に、東京の自邸（江東区大島町）で脳溢血《のういっけつ》のために急逝した。

病死

桂《かつら》 太《た》郎《ろう》

松陰神社の脇に葬られる

享年 67

生年 弘化4年（1847）11月28日
歿年 大正2年（1913）10月10日
墓所 世田谷区若林

終焉の地 自邸（港区三田1―7）

長州藩士桂与一右衛門《かつらよいちえもん》の嫡男として、萩城下の平安古《ひやこ》(山口県萩市)で生まれる。慶応2年(1866）の第2次幕長戦争に参戦し、4年の戊《ぼ》辰戦争《しんせんそう》にも従軍して奥州各地を転戦した。明治3年（1870)、戊辰戦争の賞典禄《しょうてんろく》でドイツに3年間の私費留学。帰国後は陸軍卿山県有朋《りくぐんきょうやまがたありとも》の下で、軍制改革に貢献した。明治27年の日清《にっしん》戦争では第三師団長《だいさんしだんちょう》として出征。台湾総督《たいわんそうとく》を経て、第3次伊藤博文《いとうひろぶみ》内閣で陸軍大臣に就き、第4次伊藤内閣途中まで内閣にとどまった。

明治34年6月、元老《げんろう》会議に推されて初めて組《そ》閣《かく》。日露《にちろ》戦争を指導した。戦後は桂と西園寺公《さいおんじきん》望《もち》が交互に組閣する「桂園《けいえん》時代」が始まる。第2次桂内閣では日露戦争の戦後処理にあたり、日露協約《にちろきょうやく》を結んで、明治43年に韓国《かくこく》を併合《へいごう》した。退陣後は山県からの自立を図って元老となるが、山県の意向で内大臣《ないだいじん》として宮中《きゅうちゅう》に押し込められた。大正元年（1912）に第2次西園寺内閣が崩壊すると、再び桂が組閣するが、第1次護《ご》憲運動《けんうんどう》が起こる。これに対抗すべく立憲同志会《りっけんどうしかい》(のちの憲政会《けんせいかい》) 創設を宣言したが、わずか62日で総辞職を余儀なくされた。

その後、新政党を指揮するも病を得て、葉山《はやま》や鎌倉で転地療養。8月に容態が小康《しょうこう》となったため、9月に三田《みた》の自邸（港区）に戻るが、10月10日に脳血栓《のうけっせん》を起こして亡くなった。

病死

趣味三昧のお気楽な余生

徳《とく》川《がわ》慶《よし》喜《のぶ》

終焉の地　自邸（文京区春日2―8―9）

享年 77

生年　天保8年（1837）9月29日

歿年　大正2年（1913）11月22日

墓所　谷中霊園（台東区谷中）

水戸徳川家第九代徳川斉昭《なりあき》の七男として、水戸藩上屋敷（文京区後楽）で生まれる。弘化4年（1847）9月に御三卿《ごさんきょう》の一橋《ひとつばし》徳川家を相続した。安政期には、第十三代将軍徳川家定《いえさだ》の後継者を巡る将軍継嗣問題《しょうぐんけいしもんだい》の当事者として、政局の中心に登場。文久2年（1862）の幕政改革で将軍後見職《しょうぐんこうけんしょく》となり、文久3年1月に初めて孝明《こうめい》天皇と面会する。12月に朝議参与《ちょうぎさんよ》を命じられたが、元治元年（1864）3月に辞職し、禁門《きんもん》の変《へん》や天狗党《てんぐとう》の乱では軍事指揮にあたった。慶応2年（1866）7月に第十四代将軍家茂《いえもち》が病死すると、12月に第十五代将軍となった。

慶応3年10月14日に、慶喜は大政奉還《たいせいほうかん》を上奏《じょうそう》。しかし、12月9日に王政復古《おうせいふっこ》のクーデターがあり、4年1月に鳥羽《とば》・伏見《ふしみ》の戦いが勃発すると、慶喜は朝敵《ちょうてき》となった。その後は江戸へ逃れて恭《きょう》順専一《じゅんせんいつ》の態度をとり、上野寛永寺《かんえいじ》に閉居謹慎《へいきょ》した。4月の江戸開城後は水戸へ、7月には静岡へと移り、明治30年（1897）10月まで同地に閑居した。11月に東京巣鴨《すがも》（豊島区）へ移ったのち、小日向第六天町《こひなただいろくてん》（文京区春日）へと移り、明治35年に公爵《こうしゃく》となったのを機に貴族院議員《きぞくいんぎいん》となって、35年ぶりに政界へ復帰。

明治43年に隠居したのち、大正2年（1913）11月22日、風邪に急性肺炎《きゅうせいはいえん》を併発し、自邸で病歿した。

病死

陸奥と共に条約改正を牽引

青《あお》木《き》周《しゅう》蔵《ぞう》

享年 71

生年 天保15年（1844）1月15日

歿年 大正3年（1914）2月16日

墓所 栃木県那須塩原市青木

終焉の地 別邸（栃木県那須塩原市青木27）

長門厚狭《あさ》郡生田《いくた》村（山口県山陽小野田市）の蘭方医《らんぽうい》三浦玄仲《みうらげんちゅう》の嫡男として生まれる。のち長州藩医青木研蔵《あおきけんぞう》に養子入りし、周蔵《しゅうぞう》と改名した。

長崎で医学を修め、明治元年（1868）には、藩費でプロシア（ドイツ）へ留学。渡独後は、医学から政治・経済学に転科した。岩倉使節団《いわくらしせつだん》で滞欧中の木戸孝允《きどたかよし》に西欧の政治制度を講じたことが縁で、帰国後の明治6年に外務省《がいむしょう》へ入省し、駐独特命全権公使《ちゅうどくとくめいぜんけんこうし》となる。

明治19年に外務次官《がいむじかん》となり、条約改正会議の副委員として、第1次伊藤博文《いとうひろぶみ》内閣の井上馨《いのうえかおる》外《がい》務大臣《むだいじん》を支えた。続く黒田清隆《くろだきよたか》内閣の外務大臣大隈重信《おおくましげのぶ》の下でも、外務次官・条約改正全権委員として諸外国との交渉にあたる。以後、第1次山県有朋《やまがたありとも》内閣、第1次松方正義《まつかたまさよし》内閣では外務大臣を務め、領事裁判権撤廃《りょうじさいばんけんてっぱい》の条約改正に奮闘した。明治23年5月、交渉成立の目前で大津事《おおつじ》件《けん》（来日中のロシア帝国皇太子暗殺未遂事件）が発生、引責辞任を余儀なくされた。

その後、後任の陸奥宗光《むつむねみつ》と共に条約改正に尽力し、明治27年、ついに日英通商航海条約《にちえいつうしょうこうかいじょうやく》改正を達成。明治40年の駐米大使時に日本人移民の排斥《はいせき》問題の解決にあたるが、越権《えっけん》行為があったとして免職された。晩年の様子は不明だが、栃木県那須《なす》で療養生活を送っていた最中、大正3年（1914）2月16日、肺炎《はいえん》のため歿した。

病死

『新選組顛末記』を残す
永《なが》倉《くら》新《しん》八《ぱち》

終焉の地　自邸（北海道小樽市花園2—12—1）

享年 77

生年　天保10年（1839）4月11日
歿年　大正4年（1915）1月5日
墓所　里塚霊園（北海道札幌市清田区里塚）
北区滝野川

松前《まつまえ》藩士長倉勘次《ながくらかんじ》の次男として、江戸下谷《したや》の松前藩上屋敷（台東区小島）で生まれる。元服して新八《しんばち》を名乗った。幼くして剣術を学び、神《しん》道無念流《とうむねんりゅう》剣術道場の撃剣館《げきけんかん》に入門。19歳で脱藩して永倉《ながくら》姓を称し、江戸など各所で修行に明け暮れる。やがて、近藤勇《こんどういさみ》が主宰する天然理心流《てんねんりしんりゅう》道場の試衛館《しえいかん》の食客《しょっかく》となる。文久3年（1863）2月、近藤や土方歳三《ひじかたとしぞう》らと浪士組《ろうしぐみ》に参加して上洛。浪士組解散後は、新撰組《しんせんぐみ》の二番隊組長や撃剣師範《げきけんしはん》を務め、池田屋事件《いけだやじけん》などで活躍した。

慶応4年（1868）1月の鳥羽《とば》・伏見《ふしみ》の戦いでは決死隊《けっしたい》を募って戦うも、敗北。永倉は3月に近藤らと袂を分かち、靖兵隊《せいへいたい》を結成して北関東で抗戦を続けたが、会津《あいづ》藩の降伏を知って江戸へ帰還、のち松前藩への帰参が認められた。

松前に帰り、明治6年（1873）に家督を相続して杉村《すぎむら》治備（のちに義衛《よしえ》）と改名。その後は小樽《おたる》へ移り、明治14年から4年間、樺戸集治監《かばとしゅうじかん》（刑務所）で剣術師範を務め、明治42年には東北帝国大学農科大学《とうほくていこくだいがくのうかだいがく》（現、北海道大学）剣道部で剣術を指導した。永倉は晩年、口述による回顧録を残し、それは大正2年（1913）3月17日から6月11日にかけて、「新撰組 永倉新八」という題で『小樽新聞』に連載された。

虫歯が原因で骨膜炎《こつまくえん》・敗血症《はいけつしょう》を発症、大正4年1月5日、小樽の自邸で生涯を終えた。

病死

長州五傑から明治政界の重鎮に

井《いの》上《うえ》馨《かおる》

享年 81

生年 天保6年（１８３５）11月28日
歿年 大正4年（１９１５）9月1日
墓所 長谷寺（港区西麻布）
洞春寺（分骨墓。山口市水の上町）

終焉の地 長者荘（静岡市清水区横砂33―2、静岡市埋蔵文化財センター）

長州藩士井上光亨《いのうえみつあき》の次男として、周防吉敷《よしき》郡湯田《ゆだ》村（山口市湯田温泉）で生まれる。通称は門多《もんた》。安政2年（１８５５）、藩主毛利敬親《もうりたかちか》の江戸参勤に随行した際に、江戸で伊藤博文《いとうひろぶみ》と出会い、次第に尊王攘夷《そんのうじょうい》運動に共鳴していく。文久3年（１８６３）に伊藤や遠藤謹助《えんどうきんすけ》ら4人と一緒（長州五傑）にイギリスへ密航し、国力の違いを目の当たりにして、開国論に転じた。

維新後の明治2年（１８６９）には、木戸《きど》孝《たか》允《よし》の計らいで大蔵省《おおくらしょう》へ入る。一度政界から身を引くが、伊藤の強い要請に応えて復帰してからは、伊藤の下で外務卿《がいむきょう》として条約改正を目指し、欧化政策を推進して鹿鳴館《ろくめいかん》の建設に尽力する。

明治18年に第1次伊藤内閣が誕生すると、初代外務大臣《がいむだいじん》に就任し、条約改正に専念するが、交渉が頓挫したため、大臣を辞任。第2次伊藤内閣では内務《ないむ》大臣として、日清戦争《にっしんせんそう》に臨んだ伊藤を支えた。第3次伊藤内閣が倒れると、井上に組閣《そかく》の大命《たいめい》が下るが、渋沢栄一《しぶさわえいいち》に大蔵大臣就任を断られて拝辞《はいじ》。明治42年の伊藤暗殺後は元《げん》老《ろう》として、第2次大隈重信《おおくましげのぶ》内閣を誕生させるなど、政官財界に絶大な影響力を誇った。

大正2年（１９１３）に脳溢血《のういっけつ》で倒れ、左手に麻痺《まひ》が残り、外出には車椅子を必要とするようになった。大正4年9月1日、別荘「長者《ちょうじゃ》荘《そう》」（静岡市清水区）で体調が悪化、死去した。

警官になった元新撰組隊士

斎《さい》藤《とう》一《はじめ》

終焉の地

自邸（文京区本郷4—13）

享年
72

生年 天保15年（1844）1月1日
歿年 大正4年（1915）9月28日
墓所 阿弥陀寺（福島県会津若松市七日町）

播磨明石《あかし》藩（のちに旗本《はたもと》鈴木《すずき》家）の足軽《あしがる》山口《やまぐち》祐助《ゆうすけ》の次男として生まれる。出生地は江戸とも明石ともされるが不詳。また、経緯は不明ながら、文久3年（1863）の新撰組《しんせんぐみ》結成時から斎藤は加入しており、副長助勤《ふくちょうじょきん》に抜擢されている。組織再編成で三番隊組長となり、撃剣《げきけん》師範《しはん》も務めた。池田屋《いけだや》事件《じけん》などで活躍する一方、粛《しゅく》清役《せいやく》や間者《かんじゃ》などとしても暗躍した。慶応4年（1868）の戊辰《ぼしん》戦争《せんそう》では、鳥羽《とば》・伏見《ふしみ》、勝沼《かつぬま》（山梨県甲州市）、会津《あいづ》と転戦し、最前線で戦った。土方《ひじかた》らが庄内《しょうない》（山形県）へ向かい、会津藩が降伏してもなお、斎藤は若松《わかまつ》城外で戦い続けたが、会津藩主松平容保《まつだいらかたもり》が送った使者の説得により、新政府軍に投降した。

降伏後は謹慎生活を経て、明治7年（1874）7月、東京に移住して警視庁《けいしちょう》に入庁。明治10年の西南《せいなん》戦争にも参加し、敵弾で負傷するも奮戦して、『東京日日新聞《とうきょうにちにちしんぶん》』で報道されるほどの活躍を見せた。戦後は麻布《あざぶ》警察署詰外勤警部《けいさつしょづめがいきんけいぶ》として勤務し、明治24年4月に退職する。

その後は東京高等師範学校附属東京教育博物《とうきょうこうとうしはんがっこうふぞくとうきょうきょういくはくぶつ》館《かん》（現、国立科学博物館）の看守《かんしゅ》に奉職。明治32年に退職し、東京女子高等師範学校《とうきょうじょしこうとうしはんがっこう》の庶務掛《しょむがかり》兼会計掛《けんかいけいがかり》として、明治42年まで働き続けた。

大正4年（1915）9月28日、胃潰瘍《いかいよう》で死去。床の間で結跏趺坐《けっかふざ》をして往生したと伝えられる。

病死

胃潰瘍に悩まされた後半生
夏目漱石《なつめそうせき》

享年
50

生年 慶応3年（1867）1月5日
歿年 大正5年（1916）12月9日
墓所 雑司ケ谷霊園（豊島区南池袋）

終焉の地 自邸（新宿区早稲田南町7、漱石公園に終焉地碑あり）

江戸牛込馬場下横町《うしごめばばしたよこまち》（新宿区牛込喜久井町）の名主《なぬし》夏目小兵衛直克《なつめこへえなおかつ》の五男として生まれる。本名は金之助《きんのすけ》。高齢出産の子として両親に疎まれ、生後すぐに里子《さとご》に出されるも、養父母が離婚したため、夏目家に戻った。

明治23年（1890）9月、帝国大学文科大《ていこくだいがくぶんかだい》学英文学科《がくえいぶんがっか》に入学する。これ以前から正岡子規《まさおかしき》と親交を結んでいて、俳句《はいく》もよくした。その後、教員として各地の教壇に立ち、松山《まつやま》中学校（愛媛県松山市）教師時代の体験は『坊《ぼ》っちゃん』に活かされている。明治33年に文部省留学生として、英語研究のためにイギリスへ3年間留学。帰国後の明治36年には第一高等学校教授に就任し、英文学を講じる一方、処女作『吾輩《わがはい》は猫《ねこ》である』を執筆する。以後、『倫敦塔《ろんどんとう》』『幻影《まぼろし》の盾《たて》』『草枕《くさまくら》』などを発表し、好評を博した。

明治40年に教職を辞して朝日新聞社に入社。初期3部作『三四郎《さんしろう》』『それから』『門《もん》』を執筆し、文壇に不動の地位を確立した。やがて胃を病み、明治43年には療養先の修善寺温泉《しゅぜんじおんせん》（静岡県伊豆市）で大量に吐血《とけつ》し、「三十分の死」を経験。やがて、後期3部作『彼岸過迄《ひがんすぎまで》』『行人《こうじん》』『こゝろ』へと繋がっていく。

『明暗《めいあん》』の起稿後、間もなく持病の胃潰瘍《いかいよう》が悪化、大正5年（1916）12月9日、東京の自邸で病歿する。『明暗』は未完のまま中絶した。

病死

大《おお》山《やま》巌《いわお》

敵国ロシアから弔辞が届く

享年 75

生年 天保13年（1842）10月10日
歿年 大正5年（1916）12月10日
墓所 栃木県那須塩原市下永田

終焉の地 自邸（渋谷区神宮前5—5、大山史前学研究所）

　薩摩《さつま》藩士大山綱昌《おおやまつなまさ》の次男として、鹿児島城下の加治屋《かじや》町（鹿児島市）で生まれる。通称は弥《や》助《すけ》。西郷《さいごう》家は父の実家で、西郷隆盛《たかもり》は従兄弟である。有馬新七《ありましんしち》らに感化されて尊王攘夷《そんのうじょうい》運動に携わるが、文久2年（1862）4月の寺田屋《てらだや》事件《じけん》で帰国謹慎処分を受ける。謹慎を解かれて従軍した文久3年7月の薩英戦争《さつえいせんそう》では、西欧列強の軍事力に衝撃を受け、のちに江戸で黒田清《くろだきよ》隆《たか》らと共に砲術を学んだ。慶応4年（1868）の戊辰《ぼしん》戦争では、新式銃隊《しんしきじゅうたい》を指揮。大山が改良した「弥助砲《やすけほう》」が用いられた。会津《あいづ》戦争にも参加したが、初日に負傷して後送《こうそう》されている。

　維新後の明治2年（1869）に渡欧し、3年間フランスに留学する。帰国後は西南《せいなん》戦争をはじめ、相次ぐ士族反乱《しぞくはんらん》を鎮圧した。明治18年の第1次伊藤博文《いとうひろぶみ》内閣で、初代陸軍大臣《りくぐんだいじん》に就任。右眼を失明しつつも、日清《にっしん》戦争では陸軍大将《たいしょう》として第二軍司令官《だいにぐんしれいかん》、日露《にちろ》戦争では元帥《げんすい》陸軍大将《たいしょう》として満洲軍総司令官《まんしゅうぐんそうしれいかん》を務めて日本の勝利に貢献し、「陸の大山、海の東郷《とうごう》」と言われた。

　大正5年（1916）に内大臣《ないだいじん》となり、大正天皇に供奉《ぐぶ》して福岡県での陸軍特別大演習《りくぐんとくべつだいえんしゅう》を参観。その帰途、胃を患って倒れ、胆嚢炎《たんのうえん》を併発する。療養に努めたが、内大臣在任のまま12月10日、東京の自邸で死去した。山県有朋《やまがたありとも》や寺内《てらうち》正毅《まさたけ》らが枕元に集まり、最期を看取ったという。

病死

日露戦争後は病に苦しむ

秋《あき》山《やま》真《さね》之《ゆき》

終焉の地 対潮閣（神奈川県小田原市南町1—5—32）

享年 51

生年 慶応4年（1868）3月20日
歿年 大正7年（1918）2月4日
墓所 鎌倉霊園（神奈川県鎌倉市十二所）

伊予松山《まつやま》藩士秋山久敬《あきやまひさたか》の五男として、松山城下の中徒町《なかかちまち》（愛媛県松山市）で生まれる。のちの陸軍大将秋山好古《りくぐんたいしょうあきやまよしふる》の実弟である。

親友正岡子規《まさおかしき》に影響を受けて上京。大学予備門《だいがくよびもん》を経て、明治23年（1890）に海軍兵学校《かいぐんへいがっこう》を首席で卒業し、海軍軍人となる。卒業後は実地演習を重ね、明治27年の日清戦争《にっしんせんそう》では通報艦《つうほうかん》筑紫《ちくし》に乗艦して後方支援にあたった。明治31年にアメリカへ留学。海軍大学校《かいぐんだいがっこう》の校長マハンに師事し、兵術の理論研究に努めた。帰国後、明治37・38年の日露《にちろ》戦争では、聯合艦隊司令長官《れんごうかんたいしれいちょうかん》東郷平八郎《とうごうへいはちろう》の下で第一艦隊旗艦《だいいちかんたいきかん》三笠《みかさ》に乗艦し、参謀《さんぼう》として活躍。バルチック艦隊迎撃作戦を立案して、日本海海戦《にほんかいかいせん》の勝利に貢献した。

戦後は、海軍大佐《たいさ》、海軍少将《しょうしょう》に昇進。大正5年（1916）、第1次世界大戦の視察のために渡欧し、翌6年の帰国後は第二艦隊水雷司令官《だいにかんたいすいらいしれいかん》になるが、健康問題から辞職。海軍将官会議議員《かいぐんしょうかんかいぎぎいん》になるも、中将《ちゅうじょう》昇進と同時に待命《たいめい》となった。

晩年は日蓮宗《にちれんしゅう》に帰依《きえ》し、霊研究や宗教研究に傾倒した。大正6年5月に虫垂炎《ちゅうすいえん》を患い、箱根《はこね》で療養に努めたが、翌7年に再発。悪化して腹膜炎《ふくまくえん》を併発し、山下汽船《やましたきせん》（現、商船三井《しょうせんみつい》）の創業者である山下亀三郎《やましたかめさぶろう》の別邸対潮閣《たいちょうかく》（神奈川県小田原市）で2月4日に死去した。死の直前に、教育勅語《きょういくちょくご》や般若心経《はんにゃしんぎょう》を唱えていたという。

病死

一代の女傑は遺言を残さず

広岡《ひろおか》浅子《あさこ》

終焉の地　自邸（港区六本木6—5付近）

享年 71

生年　嘉永2年（１８４９）9月3日
歿年　大正8年（１９１９）1月14日
墓所　中山寺（兵庫県宝塚市中山寺）

出水《でみず》三井《みつい》家第六代当主三井高益《たかます》の四女として、京の油小路《あぶらこうじ》通出水（京都市上京区）で生まれる。ペンネームは九転十起生《きゅうてんじっきせい》。17歳の時、大坂の豪《ごう》商《しょう》加島屋《かじまや》の第八代当主広岡久右衛門正饒《ひろおかきゅうえもんまさあつ》の次男広岡信五郎《しんごろう》に嫁ぐ。明治維新の動乱期にあって、諸藩との取引が主であった加島屋の家業は傾いた。浅子は第九代当主となった信五郎の弟正秋《まさあき》、夫信五郎と共に、加島屋の立て直しに奔走する。

明治17年（１８８４）潤野炭鉱《うるのたんこう》（福岡県飯塚市）を買い取り、炭鉱開発に着手。ピストルを懐《ふところ》に忍ばせ、坑夫《こうふ》らと寝食を共に経営に携わったという。明治21年に加島銀行《かじまぎんこう》の設立、明治35年に大同生命《だいどうせいめい》の創業に参加。加島屋を大阪の有力財閥《ざいばつ》に発展させ、明治の女性実業家を代表した。

一方、梅花女学校《ばいかじょがっこう》の校長成瀬仁蔵《なるせじんぞう》の誘いで、女子高等教育機関の設立に尽力。政財界に働きかけて寄付を募り、明治34年には日本女子大学校《にほんじょしだいがっこう》（現、日本女子大学）設立に寄与した。

夫信五郎の死後は事業を娘婿の広岡恵三《けいぞう》に譲り、社会貢献事業に専念する。日露戦争《にちろせんそう》中は愛《あい》国婦人会《こくふじんかい》の中心的人物として活動。乳癌《にゅうがん》手術後は信仰に目覚めて受洗《じゅせん》し、女性運動に携わった。

大正8年（１９１９）1月14日、腎臓炎《じんぞうえん》のために麻布材木《あざぶざいもく》町（港区六本木）の自邸で死去した。浅子は「普段から言っていることが遺言」だとして、最期の言葉を残さなかった。

近代郵便制度確立に尽力

病死

前《まえ》島《じま》密《ひそか》

享年 85

生年 天保6年（1835）1月7日
歿年 大正8年（1919）4月27日
墓所 浄楽寺（神奈川県横須賀市芦名）

終焉の地 如々山荘（神奈川県横須賀市芦名2—30—5、浄楽寺）

越後頸城《くびき》郡下池部《しもいけべ》村（新潟県上越市）の豪農《ごうのう》上野助右衛門《うえのすけえもん》の次男として生まれる。父の早世後、母方の叔父で糸魚川《いといがわ》藩医の相沢文仲《あいざわぶんちゅう》に預けられた。弘化4年（1847）、江戸で医学や蘭学《らんがく》を修める。嘉永6年（1853）のペリー来航後は各地を遊学し、箱館《はこだて》（北海道函館市）では武田斐三郎《たけだあやさぶろう》に航海術や測量法を学んだ。

慶応元年（1865）、薩摩《さつま》藩の開成所《かいせいじょ》で英語を教える。翌2年に江戸へ帰り、幕府御家人《ごけにん》前島錠次郎《まえじまじょうじろう》の養子となって家督を継ぎ、前島来《らい》輔《すけ》と名乗った。「漢字御廃止之議《かんじおんはいしのぎ》」を第十五代将軍徳川慶喜《よしのぶ》に提出したのもこの年である。

明治2年（1869）、新政府の招聘《しょうへい》によって民部省《みんぶしょう》に出仕。この頃、密《ひそか》と改名する。明治3年5月に駅逓権正《えきていごんのかみ》に就任し、江戸時代の飛脚《ひきゃく》に代わる郵便制度創設を建議した。6月には郵便制度視察のために渡英し、帰国後は駅逓頭《えきていのかみ》として郵便制度創設に尽力。近代的郵便制度の基礎を確立した。明治14年の政変で大隈重信《おおくましげのぶ》らと下野し、立憲改進党《りっけんかいしんとう》の結成に参加。のち東京専《とうきょうせん》門学校《もんがっこう》（現、早稲田大学）校長や、関西鉄道株式会社の社長を務めた。明治37年には貴族院男《きぞくいんだん》爵議員《しゃくぎいん》に選任され、43年に議員を辞職。明治44年には神奈川県西浦《にしうら》村（横須賀市芦名）に別邸如々山荘《じょじょさんそう》を建てて、隠退する。大正8年（1919）4月27日、如々山荘で生涯を閉じた。

病死

自由民権運動の主導者

板《いた》垣《がき》退《たい》助《すけ》

終焉の地　自邸（港区愛宕1―1か？）

享年
83

生年　天保8年（1837）4月17日
歿年　大正8年（1919）7月16日
墓所　品川区北品川、品川神社社殿裏

土佐《とさ》藩士乾正成《いぬいまさしげ》の嫡男として、高知城下の中《なか》島《じま》町（高知市）で生まれる。武力倒幕を一貫して唱えていた板垣は、中岡慎太郎《なかおかしんたろう》の仲介で薩摩《さつま》藩の西郷隆盛《さいごうたかもり》と会見し、慶応3年（1867）5月に薩土密約《さつどみつやく》を結んだ。慶応4年の戊辰戦争《ぼしんせんそう》では、東山道先鋒総督府参謀《とうさんどうせんぽうそうとくふさんぼう》として出陣し、各地で旧幕府軍を追討した。

明治4年（1871）に新政府の参議《さんぎ》に任じられる。明治6年には西郷らと征韓論《せいかんろん》を主張し、大久保利通《おおくぼとしみち》らと対立して辞職。翌7年、後藤象《ごとうしょう》二郎《じろう》らと愛国公党《あいこくこうとう》を組織し、民撰議院設立建白《みんせんぎいんせつりつけんぱく》書《しょ》を政府に提出したが却下され、帰郷して立志《りっし》社《しゃ》を設立。その後は、自由民権運動《じゆうみんけんうんどう》を主導していくことになる。

明治14年の国会開設《こっかいかいせつ》の詔《みことのり》を機に自由党《じゆうとう》を創設し、総理《そうり》に就任。岐阜《ぎふ》で暴漢に襲われた際の発言「板垣死すとも自由は死せず」は有名である。明治23年に旧自由党を立憲自由党《りっけんじゆうとう》として結集し、24年に自由党と改称して、31年に大隈重《おおくましげ》信《のぶ》の進歩党《しんぽとう》と合同して憲政党《けんせいとう》を組織し、日本初の政党内閣である第1次大隈内閣に内務大臣《ないむだいじん》として入閣した。「隈板内閣《わいはんないかく》」と呼ばれる。明治33年の立憲政友会《りっけんせいゆうかい》成立を機に、政界を引退。

晩年は社会改良運動に専心し、華族《かぞく》の世襲制度にも反対し続けた。大正8年（1919）7月16日、東京芝の自邸で病歿した。

病死

庶民に嫌われた「ビリケン宰相」

寺《てら》内《うち》正《まさ》毅《たけ》

享年 68

生年 嘉永5年（1852）閏2月5日

歿年 大正8年（1919）11月3日

墓所 山口市宮野

終焉の地 別邸（神奈川県中郡大磯町東小磯字立野558外）

長州藩士宇多田《うただ》正輔の三男として、周防山口《やまぐち》（山口市）で生まれる。のちに母方の実家寺内《てらうち》勘右衛門《かんえもん》の養嗣子《ようしし》となる。慶応4年（1868）、御楯隊《みたてたい》の一員として戊辰戦争《ぼしんせんそう》に従軍し、明治2年（1869）の箱館五稜郭《はこだてごりょうかく》の戦いまで参加した。

明治10年の西南《せいなん》戦争では大尉《たいい》として出征し、田原坂《たばるざか》の激戦で負傷、右腕が不自由となる。以降、実戦は指揮せず、軍教育の軍政方面で活躍した。明治20年、陸軍士官学校《りくぐんしかんがっこう》の校長に就任。明治27年の日清《にっしん》戦争では運輸通信長官《うんゆつうしんちょうかん》として後方支援にあたった。第一師団参謀長《だいいちしだんさんぼうちょう》や参謀本部《さんぼうほんぶ》第一局長《だいいちきょくちょう》などを歴任したのち、明治31年に教育《きょういく》総監《そうかん》、明治33年に参謀次長《さんぼうじちょう》を務める。

第1次桂太郎《かつらたろう》内閣の陸軍大臣《りくぐんだいじん》として日露《にちろ》戦争の勝利に貢献した。その後も陸軍大臣を務め、明治39年には南満洲鉄道《みなみまんしゅうてつどう》設立委員長となり、陸軍大将《たいしょう》に進む。明治42年にハルピンで伊藤博文《いとうひろぶみ》が暗殺されたあとは、曾禰荒助《そねあらすけ》の跡を受けて第三代韓国統監《かんこくとうかん》を兼任。韓国併合《へいごう》と共に創設された朝鮮総督府《ちょうせんそうとくふ》の初代総督に就任した。

大正5年（1916）に総督を辞任し、10月9日に内閣総理大臣となる。「ビリケン内閣」と呼ばれる超然《ちょうぜん》内閣を組織した。大正7年にシベリア出兵を宣言したが、米騒動《こめそうどう》の責任をとって総辞職した。内閣末期から病気を患い、大正8年11月3日、心臓肥大症《しんぞうひだいしょう》のために病歿した。

ヨーロッパに『源氏物語』を喧伝
末《すえ》松《まつ》謙《けん》澄《ちょう》

享年 66

生年 安政2年（1855）8月20日
歿年 大正9年（1920）10月5日
墓所 清光院（品川区南品川）

終焉の地 自邸（東京都港区虎ノ門4—3付近）

豊前京都《みやこ》郡前田《まえだ》村（福岡県行橋市）の大庄屋《おおじょうや》末松房澄《すえまつふさずみ》の四男として生まれる。明治4年（1871）に上京、縁あって高橋是清《たかはしこれきよ》と親交を結ぶ。東京師範学校《とうきょうしはんがっこう》（現、筑波大学）に入学するが中退。明治7年には東京日日新聞社《とうきょうにちにちしんぶんしゃ》の記者として、笹波萍二のペンネームで社説を執筆するようになり、明治8年には社長福地源一郎《ふくちげんいちろう》の仲介で、伊藤博文《いとうひろぶみ》の知遇を得て政府入りした。

明治11年に外交官としてイギリスに留学するが、明治13年に依願免官、翌14年にケンブリッジ大学に入学して勉学に励む。この間、世界で初めて『源氏物語《げんじものがたり》』を英訳・出版した。明治19年に帰国すると、演劇改良運動《えんげきかいりょううんどう》を推進、明治天皇の歌舞伎《かぶき》見物（天覧《てんらん》歌舞伎）を実現させた。

明治23年の第1回総選挙では福岡県から立候補し、衆議院議員となって政界入りを果たす。その後は伊藤博文に重用され、第2次伊藤内閣で法制局長官《ほうせいきょくちょうかん》、第3次内閣で逓信大臣《ていしんだいじん》、第4次内閣で内務《ないむ》大臣を歴任した。この間、男爵《だんしゃく》に叙せられて貴族院《きぞくいん》議員になっている。

辞任後は井上馨《いのうえかおる》の依頼で長州藩の歴史編纂事業に従事。明治44年に『防長回天史《ぼうちょうかいてんし》』として初版脱稿。大正9年（1920）9月に『防長回天史』修訂版を脱稿するが、スペイン風邪に罹ったことが原因で、10月5日、芝区西久保《しばくにしくぼ》（港区虎ノ門）の自邸で死去した。

反対派の鉄道職員の手で刺殺

原《はら》 敬《たかし》

享年
66

生年 安政3年（1856）2月9日
歿年 大正10年（1921）11月4日
墓所 大慈寺（岩手県盛岡市大慈寺町）

終焉の地 東京駅の乗車口（JR東京駅丸の内南口改札付近、説明板あり）

陸奥盛岡《もりおか》藩士原直治《はらなおはる》の次男として、盛岡城外の岩手《いわて》郡本宮《もとみや》村（盛岡市本宮）で生まれる。明治9年（1876）に司法省法学校《しほうしょうほうがっこう》へ入学するも退校処分となり、中江兆民《なかえちょうみん》の仏学塾《ふつがくじゅく》を経て、明治12年に郵便報知新聞社《ゆうびんほうちしんぶんしゃ》へ入社。次いで立憲《りっけん》帝政党《ていせいとう》系の機関紙『大東日報《だいとうにっぽう》』の主筆となる。短い在社期間ながら政府との繋がりを得て、明治15年に外務省《がいむしょう》へ入省した。明治33年9月に伊《い》藤博文《とうひろぶみ》が立憲政友会《りっけんせいゆうかい》を組織すると、入党して幹《かん》事長《じちょう》となり、星亨《ほしとおる》に代わる逓信大臣《ていしんだいじん》として第4次伊藤内閣で初入閣を果たす。また、明治39年の第1次西園寺公望《さいおんじきんもち》内閣では、内務《ないむ》大臣に就任。大正政変の道義的責任をとって辞任した西園寺の後任として、立憲政友会総裁《そうさい》に就任した。寺内正毅《てらうちまさたけ》内閣が総辞職すると、大正7年（1918）9月に日本初の本格的政党内閣とされる原内閣を組閣した。国防・産業・交通・教育の四大政綱《せいこう》を掲げて積極政策を展開。当初、民衆は原を「平民宰相《へいみんさいしょう》」と受け入れて期待したが、普通選挙法施行には消極的で、恐慌《きょうこう》後の不況や疑獄《ぎごく》事件などで民衆は次第に失望していった。

大正10年11月4日、関西での政友会大会に出席するために東京駅の乗車口（丸の内南口）へ向かっている最中、国鉄大塚《おおつか》駅転轍手《てんてつしゅ》の中岡艮《なかおかこん》一《いち》に短刀で右胸を刺され、駅長室に運ばれたが、すでに原は絶命していた。

病死

約30万人が列席した国民葬

大《おお》隈《くま》重《しげ》信《のぶ》

享年 85

生年 天保9年（1838）2月16日
歿年 大正11年（1922）1月10日
墓所 護国寺（文京区大塚）

終焉の地 自邸（新宿区戸塚町1－104）

肥前佐賀《さが》藩士大隈信保《おおくまのぶやす》の嫡男として、佐賀城下の会所小路《かいしょこうじ》（佐賀市）で生まれる。幕末期は蘭学《らんがく》や英語を学ぶ一方、尊王派《そんのうは》として活動した。

維新後は、徴士参与職《ちょうしさんよしょく》や参議《さんぎ》などを経て大蔵《おおくら》卿《きょう》に就任し、「大隈財政」を展開、資本主義の礎を築き上げた。明治14年（1881）3月、政党内閣制と国会の即時開設を主張する意見書を提出。さらに開拓使官有物払《かいたくしかんゆうぶつ》い下げを巡って薩長勢と衝突し、政府を追われた（明治14年の政変）。下野《げや》後は10年後の国会開設に備えて立《りっ》憲改進党《けんかいしんとう》を結成し、さらに「学問の独立」を謳って東京専門学校《とうきょうせんもんがっこう》（現、早稲田大学）を設立した。明治21年の第1次伊藤博文《いとうひろぶみ》内閣と黒田清隆《くろだきよたか》内閣で外務大臣《がいむだいじん》に就任。翌22年10月18日、大隈の条約改正案に反対する玄洋社《げんようしゃ》の来島恒喜《くるしまつねき》に爆弾を投げられて右脚を切断、辞職した。

明治31年に板垣退助《いたがきたいすけ》らと憲政党《けんせいとう》を結成し、日本初の政党内閣である「隈板《わいはん》内閣」を組織するも、わずか4ヶ月で総辞職。一度は政界を引退し、早稲田大学総長《そうちょう》に就任したが、第1次護憲《ごけん》運動《うんどう》の興隆に伴って復帰。大正3年（1914）に二度目の内閣を組織したが、汚職事件などによって国民の支持を失った。大正5年10月の内閣総辞職後は、政界から完全に退く。

大正11年1月10日、胆石症《たんせきしょう》のため早稲田の自邸（新宿区戸塚町）で死去した。

死によって藩閥は終焉を迎える

山《やま》県《がた》有《あり》朋《とも》

享年 85

生年 天保9年（1838）閏4月22日
歿年 大正11年（1922）2月1日
墓所 護国寺（文京区大塚）

終焉の地 古稀庵（神奈川県小田原市板橋827）

長州藩士山県有稔《やまがたありとし》の嫡男として、阿武《あぶ》郡川島《かわしま》村（山口県萩市）で生まれる。有朋《ありとも》と称するのは明治維新後である。吉田松陰《よしだしょういん》の松下村塾《しょうかそんじゅく》に入塾し、高杉晋作《たかすぎしんさく》の奇兵隊《きへいたい》に参加して幕長戦争で活躍。慶応4年（1868）の戊辰《ぼしん》戦争では北《ほく》陸道鎮撫総督《りくどうちんぶそうとく》・会津征討総督《あいづせいとうそうとく》の参謀《さんぼう》となった。

新政府では、陸軍大輔《りくぐんだゆう》を経て初代陸軍卿《きょう》に就任し、徴兵制《ちょうへいせい》の導入など近代軍制の基礎を築く。その後、内務《ないむ》卿などを経て、明治22年（1889）12月に長州出身の陸軍軍人としては初めて内閣総理大臣に就任。日本最初の帝国議会《ていこくぎかい》に臨んだ。辞職後は、伊藤博文《いとうひろぶみ》らと共に元老《げんろう》として政治力を発揮。明治31年11月に再び組閣した。

明治42年に伊藤がハルピンで暗殺されると、軍と政界の両方で頂点を極めた。以後、藩閥《はんばつ》官僚や貴族院《きぞくいん》の勢力を結集し、巨大な「山県閥」を形成。明治34年に第1次桂太郎《かつらたろう》内閣が成立すると、黒幕として政権を支えた。しかし、大正デモクラシーの高揚に伴って政党の力が強まるにつれ、山県の影響力も衰えを見せ、ついに原《はら》敬《たかし》率いる政党内閣を認めるに至った。

大正10年（1921）の宮中某重大事件《きゅうちゅうぼうじゅうだいじけん》（皇太子妃婚約解消事件）で、自らの主張する婚約解消論が敗れ、11年2月1日、肺炎《はいえん》と気管支拡《きかんしかく》大症《だいしょう》のため、失意のうちに小田原の別邸古稀庵《こきあん》で亡くなった。

初代台湾総督となった藩閥政治家

樺《かば》山《やま》資《すけ》紀《のり》

病死

終焉の地　自邸（千代田区永田町1―11、参議院第二別館付近）

享年 86

生年　天保8年（1837）11月12日
歿年　大正11年（1922）2月8日
墓所　染井霊園（豊島区駒込）

薩摩《さつま》藩士橋口与三次《はしぐちよそうじ》の三男として、鹿児島城下の加治屋《かじや》町二本松馬場《にほんまつばば》（鹿児島市）で生まれる。のちに樺山四郎左衛門《かばやましろうざえもん》の養子となった。薩《さつ》英戦争《えいせんそう》と戊辰《ぼしん》戦争、さらに台湾出兵《たいわんしゅっぺい》に従軍。明治10年（1877）の西南《せいなん》戦争では熊本鎮台参《くまもとちんだいさん》謀長《ぼうちょう》として、谷干城《たにたてき》の下で熊本城を死守する。その後、陸軍少将《りくぐんしょうしょう》に進み、警視総監《けいしそうかん》となる。さらに海軍《かいぐん》へ転じて、海軍大輔《だゆう》、海軍次官《じかん》となった。明治23年の第1次山県有朋《やまがたありとも》内閣で海軍大臣に就任。第1次松方正義《まつかたまさよし》内閣でも留任する。第2回帝国議会において大規模な海軍拡張を要求し、民党の主張する経費節減や民力休養を批判。薩長藩閥《はんばつ》政府の正当性を説いた（「蛮勇演説《ばんゆうえんぜつ》」）。予算は不成立となり、衆議院解散および第1次松方内閣総辞職の直接の原因となった。

明治27年の日清《にっしん》戦争では、海軍軍令部長《ぐんれいぶちょう》として作戦を指揮し、自らも乗艦して戦った。明治28年に海軍大将《たいしょう》へ昇進したのち、初代台湾総督《たいわんそうとく》に就任、台北《タイペイ》に総督府を開庁した。その後も枢《すう》密顧問官《みつこもんかん》、内務《ないむ》大臣、文部《もんぶ》大臣を歴任する。明治38年11月20日に後備役《こうびえき》となり、明治43年11月20日に退役《たいえき》した。

晩年は脳溢血《のういっけつ》で倒れ、1週間生死をさまよう。後遺症で右半身に少し麻痺《まひ》が残ったが、快復したという。食道癌《しょくどうがん》に罹患《りかん》して再び脳出血《のうしゅっけつ》を起こし、大正11年（1922）2月8日に死去した。

病死

軍医を務めながら『舞姫』を発表

森《もり》 鷗《おう》 外《がい》

享年 61

生年 文久2年（1862）1月19日

歿年 大正11年（1922）7月9日

墓所 禅林寺（東京都三鷹市下連雀）

終焉の地 自邸（文京区千駄木1―23―4、森鷗外記念館）

石見津和野《つわの》藩医森静泰《もりせいたい》の嫡男として、鹿足《かのあし》郡津和野町町田《まちだ》村（島根県津和野町）で生まれる。本名は林太郎《りんたろう》。明治14年（1881）に東京大学医学部を卒業後、陸軍軍医《りくぐんぐんい》となる。明治17年にドイツ留学を命じられ、約4年間にわたって衛生学《えいせいがく》を学ぶと共に、文学や哲学に親しんだ。

帰国後は、医学・文学の両分野でジャーナリズムを開始。『舞姫《まいひめ》』『文《ふみ》づかひ』『うたかたの記』といったドイツ3部作などを執筆した。しかし、こうした文学活動も一因となって、明治32年に第十二師団《だいじゅうにしだん》軍医部長《ぐんいぶちょう》として小倉《こくら》（北九州市）へ転勤することになる。その後は創作から手を引く。4年後に東京へ戻り、明治40年に軍医として最高の軍医総監《そうかん》・陸軍省医務局長《りくぐんしょういむきょくちょう》に就くまで、文学活動の再開は待たねばならなかった。明治42年以降、『ヰタ・セクスアリス』などの現代小説、『興津弥五右衛門《おきつやごえもん》の遺書《いしょ》』『渋江抽斎《しぶえちゅうさい》』などの歴史小説・史伝を次々と発表した。

大正5年（1916）に陸軍省医務局長を退き、翌6年に宮内省《くないしょう》へ入省。宮内省帝室博物館《ていしつはくぶつかん》総長兼図書頭《そうちょうけんずしょのかみ》となり、『帝謚考《ていしこう》』を刊行した。しかし、肺結核《はいけっかく》・萎縮腎《いしゅくじん》の症状が悪化し、大正11年7月9日、親族や親友賀古鶴所《かこつるど》らに看取られて亡くなった。「余《よ》ハ石見人森林太郎トシテ死セント欲《ほっ》ス」で始まる遺書を残し、墓には「森林太郎ノ墓」とだけ刻まれた。

自殺

梅雨時で1ヶ月発見が遅れた遺体

有《あり》島《しま》武《たけ》郎《お》

終焉の地 浄月庵（長野県北佐久郡軽井沢町大字軽井沢1339付近、終焉地碑あり）

享年 46

生年 明治11年（1878）3月4日
歿年 大正12年（1923）6月9日
墓所 多磨霊園（東京都府中市多磨町）

旧薩摩《さつま》藩郷士《ごうし》で大蔵省《おおくらしょう》官僚有島武《ありしまたけし》の嫡男として、東京小石川《こいしがわ》（文京区小石川）で生まれる。4歳の時、父の転勤で横浜《よこはま》に移る。学習院中等《がくしゅういんちゅうとう》全科《ぜんか》を卒業後、札幌農学校《さっぽろのうがっこう》に入学して新渡戸稲《にとべいな》造《ぞう》らに学び、内村鑑三《うちむらかんぞう》や森本厚吉《もりもとこうきち》の影響で、明治34年（1901）にキリスト教へ入信した。

札幌農学校を卒業後、渡米してハーバード大学などで学ぶ。西欧文学や西洋哲学に触れ、影響を受けた。さらにヨーロッパへも渡り、明治40年に帰国。日露戦争《にちろせんそう》を機に信仰への疑問を持ち、キリスト教から離れて、文学に目覚める。

一方で、弟生馬《いくま》を通じて志賀直哉《しがなおや》や武者小路《むしゃのこうじ》実篤《さねあつ》らと出会い、同人誌『白樺《しらかば》』に参加して『かんかん虫』などを発表、中心人物として活躍した。妻と父の死後は、本格的に創作活動に取り組み、『カインの末裔《まつえい》』『或《あ》る女《おんな》』などを発表した。しかし、やがて創作力に翳《かげ》りが見られ、長編『星座《せいざ》』は未完に終わる。大正11年（1922）『宣言一《せんげんひと》つ』の発表後、有島農場（北海道狩太村）を解放した。

大正12年に『婦人公論《ふじんこうろん》』記者で人妻の波多野《はたの》秋子《あきこ》と不倫関係に陥る。夫春房《はるふさ》に関係を知られて追い詰められた末、6月9日、二人は軽井沢《かるいざわ》（長野県軽井沢町）の別荘浄月庵《じょうげつあん》で縊死《いし》を遂げた。遺体は約1ヶ月後の7月7日に発見され、遺書の存在で本人と確認されたという。

病死

銅像は大戦中に軍部へ供出される
加《か》藤《とう》友《とも》三《さぶ》郎《ろう》

享年
63

生年　文久元年（1861）2月22日
歿年　大正12年（1923）8月24日
墓所　青山霊園（港区南青山）

終焉の地　自邸（港区南青山5―7付近）

安芸広島《ひろしま》藩士加藤七郎兵衛《かとうしちろべえ》の三男として、広島城下の大手町《おおてまち》（広島市中区）で生まれる。明治13年（1880）に海軍兵学校《かいぐんへいがっこう》を、明治22年に海軍大学校《だいがっこう》を卒業。日清戦争《にっしんせんそう》には巡洋艦吉野《じゅんようかんよしの》の砲術長《ほうじゅつちょう》として従軍し、黄海海戦《こうかいかいせん》で活躍。日露《にちろ》戦争では聯合艦隊参謀長兼第一艦隊参謀長《れんごうかんたいさんぼうちょうけんだいいちかんたいさんぼうちょう》として日本海海戦《にほんかいかいせん》を指揮した。その後は海軍次官《じかん》、海軍中将《ちゅうじょう》と昇進を重ね、呉鎮守府司令長官《くれちんじゅふしれいちょうかん》、第一艦隊司令長官を歴任。大正4年（1915）の第2次大隈重信《おおくましげのぶ》内閣で海軍大臣に就任し、海軍大将《たいしょう》に進む。以後は寺内正毅《てらうちまさたけ》・原敬《はらたかし》・高橋是《たかはしこれ》清《きよ》内閣で海軍大臣を務めた。海軍の待望である「八八艦隊計画《はちはちかんたいけいかく》」の予算化に漕ぎ着けた一方、大正10年のワシントン会議には首席全権《しゅせきぜんけん》として出席し、軍縮条約などを締結。帰国後、高橋内閣に代わって内閣総理大臣となり、海軍大臣を兼任した。細身の容貌から「燃え残りのロウソク」「残燭《ざんしょく》内閣」と揶揄《やゆ》されたが、陸海軍の軍縮、行財政整理、シベリア撤兵《てっぺい》などを断行した。

第46回帝国議会後の大正12年5月15日、兼任していた海軍大臣に新しく財部彪《たからべあきら》を起用した矢先の8月24日、大腸癌《だいちょうがん》が悪化し、総理在任のまま、自邸で急逝した。その死は翌日に公表され、外務《がいむ》大臣の内田康哉《うちだやすや》が内閣総理大臣を臨時兼任。その8日後、首相不在という異常事態下で関東《かんとう》大震災《だいしんさい》が発生、首都は大混乱に陥った。

憲兵隊に殺されたアナキスト

大《おお》杉《すぎ》 栄《さかえ》

終焉の地 東京憲兵隊本部（千代田区丸の内1—1、パレスホテル）

享年 39

生年 明治18年（1885）1月17日
歿年 大正12年（1923）9月16日
墓所 沓谷霊園（静岡市葵区沓谷）

陸軍軍人大杉東《おおすぎあずま》の次男として、香川県丸亀《まるがめ》（丸亀市）で生まれる。名古屋陸軍幼年学校《なごやりくぐんようねんがっこう》を中退して上京。幸徳秋水《こうとくしゅうすい》や堺利彦《さかいとしひこ》らの平民社《へいみんしゃ》に共感し、東京外国語学校《とうきょうがいこくごがっこう》を卒業後は社会主義運動《しゃかいしゅぎうんどう》に傾倒する。明治39年（1906）、電車賃値上反対運動に参加して起訴され、初めて収監される。以降は、言論活動で社会主義運動を展開し、新聞紙条例《しんぶんしじょうれい》違反で起訴され、収監。さらに明治41年1月にも金曜会屋上演説事件《きんようかいおくじょうえんぜつじけん》で治安警察法《ちあんけいさつほう》違反となって逮捕され、6月に赤旗《あかはた》を振り回して警官隊と乱闘した（赤旗事件）ことで、ついに2年半の懲役刑を受ける。

獄中で、さらにアナキズムの傾向を強め、出獄後は荒畑寒村《あらはたかんそん》と共に雑誌『近代思想《きんだいしそう》』を創刊するが、同志の反発もあって廃刊となる。さらに恋愛関係のもつれから、不倫相手の神近市子《かみちかいちこ》に刺され、瀕死の重傷を負う事件も起こった。

大正6年（1917）12月に東京亀戸《かめいど》の労働者街へ移ってからは、『文明批評《ぶんめいひひょう》』『労働運動《ろうどううんどう》』などを刊行し、労働運動に力を注いだ。大正9年には日本社会主義同盟《にほんしゃかいしゅぎどうめい》の発起人となる。

大正12年にパリ近郊のメーデーで演説を行い、警察に逮捕されてラ・サンテ監獄に収容された。帰国後に関東大震災《かんとうだいしんさい》が発生。混乱の中で、柏木《かしわぎ》の自宅から憲兵甘粕正彦《けんぺいあまかすまさひこ》らに連行され、憲兵隊《けんぺいたい》本部《ほんぶ》（千代田区丸の内）で虐殺された。

病死

松《まつ》方《かた》正《まさ》義《よし》

天皇に信頼された財政の専門家

享年 90

生年 天保6年（1835）2月25日

歿年 大正13年（1924）7月2日

墓所 青山霊園（港区南青山）

終焉の地 自邸（港区三田2―5―4、在日イタリア大使館）

薩摩《さつま》藩士松方正恭《まつかたまさやす》の四男として、鹿児島郡荒《あら》田《た》村（鹿児島市下荒田）で生まれる。幕末期は島津久光《しまづひさみつ》の側近として、公武合体運動《こうぶがったいうんどう》や倒幕運動に携わった。慶応4年（1868）に日田県《ひたけん》知事《ちじ》となる。その後は民部大丞《みんぶたいじょう》を経て大蔵省権《おおくらしょうごんの》大丞《たいじょう》になり、財政関係の役職を歴任する。

暗殺された大久保利通《おおくぼとしみち》のあとを受けて、明治13年（1880）に内務卿《ないむきょう》へ就任。明治14年の政変で大隈重信《おおくましげのぶ》が失脚すると大蔵卿《おおくらきょう》になり、松《まつ》方財政《かたざいせい》と呼ばれる緊縮財政を展開。紙幣整理を進める一方、日本銀行《にほんぎんこう》の設立や兌換銀行券《だかんぎんこうけん》の発行などに尽力した。この政策によってインフレは成功したが、物価が急落した（松方デフレ）。

明治18年の第1次伊藤博文《いとうひろぶみ》内閣に大蔵大臣《おおくらだいじん》として入閣して以降、6年以上にわたって大蔵大臣に留任。明治24年には内閣総理大臣と大蔵大臣を兼任した。日清戦争《にっしんせんそう》後は第2次伊藤内閣の大蔵大臣を経て、明治29年に再び総理大臣となり、翌30年に金本位制《きんほんいせい》を実施した。

明治・大正両天皇からの厚い信任を得て、内《ない》大臣《だいじん》などに就任。那須《なす》（栃木県那須塩原市）に千本松牧場《せんぼんまつぼくじょう》を開き、隣に別邸を造営。社交の場となった。伊藤や山県有朋《やまがたありとも》らの死後は、元老《げんろう》や内大臣として、政界に強い影響力を持ち続けた。

大正13年（1924）7月2日、呼吸不全《こきゅうふぜん》に陥り、その生涯を閉じた。

普通選挙法を成立させた首相

加藤高明《かとうたかあき》

享年
67

生年 安政7年（1860）1月3日
歿年 大正15年（1926）1月28日
墓所 青山霊園（港区南青山）

終焉の地 自邸（千代田区二番町5―4、ベルギー王国大使館）

尾張《おわり》藩士服部重文《はっとりしげあや》の次男として、海東《かいとう》郡佐屋《さや》（愛知県愛西市）で生まれる。のちに祖母の姉の嫁ぎ先である加藤《かとう》家の養子となり、名を高明《たかあき》と改めた。明治14年（1881）に東京大学法学部を主席で卒業し、三菱本社《みつびしほんしゃ》へ入社。明治20年に官界へ入り、大隈重信《おおくましげのぶ》外務大臣《がいむだいじん》の秘書官や駐《ちゅう》英公使《えいこうし》などを歴任。明治33年の第4次伊藤博文《いとうひろぶみ》内閣で外務大臣に就任した。

以降、第1次西園寺公望《さいおんじきんもち》内閣、第3次桂太郎《かつらたろう》内閣、第2次大隈内閣で外務大臣を務め、手腕を振るった。「対華二十一《たいかにじゅういっ》か条要求《じょうようきゅう》」に批判が集まり、大正4年（1915）に外務大臣を辞任。その後は憲政会《けんせいかい》の総裁《そうさい》となるも、元老《げんろう》の反対で「苦節十年」と呼ばれる在野生活を余儀なくされた。大正デモクラシー運動が高揚すると、立《りっ》憲政友会《けんせいゆうかい》・革新倶楽部《かくしんくらぶ》と護憲三派《ごけんさんぱ》の盟約を結び、第2次護憲運動を指導して、清浦奎吾《きようらけいご》内閣を打倒する。大正13年に第1次加藤内閣、いわゆる「護憲三派内閣」を組織して、政党政治を確立。普通選挙法《ふつうせんきょほう》、治安維持法《ちあんいじほう》を制定したが、内紛によって三派の協調が崩れ、大正14年8月には憲政会単独で第2次加藤内閣を組織する。

大正15年1月22日の第51回帝国議会の最中、過労が祟ったためか、肺炎《はいえん》をこじらせて倒れた加藤は、麹町《こうじまち》の自邸（千代田区二番町）で、総理在職中のまま、6日後に息を引き取った。

自殺

典型的な天才の末路

芥《あくた》川《がわ》龍《りゅう》之《の》介《すけ》

享年 36

生年 明治25年（１８９２）3月1日

歿年 昭和2年（１９２７）7月24日

墓所 慈眼寺（豊島区巣鴨）

終焉の地 自邸（北区田端1―20―5、案内板あり）

東京市京橋《きょうばし》区入船《いりふね》町（中央区明石町）で牛乳製造販売業を営む新原敏三《にいはらとしぞう》の嫡男として生まれる。生後7ヶ月の時、母が精神を病み、東京市本所《ほんじょ》区小泉《こいずみ》町（墨田区両国）の母の実家芥川《あくたがわ》家に引き取られ、芥川道章《みちあき》の養子となる。

第一高等学校文科を経て、大正2年（１９１３）に東京帝国大学英文科へ進学。友人久米正雄《くめまさお》や菊池寛《きくちかん》らと第3次『新思潮《しんしちょう》』を創刊した。大正4年に『羅生門《らしょうもん》』、翌5年に『鼻《はな》』を発表し、夏目漱石《なつめそうせき》から絶賛された。大学卒業後は、海軍機関学校の嘱託《しょくたく》教官として英語を教えながら、創作活動を続ける。『芋粥《いもがゆ》』『地獄変《じごくへん》』など、説話や古典に題材をとった短編を多く執筆し、歴史小説の新しい領域を拓くと共に、描写や構成の完成度の高さから、「新技巧派《しんぎこうは》」の代表作家とされた。その後、大阪毎日新聞社《おおさかまいにちしんぶんしゃ》の社友《しゃゆう》（のちに社員）となり、作家活動に専念した。大正10年には、海外視察員として中国を訪問するが、帰国したあとから精神病や腸《ちょう》カタルを患う。

晩年には、すでに自殺を考えていた節もあったとされる。昭和2年（１９２７）には義兄の自殺など、周囲で不幸が相次ぐ。そして自身も、『続西方《ぞくさいほう》の人《ひと》』を書き上げた7月24日未明、自室で致死量の睡眠薬《すいみんやく》を服用して自殺した。周到に準備したものとも、狂言《きょうげん》自殺で発見が遅れたための死とも言われる。

病死

徳冨蘆花《とくとみろか》

兄と和解した日の翌日に世を去る

享年
60

生年　明治元年（1868）10月25日
歿年　昭和2年（1927）9月18日
墓所　蘆花恒春園（世田谷区粕谷）

終焉の地　仁泉亭（群馬県渋川市伊香保町伊香保45）

横井小楠《よこいしょうなん》門下の徳富一敬《とくとみかずたか》の次男として、肥後葦北《あしきた》郡水俣《みなまた》村（熊本県水俣市）で生まれる。実兄に徳富蘇峰《そほう》がいる。熊本バンドの一員として、兄蘇峰と共に同志社英学校《どうししゃえいがっこう》に入学。キリスト教の影響を受けて受洗《じゅせん》した。

20歳の時に上京し、兄蘇峰の民友社《みんゆうしゃ》へ入って記者となる。評伝『トルストイ』を足掛かりに、明治33年（1900）には小説『不如帰《ほととぎす》』と随筆『自然《しぜん》と人生《じんせい》』を刊行。これがベストセラーとなり、作家としての地位を確立した。やがて社会主義に接近して、『黒潮《くろしお》』で政界を批判し、自由民権派から政界入りした兄蘇峰と対立。明治36年に「告別《こくべつ》の辞《じ》」を発表して絶縁する。

明治38年8月、富士山頂で昏睡《こんすい》状態に陥ったことがきっかけで、翌年、エルサレム巡礼《じゅんれい》の旅に出掛ける。崇拝《すうはい》するトルストイを訪ね、『巡《じゅん》礼紀行《れいきこう》』を著した。明治40年以降は粕谷《かすや》（世田谷区）を終《つい》の棲家《すみか》とし、トルストイ主義を実践。「美的百姓《びてきひゃくしょう》」としての生活を始めた。その田園生活を随筆集『みゝずのたはごと』に語る。晩年は自身をアダムや、再臨《さいりん》のキリストと自認していた。大正13年（1924）から自伝小説『富士《ふじ》』の執筆に取りかかるが、第3巻まで発表したところで病に倒れる。昭和2年（1927）9月、療養先の伊香保温泉《いかほおんせん》の旅館で蘇峰と再会して和解した翌18日、狭心症《きょうしんしょう》で死去した。

病死

「大風呂敷」と揶揄された辣腕政治家

後《ご》藤《とう》新《しん》平《ぺい》

享年 73

生年 安政4年（1857）6月4日
歿年 昭和4年（1929）4月13日
墓所 青山霊園（港区南青山）

終焉の地 京都府立医科大学附属医院（京都市上京区梶井町465）

水沢伊達《みずさわだて》（留守《るす》）氏の家臣後藤実崇《ごとうさねたか》の嫡男として、胆沢《いさわ》郡塩釜《しおがま》村（岩手県水沢市）で生まれる。初めは医学を志し、須賀川医学校《すかがわいがっこう》を卒業。明治15年（1882）に内務省衛生局《ないむしょうえいせいきょく》へ入省し、局長に就任するも、相馬事件《そうまじけん》に連座して失脚した。その後、台湾総督《たいわんそうとく》児玉源太郎《こだまげんたろう》の抜擢で民政局長《みんせいきょくちょう》に就任。明治39年に南満洲鉄道《みなみまんしゅうてつどう》株式会社の初代総裁《そうさい》になると、「生物学の原則」に則った、大規模な植民地《しょくみんち》経営に手腕を発揮した。貴族院《きぞくいん》に勅撰《ちょくせん》され、初代内閣鉄道院《ないかくてつどういん》総裁や内務大臣《ないむだいじん》、外《がい》務《む》大臣を歴任。大正9年（1920）から約3年間、国政を離れて東京市長《とうきょうしちょう》を務めた。

関東大震災《かんとうだいしんさい》直後に第2次山本権兵衛《やまもとごんべえ》内閣が組閣されると、後藤は内務大臣兼帝都復興院《ていとふっこういん》総裁として、東京市長時代の経験を活かし、大規模な区画整理と公園・幹線道路の整備を伴う震災復興計画を立案。その計画の壮大さから「大《おお》風《ぶ》呂《ろ》敷《しき》」と揶揄《やゆ》されるも、内堀《うちぼり》通りや靖国《やすくに》通り、昭和《しょうわ》通りを整備し、広範囲にわたる区画整理を断行して、震災からの復興に尽力した。

晩年は各地を遊説《ゆうぜい》。昭和4年（1929）、岡《おか》山《やま》へ向かう途中の列車内で、脳溢血《のういっけつ》で倒れ、4月13日に京都の病院で死去した。倒れる前に残した言葉は「よく聞け、金を残して死ぬ者は下だ。仕事を残して死ぬ者は中だ。人を残して死ぬ者は上だ。よく覚えておけ」だったという。

病死

長州閥最後の内閣総理大臣

田《た》中《なか》義《ぎ》一《いち》

享年 66

生年 元治元年（1864）6月22日
歿年 昭和4年（1929）9月29日
墓所 多磨霊園（東京都府中市多磨町）

終焉の地 別邸（千代田区一番町25番地）

長州藩士田中《たなか》信祐の三男として、萩《はぎ》城下（山口県萩市）で生まれる。明治16年（1883）に陸軍教導団《りくぐんきょうどうだん》へ入り、陸軍士官学校《しかんがっこう》、陸軍大学《だいがっ》校《こう》を卒業。日清戦争《にっしんせんそう》に出征後、参謀本部《さんぼうほんぶ》へ入り、ロシアに留学。日露《にちろ》戦争には満洲軍参謀《まんしゅうぐんさんぼう》として参加した。その後も帝国在郷軍人会《ていこくざいごうぐんじんかい》を組織する一方、二個師団増設《にこしだんぞうせつ》を主張して、第1次西園寺《さいおんじ》公望《きんもち》内閣崩壊の一因を作るなど、軍政の中枢で手腕を発揮した。原敬《はらたかし》内閣、第2次山本権兵衛《やまもとごんべえ》内閣で陸軍大臣を務め、山県有朋《やまがたありとも》亡きあとの陸軍長州閥の総帥《そうすい》として、軍政界に重きをなした。

大正14年（1925）4月、退役《たいえき》と同時に高《たか》橋是清《はしこれきよ》のあとを継いで立憲政友会総裁《りっけんせいゆうかいそうさい》に就任。昭和2年（1927）4月、政友会単独内閣を組閣。外務《がいむ》大臣を兼ね、国内では治安維持法《ちあんいじほう》改正などの治安対策を強化し、対外的には積極外交を推進して、山東出兵《さんとうしゅっぺい》を強行する。翌3年、満洲軍閥《ぐんばつ》の張作霖爆殺事件《ちょうさくりんばくさつじけん》が発生。田中は容疑者を軍法会議にかけようとしたが、犯人不明のまま処理することになった。そのことで昭和天皇から叱責《しっせき》され、昭和4年7月に総辞職する。

それから3ヶ月も経たない9月28日、貴族院《きぞくいん》議員《ぎいん》当選祝賀会に主賓《しゅひん》として出席した時は、見るからに元気がなかったという。その翌日午前6時、狭心症《きょうしんしょう》の既往があった田中は、別邸としていた妾《めかけ》の家で心臓発作《しんぞうほっさ》を起こし、急逝した。

病死

無教会主義のキリスト教指導者

内村《うちむら》鑑三《かんぞう》

享年 70

生年 万延2年（1861）2月13日
歿年 昭和5年（1930）3月28日
墓所 多磨霊園（東京都府中市多磨町）

終焉の地 自邸（新宿区北新宿1—30—25）

上野高崎《たかさき》藩士内村宜之《うちむらよしゆき》の嫡男として、高崎藩中屋敷（文京区本郷）で生まれる。明治5年（1872）に東京外国語学校《とうきょうがいこくごがっこう》へ入学。在学中の明治9年に北海道開拓の技術者を養成すべく、札幌《さっぽろ》農学校《のうがっこう》が創立された。北海道開拓使《かいたくし》の演説に感動した内村は、第2期生として入学。W・S・クラークの影響で洗礼《せんれい》を受ける。

明治23年に第一高等中学校嘱託《しょくたく》となった内村は、24年1月9日の教育勅語奉読式《きょういくちょくごほうどくしき》で、教育勅語の天皇の署名への礼拝《れいはい》を拒否するという不敬《ふけい》事件《じけん》を起こす。内村は大いに批判され、風邪で寝込む中、解雇された。

明治30年に『萬朝報《よろずちょうほう》』の英文主筆に迎えられて上京。キリスト教に基づく社会批判を行う一方、足尾鉱毒《あしおこうどく》反対運動に参加し、「理想団《りそうだん》」を結成して社会改良運動《しゃかいかいりょううんどう》を展開した。日露戦争《にちろせんそう》に反対の立場をとって幸徳秋水《こうとくしゅうすい》らと萬朝報社を退社。キリスト再臨《さいりん》運動にも携わった。

受洗50周年を迎えた昭和3年（1928）頃から体調を崩し、昭和5年1月20日に柏木《かしわぎ》の聖書講堂《せいしょこうどう》（新宿区北新宿）で「パウロの武士道」について述べたのが最後の姿となる。本人欠席で行われた古稀《こき》感謝祝賀会の翌々日の28日朝、「非常に調和がとれて居るがこれでよいのか」と言って昏睡《こんすい》状態に陥り、午前8時51分に家族に看取られ死去した。

田山《たやま》花袋《かたい》

遺言により土葬された小説家

終焉の地 自邸（渋谷区代々木3―49）

享年 60

生年 明治4年（1871）12月13日
歿年 昭和5年（1930）5月13日
墓所 多磨霊園（東京都府中市多磨町）

元館林《たてばやし》藩士田山《たやま》鍋十郎の次男として、栃木県邑楽《おうら》郡館林町（群馬県館林市）で生まれる。本名は録弥《ろくや》。父は巡査として出征した西南戦争《せいなんせんそう》で戦死し、花袋は館林の祖父母の家に戻る。その後、足利《あしかが》（栃木県足利市）や東京の有隣堂書店《ゆうりんどうしょてん》（中央区京橋）で丁稚奉公《でっちぼうこう》をするも、長続きせず、館林へ帰郷する。

館林では漢詩文を学び、文学を志した。兄の修史局《しゅうしきょく》就職を機に一家で上京し、牛込富久《うしごめとみひさ》町（新宿区富久町）に移り住む。明治24年（1891）に尾崎紅葉《おざきこうよう》へ入門し、翌年から花袋を名乗る。この頃から島崎藤村《しまざきとうそん》、国木田独歩《くにきだどっぽ》、柳田國男《やなぎたくにお》らとも交流した。当初は作家としてではなく紀行文家として認められ、日露《にちろ》戦争に私設写真班主任として従軍。傍観者態度による「平面描写《へいめんびょうしゃ》」を確立した。明治39年、中年作家の女弟子への複雑な感情を描いた『蒲団《ふとん》』を出版。これは『田舎教師《いなかきょうし》』と共に、花袋を島崎藤村と並んで日本を代表する自然主義作家に決定づけた。その後も『時は過ぎゆく』『一兵卒《いちへいそつ》の銃殺《じゅうさつ》』『残《ざん》雪《せつ》』などのほか、『源義朝《みなもとのよしとも》』などの歴史小説も発表している。

昭和3年（1928）に脳溢血《のういっけつ》で倒れ、入院。翌4年には喉頭癌《こうとうがん》が発見されるも、病床で仕事を続け、昭和5年5月13日、闘病の末に自邸で死去した。遺志により、土葬《どそう》されたという。

病死

トヨタグループの創始者

豊《とよ》田《だ》佐《さ》吉《きち》

享年 64

生年 慶応3年（1867）2月14日
歿年 昭和5年（1930）10月30日
墓所 日泰寺（名古屋市千種区法王町）

終焉の地 自邸（名古屋市東区白壁4丁目）

遠江敷知《ふち》郡山口《やまぐち》村（静岡県湖西市）の百姓・大工伊吉《いきち》の嫡男として生まれる。明治23年（1890）4月に開催された第3回内国博覧会《ないこくはくらんかい》出品の西洋機械に大きな刺激を受け、木製人力織《もくせいじんりきしょっ》機《き》を、次いで糸繰返機《いとぐりかえしき》を発明。明治30年に、いわゆる「豊田式木製人力織機《とよだしきもくせいじんりきしょっき》」を完成させた。これは日本初の小幅《こはば》動力織機で、中小織布業《しょくふぎょう》に採用され、在来機業《きぎょう》の近代化を促進した。

動力織機に注目した三井物産《みついぶっさん》は、明治32年12月に井桁商会《いげたしょうかい》を設け、佐吉を技師長として迎えた。その後、商会の経営は家族に任せ、広幅《ひろはば》織機・軽便《けいびん》織機を発明。明治39年12月には三井物産の資本提供によって豊田式織機株式会社が創立され、織機生産は飛躍的に増大したが、会社の経営方針から退社した。

大正元年（1912）10月、名古屋市西区に豊田自働織布工場を設立、のち豊田紡織《ぼうしょく》株式会社となる。また、25年の歳月と莫大な試験費をかけた自動織機を完成させた。大正15年11月には株式会社豊田自動織機製作所を設立し、のちのトヨタグループの創始者となる。この自動織機の特許権をイギリス・プラット社へ譲渡した際の譲渡金は、豊田自動車成立の礎《いしずえ》になった。

昭和5年（1930）10月30日、長塀《ながへい》町（名古屋市東区）の自邸で、脳溢血《のういっけつ》からの急性肺炎《きゅうせいはいえん》により死去した。

日本騎兵を育てあげた軍人

秋《あき》山《やま》好《よし》古《ふる》

終焉の地　陸軍軍医学校（新宿区戸山1丁目、国立感染症研究所ほか）

享年 72

生年　安政6年（1859）1月7日
歿年　昭和5年（1930）11月4日
墓所　鷺谷墓地（愛媛県松山市道後鷺谷町）

伊予松山《まつやま》藩士秋山久敬《あきやまひさたか》の三男として、松山城下の中徒町《なかかちまち》（愛媛県松山市）で生まれる。騎兵《きへい》科士官生徒《かしかんせいと》として、明治12年（1879）に陸軍士官学校を卒業。明治20年、旧藩主家の当主久松定謨《ひさまつさだこと》のサン・シール陸軍士官学校への留学に随行し、フランスで騎兵戦術を学んだ。

日清戦争《にっしんせんそう》には騎兵第一大隊長《だいいちだいたいちょう》として出征。戦後は、陸軍乗馬学校長《りくぐんじょうばがっこうちょう》に就任し、騎兵戦術の研究と教育に貢献。第五師団兵站監《だいごしだんへいたんかん》、清国駐屯軍《しんこくちゅうとんぐん》参謀長《さんぼうちょう》、駐屯軍司令官《しれいかん》を歴任する。日露《にちろ》戦争では第一騎兵旅団長《だいいちきへいりょだんちょう》を務め、沙河《さか》の会戦《かいせん》・黒溝台《こっこうだい》の会戦において活躍した。なお、日本海海戦《にほんかいかいせん》で先任参謀《せんにんさんぼう》として丁字《ていじ》戦法を考案、バルチック艦隊を撃滅した秋山真之《さねゆき》は実弟である。

その後、第十三師団長《だいじゅうさんしだんちょう》、近衛《このえ》師団長、朝鮮駐《ちょうせんちゅう》箚軍司令官《さつぐんしれいかん》を経て、大正9年（1920）12月、陸軍三長官である教育総監《きょういくそうかん》に就任。3年後、予《よ》備役《びえき》に編入されるが、この時、元帥《げんすい》の称号を授与するという話があったが、本人が辞退したという。退役後は、郷里松山の北予《ほくよ》中学校（愛媛県立松山北高校）の校長となった。古武士のような風格を持つ軍人だったという。

大酒飲みでも知られ、晩年は重度の糖尿病《とうにょうびょう》を患って陸軍軍医学校《りくぐんぐんいがっこう》で治療していたが、糖尿病による心筋梗塞《しんきんこうそく》が原因で、日本騎兵の父は昭和5年（1930）11月4日に、この世を去った。

病死

伝染病研究所の初代所長

北《きた》里《さと》柴《しば》三《さぶ》郎《ろう》

享年 80

生年 嘉永5年（1852）12月20日
歿年 昭和6年（1931）6月13日
墓所 青山霊園（港区南青山）

終焉の地 自邸（港区六本木3—16）

肥後阿蘇《あそ》郡北里《きたざと》村（熊本県小国町）の庄屋《しょうや》北里惟保《これのぶ》の嫡男として生まれる。熊本《くまもと》藩の藩校時習館《じしゅうかん》に学び、熊本医学校《いがっこう》を経て、明治8年（1875）に東京医学校に入学。留年を経て明治16年に卒業し、内務省衛生局《ないむしょうえいせいきょく》に就職する。

ベルリン大学に国費留学する機会を得て、明治19年にコッホに師事。明治22年に破《は》傷風菌《しょうふうきん》の純粋培養《じゅんすいばいよう》に世界で初めて成功した。翌23年には破傷風菌抗毒素《こうどくそ》を発見し、血清療法《けっせいりょうほう》を開発。これをジフテリアに応用した同僚ベーリングと連名で論文を発表して世界的に有名となり、第1回ノーベル生理学《せいりがく》・医学賞《いがくしょう》の候補15名に入る。

欧米各国の研究所、大学からの招聘《しょうへい》を固辞して、明治25年に帰国。国内に研究する場のなかった北里のために、福沢諭吉《ふくざわゆきち》が私立伝染病研究所《しりつでんせんびょうけんきゅうじょ》を設立し、初代所長とした。やがて同施設は内務省管轄を経て文部省《もんぶしょう》へ移管されることになり、これに反対した北里は所長を辞し、新たに私費を投じて私立北里研究所《しりつきたざとけんきゅうじょ》（現、社団法人北里研究所）を設立。諭吉の歿後、大正6年（1917）に慶應義塾大学医学部《けいおうぎじゅくだいがくいがくぶ》を創設し、初代医学部長、附属病院長となる。生涯無給で、その発展に尽力した。のちに大日本医師会《だいにほんいしかい》の初代会長や、日本医師会《にほんいしかい》の初代会長も務めている。

脳溢血《のういっけつ》で倒れ、昭和6年（1931）6月13日、東京の自邸（港区六本木）で亡くなった。

狙撃が死期を早めたライオン宰相

浜口雄幸《はまぐちおさち》

享年 62

生年 明治3年（１８７０）4月1日

歿年 昭和6年（１９３１）8月26日

墓所 青山霊園（港区南青山）

終焉の地 自邸（豊島区雑司が谷1—36）

土佐長岡《ながおか》郡五台山《ごだいさん》（高知市）の林業水口胤平《みずぐちたねひら》の三男として生まれる。明治22年（１８８９）に浜口《はまぐち》家の養嗣子《ようしし》となった。明治28年に帝国大《ていこくだい》学法科《がくほうか》を卒業したのち、大蔵省《おおくらしょう》へ入り、専売局《せんばいきょく》長官《ちょうかん》、逓信次官《ていしんじかん》、大蔵次官などを歴任し、立憲《りっけん》同志会《どうしかい》へ入党した。その後、大蔵大臣、内務《ないむ》大臣などを歴任し、立憲民政党《りっけんみんせいとう》の初代総裁《そうさい》として、昭和4年（１９２９）7月、ついに内閣総理大臣となる。その風貌から「ライオン宰相《さいしょう》」と呼ばれた。浜口は金解禁《きんかいきん》や緊縮政策を断行し、ロンドン海軍軍縮条約を締結したことで、海軍将校や右翼の反感を買うことになる。

昭和5年11月14日、浜口は神戸行き特急「燕《つばめ》」に乗車するため東京駅を訪れた。午前8時58分、第4ホームを移動していた時、愛国社《あいこくしゃ》の社員佐郷屋留雄《さごやとめお》に銃撃される。浜口は大丈夫だと言ったが、弾丸は骨盤《こつばん》を砕いていた。駅長室に運び込まれたのち、東京帝国大学医学部附属病院に搬送され、腸《ちょう》の3割を摘出する大手術によって一命を取りとめた。

翌6年1月21日に退院し、野党の要求に押されて登壇するが、体調は悪化。4月4日に再入院して手術を受け、これ以上の総理職続行は不可能と判断し、総理と民政党総裁を辞任。退院後は療養に努めたが、傷口が化膿《かのう》したことによる感染症《かんせんしょう》で、8月26日午後3時5分に永眠した。

病死

渋《しぶ》沢《さわ》栄《えい》一《いち》

多くの企業設立に関わった実業家

享年 92

生年 天保11年（１８４０）2月13日
歿年 昭和6年（１９３１）11月11日
墓所 護国寺（文京区大塚）

終焉の地 自邸（北区西ケ原2―16―1、渋沢史料館）

武蔵榛沢《はんざわ》郡血洗島《ちあらいじま》村（埼玉県深谷市）の豪農《ごうのう》渋沢市郎《しぶさわいちろう》右衛《え》門元助《もんもとすけ》の嫡男として生まれる。幼名は栄二郎。尊王攘夷《そんのうじょうい》の志士として活動したこともあったが、元治元年（１８６４）からは一《ひとつ》橋《ばし》徳川家に仕え、徳川慶喜《よしのぶ》が第十五代将軍を継ぐと共に幕臣となる。慶応3年（１８６７）には慶喜の弟昭武《あきたけ》に随行して渡欧、パリ万博などを視察し、帰国後の明治2年（１８６９）に大《おお》蔵省《くらしょう》へ入省した。井上馨大蔵大輔《いのうえかおるおおくらだゆう》の下で、貨幣・金融・財政制度の制定と改革に参与したが、明治6年に予算問題から井上と共に退官。同時に第一国立銀行《だいいちこくりつぎんこう》の頭取《とうどり》に就任し、その後は東京瓦《とうきょうが》斯会社《すがいしゃ》、王子製紙《おうじせいし》、大阪紡績《おおさかぼうせき》、東京海上保険《とうきょうかいじょうほけん》など約５００もの企業の立ち上げに関わる。

明治42年に70歳を迎えると、教育・社会・文化事業に力を注ぐ。東京慈恵会《とうきょうじけいかい》、日本赤十字社《にほんせきじゅうじしゃ》などの設立などに携わり、生涯を通じて約６００の教育機関・社会公共事業の支援を行った。

90歳を過ぎた昭和6年（１９３１）に大腸狭《だいちょうきょう》窄症《さくしょう》を患い、王子飛鳥山《あすかやま》（北区）の自邸で東京帝国大学塩田広重《しおたひろしげ》教授の執刀により、腹部切開手術を受ける。しかし病状は悪化し、手術から約1ヶ月後の11月11日、息を引き取った。自らが帝国国民として奉公してきたこと、そして病気により再起ができないが、死しても財界を見守り続ける、ということを遺言した。

棺に納められたゴルフクラブ

井《いの》上《うえ》準《じゅん》之《の》助《すけ》

享年 64

生年 明治2年（1869）3月25日

歿年 昭和7年（1932）2月9日

墓所 谷中霊園（台東区谷中）

終焉の地 駒本小学校（文京区向丘2—37—5）

日田《ひた》県日田郡大鶴《おおつる》村（大分県日田市）で造り酒屋を営む井上清《いのうえきよし》の五男として生まれる。明治29年（1896）に日本銀行《にほんぎんこう》へ入行した。大正8年（1919）に日本銀行総裁《そうさい》、大正12年には第2次山本権兵衛《やまもとごんべえ》内閣の大蔵大臣《おおくらだいじん》として、第1次世界大戦後の恐慌《きょうこう》や、関東大震災《かんとうだいしんさい》によって打撃を蒙った日本経済の復興に尽力した。

昭和に入ってからも日本銀行総裁、浜口雄幸《はまぐちおさち》内閣の大蔵大臣として、昭和金融恐慌の収拾に努めた。緊縮財政とデフレ政策を推進して金解《きんかい》禁《きん》を実現するが、破綻《はたん》に終わる。また、海軍の予算を大幅に削減したことで、海軍軍令部《ぐんれいぶ》や右翼の恨みを買った。第2次若槻禮次郎《わかつきれいじろう》内閣が倒れると、積極財政を推進する立憲政友会《りっけんせいゆうかい》総裁の犬養毅《いぬかいつよし》が組閣。井上は高橋是清《たかはしこれきよ》大蔵大臣の下で再び日本銀行総裁となるが、野党に転落した民《みん》政党《せいとう》を、井上は支えた。民政党の総務を任され、第18回総選挙の選挙委員長も引き受けた。

昭和7年2月9日、民政党公認候補駒井重次《こまいしげつぐ》の演説会が駒本《こまもと》小学校で行われ、応援演説のために同校を訪れた井上は、裏門に自動車を乗り付けた。すると群衆の中から、突然一人の男が現れ、井上の背後から銃弾3発を撃ち込んだ。犯人は血盟団《けつめいだん》の小沼正《おぬましょう》だった。井上は東京帝国大学医学部附属医院に運ばれたが、手術室に運ばれた時には手の施しようもなく、息絶えた。

暗殺

血盟団事件で標的とされた 團《だん》琢《たく》磨《ま》

享年 75

生年 安政5年（１８５８）8月1日
歿年 昭和7年（１９３２）3月5日
墓所 青山霊園（港区南青山）

終焉の地 三井本館入り口（中央区日本橋室町2―1―1）

筑前福岡《ふくおか》藩士神屋宅之丞《かみやたくのじょう》の四男として福岡城下の荒戸《あらと》町（福岡市中央区）で生まれる。明治3年（１８７０）に同藩士團尚静《だんなおきよ》の養嗣子《ようしし》となった。明治4年の岩倉使節団《いわくらしせつだん》に同行して渡米し、マサチューセッツ工科大学鉱山学科を卒業した。

帰国後は工学や天文学などを教えていたが、工部省《こうぶしょう》に入省して三池鉱山局技師《みいけこうざんきょくぎし》となる。三池鉱山が三井《みつい》に払い下げられると、三井三池炭鉱《みついみいけたんこう》社《しゃ》に入社。事務長、三井鉱山合資会社専務理事《みついこうざんごうしがいしゃせんむりじ》を経て、三井鉱山会長、三井合名会社理事長《みついごうめいがいしゃりじちょう》となる。團の手腕によって、三井鉱山は「三井のドル箱」と言われるまでに成長し、三井財閥形成の原動力となった。

一方、大正11年（１９２２）には井上準之助《いのうえじゅんのすけ》と日本経済聯盟会《にほんけいざいれんめいかい》（現、日本経済団体連合会）を設立し、同理事長、同会長を歴任するなど、財界の重鎮《じゅうちん》として活躍する。しかし、昭和金融恐慌《きんゆうきょうこう》の最中、三井がドルを買い占めたことで非難を浴び、肥え太る財閥の象徴的存在として、團は右翼の標的になった。

昭和7年（１９３２）3月5日、三越本店寄りの三井本館入り口で、出勤してきたところを狙撃された。松本清張《まつもとせいちょう》の『昭和史発掘《しょうわしはっくつ》』によれば、團は即死で、慈善病院《じぜんびょういん》（千代田区神田和泉町）の医師が駆け付けたが救命できなかった。犯人である血盟団《けつめいだん》の菱沼五郎《ひしぬまごろう》はその場で逮捕された。

チャップリンから寄せられた弔電

犬《いぬ》養《かい》 毅《つよし》

享年 78

生年 安政2年（1855）4月20日
歿年 昭和7年（1932）5月15日
墓所 青山霊園（港区南青山）
岡山市北区川入

終焉の地 総理大臣官邸（千代田区永田町2—3—1）

備中賀陽《かや》郡庭瀬《にわせ》村川入《かわいり》（岡山市北区）の大庄《おおじょう》屋《や》犬養《いぬかい》源左衛門《げんざえもん》の次男として生まれる。明治8年（1875）に上京し、慶應義塾《けいおうぎじゅく》に入学して福沢諭吉《ふくざわゆきち》の指導を受ける。在学中から『郵便報知新聞《ゆうびんほうちしんぶん》』記者として活動し、明治10年の西南戦争《せいなんせんそう》に従軍した。のちに統計院《とうけいいん》へ入るが明治14年の政変で辞職し、立憲改進党《りっけんかいしんとう》の結成に参加する。

明治23年の第1回総選挙では岡山県から立候補して当選すると、以来、連続19回当選し、立憲改進党、立憲国民党《こくみんとう》、革新倶楽部《かくしんくらぶ》、立憲政友会《せいゆうかい》などに所属。一貫して政党政治の確立と普通選挙制度の実現に尽力し、大正期の憲政擁護運動《けんせいようごうんどう》では、尾崎行雄《おざきゆきお》と共に「憲政の神様」と言われた。昭和4年（1929）に政友会総裁《そうさい》となり、昭和6年12月に内閣総理大臣として組閣《そかく》する。

しかし翌7年5月15日、海軍青年将校らを中心とした集団テロ事件が起こった。この日は日曜日で、犬養は官邸にいた。実行犯の一人である三上卓《みかみたく》の供述によると、夕方5時半頃に官邸に押し入り、食堂にいた犬養に対して三上が拳銃を向けるが、発射できず、「まあ待て。話せばわかるだろう」と犬養に制止された。犬養は三上を応接室に案内し、何かを話そうとしたところで、山岸宏《やまぎしひろし》が「問答無用《もんどうむよう》。撃て、撃て」と言い、黒岩勇が腹部を、三上が頭部を銃撃。犬養は、午後11時26分に絶命した。

その他

拷問で死んだ『蟹工船』の著者

小《こ》林《ばやし》多《た》喜《き》二《じ》

享年 31

生年 明治36年（1903）10月13日
歿年 昭和8年（1933）2月20日
墓所 奥沢墓地（北海道小樽市奥沢）

終焉の地 前田病院（中央区築地1—3—6、前田医院）

秋田県北秋田《きたあきた》郡下川沿《しもかわぞい》村（秋田県大館市）の極貧農家の次男として生まれる。4歳の時に生家が没落したため、伯父を頼って一家で北海道小樽《おたる》市へ移住する。小樽高等商業学校《おたるこうとうしょうぎょうがっこう》（現、小樽商科大学）卒業後、北海道拓殖銀行《ほっかいどうたくしょくぎんこう》小樽支店で勤務しながら、『一九二八年三月十五日』や『蟹工船《かにこうせん》』などを発表。プロレタリア文学の旗《き》手《しゅ》として注目を集めるも、特別高等警察《とくべつこうとうけいさつ》から要注意人物としてマークされる。拓銀を解雇（諭《ゆ》旨免職《しめんしょく》）されたために、上京。『工場細胞《こうじょうさいぼう》』発表直後には、治安維持法《ちあんいじほう》違反容疑で逮捕、収監《しゅうかん》された。出獄後は日本共産党《にほんきょうさんとう》に入党し、日本プロレタリア文化聯盟《ぶんかれんめい》の結成に尽力。

昭和8年（1933）2月20日、多喜二は特高警察のスパイ三船留吉《みふねとめきち》の手引きで特高警察に逮捕される。築地《つきじ》警察署（中央区築地）内において、警視庁特高係長中川成夫《なかがわしげお》の指揮の下、丸裸にされて拷問《ごうもん》を受けた末、築地署裏の前田病《まえだびょう》院《いん》に搬送。午後7時45分に死亡が確認された。

翌日、当局は「心臓麻痺《しんぞうまひ》」による死と発表。しかし遺族に返された多喜二の遺体は、全身が異常に腫れ上がり、特に下半身は内出血によってどす黒くなっていた。日本共産党の機関紙『赤旗《あかはた》』が死に顔を掲載。また、千田是也《せんだこれや》が製作したデスマスクが、小樽文学館に現存する。3月15日、築地小劇場《つきじしょうげきじょう》で労農葬《ろうのうそう》が執り行われた。

病死

大正デモクラシーの指導者

吉《よし》野《の》作《さく》造《ぞう》

享年 56

生年 明治11年（1878）1月29日
歿年 昭和8年（1933）3月18日
墓所 多磨霊園（東京都府中市多磨町）

終焉の地 湘南サナトリウム（神奈川県逗子市小坪3—2、逗子ヘルスケアマンション）

宮城県志田《しだ》郡大柿《おおがき》村（大崎市）の糸綿商「吉《よし》野屋《のや》」吉野年蔵《としぞう》の嫡男として生まれる。第二高《だいにこう》等学校法科《とうがっこうほうか》を経て、明治33年（1900）に東《とう》京帝国大学法科大学《きょうていこくだいがくほうかだいがく》へ入学し、さらに大学院で学ぶ。卒業後は講師に就任し、明治39年に中国へ渡って袁世凱《えんせいがい》の長男の家庭教師も務めた。明治42年の帰国後は、東京大学法科大学助教授に就任。3年間の留学を挟み、東京大学で政治史講座を担当する。

『中央公論《ちゅうおうこうろん》』編集主幹の瀧田樗陰《たきたちょいん》に頼まれて寄稿して以来、たびたび同誌に論説を寄せる。大正5年（1916）、代表作となった評論「憲政の本義を説いて其《その》有終の美を済《な》すの途《みち》を論ず」を発表。主権の所在を問わず、人民多数のための政治を強調する「民本主義《みんぽんしゅぎ》」を唱え、大正デモクラシーの代表的な論客となる。

大正13年11月、東京大学を辞して、東京朝日新聞社に編集顧問兼論説委員として入社するが、政治評論が政府の忌諱《きい》に触れ、1ヶ月で退社。その後は東京大学講師に戻り、明治文化研究会を組織して『明治文化全集《めいじぶんかぜんしゅう》』の刊行に尽力した。

晩年は無産政党《むさんせいとう》との関係を強め、右派無産政党である社会民衆党《しゃかいみんしゅうとう》の結成に関わった。昭和8年（1933）1月に肋膜炎《ろくまくえん》を発症、湘南《しょうなん》サナトリウム（神奈川県逗子市）に入院したまま、3月18日に息を引き取った。

宮沢《みやざわ》賢治《けんじ》

生前は無名のまま生涯を終える

享年 38

生年 明治29年（1896）8月27日
歿年 昭和8年（1933）9月21日
墓所 身照寺（岩手県花巻市石神町）

終焉の地 自邸（岩手県花巻市豊沢町4—11、跡碑あり）

　岩手県稗貫《ひえぬき》郡花巻《はなまき》町大字《おおあざ》里川口《さとかわぐち》（花巻市豊沢町）の質屋・古着商宮沢政次郎《みやざわせいじろう》の嫡男として生まれる。盛岡高等農林学校《もりおかこうとうのうりんがっこう》を優秀な成績で卒業した大正7年（1918）から、童話《どうわ》を作り始めた。大正9年に日蓮宗《にちれんしゅう》の国柱会《こくちゅうかい》に入会して熱烈な信仰活動に入り、10年に稗貫農学校《ひえぬきのうがっこう》の教壇に立ってから、口語《こうご》詩や童話の発表を始めた。賢治の生前に刊行されたのは、この間の詩集『春《はる》と修羅《しゅら》』（第一集）と童話集『注文《ちゅうもん》の多《おお》い料理店《りてん》』の2冊だけである。

　退職後は花巻郊外の自家の別荘で農耕自炊生活を営み、近郊農民への奉仕活動を開始。肥料設計と稲の品種改良による増収、労働と宗教と芸術とを一体化した農民独自の文化の創造が賢治の理想だったが、過労のために倒れ、昭和3年（1928）からは実家で療養生活を送った。

　昭和6年に東山《ひがしやま》町（岩手県一関市）の東北砕《とうほくさい》石工場技師《せきこうじょうぎし》となり、石灰の宣伝販売のために上京したが病に倒れ、再び帰郷。この年の11月3日、手帳に書き留めたのが『雨ニモマケズ』である。また療養生活に入ったが、昭和8年9月21日、急性肺炎《きゅうせいはいえん》が原因で死去した。前日の夜遅くまで、肥料の相談を受けていたとされる。

　生前は無名に近い作家だったが、歿後、草野《くさの》心平《しんぺい》らの尽力によって全集などが刊行され、徐々にその人と作品が知られるようになった。

元老になれなかった近代海軍の父
山《やま》本《もと》権《ごんの》兵《ひょう》衛《え》

享年 82

生年 嘉永5年（1852）10月15日
歿年 昭和8年（1933）12月8日
墓所 青山霊園（港区南青山）

終焉の地 自邸（港区高輪2―2―16、東海大学付属高輪台高等学校）

薩摩《さつま》藩士山本盛珉《やまもともりたか》の六男として、鹿児島《かごしま》城下の加治屋《かじや》町（鹿児島市）で生まれる。維新後の明治2年（1869）に西郷隆盛《さいごうたかもり》の紹介で勝海舟《かつかいしゅう》から薫陶《くんとう》を受け、海軍軍人《かいぐんぐんじん》への道を歩み始めた。明治7年に海軍兵学寮《へいがくりょう》を卒業し、台湾出兵《たいわんしゅっぺい》に従軍。以後は、筑波《つくば》・扶桑《ふそう》・浅間《あさま》（副艦長）・天城《あまぎ》（艦長）といった軍艦の洋上勤務を経て、明治24年6月に海軍大臣官房主事《かいぐんだいじんかんぼうしゅじ》となる。西郷従道《つぐみち》海軍大臣を補佐して海軍の改革、海軍の地位向上に努めた。近代海軍の建設者として「海軍の父」と評される所以《ゆえん》である。明治31年に海軍中将《ちゅうじょう》へ昇進し、第2次山県有朋《やまがたありとも》内閣で海軍大臣に就任して以降、日露戦争《にちろせんそう》が終結するまでの約8年間、その地位にとどまった。明治34年に第1次桂太郎《かつらたろう》内閣が成立すると、桂・山本・小《こ》村寿太郎《むらじゅたろう》のラインで日英同盟《にちえいどうめい》を締結させた。明治37年には海軍大将《たいしょう》に昇進している。

大正2年（1913）2月、内閣総理大臣に就任。しかし、翌年のシーメンス事件で総辞職し、予備役《よびえき》に編入される。大正12年9月、再び総理になるも、12月の虎ノ門《とらのもん》事件（裕仁親王《ひろひとしんのう》狙撃事件）の責任をとって、短命内閣に終わった。

晩年は、元老《げんろう》の候補としてたびたびその名が挙がったが、薩長出身の総理大臣経験者として初めて元老にならなかった。前立腺肥大症《ぜんりつせんひだいしょう》のため、昭和8年12月8日、自邸で死去した。

病死

各国海軍の儀礼艦が参列した国葬

東《とう》郷《ごう》平《へい》八《はち》郎《ろう》

享年 88

生年 弘化４年（１８４７）12月22日
歿年 昭和９年（１９３４）５月30日
墓所 多磨霊園（東京都府中市多磨町）

終焉の地 自邸（千代田区三番町18、東郷元帥記念公園）

薩摩《さつま》藩士東郷実友《とうごうさねとも》の四男として、鹿児島《かごしま》城下の加治屋《かじや》町二本松馬場《にほんまつばば》（鹿児島市）で生まれる。薩英戦争《さつえいせんそう》、戊辰《ぼしん》戦争に従軍し、維新後は、海軍《かいぐん》士官《しかん》としてイギリスへ官費留学した。

明治27年の日清《にっしん》戦争で、「浪速《なにわ》」の艦長を務め、豊島沖海戦《ほうとうおきかいせん》、黄海《こうかい》海戦、威海衛《いかいえい》海戦で活躍。明治37・38年の日露《にちろ》戦争では、聯合艦隊司令長官《れんごうかんたいしれいちょうかん》として、旅順港《りょじゅんこう》の攻撃や黄海海戦など海軍の作戦全般を指揮。さらに当時不敗を誇ったロシアのバルチック艦隊を迎撃し、勝利を収めた。この功によって、大勲位菊花大綬章《だいくんいきっかだいじゅしょう》と功一級金鵄《こういっきゅうきんし》勲章《くんしょう》などを受章。日本人としては初の、『タイム』誌のカバーパーソンにもなった。

引退してもなお海軍における絶大な権力を誇り、大きな影響力を持った。末次信正《すえつぐのぶまさ》や加藤寛《かとうかん》治《じ》ら艦隊派《かんたいは》の提督《ていとく》が、東郷の名を利用して軍政に干渉することもあった。昭和５年（１９３０）のロンドン海軍軍縮会議に際して、彼らが軍縮反対の立場をとったのはその典型である。

膀胱癌《ぼうこうがん》のために昭和９年５月30日、東京麴町《こうじまち》の自邸で死去。国葬《こくそう》が執行され、参列のために各国海軍の儀礼艦が訪日した。東郷の遺髪は、海上自衛隊幹部候補生学校（広島県江田島市）に保管されている。死後は、東京（渋谷区）と福岡（福津市）に東郷神社《とうごうじんじゃ》が建立され、神として祀られた。

シェークスピアを日本に紹介

坪《つぼ》内《うち》逍《しょう》遥《よう》

終焉の地 双柿舎（静岡県熱海市水口町11—7）

享年 77

生年 安政6年（1859）5月22日
歿年 昭和10年（1935）2月28日
墓所 海蔵寺（静岡県熱海市水口町）

尾張《おわり》藩士坪内平右衛門信之《つぼうちへいえもんのぶゆき》の子として、美濃加茂《かも》郡太田《おおた》村（岐阜県美濃加茂市）で生まれる。本名勇蔵《ゆうぞう》、のち雄蔵《ゆうぞう》。母の感化で幼くして遊芸に親しみ、一家が名古屋《なごや》へ移ると、貸本屋《かしほんや》の大《おお》惣《そう》に通い詰め、戯作文学《げさくぶんがく》を耽読《たんどく》した。

名古屋県英語学校《なごやけんえいごがっこう》を卒業し、明治9年（1876）に開成学校《かいせいがっこう》へ入学した。明治16年からは東京専門学校《とうきょうせんもんがっこう》（現、早稲田大学）の講師となり、『小説神髄《しょうせつしんずい》』をまとめる。同作は、江戸時代の勧善懲悪《かんぜんちょうあく》の物語を批判し、近代的な写実《しゃじつ》主義文学への道を実践、高い評価を得た。その後、二《ふた》葉亭四迷《ばていしめい》と知り合い、『浮雲《うきぐも》』の刊行を助力。

明治23年に『細君《さいくん》』を発表したのが、小説家としては最後となる。翌年に『早稲田文学《わせだぶんがく》』を創刊、演劇《えんげき》の改良《かいりょう》に尽力し、『桐一葉《きりひとは》』『牧《まき》の方《かた》』などを発表した。明治42年には演劇研究所《えんげきけんきゅうじょ》を創設し、44年に『ハムレット』を上演。大正4年（1915）に早稲田大学教授を辞任する。昭和に入ってからも創作意欲は衰えず、舞踊劇『良寛《りょうかん》と子守《こもり》』や『阿難《あなん》の累ひ』を発表した。また、シェークスピアの完訳と古稀《こき》を記念して、早稲田大学構内に演劇博物館《えんげきはくぶつかん》が建てられた。

晩年は熱海に「双柿舎《そうししゃ》」と名づけた別荘を建て、そこに移住。最後までシェークスピア全集の訳文改訂に全力を注ぎ、『新修シエークスピア全集』の完結とほぼ同時に生涯を閉じた。

暗殺

派閥抗争によって斬殺される

永《なが》田《た》鉄《てつ》山《ざん》

終焉の地 陸軍省軍務局長室（千代田区永田町1—8）

享年 52

生年 明治17年（1884）1月14日
歿年 昭和10年（1935）8月12日
墓所 青山霊園附属立山墓地（港区南青山）

長野県諏訪《すわ》郡上諏訪《かみすわ》町本町（諏訪市）の、郡立高島《たかしま》病院長永田志解理《ながたしげり》の四男として生まれる。永田家は、代々高島藩医を務めた名家である。

明治43年（1910）に陸軍大学校《だいがっこう》を2位で卒業した。大正9年（1920）からスイスに駐在、国家総動員《こっかそうどういん》の必要性を学び、10年10月頃にドイツで東条英機《とうじょうひでき》らと盟約（バーデン＝バーデンの密約）を結ぶ。大正15年に、「国家総動員に関する意見」などが認められ、陸軍省動員《どういん》課《か》・統制課《とうせいか》の設置に貢献、初代動員課長となる。その後は、昭和5年（1930）に陸軍省軍事《りくぐんしょうぐんじ》課長《かちょう》、昭和9年に陸軍省軍務局長《ぐんむきょくちょう》を歴任。

緊迫する情勢の中で、陸軍内では皇道派《こうどうは》と統《とう》制派《せいは》が対立を深めたが、永田は統制派のリーダーとして、将来の陸軍大臣就任も期待されていた。しかし、陸軍大臣林銑十郎《はやしせんじゅうろう》が皇道派の真崎《まさき》甚三郎《じんざぶろう》を教育総監《きょういくそうかん》から更迭《こうてつ》したため、永田はその首謀者と目され、皇道派の恨みを買った。

相沢三郎《あいざわさぶろう》もその一人だった。相沢は、昭和10年7月18日に上京し、翌日、陸軍省軍務局長室で永田と面談する。この時、相沢は永田に辞職を勧告しただけだったが、8月12日、永田は再び訪れた相沢に斬殺された。これが相沢事件である。永田暗殺によって統制派と皇道派の派閥抗争は一層激化し、皇道派の青年将校たちは、のちに二・二六事件を起こすのである。

暗殺

別荘行きの延期が生と死の分岐点

斎《さい》藤《とう》 実《まこと》

享年 79

生年 安政5年（1858）10月27日
歿年 昭和11年（1936）2月26日
墓所 小山崎墓地（岩手県奥州市水沢区真城）
多磨霊園（東京都府中市多磨町）

終焉の地 自邸（新宿区若葉1—21）

水沢《みずさわ》伊達《だて》家の家臣斎藤耕平《さいとうこうへい》の嫡男として、水沢城下の吉小路《きちこうじ》（岩手県奥州市水沢区）で生まれる。明治12年（１８７９）に海軍兵学寮《かいぐんへいがくりょう》を卒業後、明治39年から海軍大臣《かいぐんだいじん》を約8年間務め、大正8年（１９１９）からは朝鮮総督《ちょうせんそうとく》に就任した。

昭和7年（１９３２）、五・一五事件が発生。暗殺された犬養毅《いぬかいつよし》の後任として、斎藤が内閣総理大臣に就任する。政友会《せいゆうかい》と民政党《みんせいとう》から大臣を迎えた挙国一致《きょこくいっち》内閣だったが、帝人事件《ていじんじけん》（帝国《ていこく》人造絹糸《じんぞうけんし》〈帝人〉の株式売買を巡る疑獄事件）で内閣総辞職に追い込まれた。昭和10年12月に内《ない》大臣《だいじん》に就任した斎藤だったが、天皇をたぶらかす重臣として青年将校から目の敵《かたき》にされ、二・二六事件の標的となる。

昭和11年2月26日未明、１５０名の兵士が斎藤邸を襲撃。自室のベッドの上であぐらをかいていた斎藤は、無抵抗で虐殺された。遺体には47ヶ所の弾痕、数十の刀傷が残された。事件の数日前、警視庁《けいしちょう》は斎藤に、私邸に帰らないか、または警備を強化するよう警告していたが、斎藤は「自分は別に殺されたって構わんよ」と答えたという。さらに前夜、斎藤はアメリカ大使公邸で夕食をとったのち、邸内でアメリカ映画『浮《う》かれ姫君《ひめぎみ》』を鑑賞した。当初は中座して別荘に行く予定だったが、帰邸が遅くなり、別荘行きを翌日に延期していたとされる。

皇道派青年将校に殺される
高《たか》橋《はし》是《これ》清《きよ》

終焉の地 自邸（港区赤坂7—3—39、高橋是清記念公園）

享年 83

生年 嘉永7年（1854）閏7月27日
歿年 昭和11年（1936）2月26日
墓所 多磨霊園（東京都府中市多磨町）

幕府御用絵師《ごようえし》川村庄右衛門《かわむらしょうえもん》の庶子《しょし》として、江戸芝中門前《しばなかもんぜん》町（港区芝大門）で生まれる。のち仙台《せんだい》藩士高橋覚治《かくじ》の養子となった。明治25年（1892）に日本銀行《にほんぎんこう》へ入行。その後、日本銀行副総裁《ふくそうさい》、同総裁を経て、大正2年（1913）、第1次山本権兵衛《やまもとごんべえ》内閣の大蔵大臣《おおくらだいじん》に就任。以降、原敬《はらたかし》、田中義一《たなかぎいち》、犬養毅《いぬかいつよし》、斎藤実《さいとうまこと》、岡田啓介《おかだけいすけ》の各内閣で大蔵大臣を務める。大正10年の原敬暗殺後、総理大臣兼大蔵大臣に就任した。

昭和2年（1927）の金融恐慌《きんゆうきょうこう》、昭和6年の昭和恐慌における手腕が評価された。特に後者は「高橋財政」と呼ばれ、積極財政によってインフレ高進を防止。高橋の英断により、日本経済は世界最速でデフレから脱出したが、今度はインフレの兆候が見えた。すると、高橋は緊縮財政に切り替え、軍事予算の一律縮小を図った。これが陸軍《りくぐん》の恨みを買うことになる。

昭和11年2月26日、高橋は自邸を襲撃される。警備の玉置英夫巡査が奮戦したが重傷を負い、高橋は拳銃で撃たれ、軍刀でとどめを刺され即死した。なお、現場となった高橋邸は東京市に寄贈され、邸宅跡地は「高橋是清翁記念公園」として公開。邸宅の主屋《おもや》と玄関は多磨霊園《たまれいえん》に移築され、休憩所「仁翁閣《じんおうかく》」として使われたのち、平成5年（1993）に江戸東京たてもの園（東京都小金井市）で公開されている。

渡《わた》辺《なべ》錠《じょう》太《た》郎《ろう》

二・二六で殺害された陸軍教育総監

享年 63

生年 明治7年（1874）4月16日
歿年 昭和11年（1936）2月26日
墓所 正起寺（愛知県岩倉市大地新町）
多磨霊園（東京都府中市多磨町）

終焉の地 自邸（杉並区上荻窪2—12）

愛知県東春日井郡《ひがしかすがいぐん》小牧町《こまきちょう》（小牧市）で煙草《たばこ》製造販売店を営む和田武右衛門《わだぶえもん》の嫡男として生まれる。19歳の時、母の実家の縁戚である農家渡《わた》辺庄兵衛《なべしょうべえ》の養子となった。明治29年（１８９６）に陸軍士官学校《りくぐんしかんがっこう》を、明治36年に陸軍大学校《だいがっこう》を卒業し、翌年の日露戦争《にちろせんそう》に歩兵第三十六聯隊中隊《ほへいだいさんじゅうろくれんたいちゅうたい》長《ちょう》として出征、戦傷を負った。その後、山県有《やまがたあり》朋《とも》の副官《ふくかん》となって信頼を得る。ドイツとオランダに駐在後、台湾軍司令官《たいわんぐんしれいかん》、軍事参議官《ぐんじさんぎかん》などの要職を歴任した。昭和10年（１９３５）、岡田《おかだ》啓介《けいすけ》内閣の陸軍大臣林銑十郎《はやしせんじゅうろう》に罷免《ひめん》された皇道《こうどう》派《は》の巨頭真崎甚三郎《まさきじんざぶろう》の後任として、陸軍教育総《きょういくそう》監《かん》に就任する。この就任劇は、真崎を支持する皇道派の青年将校を刺激し、昭和11年の二・二六事件で命を狙われる遠因となった。

事件当日の早朝、渡辺は自邸で青年将校に殺害された。現場には、当時9歳の次女和子《かずこ》がいた。彼女によると、渡辺は掻巻《かいまき》を体に巻き付けて拳銃を構えて応戦したが、縁側から上がってきた将校らにとどめを刺された。「和子はお母様のところへ行きなさい」と言ったのが、娘への最後の言葉となった。43発の銃弾が撃ち込まれ、脚は骨だけで肉片が部屋中に散らばっていたという。なお、渡辺邸には警護の憲兵《けんぺい》2名が常駐していたが、襲撃前に電話を受けて2階に上がったまま、下りてこなかったとされる。

民間人でありながら銃殺刑に

北《きた》一《いっ》輝《き》

終焉の地 東京陸軍刑務所（渋谷区宇田川町1―10、渋谷税務署）

享年 55

生年 明治16年（1883）4月3日
歿年 昭和12年（1937）8月19日
墓所 瀧泉寺（目黒区下目黒）

新潟県佐渡《さど》郡両津湊《りょうつみなと》町（佐渡市）の酒造業北《きた》慶太郎《けいたろう》の嫡男として生まれる。初め輝次《てるじ》と名乗ったが、父の死後に輝次郎《てるじろう》と改名。実弟には衆議院議員を務めた北昤吉《れいきち》がいる。

明治30年（1897）に旧制佐渡中学校へ入学したが、眼病のために退学する。明治34年に上京した時に、幸徳秋水《こうとくしゅうすい》や堺利彦《さかいとしひこ》ら平民社《へいみんしゃ》の運動に関心を持ち、社会主義思想に接近。明治39年、処女作『国体論及《こくたいろんおよ》び純正社会主義《じゅんせいしゃかいしゅぎ》』を自費出版し、大日本帝国憲法《だいにほんていこくけんぽう》における天皇制を批判した。発売から5日で発禁処分となり、要注意人物とされ、警察の監視対象となった。

その後、中国革命に参加。五・四運動の最中の上海《シャンハイ》で、日本でのファシズム運動の聖典となる『国家改造案原理大綱《こっかかいぞうあんげんりたいこう》』（のちに『日本改造法《にほんかいぞうほう》案大綱《あんたいこう》』と改題）を執筆する。この『日本改造法案大綱』は、大正12年（1923）に改造社《かいぞうしゃ》から、一部伏せ字で発刊された。

昭和11年（1936）、二・二六事件が勃発。首謀者となった青年将校らは、北の『日本改造法案大綱』に影響を受けたとも言われる。北は民間人ながら特設軍法会議にかけられ、理論的指導者の一人として、死刑判決を受ける。5日後の8月19日、事件の首謀者の一人とされた陸軍軍人西田税《にしだみつぎ》と共に、陸軍刑務所で銃殺刑に処された。辞世は「若殿《わかとの》に　兜《かぶと》とられて　負け戦《いくさ》」。

病死

田中《たなか》光顕《みつあき》

維新志士たちの顕彰に尽力

享年 97

生年 天保14年（1843）閏9月25日

歿年 昭和14年（1939）3月28日

墓所 奥の土居（高知県佐川町甲）
護国寺（文京区大塚）

終焉の地 宝珠荘（静岡市清水区蒲原中592、青山荘）

土佐《とさ》藩の国家老《くにがろう》深尾《ふかお》家の家臣浜田金治《はまだきんじ》の嫡男として、高岡《たかおか》郡佐川《さがわ》村（高知県佐川町）で生まれる。初め辰弥《たつや》と名乗り、光顕《みつあき》と改めた。武市《たけち》半平太《はんぺいた》（瑞山《ずいざん》）に学んで、土佐勤王党《とさきんのうとう》に加わり、上洛して諸藩の志士と交遊。元治元年（1864）、長州藩の尊王倒幕《そんのうとうばく》運動を援助するために脱藩し、高杉晋作《たかすぎしんさく》の弟子となる。坂本龍馬《さかもとりょうま》や中《なか》岡慎太郎《おかしんたろう》らとも行動を共にし、慶応2年（1866）の第2次幕長戦争では幕府軍と戦った。

維新後は新政府に出仕し、明治4年（1871）10月には岩倉使節団《いわくらしせつだん》と共に渡欧。明治10年の西南戦争《せいなんせんそう》では、陸軍省《りくぐんしょう》で兵站《へいたん》事務を担当した。その後は内閣書記官長《ないかくしょきかんちょう》や警視総監《けいしそうかん》を歴任。明治31年2月から、宮内大臣《くないだいじん》に就任した。

宮内大臣としての在任期間は10年を超え、宮中政治家として大きな勢力を確立した。西本願《にしほんがん》寺《じ》に関係する疑獄事件が原因で非難され、明治42年に宮内大臣を辞任、政界から身を引いた。

隠退後は維新志士の遺墨《いぼく》などの蒐集《しゅうしゅう》に努め、多摩聖蹟記念館《たませいせききねんかん》（東京都多摩市）などの設立に貢献した。晩年は古谿荘《こけいそう》（静岡県富士市）や宝《ほう》珠荘《じゅそう》（静岡市清水区）などを建てて隠棲《いんせい》。昭和天皇に側室をもうけるべきだと主張して天皇側近と対立した。また二・二六事件に際しては青年将校らの助命嘆願にも動いている。昭和14年3月28日、宝珠荘でその長い生涯を閉じた。

弔問の文人たちが戒名を選ぶ

泉《いずみ》 鏡《きょう》花《か》

病死

享年 67

生年 明治6年（1873）11月4日
歿年 昭和14年（1939）9月7日
墓所 雑司ケ谷霊園（豊島区南池袋）

終焉の地 自邸（千代田区六番町5番地、碑あり）

石川県金沢下新町《かなざわしもしんちょう》（金沢市）で加賀藩細工方《さいくかた》の流れを汲む細工師泉清次《いずみせいじ》の嫡男として生まれる。本名は鏡太郎《きょうたろう》。

尾崎紅葉《おざきこうよう》の『二人比丘尼色懺悔《ににんびくにいろざんげ》』を読んで衝撃を受け、小説家を志して上京。明治24年（1891）18歳の時、尾崎紅葉に入門を許され、玄関番として住み込みながら著作活動に励む。やがて『夜行巡査《やこうじゅんさ》』『外科室《げかしつ》』などの出世作を発表。代表作となる『高野聖《こうやひじり》』を発表したのは、30歳の時だった。鏡花は紅葉を、敬愛する小説家、文学上の師であると同時に、無名時代の自分を書生にして養ってくれた恩人として、ほとんど崇拝といっても言いほど慕っていた。その紅葉は、鏡花と芸妓桃太郎《げいぎももたろう》（伊藤すず）との交際に反対。すずは、いったん鏡花の許を去り、明治36年の紅葉歿後に彼女と結婚した。夫婦仲は、非常に良かったという。また、すずとの体験を一部取り入れた『婦系図《おんなけいず》』を刊行している。

昭和3年（1928）、肺炎《はいえん》に罹患《りかん》し、予後静養のために伊豆修善寺《しゅぜんじ》（静岡県伊豆市）を訪れる。この年、各社の文学全集（いわゆる円本《えんぽん》）で鏡花集が刊行された。昭和12年に帝国芸術院《ていこくげいじゅついん》会員《かいいん》になるも、体調を崩しつつあり、翌13年は文筆生活に入って初めて1作も作品を公表しなかった。昭和14年9月7日、癌性肺腫瘍《がんせいはいしゅよう》のために東京の自邸（千代田区六番町）で死去した。

病死

国葬された最後の元老

西《さい》園《おん》寺《じ》公《きん》望《もち》

終焉の地　坐漁荘（静岡市清水区興津清見寺町115）

享年 92

生年　嘉永2年（1849）10月23日
歿年　昭和15年（1940）11月24日
墓所　多磨霊園（東京都府中市多磨町）

清華家《せいがけ》である徳大寺公純《とくだいじきんいと》の次男として、京で生まれる。徳大寺実則《さねつね》の実弟。2歳の時、同じ清華家である西園寺師季《さいおんじもろすえ》の養子となった。

王政復古《おうせいふっこ》に参与《さんよ》し、戊辰戦争《ぼしんせんそう》にも従軍した。明治3年（1870）から、フランスへ約10年間留学する。フランスでは自由主義思想に触れ、帰国後の明治14年3月、中江兆民《なかえちょうみん》らと『東洋自由新聞《とうようじゆうしんぶん》』の創刊を画策し、自由民権運動《じゆうみんけんうんどう》に参加した。のちに伊藤博文《いとうひろぶみ》の知遇を得て、明治15年には欧州憲法調査に随行した。その後も貴族院《きぞくいん》副議長《ふくぎちょう》、文部大臣《もんぶだいじん》、枢密院議長《すうみついんぎちょう》などを歴任。

一方で、立憲政友会《りっけんせいゆうかい》の設立に尽力し、明治36年には第二代立憲政友会総裁に就任する。日露《にちろ》戦争中や戦後にかけて、内閣総理大臣を二度経験し、桂太郎《かつらたろう》と政権を交互に担当した「桂園時代《けいえんじだい》」を築いた。総理大臣退任後もパリ講和会議に参加。元老山県有朋《げんろうやまがたありとも》と松方正義《まつかたまさよし》の死後は、「最後の元老」として、軍部が台頭するまで総理大臣の選出に強い発言力を持った。外交面においては、終始、英米協調外交の立場をとり、内政面ではイギリス流の立憲君主主義《りっけんくんしゅしゅぎ》と穏健な自由主義的議会政治を目指し、「憲政《けんせい》の常道《じょうどう》」の慣行に多大な貢献を果たした。

昭和15年11月24日、別邸坐漁荘《ざぎょそう》（静岡市清水区）で92年の長い生涯を閉じた。遺言に従って、資料や書簡《しょかん》は焼却処分されたという。

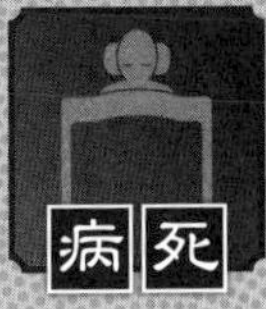

彼の脳は現在も保存されている
南《みな》方《かた》熊《くま》楠《ぐす》

享年
75

生年　慶応3年（1867）4月15日
歿年　昭和16年（1941）12月29日
墓所　高山寺（和歌山県田辺市稲成町）

終焉の地　自邸（和歌山県田辺市中屋敷町36、南方熊楠顕彰館）

紀伊和歌山《わかやま》城下の橋丁（和歌山市）で、金物商や雑貨屋を営む南方弥兵衛《みなかたやへえ》の次男として生まれる。明治19年（1886）に帝国大学予備門《ていこくだいがくよびもん》を中途退学して、アメリカとイギリスに渡り、動植物学を独学。大英博物館《だいえいはくぶつかん》で図書目録編集などの職に就いた。明治33年に帰国すると、田辺《たなべ》町（和歌山県田辺市）を永住の地と定め、粘菌《ねんきん》類《るい》（変形菌類）などの採集・研究を進める。熊楠の名が残されたミナカタホコリをはじめ、10種ほどの新種を発見した。民俗学《みんぞくがく》にも興味を抱いて論文を執筆し、柳田國男《やなぎたくにお》とも交流した。

自然保護運動の先駆者としても評価されている。明治政府の神社合祀《ごうし》によって土着《どちゃく》の信仰・習俗が毀損《きそん》され、また小集落の鎮守《ちんじゅ》の森が伐採されることを憂い、神社合祀反対運動を起こしたからである。特に田辺湾に浮かぶ神島《かしま》の保護運動に注力し、天然記念物の指定を獲得した。昭和4年（1929）には神島に昭和天皇が行《ぎょう》幸《こう》し、御進講《ごしんこう》や標本の進献などをした。熊楠の歿後、天皇は熊楠を追懐する歌を詠んでいる。

晩年は病を得て歩行困難となり、萎縮腎《いしゅくじん》によって、昭和16年12月29日に永眠した。熊楠は、幽体離脱《ゆうたいりだつ》や幻覚《げんかく》などを体験していたため、死後は自分の脳を調べるよう要望。脳は大阪大学医学部にホルマリン漬けで保存され、MRIで右側頭葉《そくとうよう》奥の海馬《かいば》に萎縮があることが判明した。

病死

口語自由詩を完成させた詩人

萩原《はぎわら》朔太郎《さくたろう》

享年
57

生年 明治19年（1886）11月1日
歿年 昭和17年（1942）5月11日
墓所 政淳寺（群馬県前橋市田口町）

終焉の地 自邸（世田谷区代田2—4—12、碑あり）

群馬県東群馬《ひがしぐんま》郡北曲輪《きたくるわ》町（前橋市）の医師萩《はぎ》原《わら》密蔵《みつぞう》の嫡男として生まれる。明治33年（1900）に群馬県立前橋中学校へ入学した。校友会誌や『文庫《ぶんこ》』『明星《みょうじょう》』などに短歌《たんか》を投稿するなどの文芸活動を始める。明治40年に熊本の第五高等学校英文科に入学したが、1年で退学。岡山の第六高等学校独法科に転校するも、試験を受けないため落第。さらに、慶應義塾《けいおうぎじゅく》大学予科に二度入学・退学している。

大正2年（1913）、北原白秋《きたはらはくしゅう》主宰の『朱欒《ざぼん》』に5編の詩が掲載され、詩壇デビューを飾る。この時、同じ号に掲載された室生犀星《むろおさいせい》とは、生涯にわたる友となる。翌3年に帰郷し、書斎を訪ねてきた犀星に山村暮鳥《やまむらぼちょう》を加え、人魚《にんぎょ》詩社《ししゃ》を創立。この頃、「おれはなんのために生きてゐるのか」と深く悩み、翌年にかけてほとんど作品を発表しない期間があった。大正5年に犀星と詩誌『感情《かんじょう》』を創刊。大正6年、32歳で第一詩集『月《つき》に吠《ほ》える』を自費出版で刊行し、一躍詩壇の寵児《ちょうじ》となった。しかし、翌7年には再び詩の発表が途絶えた。

昭和8年（1933）、世田谷《せたがや》区代田《だいた》に自ら設計して新築した家に移住し、翌年詩集『氷《ひょう》島《とう》』を刊行。妻との離縁と娘二人との上京を題材にした作品だった。昭和17年5月11日、自邸で急性肺炎《きゅうせいはいえん》のために亡くなった。

病死

日米友好に捧げた生涯

金《かね》子《こ》堅《けん》太《た》郎《ろう》

終焉の地 恩賜松荘（神奈川県三浦郡葉山町一色）

享年 90

生年 嘉永6年（1853）2月4日

歿年 昭和17年（1942）5月16日

墓所 青山霊園（港区南青山）

筑前福岡《ふくおか》藩士金子直道《かねこなおみち》の嫡男として、早良《さわら》郡鳥飼《とりかい》村（福岡市中央区鳥飼）で生まれる。明治4年（1871）、藩主黒田長知《くろだながとも》に随行して岩《いわ》倉使節団《くらしせつだん》と欧米に渡り、7年後、ハーバード大学法律学科を卒業して帰国する。同級生には、のちの米国大統領セオドア・ローズヴェルトがいた。帰国後は、東京大学予備門《よびもん》で英語教員をしながら、共存同衆《きょうぞんどうしゅう》や嚶鳴社《おうめいしゃ》などの政治団体に所属し、民権運動《みんけんうんどう》を行う。金子は、専修学校《せんしゅうがっこう》（現、専修大学）の創立にも深く関与した。

伊藤博文《いとうひろぶみ》の知遇を得て、明治18年に総理大臣《そうりだいじん》秘書官《ひしょかん》になると、井上毅《いのうえこわし》や金子巳代治《かねこみよじ》らと共に明治憲法や皇室典範《こうしつてんぱん》、諸法典《しょほうてん》の調査・起草にあたる。特に衆議院議員選挙法《しゅうぎいんぎいんせんきょほう》や貴族院令《きぞくいんれい》など付属法の起草に貢献した。明治23年に貴族院勅選《ちょくせん》議員となり、初代貴族院書記官長《しょきかんちょう》に就任。その後も伊藤内閣の農商務大臣《のうしょうむだいじん》（第3次）、司法《しほう》大臣（第4次）を歴任し、立憲政友会《りっけんせいゆうかい》の創立にも参画した。明治39年には枢密顧問官《すうみつこもんかん》となり、「憲法の番人」を自称するほどの重鎮《じゅうちん》となった。

昭和14年（1939）には三木武夫《みきたけお》や賀川豊《かがわとよ》彦《ひこ》らと共に日米同志会《にちべいどうしかい》を立ち上げて、その会長を務めるなど、金子は生涯にわたって日米友好のために力を注ぎ、日米開戦を憂慮しながら、昭和17年5月16日、神奈川県葉山《はやま》の別荘で亡くなった。

病 死

生涯で5万首に及ぶ詩を残す

与謝野晶子《よさのあきこ》

終焉の地 自邸（杉並区南荻窪4―3―22、与謝野公園）

享年 65

生年 明治11年（１８７８）12月7日
歿年 昭和17年（１９４２）5月29日
墓所 多磨霊園（東京都府中市多磨町）

堺《さかい》県和泉《いずみ》国第《だい》1大区《だいく》甲斐町《かいのちょう》（堺市堺区甲斐町西1丁）で老舗和菓子屋「駿河屋《するがや》」を営む鳳宗《ほうそう》七《しち》の三女として生まれる。旧姓は鳳志よう（昌）。店を手伝いながら古典・歴史書に親しみ、20歳の頃から短歌《たんか》を投稿するようになる。

明治33年（１９００）、与謝野寛《よさのひろし》（鉄幹《てっかん》）が創立した新詩社《しんししゃ》の機関誌『明星《みょうじょう》』に短歌を発表する。その翌年、東京の鉄幹の許へ出奔。処女歌集『みだれ髪《がみ》』を刊行し、上田敏《うえだびん》に「詩壇革新《しだんかくしん》の先駆」と評価されるなど、浪漫派《ろまんは》の歌人として文壇の注目を集めた。23歳の時、28歳の鉄幹と結婚。その後は『明星』の中心として、小説・詩・評論・古典研究など多方面で活動する。また、独自の解釈を加え、『源氏物語《げんじものがたり》』の現代語訳版も出版している。

日露戦争《にちろせんそう》の最中、晶子は『明星』に、従軍中の弟を想う長詩「君死《きみし》にたまふことなかれ」を投稿。思想的立場を巡って論争を巻き起こした。この頃から評論も執筆し、女性解放運動家としても活動するようになる。

鉄幹との間に六男六女をもうけるが、結婚後の鉄幹は極度の不振に陥った。大正8年（１９１９）に鉄幹が慶應義塾大学《けいおうぎじゅくだいがく》教授に就任するまで、晶子は育児に仕事にと奮闘した。その鉄幹は晶子に先立ち、昭和10年（１９３５）に他界。それから7年後、晶子も脳溢血《のういっけつ》で亡くなった。

病死

北《きた》原《はら》白《はく》秋《しゅう》

視力を失っても詩を書き続ける

終焉の地 自邸（杉並区阿佐谷北5—1）

享年 58

生年 明治18年（1885）1月25日
歿年 昭和17年（1942）11月2日
墓所 多磨霊園（東京都府中市多磨町）

福岡《ふくおか》県山門《やまと》郡沖端《おきのはた》村（福岡県柳川市）で酒造業を営む北原長太郎《きたはらちょうたろう》の嫡男として生まれる。県《けん》立中学伝習館《りつちゅうがくでんしゅうかん》時代から、白秋《はくしゅう》の号で短歌《たんか》や詩の投稿を始めた。長詩「林下《りんか》の黙想《もくそう》」が『文庫《ぶんこ》』4月号に掲載されると無断で退学し、早稲田大学英文科予科に入学。明治39年（1906）、与《よ》謝野《さの》寛《ひろし》（鉄幹《てっかん》）の主宰する新詩社《しんししゃ》に参加し、『明星《みょうじょう》』に詩や短歌を旺盛に発表した。

新詩社脱退後は、パンの会を始める。処女詩集『邪宗門《じゃしゅうもん》』、続く『思《おも》ひ出《で》』で人気を博し、詩人としての地位を確立。大正2年（1913）には第一歌集『桐《きり》の花《はな》』を刊行し、短歌の世界に象徴詩の手法を活かして注目される。また大正7年には、鈴木三重吉《すずきみえきち》の強い勧めで児童文学雑誌『赤《あか》い鳥《とり》』の童謡《どうよう》部門を担当し、創作童謡を次々発表した。昭和10年（1935）、短歌雑誌『多磨《たま》』を創刊。浪漫主義《ろまんしゅぎ》の復興を唱え、「アララギ」と歌壇《かだん》を二分する新勢力となった。

昭和12年に糖尿病《とうにょうびょう》と腎臓病《じんぞうびょう》の合併症で眼底出《がんていしゅつ》血《けつ》により入院。視力をほぼ失ったが、歌作に没頭し、長篇交声詩《こうせいし》「海道東征《かいどうとうせい》」や長唄《ながうた》「元寇《げんこう》」を完成させ、「万歳《ばんざい》ヒットラー・ユーゲント」を作詞するなど、晩年は国家主義に傾倒していった。水郷柳河《すいごうやながわ》写真集『水《みず》の構図《こうず》』の跋文《ばつぶん》を未完の遺稿にして、昭和17年11月2日、東京杉並《すぎなみ》の自邸で亡くなった。

病死

清《きよ》浦《うら》奎《けい》吾《ご》

天寿を全うした政界の重鎮

終焉の地 米寿庵（静岡県熱海市伊豆山足川）

享年 93

生年 嘉永3年（1850）2月14日
歿年 昭和17年（1942）11月5日
墓所 総持寺（横浜市鶴見区鶴見）
明照寺（熊本県山鹿市鹿本町）

肥後鹿本《かもと》郡来民《くたみ》村（熊本県山鹿市）の明照寺《みょうしょうじ》住職大久保了恩《おおくぼりょうおん》の五男として生まれ、のちに清《きよ》浦《うら》家の養子となる。明治になって上京し、埼玉《さいたま》県吏《けんり》となる。明治9年（1876）に司法省《しほうしょう》へ転じ、治罪法《ちざいほう》（刑事訴訟法《けいじそしょうほう》）の制定に関与。清浦の活躍が山県有朋《やまがたありとも》の目にとまり、34歳の時に内務省警保局長《ないむしょうけいほきょくちょう》に抜擢され、その後は3内閣で司法大臣《しほうだいじん》などを歴任。一方で貴族院勅選議員《きぞくいんちょくせんぎいん》に任じられ、枢密顧問官《すうみつこもんかん》、枢密院議長《すうみついんぎちょう》を務める。

大正3年（1914）第1次山本権兵衛《やまもとごんべえ》内閣が退陣すると、組閣《そかく》の大命《たいめい》を受けたのが清浦だった。この時は海軍大臣を得られず、大命を拝《はい》辞《じ》。しかし、その10年後に第2次山本内閣が総辞職し、清浦に再び組閣の大命が降下する。ところが、外務《がいむ》大臣と軍部大臣以外の全大臣に貴族院議員を充てたため、「特権内閣」と批判され、政友会《せいゆうかい》・憲政会《けんせいかい》・革新倶楽部《かくしんくらぶ》のいわゆる護憲三《ごけんさん》派《ば》が組織的な倒閣活動を始めた。総選挙では護憲三派が圧勝したため、総辞職。わずか5ヶ月間の短命内閣だった。

その後は重臣《じゅうしん》に列し、新聞協会会長などを歴任。昭和16年（1941）の重臣会議で、東条《とうじょう》英機《ひでき》の擁立を承認したのを最後に、政治活動からは引退。翌17年秋より衰弱《すいじゃく》し、重篤にあったが、11月5日、別邸米寿庵《べいじゅあん》（静岡県熱海市）で天寿を全うした。

連載途中に脳溢血で倒れる

島《しま》崎《ざき》藤《とう》村《そん》

終焉の地　自邸（神奈川県中郡大磯町東小磯88―9）

享年 72

生年　明治5年（1872）2月17日
歿年　昭和18年（1943）8月22日
墓所　地福寺（神奈川県大磯町）

筑摩《ちくま》県第《だい》8大区《だいく》5小区《しょうく》馬籠《まごめ》村（岐阜県中津川市）で、島崎正樹《しまざきまさき》の四男として生まれる。島崎家は、代々馬籠宿で本陣《ほんじん》や庄屋《しょうや》を務めた。父正樹は、明治19年（1886）に獄死《ごくし》するが、この父こそ『夜《よ》明《あ》け前《まえ》』の主人公青山半蔵《あおやまはんぞう》のモデルである。明治24年に明治学院普通部本科を卒業後、明治女学校高等科英語科教師となるも、教え子への愛に苦しみ、辞職する。仙台《せんだい》に赴任した頃から詩作に励み、処女詩集『若菜集《わかなしゅう》』を発表。土井晩翠《どいばんすい》と並び称される詩人となった。

その後、小説の執筆を始め、明治39年に『破《は》戒《かい》』を自費出版し、作家的地位を確立。自らの生家をモデルに明治時代の家制度を描いた『家《いえ》』は、自然主義を代表する傑作となった。

ある日、郷里で宿場役人の古記録『大黒屋日《だいこくやにっ》記《き》』を発見した藤村は、そこに息づく街道筋の生活を基盤として、近代日本の胎動期《たいどうき》の苦しみを描く決意をした。これが長編小説『夜明け前』である。昭和4年（1929）に『中央公論《ちゅうおうこうろん》』で連載を開始し、完結したのは昭和10年のことだった。翌11年に、朝日文化賞を受賞している。

昭和10年、日本ペンクラブの初代会長に就任し、アルゼンチンで開催された国際ペンクラブ大会に出席。『東方《とうほう》の門《もん》』の連載を始めるが、その直後、昭和18年8月22日に脳溢血《のういっけつ》のため死去した。最期の言葉は「涼しい風だね」。

親友は遺骸の前で号泣した

西《にし》田《だ》幾《き》多《た》郎《ろう》

享年 76

生年 明治3年（1870）4月19日
歿年 昭和20年（1945）6月7日
墓所 東慶寺（神奈川県鎌倉市山ノ内）

終焉の地 自邸（神奈川県鎌倉市稲村ガ崎3―11―1、西田幾多郎博士記念館）

石川《いしかわ》県宇ノ気《うのけ》町森《もり》（石川県かほく市）で、西《にし》田得登《だやすのり》の嫡男として生まれる。金沢《かなざわ》の第四高等中学校に入学するも、目を病んで中途退学。その後、東京帝国大学文科大学哲学選科（聴講生に近い立場）で学んだ。生家の没落、肉親の死など、苦難の多い青年時代だった。大学卒業後は故郷に戻り、母校の教壇に立つ。そのかたわらで西洋哲学の研究に努め、高校時代の親友鈴《すず》木大拙《きだいせつ》に学んだ座禅《ざぜん》に専念する。

明治43年（1910）、京都帝国大学で哲学、倫理学、さらに宗教哲学も講ずることになる。翌44年に刊行された『善《ぜん》の研究《けんきゅう》』は、西欧的思《し》惟《い》と自身の禅体験を「純粋経験」によって融合させた近代日本哲学の最初の独創的著作だった。大正2年（1913）に同大学教授、文学博士号を取得。昭和3年（1928）に退官し、昭和15年に文化勲章を受章した。

晩年は、東条英機《とうじょうひでき》から、大東亜共栄圏《だいとうあきょうえいけん》の新政策を発表する演説への助力を依頼され、「世界《せかい》新秩序《しんちつじょ》の原理《げんり》」と題した論文を書くが、内容があまりにも難解だったことなどが理由で東条の目には触れず、施政方針演説にも反映されなかった。のちに和辻哲郎《わつじてつろう》宛ての手紙で、東条の演説に失望したと嘆いていたという。

昭和20年6月7日、鎌倉《かまくら》で急逝。鈴木大拙は、遺骸を前に座り込んで号泣したという。

自刃

天皇拝領のワイシャツを着て自刃

阿南《あなみ》惟幾《これちか》

享年 59

生年 明治20年（1887）2月21日

歿年 昭和20年（1945）8月15日

墓所 多磨霊園（東京都府中市多磨町）

終焉の地 陸軍大臣官邸（千代田区永田町1—1—1、憲政記念館）

東京《とうきょう》地方《ちほう》裁判所《さいばんしょ》検事《けんじ》の阿南尚《あなみひさし》の子として、東京で生まれる。早くから軍人になることを志望していたが、徳島中学校在学中に乃木希典《のぎまれすけ》からの助言を受け、広島《ひろしま》陸軍《りくぐん》地方《ちほう》幼年学校《ようねんがっこう》を受験した。明治38年（1905）陸軍《りくぐん》士官学校《しかんがっこう》を卒業し、翌39年6月に歩兵少尉《ほへいしょうい》に任官。陸軍士官学校・陸軍大学校《だいがっこう》の卒業成績は上位ではないものの、人望や勤務ぶりから、徐々に頭角を現す。

参謀本部《さんぼうほんぶ》勤務、侍従武官《じじゅうぶかん》、人事局長《じんじきょくちょう》を経て、昭和14年（1939）10月に陸軍次官《じかん》に就任。次官時代には、国家総動員体制《こっかそうどういんたいせい》をはじめとする戦時体制の策定に関与した。さらに中国・満洲《まんしゅう》の軍司令官を務めて、昭和18年には陸軍大将《たいしょう》に昇進。昭和20年4月には、航空総監兼航空本部《こうくうそうかんけんこうくうほんぶ》長《ちょう》兼《けん》軍事参議官《ぐんじさんぎかん》から鈴木貫太郎《すずきかんたろう》内閣の陸軍大臣に就任した。ポツダム宣言受諾の可否を巡って、断固抗戦を主張する陸軍部内の中堅将校たちの突き上げに苦悩し、最高戦争指導会議《さいこうせんそうしどうかいぎ》では徹底抗戦の立場をとった。

8月15日早朝、ポツダム宣言の最終的な受諾返電の直前に、陸軍内の強硬派を慰撫《いぶ》した上で、介錯《かいしゃく》を拒んで陸軍大臣官邸で割腹自殺した。現役の大臣が自殺したのは、初めてのことだった。遺書には「一死以《いっしをもっ》テ大罪《たいざい》ヲ謝《しゃ》シ奉《たてまつ》ル」と記され、辞世は「大君《おおきみ》の　深《ふか》き恵《めぐみ》に　浴《あ》みし身《み》は　言《い》ひ遺《のこ》すへき　片言《へんげん》もなし」。

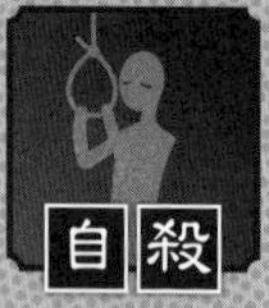

敗戦処理を終えたあとの拳銃自殺

杉《すぎ》山《やま》 元《げん／はじめ》

享年
66

生年 明治13年（1880）1月2日
歿年 昭和20年（1945）9月12日
墓所 大徳寺総見院（京都市北区紫野大徳寺町）

終焉の地 第一総軍司令部司令官室（新宿区市谷本村町5—1、防衛省）

元小倉《こくら》藩士族《しぞく》杉山直の嫡男として、福岡《ふくおか》県小倉（北九州市）で生まれる。陸軍航空隊《こうくうたい》育ての親と称され る一方、「便所の扉」「グズ元」のあだ名を持つ。陸軍《りくぐん》士《し》官学校《かんがっこう》、陸軍大学校《だいがっこう》を卒業。陸軍大臣の宇《う》垣《がき》一成《かずしげ》に重用され、側近として活躍。二・二六事件後には教育総監《きょういくそうかん》、陸軍大将《たいしょう》と進み、陸軍重鎮《じゅうちん》への道を歩んだ。

林銑十郎《はやしせんじゅうろう》内閣と第1次近《この》衛《え》文麿《ふみまろ》内閣で陸軍大臣を務め、昭和15年（1940）には参謀総長《さんぼうそうちょう》に就任。太平洋戦争開戦の立案・指導にあたる。この時、日米開戦となった場合の成算《せいさん》を昭和天皇に問われた杉山は、「3ヶ月で作戦を終了する見込み」と楽観的な回答をしたため、天皇に一喝されている。

杉山は、本土決戦に備えて昭和20年4月に設立された第一総軍《だいいちそうぐん》司令官《しれいかん》として、敗戦を迎えた。日中戦争開始時の陸軍大臣、太平洋戦争開戦時の参謀総長として、自身の敗戦責任を痛感した杉山は、8月15日に「御詫言上書《おわびごんじょうしょ》」と題する遺書をしたためたが、なかなか自決を実行できなかった。夫人から「自決すべき」と迫られた杉山は、9月12日朝、部下から拳銃を受け取り、自室に入って、胸を4発拳銃で撃ち抜き、自決した。この報を自宅で聞いた夫人は、正装に着替え、仏前で青酸《せいさん》カリを飲み、短刀で胸を突き刺して、夫のあとを追った。

出頭当日に青酸カリをあおる
近衛《この え》文麿《ふみ まろ》

享年 55

生年 明治24年（1891）10月12日
歿年 昭和20年（1945）12月16日
墓所 雑司ケ谷霊園（豊島区南池袋）

終焉の地 荻外荘（杉並区荻窪2―43、荻外荘公園）

公爵近衛篤麿《こうしゃくこのえあつまろ》の嫡男として、東京市麹町《こうじまち》区（千代田区）で生まれた文麿は、五摂家《ごせっけ》筆頭《ひっとう》近衛家の第三十代当主となる。大正5年（1916）貴族院議員《きぞくいんぎいん》となり、以後、貴族院副議長、貴族院議長などの要職を歴任した。

昭和12年（1937）6月に初組閣し、3次にわたって内閣総理大臣を務めた。第1次近衛内閣では日中戦争が始まり、さらに中国との和平交渉に失敗。第2次近衛内閣では、大政翼賛《たいせいよくさん》会《かい》を成立させ、日独伊三国同盟《にちどくいさんごくどうめい》と日ソ中立条約を締結し、南進《なんしん》政策をとった。第3次近衛内閣では日米交渉に失敗し、英米との戦争が避けられなくなった。しかし、日本の敗戦が濃厚になってきた昭和20年、昭和天皇に対して「近衛上《このえじょう》奏文《そうぶん》」を上奏し、戦争の早期終結を唱えた。

太平洋戦争終結後、東久邇宮稔彦《ひがしくにのみやなるひこ》内閣で国務《こくむ》大臣として入閣。大日本帝国憲法《だいにほんていこくけんぽう》改正に意欲を見せた。昭和20年12月6日に、GHQからの逮捕命令が伝えられ、A級戦犯として極東国際軍《きょくとうこくさいぐん》事裁判《じさいばん》で裁かれることが決定。巣鴨《すがも》プリズンに出頭を命じられた最終期限日の12月16日未明、荻外荘《てきがいそう》（杉並区荻窪）で青酸《せいさん》カリを服毒し、自殺する。自殺の前日、近衛は次男通隆《みちたか》に遺書を口述筆記させ、「自分は政治上多くの過ちを犯してきたが、戦犯として裁かれなければならないことに耐えられない……」と書き残した。

病死

転居を繰り返した明治の大文豪

幸《こう》田《だ》露《ろ》伴《はん》

享年 81

生年　慶応３年（１８６７）７月23日

歿年　昭和22年（１９４７）７月30日

墓所　多磨霊園（東京都府中市多磨町）

終焉の地　自邸（千葉県市川市菅野４―３―３）

　幕臣幸田成延《こうだしげのぶ》の四男として、江戸下谷三枚橋《したやさんまいばし》横町《よこちょう》（台東区上野）で生まれる。本名は成行《しげゆき》。逓信省電信修技学校《ていしんしょうでんしんしゅうぎがっこう》卒業後、電信技師として北海道余市《よいち》に赴任。そこで坪内逍遙《つぼうちしょうよう》の『小説神髄《しょうせつしんずい》』などと出会い、文学の道を志して、２年後に職を放棄して帰京。道中で「里遠し　いざ露と寝ん　草枕」の句を詠み、露伴《ろはん》の号を得る。

　明治22年（１８８９）、「露団々《つゆだんだん》」を起草し、この作品は淡島寒月《あわしまかんげつ》を介して『都《みやこ》の花《はな》』に発表された。これが山田美妙《やまだびみょう》の激賞を受け、さらに『風流仏《ふうりゅうぶつ》』や『五重塔《ごじゅうのとう》』などを発表し、作家としての地位を確立。やがて、同世代の尾崎紅葉《おざきこうよう》と人気を分かち合い、「紅露《こうろ》時代」と呼ばれる黄金時代を迎える。

　明治37年、前年から執筆していた『天《てん》うつ浪《なみ》』が未完に終わると、文壇を離れ、考証と史伝に筆を注ぐようになった。中国の古典を素材に『幽情記《ゆうじょうき》』『運命《うんめい》』を発表、大好評を博する。

　晩年には「大露伴」と呼ばれ、昭和12年（１９３７）に第１回文化勲章を授与、帝国芸術院《ていこくげいじゅついん》会員《かいいん》となる。戦後は千葉《ちば》県市川《いちかわ》市に移住した。昭和22年、実に17年もの歳月を費やした『芭蕉《ばしょう》七部集《しちぶしゅう》』の口述筆記を完成させると、病床に臥せ、７月30日、娘に看取られて死去した。生前、酒をこよなく愛した露伴が、最後に口にしたアルコールは１杯のビールだったという。

死の直前、「永遠の平和」と連呼

鈴《すず》木《き》貫《かん》太《た》郎《ろう》

享年
82

生年 慶応3年（1867）12月24日
歿年 昭和23年（1948）4月17日
墓所 実相寺（千葉県野田市台町）

終焉の地 自邸（千葉県野田市関宿町1273、鈴木貫太郎記念館）

　下総関宿《せきやど》藩士鈴木由哲《すずきゆうてつ》の嫡男として、和泉大《おお》鳥《とり》郡伏尾新田《ふせおしんでん》（堺市中区）で生まれる。明治31年（1898）に海軍大学校《かいぐんだいがっこう》を卒業。日露戦争《にちろせんそう》では、「鬼《おに》の貫太郎《かんたろう》」と呼ばれる戦いぶりで、日本海海戦《にほんかいかいせん》の大勝利に貢献した。のち海軍次官《じかん》、海軍軍令部長《ぐんれいぶちょう》などを歴任。昭和4年（1929）、昭和天皇と皇太后節子《こうたいごうさだこ》の希望で予備役《よびえき》となり、侍従長《じじゅうちょう》に就任した。昭和天皇の信任は厚かったが、「君側《くんそく》の奸《かん》」と批判され、昭和11年の二・二六事件で瀕死の重傷を負っている。

　昭和20年4月、枢密院議長《すうみついんぎちょう》だった鈴木は、戦況悪化のために辞職した小磯国昭《こいそくにあき》の後継として、太平洋戦争中で最後の内閣を組織。東条英機《とうじょうひでき》ら戦争継続派の反対を押し切って無条件降伏を受諾し、77歳の老体を押して終戦工作に尽力した。8月15日早朝、命を狙われるも間一髪で救出される（宮城事件《きゅうじょうじけん》）。同日正午に終戦の詔勅《しょうちょく》がラジオで放送され、鈴木は天皇に辞表を提出した。

　昭和21年6月3日、公職追放令《こうしょくついほうれい》の対象となったため、郷里である千葉県関宿町（野田市）に帰る。のちのインタビューで「われは敗軍の将である。ただいま郷里に帰って、畑を相手にいたして生活しております」と話している。

　昭和23年4月17日、肝臓癌《かんぞうがん》で死去。はっきりした声で「永遠の平和、永遠の平和」と繰り返して、息を引き取ったという。

病死

天皇もその死を惜しんだ一流の士

米《よ》内《ない》光《みつ》政《まさ》

享年 69

生年 明治13年（1880）3月2日
歿年 昭和23年（1948）4月20日
墓所 圓光寺（岩手県盛岡市南大通）

終焉の地 自邸（目黒区南1—15—10付近）

旧盛岡《もりおか》藩士族米内受政《よないながまさ》の嫡男として、岩手県岩手郡三割《みつわり》村下小路《したこうじ》（盛岡市）で生まれる。海《かい》軍兵学校《ぐんへいがっこう》、海軍大学校《だいがっこう》を卒業。日露戦争《にちろせんそう》では日《に》本海海戦《ほんかいかいせん》に参戦。海軍の要職を歴任し、林銑十《はやしせんじゅう》郎《ろう》および平沼騏一郎《ひらぬまきいちろう》内閣で海軍大臣《かいぐんだいじん》に就任する。

昭和15年（1940）1月16日、昭和天皇の推薦により、組閣の大命が下る。しかし、就任から5日後に発生した浅間丸事件《あさままるじけん》の処理と、日《にち》独伊三国同盟《どくいさんごくどうめい》の締結を主張する陸軍との対立により、わずか半年で総辞職に追い込まれた。昭和19年に東条英機《とうじょうひでき》内閣が倒れて小磯国昭《こいそくにあき》内閣になると、予備役《よびえき》から現役に復帰して再び海軍大臣となる。鈴木貫太郎《すずきかんたろう》内閣でも海軍大臣として留任し、原爆投下、ソ連参戦以降、米内はポツダム宣言受諾を主張し、太平洋戦争の早期終結の道を探った。戦後処理の段階に入っても米内の存在は高く評価され、東久邇宮稔彦《ひがしくにのみやなるひこ》内閣、幣《しで》原喜重郎《はらきじゅうろう》内閣でも海軍大臣に留任した。その後、海軍省が廃止されたため、米内は日本で最後の海軍大臣となった。

昭和21年、元大臣秘書官の麻生孝雄《あそうたかお》の勧めで、北海道釧路《くしろ》町で北海道牧場株式会社（霞ヶ関牧場）の牧場経営に参加した。一方で、長年の高血圧や慢性腎臓病《まんせいじんぞうびょう》に悩まされ、さらに帯状疱疹《たいじょうほうしん》にも苦しめられた。しかし、直接の死因となったのは軽い脳溢血《のういっけつ》と肺炎《はいえん》の併発とされる。

自殺

玉川上水で愛人と無理心中

太宰《だざい》 治《おさむ》

終焉の地 玉川上水（東京都三鷹市）

享年 40

生年 明治42年（1909）6月19日
没年 昭和23年（1948）6月13日
墓所 禅林寺（東京都三鷹市下連雀）

青森《あおもり》県北津軽《きたつがる》郡金木《かなぎ》村（五所川原市）の大地主津島源右衛門《つしまげんえもん》の六男として生まれる。本名は修治《しゅうじ》。芥川龍之介《あくたがわりゅうのすけ》を敬愛《けいあい》し、作家を目指す。昭和10年（1935）、『文藝《ぶんげい》』に発表した『逆《ぎゃっ》行《こう》』が、第1回芥川龍之介賞の候補となるも落選。第3回では川端康成《かわばたやすなり》に選考懇願の手紙を送るが、新人ではないとして候補にならなかった。佐藤春夫《さとうはるお》は井伏鱒二《いぶせますじ》らと相談し、薬物中毒という口実で武蔵野病院《むさしのびょういん》の精神病病棟に入院させた。

退院後、浮気した妻初代《はつよ》と心中未遂《しんじゅうみすい》の末、離婚する。昭和4年のカルモチン自殺未遂、翌年の人妻との心中未遂、昭和10年の縊死《いし》未遂に続き、これが4度目の自殺未遂だった。

30歳の時、井伏の紹介で結婚し、三鷹《みたか》（東京都三鷹市）に転居、終《つい》の棲家《すみか》となる。『走《はし》れメロス』執筆の翌年に太平洋戦争が始まり、故郷の津軽で敗戦を迎えた。戦後は『斜陽《しゃよう》』、『人間失《にんげんしっ》格《かく》』を執筆、無頼派《ぶらいは》と呼ばれる人気作家になる。

昭和23年6月13日、愛人山崎富栄《やまざきとみえ》と玉川上水《たまがわじょうすい》に投身自殺する。太宰の誕生日である6月19日朝、投身推定現場から約1km下流の玉川上水に架かる新橋付近で、赤い紐で結ばれた二人の死体が発見された。妻宛ての遺書には「小説を書くのがいやになつたから死ぬのです」とあった。命日は、太宰が死の直前に書いた短編にちなみ、「桜桃忌《おうとうき》」と呼ばれる。

処刑

巣鴨プリズンで浄土真宗に帰依

東《とう》条《じょう》英《ひで》機《き》

終焉の地　巣鴨プリズン（豊島区東池袋3―1―6、東池袋中央公園）

享年 65

生年　明治17年（1884）12月30日
歿年　昭和23年（1948）12月23日
墓所　池上本門寺（大田区池上）
殉国七士廟（愛知県西尾市東幡豆町）

陸軍《りくぐん》歩兵《ほへい》中尉《ちゅうい》東条英教《とうじょうひでのり》の三男として、東京府麴町《こうじまち》区(千代田区麴町)で生まれる。明治38年（1905）に陸軍士官学校《しかんがっこう》を卒業。昭和10年（1935）に関東憲兵司令官《かんとうけんぺいしれいかん》、2年後に関東軍参《かんとうぐんさん》謀長《ぼうちょう》となる。昭和15年から第2次・第3次近衛《このえ》文麿《ふみまろ》内閣に陸軍大臣として入閣。日本軍の中国からの全面撤退に反対し、対英米開戦を主張して、第3次近衛内閣倒壊の原因を作った。昭和16年10月に、現役軍人のまま内閣総理大臣に就任し、東条の戦争指導の下で太平洋戦争に突入した。昭和19年にサイパンが陥落し、絶対国防《ぜったいこくぼう》圏《けん》が破られたことで、内閣総辞職。

敗戦後の昭和20年9月11日、世田谷《せたがや》区用賀《ようが》の自邸で拳銃自殺を図る。銃弾は心臓の近くを撃ち抜いたが急所を外れ、横浜《よこはま》の米軍野戦病院《やせんびょういん》での手術によって、奇跡的に一命を取りとめた。のち大森捕虜収容所《おおもりほりょしゅうようじょ》を経て、12月8日に巣鴨《すがも》プリズン（豊島区東池袋）に収監《しゅうかん》される。

極東国際軍事裁判《きょくとうこくさいぐんじさいばん》（東京裁判）において、開戦の罪（A級）・殺人の罪（B・C級）として起訴され、昭和23年11月12日に絞首刑《こうしゅけい》の判決が言い渡される。12月23日、巣鴨プリズンで死刑が執行された。遺体は遺族に返還されず、同夜のうちに久保山火葬場《くぼやまかそうば》（横浜市西区久保町）へ移送して火葬され、遺骨・遺灰は米軍機で東京湾に投棄された。

広《ひろ》田《た》弘《こう》毅《き》

A級戦犯で裁かれた唯一の文官

享年
71

生年 明治11年（1878）2月14日
歿年 昭和23年（1948）12月23日
墓所 聖福寺（福岡市博多区御供所町）
殉国七士廟（愛知県西尾市東幡豆町）

終焉の地 巣鴨プリズン（豊島区東池袋3―1―6、東池袋中央公園）

福岡《ふくおか》県那《な》珂《か》郡鍛《か》冶《じ》町（福岡市中央区天神）で石材店を営む広田徳平《ひろたとくへい》の嫡男として生まれる。福岡県立修猷館《しゅうゆうかん》在学中、三国干渉《さんごくかんしょう》に衝撃を受けて外交官を志したという。卒業直前に、名を弘《こう》毅《き》に改名した。東京帝国大学法科卒業後、明治39年（1906）外務省《がいむしょう》に入省。のちに斎藤実《さいとうまこと》内閣、岡田啓介《おかだけいすけ》内閣で外務大臣《がいむだいじん》を務めた。「協《きょう》和外交《わがいこう》」を唱え、中国との大使交換を実現する一方、排日停止、満洲国《まんしゅうこく》承認、共同防共を中国に要求する「広田三原則」を決定。中国の経済建設の妨害と、中国侵略のために一役買った。

昭和11年の二・二六事件後、広田は岡田内閣に代わって挙国一致《きょこくいっち》内閣を組閣。庶政一新《しょせいいっしん》・広《こう》義国防《ぎこくぼう》を掲げ、軍部に従属した。軍部大臣現役《ぐんぶだいじんげんえき》武官制《ぶかんせい》が復活したのも、この時である。昭和12年1月の「割腹問答《かっぷくもんどう》」が原因で、閣内不統一を理由に総辞職。広田は第1次近衛文麿《このえふみまろ》内閣の外務大臣として、日中戦争を迎えることになる。

戦争拡大に反対せず、翌13年1月の「国民政《こくみんせい》府《ふ》ヲ対手《あいて》トセス」との強硬方針の決定に加担し、日中戦争の泥沼化をもたらした。戦争終結のためにソ連の仲介を求めて広田・マリク（駐日大使）会談を行ったが失敗。

戦後はA級戦犯容疑者として、昭和23年11月の極東国際軍事裁判《きょくとうこくさいぐんじさいばん》で、文官中唯一、絞首刑《こうしゅけい》の判決を言い渡され、12月23日に刑死した。

病死

二・二六事件で難を逃れる

牧野伸顕《まきののぶあき》

終焉の地 自邸（千葉県柏市十余二254―48）

享年 89

生年 文久元年（1861）10月22日
歿年 昭和24年（1949）1月25日
墓所 青山霊園（港区南青山）

薩摩《さつま》藩士大久保利通《おおくぼとしみち》の次男として、鹿児島《かごしま》城下の加治屋町猫之薬師小路《かじやねこのやくしこうじ》（鹿児島市）で生まれる。生後間もなく、利通の義理の従兄弟にあたる牧野吉之丞《まきのきちのじょう》の養子となる。

明治4年（1871）、11歳で父や兄らと岩《いわ》倉使節団《くらしせつだん》に参加してアメリカに留学。明治13年、東京大学中退後に外務省《がいむしょう》へ入省し、赴任先のロンドン大使館で、渡欧していた伊藤博文《いとうひろぶみ》と知り合った。第1次西園寺公望《さいおんじきんもち》内閣の文部大臣《もんぶだいじん》、第2次西園寺内閣の農商務《のうしょうむ》大臣、第1次山本権兵《やまもとごんべ》衛《え》内閣の外務《がいむ》大臣になる。貴族院勅選議員《きぞくいんちょくせんぎいん》に任じられ、第1次世界大戦後のパリ講和会議には、次席全権大使《じせきぜんけんたいし》として参加した。

大正10年（1921）、宮中某重大事件《きゅうちゅうぼうじゅうだいじけん》の影響で辞任した中村雄次郎《なかむらゆうじろう》宮内《くない》大臣の後継として宮内大臣に就任したのち、内《ない》大臣に転じる。西園寺公望と共に昭和天皇側近として官僚・軍部・政党の対立調整に努めたが、持病の神経痛《しんけいつう》と蕁《じん》麻疹《ましん》が悪化し、勤続15年を機に辞職した。

昭和11年（1936）の二・二六事件の際には、湯河原《ゆがわら》の光風荘《こうふうそう》に宿泊していたところを襲撃されるが、孫の和子《かずこ》（吉田茂《よしだしげる》の娘、麻生太郎《あそうたろう》の母）の機転で危機を免れた。

最晩年は、疎開先の千葉県柏《かしわ》市にそのまま居住し、天皇や吉田茂らの相談に応じた。昭和24年1月25日、ぜんそく性心臓衰弱《しんぞうすいじゃく》により死去。

病死

東京裁判でも持論を変えず

石原《いし》《わら》莞《かん》爾《じ》

享年 61

生年 明治22年（1889）1月18日
歿年 昭和24年（1949）8月15日
墓所 山形県遊佐町

終焉の地 自邸（山形県飽海郡遊佐町菅里）

元庄内《しょうない》藩士族石原啓介《いしはらけいすけ》の三男として、山形《やまがた》県西田川《にしたがわ》郡鶴岡《つるおか》（鶴岡市）で生まれる。陸軍士官《りくぐんしかん》学校《がっこう》、陸軍大学校《だいがっこう》を卒業し、ドイツへ留学。

昭和3年（1928）、関東軍作戦主任参謀《かんとうぐんさくせんしゅにんさんぼう》として満洲《まんしゅう》に赴任。自身の最終戦争論を基にして、関東軍による満蒙領有計画《まんもうりょうゆうけいかく》を立案する。その3年後に満洲事変《まんしゅうじへん》を実行し、23万の張学良《ちょうがくりょう》軍を相手に、わずか1万数千の関東軍で日本本土の3倍もの面積を持つ満洲の占領を実現した。

しかし、当時の関東軍参謀長東条英機《かんとうぐんさんぼうちょうとうじょうひでき》らと対立して左遷《させん》され、太平洋戦争開戦前の昭和16年3月に現役を退いた。『世界最終戦論《せかいさいしゅうせんろん》』（のちに『最終戦争論』と改題）を唱え、東亜聯盟《とうあれんめい》構想を提案し、戦後の右翼思想にも影響を与えた。

昭和21年2月から、東京飯田橋《いいだばし》の東京逓信病《とうきょうていしんびょう》院《いん》に入院していた石原は、3月に極東国際軍事《きょくとうこくさいぐんじ》裁判《さいばん》（東京裁判）に関連して連合国検事による臨床尋問《りんしょうじんもん》を受けた。終始毅然とした態度を崩さず、「満洲事変は、支那《しな》軍の暴挙に対する本庄《ほんじょう》繁《しげる》関東軍司令官の命令による自衛行動であり、侵略ではない」と持論を主張したという。

結局石原は、病気を理由に戦犯の指名から免れて帰郷。10月から庄内（山形県）の西山農場《にしやまのうじょう》で同志と共同生活を始める。昭和24年、肺炎《はいえん》に罹り、肺水腫《はいすいしゅ》や膀胱癌《ぼうこうがん》などを併発した末、8月15日に生涯を閉じた。

病死

若槻《わかつき》禮《れい》次《じ》郎《ろう》

休戦やポツダム宣言受諾を進言

享年 84

生年　慶応2年（1866）2月5日
歿年　昭和24年（1949）11月20日
墓所　染井霊園（豊島区駒込）

終焉の地　別邸（静岡県伊東市湯田町6—30、伊東わかつき別邸）

出雲松江《いずもまつえ》藩士奥村仙三郎《おくむらせんざぶろう》の次男として、松江城下の雑賀《さいか》町（島根県松江市）で生まれる。明治17年（1884）に借金をして上京。明治25年に東京帝国大学法科を首席で卒業したのち大《おお》蔵省《くらしょう》へ入る。第3次桂太郎《かつらたろう》と第2次大隈重信《おおくましげのぶ》内閣で大蔵大臣《おおくらだいじん》に就任。加藤高明《かとうたかあき》らの憲政会《けんせいかい》結成に参加し、副総裁《ふくそうさい》となる。その加藤内閣で内務《ないむ》大臣となるも、加藤が在職中に死去したため、大正15年（1926）1月30日、憲政会総裁《そうさい》として内務大臣を兼任して組閣。しかし、片岡直温《かたおかなおはる》大蔵大臣の失言による昭和金融恐慌《しょうわきんゆうきょうこう》勃発などが原因で、翌年4月20日に総辞職した。

昭和6年（1931）4月、若槻にまた組閣の大命《たいめい》が下った。浜口雄幸《はまぐちおさち》総理大臣が、狙撃事件後の容態悪化のために総辞職したからである。柳条湖事件《りゅうじょうこじけん》を契機とした満洲事変《まんしゅうじへん》が発生する中で、若槻の不拡大方針は国民や軍部への指導力を発揮することができず、結局8ヶ月ほどで、閣内不一致による総辞職となった。

その後、若槻は総理経験者として重臣会議《じゅうしんかいぎ》のメンバーとなり、太平洋戦争末期には終戦工作に関与した。戦後、極東国際軍事裁判《きょくとうこくさいぐんじさいばん》の首席検察官キーナンは、若槻・岡田啓介《おかだけいすけ》・宇垣一成《うがきかずしげ》・米内光政《よないみつまさ》の4人を「戦前を代表する平和主義者」と讃えた。晩年は静岡《しずおか》県伊東《いとう》市の別邸で過ごしたが、昭和24年11月20日、長寿を全うした。

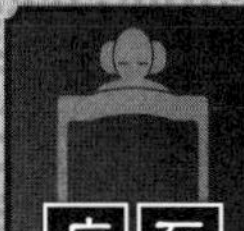

病死

天皇の説得で戦後政界に復帰
幣《し》原《はら》喜《き》重《じゅう》郎《ろう》

終焉の地 別邸（世田谷区岡本1―10―1、聖ドミニコ学園）

享年 80

生年 明治5年（1872）8月11日
歿年 昭和26年（1951）3月10日
墓所 染井霊園（豊島区駒込）

堺《さかい》県茨田《まった》郡門真《かどま》村（大阪府門真市）の豪農幣《しで》原《はら》新治郎《しんじろう》の次男として生まれる。明治28年（1895）に帝国大学法科大学を卒業。大正4年（1915）に外務次官《がいむじかん》となり、ワシントン会議においては全権委員を務める。

大正13年以降、加藤高明《かとうたかあき》内閣をはじめとして4内閣で外務大臣を務める。幣原の国際協調路線は「幣原外交」とも称され、軍部の軍拡自主路線「田中《たなか》（義一《ぎいち》）外交」と対立した。昭和5年（1930）にロンドン海軍軍縮条約を締結させると、特に軍部からは「軟弱《なんじゃく》外交」と非難された。関東軍《かんとうぐん》の独走で勃発した満洲事変《まんしゅうじへん》の収拾に失敗し、政界を退く。第2次若槻禮次郎《わかつきれいじろう》内閣の総辞職以降は表舞台からも遠ざかった。

昭和20年8月に太平洋戦争が終結、10月に内閣総理大臣に就任した。幣原は総理に指名されたことを嫌って引っ越しの準備をしていたが、昭和天皇直々の説得などもあって政界に返り咲いた。占領政策に沿って憲法改正に着手する。

第1次吉田茂《よしだしげる》内閣が発足すると、幣原は無任所《むにんしょ》の国務《こくむ》大臣として入閣。昭和22年の衆議院議員総選挙《しゅうぎいんぎいんそうせんきょ》で初当選し、日本進歩党総裁《にほんしんぽとうそうさい》となる。昭和24年に衆議院議長に就任。総理大臣経験者の衆議院議長は初めてだったが、議長在任中の昭和26年3月10日、心筋梗塞《しんきんこうそく》のために世田谷《せたがや》の自邸で死去した。

病死

総理大臣になり損ねた影の重鎮

宇《う》垣《がき》一《かず》成《しげ》

享年 89

生年 慶応4年（1868）6月21日

歿年 昭和31年（1956）4月30日

墓所 多磨霊園（東京都府中市多磨町）

終焉の地 松籟荘（静岡県伊豆の国市長岡1349、食彩あら川）

備前《びぜん》磐梨《いわなし》郡潟瀬《かたせ》村（岡山市東区瀬戸町）の百姓杢右衛門《もくえもん》の五男として生まれる。学校事務員として働いたのちに上京し、成城学校《せいじょうがっこう》、陸軍士《りくぐんし》官学校《かんがっこう》を経て、明治33年（1900）に陸軍大《だい》学校《がっこう》を卒業した。大正13年（1924）、清浦《きようら》奎吾《けいご》内閣で陸軍大臣《りくぐんだいじん》に就任して以来、第1・2次加藤高明《かとうたかあき》、第1次若槻禮次郎《わかつきれいじろう》、浜口雄幸《はまぐちおさち》の4内閣で、陸軍大臣として軍事予算の削減を目的とする軍縮と軍備の近代化を推進した。しかし昭和6年（1931）、桜会《さくらかい》を中心とするクーデター計画（三月事件《さんがつじけん》）に関与したことで辞任したあとは、朝鮮総督《ちょうせんそうとく》として、朝鮮の軍需《ぐんじゅ》工業の育成と農村振興運動に貢献することになる。

昭和12年、広田弘毅《ひろたこうき》内閣の総辞職により、宇垣に組閣の大命《たいめい》が降下した。しかし、軍部大臣《ぐんぶだいじん》現役武官制《げんえきぶかんせい》を利用して陸軍が拒否し、組閣は流産に終わった。日中戦争中の昭和13年、第1次近衛文麿《このえふみまろ》内閣に外務《がいむ》大臣として入閣するが、これも陸軍との対立が原因で辞任している。

戦後は公職追放《こうしょくついほう》され、昭和27年に解除された。翌28年の第3回参議院選挙《さんぎいんせんきょ》に全国区から立候補した宇垣は、選挙運動中に倒れ、ほとんど議員活動ができなかったが、全国区最高の51万票を集め、トップ当選を果たした。昭和31年4月30日、議員在職のまま、松籟荘《しょうらいそう》（静岡県伊豆の国市）で天寿を全うしている。

満89歳で『近世日本国民史』を脱稿

徳《とく》富《とみ》蘇《そ》峰《ほう》

享年
95

生年　文久3年（1863）1月25日
歿年　昭和32年（1957）11月2日
墓所　多磨霊園（東京都府中市多磨町）
熊本県水俣市牧の内

終焉の地　晩晴草堂（静岡県熱海市伊豆山足川）

横井小楠《よこいしょうなん》門下の徳富一敬《とくとみかずたか》の嫡男として、肥後上益城《かみましき》郡杉堂《すぎどう》村（熊本県益城町上陳）で生まれる。本名猪一郎《いいちろう》。作家の徳冨蘆花《ろか》は実弟である。熊《くま》本洋学校《もとようがっこう》に学び、熊本バンド結成にも参加する。明治13年（1880）に同志社英学校《どうししゃえいがっこう》を中退。明治19年に『将来之日本《しょうらいのにほん》』を刊行し、中央論壇に華々しくデビューした。24歳の時、東京赤坂《あかさか》に言論団体民友社《みんゆうしゃ》を設立。「平民主義《へいみんしゅぎ》」を標榜《ひょうぼう》した月刊誌『国民之友《こくみんのとも》』が、青年層に圧倒的な支持を得た。さらに、國民新聞社《こくみんしんぶんしゃ》を設立して『國民新聞』を創刊するなど、オピニオンリーダーとして活躍する。

55歳の時、大森《おおもり》（大田区）の山王草堂《さんのうそうどう》で、ライフワークとなる『近世日本国民史《きんせいにほんこくみんし》』の執筆に取りかかる。太平洋戦争中は、宣戦《せんせん》の詔勅《しょうちょく》を起草し、大日本言論報国会《だいにほんげんろんほうこくかい》の会長を務め、ポツダム宣言による無条件降伏の受諾にも反対。A級戦犯容疑をかけられるも、老齢と三叉神経痛《さんさしんけいつう》を理由に自宅拘禁《こうきん》とされ、不起訴処分が下される。戦後は公職追放《こうしょくついほう》により静岡《しずおか》県熱海《あたみ》市の晩晴草堂《ばんせいそうどう》に蟄居《ちっきょ》し、文化勲章を返上する。

昭和26年（1951）2月に『近世日本国民史』の執筆を再開し、翌27年4月20日に全100巻の完結を見た。実に34年が費やされたことになる。その5年後の昭和32年11月2日、蘇峰は晩晴草堂で大往生を遂げた。

近代日本画壇を牽引した巨匠

横《よこ》山《やま》大《たい》観《かん》

享年
91

生年　明治元年（１８６８）9月18日
没年　昭和33年（１９５８）2月26日
墓所　谷中霊園（台東区谷中）

終焉の地　自邸（台東区池之端1―4―24、横山大観記念館）

水戸《みと》藩士酒井捨彦《さかいすてひこ》の嫡男として、水戸城下の三ノ町《さんのちょう》（水戸市城東）で生まれる。本名は秀麿《ひでまろ》。20歳の時、母方の縁戚である横山《よこやま》家の養子となった。明治22年（１８８９）、東京美術学校《とうきょうびじゅつがっこう》の第1期生として入学し、岡倉天心《おかくらてんしん》らに学ぶ。同期生には菱田春草《ひしだしゅんそう》、下村観山《しもむらかんざん》、西郷孤月《さいごうこげつ》などがいる。卒業後は、京都市立美術工芸学校予備科教員《きょうとしりつびじゅつこうげいがっこうよびかきょういん》となった。30歳の時、母校東京美術学校の助教授に就任。しかし2年後に校長だった天心が失脚すると、天心を師と仰ぐ大観は職を辞して、日本美術院《にほんびじゅついん》の創設に参加する。

雅号《がごう》「大観《たいかん》」を使い始めたのは、東京美術学校の卒業後のこと。先進的な画風は当時の画壇の守旧派《しゅきゅうは》から「朦朧体《もうろうたい》」と揶揄《やゆ》されるなど猛烈な批判を浴びた。しかし海外で高い評価を得ると、やがて日本国内でもその画風が認められる。明治40年には、文部省美術展覧会《もんぶしょうびじゅつてんらんかい》（文展《ぶんてん》）の審査員を務め、再興日本美術院の主宰となる。その後、朝日文化賞、第1回文化勲章を受章。

戦後の昭和26年（１９５１）には、文化功労者となった。代表作は『瀟湘八景《しょうしょうはっけい》』『生々流転《せいせいるてん》』。昭和33年2月26日、台東区にある自邸で永眠。死後、正三位《しょうさんみ》に叙せられ、勲一等旭日大綬章《くんいっとうきょくじつだいじゅしょう》を贈られた。なお、大観の脳はアルコール漬けにされた状態で、東京大学医学部に現在も保管されている。

病死

断腸亭主人の孤独な晩年

永《なが》井《い》荷《か》風《ふう》

享年 81

生年 明治12年（1879）12月3日
歿年 昭和34年（1959）4月30日
墓所 雑司ケ谷霊園（豊島区南池袋）

終焉の地 自邸（千葉県市川市八幡3―25）

内務省衛生局《ないむしょうえいせいきょく》に勤務する永井久一郎《ながいきゅういちろう》の嫡男として、東京市小石川《こいしがわ》区小石川金富《かなとみ》町（文京区春日）で生まれる。明治31年（1898）に広津《ひろつ》柳浪《りゅうろう》の門下となって小説家を志す一方、落語家や歌舞伎作者の修業もした。

23歳の時、『地獄《じごく》の花《はな》』で森鷗外《もりおうがい》に絶賛され、外遊後に『あめりか物語《ものがたり》』などの傑作を相次いで発表し、新進作家として注目される。鷗外らの推薦で、慶應義塾大学文学部《けいおうぎじゅくだいがくぶんがくぶ》の主任教授となるも、『三田文学《みたぶんがく》』の運営を巡って大学と対立して辞職。麻布市兵衛《あざぶいちべえ》町（港区六本木）に偏奇《へんき》館《かん》を新築して移ったが、昭和20年（1945）3月の東京大空襲で焼亡。以降、千葉県市川《いちかわ》市菅野《すがの》に家を買うまでの約3年間は、各地を転々とする。昭和32年に転居した市川市八幡《やわた》町4丁目（現、3丁目）の家が終《つい》の棲家《すみか》となった。

戦後は文化勲章受章や、日本芸術院《にほんげいじゅついん》会員に選ばれるなど名誉に包まれた一方で、浅草《あさくさ》のストリップ小屋や私娼窟《ししょうくつ》に通い続けた。昭和34年3月1日、浅草アリゾナでの昼食後、歩行困難となり倒れた。その後は自宅近くの食堂大黒屋《だいこくや》で食事する以外、ゴミ屋敷のような家に引き籠もる。約2ヶ月後の4月30日朝、自邸にて遺体で見つかった。胃潰瘍《いかいよう》に伴う吐血《とけつ》による心臓麻痺《しんぞうまひ》との診断だった。かたわらのボストンバッグには、荷風の全財産が入っていたという。

柳《やなぎ》田《た》國《くに》男《お》

「日本人」を問うた民俗学の祖

享年 88

生年 明治8年（1875）7月31日
歿年 昭和37年（1962）8月8日
墓所 春秋苑（川崎市多摩区南生田）

終焉の地 自邸（世田谷区成城6—15—13、緑蔭館ギャラリー）

飾磨《しかま》県神東《じんとう》郡田原《たわら》村辻川《つじかわ》（兵庫県福崎町）の医師松岡操《まつおかみさお》の六男として生まれる。のちに柳田《やなぎた》家の養嗣子《ようしし》となる。東京帝国大学法科大学政治科で農政学を学び、卒業後の明治33年（1900）、農商務省《のうしょうむしょう》に入省。法制局参事官《ほうせいきょくさんじかん》、兼任宮《けんにんく》内書記官《ないしょきかん》を歴任し、貴族院書記官長《きぞくいんしょきかんちょう》に就任する。視察や講演旅行で日本各地の実情に触れ、名もなき庶民（常民《じょうみん》）の歴史や文化を明らかにしたいと考え、『遠野物語《とおのものがたり》』を執筆。日本民俗学《みんぞくがく》の理論や方法論を提示した。

明治41年には自邸で「郷土研究会」を始め、やがて同会を発展させた新渡戸稲造《にとべいなぞう》が世話人、柳田が幹事役の「郷土会」を開始。雑誌『郷土研究』を刊行する。

官界引退後の大正9年（1920）、東京朝日新聞社の客員となり、論説を執筆しながら全国各地を調査して歩く。また、慶應義塾大学、國學院大學などで教壇に立った。

戦後の昭和22年（1947）、自邸書斎の隣に民俗学研究所を設立した。その一方で、昭和21年には最後の枢密顧問官《すうみつこもんかん》に就任し、日本国憲《にほんこくけん》法《ぽう》の審議に立ち会っている。

昭和37年8月8日午後1時頃、自邸（世田谷区成城）において心臓衰弱《しんぞうすいじゃく》のために死去した。葬儀は東京の青山葬儀所《あおやまそうぎしょ》（港区南青山）で、日本民俗学会葬として営まれている。

病死

戒名は「智勝院幻城乱歩居士」

江戸川乱歩《えどがわらんぽ》

享年 72

生年 明治27年（１８９４）10月21日

歿年 昭和40年（１９６５）7月28日

墓所 多磨霊園（東京都府中市多磨町）

終焉の地

自邸（豊島区西池袋3―34―1、立教大学江戸川乱歩記念大衆文化研究センター）

三重《みえ》県名賀郡役所《ながぐんやくしょ》書記《しょき》平井繁男《ひらいしげお》の嫡男として、名賀郡名張《なばり》町（三重県名張市）で生まれる。本名は平井太郎《たろう》。早稲田大学政経学部卒業後は貿易商社員、造船所事務員、古本商、東京市役所吏員《りいん》、屋台の支那蕎麦屋《しなそばや》など多彩な職歴を持つ。

中学生で黒岩涙香《くろいわるいこう》の『幽霊塔《ゆうれいとう》』などの作品に熱中して以来、欧米のミステリーを耽読《たんどく》し、作家を志す。ペンネームは、彼が傾倒したエドガー・アラン・ポーに由来するという話は有名。

大正12年（１９２３）、雑誌『新青年《しんせいねん》』に投稿した『二銭銅貨《にせんどうか》』が掲載される。本格的な暗号解読をトリックにした、日本で最初の探偵小《たんていしょう》説《せつ》だった。その後、『屋根裏《やねうら》の散歩者《さんぽしゃ》』などの短編と、『陰獣《いんじゅう》』などの怪奇《かいき》的・幻想《げんそう》的な長編を執筆。一方で、『怪人二十面相《かいじんにじゅうめんそう》』などの児童読み物でも人気を博した。

戦後は、推理小説の普及と後輩の育成、研究や評論に注力する。昭和22年（１９４７）、探偵作家クラブの初代会長となり、還暦《かんれき》を記念して同クラブに寄付した私財１００万円で新人発掘を意図した江戸川乱歩賞を設定。日本推理作《にほんすいりさっ》家協会《かきょうかい》の初代理事長に就任した。

晩年はパーキンソン病を患ったが、それでも家族に口述筆記をさせて評論・著作を行った。くも膜下出血《まくかしゅっけつ》に倒れ、昭和40年7月28日に、豊《と》島《しま》区の自邸で死去した。

病 死

通俗性と芸術性が同居

谷《たに》崎《ざき》潤《じゅん》一《いち》郎《ろう》

享年 80

生年 明治19年（１８８６）7月24日

歿年 昭和40年（１９６５）7月30日

墓所 法然院（京都市左京区鹿ケ谷御所ノ段町）

終焉の地 湘碧山房（神奈川県足柄下郡湯河原町吉浜１８９５）

日本点灯会社《にほんてんとうがいしゃ》を経営する谷崎倉五郎《たにざきそうごろう》の子として、日本橋《にほんばし》区蠣殻《かきがら》町（中央区日本橋人形町）で生まれる。幼少期から秀才で知られ、東京府第一中学、第一高等学校英法科を経て、東京帝国大学国文科に進んだ。明治43年（１９１０）9月、小山内薫《おさないかおる》を盟主として、第2次『新思潮《しんしちょう》』を創刊。『刺青《しせい》』などを掲載する。同誌の廃刊後は『少年《しょうねん》』『幇間《ほうかん》』を発表。大学を授業料未納で中退するも、『中央公論《ちゅうおうこうろん》』に『秘密《ひみつ》』が掲載され、新進作家として華やかにデビューした。

日本的な美、性や官能を耽美《たんび》的に描いたところに作風の特徴がある。関東大震災《かんとうだいしんさい》をきっかけに関西へ移住したあとは、『痴人《ちじん》の愛《あい》』に代表されるモダニズムから、古典趣味に変貌していく。特に『春琴抄《しゅんきんしょう》』は谷崎文学の最高傑作である。戦時中は『源氏物語《げんじものがたり》』の現代語訳に取り組む。また、大阪の船場《せんば》育ちの蒔岡《まきおか》家四姉妹を描いた大作『細雪《ささめゆき》』の執筆を始め、戦後の昭和23年（１９４８）に完成させた。翌24年に文化勲章を授与されている。

晩年は、高血圧症《こうけつあつしょう》に悩まされながらも、なお旺盛な執筆活動を続け、積年のテーマの深化を図りながら、『鍵《かぎ》』『瘋癲老人日記《ふうてんろうじんにっき》』など新境地を示す話題作を書き続けた。腎不全《じんふぜん》から心不全《しんふぜん》を併発し、新居「湘碧山房《しょうへきさんぼう》」（神奈川県湯河原町）で昭和40年7月30日に息を引き取った。

病死

戦後唯一の国葬が営まれる

吉《よし》田《だ》茂《しげる》

享年 90

生年 明治11年（1878）9月22日
歿年 昭和42年（1967）10月20日
墓所 多磨霊園（東京都府中市多磨町）

終焉の地 自邸（神奈川県大磯町国府本郷551―1）

土佐《とさ》自由党《じゆうとう》の指導者竹内綱《たけのうちつな》の五男として、神《かん》田《だ》駿河台《するがだい》（千代田区）で生まれる。のちに横浜の貿易商吉田健三《よしだけんぞう》の養子となった。

学習院《がくしゅういん》を経て、東京帝国大学政治学科を卒業後、外務省《がいむしょう》に入省。天津総領事《てんしんそうりょうじ》、奉天《ほうてん》総領事、外務次官《がいむじかん》、駐伊《ちゅうい》大使、駐英《ちゅうえい》大使などを歴任する。太平洋戦争中は「親英米派」と批判されたが、戦後に和平主義者として復活した。東久邇宮稔《ひがしくにのみやなる》彦《ひこ》内閣と、幣原喜重郎《しではらきじゅうろう》内閣の外務大臣《がいむだいじん》を務める。昭和21年（1946）5月、自由党総裁鳩山一《じゆうとうそうさいはとやまいち》郎《ろう》の公職追放《こうしょくついほう》を受けて、第1次吉田内閣を組閣。片山哲《かたやまてつ》・芦田均《あしだひとし》連立内閣を挟み、5次にわたって政権を担当した。昭和38年10月14日に次期総選挙への不出馬を表明、政界を引退した。

引退後も政界の実力者として影響力を持ち、政治家と交流した。昭和39年には池田勇人《いけだはやと》総理大臣の特使として台湾を訪問し、蔣介石《しょうかいせき》と会談。同年、大勲位菊花大綬章《だいくんいきっかだいじゅしょう》を受章した。その後も回顧録などの著述活動などを続けた。

昭和42年8月末に心筋梗塞《しんきんこうそく》を発症し、神奈川県大磯《おおいそ》町の自邸で亡くなった。死の前日、「富士山が見たい」と病床で呟き、快晴の富士山をずっと眺めていたという。身内は一人もおらず、臨終の言葉もなかったが、「機嫌のよい時の目もとをそのまま閉じたような」死に顔だった。日本武道館で戦後唯一の国葬《こくそう》が行われている。

自刃

自衛隊駐屯地での割腹自殺

三《み》島《しま》由《ゆ》紀《き》夫《お》

終焉の地 陸上自衛隊市ヶ谷駐屯地（新宿区市谷本村町5—1、防衛省）

享年 46

生年 大正14年（1925）1月14日
歿年 昭和45年（1970）11月25日
墓所 青山霊園（港区南青山）

農商《のうしょう》務《む》省《しょう》官僚《かんりょう》平岡《ひらおか》梓《あずさ》の嫡男として、四谷《よつや》区永《なが》住《ずみ》町（新宿区四谷）で生まれる。本名は平岡《ひらおか》公《きみ》威《たけ》。学習院《がくしゅういん》在学中に『花《はな》ざかりの森《もり》』などを刊行。東京帝国大学卒業後、勤めた大蔵省《おおくらしょう》を9ヶ月で退職し、本格的な作家生活を開始する。代表作は、小説に『仮面《かめん》の告白《こくはく》』『潮騒《しおさい》』『金閣《きんかく》寺《じ》』『豊穣《ほうじょう》の海《うみ》』、戯曲に『鹿鳴館《ろくめいかん》』などがある。

やがて「楯《たて》の会《かい》」を組織するなど軍国主義に傾倒。昭和45年（1970）11月25日の午前11時前、三島は楯の会会員森田必勝《もりたひっしょう》ら4名と共に会の制服を着用して、自衛隊市ヶ谷《いちがや》駐屯地《ちゅうとんち》内の東部方面総監部《とうぶほうめんそうかんぶ》を訪れ、益田兼利《ましたかねとし》総監を人質にとる。森田らはバルコニー前に自衛隊員約1000人を集合させ、檄文《げきぶん》を撒《ま》いた。そして日の丸の鉢巻きに抜き身の刀を持ってバルコニーに立ち、「俺は4年待ったんだ。自衛隊が立ちあがる日を。そうした自衛隊の4年なんてのはだな、最後の30分にだ、最後の30分にいる、だから今立ってんだよ」と叫んで、憲法改正のクーデターを呼びかけた。

「それでも武士か。それでも武士か。まだ諸君は、憲法改正のために立ち上がらないと、見極めがついた」と演説を終えた三島は、「天皇《てんのう》陛下万歳《へいかばんざい》」を三唱《さんしょう》して総監室に戻った。午後0時15分頃、三島は総監室内で割腹自殺を遂げる。その死は、国内外に大きな波紋を呼んだ。

愛する奈良と離別して渋谷へ

志賀《しが》直哉《なおや》

終焉の地　**自邸（渋谷区東1―12）**

享年 89

生年　明治16年（1883）2月20日
歿年　昭和46年（1971）10月21日
墓所　青山霊園（港区南青山）

第一国立銀行《だいいちこくりつぎんこう》石巻《いしのまき》支店《してん》に勤務する志賀直温《しがなおはる》の次男として、宮城《みやぎ》県牡鹿《おじか》郡石巻《いしのまき》村（石巻市住吉町）で生まれる。2歳で父と上京し、祖母に育てられた。学習院《がくしゅういん》初等科・中等科・高等科を経て、明治39年（1906）に東京帝国大学英文科へ入学。在学中の明治41年、処女作となる『或《あ》る朝《あさ》』を発表する。国文学科に転じたのち、大学を中退し、徴兵検査甲種《ちょうへいけんさこうしゅ》に合格、千葉《ちば》県市川《いちかわ》の砲兵聯隊《ほうへいれんたい》に入営《にゅうえい》するも、8日後に除隊された。

明治43年、学習院時代からの友人である武者《むしゃの》小路《こうじ》実篤《さねあつ》や柳宗悦《やなぎむねよし》らと雑誌『白樺《しらかば》』を創刊。理想主義・人道主義・個人主義的な作品を制作する白樺派の中心人物となった。大正4年（1915）、柳の勧めで千葉県我孫子《あびこ》市の手賀沼《てがぬま》畔に移住、12年まで同地に住み、武者小路らと親交を結んだ。この間、『城《き》の崎《さき》にて』『小僧《こぞう》の神《かみ》様《さま》』などを発表。志賀は短編が多く、長編小説は大正10年に連載が始まり、昭和12年（1937）に完結した『暗夜行路《あんやこうろ》』が唯一である。

昭和24年に、親交を深めていた谷崎潤一郎《たにざきじゅんいちろう》と共に文化勲章を受章。戦後は渋谷《しぶや》常盤松《ときわまつ》（渋谷区東）に居を移し、文学全集類を多く監修した。昭和46年10月21日、肺炎と老衰により天寿を全うした。多くの原稿類が日本近代文学館《にほんきんだいぶんがくかん》に寄贈され、岩波書店《いわなみしょてん》から『志賀直哉全集』が出版されている。

ガス自殺を遂げたノーベル賞作家

川《かわ》端《ばた》康《やす》成《なり》

享年 74

生年 明治32年（1899）6月14日
歿年 昭和47年（1972）4月16日
墓所 鎌倉霊園（神奈川県鎌倉市十二所）

終焉の地 逗子マリーナ本館417号室（神奈川県逗子市小坪5丁目）

医師川端栄吉《かわばたえいきち》の嫡男として、大阪市北《きた》区此花《このはな》町（北区天神橋）に生まれる。両親を早くに失い、孤児《こじ》となった。中学生の時から小説家を志望し、大阪府立茨木《いばらき》中学校、第一高等学校を経て、大正9年（1920）に東京帝国大学英文科に入学。翌10年に国文科へ転じ、友人らと第6次『新思潮《しんしちょう》』を創刊する。

大正13年10月、横光利一《よこみつりいち》らと共に『文藝時《ぶんげいじ》代《だい》』を創刊し、「新感覚派《しんかんかくは》」の文学運動を起こした。同誌で『伊豆《いず》の踊子《おどりこ》』などの名作を発表。やがて作風の転換を図り、『水晶幻想《すいしょうげんそう》』などの新心理主義の実験を経て、非情な認識をかなり自由なスタイルに託した『禽獣《きんじゅう》』に到達し、好評を博した。昭和10年（1935）からまとめられた『雪国《ゆきぐに》』は、川端の代表作となった。

戦後は『山《やま》の音《おと》』などを発表し、日本芸術院《にほんげいじゅついん》賞《しょう》を受賞。昭和43年には、日本人作家として初めてノーベル文学賞を受賞した。

しかし昭和47年、川端の突然の死は国内外に衝撃を与えた。川端は「散歩に行く」と鎌倉《かまくら》の自邸を出て、仕事場として購入した逗子《ずし》マリーナ本館417号室にハイヤーで向かった。その夜、帰らないことを心配した家政婦らが仕事場に駆け付け、ガス管をくわえて絶命しているのを発見。死亡推定時刻は午後6時頃、死因はガス中毒だった。遺書は見つかっていない。

◆主要参考文献（著者・編者名50音順）

朝尾直弘ほか編　『新版　角川日本史辞典』（角川書店、１９９６年）

阿部猛編著　『日本古代人名事典』（東京堂出版、２００９年）

阿部猛・西村圭子編　『戦国人名事典』（新人物往来社、１９９０年）

五十嵐栄吉編　『大正人名辞典』1～3巻（日本図書センター、１９９２～１９９８年）

今谷明・藤枝文忠編　『室町幕府守護職家事典』上・下巻（新人物往来社、１９８８年）

煎本増夫　『徳川家康家臣団の事典』（東京堂出版、２０１５年）

上田正昭監修　『日本人名大辞典』（講談社、２００１年）

臼井勝美・高村直助ほか編　『日本近現代人名辞典』（吉川弘文館、２００１年）

大石泰史編　『全国国衆ガイド　戦国の「地元の殿様」たち』（星海社、２０１５年）

小川恭一編　『寛政譜以降旗本家百科事典』（全6巻、東洋書林、１９９７～１９９８年）

熊井保編　『江戸幕臣人名事典』（改訂新版、新人物往来社、１９９７年）

坂本太郎・平野邦夫監修　『日本古代氏族人名辞典』普及版（吉川弘文館、２０１０年）

佐藤和彦・樋口州男ほか編　『日本中世内乱史人名事典』上巻・中巻・別巻（新人物往来社、２００７年）

柴辻俊六・平山優ほか編　『武田氏家臣団人名辞典』（東京堂出版、２０１５年）

下山治久編　『後北条氏家臣団人名辞典』（東京堂出版、２００６年）

新人物往来社編　『新選組大人名辞典』上・下（新人物往来社、２００１年）

戦国人名辞典編集委員会編　『戦国人名辞典』（吉川弘文館、２００５年）

竹内誠・深井雅海編　『日本近世人名辞典』（吉川弘文館、２００５年）

谷口克広　『織田信長家臣人名辞典』第2版（吉川弘文館、２０１０年）

鳥海靖編　『歴代内閣・首相事典』（吉川弘文館、２００９年）

日本史広辞典編集委員会編　『日本史人物辞典』（山川出版社、２０００年）

日本史史料研究会監修　『鎌倉将軍・執権・連署列伝』（吉川弘文館、２０１５年）

日本歴史学会編　『明治維新人名辞典』（吉川弘文館、１９８１年）
橋本政宣編　『公家事典』（吉川弘文館、２０１０年）
服部敏良　『英雄たちの病状診断』（ＰＨＰ研究所、１９８３年）
服部敏良　『事典 有名人の死亡診断』近代編（吉川弘文館、２０１０年）
平野邦男・瀬野精一郎編　『日本古代中世人名辞典』（吉川弘文館、２００６年）
福川秀樹編著　『日本陸海軍人名辞典』（芙蓉書房出版、１９９９年）
古林亀治郎編　『明治人名辞典』１～３巻（日本図書センター、１９９０～１９９４年）
北条氏研究会編　『北条氏系譜人名辞典』（新人物往来社、２００１年）
峰岸純夫・片桐昭彦編　『戦国武将合戦事典』（吉川弘文館、２００５年）
宮地正人・櫻井良樹ほか編　『明治時代史大辞典』（全４巻、吉川弘文館、２０１１～２０１３年）
安田元久編　『鎌倉・室町人名事典』（新人物往来社、１９９０年）
山本大・小和田哲男編　『戦国大名系譜人名事典』東国編（新人物往来社、１９８３年）
山本大・小和田哲男編　『戦国大名系譜人名事典』西国編（新人物往来社、１９８５年）
山本博文・堀新ほか編　『戦国大名の古文書』東日本編（柏書房、２０１３年）
山本博文・堀新ほか編　『戦国大名の古文書』西日本編（柏書房、２０１３年）
米田雄介編　『歴代天皇年号事典』（吉川弘文館、２００３年）
『昭和人名辞典』第１巻　東京篇（復刻版、日本図書センター、１９８７年）
『国史大辞典』（全14巻、吉川弘文館、１９７９～１９９３年）
『日本歴史地名大系』（全50巻、平凡社、１９７９～２００５年）
『寛政重修諸家譜』（続群書類従完成会）
※このほかにも、自伝・評伝類、自治体史、インターネットの諸サイトなどを参考とさせていただいた。

【京都府】

【岐阜県】

【静岡県】

【愛知県】

【三重県】

【滋賀県】

鎌倉市　足利持氏……95
鎌倉市　太田道灌……102
箱根町　宗祇……104
小田原市　北条氏康……121
小田原市　北条氏照……173
小田原市　北条氏政……174
箱根町　和宮（静閑院宮）……370
大磯町　新島襄……384
葉山町　井上毅……395
港区　後藤象二郎……398
大磯町　松本順（良順）……416
小田原市　大鳥圭介……421
葉山町　小村寿太郎……423
小田原市　秋山真之……437
横須賀市　前島密……439
大磯町　寺内正毅……441
小田原市　山県有朋……445
逗子市　吉野作造……468
葉山町　金子堅太郎……483
大磯町　島崎藤村……487
鎌倉市　西田幾多郎……488
湯河原町　谷崎潤一郎……508
大磯町　吉田茂……509
逗子市　川端康成……512

【新潟県】

佐渡市　順徳上皇……71
南魚沼市　宇佐美定満……117
上越市　上杉謙信……131
村上市　間部詮房……267
長岡市　良寛……287
柏崎市　生田万……291
妙高市　岡倉天心……426

【福井県】

福井市　新田義貞……85
大野市　朝倉義景……123
福井市　柴田勝家……152
福井市　お市の方……153
越前市　丹羽長秀……160
大野市　滝川一益……165
敦賀市　藤田小四郎……337
敦賀市　武田耕雲斎……338

【山梨県】

甲州市　武田勝頼……139
甲州市　快川紹喜……140
甲府市　河尻秀隆……150
甲州市　有馬晴信……211

【長野県】

長野市　武田信繁……114
長野市　山本菅助……115
阿智村　武田信玄……122
長野市　高坂昌信（春日虎綱）……133
高山村　福島正則……229
伊那市　絵島……269
信濃町　小林一茶……283
下諏訪町　相楽総三……350
軽井沢町　有島武郎……448

新宿区　大隈重信……444
千代田区　樺山資紀……446
文京区　森鷗外……447
港区　加藤友三郎……449
千代田区　大杉栄……450
港区　松方正義……451
千代田区　加藤高明……452
北区　芥川龍之介……453
千代田区　田中義一……456
新宿区　内村鑑三……457
渋谷区　田山花袋……458
新宿区　秋山好古……460
港区　北里柴三郎……461
豊島区　浜口雄幸……462
北区　渋沢栄一……463
文京区　井上準之助……464
中央区　團琢磨……465
千代田区　犬養毅……466
中央区　小林多喜二……467
港区　山本権兵衛……470
千代田区　東郷平八郎……471
千代田区　永田鉄山……473
新宿区　斎藤実……474
港区　高橋是清……475
杉並区　渡辺錠太郎……476
渋谷区　北一輝……477
千代田区　泉鏡花……479
世田谷区　萩原朔太郎……482
杉並区　与謝野晶子……484
杉並区　北原白秋……485
千代田区　阿南惟幾……489
新宿区　杉山元……490
杉並区　近衛文麿……491
目黒区　米内光政……494
三鷹市　太宰治……495
豊島区　東条英機……496
豊島区　広田弘毅……497
世田谷区　幣原喜重郎……501
台東区　横山大観……504
世田谷区　柳田國男……506
豊島区　江戸川乱歩……507
新宿区　三島由紀夫……510
渋谷区　志賀直哉……511

【神奈川県】

鎌倉市　源頼朝……54
鎌倉市　比企能員……56
鎌倉市　和田義盛……60
鎌倉市　源実朝……64
鎌倉市　公暁……65
鎌倉市　大江広元……66
鎌倉市　北条政子……67
鎌倉市　北条泰時……70
鎌倉市　北条時頼……74
鎌倉市　蘭渓道隆……75
鎌倉市　北条時宗……77
鎌倉市　安達泰盛……78
鎌倉市　忍性……80
鎌倉市　北条高時……81
鎌倉市　護良親王……82
鎌倉市　足利直義……89
鎌倉市　足利基氏……92

【埼玉県】

鴻巣市　仙石秀久……214
さいたま市　増田長盛……222

【千葉県】

君津市　里見義堯……125
旭市　木曾義昌……180
旭市　大原幽学……305
佐倉市　堀田正睦……325
市川市　幸田露伴……492
野田市　鈴木貫太郎……493
柏市　牧野伸顕……498
市川市　永井荷風……505

【東京都】

大田区　日蓮……76
千代田区　直江兼続……226
千代田区　藤堂高虎……234
千代田区　加藤嘉明……235
港区　金地院崇伝（以心崇伝）……236
千代田区　佐竹義宣……237
千代田区　伊達政宗……238
台東区　立花宗茂……242
台東区　天海……243
品川区　沢庵……246
港区　柳生宗矩……247
八丈町　宇喜多秀家……250
港区　保科正之……252
品川区　八百屋お七……254
千代田区　堀田正俊……255
中央区　菱川師宣……258
港区　浅野内匠頭（長矩）…262
墨田区　吉良上野介（義央）…263
港区　大石内蔵助（良雄）…264
中央区　市川團十郎〔初代〕…265
渋谷区　新井白石……268
千代田区　大岡忠相……270
三宅村　竹内敬持（式部）……272
目黒区　青木昆陽……273
中央区　賀茂真淵……274
中央区　平賀源内……275
墨田区　長谷川平蔵（宣以）…277
中央区　伊能忠敬……280
文京区　大黒屋光太夫……284
港区　松平定信……285
品川区　鼠小僧次郎吉……288
江東区　間宮林蔵……294
新宿区　曲亭（滝沢）馬琴……295
台東区　葛飾北斎……296
港区　高野長英……297
港区　水野忠邦……299
墨田区　江川英龍（太郎左衛門）……300
墨田区　遠山景元（金四郎）…301
文京区　藤田東湖……302
千代田区　阿部正弘……304
中央区　歌川広重……307
中央区　梅田雲浜……308
中央区　頼三樹三郎……309
中央区　橋本左内……310

都道府県別「終焉の地」人名索引 ※歿年順に配列

【北海道】

函館市　土方歳三……360
小樽市　永倉新八……432

【岩手県】

平泉町　藤原清衡……36
平泉町　藤原基衡……40
平泉町　藤原秀衡……49
平泉町　武蔵坊弁慶……50
平泉町　源義経……51
二戸市　南部信直……188
花巻市　宮沢賢治……469

【宮城県】

多賀城市　大伴家持……25

【秋田県】

大館市　藤原泰衡……52
美郷町　佐竹義重……210
横手市　本多正純……240
大館市　安藤昌益……271
秋田市　平田篤胤……293

【山形県】

米沢市　前田利益（慶次）……201
山形市　最上義光……213
米沢市　上杉景勝……227
米沢市　上杉治憲（鷹山）……281
遊佐町　石原莞爾……499

【福島県】

二本松市　伊達輝宗……162
福島市　世良修蔵……354
只見町　河井継之助……357
会津若松市　西郷頼母……411

【茨城県】

坂東市　平将門……32
桜川市　浅野長政……207
常陸太田市　徳川光圀……261
水戸市　徳川斉昭……313
水戸市　会沢正志斎……322

【栃木県】

下野市　道鏡……24
日光市　二宮尊徳……303
佐野市　田中正造……427
那須塩原市　青木周蔵……431

【群馬県】

館林市　榊原康政……202
東吾妻町　国定忠治……298
高崎市　小栗忠順……353
渋川市　徳冨蘆花……454

【ち】

【つ】

【て】

【と】

【く】

【け】

【こ】

【さ】

【か】

【き】

【う】

【え】

【お】

人名索引

【あ】

【い】

英雄《えいゆう》の最期《さいご》と墓所《ぼしょ》の事典《じてん》

2016年3月10日　第1刷発行

編　者　かみゆ歴史編集部&柏書房編集部

発行者　富澤凡子
発行所　柏書房株式会社
東京都文京区本郷2-15-13（〒113-0033）
電話（03）3830-1891［営業］
（03）3830-1894［編集］

装　丁　鈴木正道（Suzuki Design）
本文デザイン　株式会社ウエイド（山岸全）
組　版　有限会社一企画
印　刷　壮光舎印刷株式会社
製　本　株式会社ブックアート

2016, Printed in Japan
ISBN978-4-7601-4693-2